임원경제지
권104-106

이운지

怡雲志

4

임원경제지
권104-106

이운지

怡雲志 4

문화예술 백과사전

권6·도서의 보관과 열람(상)
권7·도서의 보관과 열람(하)
권8·한가로운 삶의 일과 / 명승지 여행
·시문과 술을 즐기는 잔치
·각 절기의 구경거리와 즐거운 놀이

풍석 서유구 지음 추담 서우보 교정
🌿임원경제연구소 이동인, 이규필, 정명현, 김광명 외 옮김

📖 풍석문화재단

이 책은 ㈜DYB교육 송오현 대표 외 수많은 개인의 기부 및 문화체육관광부의 지원으로
완역 출판되었습니다.

임원경제지 이운지4

지은이	풍석 서유구
교 정	추담 서우보
옮기고 쓴 이	🌿**임원경제연구소** [이동인, 이규필, 정명현, 김광명, 민철기, 정정기 김현진, 김수연, 강민우, 최시남, 김용미]
	원문 및 번역 전체 정리 : 정명현
	자료정리 : 고윤주
	감수 : 김세중(한국과학기술대) (권8)
펴낸 곳	🏛**풍석문화재단**
	펴낸 이 : 신정수
	진행 : 진병춘, 박정진 진행지원 : 박소해
	전화 : 02)6959-9921 E-mail : pungseok@naver.com
일러스트	이함렬
편집디자인	아트퍼블리케이션 디자인 고흐
인 쇄	상지사피앤비
펴낸 날	초판 1쇄 2019년 12월 31일
ISBN	979-11-89801-24-3
CIP	2019052020

이 도서의 국립중앙도서관 출판예정도서목록(CIP)은 서지정보유통지원시스템 홈페이지
(http://seoji.nl.go.kr)와 국가자료종합목록 구축시스템(http://kolis-net.nl.go.kr)에서 이용하실 수
있습니다. (CIP제어번호 : CIP2019052020)

* 표지그림 : 책가도(冊架圖), 국립중앙박물관 소장
* 사진 사용을 허락해주신 국립민속박물관, 국립전주박물관, 국립중앙박물관, 국립진주박물관,
  국립한글박물관, 문화재청, 합천박물관 여러분께 감사드립니다.

차례

이운지 권제7 怡雲志 卷第七　임원십육지 105 林園十六志 一百五

도서의 보관과 열람(도서장방) (하) 圖書藏訪 下

1. 침인(鋟印, 판각과 인쇄) 鋟印

2. 장황(裝潢) 【부록】 건(巾)·협(篋)·녹(簏)·급(笈)】 裝池【附 巾、篋、簏、笈】

3. 【부록】 경외누판(京外鏤板, 서울 이외의 곳에 소장된 목판) 附 京外鏤板

이운지 권제8 怡雲志 卷第八 임원십육지 106 林園十六志 一百六

한가로운 삶의 일과(연한공과) 燕閑功課

1. 총론 總論

2. 사계절의 일과 四時課

3. 하루 24시간의 일과 二六課

명승지 여행 名勝遊衍

시문과 술을 즐기는 잔치(문주연회) 文酒讌會

각 절기의 구경거리와 즐거운 놀이(節辰賞樂) 節辰賞樂

일러두기

- 이 책은 풍석 서유구의 《임원경제지》를 표점, 교감, 번역, 주석, 도해한 것이다.

- 저본은 정사(正寫) 상태, 내용의 완성도, 전질의 구성 등을 고려하여 고려대학교 도서관 소장본으로 했다.

- 현재 남아 있는 이본 가운데 서울대학교 규장각한국학연구원, 일본 오사카 나카노시마부립도서관본을
  교감하고, 교감 사항은 각주로 처리했으며, 각각 규장각본, 오사카본으로 약칭했다.

- 교감은 본교(本校) 및 대교(對校)와 타교(他校)를 중심으로 하고, 필요에 따라서는 이교(理校)를 반영했으며
  교감 사항은 각주로 밝혔다.

- 번역주석의 번호는 일반 숫자(9)로, 교감주석의 번호는 네모 숫자(⑨)로 구별했다.

- 원문에 네모 칸이 쳐진 注, 法 등과 서유구의 의견을 나타내는 案, 又案 등은 원문의 표기와 유사하게 네모를
  둘렀다.

- 원문의 주석은【 】로 표기했다.

- 서명과 편명은 번역문에만 각각 《 》 및 ◇로 표시했다.

- 표점 부호는 마침표(.), 쉼표(,), 물음표(?), 느낌표(!), 쌍점(:), 쌍반점(;), 인용부호(" ", ' '), 가운데점(·),
  모점(、), 괄호(()), 서명 부호(《》)를 사용했고 인명, 지명 등 고유명사에는 밑줄을 그었다.

- 字, 號, 諡號 등으로 표기된 인명은 성명으로 바꿔서 옮겼다.

- 본문에 포함된 사진 중 출전정보가 없는 사진은 바이두·구글 등에서 검색한 이미지를 사용했음을 밝힌다.

1

이운지 권제6
怡雲志 卷第六

도서의 보관과 열람(상)

임원십육지 104

林園十六志 百四

옛날 사람들이 책을 말릴 때에는 반드시 매우(梅雨)가 내리기 전에 책을 책궤에 넣었다가 매우가 지난 후에 꺼냈다. 그러므로 이르면 4월 초부터 늦게는 7월이 지난 뒤까지도 대체로 습기를 절대 피해야 한다. 이때는 반드시 바람 불고 해가 좋은 청명한 날을 골라 장서각과 책장의 문을 활짝 열어 놓아야 한다. 그리고 남쪽 문살창 아래에 다리가 짧으며, 너비가 좁고 긴 서궤(書几)를 많이 설치한 뒤, 장서각의 첫 번째 서주를 시작으로 차츰차츰 책함을 서궤 위에 옮겨놓는다.

- Ⅰ -

도서의 보관과 열람(상)

圖書藏訪(上)

1 책사기

2 책보관

1. 책 사기 購求

1) 책을 구하는 8가지 방법 求書八道

책을 구하는 방법에는 8가지가 있다. 求書之道有八:

① 이미 가지고 있는 책과 같은 종류의 책을 구 一卽類以求,
한다.

② 이미 가지고 있는 책과 연관성이 있는 다른 종 二旁類以求,
류의 책을 구한다.

③ 특정 지역을 통해 책을 구한다. 三因地以求,

④ 저자의 문파나 가문을 통해 책을 구한다. 四因家以求,

⑤ 관부에서 책을 구한다. 五曰求之公,

⑥ 개인 장서가에게 책을 구한다. 六曰求之私,

⑦ 저자와 관련된 사람을 통해 책을 구한다. 七因人以求,

⑧ 대대로 책을 구한다. 《통지(通志)[1]》[2] 八因代以求. 《通志》

2) 책을 사는 3가지 기술 購書三術

책을 사는 일에는 다른 기술이 없다. ① 안목은 購書無他術, 眼界欲寬, 精
넓어야 하고, ② 정신은 집중해야 하며, ③ 생각은 神欲注, 心思欲巧.
정교해야 한다.

---

1 통지(通志): 중국 남송(南宋)의 정초(鄭樵, 1104~1162)가 쓴 기전체(紀傳體) 역사서. 〈제기(帝紀)〉·〈황후
열전(皇后列傳)〉·〈연보(年譜)〉·〈약(略)〉·〈열전(列傳)〉으로 구성되며, 특히 정사(正史)의 〈지(志)〉에 해당
하는 20개의 〈약(略)〉에 심혈을 기울인 것으로 평가된다.
2 《通志》卷71〈校讎略〉"求書之道有八論九篇"《文淵閣四庫全書》374, 486쪽).

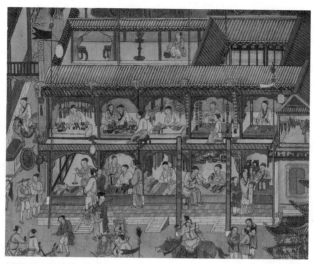

《태평성시도》 중 책방(국립중앙박물관)

① 대개 요즘의 학습은 문인(文人)이 되고, 경전 하나를 고수해서 박사제자(博士弟子)³의 과정을 밟는 일로만 생각한다. 예를 들어 옛날 책에 저술하여 자신의 주장을 세우는 경우는 수백 명 가운데 1~2명도 볼 수가 없다. 자제들이 4개의 구성요소가 대구를 이루는 팔비문(八比文)⁴ 외의 문장을 조금이라도 보면 정업(正業, 본업)에 방해될까 두려워하여 그런 책을 괴물 보듯 하는 것을 매번 본다. 이렇게 되면 자제들은 눈앞의 책 1~2종만 조금씩 엿보고는 스스

蓋今世所習爲文人, 守一經從博士弟子業者也. 如古之著書立言者①, 千百中不一二見焉. 每見子弟於四股八比之外, 略有旁覽, 便恐妨正業, 視爲怪物, 卽子弟稍竊窺目前書一二種, 便自命博雅, 沾沾自喜, 不知宇宙大矣.

---

3 박사제자(博士弟子) : 중국 한(漢) 무제(武帝) 때 태학(太學)에서 박사(博士)에게 수업을 받던 태학생(太學生) 혹은 제생(諸生)을 말한다. 이후에는 생원(生員)을 지칭하게 되었다.

4 팔비문(八比文) : 팔고문(八股文)을 말한다. 중국 송나라의 왕형공(王荊公)에서부터 시작된, 중국 명청(明淸)시대 과거시험의 한 문체이다. 파제(破題, 제목의 의미 설명)·승제(承題, 제목의 부연 설명)·기강(起講, 강론 제시)·입수(入手, 본론으로 들어가는 부분)·기고(起股, 본론의 근거 제시)·중고(中股, 본론의 핵심 서술)·후고(後股, 미진한 부분 보충)·속고(束股, 결론 부분)의 형식으로 이루어져 있으며, 이 중 기고·중고·후고·속고 등 4고(四股)는 각각 대구를 이룬다.

① 著 : 《澹生堂藏書約·讀書訓略·一購書》에는 "不求聞達者".

로 학문이 넓고 인격이 단아한 사람이라 생각하면
서 만족스러워 자기 혼자 기뻐하지만, 이 세상이 크
다는 사실을 알지 못할 것이다.

고금의 서적을 수록한 책, 예를 들어 유흠(劉歆)[5]
의 《칠략(七略)》[6] · 왕검(王儉)[7]의 《칠지(七志)》[8] · 완효서
(阮孝緖)[9]의 《칠록(七錄)》[10] 같이 모두 사람들의 이목에
남아 있는 책은 논의할 필요가 없다. 수나라 대업(大
業) 연간(605~616)에 유변(柳昪)[11] 등이 총서 목록 37
만권을 교정하였고, 당나라 개원(開元) 연간(713~741)
에는 총서 목록 56,476권을 교정했지만, 불가와 도
가의 서적은 거기에 포함되지 않았다. 그러나 사람
들은 삼황오제(三皇五帝)[12]의 전적은 보통 사람들이 바
라볼 수 있는 바가 아니라고 오히려 말한다.

古今載籍, 如劉氏 《七略》、
王儉 《七志》、阮孝緖 《七
錄》, 俱在人耳目者, 無論已.
隋 大業中, 柳昪等校定總
目三十七萬卷, 唐 開元中,
總目五萬六千四百七十六卷
而釋、道二家不與焉. 然猶
曰帝皇之籍, 非士庶所能望
也.

5　유흠(劉歆) : B.C 53?~A.D 25. 중국 전한 말기의 유학자. 자는 자준(子駿). 애제(哀帝) 때 봉거광록대부(奉
　車光祿大夫)를 지냈으며 왕망이 세운 신(新) 왕조에 협력했으나, 뒤에 모반을 꾸미다가 발각되어 자살했
　다. 저서로 《칠략(七略)》 등이 있다.

6　칠략(七略) : 유흠이 아버지인 유향(劉向, B.C 77~B.C 6)과 함께 육예(六藝)의 여러 책을 7종으로 분류한
　책. 집략(輯略) · 육예략(六藝略) · 제자략(諸子略) · 시부략(詩賦略) · 병서략(兵書略) · 술수략(術數略) · 방기
　략(方技略)으로 구성되어 있으며, 중국 최초의 체계적인 서적목록이다.

7　왕검(王儉) : 452~489. 중국 남조(南朝) 제(齊)나라의 유학자. 자는 중보(仲寶), 시호는 문헌(文憲). 송나라
　명제(明帝) 때에 비서승(祕書丞)을 지내고, 남제 때에 상서 좌복야(尙書左僕射)로 있으면서 유풍(儒風)을
　중시하여 경술(經術)을 진작시켰다. 저서로 《칠지(七志)》 등이 있다.

8　칠지(七志) : 왕검이 유흠의 《칠략》 체제를 계승하여 여러 책을 7종으로 분류한 책. 경전지(經典志) · 제자지
　(諸子志) · 문한지(文翰志) · 군서지(軍書志) · 음양지(陰陽志) · 술예지(術藝志) · 도보지(圖譜志)의 7부 구성을
　시도했다.

9　완효서(阮孝緖) : 479~536. 중국 남조(南朝) 양(梁)나라의 목록학자. 자는 사종(士宗). 은거하며 학문에만
　전념하여 13살 때 이미 오경(五經)에 정통했다. 저서로 《칠록(七錄)》 등이 있다.

10　칠록(七錄) : 완효서가 여러 책들을 7종으로 분류한 책. 송나라와 제나라 이래의 도서 기록들을 널리 수집
　해 경(經) · 사(史) · 자(子) · 집(集) · 방기(方伎) · 불(佛) · 도(道)의 7류(類)로 나누어 정리했다.

11　유변(柳昪) : 542~610. 중국 남조(南朝) 수(隋)나라의 문인. 자는 고언(顧言). 진왕(晉王, 훗날의 수양제)을
　보좌하는 학사들 중 중심 인물로, 진왕이 사우(師友)의 예로 대한 학자였다. 수나라가 건국된 이후 수양제
　에 의해 비서감(祕書監)에 등용되었다. 저서로 《진왕북벌기(晉王北伐記)》 · 《유변집(柳昪集)》 등이 있다.

12　삼황오제(三皇五帝) : 중국 고대 전설상의 제왕들. 삼황은 복희씨(伏羲氏) · 신농씨(神農氏) · 여와씨(女媧
　氏), 오제는 황제헌원(黃帝軒轅) · 전욱고양(顓頊高陽) · 제곡고신(帝嚳高辛) · 제요방훈(帝堯放勳) · 제순중화
　(帝舜重華)를 말한다.

이어서 당나라 오긍(吳兢)[13]의 장서 13,468권, 이 것은 누판으로 간행되기 전에 이미 잘못되어 목록으로 만드는 데 힘쓰기 어려웠다. 형남(荊南) 전위(田偉)[14]의 장서 3만 권, 소덕(昭德) 조공무(晁公武)[15]의 오래된 장서 24,800권, 한단(邯鄲) 이숙(李淑)[16]의 장서 23,386권 등과 같은 경우에는 예술(藝術, 기예와 학술)·도교서(道敎書)·서화의 목록은 남아 있지 않다. 보전(莆田) 정인(鄭寅)[17] 집안의 장서는 《칠록》의 분류방식을 그대로 따랐으며, 보유 장서가 이숙에 비해 뒤지지 않았다. 유수(濡須) 진씨(秦氏)[18]는 조정에 주청하여 자신의 저택과 문적을 자손들이 나누어 갖지 못하도록 했으니, 장서를 매우 소중하게 여긴 것이다. 그러나 사람들은 오히려 장서는 전대의 남겨진 일일 뿐이라고 한다.

원나라와의 전란을 겪은 이후의 경우 문헌공(文憲公) 송렴(宋濂)[19]이 서책 1만 권을 모았고, 운간(雲間)

乃唐 吳兢藏書一萬三千四百六十八卷, 此鏤版未行之前, 已戞戞乎難爲力矣. 若荊南田氏藏書三萬卷, 昭德 晁氏舊藏二萬四千八百卷, 邯鄲 李獻臣藏書二萬三千三百八十六卷, 而藝術、道書、書畫之目不存焉. 莆田 鄭子敬家藏書, 仍用《七錄》而卷帙不減于李. 濡須秦氏奏請于朝, 宅舍、文籍, 令子孫不得分析, 其崇重極矣. 然猶曰前代之遺事云耳. 若勝國兵火之後, 宋 文憲公聚書萬卷, 雲間 陸文裕

---

13 오긍(吳兢) : 670~749. 중국 당나라의 역사가. 측천무후(則天武后) 때 사관(史館)에 들어가 《측천실록(則天實錄)》·《예종실록(睿宗實錄)》·《중종실록(中宗實錄)》 편찬 작업에 참여했으며, 당태종의 치세술을 담은 《정관정요(貞觀政要)》를 편찬했다.

14 형남(荊南) 전위(田偉) : ?~?. 중국 송나라의 장서가. 그의 아들인 전호(田鎬)의 《전씨서목(田氏書目)》에 따르면 그 아버지 전위는 형남에 거주했으며 가장(家藏) 도서가 3만 권 가량이었다고 한다.

15 조공무(晁公武) : 1105~1180. 중국 송나라의 목록학자 겸 장서가. 자는 자지(子止), 호는 소덕선생(昭德先生). 진사(進士)를 거쳐 직학사(直學士)와 임안부(臨安府)의 소윤(少尹)을 역임했다. 저서로 《군재독서지(郡齋讀書志)》 등이 있다.

16 이숙(李淑) : 1002~1059. 중국 송나라의 장서가. 자는 헌신(獻臣), 호는 한단(邯鄲). 저서로 《한단재집서목(邯鄲再集書目)》 등이 있다.

17 정인(鄭寅) : ?~1237. 중국 남송의 장서가. 자는 자경(子敬) 또는 승경(承敬), 호는 긍정(肯亭). 보전(莆田, 지금의 복건성 소속) 사람이다. 저서로 《정씨서목(鄭氏書目)》이 있다.

18 유수(濡須) 진씨(秦氏) : 미상. 《문헌통고(文獻通考)》〈경적고(經籍考)〉에 따르면 저서로 《진씨서목(秦氏書目)》이 있다고 한다.

19 송렴(宋濂) : 1310~1380. 중국 명나라 초기의 문인이자 관리. 자는 경렴(景濂), 호는 잠계(潛溪), 시호는 문헌공(文憲公). 명나라 초기의 대표적 학자로 산문에 뛰어났다. 명초(明初)에 태자의 스승이 되었고, 후에 《원사(元史)》의 편찬을 총괄했다. 명 태조(太祖) 주원장(朱元璋)의 신임을 받아 항상 그를 수행하며 고문

문유공(文裕公) 육심(陸深)[20], 누강(婁江) 왕대사마(王大司馬)[21], 오문(吳門) 유봉(劉鳳)[22]의 장서는 모두 수만 권 이하가 아니었다. 의부(儀部) 양순길(楊循吉)[23]의 장서는 10여만 권이었고, 초횡(焦竑)[24]의 장서는 2개 누각에 보관하여 다섯 기둥에 모두 가득했으며, 일일이 모두 교정을 거친 책들이었다. 무주(婺州) 호응린(胡應麟)[25]은 효렴(孝廉)[26] 하나로 책을 모아 42,384권에 이르렀다.

이것은 모두 근래에 지방에 살았던 재산가들의 사례이다. 어찌 사나이로서 결국 궁벽한 시골의 담판한(擔板漢)[27]과 같을 수 있겠는가! 넓은 이 세상에

公、婁江 王大司馬、吳門 劉子威藏書, 皆不下數萬卷. 楊儀部 君謙藏書十餘萬卷, 焦弱侯藏書兩樓, 五楹俱滿而一一皆經校讐. 婺州 胡元瑞以一孝廉集書, 至四萬二千三百八十四卷.

此皆近日士紳家事也, 安可以鬚眉男子, 竟同三家村擔板漢乎! 須知曠然宇宙自有

역할을 했고 명초에 의식과 제도를 제정하는 데 크게 기여했다. 저서로 《송문헌공전집(宋文憲公全集)》등이 있다.

20 육심(陸深) : 1477~1544. 중국 명나라의 관리. 자는 자연(子淵), 호는 엄산(儼山), 시호는 문유(文裕). 1505년 진사가 되어 첨사부첨사(詹事府詹事)를 역임했으며, 문장과 서예에 뛰어났고, 장서가로 유명했다. 저서로 《강동장서목록(江東藏書目錄)》·《육문유장서목(陸文裕藏書目)》·《엄산집(儼山集)》등이 있다.

21 왕대사마(王大司馬) : 미상.

22 유봉(劉鳳) : ?~?. 중국 명나라의 문인이자 관리. 자는 자위(子威). 장주(長洲, 지금의 강소성 소주시 일대) 출신으로, 오문(吳門)은 당시 장주에 있던 창문(閶門)을 말한다. 시어(侍御)·하남안찰사첨사(河南按察使僉事)를 역임했다. 괴상한 문장에 벽자(僻字)를 많이 쓴 것으로 유명하다. 저서로 《자위집(子威集)》·《오중선현찬(吳中先賢贊)》등이 있다.

23 양순길(楊循吉) : 1456~1544. 중국 명나라의 학자. 자는 군겸(君謙). 예부주사(禮部主事)를 지냈다. 지병으로 사직한 뒤 평생 독서와 저술에 전념했다. 저서로 《송주당집(松籌堂集)》·해낭수경(奚囊手鏡) 등이 있다.

24 초횡(焦竑) : 1540~1620. 중국 명나라의 학자이자 관리. 자는 약후(弱侯), 호는 담원(澹園) 또는 의원(漪園), 시호는 문단(文端). 만력(萬曆) 17년(1589) 늦은 나이에 장원급제하고, 한림원수찬(翰林院修撰)을 역임했으며, 황명으로 국사(國史)를 찬수했다. 무고를 받고 탄핵당해 복녕주동지(福寧州同知)로 좌천되자 얼마 뒤 사임하고 귀향했다. 이탁오(李卓吾)와 절친한 양명학자였지만 고증학과 문헌학에도 해박했다. 저서로 《담원집(澹園集)》·《초씨필승(焦氏筆乘)》·《노자익(老子翼)》·《장자익(莊子翼)》등이 있다.

25 호응린(胡應麟) : 1551~1602. 중국 명나라의 학자이자 장서가. 자는 원서(元瑞) 또는 명서(明瑞), 호는 소실산인(少室山人) 또는 석양생(石羊生), 부용봉객(芙蓉峰客). 진사시에 3번 낙방한 뒤, 산중에 집을 짓고 수만 권의 장서를 구비하여 장서 이론과 실천에서 업적을 남겼다. 문헌학(文獻學)·사학(史學)·시학(詩學) 등에 조예가 깊고, 유불도(儒佛道)에 두루 통달했다. 저서로 《소실산방필총정집(少室山房筆叢正集)》·《소실산방유고(少室山房類稿)》·《시수(詩藪)》등이 있다.

26 효렴(孝廉) : 중국 한(漢)나라 때부터 실시된 관리 등용 제도. 효(孝)는 효도이고, 렴(廉)은 청렴한 선비를 이르는데, 효성이 지극하고 청렴결백한 인물을 추천하여 등용했다. 후한(後漢) 때에 와서는 벼슬을 구하는 자가 반드시 거쳐야 할 길이 되기도 했다.

는 본래 형국을 넓게 볼 수 있는 시야가 있음을 알아야 하니, 이른바 앞에서 말한 "안목은 넓어야 한다."는 사례가 바로 이들이다.

② 이른바 "정신은 집중해야 한다."는 말은 바로 사람이 위대한 호걸이 아니라 하더라도 어찌 심심하게 취미가 없을 수 있겠냐는 말이다. 만일 취미가 노름에 술 마시고, 기생놀이하며, 말달리고 검을 놀리는 데 집착한다면, 이는 생명을 손상시키고 생업을 망치는 일임을 굳이 말할 필요도 없다.

그렇다면 못가에서 문장을 짓거나[28] 정이(鼎彝)나 금석(金石)을 가까이하는 일이야말로 선비의 청사(淸事)에 걸맞은 일이다. 그러나 왕희지(王羲之)[29]는 마침내 글씨로 그 품격을 개괄했지만, 염립본(閻立本)[30] 또한 진땀을 흘리며 그림 그리는 일에 회한이 생겼기에 자손에게 경계하여 다시는 그림 그리는 일을 하지 말라고 했다. 옛것을 좋아하는 일이 지나쳐 벽(癖)이 되면 사람이 거의 죽을 듯이 초췌하게 되니,

大觀, 所謂"眼界欲寬"者此也.

所謂"精神欲注"者, 正以人非大豪傑, 安能澹無嗜好? 儻嗜好一著于博飮、狹邪、馳馬、試劍, 傷生敗業, 固不必言.

卽染翰臨池, 鼎彝、金石, 非不稱淸事. 然右軍竟以書槪其品, 而閻立本且悔恨流汗, 戒子孫勿復工繪事. 至於玩古之癖, 令人憔悴欲死, 又不足言矣.

---

27 담판한(擔板漢): 널을 메고 가는 남자라는 말로, 널을 메서 한쪽밖에 볼 수 없으므로 사물의 일면만 아는 사람을 지칭한다.

28 못가에서……짓거나: 중국 후한(後漢) 때 초성(草聖)으로 알려진 장지(張芝, ?~192?)가 글씨를 익힐 적에 자기 집안에 있는 모든 의백(衣帛)에다 반드시 글씨를 쓴 다음에 다시 빨곤 했으므로, 그를 일러 "못가에서 글씨를 연습하여 못물이 다 검어졌다.(臨池學書, 池水盡黑)"라고 한 데서 온 말이다. 전하여 서법(書法)을 배워 익히거나 글씨를 쓰는 일을 말하기도 한다.

29 왕희지(王羲之): 307~365. 중국 동진의 서예가. 관직에서 물러나 산야에 은거하며 많은 글씨를 남겼다. 아들 왕헌지(王獻之)와 함께 2왕으로 불렸고, 당(唐) 태종(太宗)이 그의 글씨를 좋아해서 서체가 더욱 유행하여 주류가 되었다.

30 염립본(閻立本): 600?~673. 중국 당(唐)나라의 관리. 의복 장식과 건축(建築)으로 유명한 집안에서 태어나 공부장관(工部長官)과 재상(宰相)까지 역임했다. 당(唐) 태종(太宗)이 신하들과 함께 춘원지(春苑池)에서 배를 타고 노는데 기이한 새가 물 위에서 놀고 있자, 입본을 불러서 그리게 했다. 이때에 그의 벼슬이 주작낭중(主爵郎中)이었는데, 연못가에 엎드려서 물감을 입으로 빨며 그림을 그리면서 다른 사람들을 바라보고는 땀이 날 정도로 부끄러워했다. 집에 돌아와서 자손에게 경계하기를 "내가 글을 읽어서 문장이 남보다 못하지 않은데, 지금 그림 그리는 재주 때문에 천한 화사(畵師) 노릇을 하였으니, 너희들은 그림을 배우지 말아라. 그러나 나는 천성이 그림을 좋아하므로 그만둘 수도 없다."는 일화가 전한다.

이 또한 말할 것도 없다.

따라서 오직 이러한 여러 종류의 취미를 바꿔 책을 좋아하는 데로 유도할 뿐이다. 비록 마음을 가라앉히고 책을 끝까지 탐구하거나 각고의 뜻으로 책을 편집하는 일을 갑자기 하지는 못하더라도, 우선 이 책을 매일 궤석(几席)에 두고 아끼는 그릇처럼 살펴보면서 장황(裝潢)과 교감(校勘)31을 하며 아침저녁으로 마음 가는 대로 즐겨 책에서 하나의 실마리라도 보도록 한다.

그러다 그 실마리를 우연히 만나게 되면 차마 그 한 권을 자연스레 끝내지 않을 수 없고, 그 한 권에 젖어 들면 여러 권에 다시 젖어 들게 되어 있다. 그러면 이 책을 다 읽기 전인데도 다시 다른 책을 읽을 수 없는 사실을 한스럽게 여기고, 한 번 봤던 책을 읽으려고 하는데도 아직 보지 못한 책을 읽을 수 없는 사실을 한스럽게 여기게 된다. 그리하여 자연히 마시고 먹거나 잘 때마다 입으로 중얼거리고 눈에 아른거리니, 책에 빠지면 이와 같지 않은 경우가 없다.

마치 완부(阮孚)의 나막신32, 혜강(嵇康)의 대장간 일33, 유령(劉伶)의 음주34와 같은 경우처럼 이런 일

惟移此種種嗜好, 注于嗜書, 雖未遽以冥心窮討, 苦志編摩, 惟姑以此書日置几席間, 視同玩器, 裝潢、校讐, 朝斯夕斯, 隨意所喜, 閱其一端.

一端偶會, 此卷自不忍不竟, 一卷旣洽, 衆卷復然. 此書未了, 恨不能復及一書, 方讀其已見, 恨不能讀其所未見, 自然飮食寢處, 口所囁嚅, 目所營注, 無非是者.

如阮之屐、嵇之鍛、劉伶之飮, 非此不復知人生之樂.

---

31 교감(校勘) : 같은 종류의 여러 책을 비교하여 문장이나 문자의 오기(誤記)·오전(誤傳) 따위를 바로잡는 일.

32 완부(阮孚)의 나막신 : 완부(278~326)는 중국 진(晉)나라 사람으로, 자는 요집(遙集). 안동참군(安東參軍)을 지냈다. 그는 나막신[屐] 바닥에 항상 밀랍을 칠해서 반들반들하게 만들어 신고 다니는 일을 좋아했다고 한다. 이러한 취미를 '납극(蠟屐)'이라 한다.

33 혜강(嵇康)의 대장간일 : 혜강(224~263)은 중국 위(魏)나라 말 진(晉)나라 초 사람으로, 자는 숙야(叔夜). 죽림칠현 중 한 사람이다. 그는 쇠를 두드리는 일을 좋아하여 대장간을 운영했다고 한다. 이러한 취미를 '단벽(鍛癖)'이라 한다.

34 유령(劉伶)의 음주 : 유령(221?~300?)은 중국 진(晉)나라 사람으로, 자는 백륜(伯倫). 죽림칠현 중 한 사람이다. 그는 한번 술을 마시면 1석(石)을 마시고 해장할 땐 5두(斗)의 술을 마셨다고 하는 오두해정(五斗解酲)의 고사로 알려져 있다. 이러한 취미를 '주벽(酒癖)'이라 한다.

이 아니면 인생의 즐거움을 다시 알지 못하는 것이다. 사정이 이와 같다면 사물은 좋아하는 사람이 있는 곳에 모이게 마련이니, 기이한 책과 진귀한 판본도 대부분 정신을 집중하는 사람이 얻게 된다.

③ 앞에서 소개했던 정초(鄭樵)[35]의 '책을 구하는 8가지 방법'은 전적(典籍)과 관련된 분야에서의 경제(經濟)[36]라고 할 만하다. 그러나 서계(書契)[37]가 생긴 이래로 이름은 존재하나 실제로 없어진 책이 10개 중 9개를 차지한다. 이와 같은 종류의 책은 국가의 비부(秘府)[38]에서도 오히려 모을 수 없는데, 민간에서 어떻게 얻겠는가? 비록 특정 지역을 통해 책을 구하거나, 저자와 관련된 사람을 통해 구하고자 하더라도 소용없을 것이다.

나는 정초의 '책을 구하는 8가지 방법' 이외에 2가지 의견이 더 있다. 예를 들어 책 중에는 삼대(三代) 때에 저술되어 한나라 때에 없어진 책이 있다. 그러나 한나라 사람들이 책을 쓸 때 경서를 인용하여 그 내용을 근거로 자신의 주장을 뒷받침한 경우가 많다. 또 책 중에는 한나라 때에 저술되어 당나라 때에 없어진 책이 있다. 그러나 그 내용은 당나라 사람들의 저술에 아직도 남아 있다. 또 책 중에는 당나라 때에 저술되어 송나라 때에 없어진 책도 있

如此則物聚於所好, 奇書、秘本, 多從精神注向者得之.

鄭漁仲之"求書八道", 可謂典籍中之經濟矣. 然自有書契以來, 名存而實亡者, 十居其九. 若此之類, 卽國家秘府尙不能收, 民間安從得之? 縱欲"因地"、"因人"以求, 無益也.

余于八求之外, 更有二說. 如書有著于三代而亡于漢者, 然漢人之引經多據之; 書有著于漢而亡于唐者, 然唐人之著述尙存之; 書有著于唐而亡于宋者, 然宋人之纂集多存之.

---

35 정초(鄭樵) : 1104∼1162. 중국 남송(南宋)의 역사가. 자는 어중(漁仲), 호는 협제(夾漈) 또는 계서일민(溪西逸民). 저서로 기전체(紀傳體) 역사서인 《통지(通志)》가 있다.

36 경제(經濟) : 경세제민(經世濟民)의 준말. 다만 여기에서는 '훌륭한 방법' 정도의 의미로 쓰였다.

37 서계(書契) : 나무에 새겨서 쓴 최초의 문자. 신농씨(神農氏)가 노끈을 묶어[結繩] 의사를 표현하다가, 복희씨(伏羲氏) 때에 이르러 서계를 만들어서 이를 대체했다고 전한다.

38 비부(秘府) : 궁중에서 중요한 문서나 책 등을 보관하는 곳.

다. 그러나 송나라 사람이 엮은 책에 그 내용이 많이 남아 있다.

매번 책을 교열(校閱)[39]할 때마다 일반적으로 정문(正文, 본문)에서 인용한 내용과 주해(註解, 주석)에서 주장의 근거로 삼은 내용 중에, 이전 시대의 책을 섭렵하여 저술에 반영했지만, 지금은 전승되지 않는 책의 내용이 있으면 즉시 별도로 그 책에서 각각 기록해두고 순서대로 모은다. 또한 예를 들어 한나라와 당나라 이전의 책 중에서 완전본으로 전해지지 않는 책 일부와 죽간 일부도 모두 수집해야 한다. 이것은 길광편모(吉光片毛)[40]처럼 그 자체로 충분히 진귀한 물건일 뿐만 아니라, 이른바 말의 생김새를 일부분만 가르쳐줘도 말의 전체 생김새가 눈앞에 그려지지 않은 적이 없다는 사례와 같으니, 이것이 8가지 방법 이외에 책을 구하는 하나의 방법이다.

전대에서 남긴 책은 누판에 보이지만, 간혹 대대로 권세를 가진 집안에서 비밀스럽게 전해 내려오거나 성(省)이나 군(郡) 등 지방관청에서 소장하는 책은 자신이 사는 곳과 같은 지역에 소장처가 있더라도 오히려 모두 수집하기 어렵다. 더욱이 월(粵)나라에서 판각했지만 오(吳)나라에는 아직 군이 알려지지 않았을 수도 있고, 촉(蜀)나라에 판본이 있지만 월(越)나라에는 아직 널리 퍼지지 못했을 수도 있으니, 이와 같은 경우가 더욱 많을 것이다. 또한 어찌 날

每檢閱, 凡正文之所引用、註解之所証據, 有涉前代之書而今失其傳者, 即另從其書各爲錄出, 敍次襃集. 又如漢、唐以前殘文、斷簡, 皆當收羅. 此不但吉光片毛, 自足珍重, 所謂擧馬之一體而馬未嘗不立于前, 此一道也.

前代遺書見有鏤板, 或世家所秘, 省、郡所藏, 即同郡共里尙難兼收. 況粵有刻而吳未必知, 蜀有本而越未能徧, 如此者更多也. 又安能使其無翼而飛, 不踁而走哉!

---

39 교열(校閱): 문서나 원고의 내용을 검열하며 교정하는 작업.
40 길광편모(吉光片毛): 길광이라는 신령스런 동물의 털 한 올. 진귀한 예술작품의 남겨진 조각을 말한다.

개가 없는데 날게 하고, 걷지도 못하는데 달리게 할 수 있겠는가?

또 책을 살 때 아직 책을 본격적으로 모으기 전에는 책을 사는 일이 더 쉬운데, 어째서인가? 일반적으로 책은 돈으로 살 수 있다. 곧 특정 지역을 통해 책을 구하거나, 저자와 관련된 사람을 통해 구하거나, 저자의 문파나 가문을 통해 구하거나, 대대로 구하면 가능하지 않은 책이 없다.

且購書, 于書未集之先易, 何也? 凡書可購也, 卽因地、因人、因家、因代, 無不可者.

반대로 책을 조금이라도 모으기 시작한 이후에는 책을 사는 일이 어려운데, 어째서인가? 국내에서 통행되는 책은 대개 합해서 수십 수백 종 정도일 뿐이다. 만일 많은 책을 한꺼번에 구하거나, 혹은 천 리나 멀리 떨어져 있는 책을 역참(驛站)을 통해 받거나, 혹은 비싼 가격을 주고 구입하고 시장에서 돌아와 책 상자를 열었는데 그중에 이미 서가에 책이 있다면 뜻하지 않게 책에 대한 흥미가 사라지는 경우도 있지 않겠는가?

購書, 于書稍集之後難, 何也? 海內通行之書, 大都此數十百種耳. 儻一槪求之, 或以千里郵至, 或以重値市歸, 乃開篋而已有在架矣, 有不意興索然者乎?

내 생각에 고서(古書) 중에서 절대 구할 수 없는 경우는 나라가 안정된 시기에 간행된 책이 결코 아니다. 만약 안정된 시기에 간행되었다면 반드시 그 시기에 간행된 글에서 서문을 볼 수 있다. 따라서 그 책을 끝내 구하지 못했어도 그 서문은 이따금 각 문집에 수록되어 있어 살펴볼 수 있다.

余謂古書之必不可求, 必非昭代所梓行者也. 若昭代之所梓行, 則必見序于昭代之筆. 其書卽不能卒得, 而其所序之文則往往載于各集者可按也.

이제 어떤 문집에 해당 책에 대한 약간의 내용과 그 책의 서문이 어느 해에 판각되었는지, 어느 지역에 보관되어 있는지를 서술하였기 때문에 서문을 써서 간행했다는 여러 저자들의 글을 채집하고 이를

今以某集有序其書若干首, 某書之序刻于何年, 存於何地, 採集諸公序刻之文而錄爲一目, 自知某書可從

기록하여 하나의 목록을 만들어야 한다. 그러면 어떤 책은 어느 곳에 가야 구할 수 있고, 어떤 책은 누구에게 가야 찾을 수 있는지 자연히 알 수 있다.

이미 구비된 목록을 두고 아직 갖추지 못한 책을 찾는다면 이본(異本)이 날로 모이게 되니, 같은 책이 중복되는 번거로움이 없을 것이다. 이것이야말로 진정 밤길의 등불이고 보배를 찾는 구슬이니, 이것이 8가지 방법 이외에 책을 구하는 또 하나의 방법이다. 즉 이상의 2가지 단서는 비슷한 종류로 묶어 총괄할 수 있다. 하나의 정교함으로 8가지 구하는 방법을 쓸 수 있다. 그러므로 "생각은 정교해야 한다."라 말한다. 《담생당장서약(澹生堂藏書約)[41]》[42]

某地求也, 某書可向某氏索也.

置其所已備, 覓其所未有, 則異本日集, 重複無煩. 斯眞夜行之燭而探寶之珠, 此又一道也, 即此二端可以觸類總之. 一巧以用八求, 故曰"心思欲巧"也. 《澹生堂藏書約》

3) 책을 구입할 때는 책의 상태를 따지지 않는다

論購書毋問冊帙美惡

장서가는 책 상태를 따지지 않는다. 오직 기이하고 숨겨진 것을 찾아서 옛사람의 한 말씀 한 논의의 숨겨진 뜻을 보고 가슴 속에 알지 못하고 듣지 못한 것을 넓히려 할 뿐이다. 심지어 자나깨나 좋아하는 분야에 대해서는 백방으로 찾아 구한다.

그래서 경서(經書)·제자서(諸子書)·사서(史書)·백가(百家)의 9가지 분파·시문·전기(傳記)·패관야사(稗官野史)의 책들·도가와 불가의 경전에 이르기까지 모두 수집하지 않는 책이 없다. 그러므로 항상 서책을

藏書者, 無問冊帙美惡. 惟欲搜奇索隱, 得見古人一言一論之秘, 以廣心胸未識未聞. 至②於夢寐嗜好, 遠近訪求.

自經書、子史、百家九流、詩文、傳記、稗野雜著、二氏經典、靡不兼收. 故常景耽書, 每見新異之典, 不

---

41 담생당장서약(澹生堂藏書約):중국 명(明)나라의 장서가 기승선(祁承㸁, 1563~1628)이 쓴 도서관학 전문서. 담생당은 그의 장서각 이름이다. 이 책에서 그는 평생 동안의 도서 수집·독서·도서 구입 경험을 총망라했다.

42 《澹生堂藏書約》〈藏書訓略〉"一購書"《澹生堂藏書約(外八種)》, 15~18쪽).

② 至:저본에는 "致".《遵生八牋·燕閑清賞箋·清賞諸論》에 근거하여 수정.

애호하고 탐닉하여 새롭고 특이한 서적을 볼 때마다 가격의 높고 낮음을 따지지 않고 반드시 얻는 데에 목적을 둔다. 《준생팔전》[43]

論價之貴賤, 以必得爲期. 《遵生八牋》

책을 구입하면서 화려하게 꾸며진 책을 구하는 것은 친구를 구하면서 의관의 아름다움을 취하는 것과 같다. 친구를 구하면서 의관의 아름다움을 취한다면 누추한 의복을 입었으나 옥을 품은 선비와는 멀어질 것이다. 책을 구하면서 화려하게 꾸며진 책을 구하려 한다면 희귀종이나 이본의 책이 구하려는 목록에서 빠지게 될 것이다.

購書而欲裝潢華美, 猶求友而取衣冠鮮麗也. 求友而取衣冠鮮麗, 則衣褐懷玉之士遠矣. 求書而欲裝潢華美, 則稀種、異本之書闕矣.

책 쌓아두기를 귀하게 여기는 취미는 앞으로 예전 사람들의 언행을 많이 알고 나의 식견을 더욱 증대하기 위함인가? 아니면 비단을 장식하고 상아 표찰을 끼운 책을 서가에 꽂아두고 보기에 아름다움을 위함인가? 100금(金)을 깨서 비단 장정 1질을 구하기보다는 10금을 써서 종이 장정 2~3질을 구하면 어떻겠는가? 정작 감당할 수 없는 문제는 판각의 손상이고, 인쇄의 혼탁함이며, 편간(編簡)[44]의 누락이다.

所貴乎儲書者, 將欲多識前言往行, 增益吾識見耶? 抑欲錦帛[3]牙籤, 揷架觀美爲耶? 與其破百金而購錦裝一帙, 何如用十金[4]而購紙裝二帙、三帙耶? 所不可堪者, 卽板刻之刓缺也, 刷搨之昏濁也, 編簡之漏佚也.

일반적으로 책을 구입할 때는 반드시 먼저 한 장 한 장 펼쳐보고 판각과 인쇄의 상태가 어떠한지 살펴보아야 한다. 그 다음은 목록을 살펴보고 편간의

凡購書, 必先逐葉攤閱, 以觀其板刻、刷搨如何. 次按目錄, 以觀編簡落佚與

---

43 《遵生八牋》卷14〈燕閑淸賞牋〉"淸賞諸論"(《遵生八牋校注》, 536쪽).

44 편간(編簡): 옛날에 종이 대신 글씨를 쓰던 대쪽. 서책(書冊)을 의미한다.

③ 帛 : 저본에는 "函".《金華耕讀記·儲書》에 근거하여 수정.

④ 用十金 : 저본에는 "破百金".《金華耕讀記·儲書》에 근거하여 수정.

낙질 여부를 살펴본다. 장지(裝池)45의 좋고 나쁨에 대해서는 굳이 묻지 않는다. 만약 책이 끊어지거나 섞인 상태가 너무 심하면 보완하여 엮거나 다시 장정해도 무방하다.《금화경독기》46

否. 至於裝池姸媸, 不須問. 假令斷爛已甚, 不妨補綴或改裝也.《金華耕讀記》

4) 책의 가치

論書籍輕重

예로부터 내려왔으나 오늘날 이어붙일 수 없는 책의 분야가 경부(經部, 경서류)이다. 이전 시대에 대해 의론이 분분하지만, 그 시대에 영향을 미치지 못하는 책의 분야가 사부(史部, 역사류)이다. 날로 없어지고 날로 사라지는 책의 분야가 자부(子部, 제자류)이다. 날로 넓어지고 날로 늘어나는 책의 분야가 집부(集部, 문집류)47이다.

垂于古而不能續于今者, 經也;繁于前代而不及于前代者, 史也;日亡而日逸者, 子也;日廣而日益者, 集也.

전에 없던 것이 뒤에 더해지기도 하는데, 모이고 흩어지는 내용이 대략 비슷한 책48이 유서(類書)49와 잡찬(雜纂)50의 종류이다. 예전에 이미 있었는데 나중에 더 세분되어 도리어 분분하게 해학이나 괴이한

前有所亡而後有所益, 聚散略相當者, 類書、雜纂之流也;前者尙存, 後者愈蔓, 紛還詼謔而不可律者,

---

45 장지(裝池):서책이나 서화첩 따위를 종이나 비단(緋緞)으로 발라서 꾸밈. 장황(裝潢)과 같은 말이다.

46 《金華耕讀記》卷5〈儲書〉, 11쪽.

47 집부(集部, 문집류):역대 작가의 산문(散文)·변려문(騈儷文)·시(詩)·사(詞)·문학평론 등을 분류해 편찬한 서적.

48 모이고……책:서책의 종류를 분류할 때 어떤 경우는 사류(史類)에 넣었다가 책의 성격이 경부(經部)로 분류하는 게 맞아 경부로 옮기고, 어떤 경우는 예전에 각기 다르게 분류되어 있던 책들을 하나의 종류로 묶어 새로 분류하는 등의 작업을 말한다.

49 유서(類書):경(經)·사(史)·자(子)·집(集)의 전 영역 또는 일정 영역에 걸친 많은 서적부터 고실(故實)·시문(詩文) 등 각 분야의 책들을 유별(類別) 또는 자별(字別)로 분류하여 편찬한 서적. 중국에는 《황람(皇覽)》·《예문유취(藝文類聚)》·《태평어람(太平御覽)》·《운부군옥(韻府群玉)》·《영락대전(永樂大典)》·《산당사고(山堂肆考)》·《고금도서집성(古今圖書集成)》·《격치경원(格致鏡原)》 등이 있고, 조선에는 《고사촬요(攷事撮要)》·《대동운부군옥(大東韻府群玉)》·《고사신서(攷事新書)》·《지봉유설(芝峰類說)》·《성호사설(星湖僿說)》·《오주연문장전산고(五洲衍文長箋散稿)》·《임하필기(林下筆記)》 등이 있다.

50 잡찬(雜纂):명사들의 사소하고 다양한 고사들을 모아 기술해 놓은 서적을 말한다.

이야기들이 늘어나 통제할 수 없는 책이 잡사(雜史)[51] 와 소설(小說)[52]의 종류이다.

그러므로 역사서를 10권 얻는 것은 잃어버린 경 전 1권을 얻는 것만 못하다. 오늘날의 문집 100권 을 얻는 것은 주(周)나라나 진(秦)나라 이전의 제자서 1권을 얻는 것만 못하다. 수백 권의 소설을 얻는 것 은 한(漢)나라나 당(唐)나라의 실록 1권을 얻는 것만 못하다. 이는 전자들이 다룬 책(역사서·문집·소설)의 분야가 후자들이 다룬 책(경전·제자서·실록)의 분야에 미치지 못하기 때문이다.

국조(國朝, 명나라)의 책 10권 구입은 송나라의 책 5권만 못하다. 송나라의 책 10권 구입은 당나라의 책 3권만 못하다. 당나라의 책 10권 구입은 한나라 와 육조(六朝)의 책 2권만 못하다. 한나라와 육조의 책 10권은 삼대(三代)의 책 1권만 못하다. 이는 전자 들이 다룬 시대가 후자들이 다룬 시대에 미치지 못 하기 때문이다.《담생당장서약》[53]

雜史與小說之類也.

故得史十者, 不如得一遺 經;得今集百者, 不如得一 周、秦以上子;得百千小說 者, 不如得漢、唐實錄一. 此其書之不相及也.

購國朝之書十, 不能當宋 之五也;宋之書十, 不能當 唐之三也;唐之書十, 不能 當漢與六朝之二也;漢與 六朝之書十, 不能當三代之 一也. 此其時之不相及也. 《澹生堂藏書約》

5) 책의 진품과 위작

경부(經部)는 위작(僞作)하기 쉽지 않고, 사부(史部) 는 위작할 수 없고, 집부(集部)는 위작할 필요가 없 어서, 위작한 책은 대부분 자부(子部)에 있다. 요컨 대 이 사부(四部)는 모두 위작이 없을 수 없으니, 안

論書藉眞僞

經不易僞, 史不可僞, 集不 必僞, 而所僞者多在子. 要 之四部皆不能無僞, 具眼 者宜明辨之.《澹生堂藏

---

51 잡사(雜史):정사(正史) 외의 각종 사서(史書) 또는 개인의 사전(史傳) 등을 총칭한다.
52 소설(小說):경서나 사서와 같은 급은 아니지만 천문지리(天文地理)와 같이 심도 있는 주제부터 초목충어 (草木蟲魚)·기괴신선(鬼怪神仙) 등에 이르기까지 다양한 주제를 논한 책. 예를 들면, 송(宋)나라 비연(費 袞, ?~?)이 지은 《양계만지(梁溪漫志)》같은 경우가 이에 해당한다.
53 《澹生堂藏書約》〈讀書訓略〉 "一鑒書"《澹生堂藏書約(外八種)》, 18~19쪽).

목을 갖춘 사람이 분명하게 가려내야 할 것이다.   書約》
《담생당장서약》54

　전대의 위작으로 세상 사람들이 모두 위작임을 　　有僞作于前代而世率知之
아는 책이 있는데, 풍후(風后)55의 《악기(握奇)》56와 기 　者, 風后之《握奇》、歧伯之
백(歧伯)57의 《소문(素問)》58이 이것이다. 　　　　　《素問》是也.

　가까운 과거의 위작인데도 세상 사람들이 도리어 　有僞作于近代而世反惑之
의심한 책이 있는데, 복상(卜商)59의 《역전(易傳)》60과 　者, 卜商之《易傳》、毛漸之
모점(毛漸)61의 《연산역(連山易)》62이 이것이다. 　　　《連山》是也.

　옛사람의 일과 엮어 위작한 책이 있는데, 공자가 　有掇古人之事而僞者, 仲
수레 덮개를 젖히자 《자화자(子華子)》63가 있게 되고, 　尼傾蓋而有《子華》, 柱史
노자(老子)64가 관문을 나가자 《윤희(尹喜)》65가 있게 　出關而有《尹喜》是也.
되었다고 한 경우가 이것이다.

---

54 《澹生堂藏書約》〈讀書訓略〉"一鑒書"(《澹生堂藏書約(外八種)》, 19쪽).

55 풍후(風后) : 중국 고대 신화와 전설 속의 황제(黃帝)의 신하. 일설에 풍백(風伯)이라고도 하는데, 풍백의
　이름은 비렴(飛廉)이다. 천문을 담당하여 민간에 천문적 정보를 전하고 비바람을 예측·주관하였다고 한
　다. 황제가 태산(泰山)에서 귀신을 맞을 때 그가 먼지를 쓸었다고 한다. 치우(蚩尤)가 병사를 일으켜 황제
　와 전쟁을 벌였는데, 황제가 풍백과 우사(雨師)를 불러 큰 비바람을 일으키도록 했다고 한다.

56 악기(握奇) : 중국 고대의 군사관련 서적으로, 8진(八陣)의 포진(布陣)에 관한 책이다. 총 1권, 380여 자이
　다. 다른 이름은 《풍후악기경(風后握奇經)》·《악기경(握奇經)》이다.

57 기백(歧伯) : 중국 고대 신화와 전설 속의 황제의 신하. 의학을 담당하여 후대에 의학의 스승으로 불린다.

58 소문(素問) : 황제(黃帝)와 황제의 신하들 간의 문답형식으로 구성된 의학서. 일명 《황제내경소문(黃帝內經
　素問)》이다. 원서(原書)는 9권으로 모두 81편인데, 위진(魏晉) 이후에 8권만 남아 있다. 당(唐)나라 왕빙(王
　冰)이 보주(補注)를 달 때 24권으로 고치고, "대론(大論)" 7편을 보충하였지만 "자법론(刺法論)"과 "본병론
　(本病論)" 2편은 누락되었다. 북송(北宋)의 임억(林億) 등이 교주(校注)한 뒤에야 지금의 《소문》이 되었다.

59 복상(卜商) : B.C 507~?. 공자의 제자 자하(子夏)의 이름. 자하는 그의 자(字)이다.

60 역전(易傳) : 공자의 제자 자하가 《주역(周易)》을 주(注)했다고 알려진 책.

61 모점(毛漸) : 1036~1094. 중국 송(宋)나라의 관리. 자는 정중(正仲). 영종(英宗) 치평 4년(1067)에 진사(進
　士)가 되었다.

62 연산역(連山易) : 모점이 얻은 《삼분(三墳)》이라는 책에 실린 3전(傳) 중의 하나. 3전은 연산역(連山易)·건
　곤역(乾坤易)·귀장역(歸藏易)이다.

63 자화자(子華子) : 중국 송(宋)대에 일시적으로 유행했던 위서. 공자가 정본(程本)이라는 이를 길에서 우연히
　만나 수레 덮개를 젖히고 담소를 나누었다는 고사를 원용해서 지은 책.

64 노자(老子) : 원문의 주사(柱史)를 옮긴 것이다. 노자가 주(周)나라의 주하사(柱下史)란 벼슬에 있었기 때문
　에 노자(老子)를 달리 일러 주사(柱史)라고 한다.

옛사람의 문장을 끼고 위작한 책이 있는데, 오원(吳員)[66]이 책을 지어 《월절서(越絕書)》[67]가 있게 되고, 가의(賈誼)[68]가 붕(鵬)새에 대한 부(賦)를 지어 《갈관자(鶡冠子)》[69]가 있게 되었다고 한 경우가 이것이다.

有挾古人之文而僞者, 伍員著書而有《越絕》, 賈誼賦鵬而有《鶡冠》是也.

옛사람의 이름에 관련된 내용을 붙여 위작한 책이 있는데, 이윤(伊尹)[70]이 솥을 지고 가서 탕왕(湯王)에게 유세한 뒤 《탕액(湯液)》[71]이 널리 알려졌고, 영척(寗戚)[72]이 소에게 꼴을 먹이다가 제환공(齊桓

有傳古人之名而僞者, 尹負鼎而《湯液》聞, 戚飯牛而《相經》著是也.

---

65 윤희(尹喜): 본래는 주(周)나라 강왕(康王) 시대의 관리. 어느 날 밤, 윤희가 밤하늘을 관측하다가 동쪽 하늘에 있던 자기(紫氣)가 서쪽으로 흘러가는 현상을 보았다. 이는 성인이 서쪽으로 이동하는 징조임을 깨달은 윤희는 곧바로 왕에게 함곡관(函谷關, 당시 서쪽 국경)으로 전출을 신청해 경비대장으로 취임하여 귀인을 기다리자, 어느 날 태상노군(太上老君, 노자)이 푸른 소가 끄는 흰 수레를 타고 함곡관을 통과하는 것을 보고 그를 맞이했다. 이때 노자가 윤희에게 주었던 책이 바로 도교의 경전 중에서 가장 중요한 《도덕경(道德經)》이다. 《윤희(尹喜)》는 여기에서 윤희에게 주었다는 《도덕경》을 의미한다.

66 오원(吳員): B.C 559~B.C 484. 중국 춘추시대의 초(楚)나라 초읍(椒邑) 사람으로 이름은 원(員), 자는 자서(子胥)이다. 오(吳)나라 대부이자 군사가이다. 그의 부친은 오사(伍奢)로 초나라 평왕(平王) 자건(子建)의 태부(太傅)였는데, 비무극(費無極)의 모함을 받아 큰 아들 오상(伍尚)과 동시에 피살되었다. 이에 오자서(伍子胥, B.C 559~B.C 484)는 오나라로 망명하여 오왕(吳王) 합려(闔閭)의 신하가 되었다가 B.C 506년에 오자서는 손무(孫武)와 더불어 군대를 이끌고 초나라의 도성을 함락시켰고, 초평왕(楚平王)의 무덤을 파헤쳐서 그 시신에 채찍 3백 대를 쳐서 부친과 형의 복수를 했다. 실제 《월절서(越絕書)》의 저자는 후한(後漢)의 오평(吳平, ?~?)이다.

67 월절서(越絕書): 중국 후한(後漢)시대 오평(吳平)이 편찬한 책. 춘추시대 오(吳)·월(越) 두 나라의 패권야사(稗官野史)를 기록하였고 위로 우공(禹公)의 치수(治水) 사업부터 아래로 양한(兩漢) 및 기타 제후국의 역사를 널리 수집하여 기록했다. 도가사상의 영향이 짙게 배어 있는 책이다.

68 가의(賈誼): B.C 201~B.C 168. 중국 전한(前漢)의 학자·정치가. 어릴 때부터 시문에 능했다. 수오공(守吳公)의 추천으로 문제에게 중용되고, 23세에 박사가 되었다. B.C 174년 유학(儒學)과 오행설(五行説)에 기초를 둔 새로운 제도의 시행을 황제에게 상주했다가 장사왕(長沙王)의 태부(太傅)로 좌천되었다. 뒤에 양(梁)나라 회왕(懷王)의 태부가 된 후, 시폐(時幣)를 극론하고, 치안책을 진언했다. 부(賦)에 능하고, 사상가로도 유명하다.

69 갈관자(鶡冠子): 《한서(漢書)》 〈예문지(藝文志)〉 도가편(道家篇)의 한 편명. 당송(唐宋) 이후에 내용이 덧붙여졌다. 갈관자(鶡冠子, ?~?)는 춘추시대 사람으로, 전국시대 초나라 사람이라고도 한다. 성명은 알 수 없다. 깊은 산에 은거하면서 갈조(鶡鳥)의 깃털로 관(冠)을 쓰고 다녀 이렇게 불린다. 황로(黃老)의 학문을 근본으로 삼았다.

70 이윤(伊尹): 고대 중국에서 탕왕(湯王)을 도와 은(殷)나라를 일으킨 개국 공신.

71 탕액(湯液): 이윤이 지었다고 전해지던 탕액서.

72 영척(寗戚): ?~?. 춘추시대 위(衛)나라 사람. 집안이 가난하여 남의 수레를 끌어주면서 살았다. 제(齊)나라 환공(桓公)이 이르자 소의 뿔을 두드리며 "백석가(白石歌)"를 불렀는데, 환공이 이를 듣고 불러다가 이야기를 나눈 뒤에 그가 현자(賢者)임을 알고 대부로 삼았다. "백석가"는 다음과 같다. "남산 깨끗하고 흰이유 흰 돌 많아서라네. 세상에서 요와 순의 선위(禪位) 보지 못하니, 짧은 베옷 단출하게 정강이에 이르네. 저녁부터 소 먹이며 한밤중에 이르렀으니, 긴긴 밤 길고 길어 언제쯤 날이 샐꼬.(南山矸, 白石爛. 生不遭堯

公)73에게 유세한 뒤 《상경(相經)》74이 저명해졌다고
한 경우가 이것이다.

고서의 이름을 답습하여 위작한 책이 있는데, 《급총기년(汲冢紀年)》75이 발견되자 《사춘(師春)》76이 보완되고, 《도올(檮杌)》77에서 실마리를 잡아 《초사(楚史)》78가 전해지는 경우가 이것이다.

有蹈古書之名而僞者, 《汲冢》發而《師春》補, 《檮杌》紀而《楚史》傳是也.

자기 이름을 드러내기를 꺼려서 위작한 책이 있는데, 위태(魏泰)79의 《필록(筆錄)》80같은 종류가 이것이다.

有憚于自名而僞者, 魏泰《筆錄》之類是也.

자기 이름을 드러내기가 부끄러워 위작한 책이 있는데, 화씨(和氏)81의 《향렴(香奩)》82같은 종류가 이것이다.

有恥于自名而僞者, 和氏《香奩》之類是也.

與舜禪, 短布單衣適至骭. 從昏飯牛薄夜半, 長夜曼曼何時旦.)"

73 제환공(齊桓公) : 재위 B.C 685~B.C 643. 중국 제(齊)나라의 15대 군주로 본명은 소백(小白). 재위 기간 중 관중·포숙아·영척(甯戚) 등 현신들의 보필을 받아 내치와 외정 양면에서 혁혁한 성공을 거둬 제나라를 제일의 강대국으로 진흥시키고 천하 제후들을 아홉 차례나 소집해 대규모의 제후 회의를 열어 패자로 추대됨으로써 춘추5패(春秋五覇)의 선봉이 되었다.

74 상경(相經) : 미상. 관중·포숙아·영척 등 훌륭한 재상들을 기록하여 후대 재상들의 모범으로 삼은 책으로 추측된다.

75 급총기년(汲冢紀年) : 진(晉) 태강(太康) 2년(281) 급군(汲郡)에서 도굴꾼이 고총(古塚)을 파헤치던 중에 죽간이 발견되었는데, 무제(武帝)의 명으로 이 죽간의 글자를 판독하고 베껴 만든 책이다. 중국 고대 하(夏)·은(殷)·주(周)를 거쳐 위(魏)의 양왕(襄王, 재위 B.C 334~B.C 319) 때까지를 편년체로 엮은 역사서이다.

76 사춘(師春) : 급총(汲冢)에서 발견된 역사서. 사춘은 지은이의 이름이기도 하다.

77 도올(檮杌) : 중국 춘추시대 초(楚)나라의 역사서.

78 초사(楚史) : 중국 명(明)나라 위상(魏裳)이 지은 역사서. 초사 76권을 저술하고 심혈(心血)이 모두 없어져서 죽고 말았다고 한다.

79 위태(魏泰) : ?~?. 중국 북송(北宋)의 시인. 자는 도보(道輔), 호는 계상장인(溪上丈人). 벼슬에 나가지 않고 은거하면서 문장을 지어, 시호(詩豪)로 불렸다. 저서로 《동헌필록(東軒筆錄)》·《임한은거시화(臨漢隱居詩話)》가 있다.

80 필록(筆錄) : 위태가 지은 《동헌필록(東軒筆錄)》을 모방하여 위작한 책. 위태의 《동헌필록》은 15권으로 되어 있는 필기류 서적. 중국 북송(北宋) 태조(太祖)에서 신종(神宗)에 이르기까지 6조의 옛 일을 기록했다.

81 화씨(和氏) : 미상.

82 향렴(香奩) : 미상. 중국 당나라 시인 한악(韓偓, 844~923)이 지은 《향렴집(香奩集)》을 모방하여 위작한 책으로 추정된다. 한악의 《향렴집》은 관능적인 정경을 화려하고 곱게 직설적으로 표현했다.

다른 사람의 책을 그대로 베껴 위작한 책이 있는데 법성(法盛)[83]의《진서(晉書)》[84] 같은 종류가 이것이다.

有襲取乎人而僞者, <u>法盛</u>《晉書》之類是也.

다른 사람에게서 중요한 내용을 따와 위작한 책이 있는데, 소식(蘇軾)[85]의《두해(杜解)》[86] 같은 종류가 이것이다.

有假重於人而僞者, <u>子瞻</u>《杜解》之類是也.

다른 사람을 미워하여 그 사람 이름으로 책을 위작해서 해코지한 책이 있는데, 우승유(牛僧孺)[87]의《주진행기(周秦行紀)》[88]같은 종류가 이것이다.

有惡其人, 僞以禍之者, <u>僧孺</u>《行紀》之類是也.

다른 사람을 미워하여 그 사람 이름으로 위작해서 무고(誣告)한 책이 있는데, 매요신(梅堯臣)[89]의《벽운하(碧雲騢)》[90]같은 종류가 이것이다.

有惡其人, 僞以誣之者, <u>聖俞</u>《碧雲騢》之類是也.

본래 위작이 아니지만 다른 사람이 이를 가탁(假

有本非僞, 人托之而僞者,

---

83 법성(法盛) : 중국 송(宋)나라 사람. 본래 성은 섭(聶). 조씨(趙氏)의 난을 피해 금릉(金陵)에 숨었다가 건복사(建福寺)에서 출가했다. 재주와 지혜가 뛰어났다.

84 진서(晉書) : 법성이 지은 것처럼 위작한 책으로, 내용은 미상.

85 소식(蘇軾) : 1036~1101. 중국 북송(北宋)의 문인. 자는 자첨(子瞻), 호는 동파(東坡), 시호는 문충(文忠). 아버지 소순(蘇洵), 동생 소철(蘇轍)과 더불어 삼소(三蘇)라 불리며, 3부자가 모두 당송팔대가(唐宋八大家)에 속했다. 철종(哲宗) 때에 중용되어 구법파(舊法派)의 중심적 인물로 활약했고, 특히 구양수(歐陽脩)와 비교되는 대문호로서 부(賦)를 비롯하여 시(詩)·사(詞)·고문(古文) 등에 능했고, 서화(書畫)로도 유명했다. 저서로《동파전집(東坡全集)》이 있다.

86 두해(杜解) : 소식(蘇軾)이 지은 것처럼 소식의 말을 따다가 두보(杜甫)의 시를 해석한 책으로 추정된다.

87 우승유(牛僧孺) : 779~847. 중국 당나라의 재상. 자는 사암(思黯). 805년 진사에 급제하여 고공원외랑(考功員外郎)과 어사중승(御史中丞)을 역임하고, 목종(穆宗)의 신임을 얻어 823년 재상이 되었다. 이종민(李宗閔)과 붕당을 만들어 이덕유(李德裕) 일파와 '우이(牛李)의 당쟁[우승유 중심의 우당(牛黨)과 이덕유 중심의 이당(李黨) 사이의 당쟁]'을 벌였다.

88 주진행기(周秦行紀) : 우승유가 지었다고 잘못 알려진 소설(小說).《태평광기(太平廣記)》·《설부(說郛)》등에는 모두 우승유 찬으로 명기되어 있으나, 사실은 우이의 당쟁에서 이당에 속하는 위관(韋瓘, ?~?)이 우당의 영수 우승유를 비방하기 위해서 그의 이름에 가탁하여 쓴 소설이다.

89 매요신(梅堯臣) : 1002~1060. 중국 송(宋)나라의 시인. 자는 성유(聖俞), 호는 완릉(宛陵). 세련되고 정밀한 구법(句法)이 특징이며, 두보(杜甫) 이후 최대의 시인이라는 평가를 받았다. 구양수의 시우(詩友)로 돈독한 관계를 유지하였다. 문집으로《완릉집(宛陵集)》이 있다.

90 벽운하(碧雲騢) : 중국 송(宋)나라 위태(魏泰)라는 사람이 지은 소설. 매요신의 이름을 슬쩍 빌려 선배 명공(名公)들을 무함하며 헐뜯었는데, 그중에서도 범중엄(范仲淹)을 공격하는 데에 온 힘을 기울였다. 위태는 양양(襄陽) 출신으로, 사람됨이 볼만한 행실은 없어도 말재주는 있었는데, 과거시험에서 뜻대로 되지 않자 위서(僞書)를 지어내면서 혼자 즐겼다고 한다.

託)하여 위작이 된 책이 있는데, 《음부경(陰符經)[91]》에서 삼황(三皇)을 언급하지 않았는데도 이전(李筌)[92]이 황제(皇帝)를 칭한 것 같은 종류가 이것이다.

어떤 책이 본래부터 위작인데 다른 사람이 더 보완하여 더욱 위서로 낙인찍힌 책이 있는데, 《건곤착도(乾坤鑿度)[93]》 및 여러 위서(緯書)[94]의 종류가 이것이다.

또 위작인줄 알았다가 위작이 아닌 책이 있는데, 《동령진경(洞靈眞經)[95]》이 본래 왕사원(王士元)[96]이 보완한 책이나 항창(亢倉)[97]으로 위조한 종류와, 《서경잡기(西京雜記)[98]》가 본래 갈홍(葛洪)[99]이 전한 책이나 유흠(劉歆)으로 위조한 종류가 이것이다.

또한 위작이 아닌데 위작이라고들 말하는 책이

《陰符》不言三皇而李筌稱皇帝之類是也.

有書本僞, 人補之而益僞者, 《乾坤鑿度》及諸緯書之類是也.

又有僞而非僞者, 《洞靈眞經》本王士元所補, 而以僞亢倉, 《西京雜記》本葛稚川所傳, 而以僞劉歆之類是也.

又有非僞而曰僞者, 《文子》

---

91 음부경(陰符經) : 도가(道家)의 사상을 수용한 병법서(兵法書). 447자의 단문으로, 신선포일연도(神仙抱一演道)·부국안민연법(富國安民演法)·강병전승연술(强兵戰勝演術)의 3장으로 구성되어 있다. 도교에서 경전으로 숭상하여 경(經)이란 글자도 붙게 되었다. 중국 신화시대의 황제가 저술했다고 전하며, 북위시대의 도사 구겸지(寇謙之)가 명산에 감추어서 후세에 전한 것을 당나라의 이전(李筌)이 숭산(崇山)의 석실에서 발견했는데, 그때 여산(廬山)의 노모인 여선(女仙)을 만나 음부(陰符, 주술이 적힌 부적)에 따라 비문(秘文)을 해석했다고 한다.

92 이전(李筌) : ?~?. 중국 당(唐)나라 전기의 도가 사상가이자 군사 이론가. 저서로 병법서인 《신기제적태백음경(神機制敵太白陰經)》이 있는데, 태백성(太白星)이 살육과 정벌을 주관한다고 여겨 군사(軍事)와 연관짓던 관습에서 비롯된 명칭이다.

93 건곤착도(乾坤鑿度) : 중국 송(宋)나라 원우(元祐) 연간(1086~1094)에 지어져 유행했던 작자 미상의 점술서.

94 위서(緯書) : 유가의 경전을 임의로 편집하거나 주석을 추가한 책.

95 동령진경(洞靈眞經) : 중국 당(唐)나라 왕사원(王士元)이 편찬하고 하찬(何燦)이 주석을 단 책. 원래 서명은 《항창자(亢倉子)》. 《장자(莊子)》 등 도가의 서적에서 뽑아 기록했다. 당(唐)나라 천보(天寶) 연간(742~755)에 도교 진경(眞經) 중의 하나로 손꼽았다.

96 왕사원(王士元) : ?~1357. 중국 원(元)나라 은주(恩州) 사람. 자는 요좌(堯佐). 진사(進士)·체주판관(棣州判官)을 거쳐 자주지주(磁州知州)가 되었다. 순제(順帝) 지정(至正) 17년(1357) 홍건적이 성을 함락했을 때 피살당했다.

97 항창(亢倉) : 노자(老子)의 제자 중 1인. 항상(亢桑)이라고도 한다.

98 서경잡기(西京雜記) : 중국 동진(東晉)의 갈홍(葛洪)이 지은 책. 전한의 천자·후비·유명인사들의 일화, 궁실의 제도와 풍습, 원지(苑池)·비보(秘寶) 등에 관하여 잡다하게 기록했다. 수도 장안(長安)을 중심으로 지리·풍속·사건·제도, 특히 천자가 상주한 미앙궁(未央宮)과 궁중의 원지인 상림원(上林苑)·곤명지(昆明池) 등의 묘사가 매우 상세하다. 6권. 전한 말의 유흠(劉歆)이 원저자라고도 하나 분명하지는 않다.

99 갈홍(葛洪) : 283~343. 중국 동진(東晉)의 사상가. 자는 치천(稚川), 호는 포박자(抱朴子). 불로불사의 술법을 집대성한 사상가. 저서로 《포박자(抱朴子)》·《신선전(神仙傳)》이 있다.

있는데, 《문자(文子)》[100]가 유흠의 《칠략(七略)》에 실려 있고, 양(梁)나라와 수(隋)나라를 거치며 모두 그 서목이 있는데도 황진(黃震)[101]이 서영부(徐靈府)[102]의 것으로 여긴 종류와 《포박자(抱朴子)》[103]가 《구루본전(句漏本傳)》[104]에 기록되어 있었고 당나라와 송나라를 거치면서 모두 그 책에 대해 기록했으나 황진은 이것을 갈홍의 책이 아니라고 여긴 종류가 이것이다.

또한 위작이 아니라고 여겼으나 실제로 위작인 책이 있는데, 《화서(化書)》[105]는 본래 담초(譚峭)[106]가 지은 책이나 송제구(宋齊丘)[107]가 몰래 서문을 써서 전했고, 《장자주(莊子注)》[108]는 본래 향수(向秀)[109]가

載于劉歆《七略》, 歷梁、隋, 皆有其目而黃東發以爲徐靈府, 《抱朴》紀于《句漏本傳》, 歷唐、宋, 皆志其書而黃東發以爲非葛稚川之類是也.

又有非僞而實僞者, 《化書》本譚峭所著, 而宋齊丘竊而序傳之, 《莊注》本向秀所作, 而郭子玄取而點定

---

100 문자(文子): 중국 춘추전국시대 철학가 신문자(辛文子, ?~?)가 지은 도가 사상서.

101 황진(黃震): 1212~1280. 중국 남송 경원부(慶元府, 절강성) 자계(慈溪) 사람. 자는 동발(東發), 호는 유월(俞越), 사시(私諡, 고향인이나 제자들이 지어준 시호)는 문결선생(文潔先生). 이종(理宗) 보우(寶祐) 4년(1256)에 진사가 되었고, 도종(度宗) 때 사관검열(史館檢閱)이 되어 《국사(國史)》·《실록(實錄)》을 편찬했다. 당시의 폐단에 대해 간언했다가 광덕군통판(廣德軍通判)으로 좌천되었다. 하기(何基, 1188~1269) 등과 함께 주자학을 계승 발전시킨 주요 인물이다. 저서로 《황씨일초(黃氏日鈔)》·《고금기요(古今紀要)》·《고금기요일편(古今紀要逸編)》·《무진수사전(戊辰修史傳)》 등이 있다.

102 서영부(徐靈府): ?~?. 중국 당(唐)나라의 도사. 유학에도 정통하였고 명예와 이익을 좇지 않고 천태산(天台山)에 은거하다가 82세에 곡기를 끊고 스스로 죽었다. 저서로 《통현진경주(通玄眞經注)》가 있다.

103 포박자(抱朴子): 중국 동진(東晉)의 갈홍(葛洪:283~343)이 지은 도가서. 〈내편〉·〈외편〉으로 구성되었는데, 〈내편〉에는 도교사상이 체계적으로 논술되어 있고, 〈외편〉에는 사회의 이해득실이 논술되어 있다.

104 구루본전(句漏本傳): 미상.

105 화서(化書): 중국 당말(唐末), 5대(五代) 때의 사상가인 담초(譚峭, ?~?)가 저술한 도가 사상서.

106 담초(譚峭): ?~?. 5대(五代) 천주(泉州)사람. 그의 아버지는 당(唐)나라 국자사업(國子司業)을 지낸 담수(譚洙)이다. 황노(黃老)의 서적을 좋아하여 명산(名山)에 칩거하고 세상에 나오지 않았다. 저서로 《화서(化書)》가 있다.

107 송제구(宋齊丘): 887~959. 중국 송(宋)나라의 관리. 자는 초회(超回)였는데 자숭(子嵩)으로 개칭했다. 시호는 추무(醜繆). 문학에 재능이 뛰어났고 술수(術數)에 밝고 종횡설(縱橫說)을 좋아했다. 이변(李昇)에게 몸을 맡겨 남당(南唐)의 건립을 돕고 좌승상(左丞相)에 올랐지만 실권은 잡지 못하고 외직으로 나가 진남절도사(鎭南節度使)가 되었다. 권력과 이익을 좋아하고, 공을 과시하면서 능력 있는 사람을 꺼렸다. 어떤 이가 그가 왕권 찬탈을 꾀한다고 말해 구화산(九華山)으로 쫓겨났고, 스스로 목을 매 죽었다. 저서로 《증보옥관조신경(增補玉管照神經)》이 있다.

108 장자주(莊子注): 향수(向秀, 227~272)가 지은 《장자(莊子)》주석서.

109 향수(向秀): 227~272. 중국 위진(魏晉)시대의 관리·도학자(道學者)·문학가. 하내(河內) 회(懷) 사람으로, 자는 자기(子期). 벼슬은 황문시랑(黃門侍郎)·산기상시(散騎常侍) 등을 지냈다. 노장학(老莊學)에 심취하

지은 책이나 곽상(郭象)[110]이 이를 가져다 고친 종류　　之類是也.
가 이것이다.

　또 당시에는 위작임을 알았으나 후세에 위작이　　又有當時知其僞而後世不
었다는 사실이 전해지지 않은 책이 있는데 유현(劉　　傳者, 劉炫《魯史》之類是
炫)[111]의《노사기(魯史記)》[112]와 같은 종류가 이것이다.　　也.

　또 당시 위작임을 기록하였으나 후인이 알지 못　　又有當時紀其僞而後人不
한 책이 있는데, 사마광(司馬光)[113]의《잠허(潛虛)》[114]와　　悟者, 司馬《潛虛》之類是
같은 종류가 이것이다.　　　　　　　　　　　　　　也.

　또 본래 지은이가 없으나 후인이 이를 빌미로 근　　又有本無撰人, 後人因近
사하게 위탁(僞托)한 책이 있는데,《산해경(山海經)》[115]　　似而僞托者,《山海》稱大

　여 일찍이《장자주(莊子注)》를 저술했고, 이 밖의 작품으로〈사구부(思舊賦)〉·〈난혜숙야양생론(難
　嵇叔夜養生論)〉 등이 있다. 혜강(嵇康)·완적(阮籍, 210~263)·산도(山濤, 205~283)·유령(劉伶,
　221?~300?)·왕융(王戎, 234~305)·완함(阮咸, ?~?)과 더불어 '죽림칠현(竹林七賢)'으로 일컬어진다.

110 곽상(郭象):252?~312. 중국 서진(西晉)의 사상가. 자는 자현(子玄). 일찍부터 노장사상에 정통했고, 왕연
　(王衍) 등 청담지사(清談之士)와 사귀었다. 변재(辯才)에 막힘이 없어 사람들이 위(魏)나라의 왕필(王弼,
　226~249)이 다시 태어났다고 칭송했다. 진 혜제(晉惠帝) 영안(永安) 원년(304) 이후 정치에만 전력하여 권
　세가 하늘을 찔렀다. 저서로《장자주(莊子注)》·《논어체략(論語體略)》이 있다.

111 유현(劉炫):546?~613. 중국 수(隋)나라의 경학가(經學家). 하간(河間) 경성(景城) 사람. 자는 광백(光
　伯), 사시(私諡)는 선덕선생(宣德先生). 유헌지(劉獻之, ?~?)의 삼전제자(三傳弟子). 어려서부터 총명하
　여 유작(劉焯, 544~610)과 함께 10년 동안 책을 읽었다. 경적에 두루 정통해 '이류(二劉)'로 불렸다. 처
　음 북주(北周)에서 벼슬해 영주호조종사(瀛州戶曹從事)와 예조 종사를 지냈다. 문제(文帝) 개황(開皇) 연
　간(581~600)에 삼성(三省)을 두루 거치면서 국사(國史) 편찬에 참여했고, 양제(煬帝) 대업(大業) 연간
　(605~616)에 태학박사(太學博士)에 올랐지만, 그 해 말에 사직했다. 만년에 물러나 제유(諸儒)와 함께 오
　례(五禮)를 수정했다. 대업(大業) 말년에 제자들과 농민군에 가담했다가 전투에서 패한 뒤 추위와 굶주림
　으로 죽었다. 저서로《논어술의(論語述議)》·《효경술의(孝經述議)》·《상서술의(尚書述議)》·《춘추술의(春
　秋述議)》·《모시술의(毛詩述議)》·《춘추공매(春秋攻昧)》·《오경정명(五經正名)》·《시서주(詩序注)》등이
　있고, 조정에서 일서(佚書)를 구하자《노사기(魯史記)》를 위조하여 바쳤다.

112 노사기(魯史記):유현(劉炫)이 위조하여 조정에 바친 역사서.

113 사마광(司馬光):1019~1086. 중국 북송(北宋) 때의 정치가·학자. 자는 군실(君實). 온공(溫公)이라 칭하여
　진다. 왕안석의 신법(新法)에 끝까지 반대하면서 왕안석(1021~1086)·여혜경(呂惠卿, 1032~1112) 등과 격
　렬한 논쟁을 벌여나갔다. 신종(神宗)은 그런 그를 추밀부사에 임명했으나 사퇴하고 낙양으로 돌아가 15년
　동안 머무르면서《자치통감(資治通鑑)》을 편찬하였다. 저서로《태현주(太玄註)》·《법언주(法言註)》등이
　있다.

114 잠허(潛虛):사마광이 지었다고 알려진 철학서. 상수학(象數學)을 중심으로 한 천인상관(天人相關)의 철학
　을 다루었다.

115 산해경(山海經):중국 고대의 신화와 지리를 기록한 책. 작자는 미상이며 책이 나온 시기는 대략 전국시대
　이다. 지은이가 하(夏)나라 우왕(禹王) 또는 백익(伯益)이라는 설과 B.C 4세기 전국시대 이후의 저작이라
　는 설이 대립하고 있다.

이 대우(大禹)가 지은 책이라고 하는 종류가 이것이다.

또 본래 지은이가 없으나 후인이 책의 망실로 인하여 거짓으로 제목을 삼은 책이 있는데, 《정훈(正訓)116》을 육기(陸機)117가 지었다고 한 종류가 이것이다. 호응린(胡應麟) 《위서변(僞書辨)118》119

禹之類是也.

又有本無⑤撰人, 後人因亡逸而僞題者, 《正訓》稱陸機之類是也. 胡元瑞《僞書辨》

6) 책의 이름과 실제 내용

論書籍名實

서적은 날이 감에 따라 증가하기도 하고 날이 감에 따라 없어지기도 하는 물건이다. 대개 서적을 잘 살펴서 구하는 일은 진실로 이미 그 힘을 헛되이 사용하는 경우이다.

書籍, 與代日增而亦與代日亡之物也. 概按籍而求, 固已有虛用其力者矣.

그래서 내용은 같은데 이름이 다른 경우가 있다. 【예를 들어 안주(顔籀)120의 《남부연화록(南部煙花錄)121》은 《대업습유기(大業拾遺記)122》이고, 이작(李

乃有實同而名異者.【如顏師古之《南部煙花》即《大業拾遺》, 李綽之《尙書談

---

116 정훈(正訓) : 미상.

117 육기(陸機) : 261~303. 중국 서진(西晉)의 관리·문학가·서법가(書法家). 자는 사형(士衡). 오군(吳郡) 오현(吳縣) 사람으로, 아우 육운(陸雲, 262~303)과 더불어 '이육(二陸)'으로 불리고, 또 고영(顧榮, ?~312)·육운과 더불어 '낙양삼준(洛陽三俊)'으로 불린다. 서진(西晉) 태강(太康) 연간(280~289)에 가장 저명했던 문학가로 알려져서 '태강지영(太康之英)'으로 일컬어지기도 했다. 손오(孫吳, 손씨의 오나라)가 멸망한 후에 서진(西晉)에서 평원내사(平原內史)·좨주(祭酒)·저작랑(著作郞)·후장군(後將軍)·하북대도독(河北大都督) 등을 역임했다. 뒤에 팔왕지난[八王之亂, 서진(西晉)의 제위 계승 문제를 둘러싸고 벌어진 황족들의 대결이 내란으로 번진 사건] 때에 삼족(三族)이 멸족되었다. 저서로 《육사형집(陸士衡集)》이 있다.

118 위서변(僞書辨) : 미상. 호응린이 지은 《사부정위(四部正譌)》를 가리키는 것으로 추정된다. 위에 인용된 내용은 실제로 《사부정위》에 보이며, 이 책에는 위서를 구분해내는 8가지 방법이 소개되어 있다.

119 《四部正譌》卷上〈敘論〉, 1~3쪽 ; 《澹生堂藏書約》〈讀書訓略〉"一鑒書"(《澹生堂藏書約(外八種)》, 19~20쪽).

120 안주(顔籀) : 581~645. 중국 당대(唐代) 초기의 학자. 자는 사고(師古), 시호는 대(戴). 젊은 시절부터 가학(家學)으로 군서(群書)를 두루 보고 훈고(訓詁)에 정통하며 문장에 뛰어났다. 태종 때 중서시랑이 되고 나중에 비서감·홍문관 학사에 올랐다. 오경(五經)의 고정을 완성하고 《한서주(漢書注)》·《급취편주(急就篇注)》를 지어 세상에 알려졌으나 속세와 어울리기를 싫어해 만년에는 고서화나 골동품을 애호하며 세월을 보냈다. 저서로 《등자사비(等慈寺碑)》·《광류정속(匡謬正俗)》이 있다.

121 남부연화록(南部煙花錄) : 중국 당(唐)나라 풍지(馮贄)가 지은 소설류 책. 또 다른 이름은 《남부연화기(南部煙花記)》·《대업습유기(大業拾遺記)》이다.

122 대업습유기(大業拾遺記) : 또 다른 이름은 《수유록(隋遺錄)》·《남부연화록》. 중국 송대(宋代)의 전기(傳奇) 소설. 누구의 작품인지 알 수 없고, 당(唐)나라 안사고가 지었다는 설이 있지만, 사실이 아니다.

⑤ 無 : 《澹生堂藏書約·讀書訓略·一鑒書》에는 "有".

신(絳)[123]의 《상서담록(尙書談錄)》[124]은 《상서고실(尙書故實)》이고, 유가(劉珂)의 《제왕력가(帝王歷歌)》[125]는 《제왕경략(帝王鏡略)》이다.】

이름은 없어지고 내용만 옮겨 담은 경우가 있다. 【예를 들어 채번(蔡蕃)[126]이 《태평광기(太平廣記)》[127]의 기사를 절록(節錄)하여 《녹혁사류(鹿革事類)》[128]를 만들었으니, 《태평광기》가 있기 때문에 《녹혁사류》는 없어져도 된다. 사마광은 《자치통감(資治通鑑)》[129]을 편찬할 때 먼저 《총목(叢目)》을 갖추었고, 그 다음에 《장편(長編)》[130]을 편찬하고서 이를 산삭(刪削)[131]한 뒤에 책을 완성하였다. 그러므로 《자치통감(資治通鑑)》

錄》卽《尙書故實》, 劉珂之《帝王歷歌》卽《帝王鏡略》也.】

有名亡而實存者.【如蔡蕃節《太平廣記》之事而爲《鹿革事類》,《廣記》在,《鹿革事類》卽湮軼可也. 司馬溫公編《資治通鑑》也, 先具《叢目》, 次修《長編》, 刪削成書,《通鑑》行則《叢目》、《長編》廢不錄可也.】

---

123 이작(李絳) : ?~862. 중국 당(唐)나라 순종(順宗)의 21번째 아들.

124 상서담록(尙書談錄) : 《상서고실(尙書故實)》과 같은 책. 당(唐)나라 때 이작(李絳)이 지은 전기(傳奇) 소설.

125 제왕력가(帝王歷歌) : 《제왕경략(帝王鏡略)》과 같은 책. 중국 남송(南宋)의 목록학가인 조공무(晁公武, 1105~1180)가 임지(任地)의 관아인 군재(郡齋)에서 소장하던 장서를 소개한 책인 《군재독서지(郡齋讀書志)》에 실린 책으로, 고대로부터 당(唐)나라 초기의 제왕까지의 세차(世次)를 기록하여 동몽(童蒙)들을 가르친 책.

126 채번(蔡蕃) : ?~?. 중국 송(宋)나라 사람으로, 《녹혁사류(鹿革事類)》·《녹혁문류(鹿革文類)》의 저자.

127 태평광기(太平廣記) : 중국 송(宋)나라 태종(太宗)의 칙명으로 977년에 편집한 책. 종교에 관련된 이야기와 정통역사에 실리지 않은 기록 및 소설류를 모았다. 당시 학자 이방(李昉)을 필두로 하여 12명의 학자와 문인이 편집에 종사하였다. 475종의 고서에서 골라낸 이야기를 신선·여선(女仙)·도술·방사(方士) 등 내용별로 92개의 항목으로 나누어 수록하였다.

128 녹혁사류(鹿革事類) : 중국 송(宋)나라 채번이 《태평광기》의 내용을 뽑아 편집한 책.

129 자치통감(資治通鑑) : 중국 북송(北宋)의 사마광(司馬光, 1019~1086)이 1065~1084에 편찬한 편년체(編年體) 역사서. 총 294권. 정사(正史)는 물론 실록(實錄)·야사(野史)·소설(小說)·묘지류(墓誌類) 등 322종의 각종 자료를 참고로 하여 《춘추좌씨전(春秋左氏傳)》의 필법(筆法)에 따라 완성하여 신종(神宗)이 《자치통감》이라 이름을 붙이고 자서(自序)를 지었다.

130 장편(長編) : 《자치통감》을 저술할 때 사마광은 이전 시대의 방대한 역사서를 혼자 다 정리하기 어려워, 유반(劉攽, 1023~1089)은 《사기(史記)》, 《전한서(前漢書)》, 《후한서(後漢書)》까지의 시대를, 유서(劉恕, 1032~1078)는 삼국(三國), 남북조(南北朝), 수(隋)까지의 시대를, 범조우(范祖禹, 1041~1098)는 당(唐)과 오대(五代) 시대를 각각 분담하여 각 책 안에서 크고 작은 사실들을 정리하고 이를 《장편》이라 이름한 것이다. 이 장편에 근거하여 사마광이 다시 취사선택하여 정리한 책이 《자치통감》이다.

131 산삭(刪削) : 쓸모없는 문자나 어구를 삭제함.

이 간행되었으면 《총목》과 《장편(長編)》은 폐기되어
기록되지 않아도 된다.】

책 하나를 얻으면 곧 그 나머지를 거의 개괄하여
볼 수 있는 경우가 있다. 【예를 들어 한나라 사람들이
경을 논한 내용은 훈고(訓詁)에 달려 있으므로 주소(注
疏)를 읽으면 한나라의 경서 해석을 개괄할 수 있다.
진나라 사람들의 사지(詞旨, 글에 담긴 뜻)는 은약(隱約, 뜻
은 깊고 말은 간단함)을 숭상하니 《세설신어(世說新語)》[132]
를 열람하면 진나라의 담론은 상상할 수 있다.】

有得一書而卽可槩見其餘
者.【如漢人之談經在訓
詁, 讀注疏而漢之釋經可
槩也;晉人之詞旨尙隱約,
閱《世說》而晉之談論可想
也.】

흩어져 있는 내용을 얻으면 곧 전문(全文)을 모아
서 합할 수 있는 경우가 있다. 【예를 들어 《북몽쇄언
(北夢瑣言)》[133]이나 《유양잡조(酉陽雜俎)》[134]와 같은 종
류는 지금의 간본(刊本)이 비록 성행하지만 《태평광
기(太平廣記)》에 실려 있는 내용을 모두 묶으면 앞의
두 책의 전질 이외에 넘치는 내용이 있다.】

有得其所散見而卽可湊合
其全文者.【如《北[6]夢瑣
言》·《酉陽雜俎》之類, 今
刊[7]本雖盛行, 然悉括《太
平廣記》之所載, 更有溢其
全帙之外者.】

본래 한 권의 책이었으나 고의로 그 이름을 여럿
으로 나누어 다르게 보이려는 경우가 있다. 【예를 들

有本一書也而故多析其名
以示異者.【如陶弘景之

---

132 세설신어(世說新語): 중국 남조(南朝) 송(宋)나라의 유의경(劉義慶, 403~444)이 편집한, 후한(後漢) 말부
　　터 동진(東晉)까지의 명사들의 일화집.
133 북몽쇄언(北夢瑣言): 중국 송(宋)나라 손광헌(孫光憲)이 지은 필기소설집. 당(唐) 무종(武宗) 때부터 5대
　　10국(五代十國)까지의 역사 및 문인 사대부들의 언행과 정치적 사실들이 기재되어 있다.
134 유양잡조(酉陽雜俎): 단성식(段成式, ?~863)이 지은 중국 당(唐)나라 때의 수필집. 이상한 사건, 황당무
　　계한 이야기를 비롯하여 도서·의식(衣食)·풍습·동식물·의학·종교·인사(人事) 등 온갖 사항에 관한 것을
　　탁월한 문장으로 흥미 있게 기술하였다.
[6] 北 : 저본에는 "此". 오사카본·규장각본·《澹生堂藏書約·讀書訓略·一鑒書》에 근거하여 수정.
[7] 刊 : 저본에는 "刈". 《澹生堂藏書約·讀書訓略·一鑒書》에 근거하여 수정.

면, 도홍경(陶弘景)[135]의 《진고(眞誥)[136]》를 《협창기(協昌期)[137]》와 《견수명(甄授命)[138]》이라는 이름으로 쪼개고, 풍지(馮贄)[139]의 《운선산록(雲仙散錄)[140]》을 궤이(詭異)와 신비(神祕)라는 명목으로 가탁한 경우이다. 또 예를 들면, 최근에 《비사적록(比事摘錄)[141]》 1권을 우연히 빌려 얻었는데, 그중에 인용한 《필고(畢辜)》·《여추(厲貙)[142]》등의 기록과 같은 경우는 처음에는 어떤 책인지 알지 못했지만 그 문장을 살펴보고서야 곧 《여동서록(餘冬序錄)[143]》의 내용임을 알게 되었으니, 이는 권질을 나눈 책이었기 때문이다.】

이런 종류 모두를 하나씩 실상을 연구하고 조

《眞誥》而析以《協昌期》、《甄授命》之名, 馮贄之《雲仙散錄》而托以詭、秘之目. 又如近日偶借得《比事摘錄》一卷, 中所引用如《畢辜》、《厲貙》等錄, 初不曉其何書, 及[8]按其文乃知即《餘冬序錄》, 所以分別卷帙者也.】

諸如此類, 須逐一研覈, 不

---

135 도홍경(陶弘景) : 456~536. 남북조(南北朝)시대 송(宋)나라와 양(梁)나라 양대의 의약학자(醫藥學者)·도가(道家). 자는 통명(通明), 자호는 화양은거(華陽隱居). 본초학(本草學)에 대하여 연구하여 《신농본초경(神農本草經)》과 《명의별록(名醫別錄)》의 약물 730종을 분류하고 한데 합쳐 주석을 달아 《본초경집주(本草經集注)》를 썼다. 이는 남북조시대 이전의 약물학 성과를 총결한 결과로, 《신농본초경》 다음으로 본초학의 중요한 책이다. 저서로 《효험방(效驗方)》·《약총결(藥總訣)》·《보궐주후백일방(補闕肘後百一方)》·《양생연명록(養生延命錄)》·《양생경(養生經)》등이 있다.

136 진고(眞誥) : 중국 진(晉)나 애제(哀帝) 흥령(興寧) 연간(363~365)에 신이 내려준 게시라고 칭탁하여 양희(楊羲)·허밀(許謐) 등이 지은 책. 도홍경이 편집하고 주(注)를 달았는데, 《운제상(運題象)》·《견명수(甄命授)》·《협창기(協昌期)》·《계신추(稽神樞)》·《천유미(闡幽微)》·《악진보(握眞輔)》·《익진검(翼眞檢)》의 7편으로 되어 있다. 제목의 의미는 '진인(眞人)이 입으로 고해준 말씀'이라는 뜻이다. 그 내용은 귀신[鬼] 중에서도 선행을 쌓은 자는 사람이 되고, 사람으로서 훌륭한 일을 거듭하면 천상을 노니는 신선[仙]으로 승격하며, 악행을 쌓으면 도로 추락하게 된다는 선(仙)·귀(鬼)·인(人)의 순환적 세계관을 주장했다.

137 협창기(協昌期) : 《진고(眞誥)》의 편명.

138 견수명(甄授命) : 《진고(眞誥)》의 편명. 《견명수(甄命授)》로 더 많이 쓰인다.

139 풍지(馮贄) : ?~?. 중국 당(唐)나라의 저술가. 집안에 소장되어 있는 기이한 책들을 바탕으로 《운선산록(雲仙散錄)》10권을 지었다. 다른 저서로 《남부연화기(南部煙花記)》가 있다.

140 운선산록(雲仙散錄) : 중국 당(唐)나라 풍지가 엮은 책. 5대(五代) 시기의 명사·은자·세족들에 대한 기록. 《운선잡기(雲仙雜記)》라고도 한다.

141 비사적록(比事摘錄) : 중국 명(明)나라 때 지어진 저자 미상의 책. 세상사 중에 서로 비슷한 일[比事]을 기록하여 읽고 감상하게 하려는 의도로 지었다고 한다. 《총서집성초편(叢書集成初編)》194에 실려 있다.

142 필고(畢辜)·여추(厲貙) : 《비사적록(比事摘錄)》의 한 편명으로 보이지만, 《총서집성초편》194에는 보이지 않는다.

143 여동서록(餘冬序錄) : 중국 명(明)나라의 문신 하맹춘(何孟春, 1474~1536)이 지은 책. 1년 중 한가한 겨울과 하루 중 한가한 밤과 다른 날보다 한가한 비오는 날에 틈틈이 적어둔 역사·인물·문화 등에 대한 기록을 나중에 엮은 책.

[8] 及 : 저본에는 "乃". 오사카본·《澹生堂藏書約·讀書訓略·一鑒書》에 근거하여 수정.

사하여 앞사람들에게 속지 않아야 한다. 그렇게 되면 헛되이 힘을 쓰는 데 이르지 않고, 또한 단지 책의 이름만 보고 모으는 데 이르지 않아 책 1권을 얻으면 비로소 책 1권의 실제 내용을 얻게 될 것이다. 《담생당장서약》[144]

爲前人所護, 則旣不至虛用其力, 而亦不至徒集其名, 得一書, 始得一書之實矣. 《澹生堂藏書約》

7) 책 수집의 완급

論書籍緩急

우리 유생(儒生)들이 책을 모으는 이유는 이를 통해 지식이 넓어질 뿐만이 아니니, 사민(四民, 사·농·공·상)이기 때문이다. 유생의 생업이 여기 책 속에 있고, 그 생업이 세상에 쓰여지기 때문이니, 어느 것이 이보다 경제(經濟)를 앞서겠는가? 옛사람의 경제가 쉽게 드러나는 분야로는 사부(史部)보다 더 갖추어져 있는 것이 없다.

吾儒聚書, 非徒以資博洽, 猶之四民, 所業在此, 業爲世用, 孰先經濟? 古人經濟之易見者, 莫備于史.

무릇 경술(經術, 경서에 관한 학문)을 가지고 세상을 경영하는데, 한(漢)나라 이래로 그런 경우를 얼마나 많이 얻을 수 있었겠는가? 만약 그 득실을 조사해보고 흥망을 자세히 살펴본다면 잠깐 눈 돌리는 사이에 틀림없이 그 기미(幾微)를 분별하고 숨을 들이내쉬는 사이에도 황급한 사태에 대처할 수 있어서 사부(史部)의 책을 얻는 유익함은 대대로 많은 사람을 실하게 하는 것이다. 그러므로 경부(經部)를 존중하는 유래는 오래된 것이다. 사부(史部)·자부(子部)·

夫執[9]經術以經世[10], 自漢而下, 何可多得? 至如考見得失, 鑑[11]觀興亡, 決機于轉盼之間, 而應卒於呼吸之際, 得史之益, 代實多人. 故尊經尙矣. 就三部而權之, 則子與集緩, 而史爲急; 就史而權之, 則霸史, 雜史緩, 而正史爲急.

144《澹生堂藏書約》〈讀書訓略〉 "一鑒書"(《澹生堂藏書約(外八種)》, 20~21쪽).

⑨ 執: 저본에는 "孰". 오사카본·《澹生堂藏書約·讀書訓略·一鑒書》에 근거하여 수정.

⑩ 世: 저본에는 "濟". 오사카본·《澹生堂藏書約·讀書訓略·一鑒書》에 근거하여 수정.

⑪ 鑑: 저본에는 "覽". 오사카본·《澹生堂藏書約·讀書訓略·一鑒書》에 근거하여 수정.

집부(集部)의 3부에 대하여 형량해보자면 자부와 집부는 천천히 수집해도 되지만 사부는 서둘러 수집해야 한다. 사부의 분야에서 형량해보자면 패사(霸史)[145]와 잡사(雜史, 민간에 전하는 역사서)는 천천히 수집해도 되지만 정사(正史)는 서둘러 수집해야 한다.

그러나 학문이 현재와 통하지 않으면 옛것에 밝은 지식을 어디에 쓰겠는가? 일반적으로 국조의 전고(典故, 전거로 삼을 만한 옛일)를 섭렵하려면 소사(小史, 간략하게 쓴 역사서)도 수집해야 할 뿐만 아니라 민간의 담론도 역시 모두 채집해야 한다.《담생당장서약》[146]

然學不通今, 安用博古? 凡涉國朝典故者, 不特小史宜收, 即有街談巷議, 亦當盡採.《澹生堂藏書約》

서책을 구입한다면서 완급이라는 이유로 취사선택한다면, 이는 가난한 서생들이나 하는 규모일 뿐이다. 대방가(大方家, 문장이나 학술이 뛰어난 사람)가 책을 모을 때는 마땅히 온갖 보배를 파는 가게처럼 갖가지 갖추어놓고 필요한 대로 응대해야 한다. 또한 마땅히 약을 살 때는 온량한열(溫涼寒熱)[147]과 보사양독(補瀉良毒)[148]의 성질을 가진 약제(藥劑)들을 막론하고 모두 수집하여 보관하듯이 해야 한다. 만약 증상에 따라 약제를 구입하게 되면, 쇠오줌과 말똥 등처럼 하찮은 약제가 쓰임에 알맞은 값어치는 인삼이나

購書而以緩急取舍, 措大、寒儉規模耳. 大方家聚書, 當如百寶之肆, 色色俱有, 有求斯應. 又當如貨藥者, 不論溫涼寒熱、補瀉良毒之劑, 俱收竝畜. 苟其對症售劑, 則牛溲、馬勃之適於用與蔘、苓等.

---

145 패사(霸史) : 정사에 대비되는 개념. 각 지역의 패권을 다투던 제후국의 역사.
146 《澹生堂藏書約》〈讀書訓略〉 "一鑑書"(《澹生堂藏書約(外八種)》, 21~22쪽).
147 온량한열(溫涼寒熱) : 약이 가지고 있는 성질. 한의학에서는 약의 성질을 따뜻한 기운[溫], 서늘한 기운[涼], 차가운 기운[寒], 뜨거운 기운[熱]으로 구분한다.
148 보사양독(補瀉良毒) : 한의학에서 병을 치료할 때 적용하는 방법론의 하나. 보사법(補瀉法)이라고도 한다. 허증(虛症)을 치료할 때는 좋은 약재로 몸을 보(補)해주고, 실증(實症)을 치료할 때는 몸의 독을 빼내는 [瀉] 방법을 쓴다.

복령(茯苓)[149] 같은 귀한 약제의 효과와 같다.

일반적으로 자기 집안의 서록(書簏, 책상자)에 없는 책을 보면 경사자집(經史子集)의 완급과 귀천을 따지지 말고 보이는 대로 구입하여 보관해 두었다가 쓰임에 대비해야 한다. 하물며 기이한 책이나 특이한 서책이어서 가끔 종신토록 구하려 해도 얻지 못하는 책은 말할 것이 있겠는가? 만약 눈앞의 급한 책이 아니라는 이유로 눈앞에서 이를 놓친다면, 오늘 10금을 주고 수집할 수 있는 책을 나중에 구할 때는 1,000금을 깨더라도 구하지 못할 것이다. 《금화경독기》[150]

凡遇自家書簏所無, 勿問經史子集緩急、貴賤, 隨遇隨購, 藏弄待用. 況奇書、異種, 往往有終身求之而不得者? 若以其非目前所急, 覿面失之, 則今日可以十金收者, 他日求之, 雖破千金而不可致矣. 《金華耕讀記》

8) 고서 유통법

流通古書法

송나라 이래로 서목(書目, 소장 서적 목록)에는 10여 종이 있으니, 서목이 찬란하여 볼 만하다. 책 내용을 살펴서 구하려 했다가는 그 책 10권 가운데 4~5권도 남아 있지 않으니, 이는 모두 오래되어 산일(散佚)되었기 때문이 아니다. 책을 잘 소장하지 못하는 자는 소유하고 있는 책을 매우 아껴서 자기만 그 책을 홀로 얻었다고 자랑스러워하고, 세상에 공개하는 것을 잘못된 계책이라 여긴다.

自宋以來, 書目十有餘種, 粲然[12]可觀. 按實求之, 其書十不存四五, 非盡久遠散佚也. 不善藏者, 護惜所有, 以獨得爲可矜, 以公諸世爲失策也.

그러므로 평범한 사람의 손에 책이 들어가면 오히려 전해져 볼 수 있는 희망이 있다. 그러나 일단

故入常人手猶有傳觀之望, 一歸藏書家, 無不綈錦爲

---

[149] 복령(茯苓) : 구멍장이버섯과의 버섯. 원형 또는 타원형의 덩어리로 땅속에서 소나무 따위의 뿌리에 기생한다. 수종(水腫)이나 설사를 치료하는 약재로 쓰인다.

[150] 《金華耕讀記》 卷5 〈儲書〉, 11쪽.

[12] 然 : 저본에는 "無". 오사카본·규장각본·《流通古書約》에 근거하여 수정.

장서가에게 들어가면 책을 비단으로 씌우고, 전단(旃檀, 열대산 향나무) 같은 고급재목으로 서실을 짓고, 늘상 자물쇠로 잠가둔다. 책에 대해서 문의해도 답이 없으니 온 세상 사람들은 눈으로 볼 수 있는 기회가 없다. 이런 상태라면 비록 사람들이 그 책이 산일되었다는 의심을 하게 되더라도 괴이하지 않을 것이다.

衣, 旃檀作室, 扃鑰以爲常. 有問焉則答無, 有擧世曾不得寓目. 雖使人致疑于散佚, 不足怪矣.

근래에 조판(雕板)이 성행하여 그을음이 눈을 막을 정도로 먹이 많이 만들어지고 책이 많이 인쇄되기 때문에 돈을 가지고 책 가게에 들어가면 바로 수만 권의 책을 볼 수 있다. 그중에서 구해도 원하는 책을 보지 못했다면, 이는 깊은 절벽에서 옥을 채취한다면서도 아침저녁으로 아무 옥도 원하지 않는 일과 같다. 마땅히 옛사람들이 일생의 노력을 다하여 고생 끝에 책을 완성했다는 점을 헤아려야 한다. 결코 쉽지 않은 일이며 아득히 수백 년을 이어온 것이며, 병란이나 폭력으로 빼앗는 등의 험난한 운명을 겪은 나머지 겨우 살아남은 것이니, 천만다행이라 할 만하다. 또한 다행히 알아보는 이를 만나 보관하고 진귀하게 대접할 줄 알아 책을 간행하여 유통한다면, 이 또한 많은 이에게 좋은 일이니 무슨 속셈으로 이를 내놓지 않는단 말인가?

近來雕板盛行, 煙煤塞眼, 挾貲入賈肆, 可立致數萬卷, 於中求未見籍, 如采玉深厓, 朝夕莫覿. 當念古人竭一生之力, 辛苦成書. 大不易事, 渺渺千百歲, 崎嶇兵攘劫奪之餘, 僅而獲免, 可稱至幸. 又幸而遇賞音者, 知蓄之珍之, 謂當繡梓通行, 否亦廣諸好事, 何計不出此.

만약 단행본(單行本)이 책상자에 들어 있을 운명이라면 조금이라도 조심하지 않을 경우 자취가 영영 끊어져 다만 허명(虛名)만 목록 속에 남게 된다. 스스로 옛사람들의 깊고 거듭된 원망을 사지 않으려면 응당 이와 같이 해서는 안 된다.

使單行之本寄篋笥爲命, 稍不致愼, 形蹤永絕, 祇以空名掛目錄中. 自非與古人深仇重怨, 不應若爾.

그러나 그 사이에도 인색하고 아끼는 자에게만 전적으로 죄를 물어서는 안 되는 경우가 있다. 때때로 현명하게도 책을 빌릴 줄은 알면서 제때에 돌려주지 않는 경우라면 일치(一甀)¹⁵¹를 고쳐 일치(一癡)¹⁵² 가 되는 경우이니, 옛 기록에서 이런 일을 볼 수 있다. 곧 부족하지 않은 진심과 신의를 스스로 지키거나, 승낙한 일을 지켜서 남을 속이지 않는 부류의 경우라도 일단 책이 문밖으로 나가면 배나 수레가 다니는 길에서 자꾸 흔들려 어떻게 될지 알 수 없고, 어린 종이 책을 함부로 대하거나 수재나 화재가 나기도 하고, 때로 생각지 못한 상황이 발생하곤 하니, 책을 빌려주지 않는 일이 모두 잘못일 수는 없다. 다만 내가 남에게 빌려주지 않으면 남들도 결코 나에게 빌려주지 않는다. 자기를 봉쇄하여 조금도 여지를 주지 않으면 비록 세월이 쌓여도 책을 증가시킬 방법이 없으니, 장서가들은 어디서 책을 얻겠는가?

내가 지금 하나의 간편한 방법을 생각해본다면, 장서가들 피차간에 각각 상대방의 장서 목록을 보고 자기에게 없는 책을 표시한다. 경주(經註, 경서 및 주석서), 사일(史逸, 사서류), 문집(文集), 잡설(雜說)의 순으로 하고서, 저술의 분야가 같고, 시대의 선후가 같고,

然其間有不當專罪吝惜者, 時賢解借書, 不解還書, 改一甀爲一癡, 見之往記. 卽不乏忠信自秉、然諾不欺之流, 書旣出門, 舟車道路, 搖搖莫定, 或僮僕狼藉, 或水火告災, 時出意料之外, 不借未可盡非. 特我不借人, 人亦決不借我. 封己守株, 縱累[13]歲月, 無所增益, 收藏者何取焉?

予今酌一簡便法, 彼此藏書家, 各就觀目錄, 標出所缺者, 先經註, 次史逸, 次文集, 次雜說, 視所著門類同, 時代先後同, 卷帙

---

151 일치(一甀) : 한 병의 술. 치(甀)는 술을 담는 병이나 작은 단지이며, 나아가 책을 의미한다. 옛날에는 책을 빌렸다가 돌려줄 때는 책 주인에게 한 병의 술로 답례하는 관습이 있었다.
152 일치(一癡) : 하나의 어리석은 짓. 9세기 당(唐)나라의 문인 이광예(李匡乂, ?~?)가 《자가집(資暇集)》 권하(卷下)에서 "서적을 빌리는 일을 민간에서는 다음과 같이 말한다. '서적을 빌리는 일이 첫 번째 어리석은 짓이요, 서적을 빌려주는 일이 두 번째 어리석은 짓이요, 서적을 찾는 일이 세 번째 어리석은 짓이요, 서적을 주인에게 돌려주는 일이 네 번째 어리석은 짓이다.'(借書籍, 俗曰:'借一癡, 借二癡, 索三癡, 還四癡'.)"라 한 말에서 유래했다. 둘째 구절이 '惜二癡(서적을 아끼는 일이 두 번째 어리석은 짓이요)' 또는 '與二癡(서적을 주는 일이 두 번째 어리석은 짓이요)'로 되어 있는 판본도 전한다.
[13] 累 : 저본에는 "略". 오사카본・《流通古書約》에 근거하여 수정.

권질의 양이 같은 책을 비교해서 있거나 없는 책을 서로 주고받기로 약정한다. 이렇게 하면 주인은 스스로 문하의 사람에게 명령하여 정밀하게 다시 고쳐 옮겨 쓰되, 원본과 대조하여 오류가 없게 하고 1~2 개월간에 각기 베껴온 책을 가져와 서로 교환한다.

이 방법에는 몇 가지 좋은 점이 있다. 좋아하는 책이 집 밖으로 나가지 않고, 옛사람들에게 공을 세우고, 자신이 소장하는 책이 날로 풍부해지고, 남쪽 초(楚)나라 지역에서 북쪽 연(燕)나라 지역까지 모두 유통될 수 있다. 혹자는 이 방법은 가난한 사람들의 일이라, 재력이 있는 사람들은 그렇게 하지 않는다고 한다. 그러나 단지 잔치와 취미 생활에 드는 각종 비용을 절약하면 옛사람들의 과업을 성취하고 그와 더불어 그 명맥(命脈)을 이을 수 있다.

아직 간행된 적이 없는 책을 낼 때는 대추나무나 배나무와 같은 나무의 목판으로 인쇄하여 수명을 늘리고, 소본(小本, 작은 책)에서 시작하여 거편(鉅編, 규모가 큰 책)에 미치며, 점차 크게 넓혀 나가면 사방에 반드시 풍문(風聞)으로 영향을 끼치는 일이 있게 된다. 산일된 책을 드러내어 알리는 일을 자신의 임무로 여기는 사람은 산이나 무덤 속에 숨겨져 있는 책을 세상에 널리 퍼지게 한다. 조용(曹溶) 《유통고서약(流通古書約)[153]》[154]

多寡同, 約定有無相易, 則主人自命門下之役, 精工繕寫, 較對無誤, 一兩月間, 各齋所鈔互換.

此法有數善. 好書不出戶庭也, 有功于古人也, 己所藏日以富也, 楚南燕北皆可行也. 或曰此貧者事也, 有力者不然, 但節讌遊玩好諸費, 可以成就古人, 與之續命.

出未經刊布者, 壽之棗梨, 始小本訖鉅編, 漸次恢擴, 四方必有聞風接響. 以表章散佚爲身任者, 山潛塚秘羡衍人間矣. 曹溶《流通古書約》

---

153 유통고서약(流通古書約) : 중국 청(淸)나라의 관리·장서가인 조용(曹溶, 1613~1685)이 쓴 장서 이론서. 장서 유통의 중요성을 강조해서 장서가들에게 큰 영향을 끼쳤으며, 서로가 가진 장서를 필사하여 교환하고 장서의 수명을 늘리기 위해서 대추나무나 배나무에 판각할 것을 주장했다.

154 《流通古書約》《澹生堂藏書約(外八種)》, 35~36쪽).

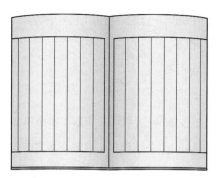

사주단변의 사례

사주쌍변의 사례

9) 송나라·원나라의 판각본

송나라·원나라의 판각본 서적은 판각이 구차하지 않고 교열에 오류가 없으며, 글씨의 굵기에 법도가 있고 인쇄가 맑으면서 또렷하다. 하물며 많은 기서(奇書)가 아직 뒷사람들의 중각(重刻)을 거치지 못하니 애석하게도 많이 볼 수 없다. 불교와 의학(醫學) 두 분야의 책은 더욱 풍부하다. 그러나 이 중에서도 의서(醫書)의 경우는 한 글자라도 오류가 있으면 그 피해가 가볍지 않으므로 송나라의 판각본이 좋다. 《준생팔전》[155]

송나라 사람들의 책은 종이가 질기고 판각은 부드러워 자획이 붓으로 쓴 듯하고, 판목의 테두리 선인 변란(邊欄)은 모두 단변(單邊)[156]을 썼으며 사이사

論宋、元刻本

宋、元刻書, 雕鏤不苟, 較閱不訛, 書寫肥細有則, 印刷清朗. 況多奇書未經後人重刻, 惜不多見. 佛氏、醫家二類更富. 然醫方一字差誤, 其害匪輕, 故以宋刻爲善. 《遵生八牋》

宋人之書, 紙堅刻軟, 字畫如寫, 格用單邊, 間多諱字, 用墨稀薄, 雖著水濕,

---

155 《遵生八牋》 卷14 〈燕閑清賞箋〉 "清賞諸論" (《遵生八牋校注》, 536쪽).

156 단변(單邊) : 인쇄된 지면의 사방을 둘러싸고 있는 테두리 선은 변란(邊欄)이라 하는데, 변란이 1줄이면 단변, 2줄이면 쌍변(雙邊)이라 한다. 사방 테두리가 모두 1줄이면 사주단변(四周單邊), 2줄이면 사주쌍변이라 한다.

이에 피휘(避諱)[157]한 글자가 많고 먹의 사용이 희박하여 비록 습기가 스며들어도 건조하기 때문에 스민 흔적이 없으며, 책을 펼치면 일종의 서향(書香)이 풍겨 저절로 이채로운 맛이 난다.

燥無溼跡, 開卷一種書香, 自生異味.

반면 원각본(元刻本)은 송각본(宋刻本)의 단변을 모방했으나, 자획이 거칠거나 고운 상태의 구분이 없으며, 송각본에 비해서 테두리선이 넓고 한 선이 더 많으며, 종이는 거칠고 판각은 단단하며, 먹을 쓴 상태가 지저분하고 탁하며, 내용 중에 휘자가 없고, 책을 펼쳐도 향기가 없다. 관아의 문서 중 남은 종이 뒷면에 인쇄한 종류가 있는데 이들은 더욱 조악하다.

元刻倣宋單邊, 字畫不分[14]麤細, 較宋邊條潤多一線, 紙鬆刻硬, 用墨穢濁, 中無諱字, 開卷了無嗅味. 有種官劵[15]殘紙背印更惡.

송나라 각판의 서각본은 죽지(竹紙)를 대고 인쇄한 본이 좋고 잠견지(蠶繭紙)[158]·곡백지(鵠白紙)[159]·등지(藤紙)[160]를 대고 인쇄한 본도 원래 아름다우나 남아 있는 인쇄본 종이는 다양하지 않다. 만약 송나라 책에 호배(糊褙, 풀로 배접함)하면 책이 좋지 않을 것이다.

宋板書刻以活襯竹紙爲佳, 而蠶繭紙、鵠白紙、藤紙固美, 而存遺不廣. 若糊褙宋書, 則不佳矣.

또 만약 송나라 각판이 남아서 원나라에서 인쇄한 경우나 원나라에서 송나라 각판의 흠결을 보완한 경우, 당시 사람들은 이를 송나라에서 새겼고 원나라 판본으로 판단했다. 하지만 이 판본이 국초(國

又若宋板遺在元印, 或元補欠缺, 時人執爲宋刻元板. 遺至國初, 國初補欠, 人亦執爲元刻.

---

157 피휘(避諱):문장에 선왕(先王)·성인(聖人)·선조 등 공경하고 삼가야 하는 사람의 이름자[諱]가 들어가면 획의 일부를 생략하거나, 뜻이 통하는 다른 글자로 대치하여 직접 표현하기를 피하는[避] 관습.
158 잠견지(蠶繭紙):비단처럼 질기면서 색깔이 하얗고 매끈한 종이. 고려지(高麗紙)라고도 한다.
159 곡백지(鵠白紙):고니[鵠]처럼 색깔이 하얀 종이.
160 등지(藤紙):등나무를 재료로 만들어 매우 질긴 종이.
[14] 分:저본에는 "多". 오사카본·규장각본·《遵生八牋·燕閑淸賞箋·淸賞諸論》에 근거하여 수정.
[15] 劵:저본에는 "卷". 오사카본·규장각본·《遵生八牋·燕閑淸賞箋·淸賞諸論》에 근거하여 수정.

初, 명나라 초기)에까지 남아 있었거나 국초에 원나라
판본의 흠결을 보완한 경우, 사람들 또한 이 판본을
송나라가 아닌 원나라에서 새긴 것으로 판단했다.

그러나 원나라 판각본으로 송나라 본을 보완하
면 그 차이를 오히려 분별하기가 쉽지 않다. 반면 국
초의 판각본으로 원나라 본을 보완하면 판본 안에
단변과 쌍변(雙邊)의 차이가 있고, 게다가 글자와 각
서가 완전히 다를 것이다. 그러니 어찌 꼭 그 차이를
변론할 필요가 있겠는가?

요사이 가짜 송나라 판각본 서적을 만들면 그 기
술이 신묘하여 가짜임을 알아챌 수 없다. 새로운 판
각으로 송판(宋板) 서적을 본떠 책판을 새길 때는 다
만 미황색의 두텁고 실한 죽지에 베끼거나, 촉 지방
의 견지(繭紙)를 쓰거나, 호배방렴면지(糊褙方簾綿紙)161
를 쓰거나, 해아백록지(孩兒白鹿紙)162를 써서, 통에
말아 방망이로 살살 두들기는 공정을 '괄(刮)'이라 한
다. 이 종이를 먹에 담가 냄새를 제거한 뒤에 인쇄
하여 완성한다.

혹은 새로 판각할 책판 중에서 중요한 한두 곳을
흠결이 있게 만들거나 없애버린다. 혹은 책판 3~5
장을 습기로 곰팡이가 피게 하여 파쇄한 뒤에 다시
보완한다.

혹은 앞부분 1~2개의 서문에 적힌 연호를 고쳐

然而以元補宋, 其去猶未
易辯, 以國初補元, 內有單
邊、雙邊之異, 且字刻迥然
別矣, 何必辯論?

近日作假宋板書者, 神妙莫
測. 將新刻模宋板書, 特
抄微黃厚實竹紙, 或用川
中繭紙, 或用糊褙16方簾
綿紙, 或用孩兒白鹿紙, 筒
捲用槌細細敲過, 名之曰
"刮", 以墨浸去嗅味印成.

或將新刻板中殘缺一二要
處. 或濕黴三五張, 破碎
重補.

或改刻開卷一二序文年號.

---

161 호배방렴면지(糊褙方簾綿紙):면지(綿紙)를 풀로 배접하여 네모난 발처럼 만든 종이로 추정된다. 면지는
목화를 재료로 써서 만든 흰 색깔의 종이다. 귀중한 종이라 궁중에 바치던 공물 중 하나이다.
162 해아백록지(孩兒白鹿紙):미상. 백록지는 주로 궁중에서 그림을 그릴 때 사용하던 귀중한 종이이다. 원래는
백전지(白箋紙)나 백록지(白籙紙)로 불렸으나, 후대에 명칭이 백록지(白鹿紙)로 바뀌었다.
16 褙:《遵生八牋·燕閑淸賞箋·淸賞諸論》에는 "扉".

서 판각한다. 혹은 요즘 사람들의 주석을 덧붙이고 성명을 비워둔 채로 새긴 뒤, 따로 작은 도장을 새겨서 양쪽 끝에 송나라 사람들의 성명을 당겨 끼워 넣는다.

혹은 손상된 곳을 단장한 뒤 모래와 자갈로 갈아 한 모퉁이를 없앤다. 혹은 1~2개의 이 빠진 흔적을 만들 때 불로 종이의 솜털을 사르고 이어서 풀 태운 연기로 누렇게 훈증하여 마치 옛사람들의 손상된 옛 자취처럼 만든다. 혹은 책궤 안에 좀벌레를 두고 책을 좀먹게 하여 구멍을 낸다.

혹은 철사를 벌겋게 달구고 책을 뚫어 구불구불한 눈을 만든 뒤 1~2번 굴려 꺾으면 종종 새것과 다르게 된다. 이것을 종이를 써서 장정하고 비단을 표지에 덧대면 손에 넣었을 때 중하고 알차 보이며 광택이 볼만하여 처음부터 요즘 책 같지가 않아 구매자를 혹하게 만들기에 손색이 없다. 혹은 패거리를 조직하고 그 사람들로 하여금 어느 옛집에서 나온 물건이라고 먼저 소리내어 말하라고 시킨다.

이렇듯 온갖 술책이 사람의 눈을 멀게 만들어 헤아릴 수가 없으니 장서가들은 마땅히 참된 안목을 갖추어 변증해야 한다. 《준생팔전》[163]

10) 판각 지역

일반적으로 판각하는 지역에는 세 곳이 있으니,

或貼過今人註刻名氏留空, 另刻小印, 將宋人姓氏扣塡兩頭角處.

或粧茅損, 用砂石磨[17]去一角. 或作一二缺痕, 以燎火燎去紙毛, 仍用草煙薰黃, 儼狀古人傷磑舊跡. 或置蛀米櫃中, 令蟲蝕作透漏蛀孔.

或以鐵線燒紅鎚書本子, 委曲成眼, 一二轉折, 種種與新不同. 用紙裝襯綾錦套殼, 入手重實, 光膩可觀, 初非今書, 彷彿以惑售者. 或札夥囤, 令人先聲指爲故家某姓所遺.

百計瞀人, 莫可窺測, 收藏者當具眞眼辨証. 同上

論刻地

凡刻之地有三:吳也, 越

163《遵生八牋》卷14〈燕閑淸賞牋〉"淸賞諸論"(《遵生八牋校注》, 536~537쪽).
[17] 磨:저본에는 "唐". 오사카본·규장각본《遵生八牋·燕閑淸賞牋·淸賞諸論》에 근거하여 수정.

오(吳)[164]·월(越)[165]·민(閩)[166]이다. 촉(蜀)[167]의 판본은 송나라에서 가장 선본(善本)으로 알려졌으나 요즘은 매우 드물다. 연(燕)[168]·월(粤)[169]·진(秦)[170]·초(楚)[171]는 지금 모두 판각본을 내서 볼만한 게 있지만 오·월·민 3곳의 융성함만 못하다.

3곳 중에 정밀함으로는 오가 으뜸이고, 그중에 다양함으로는 민이 으뜸이며, 월은 모두 그 다음이다. 곧고 무거운 판각으로는 오가 최고이고, 곧고 가벼운 판각으로는 민이 최고이며, 월은 모두 그 다음이다. 《동천서록(洞天書錄)》[172]

也, 閩也. 蜀本, 宋最稱善, 近世甚稀. 燕、粤、秦、楚, 今皆有刻類自可觀, 而不若三方之盛.

其精吳爲最, 其多閩爲最, 越皆次之. 其直重吳爲最, 其直輕閩爲最, 越皆次之. 《洞天書錄》

11) 인쇄 종이

일반적으로 인쇄 종이는 영풍(永豐)[173]의 면지(綿紙)가 최고이고, 상산(常山)[174]의 간지(柬紙)[175]가 그 다음이며, 순창(順昌)[176]의 서지(書紙)[177]가 또한 그 다음이다. 복건(福建)의 죽지(竹紙)는 하품이다. 면지는 하

論印紙

凡印紙, 永豐綿紙上, 常山柬紙次之, 順昌書紙又次之, 福建竹紙爲下. 綿貴其白且堅, 東貴其潤且厚.

---

164 오(吳):중국 동남부 강소성(江蘇省)·절강성(浙江省) 일대의 옛 지명.
165 월(越):중국 서남부 호남성(湖南省)·귀주성(貴州省) 일대의 옛 지명.
166 민(閩):중국 복건성(福建省) 일대의 옛 지명.
167 촉(蜀):중국 사천성(四川省) 일대의 옛 지명.
168 연(燕):중국 하북성(河北省) 일대의 옛 지명.
169 월(粤):중국 광동성(廣東省) 일대의 옛 지명.
170 진(秦):중국 섬서성(陝西省) 일대의 옛 지명.
171 초(楚):중국 호북성(湖北省) 일대의 옛 지명.
172 《洞天書錄》〈刻地〉(《居家必備》, 896~897쪽).
173 영풍(永豐):중국 강서성(江西省) 길안시(吉安市) 영풍현(永豐縣).
174 상산(常山):중국 절강성(浙江省) 구주시(衢州市) 상산현(常山縣).
175 간지(柬紙):죽지(竹紙)의 일종. 어린 대를 두껍게 떠서 만든 고급 종이로, 그중 가장 고급은 관간지(官柬紙)라 한다.
176 순창(順昌):중국 복건성(福建省) 남평시(南平市) 순창현(順昌縣).
177 서지(書紙):문서 작성용 종이. 문서지(文書紙).

야면서 질긴 것을 귀하게 치고, 동지는 윤택이 나면서 두툼한 것을 귀하게 친다. 순창의 서지는 질김이 면지만 못하고, 두툼함이 동지만 못하다. 다만 가격이 저렴하여 명성을 얻었다. 민 땅의 종이는 짧고 좁으며, 검고 연하고, 판각 또한 조잡하여 품질이 가장 낮지만 가격이 가장 저렴하다. 《동천서록》[178]

12) 판매

월(越) 중에는 판각본도 희귀하지만 그 땅이 마침 동남쪽 일대가 만나는 곳이라 문헌 가운데 오(吳)에서 나는 것이 3/10이고 민(閩)에서 나는 것이 7/10일 정도로 전적들이 이곳에 모여든다. 여러 상인이 무림(武林)[179]과 용구(龍邱)[180]에 많고 농단(壟斷)[181]에 능수능란하니 매번 옛집을 엿보다가 쌓아둔 서적이 있고 자손들이 못난 경우에 잔재주로 그들을 꾀어내거나 그 집에 들이닥쳐서 빼앗아 온다. 【이러한 상황은 아마도 전국에 걸쳐서 다 그럴 것이다.】

초(楚)와 촉(蜀), 교광(交廣)[182]에서는 가깝고 편한 길을 나설 때 휴대한 책에서도 간혹 새롭고 이채로운 책을 얻으며, 관(關)[183]·낙(洛)[184]·연(燕)·진(秦)에

順昌堅不如綿, 厚不如東, 直以價廉取稱. 閩中紙短窄鬺脆, 刻又舛訛, 品最下而直最廉.《洞天書錄》

論售賣

越中刻本亦希而其地適東南之會, 文獻之中三吳七閩, 典籍萃焉. 諸賈多武林、龍邱, 巧於壟斷, 每矋故家, 有儲蓄而子姓不才者, 以術鉤致, 或就其家獵取之.【此蓋海內皆然.】

楚、蜀、交廣, 便道所攜, 間得新異, 關、洛、燕、秦, 仕宦橐裝所挾, 往往寄鬻

178《洞天書錄》〈印書〉《居家必備》, 897쪽).

179 무림(武林) : 중국 절강성(浙江省) 항주시(杭州市)의 별칭.

180 용구(龍邱) : 중국 절강성(浙江省) 구주시(衢州市) 일대에 있던 용구현(龍邱縣).

181 농단(壟斷) : 옛날 어떤 사내가 사방이 둘러다 보이는 시장 높은 언덕에 올라가 좌우로 물류의 흐름을 살핀 뒤에 물건을 사고팔아 그 시장의 이익을 독차지한 고사로, 이익과 권력을 독점함을 말한다. 《孟子注疏》卷 4〈公孫丑章句〉下《十三經注疏整理本》25, 142~145쪽).

182 교광(交廣) : 중국 광동(廣東)과 광서(廣西) 사이의 오령(五嶺) 지대.

183 관(關) : 중국 섬서성(陝西省) 위하(渭河) 유역 일대. 관중(關中).

184 낙(洛) : 중국 하남성(河南省) 낙양시(洛陽市) 일대. 낙양(洛陽).

서는 관직에 나설 때 탁장(橐裝)[185]으로 끼고 가던 책도 왕왕 시장에 내다 파니, 향시가 치뤄지는 해에는 매우 볼만하다. 오회(吳會)[186]·금릉(金陵)은 유명한 문헌의 판각본이 매우 많으며, 거질의 유서(類書)가 모두 이곳에 모여든다.

　전국의 서적 상인이 근거로 삼는 곳은 2지방 17곳이며, 그 중 민 땅에 13곳이 있다. 연(燕)과 월(越)은 이곳에 들지 못한다. 그러나 본 지방에서 상재(上梓)한 책 이외에 다른 성에서 온 책은 매우 적다. 비록 높은 건물이 즐비해도 기서나 비장본을 수집한 가게는 100에 2~3도 아니다. 대개 책이 나오는 곳이라 하여 모이는 곳은 아닌 것이다. 고관들로서 박아(博雅)한 인사, 뛰어난 선비로 운치 있는 부류에 이르면 옛것을 좋아한다는 칭송이 나라 안에 자자하여 그들의 장서 규모가 마땅히 여러 지방에서 최고일 것이다.

　일반적으로 북경의 서점은 대부분 대명문(大明門)[187]의 오른쪽, 예부(禮部)[188] 문 밖, 공신문(拱辰門)[189]의 서쪽에 있다. 매번 과거가 열리면 서점이 과장 앞

市中, 省試之歲, 甚可觀也. 吳會, 金陵, 擅名文獻刻本至多, 鉅秩類書咸會萃焉.

海內商賈所資二方十七, 閩中十三, 燕, 越弗與也. 然自本方所梓外, 他省至者絕寡, 雖連楹麗棟, 蒐其奇秘, 百不二三, 蓋書之所出而非所聚也. 至薦紳博雅、勝士韻流, 好古之稱藉藉海內, 其藏蓄當甲諸方矣.

凡燕中書肆, 多在大明門之右及禮部門之外及拱辰門之西. 每會試舉子, 則

---

185 탁장(橐裝): 전대 속에 넣어 휴대하는 값비싼 보물을 말한다. 탁중장(橐中裝).

186 오회(吳會): 중국 강소성(江蘇省) 소주(蘇州) 일대의 옛 지명.

187 대명문(大明門): 중국 북경 자금성의 남문인 천안문(天安門)과 내성의 남문인 정양문(正陽門) 사이에 있던 문. 청나라 때는 대청문(大淸門), 중화민국 시기에는 중화문(中華門)으로 불렸으며, 1954년 천안문 광장이 만들어질 때 철거되었다.

188 예부(禮部): 중국 수(隋)나라 이후 중앙 행정기구인 육부(六部)의 하나가 된 관서. 예악·학교·종교·민족과 외교에 관한 사무를 담당하였다. 《The Cambridge History of China, Vol. 7: The Ming Dynasty, 1368~1644》에 따르면 명나라의 예부는 북경 대명문의 오른쪽에 위치하고 있었다.

189 공신문(拱辰門): 중국 요(遼)나라의 남경(南京, 지금의 북경)에 설치된 북문 둘 중의 하나. 청나라 때 북경의 어느 곳에 위치했는지는 미상.

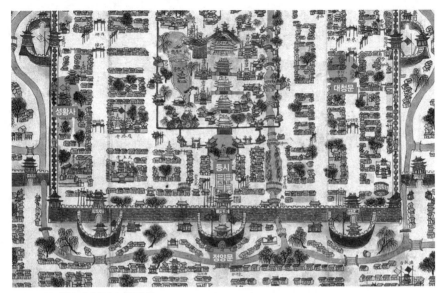

대청문·등시·성황사·정양문(《여지도(輿地圖)》)

에 펼쳐진다. 매번 화조(花朝)[190] 후 3일간 서점은 등시(燈市)[191]로 옮겨간다. 매달 초하루와 보름과 하한(下澣, 하순)의 5가 들어가는 날에는 성황묘(城隍廟)[192] 안으로 옮겨가는데, 등시는 동쪽 끝에 있고 성황묘는 서쪽 끝에 있으며 모두 낮에 판매하는 장소이다. 등시는 1년에 3일, 성황묘는 한 달에 3일, 기일이 되면 온갖 물건들이 모여드니, 책도 그중 하나이다. 《동천서록》[193]

書肆列於場前. 每花朝後三日, 則移於燈市. 每朔望幷下澣五日, 則徙於城隍廟中, 燈市極東, 城隍廟極西, 皆日中貿易所也. 燈市歲三日, 城隍廟月三日, 至期百貨萃焉, 書其一也. 《洞天書錄》

---

190 화조(花朝) : 모든 꽃의 생일(生日)이라고 하는 음력 2월 보름을 말한다. 이날은 박접회(撲蝶會)라 하여, 중국 강남에서는 산야로 나비를 잡으러 나가는 놀이를 하기도 한다.

191 등시(燈市) : 중국 북경 자금성 동안문(東安門)과 외성 조양문(朝陽門)의 중간쯤에 위치한 상가(商街). 중국의 원소절(元宵節, 정월 대보름)을 등불의 날이라고도 하는데, 수일 전부터 각 점포에서 여러 가지 빛깔의 화등(花燈)을 정교하게 만들어 달아 두면 손님들이 구름처럼 모여들어 사가므로 이를 '등시'라 했다.

192 성황묘(城隍廟) : 중국 북경 외성 부성문(阜城門) 안의 남쪽에 위치한 사당. 중국의 성황은 본래 성읍을 수호하기 위해 둘레에 파놓은 해자의 신이 성읍의 수호신으로 정착된 것이다.

193 《洞天書錄》〈獻售〉(《居家必備》, 895~896쪽).

유리창(琉璃廠)194은 정양문(正陽門)195 밖에 있다. 유리창 밖은 모두 전포라서 화보(貨寶, 재화와 보물)가 넘쳐난다. 서점 가운데 가장 큰 것은 문수당(文粹堂)·오류거(五柳居)·선월루(先月樓)·명성당(鳴盛堂)이다. 《열하일기(熱河日記)》196

琉璃廠在正陽門外, 廠外皆塵鋪, 貨寶沸溢, 書冊鋪最大者, 曰文粹堂、五柳居、先月樓、鳴盛堂. 《熱河日記》

13) 책 가격

論書直

일반적으로 책 가격 등급은 그 저본(底本)197을 살피고, 그 판각을 살피고, 그 종이를 살피고, 그 장정을 살피고, 그 인쇄를 살피고, 그 완급을 살피며, 그 유무를 살핀다. 저본은 필사본인지 판각본인지의 여부를 살피고, 교정은 그 오류와 바름을 살피고, 판각은 그 정밀함과 조악함을 살피고, 종이는 그 아름다움과 추함을 살피고, 장정은 그 정밀함과 졸렬함을 살피고, 인쇄는 그 처음과 마지막을 살피고, 완급은 그 때를 살피고 또한 그 쓰임을 살피며, 원근(遠近)은 그 시대를 살피고 또 그 지방을 살핀다. 이 7가지를 종합하고 이를 복합적으로 비교하고서 천하의 모든 책의 가격이 정해질 것이다. 《동천서록》198

凡⑱書之直之等⑲差, 視其本, 視其刻, 視其紙, 視其裝, 視其刷, 視其緩急, 視其有無. 本視其鈔刻, 校視其譌正, 刻視其精粗, 紙視其美惡, 裝視其工拙, 印視其初終, 緩急視其時, 又視其用, 遠近視其代, 又視其方. 合此七者, 參伍而錯綜之, 天下之書之直之等定矣. 《洞天書錄》

---

194 유리창(琉璃廠) : 북경(北京) 성남에 있는 지명 혹은 관서명. 서적과 골동을 취급하는 상점이 집중되어 있고 과거를 치러 올라오는 지방의 거인(擧人)들이 모여드는 곳이라 조선 후기 연행사들이 청의 문명과 소통하는 창구 역할을 했다. 본래 명칭은 해왕촌(海王村)이었는데, 그곳에 공부(工部)의 유리요(琉璃窯)가 있어 이렇게 불리어진 것이다.
195 정양문(正陽門) : 중국 북경 내성(內城)의 정남문(正南門). 천안문의 남쪽에 있으며, '전문(前門)'으로도 일컬어진다.
196 《燕巖集》卷15〈別集〉 "熱河日記" '黃圖紀略'(《韓國文集叢刊》252, 314쪽).
197 저본(底本) : 초본(抄本, 필사한 책) 또는 간인본(刊印本, 금속이나 나무로 만든 판면으로 인쇄한 책)이 의거하고 있는 원본을 말한다.
198 《洞天書錄》〈書直〉(《居家必備》, 897쪽).
⑱ 凡 : 저본에는 "几". 오사카본·규장각본·《洞天書錄·書直》에 근거하여 수정.
⑲ 等 : 저본에는 "寺". 오사카본·규장각본·《洞天書錄·書直》에 근거하여 수정.

14) 판각본과 필사본은 가격이 다르다

섭몽득(葉夢得)[199]이 다음과 같이 말했다.

"당나라 이전에 모든 서책은 모두 필사본으로, 그때까지 인쇄법이 없었다. 그래서 사람들이 장서를 귀하게 여겼고, 사람들이 책을 많이 갖고 있지 않아 책을 소장한 자는 교감(校勘)이 정밀하였다. 그러므로 왕왕 모두 선본(善本)[200]이 있었다. 학자는 기록을 전승하는 어려움 때문에 외우고 읽는 송독(誦讀)도 정밀하고 자세하게 했다.

오대(五代) 때는 풍도(馮道)[201]가 처음으로 관에서 판목에 새겨 인행하자고 주청하였다. 국조(國朝, 송나라) 순화(淳化) 연간(990~994)에 다시 《사기(史記)》를 전후로 한 한나라의 서적을 유사(有司, 담당자)에게 맡겨 인쇄하도록 하자 이로부터 서적의 인쇄가 더욱 많아지게 되었다. 그러자 사대부는 다시 책을 소장하는 데 뜻을 두지 않았고, 학자는 책을 얻기 쉬워지니 송독 또한 이에 따라 지리멸렬해졌다. 그러나 판본이 애초에 그릇되면 바로 오류가 없을 수 없는데, 세상에서는 이미 모두 판본을 정본(正本)으로 보았기 때문에 소장본이 날로 없어졌고, 그 오류는 결국 바

論刻鈔異價

葉少蘊云:"唐以前凡書籍皆寫本, 未有模印之法. 人以藏書爲貴, 人不多有而藏書者精於讐對, 故往往皆有善本. 學者以傳錄之艱, 故其誦讀亦精詳.

五代時馮道始奏請官鏤板印行. 國朝淳化中, 復以《史記》前後漢付有司摹印, 自是書籍刊鏤者益多. 士大夫不復以藏書爲意, 學者易於得書, 其誦讀亦因滅裂. 然板本初不是, 正不無訛誤, 世旣一以板本爲正而藏本日亡, 其訛謬者遂不可正, 甚可惜也."

---

199 섭몽득(葉夢得):1077~1148. 중국 송나라의 문인. 자는 소온(少蘊), 호는 석림거사(石林居士). 복건안무사(福建安撫使) 등을 역임하였고, 학문에 통달하였는데 특히 사(詞)에 뛰어났다. 만년에 고향인 변산의 석림곡에 은거하면서 저술활동을 했다. 저서로 《피서록화(避暑錄話)》·《석림시화(石林詩話)》등이 있다.

200 선본(善本):진귀하고 특이하여 예술적·학술적으로 가치가 높은 우수한 초본(抄本) 또는 간인본(刊印本) 고서.

201 풍도(馮道):882~954. 중국 당(唐)나라 말기부터 오대(五代)십국시대 다섯 왕조를 거치면서 재상을 지낸 정치가. 자는 가도(可道), 호는 장락(長樂). 후당(後唐)과 후주(後周) 사이에 《구경(九經)》을 교정하여 출간했는데 이를 오대감본(五代監本)이라 부르며, 관청에서 정식으로 각인(刻印)한 서적의 시초이다.

로잡히지 못했으니 매우 애석해할 만하다."[202]

이 논의는 송나라 때에는 참으로 그럴듯했지만 지금에는 매우 상반된다. 대개 해당 시대에 판본이 성행하자 판각하는 자는 솜씨가 좋고 책값은 뛰어올라 반드시 정밀하게 살피고 교감을 더하여 비로소 조판하는 사람에게 맡기니 반드시 모두 선본(善本)은 아니지만 오히려 10중에 6~7만 얻는다.

반면 필사한 본은 왕왕 독자에게 급한 책이 아닌 경우, 호사가들이 많이 구비해 두었다는 칭찬을 듣기 위해 높은 전각에 묶여 있게 될 뿐이다. 이 때문에 오류가 계속 이어지니 판각본의 정밀도에 크게 비할 바가 아니다. 일반적으로 서점 안에서는 판각본이 없으면 필사본의 가격이 10배가 되지만 판각본이 일단 나오면 필사본은 모두 폐해지고 팔리지 않는다. 《동천서록》[203]

此論宋世誠然, 在今則甚相反. 蓋當代板本盛行, 刻者工直重鉅, 必精加讐校, 始付梓人, 卽未必皆善, 尚得十之六七.

而鈔錄之本往往非讀者所急, 好事家以備多聞, 束之高閣而已. 以故謬誤相仍, 大非刻本之比. 凡書市之中, 無刻本則鈔本價十倍, 刻本一出, 則鈔本咸廢不售矣.《洞天書錄》

---

202 당나라……만하다:《石林燕語》卷8(《文淵閣四庫全書》863, 605쪽).
203 《洞天書錄》〈讐對〉(《居家必備》, 897~898쪽).

2. 책 보관

1) 장서각(藏書閣, 도서실)

책 보관하는 전각이 하천 주변이나 하천 굽이에 있는 것을 꺼리는 이유는 수해가 우려되기 때문이다. 인가의 부엌 아궁이 근처에 있는 것을 꺼리는 이유는 화재가 우려되기 때문이다.

낭떠러지나 언덕 곁에 있는 것을 꺼리는 이유는 음냉한 기운이 책에 쉽게 엄습하기 때문이다. 노목(老木)이나 무성한 숲 주위에 있는 것을 꺼리는 이유는 썩은 낙엽이 쌓이면 기와가 손상되어 빗물이 새기 때문이다. 장서각 정면이 동쪽을 바라보거나 서쪽을 바라보는 것을 꺼리는 이유는 아침에 해가 뜨고 저녁에 해가 질 때 빛이 비껴들어 실내를 데워서 좀벌레가 쉽게 생기기 때문이다.

그러므로 탁 트이고 건조하고 높은 언덕에 남향하여 북쪽을 등지고 있는 땅이 아니면 책 보관하는 전각을 세워서는 안 된다. 【안 장서각의 제도는 《이운지(怡雲志)》〈은거지의 배치[衡泌鋪置]〉에 자세히 보인다.】 《금화경독기》[2]

藏書之閣, 忌在河濱川隈, 所以慮水也 ; 忌近人居竈灶, 所以慮火也.

忌懸崖、岡阜之側, 爲其易襲陰沍之氣也 ; 忌老木、茂林之下, 爲其腐葉堆積, 瓦損雨漏也 ; 忌面東面西, 爲其朝暘夕曦, 薄射蒸熱, 易釀蠹蠹也.

故非高阜塏朗面南背北之地, 不可以起藏書之閣. 【案】 藏書閣制詳見《衡泌鋪置》《金華耕讀記》

---

1 장서각의……보인다 : 《이운지(怡雲志)》 권1 〈은거지의 배치〉 "임원의 삶터" '장서각'.
2 출전 확인 안 됨.

책을 보관하는 공간을 지을 때 서양에서 책 보관하는 공간을 만드는 방법을 모방해야 하니, 재료로는 오로지 벽돌과 회(灰)[3]만 사용하고 목재는 적게 사용해야 한다.

【《서방요기(西方要紀)》[4]에 "서양의 집 짓는 법은 중국과는 조금 다르다. 큰 도시에서는 벽돌로 벽을 만들고, 벽의 기초는 벽 높이를 고려하여 깊이를 맞춘다. 벽의 재료로는 순전히 벽돌·모래·회만 쓰고 나무 기둥이나 판재를 댄 벽은 적게 쓴다. 이는 편안히 오래 살기를 도모하고 화재를 예방하기 위해서이다."[5]라 했다.】

자신의 여건이 이러한 재료들을 갖출 수 없으면 《왕정농서(王禎農書)》에 실려 있는 '장생옥(長生屋) 짓는 법'[6]을 사용해도 된다. 《금화경독기》[7]

2) 서주(書廚)[8]

서주는 나무 문살에 종이를 붙여 4칸이나 5칸으로 마음 가는 대로 만든다. 칸마다 각각 문짝 2개를 설치하고 여닫는 자물쇠를 갖춘다. 서주 안쪽에 찧은 분전(粉箋)[9]을 바르고 바깥쪽에는 황칠(黃

建藏書之室, 宜倣西洋造室法, 純用甓、灰, 少用木材.

【《西方要紀》云:"西洋造室, 與中國稍異. 大都以磚石爲墻, 墻基量墻之高而深稱之, 純用磚石、沙灰, 少用木柱、板壁, 圖其安住久居而豫防火患."】

力不能辦此者, 用《王禎農書》所載長生屋法可也. 同上

書廚

書廚, 木欞紙糊, 或四格或五格隨意. 每一格, 各設兩扇門, 以備開闔鎖鑰. 內塗硾粉箋, 外用黃漆漆之, 能

---

3 회(灰):굴 껍데기를 불에 태워서 만든 가루.

4 서방요기(西方要紀):중국 청(淸)나라 세조(世祖) 때 중국에 들어온 벨기에 사람 페르비스트(Ferdinand Verbiest, 1623~1688)가 지은 포교용 책. 중국식 이름은 남회인(南懷仁). 아담 샬(Johann Adam Schall von Bell, 1591~1666)과 함께 북경에서 포교에 힘썼다. 수리(數理)에 밝아 흠천감(欽天監)의 관리를 지냈다.

5 서양의……위해서이다:《西方要紀》卷1〈宮室〉(《叢書集成初編》3278, 7쪽). 임원경제연구소 옮김, 《임원경제지·섬용지》1, 풍석문화재단, 2016, 135~136쪽에 이미 소개한 적이 있다.

6 장생옥(長生屋) 짓는 법:임원경제연구소 옮김, 위의 책, 136~141쪽에 나온다.

7 출전 확인 안 됨.

8 서주(書廚):책장(冊欌). 책을 넣어 보관하기 위한 수납 가구.

9 분전(粉箋):빛과 습기가 스며드는 것을 막기 위해 광물의 흰 가루를 바른 종이.

漆)[10]로 옻칠을 하면 습기를 멀리하고 뿌옇게 변하는 현상을 막을 수 있다.

別도로 여러 색의 분전, 즉 찌지[11]로 칸 안에 보관 중인 책 이름을 벌여 놓고 쓴 뒤, 해당 칸에 달린 문짝 밖에 붙여서 책의 출납을 살피는 데 대비하게 해야 한다.

경부(經部)는 짙은 홍색 찌지를, 예부(藝部)[12]는 옅은 홍색 찌지를, 사부(史部)는 청색 찌지를, 지부(志部)[13]는 벽색(碧色) 찌지를, 자부(子部)는 황색 찌지를, 유서부(類書部)[14]는 송화색(松花色)[15] 찌지를, 집부(集部)는 백색 찌지를 사용한다. 《금화경독기》[16]

遠濕辟霾氣也.

另用諸色粉箋, 列書格內所藏書名, 粘當格門扇外, 以備考檢出納.

經用深紅箋, 藝用淺紅箋, 史用靑箋, 志用碧箋, 子用黃箋, 類用松黃箋, 集用白箋.《金華耕讀記》

3) 우리나라 책 보관법

우리나라 책은 거칠고 무거워서 중국 책과 함께 보관할 수 없다. 중국 책이 보관된 선반이 있는 곳의 동쪽이나 서쪽에 별도로 각(閣) 1개를 지어서 보관하는데, 굳이 서주에 보관할 필요는 없다. 다만 선반에 늘어놓거나 꽂아둘 뿐이다. 《금화경독기》[17]

藏東本法

東本麤重, 不可與華本同藏. 就華本藏庋之所之或東或西, 別起一閣而藏之, 不必廚藏. 只列架揷峙耳. 《金華耕讀記》

---

10 황칠(黃漆) : 황칠나무 껍질에 상처를 내면 황금색 액이 나오는데, 이를 도료로 사용하고 색상이 황금색이기 때문에 황칠이라 한다. 《섬용지》권3 〈색을 내는 도구〉 "기름과 옻" '황칠'.

11 찌지 : 찌. 특별히 기억할 만한 것을 표하기 위하여 글을 써서 붙이는 좁은 종이쪽.

12 예부(藝部) : 경예(經藝)는 경서(經書, 사서오경을 연구하는 학문)에 관한 학예(學藝)로, 경부의 일부를 가리키는 것으로 추정된다. 경부와 예부의 찌지 색깔을 홍색으로 통일하고, 색의 명도에 따라 구분하였으며, 《행포지》서문에서는 "경예지학(經藝之學)"이라는 표현을 사용했다. 이것으로 미루어 보건대, 예부는 경부의 일부로 보는 것이 맞을 듯하다.

13 지부(志部) : 기전체(紀傳體)의 역사에서 본기(本紀)·열전(列傳) 이외에 천문(天文)·지리(地理)·예악(禮樂)·정형(政刑) 등을 기술한 책의 총칭.

14 유서부(類書部) : 여러 책들을 내용이나 항목별로 분류 편찬하여 알아보기 쉽도록 엮은 책의 총칭

15 송화색(松花色) : 소나무의 꽃과 꽃가루같이 연한 노란색.

16 출전 확인 안 됨.

17 《金華耕讀記》卷5 〈儲書〉, 12쪽. 다만, "藏就華本藏"은 보이지 않는다.

4) 찌지로 사부(四部)를 분류하는 방식

《수서(隋書)[18]》〈예문지(藝文志)〉에 사부, 즉 경부(經部)·사부(史部)·자부(子部)·집부(集部)의 장표법(裝縹法)[19]이 기록되어 있는데, 그 방법이 매우 훌륭하다. 전적에 합당한 관리방법을 만난 것이며, 서권이 장엄하게 진열된 모습이다. 그러나 산야에서 개인이 서적을 보관할 경우 어떻게 이런 조건을 갖출 수 있겠는가? 다만 각기 다른 색의 찌지로 사부를 구별할 뿐이다.

그 방법은 다음과 같다. 전후지(錢厚紙)[20]에 각기 다른 색의 비단을 배접한 다음 잘라 두 가닥으로 만든 뒤, 큰 찌지에 책 이름 및 책함이 서주에 놓인 위치[函局]를 쓴다.

그런 다음 책을 넣은 책함 모서리에 붙여 책머리 바깥쪽으로 늘어뜨린다. 이때 경부(經部)는 짙은 홍색 찌지를, 예부(藝部)는 옅은 홍색 찌지를, 사부(史部)는 청색 찌지를, 지부(志部)는 벽색 찌지를, 자부(子部)는 황색 찌지를, 유서부(類書部)는 송화색 찌지를, 집부(集部)는 백색 찌지를 사용한다.【간혹 경

四部籤式

《隋書·藝文志》記四部裝縹法, 極其瑰麗. 誠典籍之遭遇、書卷之莊嚴. 然山野[1]私藏, 何能辦此? 但當以各色籤, 區別四部.

其法：用錢厚紙糊褙各色絹絹, 裁作兩指, 大籤書[2]書名及函局.

次第粘付函邊, 垂在卷頁之外. 經用深紅籤, 藝用淺紅籤, 史用靑籤, 志用碧籤, 子用黃籤, 類[3]用松黃籤, 集用白籤.【或只分經、史、子、集四部者, 無淺紅、

18　수서(隋書)：중국 수(隋)나라의 역사를 기록한 정사(正史). 85권. 636년[태종(太宗) 10] 당나라에서 장손무기(長孫無忌)·위징(魏徵) 등이 태종의 명을 받아 제기(帝紀) 5권, 열전(列傳) 50권, 지(志) 30권으로 나누어 편찬했다.

19　장표법(裝縹法)：서적이나 그림 등의 미적 가치와 실용성·보존성을 위해 족자·액자·병풍·서첩 등으로 꾸며 주는 방법이다. 장황(粧潢)·배첩(褙貼)이라고도 한다. 여기서는 사부(四部)를 잘 분류하고 정리하며 보관하는 방법을 가리키는 것으로 추정된다.

20　전후지(錢厚紙)：조선에서 나는 특산 종이의 하나로, 동전 두께만큼 두꺼운 종이를 가리킨다. 주로 구들장이나 천장에 발랐다.

① 山野：《金華耕讀記·儲書》에는 "儒素".

② 書：《金華耕讀記·儲書》에는 "寫".

③ 類：《金華耕讀記·儲書》에는 "薈".

부·사부·자부·집부와 같이 사부로만 구별할 때는 옅은 홍색·벽색·송화색 삼색은 사용하지 않는다.】

각각의 책이 속한 부(部)에 따라서 서주의 선반에 꽂아두면 한 번만 목록을 훑어보아도 어떤 책이 어떤 부(部)에 있는지를 알 수 있다. 책을 선반에 꽂는 법은 각(閣)의 북쪽 벽을 따라 일렬로 서주의 선반에 꽂는다.

이때 경부(經部)는 맨 위에 두고, 예부(藝部)는 그 다음에, 사부(史部)는 다시 그 다음에, 지부(志部)는 다시 그 다음에, 자부(子部)는 다시 그 다음에, 유서부(類書部)는 다시 그 다음에, 집부(集部)는 다시 그 다음에 둔다.

한 부(部)마다 각각 서주 1개나 2~3개, 4~5개를 차지하기도 하는데, 보관된 책의 수량을 살펴서 결정한다. 다만 간혹 특정 부(部)의 서주에는 2~3칸의 공간을 두되, 다른 부(部)의 책을 이곳으로 옮기는 일을 허락하지 말아야 한다. 책이 늘어나 선반을 옮겨야 하면 훗날을 기다렸다가 사서 빈 공간에 보충한다. 《금화경독기》[21]

5) 좀벌레 막는 방법

책을 간수할 때는 매우(梅雨)[22]가 내리기 전에 장

碧、松黃三色[4].】

州居部次列揷廚架, 一遊目, 可知某書某部之所在也. 其庋之也, 循閣之北壁, 列峙廚架.

經部居上, 藝部次之, 史部又次之, 志部又次之, 子部又次之, 類書[5]部又次之, 集部又次之.

一部各占一廚或二三廚、四五廚, 視藏書多寡. 但或某部之廚有三、二格空間, 勿許搬那他部, 移庋[6], 留待他日, 購求充補.《金華耕讀記》

辟蠹方

收書, 於未梅雨時, 開閤廚

---

21 《金華耕讀記》卷5〈儲書〉, 12쪽.
22 매우(梅雨):매실이 익어가는 계절에 내리는 비. 음력 5월에 내리는 장맛비를 말한다.
[4] 或只……三色:《金華耕讀記·儲書》에는 없음.
[5] 類書:《金華耕讀記·儲書》에는 "蕡".
[6] 移庋:《金華耕讀記·儲書》에는 없음.

서각 서주를 열고 책에 볕을 쬐어 말리고, 다 마르면 문을 닫고 안에 칠리향(七里香)23의 꽃【안《몽계필담(夢溪筆談)》에 다음과 같이 말했다. "옛날 사람들이 책을 보관할 때 좀벌레를 막기 위해 운향(芸香)을 사용했다. 운향은 향초이다. 지금 사람들이 '칠리향'이라고 한다. 그 잎이 완두(豌豆)와 비슷하고 작게 총생(叢生)24하는데 그 잎이 매우 향기롭다. 가을이 되면 잎 사이에 옅은 백색으로 분가루 같은 가루가 묻어 나오는데, 이 가루가 좀벌레를 막는 데 매우 효험이 있다. 남쪽 지방 사람들은 이것을 채취해서 방석 아래에 두는데, 벼룩이나 이를 없앨 수 있다."25 이 내용에 근거하면 칠리향이 좀벌레를 막는 것은 잎 때문이지 꽃 때문이 아니다. 위의《준생팔전》에서 '칠리향의 꽃[七里香花]'이라고 한 말은 잘못이다.】이나 장뇌(獐腦, 노루의 뇌)를 넣어 두면 좀벌레가 생기지 않는다.《준생팔전》26

《동천서록(洞天書錄)》에 "책을 보관할 때는 매우(梅雨)가 내리기 전에 볕을 쬐어 바짝 말려서 서궤(書櫃) 안에 넣고, 종이로 문 바깥쪽과 작은 틈새를 발라서 바람이 통하지 않게 한다. 대개 증기(蒸氣)가 밖에서 서궤 안으로 들어오기 때문이다. 운향(芸香, 칠리향)·

晾燥, 隨卽閉門, 內放七里香花【案《夢溪筆談》云: "古人藏書, 辟蠹用芸. 芸, 香草也. 今人謂之'七里香'. 葉類豌豆, 作小叢生, 其葉極⑦芬香. 秋間葉間微白如粉汚, 辟蠹殊驗. 南人採置席下, 能去⑧蚤蝨風." 據此則芸之辟蠹, 在葉不在花. 此云"七里香花"者誤矣.】或獐腦, 不生蠹魚.《遵生八牋》

《洞天書錄》云: "藏書, 于未梅雨之前, 曬取極燥, 入櫃中, 以紙糊門外及小縫, 令不通風. 蓋蒸氣自外而入也. 納芸香、麝香、獐

---

23 칠리향(七里香): 운향을 말한다. 운향은 강한 향이 나며 구충효과가 있다.

24 총생(叢生): 풀이나 나무가 무더기로 더부룩하게 남.

25 옛날……있다:《夢溪筆談》卷3〈辯證〉(《文淵閣四庫全書》862, 721쪽).

26《遵生八牋》卷4〈四時調攝箋〉"四月事宜"(《遵生八牋校注》, 110쪽).

⑦ 極:《夢溪筆談·辯證》에는 "及".

⑧ 去: 저본에는 없음. 오사카본·《夢溪筆談·辯證》에 근거하여 보충.

사향(麝香)27 · 장뇌(樟腦)를 서궤에 넣어두면 좀벌레를 막을 수 있다."28라 했다.

살펴보니, 이는 대개 《운창류기(芸牕類記)》29의 설을 따른 말이지만, 《운창류기》에서 말한 내용은 곧 서화의 보관법을 가리킬 뿐이다. 만약 서책(書冊)의 경우라면 어찌 서갑(書甲)이나 서궤의 안에 생기는 좀벌레까지 막을 수 있겠는가? 단지 사향 · 용뇌(龍腦)30를 종이나 비단으로 싸서 서주 안에 놓아둬야 한다. 서주의 칸 하나마다 각각 꾸러미 한 개를 두면 책이 진한 향기에 물들게 할 수 있으니, 이렇게 하면 서책도 좀벌레를 막을 수 있을 것이다. 《금화경독기》31

운향은 우리나라에서는 보이지 않으니 궁궁이[芎藭]32로 대신해야 한다. 그 잎사귀를 채취해서 가지와 줄기를 말끔히 제거한 다음 서책 안에 끼워두면 그 향기가 오래되어도 사라지지 않고, 또한 좀벌레도 막을 수 있다. 《금화경독기》33

腦, 可辟蠹."

案此蓋沿《芸牕類記》之說, 而《芸牕類記》所言⑨卽指書畫收藏法耳. 若書卷則何可封在匣櫃⑩之內? 只當取麝香、龍腦, 紙帛裹着, 放在書廚之內. 每一格, 各置一裹, 令香烈之氣薰染, 書卷則亦可以辟蠹矣.《金華耕讀記》

芸香, 我東未見, 宜用芎藭代之. 取其葉, 淨去枝、梗, 夾在書卷內, 其香久而不泯, 亦能辟蠹. 同上

---

27 사향(麝香):사향노루의 사향샘을 건조하여 얻는 향료. 어두운 갈색 가루로, 향이 매우 강해 강심제나 각성제의 약재로 쓰기도 한다.
28 책을………있다:《洞天書錄》〈藏書〉《居家必備》, 898쪽);《考槃餘事》卷1〈書箋〉, 254~255쪽.
29 운창류기(芸牕類記):미상.
30 용뇌(龍腦):열대지역에서 자라는 용뇌향과에 속하는 상록교목 용뇌수(龍腦樹)에서 채취한 향료. 심재부에는 용뇌향(龍腦香)이 기름 또는 흰 결정으로 들어 있다. 예로부터 향료의 원료 및 약재로 사용되었다. 빙편뇌(氷片腦) 또는 매화뇌(梅花腦)라고도 한다.
31 《金華耕讀記》卷5〈儲書〉, 12~13쪽.
32 궁궁이[芎藭]:산형과에 속하는 다년생 초본식물. 성질이 따뜻하고 신맛이 있으며, 혈액 순환을 돕는 약재로 쓰인다.
33 《金華耕讀記》卷5〈儲書〉, 12~13쪽.
⑨ 說而……所言:《金華耕讀記·儲書》에는 "云".
⑩ 匣櫃:《金華耕讀記·儲書》에는 "書櫥".

우리나라 종이는 거칠고 뻣뻣하여 인쇄나 탁본하기에 아주 좋지 않다. 그러므로 책을 인쇄하는 사람은 반드시 먼저 종이에 달라붙도록 물을 뿌려서 종이 전체에 적절하게 습기가 배게 한 뒤에야 비로소 인쇄할 수 있다.

한 번 인쇄한 뒤에는 곧바로 접어서 장지(粧池)34 한다. 못으로 고정한 책머리 안쪽이 옛날부터 습기가 잘 차는데, 좀벌레는 대부분 이곳에서 생긴다. 한 권(卷)에 좀벌레가 생기면 책 전질에 퍼지게 되고, 책 한 종류에 좀벌레가 생기면 다른 책까지 퍼지게 된다. 이것은 마치 병으로 떼죽음 당하는 양이나 돌림병에 걸린 닭과 같아서 만약 신속하게 좀벌레를 물리치지 않으면 장서각 서주의 바깥은 이따금씩 좀벌레가 차츰 덩굴처럼 퍼져나가 소장된 도서를 모두 버려야 할 수도 있으니, 매우 두려워할 만하다.

새로 인쇄한 책을 얻을 때마다 반드시 먼저 매 권(卷)을 볕에 쬐어 바짝 말린 다음, 화롯불에 뱀장어를 태우고 그 위에 배롱(焙籠)35을 기울지 않고 똑바르게 올린 뒤 책을 배롱 위에 놓고 뒤집어가며 훈증한다. 그런 다음 또한 바로 장서각에 넣지 말고 사람이 거처하는 방에 두어 사람 기운을 가까이서 쐬게 한다. 이처럼 3~4년 정도 하고서 좀벌레가 생길 염려가 없다는 확신이 들면 비로소 서주에 넣거나 선

東紙麤硬, 最妨印搨, 故印書者, 必先噴水堆積⑪, 令通身濕潤, 然後始可刷搨.

一印之後, 卽摺疊粧池. 其卷腦釘束之內, 從古帶濕, 釀蠹多在此處. 一卷生蠹, 延及全帙, 一書生蠹, 延及他書⑫, 如敗群之羊、染疫之鷄, 苟不亟迸之, 閣廚之外則往往有次次傳蔓, 盡棄全藏者, 甚可畏也.

每得新印書籍, 必先卷卷曬, 令極燥, 用爐火燒鰻鱺魚, 上置平坐焙籠, 取書卷安焙籠上, 翻覆熏之. 且勿遽入藏書之閣, 置諸人居房室, 依近人氣. 如是三四年, 的知無釀蠹之慮, 始入峙廚架. 同上

---

34 장지(粧池): 책이나 그림의 가장자리에 비단 등을 붙여 꾸미는 작업.
35 배롱(焙籠): 화로 위에 엎어 놓고 그 위에 기저귀나 젖은 옷 등을 얹어 말리는 기구.
⑪ 積:《金華耕讀記·儲書》에는 "壓".
⑫ 書:《金華耕讀記·儲書》에는 "籤".

반에 올려 보관한다. 《금화경독기》[36]

운대(蕓薹, 유채)는 좀벌레를 막는다. 《본초연의(本   蕓薹, 辟蠹.《本草衍義》
草衍義)[37]》[38]

6) 책 말리는 법   曝書法

옛날 사람들이 책을 말릴 때에는 반드시 매우(梅   古人曝書, 必趁入梅之前,
雨)가 내리기 전에 책을 책궤에 넣었다가 매우가 지   出梅之後, 故早者在四月之
난 후에 꺼냈다. 그러므로 이르면 4월 초부터 늦게   初, 晚者在七月之後, 大抵
는 7월이 지난 뒤까지도 대체로 습기를 절대 피해야   最忌陰濕, 必擇晴朗有風
한다. 이때는 반드시 바람 불고 해가 좋은 청명한   日, 洞開閣廚之門, 南檐下
날을 골라 장서각과 책장의 문을 활짝 열어 놓아야   多設矮脚夾長書几, 自第
한다. 그리고 남쪽 문살창 아래에 다리가 짧으며,   一廚爲始, 次次搬運書函
너비가 좁고 긴 서궤(書几)를 많이 설치한 뒤, 장서각   于書几上.
의 첫 번째 서주를 시작으로 차츰차츰 책함을 서궤
위에 옮겨놓는다.

먼지떨이[無塵子][39]로 권마다 먼지를 떨어내고 책   用無塵子逐卷拂拭, 或展
들을 펼쳐서 낱장을 펴놓은 뒤, 몇 시간 동안 바람   卷攤葉, 風晾數時, 收入
을 쐬고 햇볕을 쬐인 다음, 원래 서주의 원래 칸에   本廚原格之內. 第一廚旣
넣는다. 첫 번째 서주의 작업이 끝나면 비로소 두   畢, 始出第二廚之書, 第二
번째 서주의 책들을 꺼내고, 두 번째 서주의 작업이   廚旣畢, 始出第三廚之書.

---

36 《金華耕讀記》卷5〈儲書〉, 13쪽.
37 본초연의(本草衍義) : 중국 송나라 구종석(寇宗奭, ?~?)이 1116년에 간행한 의서(醫書). 총 20권. 작자의
   약재 감별과 약물 응용의 오랜 경험에 근거하여 저술하였다.
38 출전 확인 안 됨.
39 먼지떨이[無塵子] : 원래는 종려나무 잎으로 만들어 책의 먼지를 떠는 도구를 말한다. 서유구는 《섬용지》권
   3〈일상생활에 필요한 도구〉 "기타 도구" '먼지떨이'에서 먼지떨이[無塵子]란 이름의 유래를 소개한 다음 요
   즘은 검은 비단과 누런 주(紬)로 만들고 관건(冠巾)이나 책의 먼지를 떠는 데 사용한다고 설명했다. 서유구
   지음, 임원경제연구소 옮김, 《임원경제지 섬용지(林園經濟志 贍用志)》2, 풍석문화재단, 2016, 258~259쪽.

끝나면 비로소 세 번째 책장의 책들을 꺼낸다.

1일에 수천 권의 책을 말렸어도 아직도 장서 수만 권이 남아 있는 경우에는 10여 일 내에 이 작업을 끝마치겠다는 기한을 잡는다. 정해놓은 기한 내에 간혹 비가 내리면 다른 날 다시 펼쳐야지 절대 황급하고 경솔하게 꺼내서는 안 된다. 또 어리석은 하인이나 행동이 거친 동복(僮僕)에게 일을 맡겨서는 안 되니, 자제들이나 제자들 중에서 지필묵 잡는 것을 좋아하고, 새로 배운 것을 받아 적을 줄 아는 이라야 허락한다. 《금화경독기》[40]

一日曬數千卷而止藏書數萬卷[13]者, 限以十餘日竣事. 限內或遇陰雨, 則更展那他日, 切不可忙遽潦草. 又不可令庸奴、麤僮執事, 子弟、門生中願携筆硯, 就鈔異聞者聽.《金華耕讀記》

사마광(司馬光)이 책 말리는 법을 직접 저술하여, "매해 초여름에 청명한 날을 살펴서 곧 해를 비스듬하게 향하여 책상을 설치한다. 그 위에 많은 책을 올려놓고 책머리에 햇볕을 쪼이게 한다."[41]라 했다. 이 방법은 본래 옛날부터 지금까지 장서가(藏書家)들이 통용하던 방법이다.

司馬溫公自述曝書法："每歲初夏視晴明日, 卽設案向日側, 群書其上以暴其腦." 此固古今藏書家所通行.

그러나 이 방법에서 실제로 햇볕을 쪼이고 바로 거두면 햇볕의 열기가 책 안에 쌓여 도리어 좀벌레가 생기기 쉽다. 내가 이러한 일을 여러 번 경험했다. 장서각의 남쪽에 처마 높이로 대를 엮어 그 위에 천막을 치거나 발이나 대자리를 둘러서 직사광선을 가려야 한다. 이렇게 하여 권마다 바람과 건조한 기운을 받

然其實曬暴卽收, 則熱氣內蘊, 反易釀蠹. 余曾經驗者屢矣, 宜緣藏書閣之南簷高罩布幔, 或簾簟以遮敞暘直射, 但令卷卷受風燥之氣, 不患梅黴之不

---

40 《金華耕讀記》卷5〈儲書〉, 13쪽.

41 《梁溪漫志》卷3〈司馬温公讀書法〉《文淵閣四庫全書》864, 711쪽);《格致鏡原》卷39〈文具類〉"書冊"'藏書'《文淵閣四庫全書》1031, 603쪽).

[13] 卷 : 저본에는 없음.《金華耕讀記·儲書》에 근거하여 보충.

게만 한다면 장마철의 곰팡이가 없어지지 않는 점을 걱정하지 않아도 될 것이다. 《금화경독기》[42]

退也. 同上

7) 책 관리법

사마광의 독서당에는 역사 문헌이 만여 권이다. 사마광이 새벽부터 저녁까지 책을 펴보기를 수십 년이 되었어도 모두 사람 손이 닿지 않은 듯이 새 책이었다.

일찍이 그 아들에게 다음과 같이 경계의 말을 했다. "장사치는 재물을 보관하지만 유가(儒家)라면 이와 같이 할 뿐이니, 책을 보배로 여기고 아낄 줄 알아야 한다. 나는 책을 열어볼 때마다 반드시 먼저 궤안(几案)이 깨끗한지 살피고 나서 자리를 깔고, 그런 후에야 단정하게 앉아 책을 보았다.

간혹 책을 보고 싶으면 바로 네모진 판(版)에 책을 받치고 보아 손에 난 땀이 책머리를 적시게 한 적이 없었다. 매번 한 면을 다 보고 나서는 바로 오른쪽 엄지의 안쪽 면(面)을 왼쪽 책장 가장자리에 대고서 검지 안쪽 면으로 책장을 들어올린 다음 두 손가락 사이에 끼우고서 넘겼다. 그러므로 그 종이를 휘게 하거나 해지게 하지 않았다. 매번 너희들이 손톱으로 종이를 누르면서 책장을 넘기는 것을 보면 내 마음이 매우 마뜩치 않다. 불가(佛家)나 도가(道家)들도 오히려 그들의 책을 애지중지할 줄 아는데 우리 유가(儒家)들은 도리어 이보다 못하구나!" 《양계

護書法

溫公讀書堂, 文史萬餘卷, 晨夕披閱, 雖數十年, 皆新若手未觸者.

嘗誡其子, 曰:"賈豎藏貨貝, 儒家如此耳, 當知寶惜. 吾每啓卷, 必先視几案淨潔, 藉以茵褥, 然後端坐看之.

或欲行看, 卽承以方版, 未嘗手汗沾漬以觸其腦. 每看竟一版, 卽側右手大指面襯其沿, 而覆以次指面撚而挾過, 故得不至揉熟其紙. 每見汝輩以指爪撮起, 甚非吾意. 浮圖、老氏猶知尊敬其書, 吾儒反不如耶!" 《梁溪漫志》

---

42 《金華耕讀記》卷5〈儲書〉, 17~18쪽.

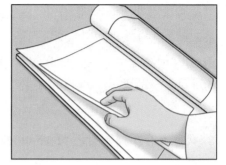

사마광의 책장 넘기는 방법

만지(梁溪漫志)⁴³》⁴⁴

일반적으로 서책(書冊)은 아끼고 보살펴야 하니, 손상을 입히거나 더럽히거나 구기거나 접어서는 안 된다. 제양(濟陽)⁴⁵의 강록(江祿)⁴⁶은 독서가 아직 끝나지 않았으면 비록 급한 일이 있더라도 반드시 책을 덮고 가지런하게 하고 나서야 자리에서 일어났다. 이것이 가장 본받을 만하다. 《동몽수지(童蒙須知)⁴⁷》⁴⁸

凡書冊須要愛護, 不可損汚縐摺, 濟陽 江祿書讀未竟, 雖有急速, 必待掩束整齊, 然後起. 此最爲可法. 《童蒙須知》

책머리를 말지 말고, 모서리를 접지 말고, 손톱으로 글자를 찍지 말고, 침을 발라 책장을 넘기지 말고,

勿捲腦, 勿折角, 勿以爪侵字, 勿以唾揭幅, 勿以作

---

43 양계만지(梁溪漫志) : 중국 송(宋)나라 때 비곤(費袞, ?~?)의 저술. 송나라의 제도·역사·문학·떠도는 이야기 등을 기록했다. 양계는 비곤이 태어난 강소성(江蘇省) 무석시(無錫市)를 지나는 강의 이름이다.

44 《梁溪漫志》卷3 〈司馬溫公讀書法〉《文淵閣四庫全書》864, 711쪽).

45 제양(濟陽) : 현재 중국 산동성(山東省) 제남시(濟南市) 일대.

46 강록(江祿) : ?~?. 중국 남북조시대의 관리. 507년 전후 활동. 자는 언하(彦遐). 제양 지역의 원로. 문장을 잘하고 거문고를 잘 탔다. 관직은 태자세마(太子洗馬)·상동왕녹사참군(湘東王錄事參軍)을 지냈고, 저서로 《열선전(列仙傳)》이 있다.

47 동몽수지(童蒙須知) : 중국 송나라 때 주희(朱熹, 1130~1200)가 지은 아동 교육 교재. 우리나라에는 고려 말경에 들어온 것으로 추정되며, 조선시대에 아동 교육용으로 널리 사용되었다.

48 《童蒙須知》卷4 〈讀書寫文字〉(국립중앙도서관 한古朝25-47-2, 14~15쪽).

책을 베개 삼지 말고, 책장 사이에 물건을 끼워두는 용도로 쓰지 말고, 책이 손상되면 바로 수선하고, 펼쳤으면 그대로 두지 말고 그때마다 닫으면 책이 상할 일이 없다. 조맹부(趙孟頫)[49] 《서발(書跋)》

枕, 勿以夾紙, 隨損隨修, 隨開隨掩, 則無傷殘. 趙孟頫《書跋》

8) 책을 소장할 때는 같은 책 3본(本)을 갖춰야 한다

論藏書必備三本

장서가가 책을 아끼는 마음이 너무 지나치면 모든 종류의 책을 비단으로 싸고 서궤에 감춰두어서 자제들이 감히 책을 구경할 수 없게 된다. 옛사람들이 이를 비유하여 '곳간 막아두고 배 곯는다.'라 했으니, 진실로 과언이 아니다.

藏書之家珍惜太過, 則類皆錦帕綈帙, 秘之廚笥, 子弟不敢窺面目. 昔人譬之, "封倉箱而枵腹", 諒非過語.

이와 반대의 경우는 또 책을 보호하는 일에 무심하다. 이동식 서궤에 넣어 가지고 다니면서 물이나 불을 경계하지 않기도 하고, 이 사람 저 사람이 돌려보도록 책을 남에게 빌려줘서 책을 잃어버리기도 하니, 모두 좋은 방법이 아니다.

反於此者, 又無心保護. 或齋之行篋, 不戒水火, 或轉輾借人, 因仍遺佚, 皆非計也.

일찍이 《유씨서훈(柳氏序訓)[50]》을 보니 "우리 집안은 승평리(昇平里) 서쪽 당(堂)에 책을 보관하였는데, 경서(經書)·제자서(諸子書)·사서(史書) 모두 같은 책을 3본씩 가지고 있었다. 한 본은 종이에 먹으로 표기한

嘗見《柳氏序訓》, 云: "余家昇平里西堂書, 經、子、史皆有三本. 一本紙墨籤束以鎭庫, 一本長將披覽, 一

---

49 조맹부(趙孟頫): 1254~1322. 중국 원나라의 관료·서예가·화가. 자는 자앙(子昻), 호는 송설도인(松雪道人). 복고주의를 주장하여 왕희지의 글씨체를 깊이 공부했으며, 원나라 서예의 1인자로 꼽는다. 대부분의 서체와 수묵화에 뛰어났으며, 그의 글씨체를 조맹부체(趙孟頫體)·송설체(松雪體)라 했다. 조맹부체는 조선에서도 유행했다.

50 유씨서훈(柳氏序訓): 중국 당(唐)나라의 관리 유빈(柳玭, ?~895)이 그의 조상 유작(柳綽) 때부터의 사적과 자손들에게 교훈이 될 내용을 기록한 책.

찌를 묶어 창고에 넣어두고, 다른 한 본은 살면서 계속 볼 용도이고, 나머지 한 본은 뒷날의 자제들에게 학업용으로 남겨줄 책이다."51라 했다. 이것이 가장 본받을 만하다.《금화경독기》52

本次者後生子弟爲業."此最可法也.《金華耕讀記》

경서와 사서 중에서 전경(全經, 경서 전체)과 전사(全史, 역사서 전체) 같은 종류에는 명(明)나라 만력(萬曆) 연간(1573~1620)의 간행본, 급고각각본(汲古閣刻本)53, 청(淸)나라 건륭(乾隆) 연간(1736~1796)의 왕실에서 간행한 각본 등이 모두 있다.

두우(杜佑)54의 《통전(通典)》55·정초(鄭樵)의 《통지(通志)》·《문헌통고(文獻通考)》56·사마광의 《자치통감

經、史如全經、全史, 俱有明 萬曆年刻本、汲古閣刻本、淸 乾隆年間內府⑭刻本.

《通典》、《通志》、《通考》、溫公⑮《通鑑》、紫陽⑯《綱

---

51 우리……책이다:《格致鏡原》卷39〈文具類〉"書冊"'藏書'(《文淵閣四庫全書》1031, 603쪽).

52 《金華耕讀記》卷5〈儲書〉, 11쪽.

53 급고각각본(汲古閣刻本):중국 명(明)나라의 학자·장서가인 모진(毛晉, 1599~1659)이 집에 급고각(汲古閣)과 목경루(目耕樓)를 짓고 8만 권이 넘는 대량의 장서를 소장했는데, 명나라 말기인 1628년부터 청나라 초기까지 약 40년간에 걸쳐 자신이 소장한 고서를 전각(傳刻)하여 널리 보급하는 데 힘썼다. 이 기간에 600여 종의 책을 발간했는데, 당시 세상에서 모각본(毛閣本) 또는 급고각본(汲古閣本)으로 불렸다. 이러한 그의 출판 활동은 당시의 관각(官刻)이나 서방(書坊)을 능가하는 것으로 명대 출판역사에서 가장 뛰어난 업적으로 평가받는다.

54 두우(杜佑):735~812. 중국 당나라의 관리이자 역사가. 저서로 《통전(通典)》이 있으며, 그 밖에 《통전》의 요점을 정리해 놓은 《이도요결(理道要訣)》이 있다.

55 통전(通典):중국 당(唐)나라의 사학자 두우(杜佑, 735~812)가 편찬한 책. 200권. 식화(食貨)·선거(選擧)·직관(職官)·예(禮)·악(樂)·병(兵)·형(刑)·변방(邊防)의 8문으로 나누어 고대부터 당나라 천보(天寶) 연간(742~756)까지 기록했고, 유질(劉秩)의 《정전(政典)》에 빠진 내용을 보충했다.

56 문헌통고(文獻通考):중국 원(元)나라의 마단림(馬端臨, 1254~1323)이 송(宋)나라 때의 제도(制度)에 관하여 기록한 책. 348권. 두우(杜佑)의 《통전(通典)》을 기초로 하여 이를 증보한 것으로, 조선의 《동국문헌비고(東國文獻備考)》의 모델이 되었다.

⑭ 間內府:저본에는 없음. 《金華耕讀記·儲書》에 근거하여 보충.

⑮ 溫公:저본에는 없음. 《金華耕讀記·儲書》에 근거하여 보충.

⑯ 紫陽:저본에는 없음. 《金華耕讀記·儲書》에 근거하여 보충.

(資治通鑑)[57]·주희(朱熹)[58]의 《자치통감강목(資治通鑑綱目)[59]》에는 방각본(坊刻本)[60]과 비부각본(秘府刻本, 왕실 간행본)이 있다.

이백(李伯)[61]이나 두보(杜甫)[62] 같은 시문집, 당송팔가(唐宋八家)[63]의 문집, 《이정전서(二程全書)[64]》·《주자문집(朱子文集)[65]》 등의 책에도 모두 구각본(舊刻本, 오래전에 새긴 판본)과 근각본(近刻本, 최근에 새긴 판본)이 있다. 이러한 종류는 모두 이본(異本)을 함께 갖추어야 오류를 교감하는 일에 대비할 수 있다.

만약 희귀본이 거질(巨帙)이면 어찌 일일이 3질씩

目》有坊刻本、秘府刻本.

詩文如李、杜集、唐宋八家集、《二程全書》、《朱子文集》等書, 亦皆有舊刻、近刻之本. 此類皆可兼蓄異本, 以備勘校訛誤.

若稀種巨帙, 安得一一必

---

57 자치통감(資治通鑑) : 중국 북송(北宋)의 사마광(司馬光, 1019~1086)이 1065년부터 1084년에 걸쳐 편찬한 편년체(編年體) 역사서. 294권.

58 주희(朱熹) : 1130~1200. 중국 송(宋)나라의 사상가. 자는 원회(元晦)·중회(仲晦), 호는 회암(晦庵)·회옹(晦翁)·운곡산인(雲谷山人)·창주병수(滄洲病叟)·둔옹(遯翁). 주희는 철학뿐 아니라, 역사에도 깊은 관심을 가져 사마광(司馬光)이 편찬한 역사서인《자치통감(資治通鑑)》이 무원칙하다고 여기고 그것을 다시 재편집하여, 1172년에 《자치통감강목(資治通鑑綱目)》을 완성하였다. 저서로 《논어요의(論語要義)》·《논어훈몽구의(論語訓蒙口義)》·《곤학공문편(困學恐聞編)》·《정씨유서(程氏遺書)》·《논맹정의(論孟精義)》·《자치통감강목(資治通鑑綱目)》·《태극도설해(太極圖說解)》·《통서해(通書解)》·《근사록(近思錄)》·《사서장구집주(四書章句集注)》·《주역본의(周易本義)》·《시집전(詩集傳)》 등이 있다.

59 자치통감강목(資治通鑑綱目) : 중국 송나라의 사마광(司馬光)이 지은 중국 역사책《자치통감(資治通鑑)》을 주희(朱熹)가 《춘추(春秋)》의 형식에 따라 역사적 사실에 대하여 큰 제목으로 강(綱)을 따로 세우고 기사는 목(目)으로 구별하여 엮은 책. 59권.

60 방각본(坊刻本) : 영리를 목적으로 민간에서 간행한 책으로, 중국 당대(唐代) 때부터 싹텄다.

61 이백(李伯) : 701~762. 중국 당(唐)나라 때 시인. 자는 태백(太白), 호는 청련거사(靑蓮居士). 두보(杜甫)와 함께 '이두(李杜)'로 병칭되는 걸출한 시인으로, 천여 편의 시를 남겼다.

62 두보(杜甫) : 712~770. 자는 자미(子美), 호는 소릉(少陵). 중국 최고의 시인으로서 '시성(詩聖)'이라 불렸다. 대표작으로는 〈북정(北征)〉·〈추흥(秋興)〉·〈삼리삼별(三吏三別)〉·〈병거행(兵車行)〉·〈여인행(麗人行)〉 등이 있다.

63 당송팔가(唐宋八家) : 중국 당(唐)·송(宋) 시대 고문(古文)의 대가로, 당의 한유(韓愈, 768~824)·유종원(柳宗元, 773~819)과 송의 구양수(歐陽修, 1007~1072)·소순(蘇洵, 1009~1060)·소식(蘇軾, 1036~1101)·소철(蘇轍, 1039~1112)·증공(曾鞏, 1019~1083)·왕안석(王安石, 1021~1086), 이 8인을 가리킨다.

64 이정전서(二程全書) : 중국 송나라의 성리학자 정호(程顥, 1032~1085)와 정이(程頤, 1033~1107) 형제의 문집을 주희(朱熹, 1130~1200)가 집록하고 선별하여 편차하였고, 이를 1606년 명(明)나라의 학자 서필달(徐必達)이 교정하여 간행하였다.

65 주자문집(朱子文集) : 주희가 일생을 두고 저작한 모든 학설과 여러 학자들의 질의(質疑)에 대해 회답한 편지들과 시(詩)·기(記)·명(銘)·비문(碑文)·묘지(墓誌) 등 문예에 관한 저작들을 함께 모은 방대한 저작이다. 주희 사후 그의 문인들이 편찬하였다. 《회암선생주문공문집(晦庵先生朱文公文集)》·《주자대전(朱子大全)》이라고도 한다.

꼭 갖출 수 있겠는가? 단지 서고에 1질을 보관해서 참고할 일이 있을 때마다 열람하고, 출납을 신중히 하여 문밖으로는 한 발짝도 나가지 못하게 하면 될 것이다.《금화경독기》[66]

備三本. 但畜鎭庫一本, 有事考閱, 出納惟謹, 毋令出門外一步地可矣. 同上

9) 서목(書目)의 양식

부자들은 수만 냥의 재물을 모으면 반드시 장부책을 두고, 질그릇이나 가마솥의 유무나 다리가 부러진 노구솥까지 조사하여 모두 수량으로 기록해 넣었다. 더욱이 우리들의 장서는 우리의 마음과 몸을 맑게 하고 자손을 가르칠 자료임에도 도리어 그 기록을 느슨히 할 수 있겠는가?

옛날부터 지금까지 서목의 양식은 일정하지 않다.《칠략(七略)》과 사부(四部)[67]는 도서 분류 방법이 서로 차이가 있다. 이때로부터 후대로 내려가면서 대대로 여러 저자들이 있었으나 분류 방식은 요컨대 사부의 범위를 벗어나지 않았다.

지금 살펴보고 모방할 만한 서목에는 정초(鄭樵)의 《예문략(藝文略)》[68] · 조공무(晁公武)의 《군재독서지(郡齋讀書志)》[69] · 진진손(陳振孫)[70]의 《직재서록(直齋書

論書目義例

富家子積産數萬, 必有簿券, 以句稽有無瓦釜折脚鐺, 皆入數目. 況吾輩藏書將以淑心身敎子孫, 而顧可緩著錄耶?

古今書目義例不一.《七略》、四部互有出入, 自玆以降, 代有作者而要不越四部規模.

今可按而倣者, 有鄭樵《藝文略》、晁公武《讀書志》、陳振孫《直齋[17]書錄》、馬

---

66 《金華耕讀記》卷5〈儲書〉, 11~12쪽.

67 사부(四部):중국 고대의 도서 분류 방법. 경(經) · 사(史) · 자(子) · 집(集) 등 4종으로 도서를 분류했다.

68 예문략(藝文略):정초가 편찬한 《통지(通志)》를 구성하는 20략(略) 중에서 학술서의 발전과 상호 차이를 다룬 부분. 성씨의 내력을 다룬 씨족략(氏族略), 한자의 성립을 다룬 육서략(六書略), 한자의 음운과 성조를 다룬 칠음략(七音略) 등과 나란히 20략 중 하나이다.

69 군재독서지(郡齋讀書志):조공무가 임지(任地)의 관아인 군재(郡齋)에서 소장하던 장서를 해설한 책. 체제는 경(經) · 사(史) · 자(子) · 집(集) 사부로 나누고, 이를 다시 유(類)로 나누어, 부와 유의 첫머리에 서문을 붙여 책마다 권수 · 저자의 약력 · 내용의 개요 등을 적었다. 이는 《칠략(七略)》의 체재를 본받은 중요한 해설서로서 《문헌통고(文獻通考)》의 〈경적고(經籍考)〉가 이 책을 표준으로 삼았다.

17 齋:저본에는 "齊". 규장각본 · 《澹生堂藏書約 · 藏書訓略 · 購書》에 근거하여 수정.

錄)[71]·마단림(馬端臨)[72]의 《경적고(經籍考)[73]》·초횡(焦竑)의 《태사경적지(太史經籍志)[74]》·종음(鍾音)[75]의 《절강서목(浙江書目)[76]》·《사고전서간명목록(四庫全書簡明目錄)[77]》 등이 있는데, 모두 참고하여 서로 절충하고 단점은 버리며 장점은 취할 만하다.

한 사람이나 한 집안만의 도서를 기록한 경우로는 다음과 같은 책이 있다. 우무(尤袤)[78]의 《수초당서목(遂初堂書目)[79]》【이 책은 다음과 같이 44종류로 나누었다. '경총(經總)'·'주역(周易)'·'상서(尚書)'·'시(詩)'·'예(禮)'·'악(樂)'·'춘추(春秋)'·'논어(論語)'(효경(孝經)·맹자(孟子)

端臨《經籍考》、焦竑《經籍志》、鍾音《浙江書目》、《四庫全書簡明目錄》, 皆可參互折衷, 捨短取長.

只記一人一家之書者, 尤袤之《遂初堂書目》【分四十四類:曰"經總"、曰"周易"、曰"尚書"、曰"詩"、曰"禮"、曰"樂"、曰"春秋"、曰"論語"(附

---

70 진진손(陳振孫):1186~1262?. 남송(南宋)의 장서가·목록학자. 자는 백옥(伯玉), 호는 직재(直齋). 남성(南城)·복건(福建)·보전(莆田)·절강(浙江) 등지에서 20여 년간 지방관을 역임하고 국자감(國子監) 사업(司業)·보장각(寶章閣) 대제(待制)를 지내면서 5만여 권의 책을 소장하였고 전적 정리 및 연구에 일가를 이루었다.

71 직재서록(直齋書錄):중국 남송(南宋)의 진진손이 지은 개인 장서목록. 조공무의 《군재독서지(郡齋讀書志)》를 참고하여 20여 년에 걸쳐 완성했다. 서목이 풍부하고 체제가 잘 갖추어져서 후대에 서적에 관한 고증에 중요한 역할을 했다.

72 마단림(馬端臨):1254~1323. 중국 송(宋)말 원(元)초 때의 역사학자. 자는 귀여(貴與). 저서로 《대학집전(大學集傳)》·《문헌통고(文獻通考)》 등이 있다.

73 경적고(經籍考):마단림이 편찬한 《문헌통고》348권 중 한 부분. 《군재독서지(郡齋讀書志)》·《직재서록(直齋書錄)》에 의거하여 공사(公私)의 목록 및 관련 저술을 두루 채용하였고, 각 부(部)와 류(類)에는 소서(小序)를, 각 지(志)에는 해제를 붙였다.

74 태사경적지(太史經籍志):중국 명나라 초횡이 만력 연간에 황제의 명을 받들어 국사(國史)를 편찬하여 6권을 완성하였다. 《국사경적지(國史經籍志)》라고도 한다.

75 종음(鍾音):중국 청(淸)나라 《절강서목(浙江書目)》의 편찬자.

76 절강서목(浙江書目):중국 청나라 건륭 37년(1772)에 사고전서관(四庫全書館)을 설치하고 전국에 서적 수집령을 내렸을 때 심초(沈初, 1732~1807) 등이 절강 지역의 장서가들이 올린 서목을 열람하고, 절강에 전해 오는 서적들의 서명·권수·작자·요지·판각 연대를 기록하고 서문·발문을 모으고 편집하여 1774년에 완성한 《절강채집유서총록(浙江采集遺書總錄)》으로 판단된다. 절강의 포정사(布政使)였던 왕단망(王亶望)이 편찬했다고 알려져 있는데 그가 가장 먼저 서문을 썼고 종음이 여러 편찬자의 대표격 인물이었다. 《절강서목》의 서문에 따르면 이때 집계된 책이 총 4,523종 56,955권이었다고 한다.

77 사고전서간명목록(四庫全書簡明目錄):중국 청나라 건륭 39년(1774)에 우민중(于敏中, 1714~1780)이 황제의 명에 따라 엮은 책. 20권. 《사고전서》가운데 중요한 서적을 모아 연혁과 대의(大意)를 간명하게 적은 목록이다.

78 우무(尤袤):1127~1194. 중국 송나라의 목록학가. 구룡산(九龍山) 아래에 수초당(遂初堂)을 짓고 3천여 권의 장서를 소장하였으며, 《수초당서목(遂初堂書目)》을 지었다.

79 수초당서목(遂初堂書目):중국 송나라 우무(尤袤)의 장서실(藏書室)인 수초당(遂初堂)의 도서목록으로, 경·사·자·집 4부로 나누고 이를 다시 44류(類)로 나누었다.

가 딸려 있다.)'·'소학(小學)[80]'·'정사(正史)'·'편년(編年)'·'잡사(雜史)'·'고사(故事)'·'잡전(雜傳)'·'위사(僞史)'·'국사(國史)'·'본조잡사(本朝雜史)'·'본조고사(本朝故事)'·'본조잡전(本朝雜傳)'·'실록(實錄)'·'직관(職官)'·'의주(儀注)'·'형법(刑法)'·'성씨(姓氏)'·'사학(史學)'·'목록(目錄)'·'지리(地理)'·'유가(儒家)'·'잡가(雜家)'·'도가(道家)'·'석가(釋家)'·'농가(農家)'·'병서(兵書)'·'수술가(數術家)'·'소설(小說)'·'잡예(雜藝)'·'보록(譜錄)'·'유서(類書)'·'의서(醫書)'·'별집(別集)'·'장주(章奏)'·'총집(總集)'·'문사(文史)'·'악곡(樂曲)'.】,[81]

육심(陸深)의 《강동서목(江東書目)[82]》【이 책은 다음과 같이 15항목으로 나누었다. '경(經)'·'이성(理性)'·'사(史)'·'고서(古書)'·'제자(諸子)'·'문집(文集)'·'시집(詩集)'·'유서(類書)'·'잡사(雜史)'·'제지(諸志)'·'운서(韻書)'·'소학(小學)'·'의약(醫藥)'·'잡류(雜類)'·'제서(制書)'.】,

"孝經"·"孟子")、曰"小學"、曰"正史"、曰"編年"、曰"雜史"、曰"故事"、曰"雜傳"、曰"僞史"、曰"國史"、曰"本朝雜史"、曰"本朝故事"、曰"本朝雜傳"、曰"實錄"、曰"職官"、曰"儀注"、曰"刑法"、曰"姓氏"、曰"史學"、曰"目錄"、曰"地理"、曰"儒家"、曰"雜家"、曰"道家"、曰"釋家"、曰"農家"、曰"兵書"、曰"數術家"、曰"小說"、曰"雜藝"、曰"譜錄"、曰"類書" 曰"醫書"、曰"別集"、曰"章奏"、曰"總集"、曰"文史"、曰"樂曲".】

陸深《江東書目》【分十五目：曰"經"、曰"理性"、曰"史"、曰"古書"、曰"諸子"、曰"文集"、曰"詩集"、曰"類書"、曰"雜史"、曰"諸志"、曰"韻書"、曰"小學"、曰"醫藥"、曰"雜類"、曰"制書".】

---

80 소학(小學) : 한자의 형태[形]·발음[音]·의미[義]를 연구하는 학문. 형태를 연구하는 문자학, 발음을 연구하는 음운학, 의미를 연구하는 훈고학으로 나뉘는데, 《한서(漢書)》〈예문지(藝文志)〉에 처음으로 하나의 학과로 분류되어 등장했다. 중국 송(宋)나라의 학자 주희(朱熹)의 지시로 문인 유자징(劉子澄)이 엮은, 유학 교육을 위한 《소학(小學)》과는 다르다.

81 실제 내용은 다음 단락과 이어지지만 분량이 너무 많아 편의상 단락을 나눴다.

82 강동서목(江東書目) : 중국 명나라 육심(陸深)이 15가지로 정리한 강동지역 장서가들의 도서목록.

주이존(朱彝尊)[83]의 《폭서정서목(曝書亭書目)[84]》【이 책은 다음과 같이 6항목으로 나누었다. '경(經)'·'예(藝)'·'사(史)'·'지(志)'·'자(子)'·'집(集)'.】 등이다. 또한 이러한 책들을 구비해 두고 택할 서목을 헤아리면 좋을 것이다. 《금화경독기》[85]

朱彝尊《曝書亭書目》【分六目: 曰"經"、曰"藝"、曰"史"、曰"志"、曰"子"、曰"集".】, 亦可備裁擇也.《金華耕讀記》

서목의 종류를 구별하는 일은 한나라 때의 《칠략(七略)》에서 시작되었는데, 이를 계승하여 후대에 이 방식으로 서목을 짓는 이가 나오게 되었다. 왕검(王儉)의 《칠지(七志)》는 대부분 《칠략》을 지은 유향(劉向)·유흠(劉歆)의 분류를 표준으로 하였는데 다만 《칠략》의 '시부(時賦)'를 바꾸어 '문한(文翰)'이라 하고, '술수(術數)'를 바꾸어 '음양(陰陽)'이라 하고, '방기(方技)'를 바꾸어 '술예(術藝)'라고 하였고, '집략(輯略)'은 없으나 '도보(圖譜)'가 있다. 여기에 불가와 도가[86]의 두 서종을 더하였으니 이름에는 비록 '칠'이라 했지만 실제로는 '구(九)'인 셈이다.

區別品流, 始於《七略》, 嗣此而後代有作者. 王儉之《七志》多本劉氏, 特易"詩賦"爲"文翰", 易"術數"爲"陰陽", 易"方技"爲"術藝", 無"輯略"而有"圖譜", 及益以佛、道二書, 名雖"七"而實"九"也.

완효서(阮孝緖)의 《칠록(七錄)》에서 또 왕검의 분류를 표준으로 하면서 기전체(紀傳體)[87]의 사서(史書) 기술 방식을 여기에 담아 비로소 기전록(紀傳錄)이 경부

阮孝緖之《七錄》又本王氏, 而加以紀傳史書之盛, 始與經、子竝列矣.

---

83 주이존(朱彝尊): 1629~1709. 중국 청나라의 학자·장서가. 자는 석창(錫鬯), 호는 죽타(竹垞)·행십(行十). 검토(檢討)·일강기거주관(日講起居注官) 등을 지냈다. 《명사(明史)》편찬에 참여했고, 《문원(文苑)》·《영주도고록(瀛洲道古錄)》·《일하구문(日下舊聞)》 등을 편찬했다. 저술로는 《경의고(經義考)》가 있는데, 목록학의 발전에 크게 공헌했으며, 그 밖에 《화록(禾錄)》·《차록(䱷錄)》·《폭서정집(曝書亭集)》·《명시종(明詩綜)》·《사종(詞綜)》 등이 있다.
84 폭서정서목(曝書亭書目): 중국 청(淸)나라의 학자 주이존이 자신의 서고 폭서정(曝書亭)에 있는 책들을 분류한 도서목록.
85 출전 확인 안 됨.
86 불가와 도가: 불경록(佛經錄)·도경록(道經錄) 두 부록을 말한다.

(經部)나 자부(子部)와 나란히 한 항목으로 배정되었다.

4부(四部)의 분류는 실제로 순욱(荀勗)[88]으로부터 시작되었는데, 갑부(甲部)에는 육예(六藝)와 소학(小學) 등의 책을, 을부(乙部)에는 제자(諸子)와 병술(兵術) 등의 책을, 병부(丙部)에는 《사기(史記)》와 《황람(皇覽)[89]》[90]등의 책을, 정부(丁部)에는 시부(詩賦)와 도적(圖籍) 등의 책을 기재하였다.[91]

그러나 사서(史書)는 자부 앞에 와야 하니, 양(梁)나라의 완효서가 기전체를 경부 다음에 둔 것은 타당하다.

역대 조정의 정사(正史)나 〈예문지(藝文志)〉·〈경적지(經籍志)〉와 같은 경우, 오직 반고(班固)[92]가 《칠략》

四部之分實始荀勗, 以甲部紀六藝、小學等書, 以乙部紀諸子、兵術等書, 以丙部紀《史記》、《皇覽》等書, 以丁部紀詩賦、圖籍等書.

然史固宜居子上, 孝緒之以紀傳次經典得矣.

若歷朝正史、志《藝文》·《經籍》者, 惟班氏規模《七

---

87 기전체(紀傳體): 역사를 제왕의 정치에 대한 기사인 본기(本紀), 제후를 다룬 세가(世家), 신하들의 개인 전기인 열전(列傳), 통치제도·문물·경제·자연 현상 등 그 내용별로 분류해 쓴 지(志)와 연표(年表)로 구성 된 편찬 체제. 기전체는 전한의 사마천(司馬遷)의 《사기(史記)》에서 시작되었으나, 그 정형은 후한의 반고(班固)가 편찬한 《한서(漢書)》에서부터 갖추어졌다. 이후 중국 역대 왕조의 정사(正史)로서 편찬된 25사가 모두 기전체로 편찬되었다.

88 순욱(荀勗): ?~289. 중국 삼국시대 위(魏)나라와 서진(西晉) 시대의 정치가·음악가·목록학가. 자는 공증 (公曾)·공로(公魯). 진(晉) 무제(武帝) 태시(泰始) 10년(274)에 중서령(中書令) 장화(張華, 232~300)와 함 께 유향의 《별록(別錄)》에 근거하여 서적을 정리하였고, 태강(太康) 2년(281) 급총서가 발견되자 정리 작 업에 참여하였다.

89 황람(皇覽): 중국 최초의 유서(類書). 위(魏)나라 문제(文帝)의 명으로 중산기시랑(中散騎侍郎) 유소(劉劭, 424~453) 등이 오경(五經)의 서적을 모아 몇천여 편을 부류로 나누어 편찬한 책인데, 그 대부분이 산일되었 었다.

90 병부(丙部)에는……황람(皇覽): 사기(史記)·황람(皇覽)·구사(九事)·잡사(雜事)가 포함되어 있다.

91 4부(四部)의……기재하였다: 진(晉) 순욱의 《중경부(中經簿)》는 갑·을·병·정 4부에 각각 경(經)·자(子)· 사(史)·집(集)을 배정했다.

92 반고(班固): 32~92. 중국 동한(東漢)의 사학가·목록학가. 자는 맹견(孟堅). 《사기후전(史記後傳)》을 지은 아버지 반표(班彪, 3~54)의 유지(遺志)를 이어 고향에서 《한서(漢書)》 편집에 종사하였으나, 62년경 국사 를 개작(改作)한다는 중상모략으로 투옥되었다. 동생 반초의 노력으로 명제(明帝)의 용서를 받아, 20여 년 에 걸쳐 《한서》를 완성하였고, 유향과 유흠의 목록사업을 계승하고, 《한지(漢志)》를 편찬하여 새로운 목 록체계인 사지목록(史志目錄)을 창립하였다.

을 본받았고, 유구(劉昫)[93]의 《구당서(舊唐書)[94]》는 《수서(隋書)[95]》를 따랐고, 《신당서(新唐唐)》는 《구당서》를 교정·보충하였고, 《송사(宋史)[96]》는 《숭문사고(崇文四庫)[97]》를 많이 따랐다. 《수서(隋書)》〈경적지(經籍志)[98]〉의 간편(簡編)은 비록 산실된 게 많지만 그 분류의 차례는 참고해 볼 만하다.

《구당서》의 기록들은 본조(명나라) 때에 이미 결락된 것이 많지만, 《신당서》의 기록은 보탠 내용이 자못 자세하다. 《송사(宋史)》〈예문지(藝文志)[99]〉는 난삽한데, 이는 원(元)나라 사람들이 지은 책이라서 깊이 연구하기에 부족하다.

그러나 통틀어보았을 때 매우 아까운 점은 유구·왕겸·순욱·완효서가 편찬한 책이 그나마 목록을 보존하고 있었지만, 끝내 그 전질은 유실되고 사서나 지(志)에 기록된 것들만 간편(簡編)으로 배열되어 있다는 것이다. 그러나 없어진 것이 9/10이고 간

略), 劉昫沿襲《隋書》,《新唐》校益《舊唐》,《宋史》多因《崇文四庫》,《隋志》簡編, 雖多散佚, 而類次可觀.

《舊唐》之錄, 本朝多缺, 而《新書》襃益, 頗自精詳.《宋志》紊亂, 元人製作, 無足深求.

然總之可深惜者, 劉、王、荀、阮僅存其標目, 竟軼其全書, 卽史、志所載, 簡編在列, 然而湮軼者十九, 其間存十一於千百者, 亦非

---

93 유구(劉昫) : 887~946. 중국 5대 후진(後晉)의 학자. 《구당서(舊唐書)》의 편찬을 총괄하였다.

94 구당서(舊唐書) : 중국 당(唐)나라의 정사(正史)를 기록한 책으로, 이십사사(二十四史) 가운데 하나이다. 940년에 편찬을 시작해 945년에 완성되었다. 후진의 유구가 시작하고 940년 장소원(張昭遠)이 완성한 것으로 나라가 멸망하기까지 21명의 황제(皇帝)가 통치한 290년 동안의 당(唐)나라 역사의 기록이다.

95 수서(隋書) : 중국 수(隋)나라의 정사(正史)를 기록한 역사서. 본기(本紀) 5권, 지(志) 30권, 열전(列傳) 50권으로, 총 85권이다. 위징(魏徵) 등이 당 태종의 명으로 편찬했으며, 636년에 완성했다.

96 송사(宋史) : 본기(本紀) 47권, 지(志) 162권, 표(表) 32권, 열전(列傳) 255권 등 전 496권이다. 정사(正史)의 하나로 토크토[脫脫] 등이 황제의 명으로 편찬하였으며, 1345년에 완성하였다. 북송(北宋) 이래 각 황제마다 편찬한 국사나 실록(實錄)·일력(日曆) 등을 기초로 하였다.

97 숭문사고(崇文四庫) : 숭문총목(崇文總目). 중국 송(宋)나라 가우(景祐) 원년(元年, 1034)에 인종(仁宗)이 한림학사(翰林學士)들에게 정리하게 한 서목이다. 수록된 경적(經籍)은 총 3,445부, 30,669권으로 북송(北宋) 최대 규모의 목록서이다.

98 수서(隋書) 경적지(經籍志) : 《수서》의 도서목록. 남북조의 서적목록을 현존하는 것과 유실된 것으로 나누고 경(經)·사(史)·자(子)·집(集)의 사부와 도경(道經)·불교(佛教) 등의 항목으로 구분했다. 한·당의 학술 연혁 연구에 중요한 서목이다.

99 송사(宋史) 예문지(藝文志) : 《송사》의 도서목록. 당대의 서적을 현존하는 것과 유실된 것으로 나누고, 경(經)·사(史)·자(子)·집(集)의 4가지 항목으로 구분했다.

간이 남은 것이 수백 분의 1이니, 역시 일상적으로 눈여겨 볼 만한 것이 아니다. 이 역시 그림 속의 용일 뿐이다.

尋常可得寓目, 是亦畫龍之類耳.

사령운(謝靈運)[100]·왕량(王亮)[101]·임방(任昉)[102] 등 여러 사람과 같은 경우는 비록 서적을 모아 정리하고 분류하였지만 전해지지 않는다. 숭문사고(崇文四庫)[103]·중흥관각(中興館閣)[104]에도 서목이 있었는데,[105] 민간에서는 그 서목을 쉽게 얻을 수 없다.

若謝客、王亮、任昉諸人, 雖有纂修而類列不傳. 如崇文四庫、中興館閣卽有書目, 而世不易得.

학자들이 참고할 만한 것으로는, 오로지 정초의 《예문략(藝文略)》·마단림의 《경적고(經籍考)》·왕응린

學者所可考覽, 獨有鄭漁仲《藝文略》、馬貴與《經

---

100 사령운(謝靈運) : 385~433. 중국 남북조시대 시인·문학가·여행가·도가. 어릴 때 이름은 사객(謝客). 진군(陳郡) 양하(陽夏) 사람이었으나, 회계(會稽)에서 살았다. 송 소제(少帝) 때 영가 태수가 되었으나, 곧 사직하고 회계로 돌아와 산수를 노닐며 시를 지었다. 문제 때에 임천내사(臨川內史)가 되었지만, 원가(元嘉) 10년(433)에 모반을 꾀하다가 체포, 피살되었다. 시로는 《산거부(山居賦)》·《영표부(嶺表賦)》·《강비부(江妃賦)》가 있고 목록학 저술로는 《비각사부목록(秘閣四部目錄)》이 있다.

101 왕량(王亮) : ?~510. 중국 양(梁)나라의 관리. 자는 봉숙(奉叔). 양(梁) 무제(武帝)가 선양(禪讓)을 받자 시중(侍中)에 올랐고, 예녕현공(豫寧縣公)에 봉해졌다. 천감(天監) 2년(503) 좌광록대부(左光祿大夫)로 옮겼고 나중에 중서감(中書監)이 되고, 산기상시(散騎常侍)가 더해졌다.

102 임방(任昉) : 460~508. 중국 양(梁)나라의 관리. 자는 언승(彦升). 송(宋)·제(齊)·양(梁) 3대에 걸쳐 벼슬을 했다. 그는 만여 권의 장서를 소장하여 양 무제가 심약(沈約)과 하종(賀琮)을 보내 서목을 교정하게 하고 국가 서고에 없는 책을 가져오게 하였다고 한다. 그러나 전해지지 않는다. 문집 33권이 있었지만 모두 없어졌고 명나라 때 편집한 《임언승집(任彦升集)》이 있다.

103 숭문사고(崇文四庫) : 중국 북송의 문한기관인 숭문관(崇文館)에 부속된 도서창고.

104 중흥관각(中興館閣) : 중국 남송의 문한기관인 중흥관(中興館)에 부속된 도서창고.

105 숭문사고(崇文四庫)……있었는데 : 북송 왕요신(王堯臣, 1003~1058) 등이 황제의 명을 받아 도서목록서인 《숭문총목(崇文總目)》을 편찬했다. 《숭문총목》은 66권이며, 북송대에 소장된 도서 30,669권을 크게는 4부, 세부적으로는 45분류로 나누었다. 남송 진규(陳騤, ?~?) 등이 황제의 명을 받아 도서목록서인 《중흥관각서목(中興館閣書目)》을 편찬했고, 장반(張攀, ?~?) 등이 《중흥관각속서목(中興館閣續書目)》을 편찬했다. 《중흥관각서목》은 70권으로 남송에서 소장한 도서 44,400여 권을 분류했으며, 《중흥관각속서목》은 30권으로 도서 14,900여 권을 분류했다.

(王應麟)106의 《옥해예문(玉海藝文)107》·초횡(焦竑)의 《태사경적지(太史經籍志)108》·왕헌부(王憲副)109의 《속경적고(續經籍考)110》·등원석(鄧元錫)111의 《경적지(經籍志)112》가 있다.

그러나 초횡의 국사(國史) 서술에 뜻을 둔 방식은 체제가 간략하고 엄정해야 하는 데에는 알맞지만 상세한 저술에 미치지 못하는 것은 확실하다. 정초(鄭樵)의 《통지》는 지난날의 문적을 개괄하여 모은 책이어서 옛사람들이 저작한 뜻을 드러내 밝힌 내용은 없다. 왕응린의 찬술은 대부분 문장을 널리 전하고 학문을 넓히는 용도이다. 그리하여 그 대략만을 간략히 적어두고 내용을 절충한 기록은 없다. 게다가 황제가 지은 글을 한 유(類)로 분류했다. 그렇다면 황제의 조칙을 받들어 지은 글은 당연히 그 뒤에

籍考, 王伯厚《藝文玉海》, 焦弱侯《太史經籍志》, 王憲副《續經籍考》, 鄧元錫《經籍志》.

然焦氏之志國史也, 體宜簡嚴, 不及著書之纖悉固也. 鄭氏《通志》槪徵往籍, 而昔人著作之旨無所發明, 王氏纂述大都爲應宏詞博學之用, 故略存梗槪, 而無所折衷. 且旣以御製之文自爲一類, 則承詔撰述, 宜綴其後, 而復列于別集, 殊不可解.

---

106 왕응린(王應麟) : 1223~1296. 중국 남송(南宋)의 관리·경학가·사학가. 자는 백후(伯厚), 호는 심저거사(深宁居士)·후재(厚齋). 정주학파(程朱學派)에 속하는 왕야(王埜, ?~?)와 진덕수(眞德秀, 1178~1235) 등의 영향을 받았고, 34살 때 문장으로 이름이 나서 박학굉사과(博學宏辭科)에 합격했고, 관직이 예부상서(禮部尙書)까지 올랐다. 당시 송나라는 바깥으로 몽고(蒙古)가 침입하고 안으로는 권신(權臣) 정대전(丁大全, 1191~1263)과 가사도(賈似道, 1213~1275) 등이 정권을 농락하였으므로 상서(上書)하여 변경의 수비에 대해 논하면서 당시 정치를 비판했다. 송나라가 망한 뒤(1276) 고향에 은거하면서 20년 동안 경사(經史)를 강술했다. 저서로 《곤학기문(困學紀聞)》·《한제고(漢制考)》·《통감지리통석(通鑑地理通釋)》 등이 있다.

107 옥해예문(玉海藝文) : 중국 남송(南宋) 왕응린이 편찬한 방대한 규모의 유서(類書)이다. 박학굉과(博學宏科) 시험을 준비할 때 정리한 자료로, 천문·지리·관제·식화 등 21문(門)으로 나뉘는데 송대의 역사기록을 대부분 채용하여 사료적 가치가 높은 책이다.

108 태사경적지(太史經籍志) : 중국 명나라 초횡이 만력 연간에 황제의 명을 받들어 국사(國史)를 편찬하여 6권을 완성하였다. 《국사경적지(國史經籍志)》라고도 한다.

109 왕헌부(王憲副) : 미상.

110 속경적고(續經籍考) : 미상.

111 등원석(鄧元錫) : 1528~1593. 중국 명나라의 문인. 자는 여극(汝極), 호는 잠곡(潛谷). 배우기를 좋아해 경사(經史)를 즐겨 보았다. 17살 때 사창법(社倉法)을 시행해 고향 사람들에게 혜택을 주었다. 가정(嘉靖) 34년(1555) 거인(擧人)이 되었는데, 이후 30여 년 동안 저술에 몰두했다. 만력(萬曆) 21년(1593) 한림대조(翰林待詔)로 황제의 부름을 받았지만 직책에 이르지 못하고 죽었다. 유방채(劉邦采) 등에게 심학(心學)을 배웠지만, 만년에는 심학을 배척했다. 저서로 《오경역(五經譯)》·《삼례편역(三禮編譯)》·《춘추통(春秋通)》·《잠학고(潛學稿)》 등이 있다.

112 경적지(經籍志) : 미상.

이어두어야 하지만, 이를 다시 별집에 두었으니 매우 이해할 수 없다.

등원석의 《경적지》는 그 의론이 자못 자세하지만 서목이 갖추어지지 않았다. 《속통고(續通考)[113]》는 수집하고 망라한 내용이 넓지 않고 편집 과정에 도리어 없어진 내용이 있다. 이들 책 중에 조리(條理)가 환하고 처음과 끝이 잘 갖춰진 책으로는 마단림의 책보다 정밀한 것이 없다. 다만 기재된 책이 모두 당시에 유행하던 책들이라 옛사람의 유실된 책을 상고할 수 없을 뿐이다.

鄧《志》議論頗詳, 而書目未備；《續通考》收羅未廣, 而編輯尚淆. 其條貫粲然, 始末畢具, 莫精于馬氏之書. 但其所載者, 皆當時見行之書, 而古人遺軼者, 無從考究耳.

총괄해서 말해보면 책에 일정한 형식이 있어도 시각이 모두 같지는 않아서 같은 데서도 취할 게 없다고 여기는 경우가 있다. 왕응린의 《옥해예문》은 성문(聖文, 성인의 글)을 경적(經籍)의 맨 앞에 두었고, 육영(陸榮)[114]도 이를 따랐으며 초횡의 《경적지》도 역시 성문을 맨 앞에 두어 책을 만들었다.

總而言之, 書有定例, 而見不盡同, 且亦有無取于同者, 如王伯厚以聖文冠經籍, 陸文裕倣之, 而焦氏亦首列制書.

나는 국가의 역사 기록은 한 시대의 제도이기 때문에 왕을 높여 앞에 두어야 하고, 가문의 전적은 한 개인의 사적인 장서이므로 성인의 글에 순위를 양보해도 무방하다고 생각한다. 이에 육경(六經)[115]을 다른 책들보다 앞에 두고, 특히 문장이 성인의 글에

余以國史一代之典章, 自宜尊王, 而家籍一人之私藏, 不妨服聖. 仍以六經冠之群書, 而特以文由聖翰, 事關昭代者, 每列于各類之

---

113 속통고(續通考) : 미상.

114 육영(陸榮) : 1477~1544. 중국 명(明)나라의 관리·문학가·서법가. 자는 자연(子淵), 호는 엄산(儼山), 시호는 문유(文裕). 관직은 사천좌포정사(四川左布政使)를 지냈고, 가정(嘉靖, 1522~1566) 연간에 첨사부 첨사(詹事府詹事)를 역임하였다. 그의 서법은 웅건하고 힘이 있었다. 저서로 《서맥부(瑞麥賦)》·《엄산집(儼山集)》이 있다.

115 육경(六經) : 고대 중국학술의 원류가 되는 6가지 경서. 《시경(詩經)》·《서경(書經)》·《역경(易經)》·《춘추(春秋)》·《예경(禮經)》·《악경(樂經)》이다. 이 중 《악경》은 진(秦)나라 때 소실되었다.

서 나왔으며 일이 태평 시대와 관련되는 글이라면 매번 각 분류의 처음에 두어야 한다. 이렇게 하면 사부(四部)의 체제를 잃지 않으면서도 주(周)나라를 높이는 마음을 충분히 드러낼 것이다. 이 또한 하나의 내 의견이다.

송(宋)나라 유학자들의 이학(理學)116에 대한 말은 대개 자부에 수록되어 있는데, 이는 그럴 듯하다. 그러나 이런 글의 절반 이상이 모두 경서의 말을 해석한 내용이다. 한(漢)나라의 훈고학은 어째서 경부에 나열되어 있고, 오직 송나라 유학자들만 자부에 나열된단 말인가? 《정몽(正蒙)117·《황극경세서(皇極經世書)118·《정자어록(程子語錄)》·《주자어록(朱子語錄)》·《근사록(近思錄)119·《전습록(傳習錄)120 등의 종류를 나는 《소학》의 예에 따라 별도로 이학(理學)으로 분류하고 싶다. 이것이 또 하나의 내 의견이다.

예악(禮樂)의 종류를 육경에 두는 분류는 본래 그러했다. 다만 후세에 이른바 예(禮)를 다룬 저술

首, 則旣不失四部之體而亦足表尊周之心, 是亦一見也.

宋儒理學之言, 槪收於子, 似矣. 然强半皆解經語也. 漢之訓詁何以列于經, 而獨宋儒之子乎? 如《正[18]蒙》·《皇極》及《程·朱語錄》·《近思》·《傳習》之類, 余欲倣《小學》之例而別類以理學, 是又一見也.

禮樂之從六籍, 固也. 但後世之所謂禮者, 多儀注之

---

116 이학(理學) : 중국 송나라 이후 이기(理氣)와 심성(心性)의 문제를 중심으로 다룬 사상풍조. 좁게는 성리학(性理學)을 말하며, 넓게는 양명학(陽明學)을 포함한다.

117 정몽(正蒙) : 중국 북송(北宋)의 학자 장재(張載, 1020~1077)가 지은 철학서. '몽(蒙)'은 《주역(周易)》의 괘이름으로, 몽매함을 교정한다는 의미를 갖고 있다. 유가의 학설로 도가와 불가사상을 비판하고 기일원론(氣一元論)을 정립하는 데 기여한 책이다.

118 황극경세서(皇極經世書) : 중국 북송의 학자 소옹(邵翁, 1011~1077)의 철학서. 수리(數理)로 천문과 역법을 해설한 저술로 후세에 큰 영향을 끼쳤다.

119 근사록(近思錄) : 중국 남송의 학자 주희(朱熹, 1130~1200)와 여조겸(呂祖謙, 1137~1181)이 주돈이(周敦頤, 1017~1073)의 《태극도설(太極圖說)》과 장재(張載)의 《서명(西銘)》·《정몽(正蒙)》 등에서 긴요한 장구만을 골라 편찬한, 일종의 성리학 해설서로서, 송학(宋學)의 분야에서 진덕수(眞德秀, 1178~1235)의 《심경(心經)》과 쌍벽을 이루고 있다.

120 전습록(傳習錄) : 중국 명나라의 학자 왕수인(王守仁, 1472~1528)의 어록과 서간집. 상·중·하 3권으로 나뉘어 있으며, 상·하권에는 주자학을 비판한 내용과 경전을 새롭게 해석한 내용이 수록되어 있고, 중권에는 편지가 수록되어 있다. 문집인 《왕문성공전서(王文成公全書)》에 수록된 것이 정본이다.

[18] 正 : 저본에는 "王". 오사카본·《澹生堂藏書約·藏書訓略·講書》에 근거하여 수정.

은 대부분 의주(儀注)[121] 종류일 뿐이다. 숙손통(叔孫通)[122]의 면최(綿蕞)[123] 의식을 기록한 종류를 경(經)으로 분류할 수 있는가. 또 《호가록(胡笳錄)[124]》·《갈고록(羯鼓錄)[125]》·《교방(教坊)[126]》·《잡록(雜錄)[127]》의 부류는 그저 소설(小說)일 뿐이지만, 그 대개가 음악에 대해 말하였으니 이런 내용은 미천한 유생이 알 수 있는 지식이 아니다. 나는 한 시대의 예악(禮樂)은 한 시대의 형정(刑政)과 같으니, 이런 종류의 저술은 전고(典故)와 의주(儀注)에 뒤이어 사부(史部)에 붙여야 한다고 생각한다. 이 또한 하나의 내 의견이다.

또 《변수도천록(汴水滔天錄)[128]》에서 주온(朱溫)[129]이 임금을 시해하고 지위를 찬탈한 일이 매우 자세하게 기록된 사례와 같은 경우는, 비록 소설일지라도

類耳. 叔孫通之綿蕞, 其可以言經乎? 且《胡笳》、《羯鼓》、《教坊》、《雜錄》之類, 直小說耳, 概以言樂, 非淺儒之所能識也. 余謂一代之禮樂猶一代刑政, 從典故、儀注之後而附之史, 是亦一見也.

又如《汴水滔天錄》, 言朱溫簒弑事甚悉, 雖小說而實史也. 如《灌畦暇語》等

---

121 의주(儀注) : 여러 가지 의식의 상세한 절차를 기록한 책.
122 숙손통(叔孫通) : ?~B.C 194. 중국 전한(前漢)의 학자·관리. 호는 직사군(稷嗣君). 한(漢)나라의 고조(高祖)를 섬겨 조의(朝儀)를 제정했다. 혜제(惠帝) 때, 봉상경(奉常卿)으로서 종묘의 의법(儀法)을 정하고, 태자태부(太子太傅)를 지냈다. 저서로 《한의(漢儀)》와 《한관예기제도(漢官禮器制度)》 등이 있다.
123 면최(綿蕞) : 중국 한나라 초에 신하들의 해이해진 기강을 세우기 위해 숙손통이 조정의 백관들을 데리고 띠풀을 베어 묶어서 세워두고 존비(尊卑)의 차례를 표시하여 위차를 정하고 예(禮)를 강습하게 한 일.
124 호가록(胡笳錄) : 미상. 내몽골 지역에서 사용되던 피리와 비슷한 악기가 호가인데, 이 악기에 대한 기록으로 보인다.
125 갈고록(羯鼓錄) : 중국 당나라 때 인물 남탁(南卓, ?~?)이 지은 타악기 갈고(羯鼓)에 대한 진귀한 음악자료이다. 남북조시대에 서역(西域)을 거쳐 중국에 들어왔다. 대중(大中) 2년(848년)에 전록(前錄)이 만들어졌고 2년 뒤에 후록(後錄)이 쓰여졌다. 《갈고록》에는 당 현종(玄宗)과 그 재상 송경(宋璟)이 모두 갈고 연주에 뛰어나 절기(絕技)라 불리웠다고 적고 있다.
126 교방(教坊) : 미상.
127 잡록(雜錄) : 미상.
128 변수도천록(汴水滔天錄) : 중국 당(唐)나라 왕진(王振, 700~781)이 지은 책. 주온(朱溫)이 당나라 애제(哀帝) 이축(李柷, 892~908)을 폐위시키고, 스스로 황제가 된 일을 기술하였다.
129 주온(朱溫) : 852~912. 송주(宋州) 탕산(碭山) 사람으로 오대십국(五代十國) 시기 후량(後梁)의 개국 황제(開國皇帝)이다. 개평(開平) 원년(907)에 당(唐)나라 애제(哀帝)를 폐위시키고, 스스로 황제가 되었다. 수도는 개봉(開封)으로 삼고, 국호는 대량[大梁, 후량(後梁)]으로 정하였다. 주온의 성격이 잔인하여 밥 먹듯이 사람을 죽였고, 음란무도하기까지 하므로 건화(乾化) 2년(912)에 셋째 아들 주우규(朱友珪, 883~913)에 의해 피살되었다.

실제의 역사이다. 《관휴가어(灌畦暇語)130》 등과 같은 책은 옛사람들을 자세히 기술하였기 때문에 자부에 들어가야 할 듯하나 실제로는 소설이다. 이럴 때는 각기 그 내용상의 분류를 따라야 한다. 또 《후덕록(厚德錄)131》은 교훈류로 《안씨가훈(顏氏家訓)132》과 같은 종류는 비록 자부에 나열되어 있으나 실제로는 교훈류(敎訓類)이다. 나는 이것들을 별도로 교훈류들을 모으고 한 분류로 삼아, 소학류(小學類)의 뒤에 넣고자 한다. 이 또한 하나의 내 의견이다.

옛 사명(詞命, 왕의 명령이나 관부 행정문서)은 윗사람과 아랫사람을 통하게 하는 방법이었다. 본래 주(奏)133·소(疏)134는 군주에게 응답하는 문체여서 서(書)135·기(記)136와 함께 분류했다. 무릇 주(奏)·소(疏)가 집부 밖에 나열되어 있는데, 서(書)·기(記)만 어째서 집부 안에 섞여 들어가 있는가? 나는 이들도 주(奏)·소(疏)의 예에 따라 별도로 서(書)·기(記)와 같은

書, 漫述前人, 雖似子而實小說也, 各宜從其類者也. 又如《厚德錄》自警編, 《顏氏家訓》之類, 雖列於子而實垂訓者也. 余欲別纂訓爲一類, 而附于小學之後, 是又一見也.

古之詞命, 所以通上下者也. 自以奏、疏爲對君之體而與書、記分, 夫奏、疏旣以列于集之外, 書、記何以獨混于集之中? 余以爲宜倣奏、疏之例, 別以書、記一類, 附文集後, 是又一

---

130 관휴가어(灌畦暇語) : 중국 당(唐)나라 사람이 지은 책인데, 저자의 성명은 미상. 책에 서술된 내용으로 보아 원화(元和, 806~820) 이후 사람일 것으로 추정된다. 서(序)를 "살펴보면 언덕 옆에 휴전(畦田, 두렁밭)을 만들어놓은 땅이 있는데 채소를 재배하면서 이웃 사람들과 담소한 내용이 법도를 삼을 만하지는 않아도 버리기에는 아까워 짬을 내어 적은 뒤, 책으로 만들었다."라 했다.

131 후덕록(厚德錄) : 중국 송(宋)나라 이원강(李元綱, ?~?)이 지은 권선서(勸善書)이다. 《속수사고전서(續修四庫全書)》자부(子部) 제1,266책에 실려 있다.

132 안씨가훈(顏氏家訓) : 중국 북제(北齊)의 유학자인 안지추(顏之推, 531~602)가 후손들에게 남긴 유훈서(遺訓書)로, 2권 20편으로 구성되어 있다.

133 주(奏) : 중국 진(秦)나라 때부터 군주에게 올리는 글이라는 뜻으로 사용했다. 정사(政事)의 진술, 법과 제도의 건의, 위급한 사태의 보고, 탄핵 등에 쓰였다.

134 소(疏) : 중국 한(漢)나라 때부터 군주에게 올리는 글이라는 뜻으로 사용했으며, 점차 신하가 군주에게 올리는 글의 통칭으로 사용했다. 내용은 특정한 것에 국한되지 않으나, 대체로 정치문제에 관련되거나 벼슬을 사양하는 내용이 많다.

135 서(書) : 본래는 군주에게 글을 올린다는 뜻의 상서(上書)로 사용되었으나, 진(秦)·한(漢) 이래로 친인척·교우·사제 등의 관계에 있는 사람에게 보내는 글이 되었다.

136 기(記) : 사실을 기록하는 글이라는 뜻으로 사용했다. 인물·사건·사물 등을 주제로 하여 쓰였다.

종류로 분류하여 문집(文集)의 뒤에 붙여야 한다고
생각한다. 이 또한 하나의 내 의견이다.

　유서(類書)가 자부(子部)에 수합되어 있으니, 나는
이것이 어떤 이유인지 모르겠다. 아마도 유서가 우
주를 포함하고 온갖 존재를 망라해 다루어서인가?
그러나 유서는 본래 개괄해서 말할 수 없다.

　예를 들어 《산당고색(山堂考索)137》은 육경(六經)에
근원한 책인데 세밀하고 자세하니, 이는 분명 유서
이면서 경서이다. 두우(杜佑)의 《통전(通典)138》·마단
림(馬端臨)의 《통고(通考)》·정초의 《통지(通志)》는 역대
조정의 법령이고 고금의 고전(故典)139이니, 진실로 이
점에서 유서이면서 역사서이다.

　또 예를 들어 《예문유취(藝文類聚)140》에는 사부(詞
賦)를 기재하였고, 《합벽사류(合璧事類)141》는 당시의
문학(文學)을 자세히 모아다 놓았으니, 이는 모두 유
서이면서 집부에 해당한다. 또 한 사람이 한 시대를
살면서 보고 들은 것을 잡다하게 기록한 책과 같은

見也.

類書之收于子也, 不知其
何故. 豈以包宇宙而羅萬有
乎? 然而類固不可以槪言
也.

如⑲《山堂考索》六經之
源, 委纖備詳, 明是類而經
者也. 杜氏《通典》、馬氏
《通考》、鄭氏《通志》, 歷朝
令甲, 古今故典, 實在於
此, 是類而史者也.

又如《藝文類聚》之備載詞
賦、《合璧事類》之詳引時
文, 是皆類而集矣. 又如一
人一時, 偶以見聞, 雜筆成
書, 無門類可分, 無次

---

137 산당고색(山堂考索):중국 송(宋)나라 장여우(章如愚, ?~?)가 지은 책으로 전집(前集) 66권, 후집(後集)
　65권, 속집(續集) 56권, 별집(別集) 25권으로 구성된 책. 남송(南宋) 이래 학자들은 이학(理學)을 숭배
　하고 고색(考索, 지식을 찾아서 궁구함)을 가볍게 여겼는데, 이 책만은 오로지 백과사전처럼 전집에 13문
　(門), 후집에 7문, 속집에 15문, 별집에 11문으로 나누어 여러 방면의 지식을 두루 실었다.
138 통전(通典):중국 당나라의 사학자 두우(杜佑, 735~812)가 편찬한 역사서. 식화(食貨)·선거(選擧)·직관
　(職官)·예(禮)·악(樂)·병(兵)·형(刑)·변방(邊防)의 8문으로 나누어 고대의 황제(黃帝) 시대에서 당나라
　천보(天寶) 연간(742~756)에 이르기까지 유질(劉秩)의 《정전(政典)》에 빠진 것을 보충하였다.
139 고전(故典):'예전부터 전해오는 옛 문헌'이라는 뜻으로 지금 우리가 사용하는 용어인 고전(古典)과는 표기
　가 다르다.
140 예문유취(藝文類聚):중국 당나라 구양순(歐陽詢, 557~641)이 624년에 고조(高祖, 566~635)의 명을 받
　아 엮은 유서(類書). 천(天)·세시(歲時)·지(地)·주(州)·군(郡)·산(山)·천(川) 등 46가지로 분류하여 설명
　(說明)·고증하고, 권말에는 이와 관련있는 고금의 시문을 실었다. 총 100권으로 구성되어 있다.
141 합벽사류(合璧事類):중국 송나라 사유신(謝維新, ?~?)이 저술한 유서(類書)인 《고금합벽사류비요(古今
　合璧事類備要)》를 말한다.
⑲ 如:저본에는 없음. 오사카본·규장각본·《澹生堂藏書約·藏書訓略·講書》에 근거하여 보충.

경우는 분류할 만한 종류가 없으며, 근거할 만한 기준도 없다.

그러니 《야객총담(野客叢談)[142]》·대식(戴埴)[143]의 《서복(鼠璞)[144]》·《몽계필담(夢溪筆談)[145]》·《단연제록(丹鉛諸錄)[146]》·《학포훤소(學圃萱蘇)[147]》·초횡(焦竑)의 《필승(筆乘)[148]》과 같은 부류는 이미 소설과 같다고 할 수 없고, 그렇다고 유서로 지목하기도 곤란하다. 이는 바로 왕세정(王世貞)[149]이 말한 "소(騷)와 시부(時賦)는 마치 대나무와 초목의 관계와 같아 저절로 한 종류이다."라 한 경우이다. 나는 이런 종류를 잡찬(雜纂)이라 이름하고 유서와 별도로 사부의 뒤에 붙여 분류해야 한다고 생각한다. 이것이 또 하나의 내 견해이다.

第[20]可據.

如《野客叢談》、戴氏《鼠璞》、《夢溪筆談》、《丹鉛諸錄》、《學圃萱蘇》、焦氏《筆乘》之類, 旣不同於小說, 亦難目以類書. 此正如王元美所謂"騷與詩賦, 若竹與草木, 自爲一類"者. 余謂宜名以雜纂, 而與類書, 另附四部後, 是又一見也.

---

142 야객총담(野客叢談):중국 송나라 왕림(王琳, 526~573)이 편찬한 책으로 본래 30권이었으나, 진계유(陳繼儒, 1558~1639)가 간추려 12권으로 만들었다. 경적(經籍)의 이동(異同)을 고증하고 이정(理整)한 내용이 많다.

143 대식(戴埴):?~?. 중국 남송(南宋)의 훈고학자. 경원부(慶元府) 은현(鄞縣) 사람. 자는 중배(仲培). 이종(理宗) 가희(嘉熙) 2년(1238) 진사가 되었다. 저서로 《서복(鼠蹼)》·《춘추지(春秋志)》가 있다.

144 서복(鼠璞):중국 남송의 대식이 지은 책으로, 경사(經史)의 의문스러운 내용과 명물(名物), 전고(典故)의 동이(同異)를 고증하였다.

145 몽계필담(夢溪筆談):중국 송(宋)나라의 정치가·사상가인 심괄(沈括, 1031~1095)이 지은 책.

146 단연제록(丹鉛諸錄):중국 명(明)나라 양신(楊愼, 1488~1559)이 지은 책. 양신은 온갖 서적에 해박하여 여러 서적들을 모아 묶고 교감했으며, 같은 점과 다른 점을 고찰하여 기록하였다. 세종(世宗)이 황제가 되어 자신의 아버지 흥헌왕(興憲王)을 황제로 높이려 한 일로 다툼이 일었는데 양신이 속한 각신파(閣臣派)가 패함으로 인해 유배당하여 사면 받지 못하고 저술에 전념하였는데, 이런 생활의 흔적이 책의 제목에 남아 있다. 옛날 죄인들의 호적을 단사(丹砂)로 기록하고 납으로 엮었으므로 제목을 '단연(丹鉛)'으로 정한 것이다.

147 학포훤소(學圃萱蘇):중국 명(明)나라 진요문(陳耀文, 1524?~1605?)이 지은 책. 주로 역사서에 기록된 기이한 일들을 채집하여 기록한 책이다.

148 필승(筆乘):중국 명(明)나라 초횡(焦竑)이 지은 필기류의 책으로, 주체의 의식을 강조하며 옛것을 답습하고 지키는 것을 반대하였다. 경학·사학·문학·의학 방면의 중요한 참고 자료가 되었다.

149 왕세정(王世貞):1526~1596. 중국 명(明)나라 후기의 문인·장서가. 자는 원미(元美). 호는 봉주(鳳州)·감주산인(弇州山人). 가정 26년(1547)에 진사가 되고 관직이 남경병부시랑(南京兵部侍郎)에 이르렀다. 시문을 잘했다. 이반용(李攀龍, 1514~1570)과 함께 왕이(王李)라 불렸고 복고주의를 부르짖어 20년에 걸쳐 문단의 주도자가 되었다. 저서로 《감주산인사부고(弇州山人四部稿)》·《왕씨서화원(王氏書畫苑)》 등이 있다.

[20] 第:저본에는 "據". 《澹生堂藏書約·藏書訓略·講書》에 근거하여 수정.

요컨대 한 사람의 견문에는 한계가 있고 전적(典籍)을 다 볼 수도 없으며, 한 시대의 견해를 다 믿기도 어렵고, 또 어떤 견해가 반드시 고금의 전적에 부합되는 것도 아니다. 그래서 곧 키 작은 이가 큰 사람들 틈에 끼여 장을 구경하지 못하고서 앞사람의 얘기만 듣고 아는 체하는 것과 같아, 결국에는 앞을 보지 못하는 맹인이 해에 대해 설명하는 격이 되기를 바라지는 않는다. 만약 견식이 높은 사람에게 널리 묻고, 같은 점과 차이점을 비교해본다면 정연한 조리가 이전 사람들보다 그릇되지는 않을 것이니, 이 역시 책을 모으며 즐기는 하나의 일이다. 《담생당장서약(澹生堂藏書約)》[150]

要以一人之聞見有限, 旣不能窮覽載籍, 一時之意見難憑, 又未必盡當古今. 卽不欲同矮人之觀場, 亦終似盲者之說日. 苟能博詢大方, 參考同異, 使井井不謬於前人, 亦聚書一快事也. 《澹生堂藏書約》

품류(品類)를 구별하는 일은 사부(史部)에서 특히 어렵다. 대개 정사(正史) 이외에는 편기(偏記)·소록(小錄)·일사(逸事)·쇄언(瑣言)·군서(郡書)·가사(家史)·별전(別傳)·잡기(雜記)·지리(地理)·도읍부(都邑簿)가 있다.

別品類在史尤難, 蓋正史之外, 有偏記, 有小錄, 有逸事, 有瑣言, 有郡書, 有家史, 有別傳, 有雜記, 有地理, 有都邑簿.

육가(陸賈)[151]의 《초한춘추(楚漢春秋)[152]》, 악자(樂資)[153]

如陸賈之《楚漢春秋》、樂

---

150 《澹生堂藏書約》〈藏書訓略〉 "講書"(《澹生堂藏書約(外八種)》, 22~25쪽).

151 육가(陸賈) : B.C 240~B.C 170. 중국 한(漢)나라 초의 정치가·문학가·사상가. 초기 유학의 발전에 중요한 역할을 하였고, 웅변에 능한 외교가로서 남월왕(南越王) 위타(尉佗)를 한나라에 종속시킨 인물이다. 유방(劉邦, B.C 247~B.C 195?)에게도 문과 무가 조화를 이루어야 나라를 다스릴 수 있음을 설득하였고, 《신어(新語)》12편을 저술하여 국가 존망의 갖가지 모습을 약술하면서 유방의 통치를 도왔다. 한 고조(高祖) 유방의 사후에는 병을 핑계로 은퇴하였고, 여태후(呂太后) 사후에 여씨로부터 유씨 황실을 지켜내는 데 중요한 역할을 하였다.

152 초한춘추(楚漢春秋) : 중국 초(楚)나라와 한(漢)나라가 흥망한 역사를 기록한 책으로, 원본은 유실되었고 청나라 때 수집한 본만 남아 있다. 사마천(司馬遷)의 《사기(史記)》에 기록된 〈초한사(楚漢事)〉는 이 책에 근거한 것이다.

153 악자(樂資) : ?~?. 중국 서진(西晉)의 역사가. 저작랑(著作郞)을 지냈고 《춘추좌씨전(春秋左氏傳)》에서 《사기(史記)》까지를 다룬 기간에 대한 편년체 사적이 없다는 이유 때문에 《전국책(戰國策)》과 《사기(史記)》를

의 《산양공재기(山陽公載記)[154]》, 왕소(王韶)[155]의 《진안육기(晉安陸紀)[156]》, 요량(姚梁)[157]의 《후략(後略)[158]》과 같은 종류를 '편기(偏記, 편년체 역사 기록)'라고 한다.

대규(戴逵)[159]의 《죽림명사(竹林名士)[160]》, 왕찬(王粲)[161]의 《한말영웅기(漢末英雄記)[162]》, 소역(蕭繹)[163]의 《회구지(懷舊志)[164]》, 노사도(盧思道)[165]의 《지기전(知己傳)[166]》과 같은 종류를 '소록(小錄)'이라 한다. 이것들

資之《山陽載記》、王韶之《晉安陸紀》、姚梁之《後略》, 是謂"偏記".

戴逵之《竹林名士》、王粲之《漢末英雄》、蕭世誠之《懷舊志》、盧志行之《知己傳》, 是謂"小錄", 乃有好奇之士

종합하여 《춘추후전(春秋后傳)》을 지었다. 그 외의 저서로 《산양공재기(山陽公載記)》·《구주기(九州記)》가 있다.

154 산양공재기(山陽公載記) : 악자가 지은 동한(東漢) 영제(靈帝)·헌제(憲帝) 때의 군사·정치·역사인물에 대한 기록으로, 《수서(隋書)》에 실려 있다.

155 왕소(王韶) : 미상.

156 진안육기(晉安陸紀) : 미상.

157 요량(姚梁) : 1736~1801?. 청나라의 학자. 자는 전지(甸之), 호는 전지(佃芝). 명말 청초 재교용화파(齋教龍華派) 교주인 요문우(姚文宇, 1578~1646)의 6대손이다.

158 후략(後略) : 미상.

159 대규(戴逵) : 326~396. 중국 동진(東晉)의 미술가·조소가(雕塑家). 자는 안도(安道). 범선(范宣, ?~?)에게서 사사했다. 고금(鼓琴)을 잘 탔고 인물화·산수화에 능했다. 주요 작품으로는 《동위배시도(董威輦詩圖)》·《공자제자도(孔子弟子圖)》·《오천나한도(五天羅漢圖)》 등이 있다.

160 죽림명사(竹林名士) : 대규가 지은 《죽림칠현론(竹林七賢論)》으로 추정된다.

161 왕찬(王粲) : 177~217. 중국 동한(東漢)의 문필가. 자는 중선(仲宣). 산술과 공문 작성에 능했고, 박학하여 조조(曹操, 155~220)가 옛 제도를 참작하여 의례(儀禮) 제도를 정비할 때에 그에게 책임을 맡겼다. 그는 문학 방면에서 큰 성취를 이뤘는데, 특히 시부(詩賦)에 조예가 깊어 건안칠자(建安七子) 중 1인으로 손꼽힌다. 저서로 《한말영웅기(漢末英雄記)》·《왕찬집(王粲集)》·《거벌론집(去伐論集)》이 있다. 그의 시부와 논의(論議) 등 약 60편이 《삼국지(三國志)》〈왕찬전(王粲傳)〉에 수록되어 있다.

162 한말영웅기(漢末英雄記) : 왕찬이 지은 중국 역사상 첫 번째 영웅 전기이다.

163 소역(蕭繹) : 508~555. 중국 남북조(南北朝) 시기 양(梁) 원제(元帝, 재위 552~554). 자는 세성(世誠), 호는 금루자(金樓子). 독서와 문학을 좋아하여 승성(承聖) 3년(554) 서위의 군대가 공격해오는 데도 용광전(龍光殿)에서 《노자(老子)》를 강독했는데, 백관들은 군복을 입고 들었다. 위나라 군대가 도착해도 시부(詩賦) 읊기를 그치지 않았다. 성이 함락되자 위나라 사람에게 살해당했다. 40여 년간 8만 권의 책을 모았다고 한다. 저서로 《효덕전(孝德傳)》·《충신전(忠臣傳)》·《주한서(注漢書)》·《주역강소(周易講疏)》·《노자강소(老子講疏)》 등이 있다.

164 회구지(懷舊志) : 미상. 정확한 내용은 전하지 않고, 현재 산실되었다.

165 노사도(盧思道) : 531~582. 중국 수(隋)나라 범양(范陽) 사람. 자는 자행(子行), 소자(小字)는 석노(釋怒). 원문의 지행(志行)은 그의 또 다른 자였을 것으로 추정된다. 재주와 학문이 뛰어났다. 16살 때 중산인(中山人) 유송(劉松)을 만났다. 당시의 유명한 문인 형소(邢劭, 496~569)에게 사사했다. 문선제(文宣帝)가 죽자 문인들이 만가(輓歌)를 지었는데, 위수가 그 가운데 12수를 뽑아보니 그가 쓴 작품이 8수나 되어 '팔미노랑(八米盧郎)'으로 불렸다. 저서로 《노무양집(盧武陽集)》이 있다. 사부(詞賦)에도 뛰어나 〈고홍부(孤鴻賦)〉가 비교적 유명하다.

166 지기전(知己傳) : 중국 수(隋)나라 노사도(盧思道)가 일사를 기록한 책. 《구당서(舊唐書)》 권39 〈진고사(晉故事)〉에 실려 있다.

은 곧 호기심 많은 선비가 없어진 부분을 기꺼이 보충한 것이다.

樂爲補亡.

화교(和嶠)[167]의 《급총기년(汲冢記年)[168]》, 갈홍(葛洪)의 《서경잡기(西京雜記)》, 고협(顧協)[169]의 《쇄어(瑣語)[170]》, 사작(謝綽)[171]의 《송습유록(宋拾遺錄)[172]》과 같은 종류를 '일사(逸事)[173]'라고 한다.

如和嶠《汲冢記年》、葛洪《西京雜記》、顧協《瑣語》、謝綽《拾遺》, 此之謂"逸事".

또한 유의경(劉義慶)[174]의 《세설신어(世說新語)[175]》, 배계(裴啓)[176]의 《어림(語林)[177]》, 공사상(孔思尙)[178]의

又如劉義慶之《世說》、裴榮期之《語林》、孔思尙之

---

167 화교(和嶠): ?~292. 중국 서진(西晉)의 목록학자. 자는 장여(長輿). 무제(武帝)에게 중용되어 급사황문시랑(給事黃門侍郞)을 거쳐 중서령(中書令)에 올랐는데 당시에 순욱(荀勖)이 중서감으로 있었다. 그러나 순욱과 사이가 좋지 않아 수레도 함께 타지 않을 정도였다. 그러나 무제의 명으로 순욱과 《죽서기년》을 만들었다. 진(晉) 태강(太康) 2년(281) 급군(汲郡)에서 도굴꾼이 고총(古塚)을 파헤치던 중에 죽간이 발견되었고 무제(武帝)가 순욱과 화교 등에게 명하여 글자를 판독하고 베끼게 하여 만들어진 책이다.

168 급총기년(汲冢記年): 중국 서진(西晉) 태강(太康) 2년(281) 급군(汲郡)에서 도굴꾼이 고총(古塚)을 파헤치던 중에 죽간이 발견되었고 무제(武帝)가 순욱과 화교 등에게 명하여 글자를 판독하고 베끼게 하여 만든 책이다. 중국 고대 하(夏)·은(殷)·주(周)를 거쳐 위(魏)의 양왕(襄王, 재위 B.C 334~B.C 319) 때까지를 편년체로 엮은 역사서이다.

169 고협(顧協): 470~542. 중국 남북조시대 남조 양(梁)의 관리. 자는 정례(正禮). 서적들을 두루 섭렵하고 문자나 동식물 방면에 조예가 깊었다. 저서로 《이성원(異姓苑)》·《쇄어(瑣語)》가 있다.

170 쇄어(瑣語): 고협이 일사(逸事)들을 기록한 책.

171 사작(謝綽): 중국 양(梁)나라 때 사람. 《송습유록(宋拾遺錄)》의 저자. 회남왕이 두부를 최초로 발명했다는 기록이 있는 것으로 보아 보고들은 이런저런 사소한 이야기를 기술한 책으로 보인다.

172 송습유록(宋拾遺錄): 회남왕이 두부를 최초로 발명했다는 기록이 있는 것으로 보아, 여기에서의 분류와 같이 보고 들은 이런저런 사소한 이야기를 기술한 책으로 보인다.

173 일사(逸事): 기록이 누락되거나 세상에 알려지지 않아 드러나지 않은 사실.

174 유의경(劉義慶): 403~444. 중국 위진남북조(魏晉南北朝)시대 송(宋)나라의 문학가. 자는 계백(季伯). 개국 황제인 유유(劉裕, 363~422)의 조카로서, 임천왕(臨川王)에 습봉되었으며 상서좌복야(尙書左僕射)·단양윤(丹陽尹)·형주자사(荊州刺史) 등을 역임했다. 저서로 《세설신어(世說新語)》·《유명록(幽明錄)》 등이 있다.

175 세설신어(世說新語): 중국 송(宋)나라 유의경(劉義慶, 403~444)이 편찬하고 양(梁)나라 유효표(劉孝標)가 주를 달았는데, 후한(後漢)에서 동진(東晉)에 이르기까지 명사들의 일사(軼事)·쇄어(瑣語)를 모았다. 중국 문학사상 중요한 위치를 차지하는 작품이다. 당시 지식인과 호족(豪族)의 생활 태도를 재미나게 묘사하였다.

176 배계(裴啓): ?~?. 중국 동진(東晉)의 작가. 자는 영기(榮期). 지인류(志人類) 필기문헌인 《어림(語林)》의 저자이다.

177 어림(語林): 배계가 일생 동안 벼슬도 하지 않고 고금의 인물 품평에 심취하여 지은 저술로, 전체 185조항 중 절반 이상이 저자와 동시대인에 대한 비평이다. 당시에 유행한 청담(淸談)이나 시대의 기풍을 엿볼 수 있다.

178 공사상(孔思尙): 미상.

《송제어록(宋齊語錄)》[179], 양송개(陽松玠)[180]의 《담수(談藪)[181]》와 같은 종류를 '쇄언(瑣言)[182]'이라 한다.

향인학사(鄕人學士)[183]가 편찬한 기록으로는 권칭(圈稱)[184]의 《진류기구전(陳留耆舊傳)[185]》, 주배(周裴)[186]의 《여남선현전(汝南先賢傳)[187]》, 진수(陳壽)[188]의 《익도기구(益都耆舊)》, 우예(虞豫)[189]의 《회계전록(會稽典錄)[190]》과 같은 종류를 '군서(郡書)[191]'라 한다.

양웅(揚雄)[192]의 《가보(家譜)[193]》, 은경(殷敬)[194]의 《세

《語錄》、陽松玠之《談藪》，此之謂"瑣言".

若夫鄕人學士之所編記，如圈稱之《陳留耆舊》、周裴之《汝南先賢》、陳壽之《益都耆舊》、虞豫之《會稽典錄》，此之謂"郡書".

如揚雄《家譜》、殷敬《世

---

179 송제어록(宋齊語錄) : 미상.

180 양송개(陽松玠) : 《직재서록해제(直齋書錄解題)》의 기록에 따르면, 그는 북제(北齊)에서 비서성정자(秘書省正字) 벼슬을 지냈고 북평(北平) 사람이며 수(隋)나라 초까지도 생존했었다는 정도만 알려져 있다. 양개송(陽玠松)으로 기록되어 있기도 하다.

181 담수(談藪) : 중국 북제(北齊) 양송개가 지은 지인류(志人類) 필기 문헌 가운데 하나이다. 《담수》에 대한 사지(史志)와 서지(書志)의 저록을 살펴보면 사람들이 모여 이야기한 내용을 적은 글이다. 《세설신어》에 실려 있다.

182 쇄언(瑣言) : '자질구레한 말'이라는 뜻으로, 잘 알려지지 않은 인물이나 일화에 대해 자유로운 형식으로 서술한 기록을 말한다.

183 향인학사(鄕人學士) : 같은 지역에 거주하고 있는 학자.

184 권칭(圈稱) : ?~?. 중국 후한(後漢)의 학자. 자는 유거(幼舉). 지명 연구로 유명하다. 저서로 《진류기구전(陳留耆舊傳)》이 있다.

185 진류기구전(陳留耆舊傳) : 권칭이 지은 책. 《수서(隋書)·경적지(經籍志)》에 실려 있다.

186 주배(周裴) : ?~?. 중국 진(晉)나라 사람. 《여남선현전(汝南先賢傳)》의 저자이다.

187 여남선현전(汝南先賢傳) : 주배가 지은 책으로, 여남 출신 현자들의 일화를 기록하였다.

188 진수(陳壽) : 233~297. 중국 진(晉)나라의 학자. 자는 승조(承祚). 《삼국지(三國志)》의 저자이다.

189 우예(虞預) : 285~340. 동진(東晉)의 경학자. 자는 숙녕(叔寧). 효렴(孝廉)으로 추천되었으나 나가지 않다가 후에 낭야국(琅邪國) 상시(常侍)·비서승(秘書丞) 저작랑(著作郎)으로 승진하였다. 저서로 《진서(晉書)》·《회계전록(會稽典錄)》이 있다.

190 회계전록(會稽典錄) : 중국 동진의 경학가 우예가 지은 책으로, 춘추(春秋)시대부터 3국(三國)시대까지의 회계군(會稽郡)의 역사인물을 기록하였다.

191 군서(郡書) : 주로 지역의 인물과 사건을 소재로 한 기록을 말한다.

192 양웅(揚雄) : B.C 53~A.D 18. 중국 전한(前漢)의 관리·철학자. 자는 자운(子雲). 사천성(四川省) 성도(成都) 출생. 청년시절에 동향의 선배인 사마상여(司馬相如, B.C 179~B.C 117)의 작품을 통하여 배운 문장력을 인정받아, 성제(成帝) 때 궁정문인의 한 사람이 되었다. 성제의 여행에 수행하며 쓴 《감천부(甘泉賦)》·《하동부(河東賦)》·《우렵부(羽獵賦)》《장양부(長楊賦)》 등은 화려한 문장이면서도 성제의 사치를 꼬집는 풍자가 담겨 있다. 저서로 시대에 적응하지 못한 자신의 불우한 원인을 묘사한 《해조(解嘲)》·《해난(解難)》, 학자로서 각 지방의 언어를 집성한 《방언(方言)》 등이 있다.

193 가보(家譜) : 고귀한 가문의 뛰어난 후손, 재주와 덕이 출중한 집안에 대한 기록이다. 후대를 선업으로 가리키기 위한 모범을 제시한 가사(家史)로 《수서·경적지(隋書·經籍志)》 〈잡전(雜傳)〉류에 들어 있다. 은경의 《세전(世傳)》·손정단의 《보기(譜記)》·육종의 《계력(系歷)》도 이와 같은 종류이다.

194 은경(殷敬) : 미상.

전(世傳)[195], 손정단(孫廷瑞)[196]의 《보기(譜記)[197], 육종(陸宗)[198]의 《계력(系歷)[199]과 같은 종류는 모두 자손이 선대의 공을 드러내려는 의도에서 나왔으니, 이른바 '가사(家史)'라는 종류이다.

유향(劉向)이 여러 여인들을 기록한 책, 양홍(梁鴻)이 일민을 기록한 책, 조채(趙採)가 충신을 기록한 책, 서광(徐廣)이 효자를 기록한 책과 같은 종류는 모두 지난날의 역사를 널리 채집하고 새로운 말을 조금 첨가한 것이니, 이른바 '별전(別傳)'이라 한다.

조태(祖台)[200]가 지은 《지괴(志怪)[201], 간보(干寶)[202]가 지은 《수신기(搜神記)[203], 유의경(劉義慶)의 《유명록(幽明錄)[204], 유경숙(劉敬叔)[205]의 《이원(異苑)[206]은 모

傳〉、孫氏《譜記》、陸宗[21]《系歷》, 此皆出其子孫以顯先烈, 所謂"家史"者也.

如劉向之錄列女, 梁鴻之錄逸民, 趙採之錄忠臣, 徐廣之錄孝子, 此皆博採前史, 稍加新言, 所謂"別傳"者也.

若《志怪》之述於祖台、《搜神》之著於干[22]寶、劉義慶之《幽明》、劉敬叔之

---

195 세전(世傳) : 미상. 은경이 지은 가사(家史)로 추정된다.

196 손정단(孫廷瑞) : ?~?. 중국 청나라의 관리.

197 보기(譜記) : 손정단이 편찬한 손씨 가문의 가보(家譜).

198 육종(陸宗) : ?~?. 미상.

199 계력(系歷) : 육종(陸宗)이 편찬한 육씨 가문의 가보(家譜).

200 조태(祖台) : 미상.

201 지괴(志怪) : 조태(祖台)가 지은, 귀신·괴이·신선오행에 관한 괴담소설. 당시에는 불교의 포교와 도교의 흥성으로 사람들의 상상력이 자극받아, 기괴하고 기이한 일들이 입에 오르내리고, 문인들이 그러한 괴담류를 기록하였다.

202 간보(干寶) : 282~351. 중국 동진(東晉)의 학자·문인. 자는 영승(令升). 원제(元帝) 때 저작랑(著作郎), 뒤에 산기상시(散騎常侍)가 되었다. 아버지의 비첩이 죽었다가 되살아난 일, 형이 기절했다가 소생하여 귀신을 보았다고 말한 일 등으로 자극을 받아 그러한 기괴한 이야기들을 모으기 시작했다고 한다. 저서로《진기(晉記)》·《수신기(搜神記)》는 육조(六朝) 시대의 괴이(怪異) 소설로, 원본은 20권이었으나 뒤에 산질되어 8권이 되었다.

203 수신기(搜神記) : 신과 사람간의 감응 및 요괴·은원(恩怨)·우의설화(羽衣說話)·수신(水神)설화 등 괴이한 이야기들로 470편이 수록되었다. 《전등신화(剪燈神話)》·《요재지이(聊齋志異)》 등의 원류(源流)가 되었다.

204 유명록(幽明錄) : 중국 남조 송(宋)나라 유의경이 지은 지괴류(志怪類) 소설집. 전쟁·사망·질병·기아 등이 주요 주제이고, 내용 속에서 귀신(鬼神)·영괴(靈怪)의 변환이 수시로 일어난다. 《주역(周易)》·《계사전(繫辭傳)》상(上)에 "이 때문에 유명의 까닭을 알 수 있는 것이다.(是故知幽明之故)"라 한 데서 제목을 따왔다고 한다.

205 유경숙(劉敬叔) : ?~?. 중국 위진남북조(魏晉南北朝)시대 남송(南宋)의 문인. 《이원(異苑)》을 저술했다.

206 이원(異苑) : 중국 송(宋)나라 유경숙(劉敬叔)이 지은 신선·괴이에 대한 책. 육조시대에 많이 나온 지괴서(志怪書)의 하나로, 내용은 당시의 인물들에 관한 기괴한 이야기, 민간에 전해지는 초자연적인 설화 및 불교설화 등이며, 다른 지괴서에 비하여 다채롭다. 원본은 전해지지 않고 명대(明代)에 다시 편집된 것이 남아 있다.

[21] 宗 : 저본에는 "氏宗". 인명에 근거하여 수정.

[22] 干 : 저본에는 "于".《澹生堂藏書約·藏書訓略·講書》에 근거하여 수정.

두 잡기(雜記)²⁰⁷에 속한다.

성홍(盛弘)²⁰⁸의 《형주기(荊州記)²⁰⁹》, 상거(常璩)²¹⁰의 《화양국지(華陽國志)²¹¹》, 신씨(辛氏)²¹²의 《삼진기(三秦記)²¹³》, 나함(羅含)²¹⁴의 《상중기(湘中記)²¹⁵》와 같은 종류는 모두 지리서이다.

반악(潘岳)²¹⁶의 《관중기(關中記)²¹⁷》, 육기(陸機)의 《낙양기(洛陽記)²¹⁸》, 《삼보황도(三輔黃圖)²¹⁹》·《건업궁전(建

《異苑》, 皆屬雜記.

若盛弘之記荊州、常璩之志華陽、辛氏《三秦》、羅含《湘中》, 皆地理之書也.

潘岳《關中》、陸機《洛陽》、《三輔黃圖》、《建業宮殿》,

---

207 잡기(雜記) : 여러 가지 일이나, 괴이한 사건 등에 대한 두서없는 기록을 말한다.

208 성홍(盛弘) : ?~?. 중국 남조 송(宋)나라의 문인. 관적(貫籍)과 생애는 확인할 길이 없다. 임천왕(臨川王) 유의경(劉義慶)의 시랑(侍郞)을 지냈다. 《형주기(荊州記)》 3권을 편찬했는데, 전해지지 않는다. 문장이 여러 유서(類書)와 《세설신어(世說新語)》의 주(注) 및 《문선(文選)》등의 책에 흩어져 있는데, 청나라 때 그것을 모아 놓았다.

209 형주기(荊州記) : 중국 남송의 성홍이 집필한 책으로, 형주 지방의 지리와 빼어난 경치를 문학적으로 기술한 책인데, 전해지지 않는다.

210 상거(常璩) : 291~361. 중국 동진(東晉)의 문인. 자는 도장(道將). 어릴 때부터 배우기를 좋아했다. 처음 벼슬은 성한(成漢)에서 했는데, 이세(李勢, ?~361)가 산기상시(散騎常侍)에 임명하여 저작(著作)을 관장했다. 이기(李期)와 이수(李壽)의 치세에 성한(成漢)의 사관(史官)에 임명되어 궁중에 전해지는 도서를 많이 접하고 《양익이주지지(梁益二州地志)》·《파한지(巴漢志)》·《촉지(蜀志)》·《남중지(南中志)》를 찬술했다. 동진(東晉) 영화(永和) 3년(347)에 환온(桓溫)이 촉(蜀)을 정벌하자 상거는 이세(李勢)에게 권하여 진(晉)에 항복하게 했다. 저서로 《화양국지(華陽國志)》가 있다.

211 화양국지(華陽國志) : 고대 중국 서남 지방의 역사·지리·인물 등을 기록한 지방지. 상거가 진에 들어간 뒤 질시를 받아 벼슬길에 나아가지 못하고 옛 저작을 손질한 저작을 완성하니 이것이 곧 〈화양국지(華陽國志)〉이다.

212 신씨(申氏) : ?~?. 중국 후한(後漢)의 문학가.

213 삼진기(三秦記) : 중국 후한(後漢)의 신씨(申氏)가 지은 삼진(三秦)의 연혁·민심·도읍·궁실·산천 등을 기록한 기문. 삼진(三秦)은 전국시대 진(秦)나라의 옛 땅이다. 항우(項羽, B.C 232~B.C 202)가 진나라를 멸하고 그 땅을 옹(雍)·새(塞)·곽(翟) 세 나라로 나누어서 삼진이라 한다. 중국 초기 지방지의 대표작으로 손꼽는다.

214 나함(羅含) : 292~372. 중국 서진(西晉)의 사상가·문인·지리학자. 자는 군장(君章), 호는 부화(富和). 중국 산수 산문(山水散文) 창작의 선구자이다. 벼슬은 상서랑(尚書郞)과 낭중령(郞中令)을 거쳐 산기상시(散騎常侍) 그리고 시중(侍中)을 지냈다. 저서로 《상중기(湘中記)》·《국란집(菊蘭集)》·《갱생론(更生論)》등이 있다.

215 상중기(湘中記) : 서진의 문학가 나함이 지은 지기(地記)로, 산수(山水) 산문의 대표적인 작품으로 꼽는다.

216 반악(潘岳) 247~300. 반안(潘安). 서진(西晉)의 저명한 문인·정치가. 자는 안인(安仁). 재능이 뛰어나고 인물이 출중했지만 경솔하고 이익을 좇아 혜제(惠帝)의 황후인 가후(賈后, 256~300), 그 조카인 가밀(賈謐, 277~300)과 가까이 지내며 석숭(石崇, 249~300)과 더불어 이른바 '24명의 벗(二十四友)' 가운데 하나로 불렸다. 학문과 시에도 능통하여 문인으로서 육기(陸機, 261~303)와 어깨를 겨루어 '반강육해(潘江陸海)'라 불렸다.

217 관중기(關中記) : 중국 서진의 반악이 지은, 관중(關中) 지역의 지기(地記).

218 낙양기(洛陽記) : 중국 서진의 육기가 지은 기문으로, 후한(後漢)·위(魏)·수(隋)의 도읍지인 낙양(洛陽)에 대한 기록.

219 삼보황도(三輔黃圖) : 중국 진한(秦·漢)시대 장안[長安, 현재 중국 섬서성(陝西省) 서안(西安)]의 지리와

業宮殿)220》과 같은 종류는 모두 도읍부(都邑簿)이다.

무릇 편기(偏記)와 소록(小錄)은 대체로 보고 들은 당시 일들을 기록하는 것이어서 항상 실제 기록이 대부분이다. 그러나 문장을 꾸미지 않고 일에 순서가 없으니, 이것이 단점이다. 일사(逸事)는 모두 전사에서 남겨진 일들을 기록한 것으로, 찬술한 내용의 미비점을 보완하지 않아도 되는 것은 아니다. 그러나 기이한 일을 취하고 말에 허구가 많으니, 그대로 믿기에는 부족하다.

쇄언은 우스개로 하는 잡담으로, 매번 강직하고 굳센 고사(孤史, 잘 알려지지 않은 사적)가 적지 않다. 그러나 설만한 것·친압한 것·비루한 것·외람된 종류의 기록들은 침상머리에서 나온 것이라 풍교(風敎)221에 해롭다.

군서(郡書)는 한 지방에서 유행한 책이고, 가사(家史)는 일가에서 유행한 이야기인데, 시대가 바뀐 뒤에는 바로 인멸되는 경우가 많다. 별전(別傳)은 옛사람을 애도하는 마음을 일으키는 것이다. 잡기(雜記)는 보고 듣는 이에게 신선한 재미를 줄 만하다. 그러나 옛사람의 사실과 행적을 모으는 한편 괴이함을 좋아하는 일에 지나치게 빠지지 않게 막아야 하니,

皆都邑之簿也.

夫偏記、小錄, 大抵筆時事于見聞, 恒多實錄. 然詞旨不文而事無倫次, 則其短也. 逸事皆前史之所遺, 非不可補撰述之未備, 然事取奇異而語多搆虛, 則不足憑也.

瑣言以莞爾之塵談, 每不乏毅然之孤史. 然而至於藝[23]、狎、鄙、猥, 出自牀第, 則有傷于風敎矣.

郡書行于一方, 家史行于一家, 易世之後, 便多湮沒. 別傳可以興弔古之思, 雜記足以新耳目之玩, 然而摭實行于古人, 杜末流之好怪, 則君子惟正史之取裁耳.

궁전·능묘·학교·교치(郊峙) 및 주대(周代) 유적의 위치와 모습을 수록한 도서(圖書). 저술된 시기를 북송(北宋)의 조공무(晁公武)는 남조(南朝) 양(梁)·진(陳)대 사이로 보았는데, 정대창(程大昌, 1123~1195)은 당대(唐代) 숙종(肅宗, 756~762) 이후 저술이라 했다. 삼보(三輔)란, 한 무제(漢武帝) 때 경조윤(京兆尹)·우부풍(右扶風)·좌풍익(左馮翊) 3곳을 지칭한다.

220 건업궁전(建業宮殿) : 중국 동오(東吳)의 도성(都城)에 관한 기록.

221 풍교(風敎) : 교육이나 정치의 힘으로 백성들을 올바르게 인도하는 일.

[23] 藝 : 저본에는 "褻". 오사카본·규장각본·《澹生堂藏書約·藏書訓略·講書》에 근거하여 수정.

군자는 오직 정사(正史)에서만 배움을 취할 뿐이다.

지리(地理)에는 한 시대의 풍물이 기술되어 있고, 도읍부(都邑簿)에는 이전 시대의 제도가 갖추어져 있다. 비록 누락되어서는 안 되는 역사일지라도 그 말이 모두 올바르고 사건이 과장이 없기를 바란다면 이런 글은 예나 지금이나 많이 볼 수 없다.

무릇 사부(史簿)의 유파는 그 종류가 약 10갈래이고, 그 유파마다의 갈래는 다시 수백, 수천으로 나뉘어 진다. 그러므로 품류를 구별하는 일은 사부에서 특히 어렵다고 말한 것이다. 《담생당장서약》222

地理之述風物于一時, 都邑之備制度于前代. 雖史之不可闕者, 而欲其言皆雅正, 事無侈張, 則古今不多見焉.

夫史之流派, 類約十端而類之支分更且千百, 故曰別品類㉔于史尤難也. 同上

이운지 권제6 끝

怡雲志卷第六

222《澹生堂藏書約》〈藏書訓略〉"講書"《澹生堂藏書約(外八種)》, 25~26쪽).
㉔ 類: 저본에는 없음.《澹生堂藏書約·藏書訓略·講書》에 근거하여 보충.

이운지 권제7

怡雲志 卷第七

2

임원십육지 105

林園十六志 百五

도서의 보관과 열람(하)

대추나무【안 황양목(黃楊木)이 더욱 좋다. 우리나라의 활자는 이 나무를 많이
쓴다.】를 두께 0.4촌 정도의 판자로 켜고 세로로 네모난 조각을 만드는데, 너비
는 1촌 정도로 한다. 먼저 선반에 이 조각들을 포개어 널고 햇볕에 양면을 말린
다음, 대패로 정확히 평평하게 다듬어 말끔해지도록 하는데, 두께 0.28촌을 기
준으로 한다. 그런 다음 가로로 잘라서 활자목[木子]을 만든다. 활자목 각각의 너
비는 약 0.4촌이다.

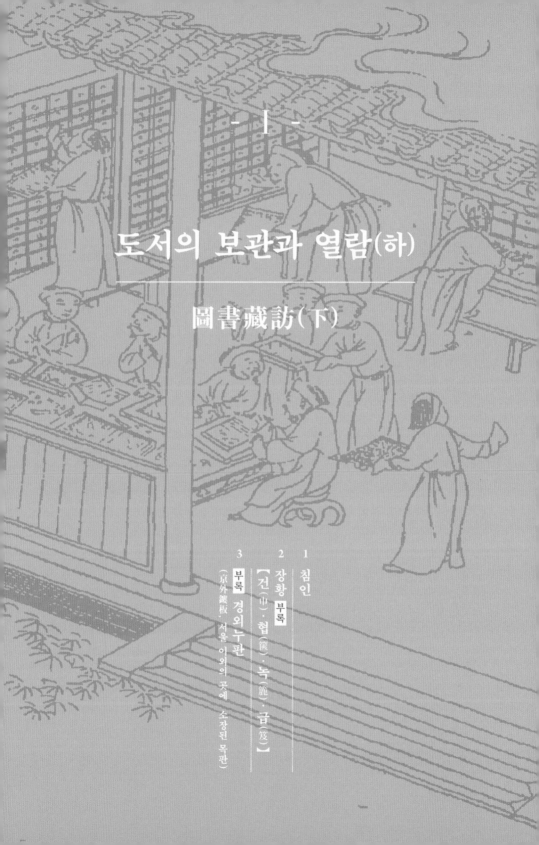

-Ⅰ-

도서의 보관과 열람(하)

圖書藏訪(下)

1. 침인(鋟印, 판각과 인쇄)

鋟印

1) 누판법(鏤版法, 판목에 새기는 법)

鏤版法

서적을 판각할 때는 대추나무·배나무가 가장 좋고, 가래나무는 그 다음이다. 판자(板子, 판목을 만드는 널빤지)를 마름질해서 소금물에 삶고 꺼내서 햇볕에 말리면, 판목이 휘거나 비틀어지지 않으며, 게다가 글자를 쉽게 새겨 넣을 수 있다. 판목의 너비는 1척을 넘겨서는 안 되고, 길이는 0.7~0.8척을 넘겨서는 안 된다.

鋟刊書籍, 棗、梨木爲上, 梓木次之. 裁成板子, 用鹽水煮出曬乾, 則板不飜瓽, 且易彫刻也. 板之廣不可過一尺, 長不可過七八寸.

대체로 판목은 차라리 크기가 작은 편이 낫지 커서는 안 된다. 판목이 크면 대추나무·배나무를 낭비하고 종이[紙楮]¹도 낭비하며, 또 권(卷)이나 질(帙)로 되었을 때 너무 부피가 커지고 무거워질 염려가 있다. 판목의 격식은 단변(單邊) 【송나라의 판각은 모두 단변이다.】을 쓰고, 행(行)²은 19행이나 20행이 좋다. 서체는 솔경령(率更令)³을 지낸 구양순(歐陽詢)⁴의 글씨를 모방하면 가장 좋고, 《홍무정운(洪武正韻)》⁵

大抵寧小毋大. 大則費棗、梨, 費紙楮, 又患卷帙太麤重也. 格用單邊【宋刻皆單邊】, 行宜十九或二十. 字體倣歐陽率更爲上,《洪武正韻》次之. 若我東院筆粗, 率不堪賞翫也.

---

1 종이[紙楮]: 저(楮)는 종이를 만드는 재료인 닥풀을 말하며, 지저(紙楮)는 종이를 총칭한다.
2 행(行): 지면 1장에서 세로로 배열된 칸. 지면 1장에 있는 세로 칸의 수를 행수(行數)라 하고, 1행에 수록된 글자의 수를 자수(字數)라 한다. 행수와 자수를 합쳐 행자수(行字數)라 한다.
3 솔경령(率更令): 중국 당나라 시대 궁전의 문호(門戶) 및 상벌(賞罰)과 관련한 일을 주관하는 관직.
4 구양순(歐陽詢): 557~641. 중국 당나라의 서예가. 구양순의 서체는, 자획과 결구가 방정(方正)하면서도 모범적이라는 평가를 받는다. 대표 작품으로《구성궁(九成宮) 예천명(醴泉銘)》이 전한다.

행수·자수·계선·판심(오사카본 《이운지》 첫면)

의 서체는 그 다음이다. 만약 우리나라 관원의 필체처럼 조잡하다면, 판각용 서체로 써서 완상하기에는 적절하지 않다.

매번 인쇄를 마치고 나면 목판을 깨끗하게 씻고 햇볕에 잘 말린 다음 나무궤짝에 보관해서 높은 누각에 둔다. 진실로 수장과 보관에 법도가 있다면 오랜 시간이 지나도 목판이 닳거나 이지러지지 않게 할 수 있다. 합천(陜川) 해인사(海印寺)[6]에 쌓여 있는 대장경(大藏經) 판목들은 곧 고려 고종(高宗) 시대에 판각했는데 지금까지 600년이 지났어도 새 판목 같다. 《금화경독기(金華耕讀記)》[7]

每刷印旣畢, 旣洗淨晛乾, 貯之木櫃, 置之高閣. 苟藏護有法, 則可久遠不刓缺. 陜川 海印寺儲藏經板木, 卽高麗 高宗時刻, 至今六百年如新也. 《金華耕讀記》

---

5 홍무정운(洪武正韻) : 중국 명나라 때 편찬된 운서(韻書). 홍무(洪武, 태조의 연호) 8년(1375)에 태조(太祖)의 명을 받아 악소봉(樂韶鳳)·송염(宋濂) 등이 편찬했으며, 15권이다. 조선의 세종대왕은 신숙주(申叔舟)·성삼문(成三問) 등을 시켜 새로 창제한 표음문자(表音文字) 훈민정음으로 《홍무정운》의 한자에 음(音)을 달게 하는 사업을 시작했고, 단종(端宗) 3년(1455)에 《홍무정운역훈(洪武正韻譯訓)》의 편찬을 완료했다.

6 해인사(海印寺) : 경상남도 합천군 가야면 치인리 가야산에 있는 절. 신라 애장왕(哀莊王) 3년(802)에 창건되었다고 전해지며, 고려 고종(高宗) 때에 만들어진 팔만대장경(八萬大藏經)을 소장하고 있다.

7 《金華耕讀記》卷5〈鋟書〉, 21쪽.

2) 활판연기(活版[8]緣起, 활판의 유래)

심괄(沈括)[9]의 《몽계필담(夢溪筆談)》[10]에서는 필승
(畢昇)[11]의 교니각자법(膠泥刻字法)[12]을 기록했는데,
이것이 바로 활판(活版)의 권여(權輿, 시초)이다. 글자
를 새기는 과정을 보면, 노동력을 줄여주면서 공정
이 빠르기 때문에 후대에 그 방법이 널리 퍼져서 나
무로 만들거나, 납으로 만들거나, 구리로 만들기도
했다.

우리나라는 특히 활판인쇄를 중시하여 태종(太宗)
3년 계미년(癸未年, 1403)에 주자소(鑄字所)[13]를 설치했는
데, 구리로 활자를 주조해서 경적(經籍)을 인쇄했다.

정조(正祖) 때에는 여러 번 구리활자를 주조했는

活版緣起

沈括《夢溪筆談》, 記畢昇
膠泥刻字法, 斯乃活版之
所權輿也. 視鏤版, 用力省
而程工速, 後世其法寖[1]
備, 或用木造, 或用鉛造,
或用銅造.

我東尤尚之, <u>太宗</u>癸未置
鑄字所, 範銅爲字, 擺印經
籍.

<u>正宗</u>朝屢鑄銅字, 或用衞

---

8 활판(活版) : 활자로 짜 맞춘 인쇄판, 또는 그것으로 찍은 인쇄물.

9 심괄(沈括) : 1031~1095. 중국 송나라의 관료이자 학자. 자는 존중(存中). 1054년 지방관으로 임명되었으
   며, 1061년 음악서 《악론(樂論)》을 편찬했다. 교서랑(校書郎)의 관직을 맡아 서적의 교감(校勘)을 담당하
   기도 했고, 천지(天地)를 모시는 의식 절차를 정리한 《남교식(南郊式)》을 편찬했다. 왕안석(王安石)의 정
   치 개혁이 시작되자 수리와 관개 등의 정책을 담당했고, 제거사천감(提擧司天監, 국립천문대의 책임자)
   을 겸하여 천체관측에 종사했다. 1074년에는 판군기감(判軍器監, 병기담당관)도 겸하여 전차제도(戰車制
   度)를 연구했다. 1075년 삼사사(三司使)에 취임했으나 왕안석이 실각된 이후 지방으로 좌천되었다. 저서로
   《몽계필담(夢溪筆談)》이 있다.

10 몽계필담(夢溪筆談) : 심괄의 저서. 중국 강소성(江蘇省) 진강(鎭江)에 있는 몽계원(夢溪園)이라는 정원에
   서 손님들과 나눈 대화를 기록했다고 해서 책 제목을 '몽계필담'이라 했다. 이 책에는 나침반과 역법(曆法)
   및 화석의 기원 등에 대한 학설이 있다. 또한 천문·인쇄술·산학(算學)·지도제작법·광학(光學)·의학 등의
   다양한 주제에 대한 학설과 견해가 수록되어 있다.

11 필승(畢昇) : 971~1051. 중국 송나라의 발명가. 경력(慶曆, 1041~1048) 연간에 교니활자(膠泥活字)를 발
   명했고, 교니활자를 이용해 인쇄하는 방법을 고안했다. 이 방법은 인쇄술의 역사에서 목판활자의 불편함
   을 개량하는 시도로 평가된다.

12 교니각자법(膠泥刻字法) : 송나라의 필승이 만든 교니활자로 인쇄하는 방법. 교니활자법(膠泥活字法)이라
   고도 한다. 교니(膠泥, 진흙에 아교를 섞어 점성이 높아진 찰흙)로 판을 만든 뒤, 그 위에 글자를 새긴 다
   음 하나씩 떼어 내고 불에 구어 굳혀서 인쇄하는 방법이다. 교니활자의 발명은 활자판의 이점을 활용한 점
   에서는 의의가 크지만 활자 인쇄로서는 널리 실용화되지 못했다. 교니활자의 단점은, 진흙을 구워 활자를
   만들었기 때문에 내구성이 없고 잘 부서져 계속 사용이 어렵다는 점이다. 우리나라에도 이 교니활자 제작
   법이 고려시대에 전해졌으나 실용화되지는 않았다.

13 주자소(鑄字所) : 조선 태종(太宗) 3년(1403) 서적을 인쇄하기 위하여 설치한 관청. 이 해가 계미년(癸未年)
   이라서 이때에 만든 활자를 '계미자(癸未字)'라 부른다.

[1] 寖 : 저본에는 "寢". 일반적인 용법에 근거하여 수정.

데 위부인체(衛夫人體)[14]를 쓰거나 한구체(韓構體)[15]를 썼다. 정조 16년 을묘년(乙卯年, 1792)에는 《강희자전(康熙字典)》[16]의 글자로 나무활자와 구리활자 각각 15만 자를 만들어 '생생자(生生字)'[17]라는 이름을 하사하셨다.

민간에도 개인이 만든 활자들이 있는데, 최근에 새로 인쇄한 문집(文集)과 보첩(譜牒)[18] 19종은 모두 활판으로 찍었다. 《금화경독기》[19]

夫人體, 或用韓構體. 乙卯用《康熙字典》字造木字、銅字各十五萬字, 賜名"生生字".

閭閻亦有私造者, 近年新印文集、譜牒十九, 皆活版也.《金華耕讀記》

3) 교니활자법(膠泥活字法)[20]

송나라 경력(慶曆)[21] 연간(1041~1048)에 평민인 필승(畢昇)이라는 사람이 활판(活版)을 만들었다. 그 방법은 교니(膠泥)[22]에 글자를 새기되, 두께는 동전 테두리처럼 얇게 하고, 글자마다 하나의 활자 조각으로 잘라낸 뒤 불로 구워 단단하게 굳힌다. 우선 1개의 철판을 놓은 다음 그 위에 송진과 밀랍을 종이

膠泥活字法

慶曆中, 有布衣畢昇, 造活版. 其法用膠泥刻字, 薄如錢唇, 每字爲一印, 火燒令堅. 先設一鐵板, 其上以松脂、蠟和紙灰之類冒之.

---

14 위부인체(衛夫人體): 중국 진(晉)나라의 서예가인 위삭(衛鑠, 272~349)의 서체. 위부인으로 불리는 위삭은 여음태수(汝陰太守)를 지냈던 이구(李矩)의 처(妻)이며 명필로 알려져 있다. 당대 서예의 대가인 종요(種繇)에게 서법을 배웠으며, 이후 왕희지(王羲之)에게 서법을 가르쳐서 그 서체가 후대로 이어졌다.

15 한구체(韓構體): 명필로 소문난 한구(韓構, 1636~1715)의 서체. 정조 6년(1782) 구리로 8만여 자의 한구자(韓構字) 활자를 만들어 서적 인쇄에 활용했다.

16 강희자전(康熙字典): 중국 청나라 때 편찬된 자전. 강희 49년(1710) 강희제(康熙帝, 재위 1661~1722)의 칙명에 따라서 장옥서(張玉書)·진정경(陳廷敬) 등 30명의 학자가 편찬에 참여하여 역대의 자전과 운서를 대조하고 참고하는 5년간의 작업 끝에 편찬한 자전으로, 이후 자전과 사전의 전범(典範)이 되었다.

17 생생자(生生字): 정조 16년(1792) 규장각에서 정조의 명을 받들어 만든 활자. 청나라의 사고전서취진판(四庫全書聚珍版)식을 모방하여 《강희자전》의 글자를 모본으로 해서 대자(大字) 15만 7,200자와 소자(小字) 14만 4300자를 제작했다.

18 보첩(譜牒): 부계(父系)를 중심으로 한 혈연관계를 기록한 책. 족보(族譜)·세보(世譜)·세계(世系)·가승(家承)·가첩(家牒)·가보(家譜)·성보(姓譜)라고도 한다.

19 《金華耕讀記》卷5〈活版〉, 20쪽.

20 교니활자법(膠泥活字法): 위 '교니각자법(膠泥刻字法)' 주석 참조.

21 경력(慶曆): 중국 송나라 인종(仁宗)의 연호. 1041~1048.

22 교니(膠泥): 진흙에 아교 등의 물질을 섞어서 만들어 점성(粘性)이 높아진 찰흙.

태운 재의 종류에 섞어서 그 위에 철판을 덮는다.

이를 가지고 인쇄하려 하면 1개의 쇠로 된 틀을 철판 위에 두고 이어 그 위에 촘촘하게 활자[字印]를 배열하고, 쇠로 된 틀을 가득 채워 1개의 활판이 되면 이를 불에 쬐어준다. 철판이 뜨거워지면서 철판 위에 덮었던 약품이 점점 녹을 때 1개의 평판으로 그 윗면을 누르면 활자들이 숫돌처럼 평평해진다.

만약 단지 2~3권의 책만을 찍는다면 이 방법은 간편하지 못하지만, 만약 수십 권이나 수백 권, 혹은 수천 권의 책을 찍는다면 극도로 신속한 방법이다. 보통 철판은 2개를 만들어 놓고, 철판 1개가 인쇄될 때 다른 1개는 글자 배열을 벌써 시작한다. 처음의 철판이 인쇄를 막 끝내고 나면 2번째의 철판이 벌써 다 갖춰지니, 2개의 철판을 이렇게 서로 교체하면서 쓰면 순식간에 인쇄할 수 있다.

각 1글자마다 모두 몇 개의 활자가 있으며, '갈 지(之)' 또는 '어조사 야(也)'처럼 자주 쓰는 글자들은 글자마다 20여 개의 활자가 있어서 1개의 철판 안에서 중복해서 사용하는 경우를 대비한다. 활자를 사용하지 않을 때는 종이쪽지 위에다 글자를 써서 붙이는데, 각 운자(韻字)당 1개의 쪽지를 써서 붙인 다음 이 운에 해당하는 활자를 모아 나무로 된 격자함 속에 보관한다. 특이한 글자라서 평소에 활자가 갖추어지지 않은 경우에는 바로 글자를 새기고 풀을 태운 불로 구우면 순식간에 완성할 수 있다.

나무로 활자를 만들지 않는 이유는 나무의 결에 성글거나 조밀한 차이가 있어서 나무활자가 물을 흡

欲印則以一鐵範置鐵板上, 乃密布字印, 滿鐵範爲一板, 持就火煬之. 藥稍鎔, 則以一平板按其面, 則字平如砥.

若止印三二本, 未爲簡易; 若印數十百千本, 則極爲神速. 常作二鐵板, 一板印刷, 一板已自布字, 此印者纔畢, 則第二板已具, 更互用之, 瞬息可就.

每一字皆有數印, 如"之"、"也"等字, 每字有二十餘印, 以備一板內有重複者. 不用則以紙貼之, 每韻爲一貼, 木格貯之. 有奇字素無備者, 旋刻之, 以草火燒, 瞬息可成.

不以木爲之者, 木理有疏密, 沾水則高下不平, 兼與

수하면 높낮이가 평평하게 되지 않는데다, 나무활자는 약품들과 함께 붙어버려서 다시는 사용할 수 없기 때문이다. 나무활자는 흙을 구워 쓰는 방법보다 못하다. 교니활자는 사용한 다음에 다시 불에 구워 약품을 녹게 만든 뒤 손으로 털어 내면 그 활자가 저절로 떨어져서 끝내 활자에 오물이 묻지 않기 때문이다.《몽계필담》[23]

藥相粘, 不可取. 不若燔土, 用訖再火令藥鎔, 以手拂之, 其印自落, 終不沾污.《夢溪筆談》

4) 목각활자법(木刻活字法, 나무를 새겨 활자 만드는 법)

오대(五代) 시기 후당(後唐) 명종(明宗)[24]장흥(長興)[25] 2년(931)에 재상 풍도(馮道)[26]와 이우(李愚)[27]는 판국자감(判國子監) 전민(田敏)[28]에게 명하여 구경(九經)[29]을 교정하고 목판에 새긴 다음 인쇄하여 널리 보급해달라고 조정에 요청했다. 목판을 새겨서 책을 인쇄하는 방법은 사실 여기에 근본을 두고 있다. 그러나 목판용 나무와 장인에 비용이 매우 많이 들었으므로 비록 전할 만한 책이 있더라도 사람들이 모두 그 제작에 들어가는 비용을 꺼려서 책을 인쇄하여 널

木刻活字法

五代 唐 明宗 長興二年, 宰相馮道、李愚, 請令判國子監田敏校正九經, 刻板印賣. 鋟梓之法, 實本於此. 然板木、工匠所費甚多, 雖有可傳之書, 人皆憚其工費, 不能印造傳播.

---

23 《夢溪筆談》卷18〈技藝〉《新校正夢溪筆談》, 184쪽.

24 명종(明宗): 중국 후당(後唐)의 제2대 황제(재위 926~933).

25 장흥(長興): 명종의 2번째 연호(930~933).

26 풍도(馮道): 882~954. 중국 후당의 재상. 자는 가도(可道). 구경(九經)을 목판에 새기고 인쇄해서 민간에 보급하는 정책을 건의했다.

27 이우(李愚): ?~935. 중국 후당의 재상. 자는 자회(子晦). 당나라 소종(昭宗) 때 안홍현주부(安陵縣主簿)를 역임했고, 여러 관직을 거친 이후 후당의 재상이 되었다. 저작으로《백사집(白沙集)》이 전한다.

28 전민(田敏): ?~?. 중국 후당의 관료. 당시의 최고 교육기관인 국자감(國子監)의 수장인 판국자감(判國子監)을 역임하면서 조정의 명으로 구경(九經)을 간행했다.

29 구경(九經): 아홉 종의 유교 경서(經書). 시대에 따라 구성이 변했다. 수(隋)·당(唐) 시기에는《周禮》·《儀禮》·《禮記》·《左傳》·《公羊傳》·《穀梁傳》·《易》·《書》·《詩》를 구경이라 했으며, 송대(宋代)에는《易》·《書》·《詩》·《左傳》·《禮記》·《周禮》·《孝經》·《論語》·《孟子》를, 명대(明代)에는《易》·《書》·《詩》·《春秋》·《禮記》·《儀禮》·《周禮》·《論語》·《孟子》를 구경이라 했다.

계선(오사카본 《이운지》 첫면)

리 보급할 수 없었다.

후대의 사람들이 별도로 정교한 기술을 개발했다. 쇠로 인회계행(印盔界行)[30]을 만들었는데, 내부에는 묽은 역청(瀝靑)[31]을 가득 채워 넣은 다음 이것이 식어서 고정되면, 불 위에서 평평하게 하고 다시 잿불로 열처리를 한다. 그리고 불로 구워 익힌 와자(瓦字, 진흙으로 구운 활자)를 계행(界行, 인회계행) 내부에 배열하여 활자인판(活字印板, 활자가 채워진 판)을 만든다. 하지만 그 방법이 불편했기 때문에 또 진흙으로 만든 회계행(盔界行)도 있다. 안에는 얇은 진흙을 넣은 다음 구운 와자(瓦字)를 계행에 배열한 뒤, 다시 가마 속에 넣고 구워서 높이가 고른 1단(段)을 만들었다. 이 방법 또한 활자판을 만들어 인쇄할 수 있다.

근래에는 또 주석을 주조하여 활자를 만들었는

後人別生巧技, 以鐵爲印盔界行, 內用稀瀝靑澆滿, 冷定, 取平火上, 再行煨化, 以燒熟瓦字, 排於行內, 作活字印板. 爲其不便, 又有以泥爲盔界行. 內用薄泥將燒熟瓦字排之, 再入窯內燒爲一段, 亦可爲活字板印之.

近世又鑄錫作字, 以鐵條

---

30 인회계행(印盔界行) : 인쇄 활판의 각 행. 각 행을 구분하기 위해 철이나 주석으로 활판에 계선(界線, 각 행 사이에 세로로 그은 선)을 만들고, 계선 사이의 계행에 활자를 배치한다.

31 역청(瀝靑) : 자연에서 나는, 아스팔트와 같은 물질. 고체(固體)·액체(液體) 등으로 구성된 탄화수소 화합물이다.

데, 철사로 주석활자를 꿰어 행(行)을 만들고, 인회(印盔, 활판) 안의 계행에 활자를 채워서 책을 인쇄한다. 다만 위 항(項)의 주석활자 모양은 먹을 쓰기가 어려워서 대부분 인쇄물이 이지러졌기 때문에 오래도록 쓸 수가 없다.

지금은 또 정교하면서도 간편한 방법이 있다. 판목을 써서 인회(印盔)를 만들고, 대나무 조각을 깎아서 계행을 만든다. 판목을 새겨서 글자를 만든 뒤 작고 가는 톱으로 자르고 분리하여 각각 1개의 활자를 만든다. 그 다음 이 활자를 작은 칼로 4면을 다듬고, 크기와 높낮이를 비교해서 동일하게 만든다. 그 뒤에 활자를 배열하여 행을 만든 다음, 깎아 놓은 대나무 조각을 사이에 끼워 넣는다. 인회에 활자가 가득 채워졌으면 나무쐐기[木撊]를 그곳에 박아[撊] 【'설(撊)'은 '선(先)'과 '결(結)'의 반절이다】 단단히 둘러싸게 해서 활자가 모두 움직이지 않게 된 다음 먹물을 칠해 인쇄한다. 《왕정농서(王禎農書)》32

貫之作行, 嵌於盔內界行印書. 但上項字樣, 難於使墨, 率多印壞, 所以不能久行.

今又有巧便之法. 造板木作印盔, 削竹片爲行. 彫板木爲字, 用小細鋸鎪開, 各作一字, 用小刀四面修之, 比試大小高低一同. 然後排字作行, 削成竹片夾之. 盔字旣滿, 用木撊撊【先結切】之, 使堅牢, 字皆不動, 然後用墨刷印之. 《王氏農書》

운자(韻字)33별로 글자 써서 활자 새기는 법:먼저 운자표 중에서 사용할 수 있는 글자 수를 조사한 뒤, 상평성(上平聲)·하평성(下平聲)·상성(上聲)·거성(去聲)·입성(入聲) 5성으로 분류하고, 또 그 안에서 각 운의 첫 글자를 기준으로 분류한다. 그 다음 글자 모양들을 교감(校勘)한 뒤, 활자로 만들 글자를 뽑아 쓰기를 완

寫韻刻字法:先照監韻內可用字數, 分爲上平、下平、上、去、入五聲, 各分韻頭, 校勘字樣, 抄寫完備. 擇能書人, 取活字樣, 製大小, 寫出各門字樣, 糊於板上,

---

32 《王禎農書》〈雜錄〉"造活字印書法", 438쪽.

33 운자(韻字):운(韻). 한자의 음절에서 성모(聲母)를 제외한 부분. 예를 들어 '운'에서 'ㅇ'이 성모, '눈'이 운모(韻母)이다.

Ⅰ. 도서의 보관과 열람(하)   111

료한다. 글씨를 잘 쓰는 사람을 골라서 활자 모양에 맞추어 크고 작은 글자를 제작한다. 이때 각각의 운자별로 글자를 써 놓은 종이를 판목 위에 뒤집어 붙인 다음 장인을 시켜 글자를 새기도록 한다. 글자가 새겨진 판목을 계로(界路, 각 행을 구분하는 계선)가 들어갈 공간을 조금 남겨 놓은 다음 글자를 한 글자씩 톱으로 잘라낸다.

命工刊刻. 稍留界路, 以憑鋸截.

또한 어조사 '之(지)'·'乎(호)'·'者(자)'·'也(야)'와 같은 글자 및 숫자용 글자들은 늘 자주 사용하는 글자들과 함께 각각 별도의 한 부문으로 분류한 다음 다른 글자보다도 활자 숫자를 더 많이 새긴다. 전체 글자의 종류는 대략 3만여 자가 되도록 한다.

又有語助辭"之"、"乎"、"者"、"也"字及數目字, 竝尋常可用字樣, 各分爲一門, 多刻字數, 約有三萬餘字.

필사를 다한 뒤에는 앞의 방법과 동일하게 활자를 만든다. 지금 차례를 정해 운자표를 만든 활자판용 법식을 뒤에 실어 놓았다. 그밖에 나머지 5성의 운자들도 모두 이 표를 따르도록 한다.

寫畢, 一如前法. 今載立號監韻活字板式於後. 其餘五聲韻字, 俱要倣此.

① 東(동녘 동)·通(통할 통)·佟(클 통)·恫(상심할 통)·桐(오동나무 동)·同(같을 동)·仝(같을 동)·童(아이 동)·僮(아이 동)·曈(동틀 동)·朣(달 뜰 동)·瞳(눈동자 동)·銅(구리 동)·峒(산 이름 동)·橦(나무 이름 동)·絧(베 이름 동)·罿(새 그물 동)·筒(대통 통)·種(만생종 동)·潼(강 이름 동)·犝(송아지 동)·羫(뿔 없는 양 동)·詞(한 가지 동)·艟(배 동)·籠(대그릇 롱)·襲(우리 롱)·聾(귀머거리 롱)·曨(어스레할 롱)·朧(흐릿할 롱)·權(우리 롱)·瓏(옥 소리 롱)·礱(갈 롱)·瀧(비 올 롱)·芃(풀 무성할 봉)·蓬(쑥 봉)·鬖(더벅머리 봉)·蒙(입을 몽)·冡(덮어쓸 몽)·幪(덮을 몽)·懞(어두울 몽)·濛(가랑비 올 몽)·雺

一. 東、通、佟、恫、桐、同、仝、童、僮、曈、朣、瞳、銅、峒、橦、絧、罿、筒、種、潼、犝、羫、詞、艟、籠、襲、聾、曨、朧、權、瓏、礱、瀧、芃、蓬、鬖、蒙、冡、幪、懞、濛、雺、蠓、艨、曚、懵、恖、蔥、聰、驄、驄、玀、緵、䑸[2]、叢、藂、藂、潨、洪、浲、紅、釭、鴻、訌、灯、空、悾、箜、

(안개 몽)·蠓(눈에놀이 몽)·艨(싸움배 몽)·朦(청맹과니 몽)· 憰(어리석을 몽)·悤(바쁠 총)·蔥(파 총)·聰(귀 밝을 총)·驄(총이말 총)·騌(갈기 종)·猣(돼지 새끼 종)·緵(새 종)·鬷(가마솥 종)·叢(모일 총)·藂(떨기 총)·稯(잔풀 총)·潨(물들이 총)·洪(큰물 홍)·浲(물 이름 봉)·紅(붉을 홍)·谼(깊은 골짜기 홍)·鴻(큰 기러기 홍)·訌(무너질 홍)·灯(화롯불 홍)·空(빌 공)·悾(정성 공)·箜(공후 공)·公(공변될 공)·功(공 공)·工(장인 공)·攻(칠 공)·刓(낫 공)·翁(늙은이 옹)·豐(풍년 풍)·酆(주나라 서울 풍)·灃(강 이름 풍)·風(바람 풍)·楓(단풍나무 풍)·馮(성 풍)·渢(물소리 풍)·嵩(높을 숭)·娀(나라 이름 융)·菘(배추 숭)·崧(솟을 숭)·充(찰 충)·忡(마음이 설렐 충)·珫(귀고리 충)·忡(근심할 충)·終(끝날 종)·螽(누리 종)·戎(되 융)·䄍(제사 융)·駥(준마 융)·狨(원숭이 이름 융)·崇(높을 숭)·潨(물소리 충)·中(가운데 중)·衷(속마음 충)·忠(충성 충)·蟲(벌레 충)·沖(빌 충)·冲(빌 충)·种(어릴 충)·爞(더울 충)·翀(높이 날 충)·隆(클 륭)·癃(느른할 륭)·窿(활꼴 륭)·融(화할 융)·鼉(북소리 륭)·肜(제사 융)·雄(수컷 웅)·熊(곰 웅)·弓(활 궁)·躬(몸 궁)·躳(몸 궁)·宮(집 궁)·芎(궁궁이 궁)·窮(다할 궁)·藭(궁궁이 궁).

② 冬(겨울 동)·肜(붉을 동)·鼕(북소리 동)·農(농사 농)·儂(나 농)·宗(마루 종)·鬆(더벅머리 송)·賨(공물 종)·悰(즐길 종)·琮(옥홀 종)·潨(물들이 총)·憕(생각할 종)·淙(물소리 종)·攻(칠 공).

公、功、工、攻、刓、翁、豐、酆、灃、風、楓、馮、渢、嵩、娀、菘、崧、充、忡、珫[3]、忡、終、螽、戎、䄍、駥、狨、崇、潨、中、衷、忠、蟲、沖、冲、种、爞、翀、隆、癃、窿、融、鼉、肜、雄、熊、弓、躬、躳、宮、芎、窮、藭[4].

二. 冬、肜、鼕、農、儂、宗、鬆、賨、悰、琮、潨、憕、淙、攻.

[2] 鬷:저본에는 없음. 규장각본《王禎農書·雜錄·造活字印書法》에 근거하여 보충.
[3] 珫:저본에는 "琉". 규장각본《王禎農書·雜錄·造活字印書法》에 근거하여 수정.
[4] 藭:저본에는 "窮".《王禎農書·雜錄·造活字印書法》에 근거하여 수정.

③ 鍾(종 종)·鐘(종 종)·橦(나무이름 동)·舂(찧을 용)·
橁(칠 용)·憃(어리석을 용)·衝(찌를 충)·衝(찌를 충)·罿(새
그물 동)·憧(그리워할 동)·艟(배 동)·鱅(전어 용)·慵(게으를
용)·茸(무성할 용)·樅(전나무 종)·鏦(창 총)·從(좇을 종)·蓯
(우거질 총)·蹤(자취 종)·樅(전나무 종)·松(소나무 송)·丰(예
쁠 봉)·夆(끌 봉)·鋒(칼끝 봉)·鏠(무기 봉)·烽(봉화 봉)·逢
(만날 봉)·峯(봉우리 봉)·蠭(벌 봉)·蜂(벌 봉)·桻(나뭇가지 끝
봉)·重(무거울 중)·種(만생종 동)·龍(용 롱)·龓(개여뀌 롱)·醲
(진한 술 농)·濃(짙을 농)·穠(꽃나무 무성할 농)·襛(나무 이름
농)·容(얼굴 용)·溶(질펀히 흐를 용)·蓉(연꽃 용)·庸(보통 용)·
墉(담 용)·鎔(녹일 용)·鄘(나라 이름 용)·鏞(종 용)·封(봉할
봉)·葑(순무 봉)·逢(만날 봉)·傭(품팔이 용)·恭(공손할 공)·
共(함께 공)·供(이바지할 공)·龔(공손할 공)·胷(가슴 흉)·匈
(오랑캐 흉)·凶(흉할 흉)·洶(물살 세찰 흉)·訩(송사할 흉)·詾
(송사할 흉)·跫(발자국 소리 공)·邕(화할 옹)·雍(화한 소리 옹)·
雍(누그러질 옹)·齃(할미새 옹)·灉(강 이름 옹)·饔(아침밥 옹)·
壅(막을 옹)·顒(공경할 옹)·喁(숨 쉴 옹)·癰(악창 옹)·禺(긴 꼬
리 원숭이 우)·蛬(메뚜기 공)·玒(수고할 공)·蛩(귀뚜라미 공).

④ 江(강 강)·扛(들 강)·杠(깃대 강)·矼(징검다리 강)·釭
(등잔 강)·玒(옥 이름 강)·腔(속 빌 강)·栙(악기 이름 강)·降
(내릴 강)·悾(정성 공)·缸(항아리 항)·瓨(질장구 부)·瓨(목 긴
항아리 항)·洚(물 이름 봉)·訌(무너질 홍)·虹(무지개 홍)·邦
(나라 방)·厖(클 방)·尨(삽살개 방)·庬(클 방)·哤(난잡할 방)·
雙(쌍 쌍)·艭(배 이름 쌍)·憽(두려워할 송)·瀧(비 올 롱)·牕
(창 창)·窗(창 창)·囱(천장 창)·鏦(창 총)·橁(칠 용)·憃(어리
석을 용)·幢(기 당).

三. 鍾、鐘、橦、舂、椿、憃、
衝、衝、罿、憧、艟、鱅、慵、
茸、樅、鏦、從、蓯、蹤、樅、
松、丰、夆、鋒、鏠、烽、逢、
峯、蠭、蜂、桻、重、種、龍、
龓、醲、濃、穠、襛、容、溶、
蓉、庸、墉、鎔、鄘、鏞、封、
葑、逢、傭、恭、共、供、龔、
胷、匈、凶、洶、訩、詾、跫、
邕、雍、雍、齃、灉、饔、壅、
顒、喁、癰、禺、蛬、玒、蛩.

四. 江、扛、杠、矼、釭、玒、
腔、栙、降、悾、缸、瓨、瓨、
洚、訌、虹、邦、厖、尨、庬、
哤、雙、艭、憽、瀧、牕、窗、
囱、鏦、橁、憃[5]、幢.

⑤ 支(가를 지)·枝(가지 지)·肢(사지 지)·卮(잔 치)·梔(치자나무 치)·觝(옆에서 칠 지)·氏(땅이름 지)·榰(주춧돌 지)·搘(버틸 지)·褆(복 지)·祇(토지신 기)·祇(공경할 지)·袛(가사 기)·袛(속적삼 저)·秖(벼 처음 익을 지)·砥(숫돌 지)·跂(육발이 기)·秖(마침 지)·施(베풀 시)·葹(도꼬마리 시)·鍦(창 사)·鉈(짧은 창 사)·釃(거를 시)·廝(하인 시)·籭(체 사)·襹(깃발 모양 시)·吹(불 취)·歙(불 취)·炊(불 땔 취)·差(어긋날 차)·衰(쇠할 쇠)·匙(숟가락 시)·翄(떼지어 나는 모양 시)·垂(드리울 수)·陲(위태할 수)·倕(무거울 수)·腄(발꿈치 못 수)·兒(아이 아)·痿(저릴 위)·斯(이 사)·祈(빌 기)·澌(다할 시)·虒(뿔범 사)·禠(복 사)·雌(암컷 자)·貲(재물 자)·髭(코밑수염 자)·觜(털 뿔 자)·庇(덮을 비)·訾(헐뜯을 자)·玼(흉 자)·䶦(썩은 고기 자)·隨(따를 수)·遺(끼칠 유)·隋(수나라 수)·知(알 지)·摛(퍼질 리)·螭(교룡 리)·縭(신 꾸미개 리)·馳(달릴 치)·池(못 지)·邸(집 저)·籭(대 이름 지)·禠(복 사)·錘(저울 추)·鎚(쇠망치 추)·槌(망치 추)·搥(칠 추)·甀(항아리 추)·離(떼놓을 리)·离(산신 리)·蠡(표주박 리)·劙(가를 리)·剺(가를 리)·黎(검을 려)·麗(달라붙을 리)·褵(복 리)·纚(갓끈 리)·罹(근심 리)·籬(울타리 리)·縭(신 꾸미개 리)·醨(삼삼한 술 리)·漓(스며들 리)·璃(유리 리)·羸(여윌 리)·鈹(파종 침 피)·被(이불 피)·陂(비탈 피)·羆(큰곰 비)·碑(돌기둥 비)·卑(낮을 비)·痺(저릴 비)·裨(도울 비)·錍(도끼 비)·簞(종다래끼 비)·狹(삵 래)·釐(다스릴 리)·氂(꼬리 리)·嫠(과부 리)·犁(얼룩소 리)·狸(삵 리)·貍(삵 리)·霾(흙비 올 매)·灕(스며들 리)·鸝(꾀꼬리

五. 支、枝、肢、卮、梔、觝、氏、榰、搘、褆、祇、祇、袛、袛、秖、砥、跂、秖、施、葹、鍦、鉈、釃、廝、籭、襹、吹、歙、炊、差、衰、匙、翄、垂、陲、倕、腄、兒、痿、斯、祈、澌、虒、禠、雌、貲、髭、觜、庇、訾、玼、䶦、隨、遺、隋、知、摛、螭、縭、馳、池、邸、籭、禠、錘、鎚、槌、搥、甀、離、离、蠡、劙、剺、黎、麗、褵、纚、罹、籬、縭、醨、漓、璃⑥、羸、鈹、被、陂、羆、碑、卑、痺、裨、錍⑦、簞、狹、釐、氂、嫠、犁、狸、貍、霾、灕、鸝、驪、鴷、孋、梨、藜、犂、驚、來、倈、鈚、埤、裨、鞞、皮、疲、罷. 同上

---

⑤ 椿藑: 위 ③항에도 있음. 착오인 듯하다.
⑥ 璃: 저본에는 없음. 규장각본·《王禎農書·雜錄·造活字印書法》에 근거하여 보충.
⑦ 錍: 저본에는 "錍錍". 규장각본·《王禎農書·雜錄·造活字印書法》에 근거하여 수정.

리)·驪(가라말 려)·鸎(꾀꼬리 려)·孋(나라 이름 리)·梨(배나무
리)·藜(나라 이름 려)·犂(얼룩소 리)·黧(검을 려)·來(올 래)·倈
(올 래)·鈚(화살 비)·埤(더할 비)·裨(도울 비)·鞴(마상 북 비)·
皮(가죽 피)·疲(지칠 피)·罷(고달플 피).《왕정농서》[34]

활자를 새겨서 다듬는 법:판목 위에 글자 모양대
로 다 새겼으면 가는 톱니가 달린 작은 톱으로 각 글
자의 4면을 자른 다음 광주리 그릇 속에 담는다. 각
활자는 사람을 시켜 마름질용 작은 칼로 매끈하게
다듬도록 한다. 우선 활자의 치수에 맞는 기준틀을
세웠으면 기준틀 속에 다듬은 활자를 넣어서 크기
와 높낮이가 일정한지 확인해 본 뒤에 별도의 용기
에 따로 보관한다.《왕정농서》[35]

鎪字修字法:將刻訖板木上
字樣, 用細齒小鋸, 每字四
方鎪下, 盛於筐筥器內. 每
字令人用小裁刀修理齊整.
先立準則, 於準則內試大
小、高低一同, 然後另貯別
器. 同上

인회(印盔) 만들어 활자 채워 넣는 법:처음에 운
자를 조사하여 써 넣은 각 부분의 글자 숫자대로 목
회(木盔, 나무활판) 안에 활자를 채운 뒤, 대나무 조각
을 각각의 행마다 끼워 넣는다. 행들이 가득 차면
나무쐐기를 가볍게 박아 활자판(活字版) 운륜(韻輪)[36]
위에 배열한 다음 앞의 방식에 의거하여 5성으로 나
누고, 이를 큰 글자로 표기한다.《왕정농서》[37]

作盔嵌字法:於元寫監韻各
門字數, 嵌於木盔內, 用竹
片行行夾住. 擺滿, 用木楔
輕楔之, 排於輪上, 依前
分作五聲, 用大字標記. 同
上

활자판(活字版) 운륜(韻輪) 만드는 법:가벼운 목재

造輪法:用輕木造爲大輪,

---

34 《王禎農書》〈雜錄〉"造活字印書法", 438~439쪽.
35 《王禎農書》〈雜錄〉"造活字印書法", 439쪽.
36 활자판(活字版) 운륜(韻輪):활자를 운(韻)에 따라 분류해서 담아 놓은 탁자로, 모양은 둥글고 회전한다.
37 《王禎農書》〈雜錄〉"造活字印書法", 439쪽.

로 큰 바퀴를 만든다. 그 바퀴원반의 지름은 7척이고, 바퀴 축의 높이는 3척 정도이다. 따로 큰 나무 받침대에 구멍을 뚫은 다음 그 위에는 가로 지지대를 만들고, 가로 지지대 가운데로는 바퀴 축을 관통시키고, 지지대 아래에는 절구 모양의 구멍을 낸 뒤에, 회전하는 바퀴원반을 여기에 세운다. 여기에 둥근 대나무 격자를 펼친 다음 그 위에 활자를 담는 판면(板面)을 설치하고 각각 운자의 호수(號數)에 따라서 위아래에 차례대로 펼쳐 놓는다.

其輪盤徑可七尺, 輪軸高可三尺許. 用大木砧鑿窾, 上作橫架, 中貫輪軸, 下有鑽臼, 立轉輪盤, 以圓竹笆鋪之, 上置活字板面, 各依號數, 上下相次鋪擺.

일반적으로 바퀴를 양면에 2개 설치하는데, 1개의 바퀴에는 운자표에 따라 판면을 설치하고, 다른 1개의 바퀴에는 자주 사용되는 여러 활자가 있는 판면을 설치한다. 한 사람이 바퀴 2개의 사이에 앉아서 좌우에서 모두 바퀴를 밀어 회전시키면서 활자를 뽑아낼 수 있다. 대개 사람이 활자를 찾아가서 뽑는 일은 어렵지만 활자가 사람에게 오도록 하는 일은 쉽다. 이렇게 바퀴를 회전시키는 방법을 쓰면 힘든 노력을 들이지 않고 앉아서 일할 수 있다. 활자를 숫자대로 뽑아 낼 수 있고 또 활자판 운륜 안에 되돌려 놓을 수도 있으니, 일거양득으로 편리하다. 《왕정농서》[38]

凡置輪兩面, 一輪置監韻板面, 一輪置雜字板面. 一人中坐, 左右俱可推轉摘字. 蓋以人尋字則難, 以字就人則易. 此轉輪之法, 不勞力而坐致. 字數取訖, 又可鋪還韻內, 兩得便也. 同上

활자 뽑는 법:처음에 운자표를 필사할 때 별도로 하나를 더 써서 책을 만든 다음 호수(號數)대로 편집한다. 그리고 모든 면, 각각의 행, 각각의 글자

取字法:將元寫監韻另寫一冊, 編成字號, 每面各行各字, 俱許號數, 與輪上門

---

38 《王禎農書》〈雜錄〉"造活字印書法", 439~440쪽.

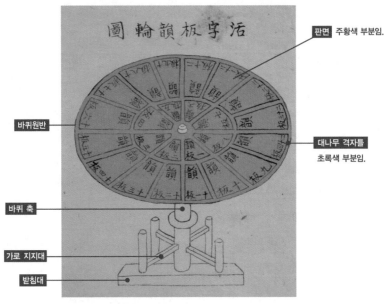

원도, 활자판(活字板) 운륜도(韻輪圖)³⁹

마다 호수를 부여하고, 바퀴 위 운자판의 각 부분과 서로 같게 한다. 한 사람이 운자 책을 들고 호수에 따라 글자에 매겨진 호수를 부르면 또 한 사람은 바퀴 위에 원래대로 펼쳐 놓은 바퀴활자판 안에서 해당되는 활자를 뽑아다가 인쇄할 책의 판회(板盔) 안에 채워 넣는다. 가령 활자의 운자 부분에 활자가 따로 없는 경우, 각자장(刻字匠)⁴⁰에게 바로 보충해 넣도록 시키면 신속하게 빠짐없이 구비할 수 있다. 《왕정농서》⁴¹

類相同. 一人執韻依號數喝字, 一人於輪上元布輪字板內, 取摘字隻, 嵌於所印書板盔內. 如有字韻內別無, 隨手令刊匠添補, 疾得完備. 同上

---

39 활자판(活字板) 운륜도(韻輪圖) : 판면, 대나무 격자틀, 바퀴원반, 바퀴 축, 가로 지지대, 받침대로 구성되어 있다.

40 각자장(刻字匠) : 책을 인쇄하기 위한 목판이나 활자를 새기는 장인.

41 《王禎農書》〈雜錄〉"造活字印書法", 440쪽.

인회(印盝)를 만들고 활자를 앉혀 인쇄하는 법:평 평하고 곧게 말린 널빤지 1개를 인쇄할 책의 겉면의 크기를 헤아려 같은 크기로 만들고, 4면에 빙 둘러 서 테두리를 만든다. 오른쪽 가장자리는 비워두었다 가 활판의 면이 채워지면 오른쪽 가장자리에 경계가 되는 테두리를 설치한 다음에 나무쐐기를 박는다. 계행(界行) 내부의 활자 모양은 각각의 활자마다 평 평하고 바르게 정리되어야 한다. 이보다 먼저 칼로 여러 가지 모양의 작은 대나무 조각을 잘라낸 뒤 별 도의 용기에 보관한다. 가령 바닥이 기울어져 있으 면 활자의 모양에 따라 적당한 대나무 조각으로 괴 어 평평해지도록[觇]【'觇(점)'의 음(音)은 '도(徒)'와 '념 (念)'의 반절이다】쐐기를 박는다.

作盝安字刷印法:用平直乾 板一片, 量書面大小, 四圍 作欄. 右邊空, 候擺滿盝 面, 右邊安置界欄, 以木楇 楇之. 界行內字樣, 須要 個個修理平正. 先用刀削 下諸樣小竹片, 以別器盛 貯. 如有低斜, 隨字形襯觇 【徒念切】楇之.

활자의 몸체가 평평하게 자리잡은 뒤에 인쇄를 한다. 또 먹물을 활자판에 바를 때 종려나무 솔로 계행을 따라서 세로로 쓸어주어야지 가로 방향으로 쓸어주면 안 된다. 인쇄하는 종이 역시 종려나무 솔 로 계행을 따라서 쓸어준다. 이것이 활자판을 안정 되게 사용하는 방법이다. 《왕정농서》[42]

至字體平穩, 然後刷印之. 又以櫚刷順界行監直刷之, 不可橫刷. 印紙亦用櫚刷 順界行刷之. 此用活字板 之定法也. 同上

5) 취진판(聚珍版)[43]의 격식

취진판의 격식.【[안] 청나라 건륭(乾隆) 연간(1736~ 1795)에 《사고전서(四庫全書)》[44]를 편찬할 때, 동무영

聚珍版式

聚珍版程式 【案】淸乾隆年 間, 編《四庫全書》, 董武

---

42 위와 같은 곳.

43 취진판(聚珍版):중국 청나라에서 1773년(청 고종 38)에 《사고전서(四庫全書)》간행을 위해 대추나무로 만 든 목활자본.

44 사고전서(四庫全書):중국 청나라 고종이 황명으로 간행한 총서. 경(經)·사(史)·자(子)·집(集) 4가지 분류 에 따라 3,503종의 서적 전문이 수록되어 있다.

전사(董武英殿事)[45] 김간(金簡)[46]이 목활자를 만들자고 건의하고 여러 종류의 책을 인쇄했다. 그 방법은 다른 활판(活版)과 비교해서 매우 간단했기 때문에 '취진(聚珍)'이라는 이름을 하사했다.】그 항목은 15가지이다.

英殿事金簡奏造木刻活字, 擺印諸種. 其法較他活版, 頗爲簡易, 賜名"聚珍".】, 其目有十五.

① 활자목[木子][47] 만드는 법

대추나무【안 황양목(黃楊木)[48]이 더욱 좋다. 우리나라의 활자는 이 나무를 많이 쓴다.】를 두께 0.4촌 정도의 판자로 켜고 세로로 네모난 조각을 만드는데, 너비는 1촌 정도로 한다. 먼저 선반에 이 조각들을 포개어 넣고 햇볕에 양면을 말린 다음, 대패로 정확히 평평하게 다듬어 말끔해지도록 하는데, 두께 0.28촌을 기준으로 한다. 그런 다음 가로로 잘라서 활자목[木子]을 만든다. 활자목 각각의 너비는 약 0.4촌이다.

一曰成造木子[8]法.
用棗木【案 黃楊木尤勝. 我東活字多用此木.】解板厚四分許, 豎裁作方條, 寬一寸許. 先架疊晾[9]乾兩面, 用鑢取平以淨, 厚二分八釐爲準, 然後橫截成木子, 每個約寬四分.

---

45 동무영전사(董武英殿事) : 무영전(武英殿)의 일을 감독하는 직책. 무영전은 중국 자금성(紫禁城) 안 서쪽에 있는 건물로, 그곳에는 활자의 제조, 서적의 교정과 인쇄 등을 담당하던 관청인 한림원(翰林院)·내무부(內務府) 등이 있었다.

46 김간(金簡) : ?~1794. 중국 청나라의 문신. 자는 가정(可亭). 병자호란(丙子胡亂) 때 중국에 끌려간 조선 사람의 후손이며, 할아버지 김상명(金尙明)은 각로(閣老)·대신(大臣)을 지냈고, 아버지는 청나라 이부상서(吏部尙書)를 지낸 김삼보(金三保)이다. 김상명과 김간은 조선의 대청교섭에 큰 역할을 했다. 김간은 1773년 사고전서관의 부총재를 담당했다. 그 후 무영전(武英殿)의 교각사(校刻事)를 실질적으로 담당하면서 목활자 인쇄기술을 개량시켰다. 이에 관한 저술이 《무영전취진판정식(武英殿聚珍版程式)》이고, 그 결과가 《무영전취진판총서(武英殿聚珍版叢書)》134종의 간행이다. 그리고 《사고전서회요(四庫全書薈要)》의 편찬에 참여했고 《요금원삼사어해(遼金元三史語解)》를 저술했다. 사고전서에 대한 공적으로 1785년 2급(二級)이 가서(加敍)되었다.

47 활자목[木子] : 원문 "목자(木子)"를 번역한 용어로, 글자를 새기기 전을 가리킬 때는 '활자목'으로, 글자를 새긴 뒤를 가리킬 때는 '활자'로 각각 번역했다.

48 황양목(黃楊木) : 회양목(淮陽木)의 이칭으로, 쌍떡잎식물 무환자나무목 회양목과의 상록 관목.

8 子 : 저본에는 "字". 《欽定武英殿聚珍版程式·程式》에 근거하여 수정.

9 晾 : 저본에는 "曉". 일반적인 용법에 근거하여 수정.

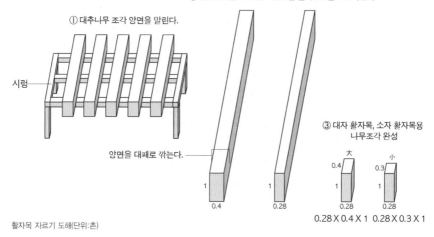

② 길이 0.4촌으로 자른다. 또는 길이 0.3촌으로 자른다.

① 대추나무 조각 양면을 말린다.

시렁

양면을 대패로 깎는다.

③ 대자 활자목, 소자 활자목용
나무조각 완성

大 0.4

小 0.3

1

1

0.28

0.28

0.28 X 0.4 X 1 0.28 X 0.3 X 1

활자목 자르기 도해(단위:촌)

단단한 나무 1토막을, 길이 14촌, 너비 1.8촌짜리로 미리 준비한다. 토막 안에 긴 홈 1개를 파내되, 그 안쪽은 너비 1촌, 깊이 0.3촌으로 파고 바닥과 벽은 평평하고 곧게 하며, 바깥 벽은 철 테를 두른다. 입구 아래 머리 쪽 양 벽에는 1촌 정도로 구멍을 파낸다. 활자목 수십 개를 홈 안에 뉘어서 배열하고 구멍 속으로 쐐기빗장을 밀어 넣어서 단단히 고정한 뒤, 대패로 치수에 맞게 평평하게 다듬는데, 치수는 홈 입구를 기준으로 한다. 이 홈의 깊이가 0.3촌이면 활자목 또한 너비가 정확히 0.3촌이다.

너비와 두께의 수치를 맞추었으면 다시 나무 홈 1개를 이전 방법과 같이 가운데를 파낸다. 이 홈의 너비는 다만 0.3촌이지만 깊이는 0.7촌으로 하며, 활자목을 홈 안에 세워서 배열하고 대패로 다듬어 홈 입구와 평평하도록 하면 홈의 깊이와 똑같은 길이의 활자목을 얻는다.

豫以硬木一塊, 長一尺四寸, 寬一寸八分, 中挖槽一條, 內寬一寸, 深三分, 底牆欲平直, 外牆以鐵鑲. 口下首兩牆挖空寸許. 將木子數十個, 仄排槽內, 用活閂擠緊鑢之, 以平槽口爲度. 是槽深三分, 則木子亦淨寬三分.

寬、厚分數旣得, 再用木槽一個, 其法如前, 中挖之. 槽只寬三分, 而深用七分, 將木子豎排于槽內, 鑢之平槽口, 則得直長之數.

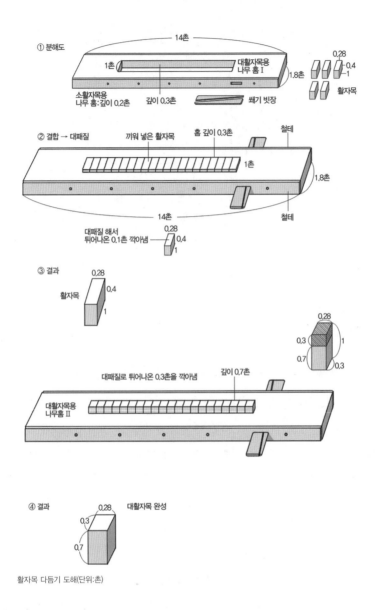

① 분해도

14촌

1촌

대활자목용
나무 홈 I

소활자목용
나무 홈:깊이 0.2촌

깊이 0.3촌

쐐기 빗장

0.28

0.4
1

1.8촌

활자목

② 결합 → 대패질

끼워 넣은 활자목

홈 깊이 0.3촌

철테

1촌

1.8촌

14촌

철테

대패질 해서
튀어나온 0.1촌 깍아냄

0.28

0.4
1

③ 결과

활자목

0.28

0.4

1

0.28

0.3

0.7

1

0.3

대패질로 튀어나온 0.3촌을 깍아냄

깊이 0.7촌

대활자목용
나무홈 II

④ 결과

대활자목 완성

0.28

0.3

0.7

활자목 다듬기 도해(단위:촌)

일반적으로 대활자목은 각각 두께 0.28촌, 너비 0.3촌, 길이 0.7촌이다. 소활자목의 두께와 길이의 수치는 모두 대활자목과 서로 같으며, 단지 너비만 0.2촌이다. 【안 대활자목은 대자(大字, 큰 글자)를 새

凡大木子, 每個厚二分八釐, 寬三分, 直長七分. 其小木子厚、長分數, 皆與大木子相同, 而寬只二分.

길 활자본이고 소활자목은 소자(小字, 작은 글자)를 새
길 활자본이다.】

앞의 홈 깊이가 0.3촌인 홈과는 별도로 깊이 0.2
촌인 나무 홈 1개를 만든 뒤 활자목을 뉘어서 배열
하고 대패로 다듬으면 너비 0.2촌인 소활자목을 얻
는다. 다만 대패를 사용할 때는 반드시 가벼우면서도
빠르게 대패질을 해야 한다. 너무 깊게 밀착시키면 대
팻날이 홈 입구를 손상시킬 염려가 있기 때문이다.

대패로 다듬기를 마친 뒤, 구리로 만들어졌고 네
모난 대·소 활자목 측정기[銅漏字] 2개를 쓰는데 이

【案】大木子卽大字刻本, 小
木子卽小字刻本[10].】

將前槽深三分者, 另製深
二分木槽一個, 仄排鑢之
卽得. 但用鑢必須輕捷.
若沈著太過, 恐鑢齒致損
槽口.

仍于鑢完後, 用銅製大、小
方漏子二個, 中空分數與

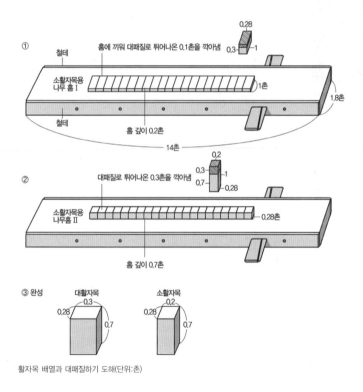

활자목 배열과 대패질하기 도해(단위:촌)

---

[10] 本 : 저본에는 "木". 규장각본·《欽定武英殿聚珍版程式·程式》에 근거하여 수정.

측정기의 가운데 구멍 치수가 대·소 활자목과 일치한다. 이 측정기에 활자목을 하나하나 통과시키면 활자목의 규격이 맞지 않는 문제가 저절로 없어질 것이다.

大、小木子相符, 將木子逐個漏過, 自無不準之弊矣.

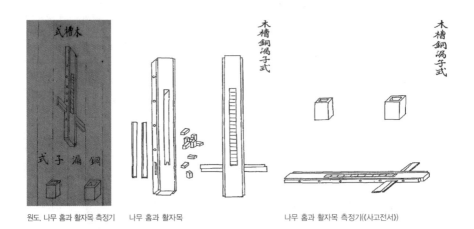

원도. 나무 홈과 활자목 측정기   나무 홈과 활자목   나무 홈과 활자목 측정기(《사고전서》)

② 글자 새기기

글자를 새기기 위해서는 활자목 크기에 맞도록 송(宋)나라 글자를 쓴 다음 글자마다 자르고 뒤집어 활자목 윗면에 붙인다. 나무상 1개를 쓰되, 높이 1촌, 길이 5촌, 너비 4촌으로 한다. 그 가운데에 긴 홈 5개를 파내되, 너비 0.3촌, 깊이 0.6촌으로 한다. 홈 1개마다 활자목 10개가 들어갈 수 있다. 나무상 위아래에 쐐기빗장을 이용해서 활자목을 단단히 고정하면 글자 새기는 반듯한 판(版)과 똑같다.

二曰刻字.

應刊之字, 照格寫準宋字後, 逐字裁開覆貼于木子之上面. 用木牀一個, 高一寸, 長五寸, 寬四寸, 中挖槽五條, 寬三分, 深六分. 每槽可容木子十個. 上下用活閂塞緊, 卽與鑴刻整版無異.

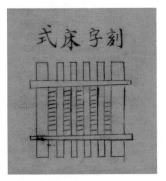
원도. 각자상식

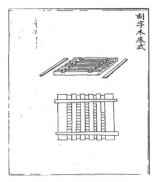
글자 새기기에 쓰는 나무상(《사고전서》)

① 활자목 크기에 맞도록 글자를 쓴다.

② 글씨 쓴 종이를 잘라 활자목에 뒤집어 붙인다.

글자 새기기 도해

③ 고정시키고 글자를 새긴다.

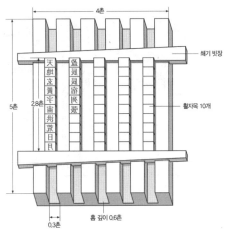

③ 활자서랍장[字櫃]

《강희자전(康熙字典)》[49]의 체재를 따라 12지(支)의 이름을 나누고 이를 배당해서 붙인 나무서랍장 12

三曰字櫃.

按照《康熙字典》, 分十二支名, 排列十二木櫃. 高五

49　강희자전(康熙字典): 중국 청나라 성조(聖祖) 때 황명에 의해 편찬된 한자사전. 《설문해자》·《정자통》·《홍무정운》 등을 참조하여 만들었다. 정자(正字) 47,035자와 옛 글자 1,995자를 합하여 모두 49,030자의 표제자를 수록했다.

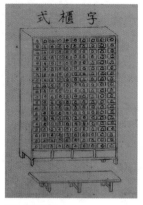

원도. 활자서랍장

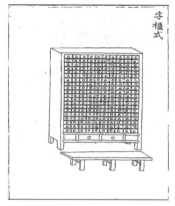

활자서랍장(《사고전서》)

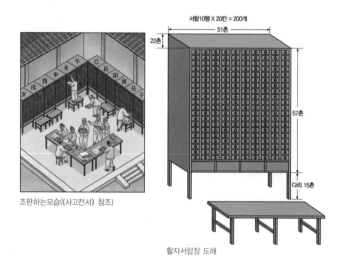

조판하는모습(《사고전서》 참조)

활자서랍장 도해

개를 배열한다.[50] 서랍장의 높이는 57촌, 너비는 51촌, 깊이는 22촌, 다리의 높이는 15촌이다.

활자서랍장마다 아랫부분에 나무 발판 1개를 쓰

尺七寸, 寬五尺一寸. 進深
二尺二寸, 足高一尺五寸.

每櫃下用木橙[11]一條, 高

---

50 강희자전(康熙字典)……배열한다:《강희자전》은 크게 12부분(12지)으로 나뉘어졌으며 각각에 배열된 한자의 부수(部首)는 다음과 같다. 자집(子集)은 一~又, 축집(丑集)은 口~女, 인집(寅集)은 子~彳, 묘집(卯集)은 心~无, 진집(辰集)은 日~气, 사집(巳集)은 水~疋, 오집(午集)은 玄~立, 미집(未集)은 竹~色, 신집(申集)은 艸~襾, 유집(酉集)은 見~里, 술집(戌集)은 金~香, 해집(亥集)은 馬~龥.

되, 높이는 궤의 다리와 같게 하여 밟고 올라가 글자를 가져오는 데 편하게 한다.

활자서랍장마다 서랍 200개를 만들고, 서랍마다 크고 작은 칸 8개로 나눈다. 각각의 칸마다 크고 작은 자모(字母)[51]를 각각 4개씩 넣고, 해당 활자의 부수(部首)[52]·글자·획수(劃數)[53]를 각 서랍 앞면에 써 붙인다.

활자를 가져올 때는 먼저 해당 활자의 편방(偏傍)[54]이 어느 부수에 있는지 살피면 그 활자가 어느 서랍장에 있는지 알 수 있고, 다시 획수를 조사하면 그중 어느 서랍에 있는지 알 수 있다. 법대로 익숙해지도록 익히면 손을 댈 때마다 착오가 없을 것이다.

개중에 벽자(僻字, 흔히 쓰지 않는 글자)가 있는데, 쓰임이 많지 않아 비축한 활자의 수도 적다. 그러므로 각각의 활자서랍장 위에 세워 놓은 별도의 작은 서랍장 안에 모아 놓으면 저절로 일목요연해질 수 있다.

④ 조판(槽版, 활판)

오래 묵힌 녹나무로 네모난 쟁반을 만든다. 바깥쪽 치수는 너비 9.5촌, 길이 7.7촌, 높이 1.6촌으로

與櫃足相齊, 以便登踏取字.

每櫃做抽屜二百個, 每屜分大小八格. 每格貯大小字母各四, 俱標寫某[12]部、某字及畫數于各屜之面.

取字時, 先按偏傍應在何部, 則知貯于何櫃, 再查畫數, 則知在于何屜. 如法熟習, 擧手不爽.

間有隱僻之字, 所用不多而備數亦少, 仍按集另立小櫃置于各櫃之上, 自能一目了然.

四曰槽版.

用陳楠木做[13]方盤. 外口面寬九寸五分, 徑長七寸七

---

51 자모(字母): 중국어 음절의 앞부분을 나타내는 대표자. 우리말의 초성에 해당한다.
52 부수(部首): 한자사전에서 글자를 찾을 때 공통적으로 포함되는 글자. 鑑·錦·鋪·錄의 부수는 金이다.
53 획수(劃數): 글자를 구성하는 획의 숫자. 붓으로 쓰는 것을 기준으로 하기 때문에 乙과 같이 여러 획으로 구성된 것처럼 보이나 실제로는 1획인 경우도 있다.
54 편방(偏傍): 한자(漢字)를 구성하는 부분의 명칭으로, 옛날에는 왼쪽을 편(偏), 오른쪽을 방(傍)이라 했으나 요즘은 보통 좌우상하 어느 한 부분을 편방이라 한다.
[11] 櫃 : 저본에는 "欖". 《欽定武英殿聚珍版程式·程式》에 근거하여 수정.
[12] 某 : 저본에는 "其". 규장각본·《欽定武英殿聚珍版程式·程式》에 근거하여 수정.
[13] 做 : 저본에는 "倣". 《欽定武英殿聚珍版程式·程式》에 근거하여 수정.

원도. 조판(활판)

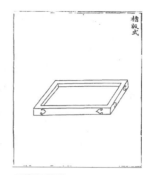
조판(《사고전서》)

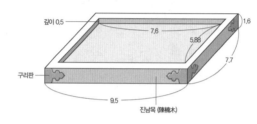

깊이 0.5　7.6　5.88　1.6

구리판　7.7

9.5　진남목 (陳楠木)

조판(활판) 도해(단위:촌)

하며, 안쪽 면은 너비 7.6촌, 길이 5.88촌, 깊이 0.5
촌으로 한다. 사방 주위는 구리로 모서리를 감싸서
견고하게 한다.

⑤ 협조(夾條, 활자 사이의 빈 틈에 끼우는 나무 조각)

녹나무나 소나무로 긴 나무 조각을 만든다.

두께 0.1촌짜리 통으로 된 협조(夾條) : 너비 0.5촌,
길이 5.88촌, 두께 0.1촌이다. 일반적으로 책 안에
대자(大字, 큰 글자)를 나란히 배열할 경우, 나란히 배
열하는 대자를 고정할 때 곧 이 협조를 써서 투격(套
格, 책판 내부의 형식)에 끼워 넣는다. 이때 투격의 각 행

分, 高一寸六分, 裏口面寬
七寸六分, 徑長五寸八分八
釐, 深五分, 四圍用銅包角
以期堅固.

五曰夾條.

用楠木或松木, 做成條片.

一分通長夾條 : 寬五分, 長
五寸八分八釐, 厚一分. 凡
書內整行大字, 靠整行大
字, 卽用此夾擺按套格. 每
行額寬四分, 而大字木子只

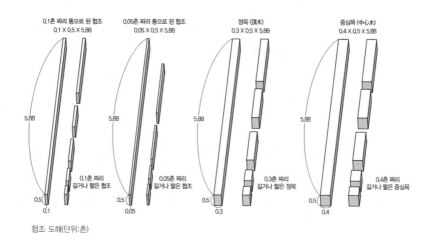

0.1촌 짜리 통으로 된 협조
0.1 X 0.5 X 5.88

0.05촌 짜리 통으로 된 협조
0.05 X 0.5 X 5.88

정목 (頂木)
0.3 X 0.5 X 5.88

중심목 (中心木)
0.4 X 0.5 X 5.88

5.88

5.88

5.88

5.88

0.1촌 짜리
길거나 짧은 협조

0.05촌 짜리
길거나 짧은 협조

0.3촌 짜리
길거나 짧은 정목

0.4촌 짜리
길거나 짧은 중심목

0.5   0.1

0.5   0.05

0.3

0.5   0.4

협조 도해(단위:촌)

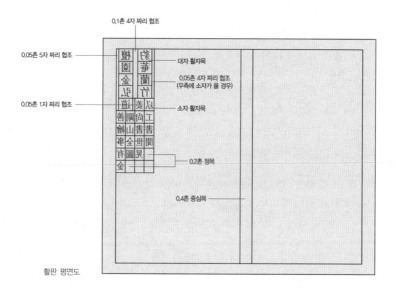

0.1촌 4자 짜리 협조

0.05촌 5자 짜리 협조

대자 활자목

0.05촌 4자 짜리 협조
(우측에 소자가 올 경우)

0.05촌 1자 짜리 협조

소자 활자목

0.2촌 정목

0.4촌 중심목

활판 평면도

의 너비는 0.4촌이다. 대자 활자목은 단지 너비 0.3촌이라서 이것이 행의 가운데에 있으면 각 행의 양쪽 빈 공간은 0.05촌이다. 따라서 2행을 계산하면 합한 공간이 0.1촌이다. 그러므로 0.1촌짜리 협조라야 격선(格線, 책의 행을 나누는 줄)으로 부합할 수 있다.

寬三分, 以之居中, 則每行之兩傍各空半分, 二行計之, 則合空一分. 故用一分夾條, 方能恰合格線也.

두께 0.05촌짜리 통으로 된 협조(夾條):너비와 길이는 전과 같이 0.5촌과 5.88촌이고, 두께는 0.05촌이다. 일반적으로 소자(小字, 작은 글자)를 나란히 배열할 경우, 소자 옆에 나란히 배열하는 대자(大字)를 고정할 때 이 협조를 사용한다. 대개 소자 활자목은 각각 너비가 0.2촌이라서 이들을 2줄로 배치하면 너비 0.4촌으로, 그 길이가 투격 1행의 너비 0.4촌에 딱 맞는다. 그러면 소자로만 채워진 본행은 원래 협조를 쓸 필요가 없다. 다만 소자로만 채운 행의 옆 행에 대자(大字)를 고정시키면, 대자의 너비가 0.3촌이므로 대자가 배열된 행의 왼쪽이나 오른쪽에 0.05촌의 공간이 생긴다. 그러므로 0.05촌 협조(夾條)를 사용하는 것이다.

두께 0.1촌짜리 길거나 짧은 협조:두께 0.1촌이며, 길이는 활자 1개 길이부터 활자 20개 길이까지 있다. 일반적으로 2줄인 소자 아래에 대자가 오면서 옆의 행은 대자와 이웃하는 경우에 글자의 수를 살펴서 그 길이에 맞게 길거나 짧은 협조를 적절히 골라서 사용한다.

두께 0.05촌 길거나 짧은 협조:두께 0.05촌이며, 위와 마찬가지로 활자 1개 길이부터 활자 20개 길이까지 있다. 일반적으로 대자 아래에 2줄인 소자가 오면서 옆의 행은 대자와 이웃하는 경우 이 협조를 사용한다. 그 길이 또한 글자의 크기에 맞게 적절히 골라서 사용한다.

만약 옆 행이 모두 소자와 이웃하고 있다면 협조를

半分通長夾條:寬、長如前, 厚半分. 凡整行小字, 靠整行大字者用此. 蓋小字木子, 每個寬二分, 雙行排擺, 則寬四分, 尺寸與套格相符. 本行原無庸夾條, 但傍邊若靠大字, 則仍有半分之空處. 故用半分夾條也.

一分長短夾條:厚一分, 長自一字起至二十字止. 凡雙行小字下遇大字而傍行亦係大字者, 視字之多寡, 長短揀用也.

半分長短夾條:厚五釐, 亦自一字起至二十字止[14]. 凡大字下遇雙行小字而傍行係大字者, 用此. 其長短亦隨字揀用.

若傍邊均係小字, 則全不用

---

[14] 止:저본에는 "正". 규장각본·《欽定武英殿聚珍版程式·程式》에 근거하여 수정.

전혀 사용하지 않아도 자연스럽게 투격에 맞게 된다.

夾條, 自然合格也.

⑥ 정목(頂木)

六曰頂木.

일반적으로 책에는 글자가 없는 빈 공간이 있으니, 이런 곳에는 반드시 딱 맞게 나무를 채워 넣어야 활자들이 움직이지 않는다. 이를 정목(頂木)이라한다. 정목은 소나무로 네모난 조각을 만들고, 높이는 0.5촌이다. 대자(大字) 대신 사용하는 정목은 표면의 너비가 0.3촌이고, 소자(小字) 대신 사용하는 정목은 표면의 너비가 0.2촌이다. 길이는 모두 활자 1개 길이부터 활자 20개 길이까지 있다. 그 글자가 없는 곳의 길이를 헤아려 그곳에 딱 맞는 정목을 고른 다음 글자가 없는 빈 행이 있는 곳에 끼워 넣는다.

凡書有無字空行之處, 必需嵌定, 方不移動, 是謂頂木. 用松木做成方條, 高五分, 用于大字者面寬三分, 小字者面寬二分, 俱自一字起至二十字止. 量其空字處長短, 揀合尺寸, 嵌于無字空行處.

⑦ 중심목(中心木)

七曰中心木.

일반적으로 책을 조판하다가 9행째에 이르면 중심목 1조각을 놓으며, 또한 소나무를 쓴다. 높이는

凡擺書至九行, 卽放中心木一條, 亦用松木. 高五分,

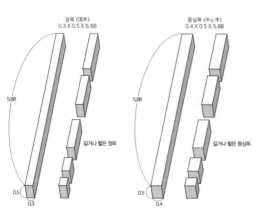

정목 (頂木)
0.3 X 0.5 X 5.88

중심목 (中心木)
0.4 X 0.5 X 5.88

5.88

5.88

길거나 짧은 정목

길거나 짧은 중심목

0.5

0.5

0.3

0.4

정목과 중심목 도해(단위:촌)

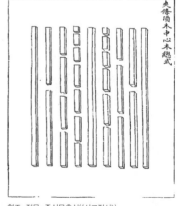

夾條頂木中心木總式

협조·정목·중심목총식(《사고전서》)

0.5촌, 길이 5.88촌, 너비 0.4촌이다. 이는 투격(套格)의 판심(版心)[55]에 해당하는 곳이다.

長五寸八分八釐, 寬四分. 此卽套格之版心處也

⑧ 활자쟁반[類盤]

소나무로 쟁반을 만드는데, 너비 14촌, 길이 8촌, 깊이 0.5촌이다. 안에 나무격자 수십 개를 만들며, 격자의 너비는 0.4촌 정도이다. 일반적으로 활자를 꺼내거나 돌려놓을 때 그때마다 수시로 활자

八曰類盤.

用松木做托盤, 寬一尺四寸, 長八寸, 深五分, 內嵌木檔數十根, 檔寬四分許. 凡取字歸字, 隨時安放木

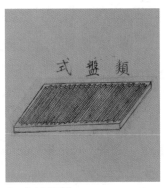

원도. 활자쟁반[類盤]

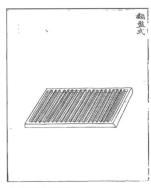

활자쟁반(《사고전서》)

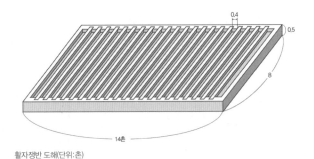

활자쟁반 도해(단위:촌)

---

55 판심(版心):투격의 중심 부분으로, 페이지가 접히는 부분.

목을 활자쟁반에 놓으면 활자가 뒤죽박죽 섞이는 일이 없을 것이다.

子, 庶不致倒亂.

⑨ 투격(套格)

배나무판을 쓴다. 각각의 투격마다 면의 너비는 7.7촌, 길이 5.98촌이고, 조판(槽版, 책을 찍어내는 목판) 안쪽 입구에 둘레로 획을 그어 너비 0.05촌이 되도록 테두리를 한다. 현재 서적의 양식을 살펴보면 매 폭마다 18행의 격선(格線)을 새겼고 각각의 행은 너비 0.4촌이다. 판심도 너비 0.4촌이며 바로 서명·권수(卷數)·항수(頁數, 면수)와 교정한 사람의 이름을 표시하는 곳이다. 판심의 내용은 먼저 별도의 행에 조판해두었다가 필요할 때 판심에 넣는다.

九日套格.

用梨木版, 每塊面寬七寸七分, 長五寸九分八釐, 與槽版裏口畫一周圍, 放寬半分爲邊. 按現行書籍式樣, 每幅刻十八行格線, 每行寬四分. 版心亦寬四分, 卽將應擺之書名、卷數、頁數暨校對姓名, 先另行刊, 就臨時酌嵌版心.

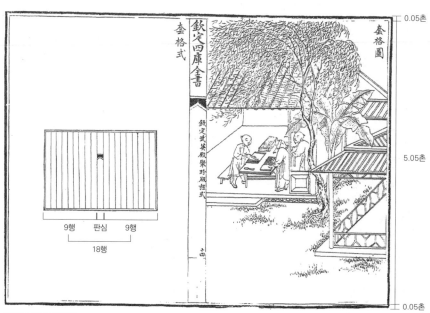

투격식 도해(《사고전서》)

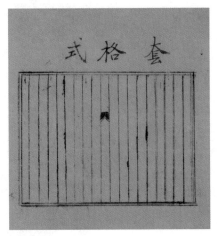

원도. 투격(套格)

조판하는 모습(《사고전서》)

⑩ 조판(組版)

책의 내용을 대강 파악할 수 있고 글자체를 확실히 잘 아는 사람들에게 모두 원고를 분배한 뒤, 곧 원문을 통계 내어 문장 안에 어떤 글자가 몇 개씩 쓰였는지 확인한다. 각각 글자의 종류별로 모아서 별도로 목록 1개를 작성한다. 그리고 목록을 살펴가며 각각의 활자를 모두 꺼내어 활자쟁반 안에 모아놓는다. 그런 다음 원고와 비교하면서 문장의 순서대로 협조와 정목을 배합해가면서 조판 안에 활자들을 배열한다.

필요할 때마다 네모난 작은 쪽지에 서명·권수·항수를 적고 활판의 바깥 변에 붙여서 조사와 기록을 편하게 한다. 일반적으로 대자(大字)를 쓴 책은 1명마다 하루에 2판(版)을 짤 수 있고, 소자(小字)를 쓴 책은 1판만 얻을 수 있다.

十日擺書.

俱用纛通文義明白字體之人分稿後, 卽將原文統計, 文內某字用若干個, 各以類聚, 另謄一單. 按單取完各字, 聚⑮于類盤之內. 然後照稿, 順其文義, 配合夾條、頂木, 排擺于槽版之內.

隨用小方籤寫某書、某卷、某頁, 貼于槽版之外邊以便查記. 凡遇大字書, 每人一日可擺二版, 小字書只可得一版之數.

간혹 어떤 글자는 다른 어떤 글자와 동자 관계인데, 현재 활자서랍장 안에는 중복된 글자를 없애고 1개만 골라두기도 하고, 아니면 혹은 원고의 글자체와 활자서랍장 안에 있는 활자의 글자체가 다르지만 실제로 같은 글자인 경우, 모두 그 글자의 같고 다름을 잘 살피고, 정자(正字)와 속자(俗字)⁵⁶를 판별하지 않을 수 없다. 부수를 정확히 모르는 경우나 검사할 글자를 쉽게 판별하지 못하는 경우도 자전(字典)에 부록으로 실려 있는 여러 가지 검자 방법을 모두 습득하면 저절로 대략의 사항들을 알 수 있다.

間有某字卽同某字, 今字櫃中襪其重複酌存其一, 抑或原稿內寫法與字櫃中寫法不同, 而實卽一字者, 俱不可不審其同異, 而辨其正、俗之體也. 至于有不歸傍偏而未易檢查之字, 在字典中補遺檢字諸法, 皆備習之, 則自得崖略.

⑪ 점판(墊版, 활자의 공백 메우기)

활자가 비록 규격에 딱 맞아도 인쇄를 하고 난 뒤 습도가 일정하지 않으면 나무의 성질로 인해 결국 늘어나거나 줄어든다. 그러므로 조판(組版)을 마친 다음 평평하지 않은 곳을 살펴서 높이가 낮아진 활자를 빼내고 그 밑에 종이를 접어서 공백을 조금 메우면 곧 반듯하게 할 수 있다.

十一曰墊版.

木子雖按式製準, 然經刷印之後乾濕不均, 則木性究有伸縮. 故擺書完後, 視其不平之處, 將低字抽出, 用紙摺條微墊, 卽能平整.

⑫ 교정(校正)

각 활판마다 활자의 공백을 메워서 평평하게 받친 다음 바로 초본(草本) 1장을 인쇄해서 교열한다. 혹시 활자가 다른 곳에 있어 착오가 생긴 부분은 즉시 빼내서 바꾸고, 다시 수정본을 인쇄해서 재교(再

十二曰校對.

每版墊平之後, 卽印草樣一張校閱. 或有移改以及錯字, 卽時抽換, 再刷淸樣覆校, 妥卽可刷印. 其換出

---

56 속자(俗字): 정자는 아니지만 민간에서 두루 쓰이는 글자.
15 聚:《欽定武英殿聚珍版程式·程式》에는 "置".

校)한 뒤 원고와 일치하면 인쇄할 수 있다. 바꾸어
빼낸 활자는 바로 활자서랍장 안에 넣어 둔다.

之字, 仍卽貯于木櫃內.

③ 인쇄

활판마다 교정을 마친 뒤, 미리 새겨 놓은 투격
판(套格版)으로 먼저 격지(格紙, 투격이 인쇄된 종이)를 인
쇄한다. 만약 어떤 책을 몇 부 인쇄해야 한다면 활
판마다 격지 몇 장을 미리 인쇄해놓고, 조판을 마
친 활판마다 활판에 해당하는 쪽지와 격지의 권수·
항수가 서로 부합하는지 재검토한다. 이어서 격지를
활판에 덮어 인쇄하면 책을 만들 수 있다.

만약 습하고 더운 날씨를 만나 책을 인쇄할 때 활
자에 먹물이 스며들고 인쇄지에 글자가 조금 번지면
곧 진행하던 작업을 대략 멈추고, 활판에 바람과 햇
볕을 쐬어 활자와 협조 조각을 잘 말린 뒤 다시 인쇄
한다.

격지를 활판에 덮어 인쇄하는 법은 원래 일반적
인 인쇄방법이다. 그러나 이 방법을 그림 인쇄에 사
용할 경우 별도의 색판(色板)과 가선판이 잘 짝지어
져 맞아야 한다.

지금 부분마다 이렇게 할 경우 그중에 먹선이 일정
하지 않은 곳은 서툴게 작업을 했기 때문이니, 또한
솜씨가 뛰어난 사람에게 작업을 시키는 것이 좋다.

【안】 이 방법을 상세히 밝힌다. 먼저 투격판 위에
인쇄할 종이를 덮어 둥그렇게 문지르고, 인쇄한 격

十三曰刷印.

逐版校竣之後, 卽將前刻
套格版, 先行刷印格紙. 如
某書應刷若干部, 則每塊
豫刷格紙若干張, 隨將所
擺之槽版, 査對方籤與格
紙卷·頁相符, 用以套刷卽
可成書.

如遇溽暑天氣, 刷書時木
子滲墨微漲, 卽略爲停手,
將版盤風晾[16]片刻, 再爲
刷印.

至套刷本係常法. 然用之
于畫圖, 套色·套邊偶爲之
耳.

今逐部逐篇用此, 其中墨
氣條線均不得, 草率從事,
亦宜令藝精者爲之.

【案】詳此法, 先用套格刷印
旋以印出之紙, 更印槽板

---

[16] 晾 : 저본에는 "曉". 일반적인 용법에 근거하여 수정.

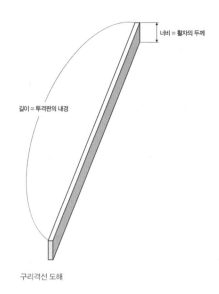

너비 = 활자의 두께

길이 = 투격판의 내경

구리격선 도해

지를 다시 활판에 덮어서 1폭을 인쇄하면 다시 인쇄
하는 번거로움과 공력이 든다. 또한 활판을 다시 인
쇄할 때 혹시라도 실수로 격지를 비뚤게 덮고 인쇄
하면 선과 행이 어긋나서 먹자국이 겹치며 어둡게
나오므로 이런 인쇄본은 사용할 수 없다.

一幅, 再印煩費工力, 且方
其更印槽版之時, 一或失
手覆紙歪斜, 則線行交錯,
煤痕疊暗, 便不可用矣.

우리나라의 생생자(生生字)[57] 인쇄법은 활판을 사
용하지 않고 바로 투격판에 활자를 배열하기 때문
에 가장 간편하고 빠르다. 그 방법은 시무나무[58]로
작은 상자[櫃]를 만들고, 그 윗면 사방 주위에 가는
황양목 조각을 아교로 붙여 변(邊)을 만든다. 변의
너비는 0.05촌이고, 깊이는 활자의 두께를 살펴서

我國生生字法不用槽版, 直
就套格擺字, 最爲簡捷. 其
法用樞木作小櫃, 上面四
圍膠付黃楊木細條作邊.
邊寬半分, 深視活字之厚.

---

57 생생자(生生字) : 1792년(정조 16) 규장각에서 정조의 명을 받아 만든 목활자. 중국 청나라의 사고전서취진
    판(四庫全書聚珍版)식을 본떠 강희자전자(康熙字典字)를 자본(字本)으로 황양목(黃楊木)을 사용해서 만
    들었다.
58 시무나무 : 느릅나무과에 속하는 나무로, 가지에 길고 커다란 가시가 있는 것이 특징이다. 뿌리껍질을 유근
    피(楡根皮)라 하여 약재로도 쓴다.

정한다.

구리를 두드려 종이처럼 얇은 격선(格線)을 만든다. 그 길이는 투격판의 내경과 일치하고, 너비는 활자의 두께와 일치한다. 활자 1행을 배열할 때마다 바로 구리격선 1가닥을 옆에 뉘어 밀착시키고 다음 행의 활자들을 차례대로 배열한다.

1판에 20행을 만들면 구리격선 20가닥을 사용하고, 1판에 18행을 만들면 구리격선 18가닥을 사용한다. 글자 없는 빈 행이 있으면 빈 활자목[空木子]을 채워 고정한다. 빈 활자목의 규격은 너비와 길이를 활자와 같게 하고, 두께는 활자의 2/3로 줄인다. 원고에 글자 1개가 비면 투격판에 활자목 1개로 채우고, 글자 2개가 비면 활자목 2개로 채운다. 또 빈 글자가 10개나 20개가 되더라도 원래의 책을 살펴 연속해서 빈 활자목을 채우면 별도로 글자 수에 맞는 길이의 정목(頂木)을 선택하는 수고가 필요 없다.

활자서랍장 아래에 서랍을 설치할 때 구리격선이나 빈 활자목 등을 보관해두면 여러 취진판의 방법과 비교하여 매우 간편한데다 쉬우며, 취진판의 방법에서 사용하는 활판·협조·정목 등 여러 물건은 모두 굳이 쓰지 않아도 된다.】

⑭ 귀류(歸類, 활자 돌려놓기)

각 활판의 인쇄를 마친 뒤마다 활판 안의 활자를 모두 뽑아서 각각의 부수를 살펴 나누고 검사한 다음 활자쟁반[類盤] 안에 놓는다. 그런 다음에 활자서랍장으로 가서 원래의 서랍에 돌려놓는다.

打銅作線, 其薄如紙. 其長與上下邊裏口相齊, 其寬與活字之厚相齊. 每擺字一行, 卽以銅線一條仄排靠襯, 次次挨排.

若一版作二十行, 則用銅線二十條；一版作十八行, 則用銅線十八條. 遇無字空行處, 用空木子嵌定. 空木子⑰之制, 寬、長一同活字, 厚減活字三分之二. 空一字則嵌一木子, 空二字則嵌二木子, 以至十字、二十字, 照原書聯嵌, 則無頂木揀別長短之勞也.

櫃下設抽屉間時, 藏銅線、空木子之等, 較諸聚珍版法, 至簡且易, 其槽版、夾條、頂木諸件竝不須用.】

十四曰歸類.

每版印完之後, 卽將槽版內字子盡數抽出, 各按部分檢, 置于類盤之內. 然後就櫃歸于原屜. 凡取字

일반적으로 글자를 뽑고 되돌려놓는 출입 과정에는 반드시 부수(部首)의 분류[類]를 살펴야만 비로소 분명하고 착오가 없게 된다. 그러므로 비록 활자가 수백, 수천 개 정도로 많아도 많게 느끼지 않는다. 만약 조금이라도 혼란이 있으면 막막해져서 손 쓸 일이 끝도 없을 것이니, 어찌 손을 쓸 수 있겠는가? 그리고 매년 말에 활자서랍장마다 검사를 1번 해서 활자의 숫자를 점검할 뿐만 아니라, '노(魯) 자·어(魚) 자'처럼 유사한 글자가 섞이는 오류가 없도록 해야 할 것이다.

⑮ 날마다 활자를 순환시켜 운용하는 법

현재 새겨 놓은 활자의 수는 그 안에 허자(虛字)[59]와 항상 보이는 상용하는 글자를 많이 갖추어 놓아서 2~5배 이상이다. 그러나 서적의 종류가 다양하기 때문에 책마다 많이 사용하는 글자도 각각 다르다. 예를 들면 산술책의 수(數) 관련 글자와, 《서경(書經)》〈우공(禹貢)〉 편의 산·바다·지명 등 지리와 관련된 글자들은 1자가 2~3번 보이는 경우가 많으므로 잘 판단하지 않으면 수백만 자를 갖추었더라도 또한 활자를 활용하는 데 다 공급할 수 없으니 또 어찌 간편함과 신속함이 있다고 할 수 있겠는가? 그러므로 조판(組版)하고 활자를 종류별로 돌려놓는 일은 반드시 격일로 공정을 이어서 점판(墊版)·교정·

歸字出入, 必須按類, 方能清晰無訛. 故雖千百萬之多, 亦不覺其浩繁. 若稍有紊淆, 則茫無涯際取給, 何能應手? 仍于每年歲底, 逐櫃檢查一次, 不但字數有所稽考, 亦且無魯、魚之謬矣.

十五日逐日輪轉辦法.
現在刊成字數, 其中虛字及經見常用之字多備, 已不啻倍蓰. 然書帙種類不一, 其用字各有所重. 如算書之于數目字, 《禹貢》之于山、海、地輿字, 多有一語而兩三見者, 苟辦理不善, 則雖備數百萬字, 亦不能資其取給, 又何簡捷之有焉? 故擺書與歸類, 必須間日相繼, 而墊版、校對、刷印等事, 亦必按日輪轉, 不可令

---

59 허자(虛字): 형태가 없이 추상적인 것을 나타내는 글자.
⑰ 子: 저본에는 "字". 일반적인 용법에 근거하여 수정.

인쇄 등을 또한 반드시 날마다 순환하도록 해야지, 한 가지 공정에 머물도록 해서는 안 된다.

혹 권수와 항수가 번잡한 책의 경우, 이런 종류의 책이 실제로 사용하는 활자의 종류가 다양하지 않다면 다른 종류의 책 1부를 동시에 조판하기에 좋다. 활자 돌려놓기 공정을 1~2회 기다렸다가 다시 본서를 이어서 조판하면 정해진 활자 수로 활발하게 활자를 나누어 다른 책에 사용할 수 있는 방식이니, 또한 2개를 운용해서 인쇄할 수 있는 것이다.

여기에 10일 단위로 운용하는 법을 아래에 열거한다. 제시된 활판의 수량은 굳이 일정한 방식에 얽매일 필요가 없지만, 순환하는 방법은 조금도 소홀히 하면 안 된다.

有一處耽延.

或遇卷、頁浩繁之書, 此種應用之字如實有不敷, 則宜兼擺別種書一部, 俟歸類一二次, 再行續擺本書, 則字數自能活潑敷用他書, 亦可兼辦而出矣.

茲列十日辦法于左. 其版數之多寡, 縱不必拘定程式, 而輪轉之法, 殆不可忽也[18]

【제1일 : 조판(組版) 24판
　제2일 : 점판 12판
　제3일 : 교정 12판
　　　　 점판 12판
　　　　 조판 24판
　제4일 : 교정완료·인쇄 12판
　　　　 교정 12판
　　　　 점판 12판
　제5일 : 교정완료 후 인쇄 12판
　　　　 교정 12판

【第一日 : 擺書二十四版
　第二日 : 平墊十二版
　第三日 : 校對十二版
　　　　 平墊十二版
　　　　 擺書二十四版
　第四日 : 校完發刷十二版
　　　　 校對十二版
　　　　 平墊十二版
　第五日 : 校完發刷十二版
　　　　 校對十二版

---

[18] 也 : 저본에는 "之". 규장각본·《欽定武英殿聚珍版程式·程式》에 근거하여 수정.

점판 12판	平墊十二版
조판 24판	擺書二十四版
제6일:귀류 24판	第六日:歸類二十四版
교정완료 후 인쇄 12판	校完發刷十二版
교정 12판	校對十二版
점판 12판	平墊十二版
제7일:교정완료 후 인쇄 12판	第七日:校完發刷十二版
교정 12판	校對十二版
점판 12판	平墊十二版
조판 24판	擺書二十四版
제8일:귀류 24판	第八日:歸類二十四版
교정완료 후 인쇄 12판	校完發刷十二版
교정 12판	校對十二版
점판 12판	平墊十二版
제9일:교정완료 후 인쇄 12판	第九日:校完發刷十二版
교정 12판	校對十二版
점판 12판	平墊十二版
조판 24판	擺書二十四版
제10일:귀류 24판	第十日:歸類二十四版
교정완료 후 인쇄 12판	校完發刷十二版
교정 12판	校對十二版
점판 12판	平墊十二版

이상 10일간의 공정을 계산하면 조판 120판, 귀류 72판, 현재 인쇄하는 것 12판, 현재 교정하는 것 12판, 현재 점판하는 것 12판, 점판 안 된 것 12판이다. 이렇게 하여 평소에 모두 48판이 누적되어 날

以上十日計之, 其擺書一百二十版, 應歸類七十二版, 現在刷印十二版, 現校對十二版, 現平墊十二

마다 순환하는 것이다. 《흠정무영전취진판정식(欽定
武英殿聚珍版程式)60》61】

版, 未平塾十二版. 共常
積四十八版數, 逐日週轉.
《武英殿聚珍版程式》】

60　흠정무영전취진판정식(欽定武英殿聚珍版程式):중국 청나라의 문인 김간(金簡, ?~1794)이 1776년에 간행
　　한 책. 목활자의 제조방법과 인쇄공정이 자세하게 기록되어 있다.
61　《欽定武英殿聚珍版程式》〈程式〉(《文淵閣四庫全書》673, 719~729쪽).

2. 장황(裝潢)[1] 【부록 건(巾)·협(篋)·녹(籠)·급(笈)】

裝池 【附 巾、篋、籠、笈】

1) 장황용 종이 만드는 법

장황용 종이를 물들일 때는 우산 상점에서 쓰는 도토리껍질·황색 치자열매 큰 것으로 두 약미의 분량과 농도를 알맞게 조절해서 쓴다. 그런 다음 상백지(上白紙, 흰 종이)나 형천지(荊川紙)[2] 중에 종이를 덧대었을 때 두껍고 굴곡이 적은 것을 사용하여 광택이 돌면서 깨끗하고 긴 안석 위에 펼쳐놓는다. 배필(排筆)[3]을 사용하여 염색약을 발라 종이에 색을 입힌다. 그 다음 여러 번 중첩하여 발라 색이 두루 퍼지게 하는데, 이때 고르게 발라지지 않아 종이의 흰 점이 보이지 않도록 한다.

그 다음 종이 100장을 모아 2묶음으로 나누어 바람이 잘 통하는 곳에 놓아둔다. 종이가 아주 잘 건조된 뒤에 꺼내어 장황용 종이로 쓴다.《쾌설당만록》[4]

造裝書紙法

用橡子殼、大黃栀傘店所用者, 二味量濃淡合用. 次用上白、荊川, 連厚而少路者, 光淨長几上鋪開, 用排筆上色. 次疊上務令色遍, 勿使有白點.

約一刀, 分二疊, 置透風處. 候乾極燥, 揭開裱用.《快雪堂漫錄》

---

1 장황(裝潢): 서화에 종이나 비단을 발라 장식하는 작업. '장지(裝池)'라고도 한다.
2 형천지(荊川紙): 대나무를 원료로 만든 종이. 얇으면서도 투명하여 복사꽃을 원료로 만든 도화지(桃花紙)와 비슷하다.
3 배필(排筆): 주로 넓은 부분에 색을 칠하기 위한 용도로 사용되는 붓으로, 붓을 병렬로 여러 개 나열한 형태이다.
4 출전 확인 안 됨.

배필

목심(木心, 나뭇고갱이)이 적색을 띠는 오래된 뽕나무를 가늘게 쪼개고 진하게 달여 즙을 낸 뒤, 여기에 백반(白礬)을 조금 넣어 수십 번 물들이면 낙타 빛깔을 띠는 종이가 완성된다.

老桑木心赤色者, 細析濃煎取汁, 入白礬小許, 拖染數十次, 則成駝色.

목심이 황색을 띠는 오래된 뽕나무를 달여 즙을 낸 뒤, 백반·검금(黔金)5을 조금 넣어 물들이면 침향색(沈香色, 황갈색)을 띠는 종이가 완성된다.

老桑木心黃色者煎汁, 入白礬、黔金小許, 則成沈香色.

자적색(紫赤色)을 띠는 소나무 껍질 중에서 껍질의 거친 부분을 제거하고 빻은 다음 진하게 달여 즙을 낸 뒤, 백반·연지(臙脂)6를 각각 조금 넣어 물들이면 연한 자색(紫色)을 띠는 종이가 완성된다.

松皮紫赤色者, 去麤皮搥碎, 濃煎取汁, 入白礬、臙脂各小許, 則成淡紫色.

고련근(苦練根, 멀구슬나무뿌리)을 진하게 달인 다음 백반을 조금 넣으면 간장 빛깔을 띠는 종이가 완성된다. 이상의 재료들로 모두 종이를 물들여 책의 겉

苦練根濃煎, 入白礬小許, 則成醬色, 皆可染紙裱褙、裝縹書卷.《金華耕讀記》

---

5 검금(黔金): 황산염의 일종인 황산제일철을 말한다. 염료로 청록색을 물들일 때 주로 사용했다.
6 연지(臙脂): 잇꽃의 꽃잎으로 만든 붉은 빛깔의 염료.

면을 꾸미거나[裱褙], 책 전체를 감쌀[裝縹] 수 있다.[7]
《금화경독기》[8]

《거가필용》에는 고경지(古經紙, 장황용종이)를 만드 는 방법이 실려 있다.[9]《준생팔전》에는 송전색(宋箋 色)[10]을 만드는 방법이 실려 있다.[11]【안 2가지 방법 은 모두 《이운지》 권4 〈서재의 고상한 벗들〉에 자세 히 보인다.[12]】 모두 책을 장황하는 용도로 충분하다. 《금화경독기》[13]

《居家必用》有造古經紙法, 《遵生八牋》有造宋箋色法 【案 二法, 俱詳見《文房雅 製》.】, 皆可充裝書之用. 同 上

여러 색의 분전(粉箋)[14]을 사용하여 책을 장황할 때는 굳이 겉면을 꾸밀 필요가 없다. 다만 백랍으로 종이에 광택을 내거나 금박을 입히면 비로소 품등 에 들 것이다. 《금화경독기》[15]

用諸色粉箋裝書者, 不必 裱褙. 但須用白蠟砑光、滿 灑碎金者, 始入品. 同上

---

7 책의……있다 : 현재 통용되는 표구의 의미로는 표배(裱褙)와 장표(裝縹)를 구분하기 어렵다. 다만 이 두 가 지 용어를 구분하자면 표배에서 표(裱)는 책표지의 겉면을 배접하는 것을 말하고, 배(褙)는 책표지의 속면 을 배접하는 것을 말한다. 장표(裝縹)는 책을 보호하기 위해 책의 전체적인 주위를 감싸 포장하는 것을 말 하는 것으로 이해할 수 있다.
8 《金華耕讀記》卷5 〈造裝書紙法〉, 18쪽.
9 거가필용에는……있다 :《居家必用》戊集 〈文房適用〉 "造古經紙法"(《居家必用事類全集》, 202쪽).
10 송전색(宋箋色) : 송전은 송나라의 전지(箋紙)로 징심당지(澄心堂紙)가 유명하다. 전지는 비교적 작은 종이 에 여러 가지 색을 물들이고 식물·동물·곤충·괴석 등의 문양을 넣어 편지나 시문을 기록하는 용도로 사 용했다. 송전색은 송전이 띠고 있는 옅은 황토색을 말하는 것으로 보인다.
11 준생팔전에는……있다 :《遵生八牋》卷15 〈燕閑清賞牋〉 中 "論紙" '造宋牋色法', 577쪽.
12 2가지……보인다 :《이운지》 권4 〈서재의 고상한 벗들(하)〉 "종이" '고경지(古經紙, 장황용종이) 만드는 법' 과 '종이를 염색하여 송전(宋箋) 만드는 법'에 있다.
13 《金華耕讀記》卷5 〈造裝書紙法〉 18쪽.
14 분전(粉箋) : 종이에 미세한 가루를 묻혀 뽀얀 색을 띠는 종이. 가루가 섬유 사이의 틈을 메우고 투광도와 삼투수성을 줄여 질이 좋은 고급지이다.
15 《金華耕讀記》卷5 〈造裝書紙法〉, 18쪽.

2) 우리나라의 장황용 종이 만드는 법

깨끗하고 흰 종이를 잘라 책표지[方冊]를 만들고 황벽나무껍질즙이나 회화나무열매즙[槐子汁]16으로 표지의 겉면[裱]과 속면[褙]을 진하게 물들여 햇볕에 말린다. 이에 앞서 성질이 단단하고 결이 고운 나무에 능화(菱花)무늬17나 만(卍)자무늬, 또는 칠보(七寶)무늬18를 새긴다. 그리고 표지에 물을 뿜어 약간 축축하게 적신 다음 이 표지를 무늬 새긴 나무 위에 덮는다. 이어 밀랍으로 이 종이를 문질러 무늬가 찍히도록 한다. 이에 매우 광택이 나고 매끄럽도록 하여 감상할 만하게 만들면 사람들이 책을 꺼내어 읽게 할 수 있다.《금화경독기》19

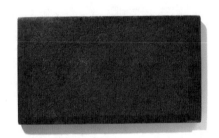

능화판(국립중앙박물관)

칠보무늬 향로(국립중앙박물관)

---

16 회회나무열매즙[槐子汁]: 회화나무 열매에는 루핀(lupin)이라는 노란색 계열의 색소가 함유되어 있어 염색을 하면 선명한 색감을 얻을 수 있고, 피부병의 치료 및 지혈 효과가 있기 때문에 천연염료 및 약재로 널리 사용되었다.

17 능화(菱花)무늬: 우리나라의 옛 인쇄물의 표지에 보이는 풀이나 꽃 형태의 문양으로, 한지를 여러 장 겹쳐 압착시킨 뒤에 목판에 대고 문양을 새긴 다음, 밀랍을 사용하여 문질러 표지를 장식했다. 아래의 사진은 능화무늬를 새기기 위해 사용되었던 목판이다.

18 칠보(七寶)무늬: 칠보는 7가지 보배를 말하는 것으로, 복을 상징하는 전보(錢寶)·다복을 상징하는 서각보(犀角寶)·경사를 상징하는 방승보(方勝寶)·타고난 복과 벼슬의 녹봉을 상징하는 화보(畫寶)·장수를 상징하는 애엽보(艾葉寶)·다복을 상징하는 경보(鏡寶)·귀함을 상징하는 특경보(特磬寶) 등의 형상을 표현한 무늬를 말한다.

19 《金華耕讀記》卷5〈造裝書紙法〉, 18쪽.

관서(關西, 평안도 일대) 지역 사람들은 짚이나 보릿대를 빻아서 종이를 만드는데, 그 색깔은 연한 황색을 띤다. 민간에서는 이를 '고정지(藁精紙)'[20]라 부른다. 이 종이 또한 무늬가 찍히도록 문질러 장황할 수도 있다. 《금화경독기》[21]

關西人搗藁稍造紙, 其色淡黃. 俗呼"藁精紙", 亦可研紋裝書. 同上.

3) 책을 엮는 10가지 요점(정서 10약)

① 책장을 접을 때에 때때로 부스러진 부분이 보이면 품질이 좋은 종이를 사용하여 부스러진 부분을 섬세하게 보완한다. 간혹 책의 마지막 장이 온전하지 않으면 태사련지(太史連紙)[22]를 사용하여 마지막 장 전체를 두르고 얇게 풀칠하여 섬세하게 붙이는데, 이때 종이가 앞뒤의 면에 달라붙어 포개어지지 않도록 한다.

② 책장을 접을 때에 책의 중심이 한가운데에 있는지 살펴서 손을 대는 곳에 따라 접힌 위치가 이리저리 달라지지 않아야 하니, 책이 틀어질까 걱정되기 때문이다. 이어서 괘선을 그을 때 쓰는 계척(界尺)을 접은 종이들에 대어 누르고 책을 묶으면 책장이 삐뚤어지거나, 빠지는 일을 방지할 수 있다.

③ 부엽지(副葉紙)[23]는 한 책의 앞뒤마다 반드시 모

釘書十約

一. 折書時見有破碎, 卽用好紙, 將破處細細補訖. 或有尾張不全者, 卽用太史連, 輄做全幅, 薄漿細粘, 勿累前後葉.

一. 折書要看書心正中, 勿隨手亂折, 恐致歪邪. 仍用界尺鎭壓, 防有錯亂遺失.

一. 副葉紙, 每書一本前

---

20 고정지(藁精紙): 어디서나 구하기 쉬운 재료인 보리·벼·귀리 등 식물의 섬유질과 닥나무 등을 혼합하여 만든 종이. 제지 과정이 편리하기 때문에 비교적 많은 양을 짧은 시간에 만들 수 있는 장점이 있었다. 조선 후기에 접어들수록 보리나 귀리의 짚보다는 볏짚을 주로 사용하여 만들었다.

21 《金華耕讀記》卷5〈造裝書紙法〉, 18쪽.

22 태사련지(太史連紙): 연한 황색을 띠는 종이로, 매끄럽고 부드러운 특징이 있다. 중국 청나라 강희(康熙) 연간(1662~1722) 이후에 인쇄용지로 많이 사용되었다.

23 부엽지(副葉紙): 책 앞뒤의 표지와 책의 본문 사이에 끼워 넣는 종이.

두 전엽(全葉)[24]을 사용해야 한다. 앞부분에는 2장, 뒷부분에는 1장을 쓰거나, 앞부분에는 3장, 뒷부분에는 2장을 쓰기도 하지만, 많으면 많을수록 좋다. 다만 전엽의 절반인 반 장짜리 종이는 사용하지 말아야 한다.

④ 책을 가지런히 접고 나서 두터운 협판(夾板)[25]들과 가느다란 삼끈으로 힘주어 팽팽하게 묶은 다음 깨끗한 곳에 대략 10여 일 동안 놓아둔다. 그런 뒤에 꺼내어 조판의 선을 가지런히 맞춘다.

⑤ 조판의 선을 가지런히 맞추려면 서구(書口)[26]의 검은 선을 살펴봐야 하는데, 앞뒤로 100여 장을 겹쳐 놓아도 검은 선이 그저 1장에 그어진 선처럼 보이게 맞춰서 조금이라도 위로 올라가거나 아래로 내려오지 않게 한다. 선이 가지런해지면 앞의 방법에 비추어 협판들을 대고 삼끈으로 묶은 뒤 깨끗한 곳에 1~2개월 동안 놓아둔다. 시간이 오랠수록 효과가 더욱 빼어나다. 그런 뒤에 임시로 책을 엮어 놓는다.

⑥ 책을 협판에 묶어 놓고 나서 남는 시간을 틈타 표지 겉면을 꾸며야 한다. 이때 종이는 경현(涇縣)[27]에서 여지색(荔枝色, 적갈색)이나 밤껍질색으로 물들인 연사지(連四紙)[28]를 사용하고, 여기에 다시 덧붙이는 종이 1겹을 쓸 때는 장원지(狀元紙)도 좋다. 면

後, 須俱用全葉, 或前二後一, 或前三後二, 多多益善. 勿止用半張.

一. 書既折齊, 將厚夾板, 細蔴繩用力夾緊, 安放潔淨處, 約十餘日. 然後取出齊線.

一. 齊線要看書口黑線, 前後百餘葉, 只如一葉, 勿得或上或下. 齊線已畢, 照前法, 夾放潔淨處, 或一月或兩月, 愈久愈妙. 然後草釘.

一. 書既夾, 起乘暇, 當褙殼面. 其紙用涇縣連四染荔枝色或栗殼色, 再用摺疊紙一層, 元狀亦可, 綿紙一層【或竟用上好太史紙

---

24 전엽(全葉): 책을 펼쳤을 때 책의 양쪽 면을 말한다. 한쪽 면은 반장(半張)이라 한다.
25 협판(夾板): 미상. 책을 줄로 엮어 제본하기 위해 종이를 앉히는 판으로 추정된다.
26 서구(書口): 손으로 책장을 펼칠 때 닿는 책의 가장자리 측면부.
27 경현(涇縣): 지금의 중국 안휘성(安徽省) 선주(宣州) 일대.
28 연사지(連四紙): 대나무를 원료로 만들며, 질감이 빼어나 서화가들이 애용한 종이. '연사지(連泗紙)' 또는 '연사지(連史紙)'라고도 한다.

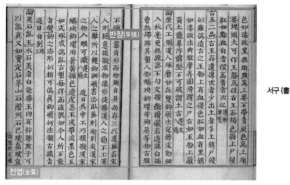

전엽과 반장(《이운지》오사카본)   서구

서구(書口)

林園經濟志 怡雲志 六

지(綿紙)[29] 1겹은【또는 품질이 좋은 태사련지(太史連紙)를 물들여 겉면을 꾸미기도 한다.】화초(花椒)·백급(白笈)·백반(白礬)을 넣고 끓인 물에 밀가루를 넣고 반죽하여 밀가루풀을 만들어서 날씨가 청명한 날에 삼나무 목판 위에서 장황한다. 장황이 잘 되었더라도 장마철을 맞이한 듯이 조심해서 다뤄야 하니, 종이가 뜨거나 손상될까 걱정되기 때문이다.

染色褙之】, 將花椒、白笈、白礬湯乾麵, 打成糊, 候天氣晴明日, 杉木板上. 褙好聽用如遇陰雨, 恐泛壞.

⑦ 임시로 책을 대강 엮어 놓을 때는 지정(紙丁, 책을 묶는 종이끈)은 면지(綿紙)를 쓰는데, 책 1권마다 지정 3가닥을 써야 하고, 1줄마다 매듭을 1개씩 지어 묶어야 하니, 풀을 사용하여 붙일 필요가 없다.[30]

一. 草釘時, 紙丁用綿紙, 每書一本, 要用紙丁三條, 每條要挽一結, 不用糊粘.

⑧ 책을 재단할 때는 위아래 여백과 서뇌(書腦)[31]의 가장자리는 공간이 넓게 펼쳐져야 하니, 폭이 널찍하면서도 긴 것이 중요하다. 이때 여백을 아끼려

一. 截書上下天地頭及書腦毛邊, 要放寬展, 以闊且長爲貴. 勿貪零紙以致短狹.

---

29 면지(綿紙): 닥나무껍질을 원료로 하여 만든 종이로, 품질이 좋고 견고하여 책을 만드는 용지로 사용되었다.

30 책 1권마다……없다: 이때 면지 3가닥으로 매듭을 하나씩 지으려면, 1가닥마다 구멍을 2개씩 뚫고, 면지를 이 구멍에 관통시켜 매듭을 지어야 하니, 책에는 총 6개의 구멍을 뚫게 된다.

31 서뇌(書腦): 책에서 서구(書口)의 맞은편 가장자리 부분을 가리키는 말로, 서뇌를 엮고 종이를 고정시켜 책을 만든다.

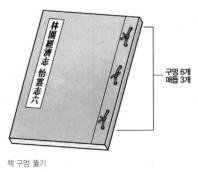

구멍 6개
매듭 3개

책 구멍 뚫기

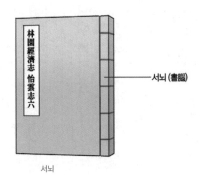

서뇌(書腦)

서뇌

고 폭을 짧고 좁게 하지 말아야 한다.

⑨ 책을 재단할 때는 첫 번째 책부터 마지막 책까지 책마다 힘을 줘서 단칼에 잘라 낸 뒤, 사포로 문질러 광을 낸다. 이때 책의 길이가 들쭉날쭉하여 엉성하게 해서는 안 된다.

⑩ 끈으로 묶어 엮기 위해 책에 구멍을 낼 때는 임시로 책을 대강 엮어 놓을 때 낸 구멍 6개와 똑같이 들어맞아야 하니, 구멍이 나오기도 하고 들어가기도 해서 들쭉날쭉 들어맞지 않게 해서는 안 된다. 책을 묶는 끈으로는 질이 좋으면서도 깨끗한 비단 끈을 사용하는데, 이를 민간에서는 '좌수선(左手線)'이라 한다. 좌수(左手), 즉 왼손으로 비단실을 꼬아 만든 끈을 쓰는 이유는 그 끈의 긴밀함을 취하기 때문이다. 또 '쇄구선(鎖口線)'이라고도 하는데, 신발 입구 부분[鞋口]을 감치는[鎖] 방법을 쓰는 이유는 그 끈의 투박함을 취하기 때문이다.

책 1권을 묶을 때마다 끈으로 7번 감는다. 책의 길이가 길면, 긴 끈을 두겹으로 겹쳐 묶는다.【이는

一. 截書每部, 第一本至末一本, 要用力一刀截下, 用砂紙磨光. 勿得參差毛糙.

一. 線釘打眼時, 要與草釘六個孔, 一線筆直, 勿得或出或進, 參差不對. 其線用上好淸水絹線, 俗名"左手線", 用左手撚成者, 取其緊也. 又名"鎖口線", 鎖鞋口用者①, 取其粗也.

約每書一本, 線經七本. 書長方, 可長條雙扣【此指厚

두꺼운 책의 책머리를 가리켜 말하는 것으로, 만약 얇은 두께의 책머리를 엮는 경우에는 끈으로 6번만 감으면 충분하다. 너무 두꺼운 책이면 감는 회수를 다시 더한다.】품질이 좋은 비단 끈 1냥마다 책 120권을 엮을 수가 있다. 《고금비원(古今秘苑)》[32]

本頭而言, 若[2]薄本頭, 只須經六本足矣. 極厚[3]者再加.】. 每上好絹線重一兩, 可釘書一百二十本.《古今秘苑》

4) 서함(書函) 만드는 법

장정(裝釘)을 끝마친 뒤에, 일반적으로 책의 분량이 3~4책 이상이면 서함(書函)이나 책갑[書甲]에 넣어 보호해야 한다. 그 방법은 다음과 같다. 동전두께만 한 두꺼운 종이를 5조각으로 자르되, 조각 위아래의 길이와 너비는 책에 견주어 맞춘다. 책의 좌우를 감싸는 판의 높이는 책의 권수와 쪽수의 분량에 견주어 맞춘다. 겉면에는 청색이나 흑색을 띤 면포(綿布)나 여러 색의 무늬 있는 비단을 붙여서 감싸고,

造書函法

釘裝既就, 凡卷局三四以上必有函、匣護之. 其法: 裁錢唇厚紙爲五片, 上下片長寬視書卷. 左右兩墻之高, 視卷頁多寡. 外用靑、黑綿布或諸色紋緞粘裏, 內塗硾粉箋或粉紙、綿紙. 五片相聯圍裏書卷, 上

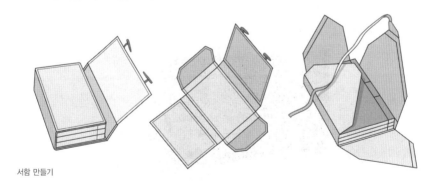

서함 만들기

32 《古今秘苑》〈二集〉卷2 "釘書十約", 1쪽.
① 者 : 저본에는 "之".《古今秘苑·釘書十約》에 근거하여 수정.
② 若 : 저본에는 "碁".《古今秘苑·釘書十約》에 근거하여 수정.
③ 厚 : 저본에는 "潔".《古今秘苑·釘書十約》에 근거하여 수정.

안쪽에는 추분전(硾粉箋)[33]이나 분지(粉紙)·면지(綿紙)를 바른다. 5조각의 종이가 잇닿아 책을 감쌀 수 있게 하고, 서함의 윗면에는 종이 2조각을 서로 포개어 앞섶을 만든다. 앞섶이 연결되는 끝단 위아래에는 각각 찌[籤]를 1개씩 끼워 고정시킨다. 찌는 상아뼈로 만들고, 찌에 연결된 끈은 오색실로 짜서 만들거나 또는 서함을 감싼 면포(綿布)와 같은 색의 실로만 만든다. 《금화경독기》[34]

面兩片相掩爲襟. 其合襟邊際上下, 各綴一籤揷定. 籤用牙骨, 籤綬或用五色絲織成, 或只用函衣本色. 《金華耕讀記》

5) 목갑(木匣, 나무로 된 갑) 만드는 법

우리나라의 책은 목갑에 보관해야 한다. 목갑의 크기와 깊이는 한결같이 책 1질의 규모에 견주어 맞추는데, 크기가 큰 것은 내부를 2칸이나 3칸으로 나누고, 앞에는 외짝 미닫이문을 만든다. 문지방의 위아래에는 홈을 0.2~0.3촌 깊이로 파내고, 미닫이

造木匣法

東本宜用木匣貯之. 大小、高深、一視書帙, 高者內分二格或三格, 前設獨扇門. 門閾上下挖槽深二三分, 門扇上下作舌寬一二分, 令

서갑(국립민속박물관)

---

33 추분전(硾粉箋):미상. 분전(粉箋)의 일종으로 추정된다.
34 《金華耕讀記》卷5〈造裝書紙法〉, 18쪽.

문의 위아래로는 혀를 0.1~0.2촌의 너비로 만들어 미닫이문을 오르내리면서 빼내어 열 수 있게 한다.

미닫이문 한가운데에는 책의 이름을 새기고 색을 채워 넣는다.【색은 사부(四部)를 구분하는 찌의 색과 같게 한다.】서명의 윗부분에는 구리로 만든 고리 1개를 박는다. 보관할 책이 거질(巨帙)일 때는 궤짝을 1갑(甲)에서 4~5갑, 8~9갑에 이르도록 서로 층층이 쌓아 놓되, 오동나무로 만든다. 이어서 백랍으로 이 갑을 문질러 광택을 내고 인두로 지져서 침향나무의 색을 띠는 것이 좋다.《금화경독기》[35]

可升降抽開.

門扇正中刻書名, 用采塡之【依四部籤色】. 上[4]釘銅環一個. 卷帙巨者, 自一匣至四五匣、八九匣相疊層庋, 用桐木造, 白蠟刷光熨烙, 作沈香色者佳.《金華耕讀記》

6) 건(巾)·협(篋)·녹(簏)·급(笈)

건(巾)·협(篋)·녹(簏)·급(笈)은 옛사람들이 책을 휴대할 때 사용한 도구이다. '건(巾)'·'백(帕)'·'보(袱)'는 모두 제면(綈綿)[36]을 이어 붙여 책을 감싸는 천이다.

'협(篋)'·'녹(簏)'·'상(箱)'은 모두 대나무를 엮어서 만든 그릇으로, 이를 사용하여 책을 보관한다. 이 가운데 길고 네모난 것을 '협(篋)'이라 한다.【《의례(儀禮)》주석에 "길고 네모난 것을 '협(篋)'이라 한다."라 했고, 소(疏)에 "'타(隋)'는 좁고 긴 것을 말한다."라 했다.[37]】

크기가 큰 책 보관함을 '녹(簏)'이라 한다.【《설문

巾、篋、簏、笈

巾、篋、簏、笈, 古人携持書卷之具. 曰"巾"、曰"帕"、曰"袱", 皆用綈綿聯幅, 包裹書帙者也.

曰"篋"、曰"簏"、曰"箱"皆編竹爲器, 用以貯書者也. 隋方曰"篋"【《儀禮》註"隋方曰'篋'", 疏 "隋, 謂狹而長也."】.

高曰"簏"【《說文》: "竹高

---

35 《金華耕讀記》卷5〈造裝書紙法〉, 19쪽.

36 제면(綈綿):구름무늬가 수놓아진 비단으로, 주위에 12가닥의 끈이 달려 있다. 이 끈으로 책을 포장할 수 있다. 왕이 공덕이 있는 신하에게 하사하는 안궤(案几)를 덮어둘 때에도 사용되었다.

37 의례(儀禮)⋯⋯했다:《儀禮注疏》卷1〈士冠禮〉2(《十三經注疏整理本》10, 28~29쪽).

[4] 上:《金華耕讀記·造裝書紙法》에는 "書名上".

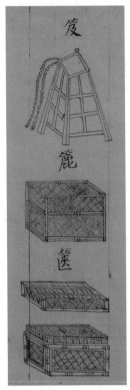

원도. 급·녹·협

해자(說文解字)》에 "녹(簏)은 대나무로 높게 짠 협(篋)이 다."[38]라 했다.】상(箱)은 협(篋)의 다른 이름이다.【《강 희자전(康熙字典)》에 "상(箱)은 대나무로 만든 그릇으 로, 협(篋)이다."[39]라 했다.】《금화경독기》[40]

급은 책을 짊어지는 상자이다.《풍토기(風土記)》[41]에

篋也."】. 箱則篋之一名也 【《康熙字典》: "箱, 竹器, 篋 也."】.《金華耕讀記》

笈, 負書箱也.《風土記》

---

38 대나무로……협(篋)이다:《說文解字注》卷5上, 194쪽.
39 상(箱)은……협(篋)이다:《御定康熙字典》卷22〈未集〉上 "竹部"《文淵閣四庫全書》230, 458쪽).
40 《金華耕讀記》卷5〈造裝書紙法〉, 19쪽.
41 풍토기(風土記) : 일왕의 칙명으로 713년에 각 지방이 편찬한 책으로, 전설·생활습관·신앙과 행사·산업과

"배우는 자가 책을 짊어지기 위한 도구이다."⁴²라 했으니, 모양이 마치 관상(冠箱)⁴³과 비슷하지만 그보다는 높이가 낮다. 《사기(史記)》〈소진전(蘇秦傳)〉에 "급(笈)을 짊어지고 스승을 따른다."⁴⁴라 한 것이 이것이다. 《화한삼재도회》⁴⁵

云"學士所以負書", 狀如冠箱而卑.《史記·蘇秦傳》云"負笈從師"是也.《和漢三才圖會》

옛사람들은 책의 겉면에 반드시 책갑[帙]을 씌워 보관했으니, 지금 보자기로 싸서 물건을 보관하는 일과 같다. 내가 예전에 항원변(項元汴)⁴⁶의 집에서 왕희지(王羲之)의 화첩 1권을 살펴보았는데, 화첩의 겉면을 반죽(斑竹, 표면에 얼룩이 있는 대나무)으로 만든 책갑으로 감싸며 "이는 송나라의 물건입니다."라 했다. 책갑이 마치 곱게 엮은 발처럼 생겼으며, 그 안쪽에는 얇은 비단이 둘러져 있었다. '질(帙)' 자를 살펴보면 좌변에 '건(巾)' 자를 썼으니, 그 의미를 미루어 짐작할 만하다. 《군쇄록(群碎錄)》⁴⁷⁴⁸

古人書卷外, 必有帙藏之, 如今裹袱之類. 余嘗于項子京家見王右丞畫一卷, 外以斑竹帙裹之, 云"是宋物". 帙如細簾, 其內襲以薄繒, 觀⑤帙用巾旁, 可想."《群碎錄》

특산물 등이 기록되어 있다.

42 배우는……도구이다 : 출전 확인 안 됨.

43 관상(冠箱) : 머리에 쓰는 관이나 갓을 비롯한 용품들을 보관하기 위한 상자.

44 급(笈)을……따른다 : 《사기》권69〈소진열전(蘇秦列傳)〉에, 소진(蘇秦, ?~B.C 284)은 낙양(洛陽, 하남성 낙양시) 출신인데 책을 짊어지고 고향을 떠나 동쪽 제(齊)나라로 가서 귀곡자(鬼谷子)를 스승으로 삼아 수학했다고 한다.

45 《和漢三才圖會》卷26〈服玩具〉"笈"(《倭漢三才圖會》3, 445쪽).

46 항원변(項元汴) : 1525~1590. 중국 명나라의 서화 수장가. 자는 자경(子京), 호는 묵림(墨林). 여러 물건을 수집하여 소장했으며, 감식안이 뛰어나 아주 작은 차이까지도 변별하여 감정할 수 있는 안목이 있었다고 한다. 저서로 《천뢰각첩(天籟閣帖)》·《묵림산인시집(墨林山人詩集)》등이 있다.

47 군쇄록(群碎錄) : 중국 명나라의 문인이자 서화가인 진계유(陳繼儒, 1558~1639)가 편찬한 책으로, 단권으로 구성되어 있으며 생활풍습과 여러 기물 등에 대한 기록이 실려 있다.

48 《群碎錄》(《叢書集成初編》339, 2쪽).

⑤ 觀 : 저본에는 "歡".《群碎錄》에 근거하여 수정.

3. 부록 경외누판(京外鏤板, 서울 이외의 곳에 소장된 목판)

附 京外鏤板

1) 경서류

《삼경사서대전(三經四書大全)》[1] 90권

명나라 영락(永樂) 연간(1403~1424)에 황제의 명을 받아 편찬. 북한산(北漢山) 태고사(太古寺)[2] 소장. 인지(印紙, 인쇄용 종이) 104권 3장. 목판 마모됨.

경상도관찰영(경상도) 소장. 인지 98권 19장.

함경도관찰영(함흥) 소장. 인지 109권 7장. 목판 마모됨.

영변부(寧邊府) 소장. 인지 103권 8.5장. 목판 마모됨.

제주목(濟州牧) 소장. 《사서(四書)》 36권만 판각함. 인지 35권 16장. 목판 마모되고 일부가 빠짐.

經類

《三經四書大全》九十卷

明 永樂中奉勅撰. 北漢 太古寺藏. 印紙百四卷三張. 刊.

嶺南觀察營藏. 印紙九十八卷十九張.

關北觀察營藏. 印紙百九卷七張. 刊.

寧邊府藏. 印紙百三卷八張又半張. 刊.

濟州牧藏. 只刊《四書》三十六卷. 印紙三十五卷十六張. 刊缺.

---

1 삼경사서대전(三經四書大全) : 중국 명나라 영락(永樂) 연간(1403~1424)에 문연각대학사(文淵閣大學士)로 있던 호광(胡廣, 1370~1418)이 왕명을 받아 편찬했다. 총 90권 50책으로, 〈시경대전(詩經大全)〉·〈주역대전(周易大全)〉·〈주역전의대전(周易傳義大全)〉·〈논어집주대전(論語集註大全)〉·〈서전대전(書傳大全)〉·〈대학장구대전(大學章句大全)〉·〈중용장구대전(中庸章句大全)〉·〈맹자집주(孟子集註)〉순으로 구성되어 있다.

2 태고사(太古寺) : 경기도 고양시 덕양구 북한동에 있는 절. 고려 후기 1341년 태고암으로 창건했으나, 1950년 전쟁으로 소실되었다가 1964년 이후 중창했다.

《삼경사서언해(三經四書諺解)》³ 54권

　본조(本朝, 조선) 선조(宣祖) 때에 왕명을 받아 편찬. 북한산 태고사 소장. 인지 65권 1장.

　경상도관찰영 소장. 인지 61권.

　영변부 소장. 인지 54권 8장. 목판 마모됨.

《삼경사서전주(三經四書傳註)》⁴ 53권

　영조(英祖) 때에 판각. 《주역(周易)》은 정이(程頤)의 《역전(易傳)》과 주희(朱熹)의 《주역본의(周易本義)》를 함

《三經四書諺解》五十四卷

本朝宣廟朝奉敎撰. 北漢太古寺藏. 印紙六十五卷一張.

嶺南觀察營藏. 印紙六十一卷.

寧邊府藏. 印紙五十四卷八張. 刓.

《三經四書傳註》五十三卷

英廟朝刻. 《易》並刻程《傳》、朱子《本義》,《書》刻

남한산성 개원사(문화재청)

3　삼경사서언해(三經四書諺解) : 지은이는 미상이다. 총 54권 30책으로, 〈시경언해(詩經諺解)〉·〈대학언해(大學諺解)〉·〈중용언해(中庸諺解)〉·〈논어언해(論語諺解)〉·〈맹자언해(孟子諺解)〉·〈서전언해(書傳諺解)〉·〈주역언해(周易諺解)〉 순으로 구성되어 있다.

4　삼경사서전주(三經四書傳註) : 《시경》·《서경》·《주역》 삼경 및 《논어》·《맹자》·《중용》·《대학》 사서의 주석서를 한 책으로 편집하여 영조 때에 간행한 책.

께 판각했고, 《서경(書經)》은 채침(蔡沈)5의 《서집전(書集傳)》을 판각했으며, 《시경(詩經)》은 주희의 《시집전(詩集傳)》을 판각했고, 사서(四書)는 주희의 《대학장구(大學章句)》·《중용장구(中庸章句)》와 《논어집주(論語集注)》·《맹자집주(孟子集注)》를 판각했다. 남한산성(南漢山城) 개원사(開元寺)6 소장. 인지 80권. 목판 일부가 빠짐.

蔡《傳》,《詩》刻朱子《集傳》,《四書》刻朱子《章句》、《集註》. 南漢 開元寺藏. 印紙八十卷. 缺.

권근(權近)7의 《입학도설(入學圖說)》8 1권

권근 지음. 청도(淸道) 자계서원(紫溪書院)9 소장. 인지 1권 10장. 목판 일부가 빠짐.

陽村《入學圖說》一卷

權近撰. 淸道 紫溪書院藏. 印紙一卷十張. 缺.

---

5 채침(蔡沈) : 1167~1230. 중국 남송 때의 유학자. 자는 중묵(仲默)이고, 호는 구봉(九峰). 채원정(蔡元定)의 둘째 아들로, 주희(朱熹)에게 배웠다. 아버지가 별세한 뒤 구봉에 은거하면서 《상서(尙書)》에 주석을 다는 작업을 시작해, 1206년 《서집전(書集傳)》을 완성했다. 저서로 《홍범황극(洪範皇極)》·《채구봉서법(蔡九峰筮法)》 등이 있다.

6 개원사(開元寺) : 경기도 광주시 남한산성면 산성리 남한산성 동문 안쪽에 있는 절. 예전 절터인 개원사지(開元寺址)가 경기도 기념물 제119호로 지정되어 있다.

7 권근(權近) : 1352~1409. 고려 말, 조선 초의 문신·학자. 자는 가원(可遠)·사숙(思叔), 호는 양촌(陽村)·소오자(小烏子). 1368년(공민왕 17) 성균시에 합격하고, 이듬해 급제해 춘추관검열·성균관직강·예문관응교 등을 역임했다. 성리학자이면서도 사장(詞章)을 중시해 경학과 문학을 아울러 연마했다. 당대 석학들과 교유하면서 학문 연구에 정진해 고려 말 학풍을 일신하고, 새 왕조의 유학의 이념을 계승시키는 데 크게 공헌했다. 저서로 《양촌집(陽村集)》이 있다.

8 입학도설(入學圖說) : 권근이 1390년(태조 6)에 초학자들을 위해 유학의 경전인 사서오경(四書五經)과 태극도설(太極圖說) 등에서의 주요 개념어를 쉽게 설명하기 위해 저술했고, 1425년(세종 7)에 중간본이 간행되었다. 초간본 수록 내용인 전집과 후에 추가된 후집이 합간된 형태로, 전집에는 〈천인심성합일지도(天人心性合一之圖)〉·〈무일지도(無逸之圖)〉 등 26편의 도설(圖說), 후집에는 〈십이월괘도(十二月掛圖)〉·〈공족급태종지도(公族及太宗之圖)〉 등 14편의 도설이 실려 있다. 2011년에 보물 제1136-2호로 지정되었다.

9 자계서원(紫溪書院) : 경상북도 청도군 이서면 서원리에 있는 서원. 조선 초기의 문신 탁영(濯纓) 김일손(金馹孫, 1464~1498)의 학문과 덕행을 추모하기 위해 1518년(중종 13)에 세웠다. 현재 경상북도 유형 문화재 제83호로 지정되었다.

강세황의 도산서원도(문화재청)

《경서석의(經書釋疑)》[10] 8권

이황(李滉)[11] 지음. 예안(禮安) 도산서원(陶山書院)[12] 소장. 인지 2권 11.5장. 목판 마모됨.

《경서석의(經書釋疑)》八卷

退溪撰. 禮安 陶山書院藏. 印紙二卷十一張又半張. 刓.

《계몽전의(啓蒙傳疑)》[13] 1권

이황 지음. 도산서원 소장. 인지 1권 19.5장.

함경도관찰영 소장. 인지 2권 6장. 목판 마모되고 일부가 빠짐.

《啓蒙傳疑》一卷

前人撰. 陶山書院藏. 印紙一卷十九張又半張. 關北觀察營藏. 印紙二卷六張. 刓缺.

---

10 경서석의(經書釋疑) : 이황(李滉)이 경서에 관하여 해설한 글을 그의 문인 금응훈(琴應壎, 1540~1616)이 수정·보완하여 간행한 책. 총 8권 2책으로, 〈시석의(詩釋義)〉·〈서석의(書釋義)〉·〈주역석의(周易釋義)〉· 〈대학석의(大學釋義)〉·〈중용석의(中庸釋義)〉·〈논어석의(論語釋義)〉·〈맹자석의(孟子釋義)〉순으로 구성되어 있다.

11 이황(李滉) : 1501~1570. 조선 전기의 학자. 을사사화(1545년) 이후 낙향하여 학문과 제자 양성에 전념했다. 생전에도 조야(朝野)에 모두 명망이 높았으며 명종(明宗) 사후 이준경(李浚慶)의 추천으로《명종실록(明宗實錄)》의 편찬에 참여했다. 사후에는 임진왜란 직전 간행된 교정청본《사서삼경언해》에서 이황의 해석을 주로 채택하였고, 광해군 초기에는 문묘에 종사되는 등 성현(聖賢)에 준하는 예우를 받았다. 저서로 《퇴계집(退溪集)》이 있다.

12 도산서원(陶山書院) : 경상북도 안동시 도산면 토계리에 있는 서원. 이황의 학문과 덕행을 추모하기 위해 그의 문인들과 유림(儒林)이 1574년(선조 7)에 세웠다. 고종(高宗) 때의 실권자인 흥선대원군이 전국의 서원을 대상으로 내린 서원철폐령(書院撤廢令)에서 제외되었다.

13 계몽전의(啓蒙傳疑) : 이황(李滉)이 주희(朱熹, 1130~1200)의 저작인《역학계몽(易學啓蒙)》에 대해 쓴 주해서. 이황이 쓴 18행의 〈소서(小序)〉와 〈본도서(本圖書)〉·〈원괘화(原卦畫)〉·〈명시책(明蓍策)〉·〈고변점(考變占)〉순으로 구성되어 있다.

자계서원 서재(문화재청)

자계서원 전경(문화재청)

《주역본의구결부설(周易本義口訣附說)》[14] 2권

최립(崔岦)[15] 지음. 평안도관찰영(평양) 소장. 인지 2권 18.5장.

《周易本義口訣附說》二卷

崔岦撰. 關西觀察營藏. 印紙二卷十八張又半張.

《역학도설(易學圖說)》[16] 9권

장현광(張顯光)[17] 지음. 인동(仁同) 동락서원(東洛書院)[18] 소장. 인지 14권.

《易學圖說》九卷

張顯光撰. 仁同 東洛書院 藏. 印紙十四卷.

---

14 주역본의구결부설(周易本義口訣附說): 조선 중기의 문신·학자 최립이 《주역(周易)》에 한글 구결을 추가한 책. 괘(卦)의 효(爻)를 해석한 뒤에 '단왈(彖曰)'이라 하여 해석을 덧붙이는 방식을 취하고 있다.

15 최립(崔岦): 1539~1612. 조선 중기의 문신. 자는 입지(立之), 호는 간이(簡易)·동고(東皐). 1561년 식년문과에 장원급제한 뒤, 재령군수·공주목사·전주부윤·승문원제조·강릉부사·형조참판 등을 지냈다. 당대에 제일가는 문장가로 꼽혔으며 서예에도 뛰어났다. 저서로 《간이집(簡易集)》이 있다.

16 역학도설(易學圖說): 조선 중기의 문신 장현광(張顯光)이 엮은, 역학에 관한 도설. 9권 9책으로 구성되었으며 목판본이다. 1645년(인조 23) 당시 경상감사 임담(林壜, 1596~1652)이 간행했다. 권두에 저자의 자서(自序), 권말에 임담의 발문(跋文)이 있다. 도설은 모두 이미 나온 책에서 취한 것이지만, 간간이 자기의 의견을 증보했다. 권1은 총괄편(總括篇), 권2는 본원편(本原篇), 권3은 교저편(巧著篇), 권4는 체용(體用) 상편(上篇), 권5는 체용(體用) 하편(下篇), 권6은 유구편(類究篇), 권7은 조술편(祖述篇), 권8은 방행편(旁行篇), 권9는 말규편(末窺篇)으로, 총 9권 355건의 도식으로 구성되어 있다.

17 장현광(張顯光): 1554~1637. 조선 중기의 유학자. 자는 덕회(德晦), 호는 여헌(旅軒). 1576년 재능과 행실이 뛰어나 조정에 천거된 뒤, 여러 차례 관직에 임명되었으나 부임하지 않았다. 1595년에 보은현감을 잠시 지냈다. 일생 동안 학문과 교육에 종사했고 정치에 뜻을 두지 않았다. 그러나 당대 산림의 한 사람으로 왕과 대신들에게 도덕정치의 구현을 강조했다. 저서로 《여헌집(旅軒集)》·《역학도설(易學圖說)》등이 있다.

18 동락서원(東洛書院): 경상북도 구미시 임수동에 있는 서원. 장현광(張顯光)의 학문과 덕행을 추모하기 위해 1655년(효종 6)에 설립했다.

도산서원 전경(국립중앙박물관)

《범학전편》(국립중앙박물관)

《범학전편(範學全編)》[19] 6권

　박세채(朴世采)[20] 지음. 평양부(平壤府) 소장. 인지 7
권 14장. 목판 마모됨.

《찬도호주주례(纂圖互註周禮)》[21] 12권

　지은이 성명 드러나지 않음. 고령현(高靈縣) 소장.
인지 14권 4장. 목판 마모되고 일부가 빠짐.

《예기천견록(禮記淺見錄)》[22] 26권

　권근 지음. 제주목 소장. 인지 23권 8장. 목판 마
모되고 일부가 빠짐.

　경상도관찰영 소장. 인지 23권 2장. 목판 마모되

《範學全編》六卷

　朴世采撰. 平壤府藏. 印
紙七卷十四張. 刓.

《纂圖互註周禮》十二卷

　不著撰人姓名. 高靈縣藏.
印紙十四卷四張. 刓缺.

《禮記淺見錄》二十六卷

　權近撰. 濟州牧藏. 印紙
二十三卷八張. 刓缺.

　嶺南觀察營藏. 印紙二十

19　범학전편(範學全編): 조선 후기의 학자 박세채(朴世采)가 《서경》〈홍범(洪範)〉편 가운데 황극(皇極)을 중심
　　으로 '천하를 다스리는 큰 법'을 연역하여 기술한 책. 6권 4책으로 구성되었으며, 목판본이다.

20　박세채(朴世采): 1631~1695. 조선 중기의 문신·학자. 자는 화숙(和叔), 호는 현석(玄石)·남계(南溪). 1649
　　년 진사가 되어 성균관에 들어갔으나 문묘종사와 관련된 일로 과거공부를 포기하고 학문에 전념하게 되었
　　다. 저서로 《남계집(南溪集)》·《남계예설(南溪禮說)》·《삼례의(三禮儀)》·《육례의집(六禮疑輯)》이 있다.

21　찬도호주주례(纂圖互註周禮): 《주례(周禮)》에 그림과 설명을 덧붙인 책. 1648년(인조 26)에 고활자로 간
　　행된 것으로 12권 7책으로 이루어져 있다. 첫 간행연대는 1478년(성종 9)으로 추정된다.

22　예기천견록(禮記淺見錄): 조선 전기의 문신 권근(權近, 1352~1409)의 《예기(禮記)》 주석서. 26권 11책으
　　로 구성되었으며, 목판본이다.

고 일부가 빠짐.

三卷二張. 刊缺.

《예기보주(禮記補註)》[23] 30권

《禮記補註》三十卷

　김재로(金在魯)[24] 지음. 청도군(淸道郡) 소장. 인지 9
권 15.5장.

　金在魯撰. 淸道郡藏. 印
紙九卷十五張又半張.

사마광(司馬光)[25]의 《서의(書儀)》[26] 10권

司馬氏《書儀》十卷

　송나라 사마광 지음. 경상도관찰영 소장. 인지 3
권 16장.

　宋 司馬光撰. 嶺南觀察營
①藏. 印紙三卷十六張.

《봉선잡의(奉先雜儀)》[27] 2권

《奉先雜儀》二卷

　본조 이언적(李彦迪)[28] 지음. 경주(慶州) 옥산서원(玉
山書院)[29] 소장. 인지 13장.

　本朝晦齋撰. 慶州 玉山書
院藏. 印紙十三張.

23　예기보주(禮記補註) : 조선 후기의 문신 김재로(金在魯)가 원나라의 진호(陳澔, 1261~1341)가 지은 《예기
집설(禮記集說)》에서 빠진 부분을 보충하고 잘못된 곳은 고증을 통해 밝힌 《예기(禮記)》 주석서. 30권 5
책으로 구성되었으며, 목판본이다. 1758년(영조 34)에 간행되었다.

24　김재로(金在魯) : 1682~1759. 조선 후기의 문신. 자는 중례(仲禮), 호는 청사(淸沙)·허주자(虛舟子). 춘당
대문과에 을과로 급제해 설서(說書)·검열(檢閱)·지평(持平)·수찬(修撰) 등을 지냈다. 저서로 《천의소감언
해(闡義昭鑑諺解)》가 있다.

25　사마광(司馬光) : 1019~1086. 중국 북송(北宋)의 정치가이자 학자. 자는 군실(君實), 호는 우부(迂夫)·우
수(迂叟), 시호는 문정(文正). 신종(神宗)이 왕안석을 발탁하여 신법을 단행하게 하자 이에 반대해 사퇴한
뒤, 《자치통감(資治通鑑)》을 완성했다.

26　서의(書儀) : 중국 북송의 사마광(司馬光)이 《의례(儀禮)》와 《예기(禮記)》 등을 토대로 관혼상제(冠婚喪祭)에
관한 의례(儀禮)를 총 10권으로 정리하여 편찬한 책.

27　봉선잡의(奉先雜儀) : 조선 중종·명종 때의 문신 이언적(李彦迪, 1491~1553)이 조상에게 제사지낼 때의 의
례를 소개한 책. 목판본이며, 2권 1책으로 구성되었다.

28　이언적(李彦迪) : 1491~1553. 조선 전기의 학자. 호는 회재(晦齋). 이선기후설(理先氣後說)·이기불상잡설
(理氣不相雜說)을 주장하여 이황으로 이어지는 영남학파 성리설의 선구가 되었다. 저서로 《회재집(晦齋
集)》이 있다.

29　옥산서원(玉山書院) : 경상북도 경주시 안강읍 옥산리에 있는 서원. 조선 전기의 문신 이언적의 학문과 덕
행을 추모하기 위해 1573년(선조 6)에 세웠다. 선조(宣祖) 때 사액을 받았으며, 흥선대원군의 서원철폐령의
영향을 받지 않고 지금까지 남아 있다.

①　營 : 저본에는 "嶺". 《鏤板考·經部·禮類》에 근거하여 수정.

《봉선잡의》(국립중앙박물관)

《봉선잡의》 첫 면(국립중앙도서관)

옥산서원 정면(국립중앙박물관)

옥산서원(문화재청)

《오선생예설전집(五先生禮說前集)》[30] 8권·《오선생예설후집(五先生禮說後集)》12권	《五先生禮說前集》八卷、《後集》十二卷
정구(鄭逑)[31] 지음. 성주(星州) 회연서원(檜淵書院)[32] 소장. 인지 15권. 목판 일부가 빠짐.	鄭逑撰. 星州檜淵書院藏. 印紙十五卷. 缺.

---

30 오선생예설전집(五先生禮說前集): 중국 북송과 남송의 유학자인 정호(程顥, 1032~1085), 정이(程頤, 1033~1107), 사마광(司馬光), 장재(張載, 1020~1077), 주희(朱熹, 1130~1200) 등 다섯 선생의 예설을 모은 목판본. 전집(前集)과 후집(後集)으로 구성되어 있는데, 이 가운데 전집이다.

31 정구(鄭逑): 1543~1620. 조선 중기의 문신. 이황·조식(曺植) 문하에서 공부하였고, 《소학언해(小學諺解)》·《사서언해(四書諺解)》의 교정에 참여했다. 저서로 《한강집(寒岡集)》이 있다.

32 회연서원(檜淵書院): 경상북도 성주군 수륜면 신정리에 있는 서원. 정구(鄭逑)의 학문과 덕행을 추모하기 위해 1622년(광해군 14)에 세웠다. 흥선대원군의 서원철폐령으로 훼철되었으나 1974년에 재건되었다.

  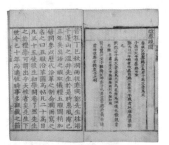

《오복연혁도》(국립민속박물관) 《오복연혁도》목차(국립민속박물관) 《오복연혁도》중 개장복도(改葬服圖)
(국립민속박물관)

용담향교 현재 모습(진안군청)

《오복연혁도(五服沿革圖)》[33] 1권

정구 지음. 용담향교(龍潭鄕校)[34] 소장. 인지 1권 2장.

성주 회연서원 소장. 인지 8장. 목판 일부가 빠짐.

《五服沿革圖》一卷

前人撰. 龍潭校宮藏. 印紙一卷二張.

星州 檜淵書院藏. 印紙八張. 缺.

---

33 오복연혁도(五服沿革圖): 조선 중기의 문신 정구(鄭逑, 1543~1620)가 다섯 가지의 상복(喪服)에 관한 연혁도를 작성한 책. 1책으로 구성되어 있으며, 1629년(인조 7)에 간행되었다.

34 용담향교(龍潭鄕校): 전라북도 진안군 용담면 옥거리에 있는, 고려시대에 건립된 향교.

《사례훈몽(四禮訓蒙)》[35] 1권

이항복(李恒福)[36] 지음. 성주 쌍계사(雙溪寺)[37] 소장. 인지 2권 10장.

《四禮訓蒙》一卷

李恒福撰. 星州 雙溪寺藏. 印紙二卷十張.

《가례고증(家禮考證)》[38] 7권

조호익(曺好益)[39] 지음. 영천(永川) 도잠서원(道岑書院)[40] 소장. 인지 6권 10장.

《家禮考證》七卷

曺好益撰. 永川 道岑書院藏. 印紙六卷十張.

《사례훈몽》(국립중앙박물관) 《사례훈몽》 첫 면(국립중앙박물관) 《사례훈몽》 발문(국립중앙박물관)

---

35 사례훈몽(四禮訓蒙) : 조선 중기의 문신 이항복(李恒福, 1556~1618)이 제의(祭儀)와 삼례(三禮)를 편성한 책. 1권 1책 86장으로 구성되었으며, 목판본이다.

36 이항복(李恒福) : 1556~1618. 조선 중기의 문신·학자. 자는 자상(子常), 호는 필운(弼雲)·백사(白沙)·동강(東岡). 1580년(선조 13) 알성 문과에 병과로 급제해 승문원부정자가 되었다. 그 뒤, 예문관봉교·성균관전적과 사간원의 정언 겸 지제교·수찬·이조좌랑 등을 역임했다. 저서로 《사례훈몽(四禮訓蒙)》·《노사영언(魯史零言)》 등이 있다.

37 쌍계사(雙溪寺) : 경상북도 김천시 증산면 수도리 불령산에 있었던 절. 6.25 전란 당시에 화재로 소실되었다.

38 가례고증(家禮考證) : 《주자가례(朱子家禮)》 가운데 내용이 이해하기 어려운 부분을 알기 쉽게 고증한 책. 7권 3책으로 구성되었으며, 목판본이다.

39 조호익(曺好益) : 1545~1609. 조선 중기의 문신. 이황의 문인이고, 임진왜란 때 전공을 세웠다. 저서로 《지산집(芝山集)》이 있다.

40 도잠서원(道岑書院) : 경상북도 영천시 대창면 용호리에 있는 서원. 조호익의 학문과 덕행을 추모하기 위해 1612년(광해군 4)에 세웠다. 처음에는 지봉서원(芝峯書院)이라 했다가, 숙종 때 사액을 받아 이름을 바꾸었다. 흥선대원군의 서원철폐령으로 훼철되었다가 1914년에 복원되었고, 1981년에 중수되었다.

《가례집람》(국립중앙박물관)   김장생 초상화(국립중앙박물관)

《가례집람(家禮輯覽)》[41] 11권

김장생(金長生)[42] 지음. 연산(連山) 돈암서원(遯巖書院)[43] 소장. 인지 12권.

《家禮輯覽》十一卷

沙溪撰. 連山 遯巖書院藏. 印紙十二卷.

《상례비요(喪禮備要)》[44] 2권

김장생이 신의경(申義慶)[45]이 지은 초본을 바탕으

《喪禮備要》二卷

前人因申義慶撰本修潤之.

41 가례집람(家禮輯覽) : 조선 중기의 학자 김장생(金長生)이 《가례(家禮)》를 증보하고 해설한 책. 10권 6책으로 구성되어 있다.

42 김장생(金長生) : 1548~1631. 조선 중기의 학자. 자는 희원(希元), 호는 사계(沙溪). 1578년(선조 11) 학행으로 천거되어 창릉참봉(昌陵參奉)이 되고, 동몽교관·인의(引儀)를 거쳐 정산현감(定山縣監)을 지냈다. 저서로 《사계선생전서(沙溪先生全書)》·《가례집람(家禮輯覽)》·《전례문답(典禮問答)》등이 있다.

43 돈암서원(遯巖書院) : 충청남도 논산시 연산면 임리에 있는 서원. 김장생(金長生)의 학문과 덕행을 추모하기 위해 1634년(인조 12)에 세웠다. 1660년(현종 1)에 사액을 받았으며, 흥선대원군의 서원철폐령 때 철폐되지 않고 존속한 서원 중의 하나이다.

44 상례비요(喪禮備要) : 조선 후기의 학자 신의경과 김장생이 지은, 전반적인 내용의 상례 지침서. 목판본이며, 2권 1책으로 구성되어 있다. 《가례(家禮)》를 위주로 하고 여러 학자의 예설(禮說)을 참고하여 상례의 식을 단계별로 알기 쉽게 기술한 예서이다. 초본은 신의경이 저술하였고, 이 초본을 기초로 김장생이 첨삭하고 증보하여 간행했다.

45 신의경(申義慶) : 1557~1648. 조선 중기의 학자. 자는 효직(孝直), 호는 서파(西坡). 1620년(광해군 12) 사마시에 입격하고 학행으로 천거되어 사헌부대관을 지냈다.

로 수정하고 다듬음. 북한산 태고사 소장. 인지 3권. 목판 마모됨.

연산 돈암서원 소장. 인지 2권 13장.

전주(全州) 석계서원(石溪書院)46 소장. 인지 3권 5장.

제주목 소장. 인지 2권 12장. 목판 마모되고 일부가 빠짐.

경상도관찰영 소장. 인지 3권 10장.

함경도관찰영 소장. 인지 5권 12장. 목판 마모됨.

평안도관찰영 소장. 인지 3권 4장. 목판 마모되고 일부가 빠짐.

영변부 소장. 인지 3권 3장.

北漢 太古寺藏. 印紙三卷. 刓.

連山 遯巖書院藏. 印紙二卷十三張.

全州 石溪書院藏. 印紙三卷五張.

濟州牧藏. 印紙二卷十二張. 刓缺.

嶺南 觀察營藏. 印紙三卷十張.

關北 觀察營藏. 印紙五卷十二張. 刓.

關西 觀察營藏. 印紙三卷四張. 刓缺.

寧邊府藏. 印紙三卷三張.

《상례비요》(국립중앙박물관)

《상례비요》 서문(국립중앙박물관)

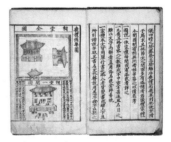

《상례비요》 중 사당도(祠堂圖)
(국립중앙박물관)

---

46 석계서원(石溪書院): 전라북도 전주시 완산구 인봉로에 있었던 서원. 건립시기는 미상.

《의례문해(疑禮問解)》[47] 4권·《의례문해속(疑禮問解續)》[48] 1권

《疑禮問解》四卷、《續解》一卷

김집(金集)[49] 편찬. 전주 석계서원 소장. 인지 7권. 목판 마모됨.

제주목 소장. 인지 7권 1장.

愼獨齋編. 全州 石溪書院藏. 印紙七卷. 刋.

濟州牧藏. 印紙七卷一張.

《의례문해》(국립중앙박물관)

《오복통고(五服通考)》[50] 9권

《五服通考》九卷

신설(申渫)[51] 지음. 성주 쌍계사 소장. 인지 4권 6장.

申渫撰. 星州 雙溪寺藏. 印紙四卷六張.

---

47 의례문해(疑禮問解) : 조선 중기의 학자 김장생(金長生, 1548~1631)이 예론을 모아 편찬한 예서(禮書). 목판본이며, 4권 4책으로 구성되어 있다.

48 의례문해속(疑禮問解續) :《의례문해》의 속편으로, 김장생의 아들 김집(金集, 1574~1656)이 내용을 보충하여 간행한 예서(禮書). 목판본이며, 1책으로 구성되어 있다.

49 김집(金集) : 1574~1656. 조선 중기의 문신·학자. 자는 사강(士剛), 호는 신독재(愼獨齋). 김장생(金長生)의 아들이다. 김장생과 함께 예학의 기본 체계를 완비했고, 송시열(宋時烈)에게 학문을 전하여 기호학파 형성에 중요한 역할을 했다. 연산의 돈암서원(遯巖書院), 임피의 봉암서원(鳳巖書院), 옥천의 창주서원(滄州書院), 황해도 봉산의 문정서원(文井書院), 부여의 부산서원(浮山書院), 광주(光州)의 월봉서원(月峯書院) 등에 제향되었다.

50 오복통고(五服通考) : 신설(申渫)이 상례(喪禮)에 상복(喪服)을 입는 예법에 대해 논한 책.

51 신설(申渫) : 1560~1631. 조선 중기의 문신. 자는 계수(季脩), 호는 하은(霞隱). 1591년(선조 24) 식년 문과에 병과로 급제한 뒤 홍문관검열을 지냈다. 이듬해 임진왜란이 일어나자 의병장으로 활약했다. 청주의 봉계서원(鳳溪書院)에 제향되었다. 저서로《의례고람(儀禮考覽)》·《상례통재(喪禮通載)》·《오복통고(五服通考)》가 있다.

《가례원류》(국립중앙박물관)

《가례원류》 1쪽(국립중앙박물관)

《사례문답(四禮問答)》[52] 4권

　　김응조(金應祖)[53] 지음. 영천군(榮川郡) 소장. 인지 5권.

《四禮問答》四卷

　　金應祖撰. 榮川郡藏. 印紙五卷.

《가례원류(家禮源流)》[54] 16권·《왕복서(往復書)》[55] 1권

　　유계(俞棨)[56] 지음. 임천(林川) 칠산서원(七山書院)[57] 소장. 인지 23권 5장.

《家禮源流》十六卷、《往復書》一卷

　　俞棨撰. 林川七山書院藏. 印紙二十三卷五張.

52　사례문답(四禮問答): 조선 후기의 문신 김응조(金應祖)가 선유(先儒)들의 예법에 관한 사례를 논한 학설을 모아 엮은 책. 4권 2책으로 구성되어 있다.

53　김응조(金應祖): 1587~1667. 조선 중기의 문신. 자는 효징(孝徵), 호는 학사(鶴沙)·아헌(啞軒). 1613년(광해군 5)에 생원시에 합격, 1623년에 인조가 즉위하자 알성 문과에 응시해 병과로 급제했다. 병조정랑·흥덕현감·선산부사 등을 역임했다. 안동의 물계서원(勿溪書院), 영천의 의산서원(義山書院)에 제향되었다. 저서로 《학사집(鶴沙集)》·《사례문답(四禮問答)》·《산중록(山中錄)》이 있다.

54　가례원류(家禮源流): 조선 중기의 문신 유계(俞棨)가 《주자가례(朱子家禮)》등의 가문 예법(禮法)에 관한 여러 글을 분류하여 정리한 책. 목판본이며, 19권 10책으로 구성되어 있다.

55　왕복서(往復書): 조선 후기의 문신 유상기(俞相基, 1651~1718)와 윤증(尹拯, 1629~1714)이 주고받은 편지를 모아 1718년에 간행한 서간집. 유계의 손자인 유상기가 할아버지 유계의 예법에 대해 윤증과 논쟁한 내용이 들어 있다.

56　유계(俞棨): 1607~1664. 조선 중기의 문신·학자. 자는 무중(武仲), 호는 시남(市南). 김장생(金長生)의 문인이다. 1633년 식년문과에 을과로 급제한 뒤, 대사간·공조참의·대사성·부제학·부승지 등을 지냈다. 저서로 《시남집(市南集)》이 있다.

57　칠산서원(七山書院): 충청남도 부여군 임천면 칠산리에 있는 서원. 조선 중기의 문신 유계의 학문과 덕행을 추모하기 위해 1687년(숙종 13)에 세웠다. 1697년(숙종 23)에 서원의 이름과 토지, 서적 등을 하사받아 사액서원이 되었다. 현재 충남문화재자료 제102호로 지정되었다.

《육례의집(六禮疑輯)》[58] 33권

　박세채 지음. 경상도관찰영 소장. 인지 32권 2장.

《삼례의(三禮儀)》[59] 1권

　박세채 지음. 의흥현(義興縣)[60] 소장. 인지 3권 2장. 목판 마모되고 일부가 빠짐.

　평안도관찰영 소장. 인지 1권 14장.

《남계예설(南溪禮說)》[61] 20권

　김간(金幹)[62] 편찬. 평양부 소장. 인지 21권 0.5장. 목판 마모되고 일부가 빠짐.

《명재의례문답(明齋疑禮問答)》[63] 8권

　윤증(尹拯)[64]의 문인들이 엮음. 노성(魯城)[65] 노강서

《六禮疑輯》三十三卷

　朴世采撰. 嶺南觀察營藏. 印紙三十二卷二張.

《三禮儀》一卷

　前人撰. 義興縣藏. 印紙三卷二張. 刓缺.

　關西觀察營藏. 印紙一卷十四張.

《南溪禮說》二十卷

　金幹編. 平壤府藏②. 印紙二十一卷半張. 刓缺.

《明齋疑禮問答》八卷

　門人編. 魯城魯岡書院藏.

58　육례의집(六禮疑輯):조선 후기의 학자 박세채(朴世采)가 사례 및 향례 등에 관한 제설을 뽑아 집대성한 책. 목판본이며 33권 14책으로 구성되어 있다.

59　삼례의(三禮儀):조선 후기의 학자 박세채가 관(冠)·혼(婚)·제(祭)의 3례에 관해서 주자의 《가례(家禮)》의 근본정신과 실제 행해지는 여러 제도를 상고하여 취합한 책. 목판본이며, 3권 1책으로 구성되어 있다.

60　의흥현(義興縣):경상북도 군위군 의흥면·고로면·산성면·부계면·우보면 일대.

61　남계예설(南溪禮說):조선 후기의 문신 박세채의 예론에 관한 문답·서찰·논설·고증 등을 발췌하여 만든 책. 목판본이며, 20권 10책으로 구성되어 있다.

62　김간(金幹):1646~1732. 조선 후기의 문신. 자는 직경(直卿), 호는 후재(厚齋). 1694년(숙종 20) 학행으로 천거되어 전설사별검·청양현감을 거쳐 호조참의·대사헌에 이르렀다. 예설(禮說)에 조예가 깊어 선인들의 문집 가운데 예설을 뽑아 정리하여 《동유예설(東儒禮說)》을 편찬했다. 그밖에 많은 저서가 있다.

63　명재의례문답(明齋疑禮問答):조선 후기의 학자 윤증(尹拯)이 제자 및 당시 학자들에게 예(禮)에 대해 문답한 내용을 항목별로 분류하고 편집하여 간행한 책. 목판본이며, 8권 4책으로 구성되어 있다.

64　윤증(尹拯):1629~1714. 조선 후기의 학자. 자는 자인(子仁), 호는 명재(明齋). 서인이 노론과 소론으로 분리될 때 소론의 영수로 추대되어 송시열(宋時烈)과 대립했다. 저서로 《명재유고(明齋遺稿)》·《명재의례문답(明齋疑禮問答)》·《명재유서(明齋遺書)》등이 있다.

65　노성(魯城):충청남도 논산시 노성면·광석면 일대.

②　藏:저본에는 없음. 《鏤板考·經部·禮類》에 근거하여 보충.

윤증 초상화(국립중앙박물관)   노강서원(논산시 문화관광자료)

원(魯岡書院)[66] 소장. 인지 15권 13장.

印紙十五卷十三張.

《노사영언(魯史零言)》[67] 29권

《魯史零言》二十九卷

　이항복(李恒福) 지음. 성주 쌍계사 소장. 인지 24
권. 목판 일부가 빠짐.

李恒福撰. 星州雙溪寺藏.
印紙二十四卷. 缺.

《대학장구보유(大學章句補遺)》[68] 1권·《속혹문(續或問)》
1권

《大學章句補遺》一卷、《續
或問》一卷

　이언적(李彦迪) 지음. 경주 옥산서원 소장. 인지 1
권 3.5장.

晦齋撰. 慶州玉山書院藏.
印紙一卷三張又半張.

66　노강서원(魯岡書院) : 충청남도 논산시 광석면 오강리에 있는 서원. 조선 중기의 문신 윤황(尹煌)의 학문과
　　덕행을 추모하기 위해 1675년(숙종 1)에 위패를 모셨고, 1682년(숙종 8)에 노강(魯岡)이라는 사액을 받아
　　사액서원으로 승격되었다. 1974년에 충청남도유형문화재 제30호로 지정되었다가, 2011년에 보물 제1746
　　호로 승격되었다.
67　노사영언(魯史零言) : 조선 중기의 문신·학자 이항복(李恒福, 1556~1618)이 《춘추좌씨전(春秋左氏傳)》과
　　《외전(外傳)》을 참고하여 노나라의 역사를 사류에 따라 분류한 책. 목판본이며, 30권 15책으로 구성되어
　　있다.
68　대학장구보유(大學章句補遺) : 조선 전기의 문신 이언적(李彦迪, 1491~1553)이 송나라의 주희가 지은 《대
　　학장구(大學章句)》에서 문맥이 잘 통하지 않는 점을 개선하기 위해 편장의 서차를 바꾸어 새롭게 해석한
　　책. 목판본이며, 1책으로 구성되어 있다.

《노사영언》(국립중앙박물관)

《노사영언》 서문(국립중앙박물관)

《대학동자문답(大學童子問答)》[69] 1권

　조호익 지음. 영천 도잠서원 소장. 인지 16장.

《大學童子問答》一卷

　曹好益撰. 永川 道岑書院藏. 印紙十六張.

《악학궤범(樂學軌範)》[70] 9권

　성종(成宗) 때 왕명을 받아 지음. 장악원(掌樂院)[71] 소장. 인지 5권 11.5장.

《樂學軌範》九卷

　成宗朝奉敎撰. 掌樂院藏. 印紙五卷十一張又半張.

《사성통해(四聲通解)》[72] 2권

　중종(中宗) 때 왕명을 받아 지음. 사역원(司譯院)[73] 소장. 인지 5권 1장.

《四聲通解》二卷

　中宗朝奉敎撰. 司譯院藏. 印紙五卷一張.

69　대학동자문답(大學童子問答) : 조선 중기의 학자 조호익(曹好益, 1545~1609)이 《대학》을 해설한 책. 목판본이며, 1책으로 구성되어 있다.

70　악학궤범(樂學軌範) : 조선 초기 성종(成宗, 재위 1469~1494)의 명에 따라 성현(成俔, 1439~1504) 등이 편찬한 궁중 음악서. 성종 24년(1493)에 간행했으며, 9권 3책으로 구성되었다.

71　장악원(掌樂院) : 조선 시대 궁중에서 연주되는 음악 및 무용에 관한 모든 일을 맡아보던 관청. 임진왜란 당시에 기존의 건물이 소실되어 선조(宣祖) 말기에 서울 명동의 구(舊) 내무부청사 자리에 1만 평 규모로 수백 칸의 건물을 설립하여 1904년 일제에 의해 군용 숙소로 용도가 변경되기 전까지 사용되었다.

72　사성통해(四聲通解) : 1517년(중종 12) 최세진(崔世珍, 1473~1542)이 한자를 운(韻)에 따라 분류한 자서. 목판본이며, 2권 2책으로 구성되어 있다.

73　사역원(司譯院) : 고려와 조선 시대에 외국어의 통역과 번역에 관한 일을 관장하기 위해 설치되었던 관청. 총 552칸의 규모로 지금의 서울특별시 종로구 적선동과 도렴동에 걸쳐 있었다.

《규장전운(奎章全韻)》[74] 2권

정조(正祖) 때 왕명을 받아 지음. 주자소(鑄字所)[75] 소장. 큰 판본과 작은 판본 2가지가 있으며, 모두 인지 2권 5장이다.

《奎章全韻》二卷

正宗朝奉敎撰. 鑄字所藏. 有大小二本, 竝印紙二卷五張.

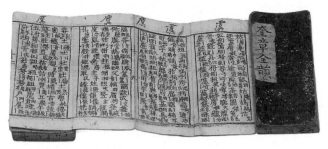

《규장전운》(국립민속박물관)

《예부운략(禮部韻略)》[76] 4권·《옥편(玉篇)》[77] 1권

송나라 구옹(丘雍)[78] 지음. 청도 선암서원(仙巖書院)[79] 소장. 인지 4권 5장.

《禮部韻略》四卷、《玉篇》一卷

宋 丘雍撰. 淸道 仙巖書院藏. 印紙四卷五張.

---

74 규장전운(奎章全韻): 1800년(정조 24) 왕의 명령으로 규장각에서 펴낸 책으로, 한자의 운(韻)자에 관한 사전. 목판본이며, 2권 1책으로 구성되어 있다.

75 주자소(鑄字所): 조선 시대 활자의 주조를 관장하던 관청.

76 예부운략(禮部韻略): 중국 송나라의 학자 구옹(丘雍) 등이 기존의 운서(韻書)인 《운략(韻略)》을 수정·보완하여 1037년에 간행한 사전.

77 옥편(玉篇): 중국 육조(六朝) 시대에 만들어진 자전. 육조시대 양(梁)나라의 고야왕(顧野王, 519~581)이 543년에 편찬했으며, 총 30권으로 구성되었다.

78 구옹(丘雍): ?~?. 중국 북송 시기의 학자. 진팽년(陳彭年, 961~1017) 등과 함께 《광운(廣韻)》을 중수했다. 저서로 《교정운략(校定韻略)》 5권이 있다.

79 선암서원(仙巖書院): 경상북도 청도군 금천면 신지리에 있는 서원. 조선 중기의 문신 김대유(金大有, 1479~1551)와 박하담(朴河淡, 1479~1516)의 학문과 덕행을 추모하기 위해 1568년(선조 1)에 세우고, 향현사(鄕賢祠)라 명명했다. 1577년(선조 10)에 군수 황응규(黃應奎)가 선암으로 위패를 옮기고 선암서원으로 이름을 바꿨다. 1868년 흥선대원군의 서원철폐령으로 훼철되었다가, 1878년(고종 15)에 박하담의 후손들이 재건했다.

《증보삼운통고(增補三韻通考)》[80] 1권

본조 김제겸(金濟謙)[81]·성효기(成孝基)[82]가 함께 편찬. 북한산 태고사 소장. 인지 2권 13장. 목판 마모됨.

순창군 소장. 인지 2권 10장. 목판 마모됨.

제주목 소장. 인지 2권 1장.

청도군 소장. 인지 2권 9장.

함경도관찰영 소장. 인지 2권 4장. 목판 마모되고 일부가 빠짐.

《삼운통고보유(三韻通考補遺)》[83] 5권

박두세(朴斗世)[84] 지음. 노성 노강서원 소장. 인지 4권.

울산부(蔚山府) 소장. 인지 7권 15장.

《增補三韻通考》一卷

本朝金濟謙、成孝基同編.

北漢 太古寺藏. 印紙二卷十三張. 刊.

淳昌郡藏. 印紙二卷十張. 刊.

濟州牧藏. 印紙二卷一張.

清道郡藏. 印紙二卷九張.

關北觀察營藏. 印紙二卷四張. 刊缺.

《三韻通考補遺》五卷

朴斗世撰. 魯城 魯岡書院藏. 印紙四卷.

蔚山府藏. 印紙七卷十五張.

---

80 증보삼운통고(增補三韻通考): 조선 시대에 편찬된 운서인 《삼운통고(三韻通考)》를 보완하여 간행한 책. 기존의 《삼운통고》에 상세한 주해(註解)를 덧붙여 증보한 책이 박두세(朴斗世)의 《삼운보유(三韻補遺)》이고, 숙종 때 김제겸(金濟謙)과 성효기(成孝基)가 이 책을 다시 증보해서 편찬한 책이 《증보삼운통고(增補三韻通考)》이다. 박성원(朴性源 1697~1767)은 이 책의 체제와 내용을 바탕으로 하여 한글로 중국 자음(字音)과 한국식 한자음을 표시하여 《화동정음통석운고(華東正音通釋韻考)》를 편찬했다.

81 김제겸(金濟謙): 1680~1722. 조선 후기의 문신. 자는 필형(必亨), 호는 죽취(竹醉). 1719년 증광 문과에 병과로 급제한 뒤, 정언·헌납·응교·교리·승지 등을 역임했다. 저서로 《죽취고(竹醉藁)》가 있다.

82 성효기(成孝基): 1701~?. 조선 후기의 문신. 자는 백원(百源). 1733년(영조 9) 계축식년 사마시에 진사 3등으로 합격한 뒤, 찰방을 지냈다.

83 삼운통고보유(三韻通考補遺): 《삼운통고》를 증보한 운서(韻書). 1702년(숙종 28)에 간행되었다. 목판본이며, 5권 2책으로 구성되어 있다.

84 박두세(朴斗世): 1650~1733. 조선 후기의 문신·학자. 자는 사앙(士仰). 1682년(숙종 8) 증광문과에 을과로 급제했다. 홍문관직·진주목사·지중추부사를 지냈다. 저서로 《삼운보유(三韻補遺)》·《증보삼운통고(增補三韻通考)》가 있다.

《전해심경》 권3(국립민속박물관)

《전해심경(篆海心鏡)》[85] 5권

　김진흥(金振興)[86] 지음. 함경도관찰영 소장. 인지 4
권 10장. 목판 마모되고 일부가 빠짐.

《화동정음통석운고(華東正音通釋韻考)》[87] 2권

　박성원(朴性源)[88] 지음. 주자소 소장. 인지 2권
15.5장.

　사역원 소장. 인지 2권 13.5장.

　전라도관찰영(전주) 소장. 인지 2권 15장.

　평안도관찰영 소장. 인지 2권 15.5장.

《篆海心鏡》五卷

　金振興撰. 關北觀察營藏.
印紙四卷十張. 刓缺.

《華東正音通釋韻考》二卷

　朴性源撰. 鑄字所藏. 印
紙二卷十五張又半張.

　司譯院藏. 印紙二卷十三
張又半張.

　湖南觀察營藏. 印紙二卷
十五張.

　關西觀察營藏. 印紙二卷
十五張又半張.

85　전해심경(篆海心鏡) : 조선 후기의 서예가 김진흥(金振興, 1621~?)이 전서(篆書)의 각체에 대하여 기술한
　　책. 목판본이며, 5권 2책으로 구성되어 있다.

86　김진흥(金振興) : 1621~?. 조선 후기의 서예가. 자는 흥지(興之)·대이(待而), 호는 송계(松溪). 1654년 역과
　　(譯科)에 급제하였는데, 글씨를 잘 써 전문학관(篆文學官)에 등용되었으며, 관직은 호군(護軍)에 이르렀다.

87　화동정음통석운고(華東正音通釋韻考) : 1747년(영조 23)에 박성원(朴性源)이 저술한 운서. 목판본이며, 2
　　권 1책으로 구성되어 있다.

88　박성원(朴性源) : 1697~1767. 조선 후기의 학자. 자는 사준(士濬), 호는 포암(圃菴)이다. 진사(進士)를 지
　　냈으며 예학(禮學)에 뛰어났고 음운학(音韻學)에도 밝았다. 저서로 《화동정음통석운고(華東正音通釋韻
　　考)》·《화동협음통석(華東叶音通釋)》·《제례초(祭禮抄)》 등이 있다.

2) 역사류

《사기평림(史記評林)》[89] 131권

명나라 능치융(凌稚隆)[90] 지음. 우리나라에서 새긴
판본은 간행할 때 평어(評語)[91]를 삭제했는데도 여전
히 '평림(評林)'이란 명칭을 썼다. 전라도관찰영 소장.
인지 64권 5.5장. 목판 마모됨.

《한서평림(漢書評林)》[92] 101권

명나라 능치융 지음. 우리나라에서 새긴 판본은
간행할 때 평어(評語)를 삭제했는데도 《사기평림》과
같이 '평림(評林)'이란 명칭을 그대로 썼다. 경상도관
찰영 소장. 인지 74권.

《한준(漢雋)》[93] 4권

지은이의 성명이 드러나있지 않음. 장성부(長城府)
소장. 인지 7권 3.5장. 목판 마모됨.

史類

《史記評林》一百三十一卷

明 凌稚隆撰. 我東刻本刊
去評語, 猶冒評林之名. 湖
南觀察營藏. 印紙六十四
卷五張又半張. 刓.

《漢書評林》一百一卷

前人撰. 東刻之刊去評語,
與《史記》同. 嶺南觀察營
藏. 印紙七十四卷.

《漢雋》四卷

不著選人姓氏. 長城府藏.
印紙七卷三張又半張. 刓.

---

89 사기평림(史記評林) : 중국 명나라 능치융(凌稚隆)이 편찬한 역사서. 송나라 때 편찬된 《사기집해(史記集
解)》와 당나라의 사마정(司馬貞)과 장수절(張守節)이 각기 편찬한 《사기색은(史記索隱)》과 《사기정의(史
記正義)》30권 및 기타 다른 학자들의 견해를 모아 본문 아래에 세주의 형태로 평어(評語)를 적어 넣은 책
이다.

90 능치융(凌稚隆) : ?~?. 중국 명나라의 학자·조판인쇄가. 자는 이동(以棟), 호는 뇌천(磊泉). 1556년에 진
사에 급제하여 대명부통판(大名府通判)을 지냈다. 《만성류원(萬姓類苑)》46卷·《사기평림(史記評林)》130
卷·《한서평림(漢書評林)》100卷·《사기찬(史記纂)》24卷·《오차운단(五車韻端)》·《문림기수(文林綺繡)》등
을 편찬했고, 아울러 인쇄했다.

91 평어(評語) : 우리나라에서 새로 간행하기 이전 판본에는 《사기》의 각 기사에 해당하는 평론인 두주(頭註)
가 첨부되어 있었던 것으로 보인다.

92 한서평림(漢書評林) : 명나라 능치융이 주해(註解)한 한나라의 역사서. 《사기평림》을 저술한 방식과 같이
반고(班固)의 《한서(漢書)》본문 아래에 세주의 형태로 평어(評語)를 적어 넣은 책이다.

93 한준(漢雋) : 전라도 장성부에서 《한서(漢書)》의 열전(列傳) 중에서 뛰어난 부분만을 선집하여 간행한 책.
편찬자가 김상헌(金尙憲, 1636~1652)이라는 설과, 박주종(朴周鍾, 1813~1887)이라는 설이 있다. 현전하
는 조선본 《한서》선집(選集) 가운데 가장 많은 작품을 수록하고 있고, 내용면에서 비교적 완정한 텍스트
로서의 가치가 있다.

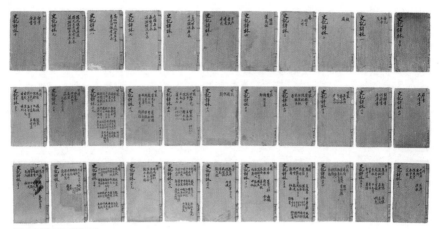

《사기평림》(국립중앙박물관)

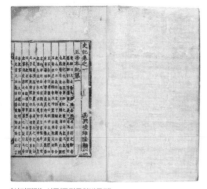

《사기평림》 서문(국립중앙박물관)

《사한일통》(국립중앙박물관)

《사한일통(史漢一統)》[94] 16권

　　지은이의 성명이 드러나있지 않음. 경주부(慶州府)
소장. 인지 24권 10.5장. 목판 마모됨.

《史漢一統》十六卷

不著選人名氏. 慶州府藏.
印紙二十四卷十張又半張.
刊.

94　사한일통(史漢一統): 17세기 중반(1649~1653)에 사마천의 《사기》와 반고의 《한서》에서 일부 내용을 발췌
　　하여 편찬한 책. 이 책은 17세기 중반 평점(評點) 비평의 수용 방식을 살펴보는 데 있어서 중요한 가치가 있다.

《삼국지(三國誌)》[95] 65권

　진(晉)나라 진수(陳壽)[96] 지음. 제주목 소장. 인지 25권 0.5장. 목판 마모되고 일부가 빠짐

《三國誌》六十五卷

晉 陳壽撰. 濟州牧藏. 印紙二十五卷又半張. 刓缺.

《훈의자치통감강목(訓義資治通鑑綱目)》[97] 159권

　본조 세종 때 왕명을 받아 편찬. 전라도관찰영 소장. 인지 161권 2장. 목판 마모됨.

《訓義資治通鑑綱目》一百③五十九卷

本朝世宗朝奉教編. 湖南觀察營藏. 印紙一百六十一卷二張. 刓.

《통감절요(通鑑節要)》[98] 50권

　송나라 강지(江贄)[99] 지음. 남한산성 개원사 소장. 인지 33권 5장. 목판 마모되고 일부가 빠짐.

　북한산 태고사 소장. 인지 33권 5장. 목판 마모되고 일부가 빠짐.

　제주목 소장. 인지 30권 2장. 목판 마모되고 일부가 빠짐.

　안동부 소장. 인지 33권. 목판 마모됨.

《通鑑節要》五十卷

宋江贄撰. 南漢開元寺藏. 印紙三十三卷五張. 刓缺.

北漢 太古寺藏. 印紙三十三卷五張. 刓缺.

濟州牧藏. 印紙三十卷二張. 刓缺.

安東府藏. 印紙三十三卷. 刓.

---

95 삼국지(三國誌): 중국 삼국시대의 역사서. 〈위서(魏書)〉 30권·〈촉서(蜀書)〉 15권·〈오서(吳書)〉 20권 합 65권으로 되어 있다. 《사기》·《한서》·《후한서》와 함께 중국 전사사(前四史)로 불린다.

96 진수(陳壽): 233~297. 중국 서진(西晉)의 역사가. 자는 승조(承祚). 촉한(蜀漢)에서 관각영사(觀閣令史)에 올랐다가 아부하지 않는다고 쫓겨났다. 진나라가 들어서자 효렴(孝廉)으로 천거되어 저작좌랑(著作佐郎)에 올랐고, 외직으로 양평령(陽平令)을 지냈다. 저서로 《고국지(古國志)》·《익도기구전(益都耆舊傳)》이 있다.

97 훈의자치통감강목(訓義資治通鑑綱目): 세종(世宗, 재위 1418~1450)이 신하들에게 《자치통감(資治通鑑)》 훈의(訓義)를 만들게 하여 세종 20년(1438)에 간행한 책. 활자본이며, 총 139권으로 구성되어 있다.

98 통감절요(通鑑節要): 중국 송나라의 문인 강지(江贄)가 휘종(徽宗, 재위 1100~1125) 때 편찬한 역사서. 사마광(司馬光)의 《자치통감(自治通鑑)》 중 중요한 내용을 간추려 편찬하였다.

99 강지(江贄): ?~?. 중국 송나라의 문인. 자는 숙규(叔圭). 소미선생(少微先生)이라고도 부른다. 과거에 급제한 후 벼슬길에 올랐으나 얼마 뒤에 은거하고 역사서 편찬에 몰두하였다.

③ 一百: 저본에는 없음. 일반적인 용례에 근거하여 보충.

함경도관찰영 소장. 인지 35권. 목판 마모됨.

평안도관찰영 소장. 인지 35권 2장. 목판 일부가 빠짐.

《십구사략통고(十九史略通考)》[100] 8권

명나라 증선지(曾先之)[101] 지음. 남한산성 개원사 소장. 인지 15권 10장. 목판 마모되고 일부가 빠짐.

북한산 태고사 소장. 인지 15권 10장. 목판 마모됨.

전라도좌절도영[湖南左節度營][102] 소장. 인지 15권. 목판 마모됨.

제주목 소장. 인지 17권 10장. 목판 마모되고 일부가 빠짐.

경주부 소장. 〈명기(明紀)〉 1권을 첨부하여 판각. 인지 17권 14장. 목판 마모됨.

함경도관찰영 소장. 인지 15권. 목판 마모됨.

영변부 소장. 인지 12권 11.5장. 목판 마모됨.

關北觀察營藏. 印紙三十五卷. 刊.

關西觀察營藏. 印紙三十五卷二張. 缺.

《十九史略通考》八卷

明 曾先之撰. 南漢 開元寺藏. 印紙十五卷十張. 刊缺.

北漢 太古寺藏. 印紙十五卷十張. 刊.

湖南左節度營藏. 印紙十五卷. 刊.

濟州牧藏. 印紙十七卷十張. 刊缺.

慶州府藏. 附刻《明紀》一卷. 印紙十七卷十四張. 刊.

關北觀察營藏. 印紙十五卷. 刊.

寧邊府藏. 印紙十二卷十一張又半張. 刊.

---

100 십구사략통고(十九史略通考): 중국 원(元)나라의 문인 증선지(曾先之)가 편찬하고 명(明)나라의 문인 여진(余進)이 통고(通考, 원고를 모두 상고함)한 책. 아동들에게 중국 역사를 학습시키기 위하여 간행되었다.

101 증선지(曾先之): ?~?. 중국 송나라 말, 원나라 초기의 문인. 자는 종야(從野), 호는 전진사(前進士). 증선지가 편찬한 《십구사략(十九史略)》은 후대에 《십팔사략(十八史略)》이라는 이름으로 널리 유포되었다.

102 전라도좌절도영[湖南左節度營]: 전라도 수군절도사가 있는 본영(本營). 성종 10년(1479) 순천 내래포에 수군절도영을 설치하였다. 줄여서 전라좌수영이라고도 한다.

《역대통감찬요(歷代通鑑纂要)》[103] 92권

명나라 홍치(弘治) 연간(1488~1505)에 황제의 명을 받아 지음. 경상도관찰영 소장. 인지 88권.

《歷代通鑑纂要》九十二卷

明 弘治中奉勅撰. 嶺南觀察營藏. 印紙八十八卷.

《여사제강(麗史提綱)》[104] 23권

본조 유계(俞棨) 지음. 경상도관찰영 소장. 인지 19권 15장.

《麗史提綱》二十三卷

本朝俞棨撰. 嶺南觀察營藏. 印紙一十九卷十五張.

《동국통감제강(東國通鑑提綱)》[105] 14권

홍여하(洪汝河) 지음. 상주 근암(近巖)[106] 향현사(鄉賢祠)[107] 소장. 인지 11권 5장.

《東國通鑑提綱》十四卷

洪汝河撰. 尙州 近巖 鄉賢祠藏. 印紙十一卷五張.

《황극일원도(皇極一元圖)》[108] 2권

영조 때에 왕명을 받아 지음. 교서관(校書館)[109] 소장. 인지 3권 3장. 목판 마모됨.

《皇極一元圖》二卷

英宗朝奉敎撰. 校書館藏. 印紙三卷三張. 刓.

---

103 역대통감찬요(歷代通鑑纂要) : 중국 명(明)나라의 문인이자 정치가인 이동양(李東陽, 1447~1516)이 편찬한 역사서. 증선지의 《십구사략(十九史略)》과 유서(劉恕)의 《통감(通鑑)》이 지닌 단점을 보완해서 편찬했다.

104 여사제강(麗史提綱) : 조선 후기의 학자 유계(俞棨, 1607~1664)가 편찬한 고려의 역사서. 김부식(金富軾)의 《삼국사기》는 그 내용이 허황되어 신뢰할 수 없고, 《고려사》는 역대 전사(全史)의 체제를 모방했기 때문에 내용파악이 곤란하며, 《동국통감》은 강(綱)·목(目)의 구별과 편년(編年)의 차례가 없어서 독자가 그 강요(綱要)를 알 수 없기 때문에 이 책을 편찬했다고 한다.

105 동국통감제강(東國通鑑提綱) : 1672년(현종 13)에 홍여하(洪汝河)가 편찬한, 서당 아동 교육용 국사책. 1786년(정조 10)에 간행. 《동국통감》을 주자(朱子)의 강목법(綱目法)에 따라 수정하여 편찬했다.

106 근암(近巖) : 경상북도 문경시 산북면 일대. 현재 경상북도 유형문화재 제377호인 근암서원(近巖書院)이 남아 있다.

107 향현사(鄉賢祠) : 지방 현사(賢士)의 위패(位牌)를 모신 사당.

108 황극일원도(皇極一元圖) : 조선 영조 때 서명응(徐命膺)이 지음. 중국 송(宋)나라 소옹(邵雍, 1011~1077)이 지은 《황극경세서(皇極經世書)》를 본떠서 우리나라와 중국의 역사를 기록한 사서(史書).

109 교서관(校書館) : 조선 시대 경적(經籍)의 인쇄와 교정 및 반포를 담당하던 기관. 지금의 서울특별시 종로구 경복궁 안쪽에 있던 규장각에 소속되어 있었다.

《영조조국조보감》(국립고궁박물관)

《국조보감(國朝寶鑑)》[110] 68권·《국조보감별편(國朝寶鑑 別編)》[111] 7권

　정조 때 왕명을 받아 지음. 교서관 소장. 인지 44 권 15.5장.

《龍飛御天歌》[112] 10권

　세종 때 왕명을 받아 지음. 경상도관찰영 소장. 인지 15권 10장. 목판 마모됨.

《國朝寶鑑》六十八卷、《別 編》七卷

正宗朝奉敎撰. 校書館藏. 印紙四十四卷十五張又半 張.

《龍飛御天歌》十卷

世宗朝奉敎撰. 嶺南觀察 營藏. 印紙十五卷十張. 刊.

---

110 국조보감(國朝寶鑑): 1782년(정조 6)에 정종·단종·세조·예종·성종·중종·인종·명종·인조·효종·현종· 경종·영조 등 13조의 보감을 조경(趙璥) 등에게 명해 찬수하게 했다. 숙종 때 완성된 태조·태종·세종·문 종 4조의 보감과 선조 1대의 사적을 찬집한 《선묘보감(宣廟寶鑑)》, 숙종 1대의 사적을 찬집한 《숙묘보감 (肅廟寶鑑)》을 합하여 《국조보감》 68권 19책을 완성했다. 후대에 지난 왕조의 사적을 더하여 다시 개편되 었다.

111 국조보감별편(國朝寶鑑別編): 위의 보감과는 별도로 인조·효종·현종·숙종·영조·정조·순조·익종의 존양 (尊攘, 왕실을 존숭하고 이적을 배척함)에 관한 사실을 뽑아 기록했다. 후왕들에게 모범이 될 교훈을 기록 한 책.

112 용비어천가(龍飛御天歌): 조선 세종 때 선조인 목조에서 태종에 이르는 6대의 행적을 노래한 10권의 목판 본 서사시. 조선 건국의 정당성을 강조하고, 신하들과 백성들에게 충성과 교화를 권고하려는 의도로 지어 졌다.

《북도능전지(北道陵殿誌)》[113] 8권

영조 때 왕명을 받아 지음. 함경도관찰영 소장. 인지 5권 10장. 목판 마모됨.

《北道陵殿誌》八卷

英宗朝奉教撰. 關北觀察營藏. 印紙五卷十張. 刊.

《징비록(懲毖錄)》[114] 16권

류성룡(柳成龍)[115] 지음. 안동 병산서원(屏山書院)[116] 소장. 인지 2권 6장.

《懲毖錄》十六卷

柳成龍撰. 安東 屏山書院藏. 印紙二卷六張.

《징비록》(국립중앙박물관)

---

113 북도능전지(北道陵殿誌): 함경도에 흩어져 있는 조선왕조 선계(先系)의 각 능(陵)·전(殿)·궁(宮)에 대한 기록.

114 징비록(懲毖錄): 임진왜란 때 도체찰사(都體察使)와 영의정으로, 국난을 극복했던 서애(西厓) 류성룡(柳成龍, 1542~1607)이 1592년부터 1598년까지 자신의 경험을 바탕으로 전쟁의 배경·진행상황·결과 등을 회고하며 후대에게 교훈을 전하기 위해 쓴 수기(手記).《시경(詩經)》〈주송(周頌)〉 "소비(小毖)"에 "내 지난 일을 징계하여 후환을 삼가리라.(子其懲而毖後患)"라는 구절에서 제목을 따왔다.

115 류성룡(柳成龍): 1542~1607. 조선 중기의 문신·학자. 자는 이현(而見), 호는 서애(西厓). 1564년(명종 19) 사마시를 거쳐 1566년 별시문과에 병과로 급제하여 승문원 권지부정자가 되었다. 이듬해 예문관검열과 춘추관기사관을 겸하였고, 그 후 경연검토관·교리·응교 및 직제학 등을 지냈다. 1592년 임진왜란이 일어나자 도체찰사(都體察使)로 군무를 총괄하여 이순신(李舜臣)·권율(權慄) 등 명장을 등용했다. 영의정이 되어 왕을 호종하여 평양에 이르렀는데, 나라를 그르쳤다는 반대파의 탄핵을 받고 면직되었다. 그 후로 다시 영의정이 되어 4도 도체찰사를 겸하여 군사를 총지휘하며 화기제조와 성곽수축 등 군비확충에 노력했다. 저서로 《징비록(懲毖錄)》·《상례고증(喪禮考證)》·《신종록(愼終錄)》·《영모록(永慕錄)》·《난후잡록(亂後雜錄)》이 있다.

116 병산서원(屏山書院): 본래 경상북도 안동시 풍산읍에 있던 풍악서당을 모체로 하여 건립되었다. 이 서당이 읍내 도로변에 있어 시끄러워 공부하기에 적당하지 않다는 이유로 1572년(선조 5)에 서애(西厓) 류성룡(柳成龍, 1542~1607)이 현재의 위치로 옮겼다. 임진왜란으로 소실되었다가 1607년 재건되었다. 풍악서당이 서원으로 된 시점은 1614년(광해군 6) 사당을 건립하고 류성룡의 위패를 모시면서부터이다.

용궁현(龍宮縣)[117] 소장. 인지 11권 15장. 목판 마모됨.

龍宮縣藏. 印紙十一卷十五張. 刊.

《진주서사(晉州敍事)》[118] 1권

안방준(安邦俊)[119] 지음. 순천부(順天府) 소장. 인지 4.5장. 목판 마모됨.

《晉州敍事》一卷

安邦俊撰. 順天府藏. 印紙四張又半張. 刊.

《삼강행실도(三綱行實圖)》[120] 3권

세종 때 왕명을 받아 편찬. 황해도관찰영 소장. 인지 2권 18장. 목판 마모됨.

능주목(綾州牧)[121] 소장. 인지 2권 15.5장.

경상도관찰영 소장. 인지 2권 10장. 목판 마모되고 일부가 빠짐.

함경도관찰영 소장. 인지 2권 19장. 목판 마모되고 일부가 빠짐.

평안도관찰영 소장. 인지 2권 18장. 목판 마모되고 일부가 빠짐.

《三綱行實圖》三卷

世宗朝奉敎撰. 海西觀察營藏. 印紙二卷十八張. 刊.

綾州牧藏. 印紙二卷十五張又半張.

嶺南觀察營藏. 印紙二卷十張. 刊缺.

關北觀察營藏. 印紙二卷十九張. 刊缺.

關西觀察營藏. 印紙二卷十八張. 刊缺.

---

117 용궁현(龍宮縣) : 경상북도 예천군 용궁면 일대.

118 진주서사(晉州敍事) : 조선 중기의 문신 안방준(安邦俊)이 임진왜란 때 진주성(晉州城) 전투에서 장렬하게 전사한 사람들 가운데 잘 알려지지 않은 이들의 행적을 찾아내어 기록한 책.

119 안방준(安邦俊) : 1573~1654. 조선 중기의 문신. 인조반정의 공신인 김류(金瑬)·이귀(李貴)와 비공신계인 성문준(成文濬)·송준길(宋浚吉) 등과 친교가 있어서, 서인 집권 하에서는 호남 지방을 대표하는 학자로 조정에 거듭 천거되었다.

120 삼강행실도(三綱行實圖) : 행실이 바른 사람들의 사적을 기록한 책. 조선 세종 16년(1434)에 우리나라와 중국의 효자·충신·열녀 각각 110명의 행적을 한문과 그림으로 설명하였다. 3권 3책 목판본. 《언해본 삼강행실도》는 한글 창제 이후 110명씩을 35명씩으로 각각 줄여서 3권 1책으로 성종 12년(1481)에 간행했다.

121 능주목(綾州牧) : 1632부터 1895년까지 전라남도 화순군 능주면 일대의 옛 행정 구역. 원래 능성현이 있는데 1632년(인조 10)에 인헌 왕후 구씨의 성향(姓鄕)이라 하여 목으로 승격되고, 목사가 부임하였고, 1895년 5월 1일 전국을 23부제(府制)로 개편하면서 부·목·군·현의 고을 등급 구분을 군으로 통일할 때 나주부 능주군이 되었다.

《속삼강행실도(續三綱行實圖)》[122] 3권

중종 때 왕명을 받아 지음. 평안도관찰영 소장. 인지 2권 12장. 목판 일부가 빠짐.

《續三綱行實圖》三卷

中宗朝奉敎撰. 關西觀察營藏. 印紙二卷十二張. 缺.

《이륜행실도(二倫行實圖)》[123] 1권

조신(曺伸)[124] 지음. 황해도관찰영 소장. 인지 1권 7장. 목판 마모됨.

함경도관찰영 소장. 인지 1권 14장. 목판 마모되고 일부가 빠짐.

평안도관찰영 소장. 인지 1권 7장.

《二倫行實圖》一卷

曺伸撰. 海西觀察營藏. 印紙一卷七張. 刓.

關北觀察營藏. 印紙一卷十四張. 刓缺.

關西觀察營藏. 印紙一卷七張.

《효행록(孝行錄)》[125] 1권

고려 이제현(李齊賢)[126] 지음. 경주 구강서원(龜岡書

《孝行錄》一卷

高麗 李齊賢撰. 慶州 龜岡

---

122 속삼강행실도(續三綱行實圖) :《삼강행실도》의 속편. 1514년(중종 9)에 대제학 신용개(申用漑, 1463~1519) 등이 편찬했다.

123 이륜행실도(二倫行實圖) : 유교의 기본 윤리인 오륜 중에 이륜인 장유유서(長幼有序)와 붕우유신(朋友有信)을 민간에 널리 가르치기 위해 언해하여 간행한 책. 이 책은 본래 김안국(金安國)이 경연(經筵)에서 중종에게 전통적인 유교 정치를 회복하고, 나라의 윤리적 규범을 재정립할 필요가 있음을 피력함에 따라 왕명으로 편찬하게 되었다.

124 조신(曺伸) : 1454~1529. 조선 전기의 문신. 자는 숙분(叔奮), 호는 적암(適庵). 중국어와 일본어에 능통해서 1479년(성종 10) 통신사행의 군관(軍官)으로 참여하여 일본에 건너가 이름을 알렸다. 주요 저서로 1518년(중종 13) 왕명을 받아 김안국(金安國)과 함께 편찬한《이륜행실도》와《적암시고(適庵詩稿)》·《소문쇄록(謏聞瑣錄)》·《백년록(百年錄)》등이 있다.

125 효행록(孝行錄) : 고려시대에 효자 62명의 전기(傳記)를 모아 엮은 책. 권준(權準, 1281~1352)이 중국의 이름난 효자 24명의 전기를 모아 화공(畫工)을 시켜 그림을 그리고 익재(益齋) 이제현(李齊賢)의 찬(贊)을 받아둔 원고를, 후대에 권근(權近)이 교정하고 주(註)를 달아 고려 말에 간행했다.

126 이제현(李齊賢) : 1287~1367. 고려의 정치가·학자. 자는 중사(仲思). 문하시중(門下侍中)이라는 고려 최고의 관직까지 올랐다. 100여 년간에 걸친 무인(武人) 지배시기를 살면서 수차에 걸쳐서 원을 왕래하기도 하고, 표문(表文)을 올려 원의 부당한 내정간섭을 비판하면서 고려의 주권을 보전하기 위해 갖은 노력을 다했다. 특히 성리학에 대한 그의 학문적 식견과 보급을 위한 노력은 조선 시대 학자들에게 귀감이 되었다.

이제현 초상(국립중앙박물관)

院)127 소장. 인지 1권 3장. 목판 마모됨.　　　　　書院藏. 印紙一卷三張. 刊.

《삼인록(三仁錄)》128 1권　　　　　　　　　《三仁錄》一卷

　본조 선산(善山)129의 여러 유학자들이 편집. 고　本朝善山諸儒輯. 高麗 金

---

127 구강서원(龜岡書院): 이제현(李齊賢)의 학문과 덕행을 추모하기 위하여 지방유림의 공의로 1692년(숙종 18)에 영당(影堂, 영정을 모신 사당)으로 건립되었다. 1871년(고종 8)에 흥선대원군의 서원철폐령으로 철폐되었다가 1917년에 중건했다.
128 삼인록(三仁錄): 경상북도 선산군에 살았던 김주(金澍)·하위지(河緯地)·이맹전(李孟專) 등 세 사람의 사적을 적은 책.
129 선산(善山): 경상북도 구미시 고아읍·산동면·옥성면·장천면·해평면, 시내 공단동·광평동·남통동·도량동·봉곡동·부곡동·비산동·사곡동·상모동·선기동·송정동·수점동·신평동·원평동·임은동·지산동·형곡동, 도개면 가산리·궁기리·다곡리·도개리·동산리·신곡리·신림리·월림리·청산리, 선산읍 교리·내고리·노상리·독동리·동부리·봉곡리·북산리·생곡리·소재리·습례리·신기리·완전리·원리·이문리·죽장리·포상리·화조리, 의성군 구천면 청산리, 칠곡군 가산면 석우리 일대.

려 김주(金澍)[130], 본조 하위지(河緯地)[131]·이맹전(李孟專)[132]의 사적(事蹟). 선산 금오서원(金烏書院)[133] 소장. 인지 2권.

澍, 本朝 河緯地·李孟專事蹟. 善山 金烏書院藏. 印紙二卷.

《조씨십충실록(趙氏十忠實錄)》[134] 1권

조희맹 편집. 조려(趙旅)[135] 이하 10명의 사적. 함안(咸安) 서산서원(西山書院)[136] 소장. 인지 13장.

《趙氏十忠實錄》一卷

趙希孟輯. 趙旅以下十人事蹟. 咸安 西山書院藏. 印紙十三張.

---

130 김주(金澍): ?~?. 고려의 문신. 호는 농암(籠巖). 공양왕을 섬겨 벼슬이 예의판서에 이르렀다. 1392년(공양왕 4)에 하절사로 명나라에 갔다가 일을 마치고 압록강에 이르러 고려가 망하고 조선조가 개국되었다는 소식을 듣고 두 임금을 섬길 수 없다며 중국에서 돌아오지 않았다. 저서로 《농암일고(籠巖逸稿)》가 있다.

131 하위지(河緯地): 1412~1456. 단종을 위해 사절(死節)한 사육신 중 한 사람. 자는 천장(天章)·중장(仲章), 호는 단계(丹溪)·적촌(赤村). 1438년 식년문과에 장원으로 급제한 뒤, 집현전부수찬에 임명되었다. 단종 1년에 《역대병요(歷代兵要)》·《병서(兵書)》의 편찬에 참여한 공을 인정하여 품계를 올려 주려 하자 본래 업무를 한 것일 뿐이라며 거절했다. 세조의 녹(祿)을 먹는 것을 부끄럽게 여겨 세조가 즉위한 해부터의 봉록은 따로 한 방에 쌓아두고 먹지 않았다. 세조의 강권정치에 맞섰고, 1456년(세조 2) 사예(司藝) 김질(金礩)의 고변으로 단종 복위운동이 탄로나 국문(鞠問)을 받고 거열형(車裂刑)을 당했다.

132 이맹전(李孟專): 1392~1480. 조선 단종 때 생육신 중 한 사람. 자는 백순(伯純), 호는 경은(耕隱), 시호는 정간(靖簡). 1453년(단종 1) 수양대군이 단종을 보좌하는 황보인(皇甫仁)·김종서(金宗瑞) 등 대신을 죽이고 정권을 탈취하여 시국이 소란해지자, 이듬해에 벼슬을 버리고 고향인 선산으로 돌아가서 귀머거리이면서 소경이라 핑계대고는 은둔하여 친한 친구마저 사절하고 30여 년이나 문밖에 나가지 않고 살다가 나이 90여 세에 죽었다. 1781년(정조 5) 영의정 서명선(徐命善, 1728~1791)의 건의로 이조판서에 추증되었다.

133 금오서원(金烏書院): 경상북도 구미시 선산읍 원리에 있는 서원. 조선 선조 3년(1570) 야은(冶隱) 길재(吉再)의 충절과 덕행을 추모하기 위하여 금오산 아래 처음 세워졌으며 1575년 사액되었다. 선조 25년(1592) 임진왜란 때 소실되었다가 선조 35년(1602)에 현재의 위치로 옮겨 복원하였으며 1609년 다시 사액되었다. 1868년 대원군의 서원철폐령 때도 철폐되지 않은 47개의 서원 가운데 한 곳이다.

134 조씨십충실록(趙氏十忠實錄): 임진왜란과 정유재란 때 함안 조씨 가문의 사람들 중 왜적을 토벌하다가 순국한 이들의 사적을 기록한 책. 남명학파의 명맥을 이은 인물인 조휘진(趙輝晉, 1729~1797)이 편찬했다. 목판본이며, 1책으로 구성되어 있다.

135 조려(趙旅): 1420~1489. 조선 전기의 문신. 세조가 왕위를 찬탈하자 이에 항거하여 벼슬을 단념하고 함안에 돌아가 백이산(伯夷山) 아래에서 독서와 낚시로 세월을 보냈다. 주요 저서에는 《어계집》이 있다.

136 서산서원(西山書院): 경상남도 함안군 군북면 원북리에 있는 서원. 1771년(영조 47) 이색의 학문과 덕행을 추모하기 위해 영당(影堂)인 서산사(西山祠)로 건립되었다. 이색의 10세손인 수은(睡隱) 이홍조(李弘祚, 1595~1660)를 추가로 모시고 제사를 지내며 지방 교육의 일익을 담당해 오던 중 흥선대원군의 서원철폐령으로 철폐 되었다가 1962년 후손들이 뜻을 모아 다시 지어졌다.

《함안조씨십충실록》(서산서원
장판. 국립한글박물관)

《경현록(景賢錄)》137 2권

　이정(李禎)138 편집. 문경공(文敬公) 김굉필(金宏弼)139
의 사적. 순천 옥천서원 소장. 인지 1권 8장.

《景賢錄》二卷

　李禎輯. 金文敬公宏弼事
蹟. 順天 玉川書院藏. 印
紙一卷八張.

《숭효록(崇孝錄)》140 14권

　박세채(朴世采) 편집. 그의 선대(先代)의 유사(遺事,
고인이 남긴 사적). 합천 해인사(海印寺)141 소장. 인지 14

《崇孝錄》十四卷

　朴世采輯. 其先世遺事. 陝
川 海印寺藏. 印紙十四卷

---

137 경현록(景賢錄) : 1719년(숙종 45) 학자 김하석(金夏錫)이 김굉필(金宏弼)의 시와 사적을 중심으로 하고 유
　학자들의 글을 모아 엮은 책.
138 이정(李禎) : 조선 중기의 문신. 자는 강이(剛而), 호는 구암(龜巖). 1536년(중종 31) 진사로 별시문과에 장
　원으로 급제하여 성균관전적에 보임되었고, 1553년(명종 8)에 청주목사를 지냈다. 이때 선정을 베풀고 효
　행이 뛰어나 통정대부(通政大夫)로 가자되었다. 경주부윤이 되어 옛 신라의 열왕묘(列王墓)를 보수하고,
　서악정사(西嶽精舍)를 세워서 후진 교육에 힘썼다. 1563년 중앙의 요직에 잠시 있은 뒤 다시 전라도 순천
　부사로 나가 갑자사화 때 사사된 김굉필(金宏弼, 1454~1504)을 위해 경현당을 건립, 그를 제사하게 했다.
　1568년(선조 1) 홍문관부제학에 임명되었으나 취임하지 않고 고향에 구암정사(龜巖精舍)를 지어 후진양성
　에 힘썼다.
139 김굉필(金宏弼) : 1454~1504. 조선 초기의 문신·서예가. 자는 대유(大猷), 호는 사옹(蓑翁)·한훤당(寒暄
　堂). 김종직의 문하에서 《소학》을 배웠다. 1494년 경상도관찰사 이극균(李克均)이 은일지사(隱逸之士)로
　천거하여 남부참봉이 된 뒤, 전생서참봉·군자감주부·사헌부감찰 등을 거쳐 형조좌랑에 이르렀다. 1498
　년 훈구파가 사림파를 제거하기 위해 무오사화를 일으켰을 때, 김종직의 문도로서 붕당을 만들었다고 하
　여 장형(杖刑)을 받고 평안도 희천에 유배되었고, 2년 뒤에 순천으로 옮겨졌는데, 1504년 갑자사화에 연루
　되어 죽었다.
140 숭효록(崇孝錄) : 1661년(현종 2)에 박세채(朴世采)가 반남(潘南) 박씨(朴氏)의 사적을 모은 책.
141 해인사(海印寺) : 경상남도 합천군 가야면 치인리 가야산 중턱에 있는 절. 서기 802년(신라 애장왕 3년) 의

권 19장.

《달성비지록(達城碑誌錄)》[142] 3권

서문중(徐文重)[143] 편집. 선대의 비문(碑文)·행장(行狀)·만사(輓詞)·뇌문(誄文). 전주부(全州府) 소장. 인지 4권 6장.

《기자지(箕子志)》[144] 3권

윤두수(尹斗壽)[145] 지음. 평양부 소장. 인지 2권 0.5장. 목판 마모됨.

《기자외기(箕子外紀)》[146] 3권

조부(祖父) 서명응(徐命膺)[147] 지음. 평안도관찰영 소장. 인지 2권 4.5장.

《達城碑誌錄》三卷

徐文重輯. 先世碑、狀、輓、誄. 全州府藏. 印紙四卷六張.

《箕子志》三卷

尹斗壽撰. 平壤府藏. 印紙二卷半張. 刊.

《箕子外紀》三卷

先王父文靖公撰. 關西觀察營藏. 印紙二卷四張又半張.

상 스님의 법손(法孫)인 순응(順應)과 이정(利貞) 스님이 지은 화엄 도량. 팔만대장경 경판(국보 제32호)과 장경판전(국보 제52호) 및 15점의 보물 등 수많은 문화재와 고적을 소장하고 있다.

142 달성비지록(達城碑誌錄) : 서문중이 달성(達城) 서씨(徐氏) 선조가 남긴 비문 및 행장 등을 수집하여 편찬한 책.

143 서문중(徐文重) : 1634~1709. 조선 후기의 문신. 자는 도윤(道潤), 호는 몽어정(夢漁亭). 기사환국(己巳換局) 때 노론의 중신으로 인현왕후의 폐위를 반대했다. 갑술환국으로 서인이 득세하자 병조판서 겸 지의금부사에 등용되었으나, 희빈 장씨 및 남인에 대한 처리에 온건론을 주장하다 조정에서 배척을 받아 은퇴했다. 뒤에 다시 기용되어 벼슬이 영의정에 이르렀다. 서유구의 고조부 서문유의 형이다. 저서로 경상도관찰사로 있을 때 그 지리적·군사적 사정을 정리한 《해방지(海防誌)》와 의정부에 재직할 때 각 지방의 성지(城池)·토전(土田)·호구·곡물·전함·봉수·진보(鎭堡)·우역(郵驛)·군대 등을 조사하여 기록한 《군국총부(軍國摠簿)》가 있고, 그 밖에도 《조야기문(朝野記聞)》·《상제례가범(喪祭禮家範)》·《역대재상연표(歷代宰相年表)》·《국조대신연표(國朝大臣年表)》·《병가승산(兵家勝算)》·《동인시화(東人詩話)》 등이 있다.

144 기자지(箕子志) : 1580년(선조 13)에 윤두수(尹斗壽)가 기자(箕子)에 대한 기록을 모아 편찬한 책. 이 책에 빠뜨린 사실이 많아 1879년(고종 16)에 정인기(鄭璘基) 등이 기자에 관한 사실·논평 등을 모아 다시 편집했다.

145 윤두수(尹斗壽) : 1533~1601. 조선 중기의 문신. 자는 자앙(子仰), 호는 오음(梧陰), 시호는 문정(文靖). 1555년(명종 10) 생원시에 1등으로 합격하고, 1558년 식년 문과에 을과로 급제했다. 이후로 이조정랑·동부승지·우승지를 거쳐 1576년(선조 9) 대사간을 역임했다. 1592년 임진왜란이 일어난 뒤로 어영대장·우의정을 거쳐 좌의정에 이르렀다. 명나라에 구원을 요청하자는 주장에 반대하고 우리의 힘으로 왜적을 물리치자고 주장했다. 저서로 《오음유고(梧陰遺稿)》·《기자지(箕子誌)》 등이 있다.

146 기자외기(箕子外紀) : 조선 후기의 문신 서명응(徐命膺)이 기자에 대해 서술한 책.

147 서명응(徐命膺) : 1716~1787. 조선 후기의 문신. 자는 군수(君受), 호는 보만재(保晚齋)·담옹(澹翁), 시호는 문정(文靖). 1754년(영조 30) 증광문과에 급제하고 1755년 서장관으로 청나라에 다녀왔다. 1759년 승지가

《주문공연보(朱文公年譜)》[148] 2권

　송나라 이방자(李方子)[149] 지음. 경성부(鏡城府)[150] 소장. 인지 2권 9장. 목판 일부가 빠짐.

《朱文公年譜》二卷

　宋 李方子撰. 鏡城府藏. 印紙二卷九張. 缺.

《야은언행습유(冶隱言行拾遺)》[151] 3권

　본조 길흥선(吉興先)[152] 지음. 선산 금오서원 소장. 인지 1권 15장.

《冶隱言行拾遺》三卷

　本朝吉興先撰. 善山 金烏書院藏. 印紙一卷十五張.

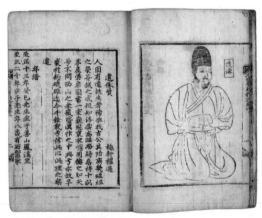

《야은선생언행습유》(국립중앙박물관)

되고 대사간·대사헌·이조참의를 거쳐 1762년 황해도관찰사로 나갔다. 그 후 예조참판·홍문관제학·춘추관동지사를 역임하고, 1769년 충청도 수군절도사를 거쳐 한성부 판윤에 올랐다. 이어서 형조·이조·호조·병조 판서를 역임하고, 홍문관 대제학·중추부판사를 거쳐 1779년(정조 3) 수어사가 되었다. 역학(易學)에도 정통하였으며, 북학파(北學派)의 시조이다. 1759년 왕명으로 세종·세조 때 쓰던 악보를 집대성하여 《대악전보(大樂前譜)》·《대악후보(大樂後譜)》를 간행했다. 그 밖의 저서로 《기자외기(箕子外記)》·《보만재총서(保晚齋叢書)》 등이 있다.

148 주문공연보(朱文公年譜) : 중국 송(宋)나라의 유학자 이방자가 스승 주희(朱熹)의 연보를 기록한 책.

149 이방자(李方子) : ?~?. 중국 송나라의 유학자. 자는 공회(公晦), 호는 과재(果齋). 주희의 제자 중에 강의에 능숙하여 주희의 이론을 강론하면 학자들이 대거 집결했다. 저서로 《우공해(禹貢解)》·《전도정어(傳道精語)》·《주자연보(朱子年譜)》 등이 있다.

150 경성부(鏡城府) : 지금의 함경북도 경성군(鏡城郡) 일대의 행정구역.

151 야은언행습유(冶隱言行拾遺) : 고려 말의 학자 길재(吉再, 1353~1419)의 어록과 언행을 모은 책. 6대손 길흥선(吉興先)·길종선(吉宗先) 등이, 5대손 길회(吉誨)가 지은 《야은선생행록(冶隱先生行錄)》에 추가 자료를 붙여 간행한 책. 여러 임금의 사제문(賜祭文)과 서원의 봉안문(奉安文)·향사문(享祀文) 등이 더해졌다.

152 길흥선(吉興先) : ?~?. 조선 초기의 문인. 길재의 6대손.

《경암유사(敬菴遺事)》[153] 1권

이헌락(李憲洛)[154] 편집. 허조(許稠)[155]의 언행. 하양 (河陽)[156] 환성사(環城寺)[157] 소장. 인지 17장.

《敬菴遺事》一卷

李憲洛輯. 許稠言行. 河陽 環城寺藏. 印紙十七張.

《허정간공유사(許貞簡公遺事)》[158] 1권

이헌락 편집. 허후(許詡)[159]의 유문(遺文, 생전에 지은 글)·지문(誌文)[160]·행장(行狀). 하양 환성사 소장. 인 지 1권 2장.

《許貞簡公遺事》一卷

前人輯. 許詡遺文、誌、狀. 河陽 環城寺藏. 印紙一卷 二張.

---

153 경암유사(敬菴遺事):조선 초기의 문신 허조의 언행과 사적을 기록한 책.

154 이헌락(李憲洛):1718~?. 자는 경순(景淳), 호는 약남(藥南). 1744년(영조 20) 갑자식년 사마시(司馬試) 에 생원 3등으로 합격하고, 1748년(영조 24) 학행으로 천거되어 강릉참봉(康陵參奉)에 제수되었다. 정조 가 섭정할 때, 명사(名士)로 세자익위사에 선발되어 위수(衛率)에 임명되었다. 그리고 평양봉사를 거쳐 의 금부도사·사포서별제를 지냈다. 그 후로도 하양현감·익위사익위·상의원주부·함창현감 등을 역임하였고, 만년에 벼슬을 버리고 약산(藥山) 남쪽에 서재를 짓고 천석(泉石)으로 스스로 즐겼다. 저서로 《약남집(藥 南集)》이 있다.

155 허조(許稠):1369~1439. 조선 초기의 문신. 자는 중통(仲通), 호는 경암(敬菴), 시호는 문경(文敬). 신하로 서 태조·정종·태종·세종의 네 임금을 섬기며 법전을 편수하고 예악제도를 정비했다.

156 하양(河陽):경상북도 경산시 하양읍, 와촌면 계당리·계전리·대한리·덕촌리·동강리·상암리·시천리·용천 리, 진량읍 내리리·문천리·보인리·봉회리·부기리·북리·상림리·선화리·신상리·아사리·평사리, 대구광 역시 동구 각산동·괴전동·동내동·매여동·신서동 일대.

157 환성사(環城寺):경상북도 경산시 하양읍에 있는 절. 835년(신라 흥덕왕 10)에 왕사 심지(心地)가 창건했 다. 산이 성처럼 절을 둥글게 둘러싸고 있어서 환성사라는 이름을 붙였다고 전한다. 고려 말 조선 초 건축 양식을 볼 수 있는 대웅전과 명부전·심검당·수월관(水月觀)·산신각·천태각 등이 지금도 남아 있다.

158 허정간공유사(許貞簡公遺事):조선 전기의 문신 허후의 사적을 기록한 책.

159 허후(許詡):?~1453. 조선 전기의 문신. 허조의 아들. 시호는 정간(貞簡). 1426년(세종 8) 식년문과에 동 진사(同進士)로 급제, 병조좌랑·지평을 역임하였고, 1438년 좌부승지가 되었다. 1451년(문종 1) 우참찬에 임명되어 김종서(金宗瑞)·정인지(鄭麟趾) 등과 함께 《고려사》의 산삭(刪削)과 윤색(潤色)에 참여했다. 그 해 문종의 환후(患候)를 보살폈으며, 문종이 승하하자 영의정 황보인(皇甫仁), 좌의정 김종서와 함께 선왕 의 고명(顧命)을 받들어 어린 임금 단종을 보좌했다. 수양대군이 이른바 계유정난을 일으켜 황보인·김종 서 등 대신들을 역모죄로 몰아 죽이려 하자 그들의 무죄를 적극 주장했다. 그리고 훗날 좌찬성에 제수되었 으나 이를 끝까지 고사하다 결국 거제도에 안치된 뒤 교살되었다.

160 지문(誌文):죽은 사람의 생몰일과 행적(行蹟), 무덤의 소재와 좌향 따위를 적은 글.

《응계실기(凝溪實記)》[161] 2권

　옥세보(玉世寶)[162] 편집. 그의 선조 옥고(玉沽)[163]의 사적. 안동 묵계서원 소장. 인지 1권 12장.

《凝溪實記》二卷

玉世寶輯. 其先祖沽事蹟. 安東 默溪書院藏. 印紙一卷十二張.

《연촌사적(煙村事蹟)》[164] 2권

　최정(崔珽)[165] 편집. 그의 선조 최덕지(崔德之)[166]의 사적. 영암 녹동서원(鹿洞書院)[167] 소장. 인지 1권 16장.

《煙村事蹟》二卷

崔珽輯. 其先祖德之事蹟. 靈巖 鹿洞書院藏. 印紙一卷十六張.

《이존록(彝尊錄)》[168] 2권

　김종직(金宗直)[169] 편집. 그의 부친 김숙자(金叔

《彝尊錄》二卷

金宗直輯. 其父叔滋譜牒、

---

161 응계실기(凝溪實記) : 옥세보(玉世寶)가 편찬한 응계(凝溪) 옥고(玉沽)의 실기. 옥고의 유문(遺文) 약간과 유사(遺事)들을 모아놓은 책으로, 옥세보가 1674년(현종 15)에 간행했다. 현재 일본 오사카부립 나카노시마도서관 소장.

162 옥세보(玉世寶) : 1649~?. 조선 중기의 문신. 숙종 37년(1711) 사마시 3등으로 급제. 《응계실기》의 저자.

163 옥고(玉沽) : 1382~1436. 조선 초기의 문신. 자는 대수(待售), 호는 응계(凝溪). 길재의 제자. 예조정랑으로 있을 때 전라도와 황해도에 파견되어 관리들의 비리를 적발하였다.

164 연촌사적(煙村事蹟) : 조선 초 문신인 최덕지(崔德之)의 사적을 기록한 책.

165 최정(崔珽) : 1568~1639. 조선 후기의 문인·학자. 자는 대규(大圭), 호는 기정(棄井)·동원(東園). 1605년(선조 38)에 을사(乙巳) 증광시(增廣試) 진사 3등 27위로 합격하였으며, 같은 해 생원시에서 2등 5위로 합격했다. 1601년에 임진왜란 당시 손상되었던 최덕지의 영정을 다시 단장하였고, 1630년 향사우(鄕祠宇)인 존양사(存養祠)를 건립했다. 1635년에는 신천익(愼天翊)과 함께 최덕지를 기리고자 만들어진 영보정(永保亭)을 중건했다. 저서로 7대조인 최덕지의 시문집인 《난후문고수록지(亂後文稿收錄誌)》가 있다.

166 최덕지(崔德之) : 1384~1455. 권근의 문인으로 태종 5년(1405)에 문과에 급제하여 옥당을 역임했다. 삼사의 여러 관직을 거쳐 남원부사를 끝으로 벼슬을 버리고 영암에 한거하며 독서·저작·강학에만 힘썼다.

167 녹동서원(鹿洞書院) : 전라남도 영암군 영암읍 교동리에 있는 서원. 1630년(인조 8)에 지방유림의 공의로 최덕지(崔德之)의 학문과 덕행을 추모하기 위해 세웠다.

168 이존록(彝尊錄) : 조선 성종(成宗) 때 김종직(金宗直)이 자신의 아버지 김숙자(金叔滋)의 언행을 기록한 책. 연산군(燕山君) 3년(1497)에 초간되고, 명종(明宗) 원년(1546)에 재간되었다.

169 김종직(金宗直) : 1431~1492. 조선 전기의 문신. 자는 효관(孝盥)·계온(季昷), 호는 점필재(佔畢齋). 정몽주(鄭夢周)와 길재(吉再)의 학통을 계승하여 조선 시대 도학 정통의 중추적 역할을 했으며, 좌부승지·이조참판·예문관제학·홍문관제학 등을 역임했다. 저서로 《점필재집(佔畢齋集)》·《청구풍아(靑丘風雅)》 등이 있고, 편저로 《동국여지승람(東國輿地勝覽)》 등이 있다. 생전에 지은 〈조의제문(弔義帝文)〉이 1498년(연산군 4) 무오사화(戊午史禍)의 단초가 되어 부관참시를 당하였으나 중종반정으로 신원(伸寃)되었다.

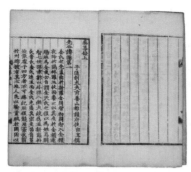
《이존록》 1쪽(국립민속박물관)

녹동서원에 보관된 판각(문화재청)

滋)[170]의 보첩(譜牒, 족보)·언행. 밀양 예림서원(禮林書院)[171] 소장. 인지 1권 16장. 목판 마모되고 일부가 빠짐.

言行. 密陽 禮林書院藏. 印紙一卷十六張. 刓缺.

《지족당충렬기(知足堂忠烈記)》[172] 1권

조겸(趙㻩)[173] 편집. 그의 증조(曾祖) 조지서(趙之瑞)[174]의 사적. 의성현 소장. 인지 10장.

진주 신당서원(新塘書院)[175] 소장. 인지 10장.

《知足堂忠烈記》一卷

趙㻩輯. 其曾祖之瑞事蹟. 義城縣藏. 印紙十張.

晉州新塘書院藏. 印紙十張.

---

170 김숙자(金叔滋):1389~1456. 조선 전기의 문신·학자. 김종직의 부. 세조 즉위 후 벼슬을 버리고 밀양으로 내려가 후학양성에 힘썼다. 《소학》을 중시하며 주자학의 학통을 계승했다.

171 예림서원(禮林書院):경상남도 밀양시 부북면 후사포리에 있는 서원. 조선 성종 때의 유학자 점필재 김종직 (金宗直)의 지덕을 기리기 위하여 건립했다. 1567년(명종 22) 이도우(李度祐)가 창건하여 덕성서원이라 이름 붙였다. 뒤에 퇴계 이황이 김종직을 추앙하여 이름을 점필서원으로 바꾸고 친필의 편액을 걸었으나 임진왜란 때 부서져 1606년(선조 39) 위판을 봉안하고 서원을 중수했다.

172 지족당충렬기(知足堂忠烈記):조선 전기의 문신으로서 갑자사화로 참살된 조지서(趙之瑞, 1454~1504)에 대한 사실을 그대로 적은 글.

173 조겸(趙㻩):1569~1652. 조선 중기의 문인. 조지서의 증손. 자는 영연(瑩然), 호는 봉강(鳳岡). 문장과 효행이 모두 뛰어났다고 한다.

174 조지서(趙之瑞):1454~1504. 조선 전기의 문신. 자는 백부(百符), 호는 지족정(知足亭) 또는 충헌(忠軒). 1478~1479년에는 통신사 이계동(李季仝)의 군관(軍官)이 되어 일본에 내왕하였고, 서정대장(西征大將) 어유소(魚有沼)의 종사관이 되어 서정에 참가했으나, 어유소의 파병(罷兵)과 관련된 전명(傳命)을 잘못하여 고신을 몰수당하고 외방에 유배되었다. 그 뒤 서반직에 복직된 다음 교리·형조정랑·지평·응교·세자시강원필선·보덕을 역임했으나 갑자사화 때 그의 간언과 집요한 진강(進講)을 혐오했던 연산군이 참살시켰다.

175 신당서원(新塘書院):경상남도 진주시 집현면 장흥리에 있었던 서원. 조선 숙종 36년(1710)에 건립되었고, 동왕 44년에 사액했다. 조선의 조지서(趙之瑞)를 봉향하였는데, 고종 6년(1869)에 철폐되었다.

신당서원(문화재청)

신당서원 숙종 사제비문석(문화재청)

《보백당실기(寶白堂實紀)》[176] 2권

　김승옥(金承鈺)[177] 편집. 그의 선조 김계행(金係行)[178]의 사적. 안동(安東) 묵계서원(默溪書院)[179] 소장. 인지 1권 8.5장.

《寶白堂實紀》二卷

　金承鈺輯. 其先祖係行事蹟. 安東 默溪書院藏. 印紙一卷八張又半張.

《우재실기(愚齋實記)》[180] 2권·《보유(補遺)》 1권

　손여두(孫汝斗)[181] 편집. 그의 선조 손중돈(孫仲

《愚齋實記》二卷、《補遺》一卷

　孫汝斗輯. 其先祖仲暾事

---

176 보백당실기(寶白堂實紀): 조선 전기의 문신 김계행(金係行)의 관계 기록을 묶어 편찬한 실기.

177 김승옥(金承鈺): ?~?. 조선 중기의 문인. 김계행(金係行)의 후손.

178 김계행(金係行): 1431~1517. 조선 전기의 문신. 자는 취사(取斯), 호는 보백당(寶白堂), 시호는 정헌(定獻). 고령현감·부수찬 등을 역임하였으며, 이후 삼사의 요직을 두루 지내며 간쟁업무에 힘썼다. 집 옆에 작은 정자를 짓고 보백당이라 이름 짓고 학생들을 모아 가르쳐서 보백선생이라 불렸다. 무오사화·갑자사화에 연루되어 투옥되었으나, 큰 화는 면했다. 1706년(숙종 32) 지방유생들이 덕망을 추모하여 안동에 묵계서원(默溪書院)을 짓고 향사하였다

179 묵계서원(默溪書院): 1706년(숙종 32) 지방유림의 공의로 김계행과 응계(凝溪) 옥고(玉沽, 1382~1436)의 학문과 덕행을 추모하기 위해 세운 서원.

180 우재실기(愚齋實記): 조선 전기의 문신 손중돈(孫仲暾)의 사적을 기록한 실기.

181 손여두(孫汝斗): 1643~1713. 조선 후기의 학자. 자는 망지(望之). 호는 노잠(魯岑). 갈암(葛庵) 이현일(李玄逸)의 문인이다. 효성이 지극하여 부친의 병환에 40일을 자지 않고 모셨고, 상을 당해서는 예를 극진히 했다. 1676년(숙종 2) 진사시에 합격하여 성균관에 들어갔다. 이듬해 소수(疏首, 연명상소의 우두머리)가 되어 도잠서원청액소(道岑書院請額疏)를 올려 허락을 받았고, 1681년 척향소(斥享疏)를 올려 이이(李珥)와 성혼(成渾)의 문묘종사(文廟從祀)를 반대하기도 했다. 1702년 동강서원(東江書院)을 창건하여 자신의 조상인 손중돈(孫仲暾)을 제향했다. 저서로 《노잠문집(魯岑文集)》이 있다.

동강서원(문화재청)

曎)[182]의 사적. 경주(慶州) 동강서원(東江書院)[183] 소장. 인지 2권 4장.

蹟. 慶州 東江書院藏. 印紙二卷四張.

《퇴계언행록(退溪言行錄)》[184] 6권

이황(李滉)의 문인들 지음. 예안 도산서원(陶山書院) 소장. 인지 4권 16장.

《退溪言行錄》六卷

門人等撰. 禮安 陶山書院藏. 印紙四卷十六張.

《황강실기(黃岡實記)》[185] 4권

이선(李選)[186] 편집. 그의 외조 김계휘(金繼輝)[187]의

《黃岡實記》四卷

李選輯. 其外祖金繼輝譜、

---

182 손중돈(孫仲暾): 1463~1529. 조선 전기의 문신. 자는 태발(泰發), 호는 우재(愚齋), 시호는 경절(景節). 도승지·대사헌을 수차례 지냈으며, 경상도·전라도·충청도·함경도의 관찰사를 지내고, 우참찬에 이르렀다. 중종 때 청백리에 녹선되었다. 경주의 동강서원(東江書院), 상주의 속수서원(涑水書院)에 제향되었다.

183 동강서원(東江書院): 경상북도 경주시 강동면 유금리에 있었던 서원. 1695년(숙종 21)에 지방유림의 공의로 손중돈(孫仲暾)의 학문과 덕행을 추모하기 위해 창건하여 위패를 모셨다. 흥선대원군의 서원철폐령으로 1868년(고종 5)에 철폐되었다.

184 퇴계언행록(退溪言行錄): 영남 퇴계학파의 중심인 권상일(權相一, 1679~1759)이 54세에 도산서원(陶山書院) 원장을 지내면서 간행한 책.

185 황강실기(黃岡實記): 황강(黃岡) 김계휘(金繼輝)의 연보와 행장을 외손주 이선(李選)이 모아 편집한 책.

186 이선(李選): 1632~1692. 조선 후기의 문신. 자는 택지(擇之), 호는 지호(芝湖)·소백산인(小白山人). 1664년(현종 5) 문과에 급제, 사관(史官)으로 강화도에 간직한 열성실록(列聖實錄)을 보수할 것을 청한 사건으로 우의정 허적(許積)의 비위에 거슬려 귀양을 갔다. 후에 석방되어 돌아와 노산군(魯山君, 단종)의 무덤에 수졸(守卒)을 두고 사시(四時)와 기일(忌日)에 제수(祭需) 보내기를 청하여 허락을 받았다. 예조참판이 되어 사신으로 청나라에 다녀와 이조참판이 되었다가 1689년(숙종 15) 대간(臺諫)의 탄핵을 받고 기장(機張)으로 귀양갔다가 사망했다.

187 김계휘(金繼輝): 1526~1582. 조선 중기의 문신. 자는 중회(重晦), 호는 황강(黃崗). 김장생(金長生)의 부친.

연보·행장. 의성현 소장. 인지 2권 7장. 목판 마모
되고 일부가 빠짐.

《충무공가승(忠武公家乘)》[188] 6권

이홍의(李弘毅)[189] 편집. 그의 고조 이순신(李舜
臣)[190]의 사적. 순천(順天) 충민사(忠愍祠)[191] 소장. 인지
3권 3장.

함경도관찰영 소장. 인지 3권 10장. 목판 마모됨.

狀. 義城縣藏. 印紙二卷
七張. 刓缺.

《忠武公家乘》六卷

李弘毅輯. 其高祖舜臣事
蹟. 順天 忠愍祠藏. 印紙
三卷三張.

關北觀察營藏. 印紙三卷
十張. 刓.

《충무공가승》
(고려대 해외한국학자료센터)

《충무공가승》 목차
(고려대 해외한국학자료센터)일본 동양문고 소장

일찍이 경서와 사서 등을 폭넓게 읽었으며, 문장에도 뛰어났다. 1571년(선조 4) 이조참의·예조참의에 제수
되어 사은사(謝恩使)로 명나라에 다녀왔으며, 황해도·전라도의 관찰사를 거쳐 공조참판·형조참판과 동지
의금부사 등을 역임했다. 당파의 정쟁에 깊이 간여하지 않고 당쟁 완화를 위해 애썼으며, 예조참판에 올라
경연관이 되었다. 우리나라의 산천·마을·도로의 형세와 문제점, 농작물의 생산 현황, 각 지방의 연혁 등
을 파악해 기록으로 남겼으나, 임진왜란 때 소실되었다.

188 충무공가승(忠武公家乘): 후손 이홍의가 펴낸 이순신 장군의 가승(家乘, 직계 조상의 가계 기록). 이순신
장군의 편지, 가문 소개, 기념비의 비문 등이 실려 있다. 첫머리에는 판중추부사 이여(李畬, 1645~1718)의
서문이 실려 있다.

189 이홍의(李弘毅): ?~?. 조선 중기의 문인. 이순신의 4대 종손.

190 이순신(李舜臣): 1545~1598. 조선 중기의 무신. 자는 여해(汝諧), 시호는 충무(忠武). 임진왜란 때 옥포해
전·적진포해전을 승리로 이끌어 종2품 가선대부(嘉善大夫)로 승진했고, 사천해전·당포해전에서의 잇따
른 승리로 정2품 자헌대부(資憲大夫)가 되었다. 삼도수군통제사가 되어 명량해전을 큰 승리로 이끌었으나,
1598년 노량해전에서 전사했다. 저서로 《난중일기(亂中日記)》가 있다.

191 충민사(忠愍祠): 전라남도 여수시 덕충동에 있는 사당. 1601년(선조 34)에 이순신을 추모하기 위해 통제사
이시언(李時言, ?~1624)이 건립했다.

충민사(문화재청)   충민사 내부(문화재청)

《백사선생북천일록(白沙先生北遷日錄)》[192] 1권

정충신(鄭忠信)[193] 기록. 이항복(李恒福)[194]이 북청(北靑)에서 유배생활을 한 전말. 북청 노덕서원(老德書院)[195] 소장. 인지 1권 4장.

《北遷日錄》一卷

鄭忠信記. 李恒福謫北靑始末. 北靑 老德書院藏. 印紙一卷四張.

---

192 백사선생북천일록(白沙先生北遷日錄): 이항복(李恒福)이 북청에서 유배생활을 하던 때의 전말을 기록한 책.

193 정충신(鄭忠信): 1576~1636. 조선 중기의 무신. 자는 가행(可行), 호는 만운(晩雲). 고려 명장 정지(鄭地)의 9대손으로, 아버지는 금천군(錦川君) 정윤(鄭綸). 1592년(선조 25) 임진왜란 때 광주목사(光州牧使) 권율(權慄)의 휘하에서 종군하였고, 1623년(인조 1) 안주목사로 방어사를 겸임하고, 다음해 이괄(李适)의 난 때는 도원수 장만(張晩)의 휘하에서 전부대장(前部大將)이 되어 이괄의 군사를 황주와 서울의 안산(鞍山)에서 무찔러 진무공신(振武功臣) 1등으로 금남군(錦南君)에 봉해졌다. 1633년 조정에서 후금(後金, 청나라)에 대한 세폐의 증가에 반대하여 유배되었다. 천문·지리·복서·의술 등 다방면에 걸쳐서 정통했으며, 청렴하기로 이름이 높았다. 저서로《만운집(晩雲集)》·《금남집(錦南集)》·《백사북천일록(白沙北遷日錄)》등이 있다.

194 이항복(李恒福): 1556~1618. 조선 중기의 문신. 자는 자상(子常), 호는 백사(白沙)·동강(東岡), 시호는 문충(文忠). 1580년(선조 13) 24세에 급제하여 이덕형과 나란히 홍문관에 추천되었다. 그 뒤 기축옥사가 일어나기 전까지 사간원 정언·이조좌랑·홍문관 직제학·우승지 등을 두루 거쳤다. 북인 세력이 선조의 장인 김제남(金悌男) 일가의 멸문, 선조의 적자 영창대군(永昌大君) 살해 등의 흉계를 꾸며 자행한 것을 비판하고 물러나 별장 동강정사(東岡精舍)를 짓고 동강노인(東岡老人)으로 자칭하면서 지냈다. 1617년 인목대비(仁穆大妃)를 폐위해 평민으로 만들자는 주장에 맞서 싸우다가 1618년에 관작이 삭탈되고 함경도 북청으로 유배되어 그곳에서 세상을 떠났다. 저서로《사례훈몽(四禮訓蒙)》·《주소계의(奏疏啓議)》·《노사영언(魯史零言)》이 있다.

195 노덕서원(老德書院): 함경남도 북청군 북청읍에 있었던 서원. 1627년(인조 5) 지방유림의 공론으로 이항복(李恒福)의 학문과 덕행을 추모하기 위해 창건하여 위패를 모셨다. 이항복은 1617년(광해군 9) 인목대비 폐모론(廢母論)에 반대하다가 북청으로 유배되어 그곳에서 유생들에게 학문을 가르쳤다. 인조반정 이후 이항복이 신원(伸寃)된 후에 서원을 설립했다.

《백사선생북천일록》(국립진주박물관)　　　《백운재 충의공 실기》(국립진주박물관)

《백운재실기(白雲齋實紀)》[196] 4권

　　권홍운(權弘運)[197] 편집. 그의 선조 권응수(權應銖)[198]의 사적. 신녕(新寧)[199] 구천서원(龜川書院)[200] 소장. 인지 3권 19장.

《湖叟實紀》八卷

《白雲齋實紀》四卷

　　權弘運輯. 其先祖應銖事蹟. 新寧 龜川書院藏. 印紙三卷十九張.

《호수실기(湖叟實紀)》[201] 8권

　　정일찬(鄭一鑽)[202] 편집. 그의 선조 정세아(鄭世

《湖叟實紀》八卷

　　鄭一鑽輯. 其先祖世雅、宜

---

196 백운재실기(白雲齋實紀): 조선 중기의 무신 권응수(權應銖, 1546~1608)의 실기. 이 실기에 연보(年譜)·세계(世界)·기(記)·서(書)·계문(啓文)·상량문(上樑文) 등이 표기되어 있는 것을 볼 때 '실기'라는 형식 안에 이런 종류의 글이 망라되어 있음을 알 수 있다.

197 권홍운(權弘運): 권응수(權應銖)의 후손.

198 권응수(權應銖): 1546~1608. 조선중기의 의병장. 자는 중평(仲平), 호는 백운재(白雲齋), 시호는 충의(忠毅). 임진왜란이 일어나자 의병을 모집하여 의병 활동을 전개해 여러 곳에서 전과를 올리고, 6월에 경상좌도병마절도사 박진(朴晉)의 휘하에 들어갔다가 7월에 각 고을의 의병장을 규합해 의병대장이 되었다. 영천·안동의 모은루(慕恩樓)·밀양 등지와 황룡사(黃龍寺) 부근에서 적을 격파했다. 1599년 밀양부사를 겸하고, 다음해 의흥위부사직(義興衛副司直), 1603년 충무위호군(忠武衛護軍)에 오르고 경연에 입시했으며, 선무공신(宣武功臣) 2등으로 책록, 화산군(花山君)에 봉해졌다.

199 신녕(新寧): 경상북도 영천(永川) 지역의 옛 이름.

200 구천서원(龜川書院): 경상북도 의성군 구천면 위성리에 있었던 서원. 1714년(숙종 40) 지방유림의 공의로 권응수(權應銖)의 학문과 덕행을 추모하기 위해 창건하여 위패를 모셨다.

201 호수실기(湖叟實紀): 조선 중기의 의병장 정세아(鄭世雅, 1535~1612)의 실기. 1781년에 초간되었다가, 1874년에 중간되면서 부록에 그의 아들인 정의번(鄭宜蕃, ?~?)의 백암사적(栢巖事蹟) 11편이 더해진 것으로 보인다.

202 정일찬(鄭一鑽): 1724~1796. 조선 후기 경상북도 영천 지역 출신의 문인. 일찍이 가학(家學)을 이어 받아 힘써 익혔으며, 대산(大山) 이상정(李象靖) 등과 교유하며 퇴계학의 정수를 전수했다. 저서로 《죽비집(竹扉集)》이 있다.

《호수선생실기》(국립진주박물관)

雅)203 · 정의번(鄭宜蕃)204의 유사(遺事). 영천(永川) 환구
세덕사(環邱世德祠)205 소장. 인지 3권 13장.

蕃遺事. 永川 環邱世德祠
藏. 印紙三卷十三張.

《매헌실기(梅軒實記)》206 2권

　정기룡(鄭起龍)207의 사적. 상주(尙州) 정씨재사(鄭氏
齋舍)208 소장. 인지 2권 16장.

《梅軒實記》二卷

鄭起龍事蹟. 尙州鄭氏齋
舍藏. 印紙二卷十六張.

---

203 정세아(鄭世雅) : 1535~1612. 조선 중기의 의병장. 자는 화숙(和叔), 호는 호수(湖叟).

204 정의번(鄭宜蕃) : ?~?. 조선 중기의 의병장. 자는 위보(衛甫), 호는 백암(栢巖). 정세아의 아들이다.

205 환구세덕사(環邱世德祠) : 경상북도 영천시 임고면 선원리에 있는 사당. 임진왜란 때 영천 출신 의병장이었
　던 정세아와 정의번의 충절을 추모하기 위해 세웠다. 현재 경상북도 민속문화재 제87호로 지정되었다.

206 매헌실기(梅軒實記) : 조선 중기 임진왜란 · 정유재란에서 전공을 세운 정기룡(鄭起龍)의 사적을 집성한 실기.

207 정기룡(鄭起龍) : 1562~1622. 조선의 무신. 자는 경운(景雲), 호는 매헌(梅軒). 1592년 임진왜란 때 우방어
　사(右防禦使) 조경(趙儆)의 휘하에 종군하여 금산(錦山) 싸움에서 포로가 된 조경을 구출하고 곤양 수성
　장(守城將)이 되어 왜군이 호남 지방으로 진출하는 것을 방어했다. 1593년 전공으로 회령부사(會寧府使)
　에 승진했고, 이듬해 상주목사가 되어 통정대부에 올랐다. 1597년 정유재란 때 큰 공을 세워 경상우도 병
　마절도사 · 경상도방어사 · 김해부사 · 밀양부사를 거쳐 중도(中道) 방어사에 오르고, 1617년 3도 통제사겸
　경상우도 수군절도사에 올라 통영(統營)의 진중에서 사망했다.

208 정씨재사(鄭氏齋舍) : 정기룡의 신주를 모시는 사당. 정기룡의 묘소가 있는 경상북도 상주시 사벌면 금흔리
　에 있는 충의사(忠毅祠). 여기에 교지(敎旨) · 장검(長劍) · 유서(諭書) 각 1점씩을 소장하고 있는 것으로 보
　아 이곳으로 추측된다.

《충렬록(忠烈錄)》[209] 1권

　박승종(朴承宗)[210] 편집. 김응하(金應河)[211]의 사적.
철원부 소장. 인지 2권 2.5장.

《忠烈錄》一卷

朴承宗輯. 金應河事蹟. 鐵
原府藏. 印紙二卷二張又半
張.

《김장군유사(金將軍遺事)》[212] 1권

　이시항(李時恒)[213] 편집. 김경서(金景瑞)[214]의 사적.
용강김씨(龍岡金氏) 가문 소장. 인지 2권 3.5장.

《金將軍遺事》一卷

李時恒輯. 金景瑞事蹟. 龍
岡金氏家藏. 印紙二卷三張
又半張.

《김충장유사(金忠壯遺事)》[215] 5권

　김덕령(金德齡)[216]의 연보(年譜)와 전기(傳記). 광주

《金忠壯遺事》五卷

金德齡譜、傳. 光州 義烈祠

---

209 충렬록(忠烈錄) : 조선의 문신 박승종(朴承宗, 1562~1623)이 1619년(광해 10) 명(明)나라가 후금(後金)을
　　칠 때, 명나라의 요청으로, 조선에서 원병을 이끌고 참전했다가 전사한 김응하(金應河, 1580~1619)의 공
　　적을 기리기 위해 지은 책.
210 박승종(朴承宗) : 1562~1623. 조선 중기의 문신. 자는 효백(孝伯), 호는 퇴우당(退憂堂), 시호는 숙민(肅
　　愍). 윤인(尹訒)·이인경(李寅卿) 일당이 경운궁에 난입하여 인목대비(仁穆大妃)를 죽이려 할 때 적극 방어
　　하였으며, 폐모론(廢母論)을 극력 반대했다. 1623년 인조반정 때 군사를 모으려는 아들의 행동을 중지시
　　키고, 아들 자흥(子興)의 딸이 광해군의 세자빈으로서 그 일족이 오랫동안 요직에 앉아 권세를 누린 사실
　　을 자책하여, 아들과 같이 목매어 자결했다.
211 김응하(金應河) : 1580~1619. 조선 중기의 무신. 자는 경의(景義), 시호는 충무(忠武). 전라도관찰사 박승
　　종(朴承宗)의 비장(裨將, 지방관을 수행하는 관원)이 되었다가 1610년에 선전관에 임명되었으며, 삼수군
　　수(三守郡守)·북우후(北虞侯)를 역임했다. 1618년(광해군 10) 명나라가 후금을 칠 때 조선에 원병을 청해
　　오자, 이듬해 2월 도원수 강홍립(姜弘立)을 따라 압록강을 건너 후금정벌에 나섰다. 그러나 명나라 군사가
　　대패하자, 3,000명의 휘하 군사로 수만 명의 후금군을 맞아 싸우다 전사했다.
212 김장군유사(金將軍遺事) : 이시항(李時恒)이 편찬한 김경서(金景瑞, 1564~624)의 전기.
213 이시항(李時恒) : 1672~1736. 조선 후기의 문신. 자는 사상(士常), 호는 화은(和隱)·만은(晚隱). 병조정
　　랑·덕천군수·경상도황장목경차관(慶尙道黃腸木敬差官) 등을 역임했다. 사륙변려체(四六駢儷體) 문장에
　　능하였고, 서북지방의 방비에 관심이 깊어 스스로 이 지역의 각 진을 살펴보고 방비책으로 7곳의 관방(關
　　防)을 중령(中嶺)에 설치할 것을 건의했다. 저서로 《화은집(和隱集)》·《김장군유사(金將軍遺事)》·《서경지
　　(西京志)》등이 있다.
214 김경서(金景瑞) : 1564~1624. 조선 중기의 무신. 자는 성보(聖甫), 시호는 양의(襄毅). 원래 이름은 김응서
　　(金應瑞). 임진왜란 당시 평양의 대동강에서 일본군과 맞서 교전했다. 정유재란 때 일본의 간첩 농간에 속
　　아 이순신을 공격했다. 1619년에는 부원수로 도원수 강홍립(姜弘立, 1560~1627)과 함께 명나라를 지원하
　　기 위해 출병하였으나, 광해군의 밀명으로 투항했다. 이후 후금의 사정을 조선에 보고하려다가 청나라에
　　적발당하기도 했다.
215 김충장유사(金忠壯遺事) : 김덕령의 행적을 기록한 책.
216 김덕령(金德齡) : 1567~1596. 조선 중기의 의병장. 자는 경수(景樹), 시호는 충장(忠壯). 임진왜란 때 거제

(光州) 의열사(義烈祠)[217] 소장. 인지 2권 14.5장.　　　　藏. 印紙二卷十四張又半張.

《남충장유사(南忠壯遺事)》[218] 3권　　　　　　《南忠壯遺事》三卷

　남이흥(南以興)[219]의 사적. 칠곡(漆谷) 송림사(松林　南以興事蹟. 漆谷 松林寺

寺)[220] 소장. 인지 4권.　　　　　　　　　　　藏. 印紙四卷.

《선원연보(仙源年譜)》[221] 1권·《청음연보(淸陰年譜)》[222]　《仙源年譜》一卷、《淸陰年

2권　　　　　　　　　　　　　　　　　　　譜》二卷

　김상용(金尙容)[223]과 김상헌(金尙憲)[224]의 연보를 기　金尙容、尙憲紀年之書. 尙

도에 침입한 왜적을 크게 무찌르고 이어서 1595년 고성에 상륙하려는 왜적을 기습, 격퇴했다. 1596년 7월 홍산(鴻山)에서 이몽학(李夢鶴)이 반란을 일으키자 도원수 권율의 명을 받아 진주에서 운봉(雲峯)까지 진군했다가, 이미 난이 평정되었다는 소식을 듣고 광주로 돌아가려 했으나 허락받지 못해 진주로 돌아왔다. 이때 이몽학과 내통했다는 충청도체찰사 종사관 신경행(辛景行)과 모속관(募粟官) 한현(韓絢)의 무고로 체포되어, 정탁(鄭琢, 1526~1605)·김응남(金應南, 1546~1598) 등이 무고를 힘써 변명했으나 20일 동안에 여섯 차례의 혹독한 고문으로 옥사했다. 죽기 전에 지었다는 시조 〈춘산곡(春山曲)〉이 남아 있다.

217 의열사(義烈祠) : 원래는 임진왜란 때의 공신 회재(懷齋) 박광옥(朴光玉, 1526~1593)의 덕행과 절의를 추모하기 위해 1602년(선조 35)에 창건하고 영정과 위패를 모셨던 벽진서원(碧津書院)인데, 1681년(숙종 7)에 김덕령(金德齡)을 추가 배향하고, '의열사(義烈祠)'로 사액되었다.

218 남충장유사(南忠壯遺事) : 조선 중기의 무신 남이흥(南以興)의 행적을 기록한 책.

219 남이흥(南以興) : 1576~1627. 조선 중기의 무신. 본관은 의령(宜寧). 자는 사호(士豪), 호는 성은(城隱), 시호는 충장(忠壯). 1598년(선조 31) 정유재란 때 노량해전에서 아버지가 적탄에 맞아 전사한 데 충격을 받아 글 공부를 포기하고, 활쏘기·말타기에 전념해 1602년 무과에 급제했다. 1623년 인조반정 뒤 서도(西道)의 수령직을 자청해 구성부사가 되었다. 이괄(李适)의 난 때 세운 공으로 연안부사가 되었고, 진무공신(振武功臣) 1등에 책록되었으며 의춘군(宜春君)에 봉해졌다. 이어 평안도병마절도사로서 영변부사를 겸해 국경 방어의 임무를 맡고 있던 중, 1627년 정월 정묘호란이 일어나자 안주성에 나가 후금군을 막았다. 3만여 후금 군대와 싸우다 성이 함락되자, 남이흥은 "조정에서 나로 하여금 마음대로 군사를 훈련하고 기를 수 없게 했는데, 강한 적을 대적하게 되었으니 죽는 것은 내 직책이나, 다만 그것이 한이로다."라 하며 성에 불을 지르고 뛰어들어 죽었다.

220 송림사(松林寺) : 경상북도 칠곡군 동명면 구덕리에 있는 신라시대의 절. 경상북도 유형문화재 제434호.

221 선원연보(仙源年譜) : 조선 중기의 문신 선원(仙源) 김상용(金尙容)의 연보.

222 청음연보(淸陰年譜) : 조선 중기의 문신 청음(淸陰) 김상헌(金尙憲)의 연보.

223 김상용(金尙容) : 1561~1637. 자는 경택(景擇), 호는 선원(仙源)·풍계(楓溪)·계옹(溪翁)이다. 1636년(인조 14) 병자호란 때 묘사(廟社)의 신주를 받들고 빈궁(嬪宮)과 원손(元孫)을 수행해 강화도로 피난했다. 이듬해 성이 함락되자 성의 남문루(南門樓)에 있던 화약에 불을 지르고 순절했다.

224 김상헌(金尙憲) : 1570~1652. 조선 중기의 문신. 자는 숙도(叔度), 호는 청음(淸陰)·석실산인(石室山人), 시호는 문정(文正). 정묘호란이 일어났을 때 진주사로 명나라에 가서 구원병을 청하였고, 돌아와서는 후금과의 화의를 끊을 것과 강홍립(姜弘立, 1560~1627)의 관직을 복구하지 말 것을 강력히 주장했다. 대표적인 척화신으로서 추앙받고 저서로 《양산야인담록(梁山野人談錄)》 등이 있다.

송림사(문화재청)

김상용 순절비(정조 때 7대손인 김매순이 세운 비와 숙종 26년(1700)
종증손 김창집이 세운 비)(문화재청)

록한 책. 상주 서산서원(西山書院)225 소장. 인지 3권
4장.

州 西山書院藏. 印紙三卷
四張.

《사계연보(沙溪年譜)》226 1권
　　연산 돈암서원 소장. 인지 1권 14장.

《沙溪年譜》一卷
　　連山 遯巖書院藏. 印紙一
　　卷十四張.

《여헌연보(旅軒年譜)》227 3권
　　장현광(張顯光)의 연보를 기록한 책. 인동 동락서
원 소장. 인지 2권 4장.

《旅軒年譜》三卷
　　張顯光紀年之書. 仁同 東
洛書院藏. 印紙二卷四張.

225 서산서원(西山書院) : 숙종 때 건립되어 김상용(金尙容)과 김상헌(金尙憲)을 향사했다.
226 사계연보(沙溪年譜) : 조선 중기의 정치가·예학(禮學) 사상가인 김장생(金長生)의 연보.
227 여헌연보(旅軒年譜) : 여헌(旅軒) 장현광(張顯光, 1554~1637)의 연보.

청도 용천사 대웅전(문화재청)

《정무공실기(貞武公實紀)》²²⁸ 4권

최진립(崔震立)²²⁹의 사적. 경주(慶州) 용산서원(龍山書院)²³⁰ 소장. 인지 3권 17장.

《貞武公實紀》四卷

崔震立事蹟. 慶州 龍山書院藏. 印紙三卷十七張.

《백강연보(白江年譜)》²³¹ 1권

  이경여(李敬輿)²³²의 연보를 기록한 책. 대구(大邱)

《白江年譜》一卷

李敬輿紀年之書. 大邱 湧

---

228 정무공실기(貞武公實紀): 조선 중기의 무신 최진립(崔震立, 1568~1636)의 실기.

229 최진립(崔震立): 1568~1636. 자는 사건(士建), 호는 잠와(潛窩). 임진왜란 때 동생 최계종(崔繼宗)과 함께 의병을 일으켜 전공을 세웠고, 정유재란 때 결사대를 조직하여 서생포(西生浦, 울산광역시 울주군 서생면의 포구)에 침입한 왜적을 무찌르고, 이어 도산(島山, 울산왜성) 싸움에서 권율(權慄) 등과 함께 전공을 세웠다. 또 병자호란 때 공주영장(公州營將)으로서 군사를 이끌고 참전하여 용인 험천(險川, 현재 경기도 용인시 수지구 동천동)에 이르러 청군을 만나 끝까지 싸우다 전사했다.

230 용산서원(龍山書院): 정무공 최진립을 향사하기 위해 1699년(숙종 25) 경주부윤 이형상(李衡詳)이 지방 유림과 함께 건립하였으며, 이듬해 묘(廟)가 이루어져 위판(位版)을 봉안했다. 1993년 경상북도기념물 제88호로 지정되었다.

231 백강연보(白江年譜): 조선 중기의 문신 이경여(李敬輿)의 연보. 현재 한국학중앙연구원 한국학도서관 소장.

232 이경여(李敬輿): 1585~1657. 자는 직부(直夫), 호는 백강(白江)·봉암(鳳巖), 시호는 문정(文貞). 1601년(선조 34) 사마시를 거쳐, 1609년(광해군 1) 증광문과에 을과로 급제해 1611년 검열이 되었으나, 광해군의 실정이 심해지자 벼슬을 버리고 낙향했다. 1646년 민회빈(愍懷嬪) 강씨(姜氏, 소현세자빈)의 사사(賜死)를 반대하다가 진도에 유배되고, 다시 1648년 삼수(三水)에 위리안치되었다. 이듬해 효종이 즉위하자 풀려 나 1650년(효종 1)에 영중추부사가 되었다. 시문에 능하고 글씨에도 뛰어났다. 부여의 부산서원(浮山書院), 진도의 봉암사(鳳巖祠)와 흥덕(興德)의 동산서원(東山書院)에 제향되었으며, 저서로 《백강집(白江集)》이 있다.

위봉사(문화재청)

용천사(湧泉寺)[233] 소장. 인지 2권 1장.

泉寺藏. 印紙二卷一張.

《택당연보(澤堂年譜)》[234] 1권

이식(李植)[235]의 연보를 기록한 책. 함경도관찰영
소장. 인지 1권 19장. 목판 일부가 빠짐.

《澤堂年譜》一卷

李植紀年之書. 關北觀察
營藏. 印紙一卷十九張. 缺.

《동춘당연보(同春堂年譜)》[236] 4권

전주(全州) 위봉사(威鳳寺)[237] 소장. 인지 4권 13장.

《同春堂年譜》四卷

全州 威鳳寺藏. 印紙四卷
十三張.

---

233 용천사(湧泉寺) : 조계종 동화사의 말사. 1267년(고려 원종 8) 일연이 중창하여 불일사(佛日寺)라 칭하였다
가 용천사로 고치고, 임진왜란 후 1631년(인조 9) 조영대사(租英大師)가 중창하였으며, 1805년(순조 5) 의
열이 크게 중수했다. 19세기 중반에는 이 절이 대구에 속하였으나, 현재의 행정구역은 경상북도 청도군 각
북면 오산리이다.

234 택당연보(澤堂年譜) : 조선 중기의 문신 이식(李植)의 연보.

235 이식(李植) : 1584~1647. 조선 중기의 문신. 자는 여고(汝固), 호는 택당(澤堂), 시호는 문정(文靖). 1616년
(광해군 8) 북평사(北評事)가 되고 이듬해 선전관이 되었지만, 1618년(광해군 10) 폐모론(廢母論)이 일어
나자 은퇴하여 지금의 경기도 양평군 양동면에 낙향하여 택풍당(澤風堂)을 짓고 학문에 전념했다. 이후 광
해군이 여러 차례 관직에 임명하였지만 모두 사양하고 나아가지 않았다. 1623년(광해군 15) 인조반정(仁祖
反正) 이후 본격적으로 관직에 진출하여 대사간·대제학·이조판서·예조판서 등을 역임했다. 《광해군일기
(光海君日記)》의 편찬과 《선조수정실록(宣祖修正實錄)》의 개수(改修)를 주관했다. 뛰어난 문장으로 이름
을 날렸고, 16~17세기 고문(古文) 운동에 앞장서 같은 시기 활동했던 신흠(申欽, 1566~1628)·이정구(李
廷龜, 1564~1635)·장유(張維, 1587~1638)와 함께 한문사대가(漢文四大家)로 꼽힌다. 저서로 《초학자훈
증집(初學字訓增輯)》·《두시비해(杜詩批解)》·《수성지(水城志)》·《야사초본(野史初本)》등이 있으며, 문집
으로 송시열이 1674년(현종 15) 편찬하고 간행한 《택당집(澤堂集)》이 전한다.

236 동춘당연보(同春堂年譜) : 조선 후기의 문신 송준길(宋浚吉, 1606~1672)의 연보.

237 위봉사(威鳳寺) : 전라북도 완주군 소양면 대흥리 소재. 백제 무왕 5년(604)에 창건했다고 하나 확실하지

 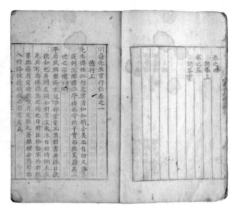

《명재언행록》(국립중앙박물관)　　《명재언행록》1쪽(국립중앙박물관)

《남계연보(南溪年譜)》[238] 4권

　박세채의 연보를 기록한 책. 평산(平山, 황해남도 봉산) 구봉서원(九峰書院)[239] 소장. 인지 2권 1.5장.

《南溪年譜》四卷

　朴世采紀年之譜. 平山 九峰書院藏. 印紙二卷一張又半張.

《명재언행록(明齋言行錄)》[240] 5권

　윤증(尹拯)[241]의 문인들 지음. 노성(魯城) 노강서원

《明齋言行錄》五卷

　門人撰. 魯城 魯岡書院藏.

않다. 현재는 보물 제608호인 보광명전과 전라북도 유형문화재 제69호인 요사와 삼성각만이 남아 있다. 이곳에 《묘법연화경》·《신증동국여지승람》을 판각한 목각경판 350여 매가 보존되어 있었으나, 지금은 서울 중구 동국대학교 박물관에 보관되어 있다.

238 남계연보(南溪年譜):조선 후기의 문신 박세채(朴世采, 1631~1695)의 연보.

239 구봉서원(九峰書院):황해도 평산군(현재 황해남도 봉천군) 적암면 갈산리에 있는 서원. 1696년(숙종 22)에 지방유림의 공의로 박세채(朴世采)의 학문과 덕행을 추모하기 위해 연곡리의 불치산(佛峙山) 아래에 창건하였다.

240 명재언행록(明齋言行錄):조선 후기의 문신 윤증(尹拯)의 언행록.

241 윤증(尹拯):1629~1714. 조선 후기의 문신. 자는 자인(子仁), 호는 명재(明齋)·유봉(酉峯), 시호는 문성(文成). 유계(俞棨)와 송준길(宋浚吉), 송시열의 3대 사문(師門)에 들어가 주자학을 기본으로 하는 당대의 정통 유학을 수학하였다. 등과(登科)는 하지 않았지만, 학행이 사림 간에 뛰어나 유일(遺逸)로 천거되어 내시교관(內侍教官) 발탁을 시작으로 공조좌랑·세자시강원진강·대사헌·이조참판 등에 임명되었으나, 사양하고 실직에 나아간 일이 없다. 그러나 정치적 중요 문제가 생길 때마다 상소로 자기 의견을 피력하였고, 정부 당국자나 다른 학자들과의 서신을 통해 노론·소론 분당과 이에 따른 당쟁에 큰 영향을 끼쳤을 뿐만 아니라 노론의 일방적인 정국 전횡을 견제했다. 또 스승인 송시열의 주자학적 종본주의와 이에 근거한 존화대의(尊華大義) 및 숭명벌청(崇明伐淸)의 북벌론을 정면으로 반박, 회니시비(懷尼是非, 송시열과 윤증의 불화)의 발단이 되었다.

노강서원(문화재청)

(魯岡書院)242 소장. 인지 4권 5장.	印紙四卷五張.
《명재연보(明齋年譜)》243 6권	《明齋年譜》六卷
노성(魯城) 노강서원(魯岡書院) 소장. 인지 16권 12장.	魯城 魯岡書院藏. 印紙 十六卷十二張.
《수곡연보(睡谷年譜)》244 1권	《睡谷年譜》一卷
이여(李畬)245의 연보를 기록한 책. 무주(茂朱) 산성사(山城寺)246 소장. 인지 1권 15장.	李畬紀年之書. 茂朱 山城寺藏. 印紙一卷十五張.

242 노강서원(魯岡書院) : 충청남도 논산시 광석면 오강리에 있는 조선 후기에 건립된 서원. 윤황의 학문과 덕행을 추모하고 지방민의 유학 교육을 위하여 세운 서원으로, 1682년(숙종 8)에 사액을 받았다. 성향은 기호계이며, 윤황을 주향으로 하고 윤문거(尹文擧)·윤선거(尹宣擧)·윤증(尹拯) 3인을 추향하는 서원이다.

243 명재연보(明齋年譜) : 윤증의 연보.

244 수곡연보(睡谷年譜) : 수곡(睡谷) 이여(李畬)의 연보. 조카 이익진(李翼鎭) 편저. 조선 후기 당쟁사 연구에 좋은 자료이다.

245 이여(李畬) : 1645~1718. 조선 후기의 문신. 자는 자삼(子三)·치보(治甫), 호는 포음(浦陰)·수곡(睡谷), 시호는 문경(文敬). 청요직(淸要職, 학식과 문벌이 높은 인물에게 주는 중요한 관직)을 두루 역임하였고, 1702년에 좌의정이 되었다가 바로 영의정에 올랐다. 그 뒤 도성 수축 및 과거제 문란 등을 둘러싸고 최석문(崔錫文)과 대립하다가 패배해, 1707년 판중추부사에 임명되자 여주에 은거했다.

246 산성사(山城寺) : 전라북도 무주군 적상면 북창리 적상산성 안에 있던 절로 지금은 안국사만 남아 있다. 조선 시대에는 안국사에 사고(史庫)를 지어 왕조실록을 보관하였고, 사고를 지키는 승군과 군사를 배치하고 이 절의 주지에게 수호총섭(守護總攝)이라는 직책을 주어 수호하게 했다.

《평양지(平壤誌)》247 9권

  윤두수(尹斗壽)248 지음. 평안도관찰영 소장. 인지 6권 14장. 목판 마모되고 일부가 빠짐.

《속평양지(續平壤誌)》249 4권

  윤유(尹游)250 지음. 평안도관찰영 소장. 인지 5권 10장.

《승평지(昇平志)》251 2권

  이수광(李睟光)252 지음. 순천(順天) 지봉서원(芝峰書院)253 소장. 인지 2권 1장.

《平壤誌》九卷

尹斗壽撰. 關西觀察營藏. 印紙六卷十四張. 刓缺.

《續平壤誌》四卷

尹游撰. 關西觀察營藏. 印紙五卷十張.

《昇平志》二卷

李睟光撰. 順天 芝峰書院藏. 印紙二卷一張.

---

247 평양지(平壤誌) : 1590년에 윤두수(尹斗壽)가 편찬한 최초의 평양읍지. 조선 중기에 만들어진 대부분의 읍지들처럼 《평양지》도 관찰사의 입장에서 행정적인 편의를 위해, 또 자신이 관할하는 지방에 대한 이해를 넓히기 위해 제작되었다.

248 윤두수(尹斗壽) : 1533~1601. 조선 중기의 문신. 자는 자앙(子仰), 호는 오음(梧陰), 시호는 문정(文靖). 이조 참의 등을 거쳐 대사간에 이르렀으며 1578년(선조 11) 도승지 때 이수(李銖)의 옥사에 연루되어 아우 근수(根壽)와 함께 파직 당했으나 대사간 김계휘(金繼輝)의 주청으로 복직되었다. 1592년 임진왜란 때 우의정을 거쳐 좌의정에 이르렀고 명나라에 구원을 요청하자는 주장에 반대했다. 1597년 정유재란 때에는 영의정 류성룡과 함께 난국을 수습하였다.

249 속평양지(續平壤誌) : 1730년에 윤두수의 5대손 윤유(尹游)가 평안도관찰사로 부임한 후 후손의 입장에서 선대의 사업을 계승하여 편찬한 평양읍지. 이후로 평양읍지는 평양감영에서 간헐적으로 간행되었지만 《평양지》·《속평양지》만큼 충실한 자료는 없다. 《평양속지(平壤續誌)》라고도 한다.

250 윤유(尹游) : 1674~1737. 조선 후기의 문신. 자는 백수(伯修), 호는 만하(晚霞). 1723년에 나라의 기강이 문란하여 국고의 세수입이 격감하자, 임금에게 글을 올려 토지세제를 개혁, 각 영부(營府)의 둔전을 정리하고 세제를 확립하는 동시에 무장들의 탐학을 막고 민폐를 근절하도록 진언했다. 당대의 명필로도 이름이 높았다.

251 승평지(昇平志) : 1729년 이수광(李睟光)이 지방의 수령(순천부사)으로서 편찬한 읍지로, 순천의 사회적·경제적인 내용을 비교적 상세하게 싣고 있어 임진왜란을 겪은 후 17세기 초의 순천 지방의 사정을 알려주는 중요한 자료이다. 또한 이 책은 순천 지방의 후대 읍지 편찬의 토대를 제공한 점에도 의의가 있다.

252 이수광(李睟光) : 1563~1628. 조선 중기의 문신·학자. 자는 윤경(潤卿), 호는 지봉(芝峰), 시호는 문간(文簡). 지평·예조참판 등을 지내고 주청사(奏請使)로 연경(燕京)에 내왕하였는데, 당시 명(明)나라에 와 있던 이탈리아 신부 마테오리치의 저서 《천주실의(天主實義)》 2권과 《교우론(交友論)》 1권 및 중국인 유변(劉汴) 등이 지은 《속이담(續耳譚)》 6권을 가지고 돌아와 한국에 최초로 서학(西學)을 도입하였고, 《지봉유설(芝峰類說)》을 지어 서양의 사정과 천주교 지식을 소개했다. 저서로 《지봉유설》·《채신잡록(采薪雜錄)》·《해경어잡편(解警語雜篇)》·《잉설여편(剩說餘篇)》·《승평지(昇平志)》·《병촉잡기(秉燭雜記)》·《찬록군서(纂錄群書)》 등이 있다.

253 지봉서원(芝峰書院) : 청수서원의 이칭으로 추측된다. 전라남도 순천시 금곡동에 있었던 서원. 1693년

윤두수 초상(국립중앙박물관)

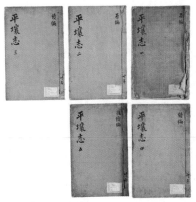

《평양지》(국립중앙박물관)

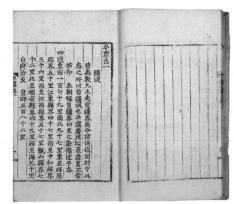

《평양지》 첫 면(국립중앙박물관)

《속평양지》(국립중앙박물관)

《속평양지》 첫 면(국립중앙박물관)

I. 도서의 보관과 열람(하)　　207

포충사(문화재청)

《유서석록(遊瑞石錄)》[254] 1권

고경명(高敬命)[255] 지음. 광주(光州) 포충사(褒忠祠)[256] 소장. 인지 9.5장.

《탐라지(耽羅志)》[257] 1권

이익한(李翊漢)[258] 지음. 제주목 소장. 인지 2권 0.5장. 목판 마모됨.

《遊瑞石錄》一卷

高敬命撰. 光州 褒忠祠藏. 印紙九張又半張.

《耽羅志》一卷

李翊漢撰. 濟州牧藏. 印紙二卷半張. 刊.

(숙종 19)에 지방유림의 공의로 이수광(李睟光)의 덕행과 업적을 추모하기 위해 창건하여 위패를 모셨다. 1727년(영조 3)에 '청수(淸水)'라 사액되었으며, 1730년에 이응기(李應耆)를 추가 배향했다. 선현 배향과 지방교육의 일익을 담당하여오던 중, 대원군의 서원철폐령으로 1868년(고종 5)에 철폐되었다.

254 유서석록(遊瑞石錄) : 조선 선조 때에 고경명(高敬命)이 지은 무등산 기행문. 서석산(瑞石山)은 자신의 고향에 있는 무등산으로, 그 진수를 묘사한 글은 문장의 구성이나 경치의 묘사가 간곡해서 걸작이라고 할 만하다.

255 고경명(高敬命) : 1533~1592. 조선 중기의 문인·의병장. 자는 이순(而順), 호는 제봉(霽峰)·태헌(苔軒). 광주 압보천에서 출생했고, 1552년(명종 7) 진사시와 생원시에 동시 입격하여 진사가 되었다. 1558년에 식년시 문과에 장원 급제하여 성균관 전적에 임명되고, 이어서 공조좌랑·형조좌랑·사간원정언 등을 거치고 호당(湖堂)에서 사가독서(賜暇讀書)했다. 종부시첨정·한성부서윤·한산군수·순창군수·동래부사를 역임하고, 서인(西人)이 제거될 때 사직하고 고향으로 내려갔다. 1592년(선조 25) 임진왜란이 일어나고 선조가 의주로 피난을 갔다는 소식을 듣고 의병을 일으켰다. 이후 전라도 광주·장흥 등에서 모집한 6,000여 명의 의병을 이끌고 임금을 지키러 의주로 가던 중 금산에 집결하고 있던 왜군과 싸우다가 아들 고인후(高因厚, 1561~1592)와 함께 전사했다. 저서로 《제봉집(霽峰集)》·《유서석록(遊瑞石錄)》·《정기록(正氣錄)》이 있다.

256 포충사(褒忠祠) : 1665년(현종 6) 선천(宣川)군수 김응하(金應河)의 절의를 기리기 위하여 세운 사우(祠宇).

257 탐라지(耽羅志) : 1653년(효종 4) 제주목사 이원진(李元鎭, 1594~?)이 《동국여지승람》 및 《제주풍토록(濟州風土錄)》을 참고하여 편찬한 제주도 제주목·정의현(旌義縣)·대정현(大靜縣)의 읍지.

258 이익한(李翊漢) : 1569~1735. 조선 중기의 문신. 자는 치흠(稚欽), 호는 향파(香坡). 사간원 헌납·장령을 역임하며 신분의 제약을 넘어 인재를 등용할 것을 주장했고, 경기도 수군절도사 시절 백성의 양역(良役)을 감면해줄 것을 상소했다.

《북관지》(국립중앙박물관)　　《북관지》 첫 면(국립중앙박물관)

《경산지(京山誌)》[259] 6권

  이원정(李元禎)[260] 지음. 성주(星州) 무흘사(茂屹寺)[261] 소장. 인지 4권 10장.

《京山誌》六卷

  李元禎撰. 星州茂屹寺藏. 印紙四卷十張.

《북관지(北關誌)》[262] 10권

  이단하(李端夏)[263] 지음. 경성부(鏡城府)[264] 소장. 인

《北關誌》十卷

  李端夏撰. 鏡城府藏. 印

---

259 경산지(京山誌) : 1668년(현종 9)에 편찬된 경상북도 성주군 읍지. 이원정(李元禎) 부자에 의해 사찬(私撰)된 것으로《신증동국여지승람》의 체제를 모방했다. 경산(京山)은 성주의 별칭.

260 이원정(李元禎) : 1622~1680. 조선 후기의 문신. 자는 사징(士徵), 호는 귀암(歸巖). 1670년(현종 11) 사은사 부사로 청나라에 다녀왔으며 그 후로 도승지·대사간·형조판서를 지냈다. 1680년(숙종 6) 이조판서로 있을 때 서인이 남인 세력을 쫓아낸 경신대출척(庚申大黜陟)이 일어나 남인이었던 이원정은 관직을 빼앗기고 초산으로 귀양을 가다가 조정으로 다시 불려가 장살당했다. 저서로《귀암문집(歸巖文集)》·《경산지(京山誌)》·《완부결송록(完府決訟錄)》이 있다.

261 무흘사(茂屹寺) : 신라 애장왕(哀莊王, 800~809) 때 세워져 임진왜란 때 불타 없어진 동방사(東方寺)로 추정된다.

262 북관지(北關誌) : 1693년(숙종 19) 신여철(申汝哲)에 의하여 간행된 함경도지지. 광해군 때 함경도 평사(評事)로 있던 이식(李植)이 함경도의 사실과 형요(形要)를 모아 북관지라 이름하여 기술하였으나 완성하지 못했다. 이것을 그의 아들 이단하(李端夏)가 평사로 가 있으면서 완성했지만 간행하지 못했는데, 30년이 지난 뒤 신여철이 바뀐 연혁을 증수하여 간행했다.

263 이단하(李端夏) : 1625~1689. 조선 후기의 문신. 자는 계주(季周), 호는 외재(畏齋), 시호는 문충(文忠). 1668년에 이조정랑으로 각사의 노비 공납에 대하여 0.5필(疋)씩 감할 것을 청하여 모두 실현케 했다. 이어 양전(量田)의 실시를 청하였고, 1669년(현종 10) 훈련별대(訓鍊別隊)의 창설을 청하였으며 소나무 잎으로 굶주린 백성을 구제하기를 청해 서울 밖에 있는 빈민에게 나누어 주었다. 홍문관 제학으로《현종실록(顯宗實錄)》개수(改修)에 참여하였고, 1684년(숙종 10) 예조판서로《사창절목(社倉節目)》과《선묘보감(宣廟寶鑑)》을 지어 올렸다. 1686년(숙종 12) 우의정이 되어 사창 설치의 5익(五益)을 건의했고, 사죄(死罪)에 해당하는 죄인에 대하여 삼복(三覆, 3심제)을 실시할 것을 청했다.

264 경성부(鏡城府) : 조선 시대 함경도 경성 지방을 관할하던 관청이자 행정구역. 1432년(세종 14) 설치되어

《동경잡기》(국립민속박물관)

지 3권 15장. 목판 마모되고 일부가 빠짐.	紙三卷十五張. 刓缺.
《동경잡기(東京雜記)》[265] 3권	《東京雜記》三卷
민주면(閔周冕)[266] 지음. 경주부 소장. 인지 5권 15장.	閔周冕撰. 慶州府藏. 印紙五卷十五張.
《북한지(北漢誌)》[267] 1권	《北漢誌》一卷
승려 성능(聖能)[268] 지음. 북한산 태고사(太古寺) 소장. 인지 12장.	釋聖能撰. 北漢 太古寺藏. 印紙十二張.

1895년(고종 32) 지방제도 개편에 따라 경성군으로 변경되기까지 함경도 북부 지역의 행정과 군사 중심지로 기능하였다. 경성에는 북병영(北兵營)을 설치하여 북병사(北兵使)가 부사(府使)를 겸임하였다. 본래의 명칭은 우롱이(亏籠耳) 혹은 목랑고(木郞古)이다.

265 동경잡기(東京雜記):1845년(헌종 11) 성원묵(成原默)이 증보하여 중간(重刊)한 경주의 지지(地誌).

266 민주면(閔周冕):1629~1670. 조선 중기의 문신. 자는 장오(章五), 호는 수월당(水月堂). 1648년(인조 26) 사마시에 합격하고, 1653년(효종 4) 알성문과에 장원 급제했다. 현종 때 동부승지·우부승지로 승진하였고, 경주부윤에 임명되자 고을의 번잡한 행정을 개혁하여 간략하게 만들고, 공무의 여가에는 편자 미상의 《동경지(東京志)》라는 경주 읍지를 증보하여 《동경잡기(東京雜記)》를 간행했다.

267 북한지(北漢誌):1745년(영조 21)에 승려 성능(聖能)이 팔도도총섭(八道都摠攝)의 직책을 서윤(瑞胤)에게 인계하면서 북한산성에 관한 사적을 지지(地誌)의 형태로 편찬, 간행한 책.

268 성능(聖能):?~?. 조선 후기의 승려. 호는 계파(桂坡). 지리산 화엄사에 있다가 숙종 때 팔도도총섭(八道都摠攝)이 되어 북한산성을 쌓았다. 1745년(영조 21) 도총섭 직책을 서윤(瑞胤)에게 인계할 때 산성(山城)에 관한 일 14조(條)를 《북한지(北漢誌)》라 이름 붙여 판각했다. 화엄사로 돌아가 《대화엄경(大華嚴經)》을 판각, 장륙전(丈六殿)을 중수했으며, 1750년 통도사 계단탑을 증축, 석가여래 영골사리탑비(釋迦如來靈骨舍利塔碑)를 세웠다.

《성천지(成川誌)》[269] 2권

　지은이는 고증할 수 없음. 성천부(成川府)[270] 소장. 인지 2권 17장. 목판 일부가 빠짐.

《成川誌》二卷

撰人無考. 成川府藏. 印紙 二卷十七張. 缺.

《경국대전(經國大典)》[271] 8권

　세조 때 왕명을 받아 지음. 광주목 소장. 인지 7권 10장. 목판 마모되고 일부가 빠짐.

《經國大典》八卷

世祖朝奉敎撰. 光州牧藏. 印紙七卷十張. 刓缺.

《국조오례의(國朝五禮儀)》[272] 8권·《국조오례의서례(國朝五禮儀序例)》[273] 5권

　성종 때 왕명을 받아 지음. 경상도관찰영 소장. 인지 24권 10장. 목판 마모됨.

《五禮儀》八卷、《序例》五卷

成宗朝奉敎撰. 嶺南觀察營藏. 印紙二十四卷十張. 刓.

《속대전(續大典)》[274] 6권

　영조 때 왕명을 받아 지음. 교서관 소장. 인지 5권 19장. 목판 마모되고 일부가 빠짐.

《續大典》六卷

英宗朝奉敎撰. 校書館藏. 印紙五卷十九張. 刓缺.

---

269 성천지(成川誌) : 1842년(헌종 8)에 성천부사 서재순(徐載淳)이 유사들과 더불어 편찬한 평안도 성천 읍지.

270 성천부(成川府) : 조선 시대 평안도 성천부 지역을 관할하던 관청이자 행정구역. 조선 시대에 성주(成州)에서 성천으로 이름이 바뀌었고, 군사적 전략기지인 거진(巨鎭)을 두어 종3품의 도호부사가 인근 11개 고을을 관할하였다. 1895년(고종 32)에 평양부 성천군이 되었다.

271 경국대전(經國大典) : 조선 전기의 법전이며, 국가를 경영하는 큰 법전이라는 뜻. 1461년(세조 7)부터 편찬하기 시작해 1485년(성종 16)에 완성되었다. 조선 초기부터 전해져 오던 여러 법령들을 모아 집대성한 것으로 조선 통치 질서의 기본을 확립한 법전이다. 이전·호전·병전·형전·예전·공전의 여섯 부분으로 이루어져 있다.

272 국조오례의(國朝五禮儀) : 조선 시대 오례의 예법과 절차에 관하여 기록한 책으로, 세종 때 시작되어 1474년(성종 5) 신숙주 등에 의해 완성되었다.

273 국조오례의서례(國朝五禮儀序例) : 《국조오례의(國朝五禮儀)》를 시행하는 데 필요한 참고사항을 규정하여 만든 책. 1474년(성종 5)에 신숙주(申叔舟, 1417~1475)·강희맹(姜希孟, 1424~1483) 등이 왕명에 의하여 편찬했다. 규장각 도서에 있다.

274 속대전(續大典) : 경국대전 시행 뒤에 공포된 법령 중에서 시행할 법령만을 추려서 영조 때에 편찬한 것으로 《경국대전》에 계속되는 제2의 법전.

《속오례의(續五禮儀)》[275] 5권·《속오례의서례(續五禮儀序例)》[276] 1권·《보편(補編)》[277] 2권

  영조 때 왕명을 받아 지음. 경상도관찰영 소장. 인지 8권 5장. 목판 마모됨.

《국조상례보편(國朝喪禮補編)》[278] 7권

  영조 때 왕명을 받아 지음. 충청도관찰영(충주) 소장. 인지 13권.

  전라도관찰영 소장. 인지 11권 14.5장.

  경상도관찰영 소장. 인지 12권 5장. 목판 마모됨.

《대전통편(大典通編)》[279] 6권

  정조 때 왕명을 받아 지음. 교서관 소장. 인지 9권 6.5장.

  충청도관찰영 소장. 인지 11권 10장.

  전라도관찰영 소장. 인지 9권 12장.

《續五禮儀》五卷、《序例》一卷、《補編》二[4]卷

英宗朝奉敎撰. 嶺南觀察營藏. 印紙八卷五張. 刊.

《國朝喪禮補編》七卷

英宗朝奉敎撰. 湖西觀察營藏. 印紙十三卷.

湖南觀察營藏. 印紙十一卷十四張又半張.

嶺南觀察營藏. 印紙十二卷五張. 刊.

《大典通編》六卷

正宗朝奉敎撰. 校書館藏. 印紙九卷六張又半張.

湖西觀察營藏. 印紙十一卷十張.

湖南觀察營藏. 印紙九卷十二張.

---

275 속오례의(續五禮儀) : 조선 전기에 간행된 《국조오례의》를 조선 후기 영조 연간에 수정, 보완한 것으로, 특히 왕실의 길례와 가례, 흉례에 대한 궁중여성의 의례를 첨가한 내용을 발췌했다.

276 속오례의서례(續五禮儀序例) : 조선 후기 영조 연간에 수정, 보완한 《국조속오례의》의 〈서례〉 부분으로, 가례시 필요한 노부(鹵簿, 임금이 거동을 할 때 갖추던 여러 가지 의장)와 흉례시의 상복에 관한 서례를 발췌한 책.

277 보편(補編) : 《국조속오례의보(國朝續五禮儀補)》. 영조가 《국조속오례의》를 제정한 후, 세손의 장복(章服) 제정을 위하여 《국조속오례의》에서 빠진 부분을 보충해 편찬했다.

278 국조상례보편(國朝喪禮補編) : 1758년(영조 34) 《국조오례의(國朝五禮儀)》의 상례에 관한 부분을 보충·개편하여 완성한 책.

279 대전통편(大典通編) : 1785년(정조 9)에 《경국대전》·《속대전》 및 그 뒤의 법령들을 통합해 편찬한 통일 법전.

[4] 二 : 저본에는 "七". 《鏤板考·御撰》에 근거하여 수정.

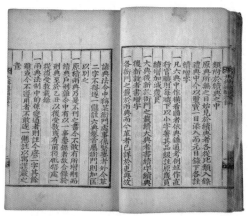

《대전통편》(국립민속박물관)

평안도관찰영 소장. 인지 9권 10장.	關西觀察營藏. 印紙九卷十張.

《대명률(大明律)》[280] 30권

명나라 홍무(洪武) 연간(1368~1398)에 황제의 명을 받아 지음. 평안도관찰영 소장. 인지 6권 10장. 목판 일부가 빠짐.

《大明律》三十卷

明洪武中奉勅撰. 關西觀察營藏. 印紙六卷十張. 缺.

《결송유취보(決訟類聚補)》[281] 1권

지은이는 고증할 수 없음. 의령현 소장. 인지 2권.

《決訟類聚補》一卷

撰人無考. 宜寧縣藏. 印紙二卷.

---

280 대명률(大明律): 중국 명(明)나라(1368~1644) 대의 법전. 명나라를 세운 주원장(朱元璋)이 직접 감독하여 1367년 율령직해(律令直解)라는 이름으로 처음 공포하였고, 1397년 수정되었다. 조선의 실정에 맞지 않은 것들을 수정하여 정도전 등이 1395년(태조 4) 《대명률직해(大明律直解)》를 간행하여 그 뒤 500년 동안 형법전으로 활용했다. 대명률은 유교주의 원칙 아래 이루어진 율서이기 때문에 유교 이념의 영향을 많이 받았고, 법보다 예(禮)를 더 중시하고 행형(行刑)에 관용주의를 택하고 있다.

281 결송유취보(決訟類聚補): 지방 수령이 재판을 수행하는 데 도움이 되도록 한 실무 지침서. 김백간(金伯幹)이 1585년(선조 18)에 펴낸 《사송유취(詞訟類聚)》를 약간 수정하여 간행한 것이 《결송유취(決訟類聚)》인데, 너무 간략하여 이를 다시 크게 보완한 것이 《결송유취보》이다. 내용을 보완한 부분에는 '보(補)' 자를 넣어 표시했으며, 편찬자의 견해를 넣은 곳에는 '안(按)' 자를 넣어 표시했다.

3) 제자류(諸子類)

《충경(忠經)》[282] 1권, 《효경대의(孝經大義)》[283] 1권

《충경(忠經)》은 후한(後漢) 마융(馬融)[284] 지음. 《효경대의(孝經大義)》는 송(宋)나라 동정(董鼎)[285] 지음. 경성부(鏡城府) 소장. 인지 1권 12장. 목판 마모되고 일부가 빠짐.

《이정전서(二程全書)》[286] 68권

명나라 서필달(徐必達)[287] 엮음. 교서관 소장. 인지 29권 15장. 목판 일부가 빠짐.

《정서분류(程書分類)》[288] 30권

본조 송시열(宋時烈)[289] 엮음. 청주(淸州) 화양서원

子類

《忠經》一卷、《孝經大義》一卷

《忠經》漢 馬融撰. 《孝經大義》宋 董[5]鼎撰. 鏡城府藏. 印紙一卷十二張. 刓缺.

《二程全書》六十八卷

明 徐必達編. 校書館藏. 印紙二十九卷十五張. 缺.

《程書分類》三十卷

本朝宋時烈編. 淸州 華陽

---

282 충경(忠經): 유가적 충(忠)의 문제를 다룬 책으로, 마융이 짓고 정현이 주를 달았다. 《효경(孝經)》에 의거하여 지어졌다. 이 책은 유교의 경전이 아니라 위대한 유학자 가운데 한 명인 후한시대 마융의 이름을 빌려 충의를 고양하기 위해 지어진 송나라 때 저자 미상의 위서(僞書)라는 설도 있다.

283 효경대의(孝經大義): 중국 남송의 주희가 《효경간오(孝經刊誤)》를 짓고, 경(經)과 전(傳)으로 나누어 정리하며 자구를 산삭하였는데, 훈석(訓釋)까지는 미처 못한 것을 원나라 동정(董鼎)이 주석한 책.

284 마융(馬融): 79~166. 중국 후한의 학자. 훈고학(訓詁學)의 대가로, 삼경(三經)의 주석을 달고 정현(鄭玄)·노식(盧植) 등의 제자를 양성했다.

285 동정(董鼎): ?~?. 중국 송나라 말기, 원나라 초기의 유학자. 주희(朱熹)의 재전제자(再傳弟子, 어떤 이로부터 직접 배운 게 아니라 그의 제자에게서 배운 사람)로, 황간(黃幹)·동수(董銖)를 사숙했다. 저서로 《서전집록찬소(書傳輯錄纂疏)》·《효경대의(孝經大義)》가 있다.

286 이정전서(二程全書): 중국 북송(北宋)의 학자 정호(程顥)·정이(程頤)의 문집을 정리한 책. 주희가 편집했고, 서필달이 교정했다.

287 서필달(徐必達): ?~?. 중국 명나라의 관리. 만력(萬曆) 연간(1573~1620)에 활동했으며 병부시랑(兵部侍郞)을 역임했다.

288 정서분류(程書分類): 조선 후기의 문신 송시열(宋時烈)이 《이정전서》에서 중요한 부분을 발췌한 책.

289 송시열(宋時烈): 1607~1689. 조선 후기의 문신·학자. 김장생(金長生)·김집(金集)에게 수학하여 서인(西人)의 적통이라 인식되었으며, 효종(孝宗) 때부터 중용되었다. 노소분당(老小分黨) 이후로는 노론의 영수가 되었다. 숙종(肅宗) 때 유배되었다가 사약을 받았다. 저서로 《송자대전(宋子大全)》이 있다.

5 董: 저본에는 "蕫". 일반적 용례에 근거하여 수정.

《정서분류》(국립중앙박물관)

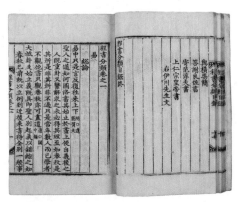

《정서분류》 첫 면(국립중앙박물관)

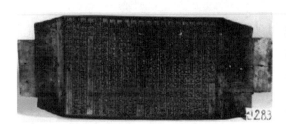

《정서분류》 목판(국립중앙박물관)

화양서원지(문화재청)

(華陽書院)²⁹⁰ 소장. 인지 26권 1장.　　　　　書院藏. 印紙二十六卷一
　　　　　　　　　　　　　　　　　　　　　張.

---

290 화양서원(華陽書院) : 충청북도 괴산군 청천면 화양리에 있었던 서원. 송시열을 제향한 서원이며 숙종 때
　　사액을 받았다. 당시 서원 가운데 가장 유력했다. 흥선대원군의 서원철폐령에 의하여 철폐되었고, 비석은
　　일제강점기에 파괴되었다.

《훈의소학대전(訓義小學大全)》[291] 6권

영조 때 왕명을 받아 지음. 원주목(原州牧) 소장.
인지 8권 5장.

황해도관찰영 소장. 인지 8권.

전라도관찰영 소장. 인지 7권 19.5장. 목판 마모됨.

경상도관찰영 소장. 인지 10권 5장. 목판 마모됨.

경상도좌절도영[嶺南左節度營][292] 소장. 인지 8권.

경주부 소장. 인지 8권. 목판 마모됨.

안동부 소장. 인지 8권 3장. 목판 마모됨.

상주목(尙州牧) 소장. 인지 9권 18장.

성주목(星州牧) 소장. 인지 8권 10장.

동래부(東萊府) 소장. 인지 8권.

함양군(咸陽郡) 소장. 인지 7권 17.5장.

의성현 소장. 인지 8권 5장.

함경도관찰영 소장. 인지 8권 19장. 목판 마모됨.

평안도관찰영 소장. 인지 9권 1장. 목판 마모됨.

《訓義小學大全》六卷

英宗朝奉敎撰. 原州牧藏.
印紙八卷五張.

海西觀察營藏. 印紙八卷.

湖南觀察營藏. 印紙七卷
十九張又半張. 刋.

嶺南觀察營藏. 印紙十卷
五張. 刋.

嶺南左節度營藏. 印紙八
卷.

慶州府藏. 印紙八卷. 刋.

安東府藏. 印紙八卷三張.
刋.

尙州牧藏. 印紙九卷十八
張.

星州牧藏. 印紙八卷十張.

東萊府藏. 印紙八卷.

咸陽郡藏. 印紙七卷十七
張又半張.

義城縣藏. 印紙八卷五張.

關北觀察營藏. 印紙八卷
十九張. 刋.

關西觀察營藏. 印紙九卷
一張. 刋.

---

291 훈의소학대전(訓義小學大全): 조선 영조의 명으로 편찬하여 각 지방에 소장하게 했던 소학 주석서.
292 경상도좌절도영[嶺南左節度營]: 경상도 수군절도사가 있는 본영(本營). 부산광역시 수영구 망미동에 터가
　　남아 있다. 줄여서 경상좌수영이라고도 한다.

성천부(成川府) 소장. 인지 7권 10장. 목판 일부가
빠짐.

《소학집설(小學集說)》[293] 6권
　명나라 정유(程愈)[294] 지음. 제주목 소장. 인지 8권 8
장. 목판 마모되고 일부가 빠짐.

成川府藏. 印紙七卷十張.
缺.

《小學集說》六卷
　明 程愈撰. 濟州牧藏. 印
紙八卷八張. 刓缺.

《소학집설》(국립한글박물관)

《근사록(近思錄)》[295] 14권
　송나라 섭채(葉采)[296] 《근사록집해(近思錄集解)》[297].

《近思錄》十四卷
　宋 葉采《集解》. 慶州 玉山

---

293 소학집설(小學集說) : 중국 명나라 정유(程愈)가 지은 소학 주석서. 주석보다는 단어의 뜻풀이나 용어해석
　의 비중이 컸다. 김일손(金馹孫)이 들여와 간행했다.
294 정유(程愈) : 중국 명나라의 관료. 성화(成化) 17년(1481) 과거에 급제했고, 청백리로 이름이 났다. 저서로
　《소학집설》·《향약정훈(鄕約政訓)》이 있다.
295 근사록(近思錄) : 중국 남송의 주희·여조겸(呂祖謙)이 주돈이(周敦頤)·정호·정이·장재(張載)의 글에서 중
　요한 부분을 편집한 책.
296 섭채(葉采) : ?~?. 중국 남송의 유학자. 자는 중규(仲圭), 호는 평암(平巖). 주희의 재전제자.
297 《근사록집해(近思錄集解)》 : 《근사록》 출간 70여 년 뒤인 1248년에 간행된 섭채의 주석서로, 15세 때부터
　《근사록》에 대한 연구를 시작하여 30년이라는 장구한 세월에 걸쳐 이 책을 완성하였다. 경주 옥산서원에
　이 《근사록집해》가 소장되어 있었던 것으로 보인다.

경주 옥산서원 소장. 인지 6권 6장.

書院藏. 印紙六卷六張.

함경도관찰영 소장. 인지 5권 6장. 목판 마모됨.

關北觀察營藏. 印紙五卷六張. 刊.

성천부 소장. 인지 7권. 목판 일부가 빠짐.

成川府藏. 印紙七卷. 缺.

《근사록석의(近思錄釋疑)》[298] 14권

《近思錄釋疑》十四卷

본조 정엽(鄭曄)[299] 지음. 해주(海州) 소현서원(紹賢書院)[300] 소장. 인지 6권 13장. 목판 마모됨.

本朝鄭曄撰. 海州 紹賢書院藏. 印紙六卷十三張. 刊.

소현서원(국립중앙박물관)

《동몽수지(童蒙須知)》[301] 1권

《童蒙須知》一卷

노수신(盧守愼)[302] 주석. 함경도관찰영 소장. 인지

盧守愼註. 關北觀察營藏.

---

298 근사록석의(近思錄釋疑) : 조선 중기의 문신 정엽(鄭曄)이 편찬한 《근사록》 주석서. 김장생이 저술을 시작하였고, 정엽이 더욱 심화하여 완성했다.

299 정엽(鄭曄) : 1563~1625. 조선 중기의 문신. 송익필(宋翼弼)·이이(李珥)·성혼(成渾)의 문하에서 수학하였고 성균관대사성 등을 역임했다. 저서로 《수몽집(守夢集)》이 있다.

300 소현서원(紹賢書院) : 황해남도 벽성군 고산면 석담리에 있었던 서원. 주희의 영정을 모셨으며 광해군 때 사액받은 뒤, 조광조(趙光祖)·이황·이이·성혼·김장생·송시열이 추가로 배향되었다. 흥선대원군의 서원철폐령으로 철폐되었다.

301 동몽수지(童蒙須知) : 중국 남송의 주희가 지은 아동교육서. 아이가 지켜야 할 기본적인 예절을 수록했다.

302 노수신(盧守愼) : 1515~1590. 조선 중기의 문신. 을사사화(乙巳士禍)·양재역벽서사건(良才驛壁書事件)에 연루되어 19년간 귀양살이를 했다. 이황·김인후(金麟厚) 등과 학술교류를 하였고, 《대학장구(大學章句)》·《동몽수지》의 주석을 달았다. 저서로 《소재집(穌齋集)》이 있다.

14장. 목판 마모됨.

《주자어류(朱子語類)》[303] 140권

송나라 여정덕(黎靖德)[304] 엮음. 경상도관찰영 소장. 인지 106권.

《천지만물조화록(天地萬物造化錄)》[305] 1권

왕백(王柏)[306] 지음. 철원부 소장. 인지 11장. 목판 일부가 빠짐.

《성리대전(性理大全)》[307] 70권

명나라 영락(永樂) 연간(1402~1424)에 황제의 명을 받들어 지음. 전라도관찰영 소장. 인지 53권 15장. 목판 마모됨.

《독서록요어(讀書錄要語)》[308] 3권

설선(薛瑄)[309] 지음. 함경도관찰영 소장. 인지 1권

印紙十四張. 刓.

《朱子語類》一百四十卷

宋 黎靖德編. 嶺南觀察營藏. 印紙一百六卷.

《天地萬物造化錄》一卷

王柏撰. 鐵原府藏. 印紙十一張. 缺.

《性理大全》七十卷

明 永樂中奉勅撰. 湖南觀察營藏. 印紙五十三卷十五張. 刓.

《讀書錄要語》三卷

薛瑄撰. 關北觀察營藏.

---

303 주자어류(朱子語類): 중국 남송의 여정덕이 주희와 제자들 사이의 문답을 분류하여 편찬한 책. 정식 명칭은 《주자어류대전(朱子語類大全)》이다.

304 여정덕(黎靖德): ?~?. 중국 남송의 유학자. 사현(沙縣)의 현주부(縣主簿)를 역임했고 《사양현지(沙陽縣志)》 편찬에 참여했다.

305 천지만물조화록(天地萬物造化錄): 중국 남송의 학자 왕백(王柏)이 천문·지리·물성(物性) 등에 대해 정리한 책. 《천지만물조화론(天地萬物造化論)》이라고도 한다.

306 왕백(王柏): 1197~1274. 중국 남송의 학자. 자는 회지(會之)·백회(伯會), 호는 장소(長嘯)·노재(魯齋). 《시경》·《서경》 등에 주석을 달았다. 저술로는 《독역기(讀易記)》·《독서기(讀書記)》·《시변설(詩辨說)》·《천문고(天文考)》·《지리고(地理考)》 등이 있다.

307 성리대전(性理大全): 중국 명나라 성조(成祖)의 명으로 호광(胡廣) 등이 편찬한 책. 송(宋)나라와 원(元)나라 성리학자 120여 명의 학설을 망라했다.

308 독서록요어(讀書錄要語): 중국 명나라의 학자 오정거(吳廷擧)가 설선(薛瑄)의 《독서록(讀書錄)》을 읽고 중요한 부분을 발췌하여 기록한 책.

309 설선(薛瑄): 1389~1464. 중국 명나라의 관료·유학자. 한림원학사(翰林院學士) 등을 역임했고, 주자학을 깊이 연구했다. 저서로 《설문청집(薛文清集)》이 있다.

2장. 목판 마모됨.

印紙一卷二張. 刊.

《명심보감(明心寶鑑)》[310] 2권

　지은이는 고증할 수 없음. 창평(昌平)[311] 용흥사(龍興寺)[312] 소장. 인지 13장.

《明心寶鑑》二卷

撰人無考. 昌平 龍興寺藏. 印紙十三張.

《심경부주(心經附註)》[313] 4권

　정민정(程敏政)[314] 지음. 함경도관찰영 소장. 인지 4권 13장. 목판 마모되고 일부가 빠짐.

　영변부 소장. 인지 3권 4장.

《心經附註》四卷

程敏政撰. 關北觀察營藏. 印紙四卷十三張. 刊缺.

寧邊府藏. 印紙三卷四張.

《심경발휘(心經發揮)》[315] 4권

　본조 정구(鄭逑) 지음. 성주 회연서원(檜淵書院) 소장. 인지 5권 15장.

《心經發揮》四卷

本朝鄭逑撰. 星州 檜淵書院藏. 印紙五卷十五張.

《심경질의고오(心經質疑考誤)》[316] 1권

　조호익(曺好益) 지음. 영천(永川) 도잠서원(道岑書院) 소장. 인지 18장.

《心經質疑考誤》一卷

曺好益撰. 永川 道岑書院藏. 印紙十八張.

---

310 명심보감(明心寶鑑) : 중국 고전의 금언(金言)과 명구(名句)를 모아놓은 책. 저자는 고려(高麗) 충렬왕(忠烈王) 때 문신 추적(秋適)이라는 설과, 명나라의 문신 범립본(范立本)이라는 설이 있다.

311 창평(昌平) : 전라남도 담양 지역의 옛 이름.

312 용흥사(龍興寺) : 전라남도 담양군 월산면 용흥리 몽성산에 있는 절. 백제 때 창건되었다고 하나 자세한 연혁이 전해지지 않는다. 본래 이름은 용구사(龍龜寺)였으나 숙종 때 숙빈(淑嬪) 최씨가 이 절에서 기도한 뒤 영조를 낳고 절 이름을 용흥사로 바꾸었고 산 이름도 용구산에서 몽성산으로 바꾸었다.

313 심경부주(心經附註) : 중국 남송의 학자 진덕수(眞德秀, 1178~1235)가 지은 《심경(心經)》에 명나라 정민정이 주석한 책. 조선에서는 이 책의 잘못된 곳을 바로잡기 위하여 퇴계 이황(李滉)이 자신의 "심경후론(心經後論)"을 첨부하여 간행했다.

314 정민정(程敏政) : 1445~1499. 중국 명나라의 관료·학자. 저서로 《황돈집(篁墩集)》이 있다.

315 심경발휘(心經發揮) : 조선 중기의 문신 정구가 편찬한 《심경》 주석서.

316 심경질의고오(心經質疑考誤) : 조선 중기의 문신 조호익이 이덕홍(李德弘)의 《심경질의(心經質疑)》와 차이나는 부분에 자신의 의견을 붙여 편집한 책.

《심경발휘》(국립중앙박물관)

《대학연의집략(大學衍義輯略)》[317] 21권

　이석형(李石亨)[318] 지음. 의성현 소장. 인지 16권 10장. 목판 일부가 빠짐.

《중용구경연의(中庸九經衍義)》[319] 29권

　이언적(李彦迪) 지음. 경주 옥산서원(玉山書院) 소장. 인지 17권 3장. 목판 마모됨.

《구인록(求仁錄)》[320] 4권

　이언적 지음. 경주 옥산서원 소장. 인지 4권 3장.

《大學衍義輯略》二十一卷

李石亨撰. 義城縣藏. 印紙十六卷十張. 缺.

《中庸九經衍義》二十九卷

晦[6]齋撰. 慶州 玉山書院藏. 印紙十七卷三張. 刓.

《求仁錄》四卷

前人撰. 慶州 玉山書院藏. 印紙四卷三張.

---

317 대학연의집략(大學衍義輯略) : 조선 전기의 문신 이석형 등이 《대학연의(大學衍義)》·《고려사(高麗史)》에서 정치에 모범이 될 만한 글을 엮은 책.

318 이석형(李石亨) : 1415~1477. 조선 전기의 문신. 전라도관찰사·팔도도체찰사 등을 역임했고, 세조 때 《논어》의 구결을 주관했다. 저서로 《저헌집(樗軒集)》이 있다.

319 중용구경연의(中庸九經衍義) : 조선 중기의 문신 이언적이 편찬한 《중용》 제20장 〈구경(九經)〉에 대한 주석서.

320 구인록(求仁錄) : 조선 중기의 문신 이언적이 유학의 경서에 나오는 인(仁)에 대하여 고찰한 책.

[6] 晦 : 저본에는 "悔". 규장각본에 근거하여 수정

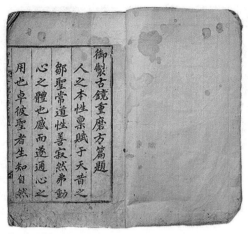

《고경중마방》(국립중앙박물관)

《관서문답록(關西問答錄)》[321] 1권
이전인(李全仁)[322] 지음. 경주부 소장. 인지 1권 3장.

《關西問答錄》一卷
李全仁撰. 慶州府藏. 印紙一卷三張.

《이학통록(理學通錄)》[323] 12권
　이황(李滉) 지음. 예안(禮安) 도산서원 소장. 인지 15권.

《理學通錄》十二卷
退溪撰. 禮安 陶山書院藏. 印紙十五卷.

《고경중마방(古鏡重磨方)》[324] 1권
　이황 지음. 예안 도산서원 소장. 인지 1권 8장. 목판 마모되고 일부가 빠짐.

《古鏡重磨方》一卷
前人撰. 禮安 陶山書院藏. 印紙一卷八張. 刓缺.

---

321 관서문답록(關西問答錄) : 이언적과 아들 이전인의 문답을 기록한 책. 이 책에서 이언적이 남명(南冥) 조식(曺植)에 대하여 말한 인물평이 후대에 문제가 되었다.

322 이전인(李全仁) : 1516~1568. 조선 중기의 학자. 이언적의 아들로, 유배지까지 따라가서 부친을 봉양했다.

323 이학통록(理學通錄) : 조선 중기의 문신 이황이 송(宋)·원(元)·명(明)대의 주자학 계통을 간략하게 서술한 책. 본래 이름은 《송계원명이학통록(宋季元明理學通錄)》이고 《송원록(宋元錄)》이라고도 한다.

324 고경중마방(古鏡重磨方) : 이황이 옛 명문 가운데에서 심성(心性) 수양에 관한 글을 모은 책.

영변부 소장. 인지 16장.

寧邊府藏. 印紙十六張.

《성학십도(聖學十圖)》³²⁵ 1권

이황 지음. 경상도관찰영 소장. 인지 2권 5장.

《聖學十圖》一卷

前人撰. 嶺南觀察營藏. 印
紙二卷五張.

《주서강록간보(朱書講錄刊補)》³²⁶ 6권

이재(李栽)³²⁷ 지음. 안동 호계서원(虎溪書院)³²⁸
소장. 인지 7권 10장.

《朱書講錄刊補》六卷

李栽撰. 安東 虎溪書院藏.
印紙七卷十張.

《성학집요(聖學輯要)》³²⁹ 13권

이이(李珥)³³⁰ 지음. 해주 소현서원(紹賢書院) 소장.
인지 16권 7장. 목판 마모됨.

《聖學輯要》十三卷

栗谷撰. 海州 紹賢書院藏.
印紙十六卷七張. 刊.

《격몽요결(擊蒙要訣)》³³¹ 2권

이이 지음. 해주 소현서원 소장. 인지 1권 6장.
목판 마모됨.

《擊蒙要訣》二卷

前人撰. 海州 紹賢書院藏.
印紙一卷六張. 刊.

---

325 성학십도(聖學十圖):이황이 선조(宣祖)에게 올린 상소문으로, 국왕의 도(道)에 대한 요체를 성리학의 관
   점에서 그림으로 설명했다.
326 주서강록간보(朱書講錄刊補):이재(李栽)가 이덕홍(李德弘)의 《주자서절요강록(朱子書節要講錄)》을 수
   정·증보한 책.
327 이재(李栽):1657~1730. 조선 후기의 학자. 이현일(李玄逸)의 아들이다. 주리론(主理論)을 계승하여 영남
   학파를 이끌었다. 저서로 《밀암집(密菴集)》이 있다.
328 호계서원(虎溪書院):경상북도 안동시 임하면 임하리에 있는 서원. 이황을 제향하기 위하여 건립되었고,
   1676년에 사액되었다. 본래는 안동시 월곡면에 있었으나 안동댐 건설로 인한 수몰지여서 현재 위치로 이전
   되었다.
329 성학집요(聖學輯要):이이가 제왕에게 필요한 학문 내용을 정리하여 선조(宣祖)에게 바친 책.
330 이이(李珥):1536~1584. 조선 중기의 유학자이자 정치가. 자는 숙헌(叔獻), 호는 율곡(栗谷). 현실과 원리
   의 조화 및 실공(實功)·실효(實效)를 강조하는 사상을 제시했으며, 조선 사회의 제도 개혁을 주장했다. 우
   리나라의 명현(名賢) 가운데 한 명으로 문묘(文廟)에 배향되어 있다. 《동호문답(東湖問答)》·《성학집요(聖
   學輯要)》등이 있다.
331 격몽요결(擊蒙要訣):이이가 초학자들을 가르치기 위해 지은 책. 1577년(선조 10)에 학문에 입문하는 사람
   들을 위해서 1권 분량으로 저술했다. 이 책의 원본은 강원도 강릉시 오죽헌에 보관되어 있고, 보물 제602
   호로 지정되었다.

순천 옥천서원(玉川書院) 소장. 인지 1권 1장.

태인 향교 소장. 인지 1권 4장.

제주목 소장. 인지 1권 6장.

경상도관찰영 소장. 인지 1권 5장. 목판 마모됨.

함경도관찰영 소장. 인지 1권 16장. 목판 마모되고 일부가 빠짐.

경성부 소장. 인지 1권 6장. 목판 마모되고 일부가 빠짐.

평안도관찰영 소장. 인지 1권 10장. 목판 마모되고 일부가 빠짐.

順天 玉川書院藏. 印紙一卷一張.

泰仁校宮藏. 印紙一卷四張.

濟州牧藏. 印紙一卷六張.

嶺南觀察營藏. 印紙一卷五張. 刓.

關北觀察營藏. 印紙一卷十六張. 刓缺.

鏡城府藏. 印紙一卷六張. 刓缺.

關西觀察營藏. 印紙一卷十張. 刓缺.

《삼선생유서(三先生遺書)》[332] 3권

박세채가 이황의 《성학십도》·성혼(成渾)[333]의 《위학지방(爲學之方)》[334]·이이의 《격몽요결》을 합쳐서 판각함. 안변부 소장. 인지 2권.

《三先生遺書》三卷

朴世采合刻退溪《聖學十圖》、牛溪《爲學之方》、栗谷《擊蒙要訣》. 安邊府藏. 印紙二卷.

---

332 삼선생유서(三先生遺書) : 박세채가 이황·성혼·이이의 저술을 합편한 책. 1권에 《성학십도》, 2권에 《위학지방》, 3권에 《격몽요결》이 수록되어 있다.

333 성혼(成渾) : 1535~1598. 조선 중기의 학자. 이이와 학문적 입장이 유사하였으며 서인(西人) 학맥의 시조라 할 만한 인물로 평가된다. 저서로 《우계집(牛溪集)》이 있다.

334 위학지방(爲學之方) : 성혼이 제자들을 가르칠 때 쓰기 위하여 지은 공부 지침서. 주희의 성리학 저서에서 주로 인용했다.

《회곡진학(晦谷進學)》[335] 4권

　권춘란(權春蘭)[336] 지음. 안동 주계서원(周溪書院)[337] 소장. 인지 7권 8장.

《晦谷進學》四卷

　權春蘭撰. 安東 周溪書院藏. 印紙七卷八張.

《태극문변(太極問辨)》[338] 2권

　정구(鄭逑) 엮음. 경주 옥산서원 소장. 인지 1권 16장.
　성주 회연서원 소장. 인지 2권 10장.

《太極問辨》二卷

　鄭逑編. 慶州 玉山書院藏. 印紙一卷十六張.
　星州 檜淵書院藏. 印紙二卷十張.

《성리설(性理說)》[339] 8권

　장현광 지음. 인동 동락서원(東洛書院) 소장. 인지 11권.

《性理說》八卷

　張顯光撰. 仁同 東洛書院藏. 印紙十一卷.

《도학정맥(道學正脈)》[340] 1권

　권필(權韠)[341] 지음. 전주 위봉사 소장. 인지 3권 5장.

《道學正脈》一卷

　權韠撰. 全州 威鳳寺藏. 印紙三卷五張.

---

335 회곡진학(晦谷進學) : 권춘란이 유학의 기본적인 내용을 도식으로 구성하여 해설한 책. 본래 이름은 《회곡진학도(晦谷進學圖)》이다.

336 권춘란(權春蘭) : 1539~1617. 조선 중기의 문신. 사간원정언·성균관사성 등을 역임했고, 임진왜란 때에 의병활동을 했다. 광해군 때에는 낙향하여 학문에 전념했다. 저서로 《회곡집(晦谷集)》이 있다.

337 주계서원(周溪書院) : 경상북도 안동시 와룡면 주계리에 있었던 서원. 1612년(광해군 4) 구봉령(具鳳齡)·권춘란(權春蘭)을 배향하고자 지은 사액서원이다. 1868년(고종 5)에 철폐되었다.

338 태극문변(太極問辨) : 정구가 중국 송나라의 유학자 주돈이(周敦頤, 1017~1073)·주희(朱熹, 1130~1200)와 조선 이언적의 태극설(太極說)을 모아 정리한 책.

339 성리설(性理說) : 장현광의 저술 가운데 성리학에 관련된 내용만을 모은 책. 본래 이름은 《여헌성리설(旅軒性理說)》이다.

340 도학정맥(道學正脈) : 권필이 지은 도학서. 주돈이·정호·정이·소옹·장재·주희와 그 외 중국 학자들의 성리설을 수록했다.

341 권필(權韠) : 1569~1612. 조선 중기의 학자. 정철(鄭澈)의 문인이고, 평생 벼슬하지 않고 재야에서 지내며 광해군의 정치를 비판했다. 저서로 《석주집(石洲集)》이 있다.

《일성록(日省錄)》342 1권

홍석 지음. 용담(龍潭)향교343 소장. 인지 1권 17장.

《日省錄》一卷

洪錫撰. 龍潭校宮藏. 印
紙一卷十七張.

《초학자훈증집(初學字訓增輯)》344 3권

이식 지음. 함경도관찰영 소장. 인지 19장. 목판
마모되고 일부가 빠짐.

《初學字訓增輯》三卷

李植撰. 關北觀察營藏.
印紙十九張. 刓缺.

《반계수록(磻溪隨錄)》345 27권

유형원(柳馨遠)346 지음. 경상도관찰영 소장. 인지
27권.

《磻溪隨錄》二十七卷

柳馨遠撰. 嶺南觀察營藏.
印紙二十七卷.

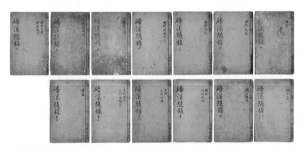

《반계수록》(국립중앙박물관)

---

342 일성록(日省錄): 홍석이 지은 상례(喪禮)·제례(祭禮)에 관한 책인 《상제요록(喪祭要錄)》의 부록.
343 용담(龍潭)향교: 전라북도 진안군 용담면 옥거리에 있는 향교. 정유재란 때 소실되었다가 1664년(현종 5)
　　현령 홍석(洪錫)이 현재의 위치로 옮겨 중건했다.
344 초학자훈증집(初學字訓增輯): 이식이 아동교육을 위하여 한자의 뜻을 풀이한 책. 경전에 자주 나오는 용어
　　를 풀이했다.
345 반계수록(磻溪隨錄): 유형원이 지은 제도개혁론을 담은 책. 토지제도와 그에 관련된 분야가 주로 수록되어
　　있다.
346 유형원(柳馨遠): 1622~1673. 조선 후기의 학자. 자는 덕부(德夫), 호는 반계(磻溪). 2세 때 아버지 유
　　흠(柳歆)이 유몽인(柳夢寅)의 옥에 연좌되어 28세의 젊은 나이에 옥사하였다. 외삼촌 이원진(李元鎭,
　　1594~1665)과 고모부 김세렴(金世濂, 1593~1646)에게서 수학하고 두 차례에 걸쳐 과거에 응시했으나 모
　　두 낙방하였다. 그 뒤 1651년(효종 2) 30세 때에는 할아버지의 상을 당하였다. 2년 뒤 복상(服喪)을 마치
　　자, 그 해에 32세의 젊은 나이로 전라북도 부안군 보안면 우반동에 은거하기 시작해 20년 간 이곳에서 여
　　생을 보내다가 1남 6녀를 남기고 1673년에 죽었다. 우반동에 은거하면서 《반계수록(磻溪隨錄)》을 집필했
　　다. 오랜 농촌 경험을 바탕으로 제도개혁론을 주장했으며 성리학에도 조예가 깊었다.

《우주요괄(宇宙要括)》³⁴⁷ 1권

　지은이는 고증할 수 없음. 간성군(杆城郡)³⁴⁸ 소장. 인지 6장. 목판 마모되고 일부가 빠짐.

《宇宙要括》一卷

撰人無考. 杆城郡藏. 印紙六張. 刓缺.

《서사윤송(書社輪誦)》³⁴⁹ 1권

　이재(李縡)³⁵⁰ 엮음. 교서관 소장. 인지 2권 6.5장. 목판 마모되고 일부가 빠짐.

《書社輪誦》一卷

李縡編. 校書館藏. 印紙二卷六張又半張. 刓缺.

《돈효록(敦孝錄)》³⁵¹ 57권

　박성원(朴聖源)³⁵² 지음. 경상도관찰영 소장. 인지 50권.

《敦孝錄》五十七卷

朴聖源撰. 嶺南觀察營藏. 印紙五十卷.

《육도직해(六韜直解)》³⁵³ 6권

　명나라 유인(劉寅)³⁵⁴ 지음. 평안도관찰영 소장. 판본 하나는 인지 5권 3장. 목판 마모되고 일부가 빠

《六韜直解》六卷

明 劉寅撰. 關西觀察營藏. 一本印紙五卷三張. 刓缺.

---

347 우주요괄(宇宙要括): 장현광이 우주와 인생의 진리를 저술한 편첩. 본래 이름은 《우주요괄첩(宇宙要括帖)》이다.

348 간성군(杆城郡): 현재 강원도 고성군 간성읍 일대.

349 서사윤송(書社輪誦): 이재(李縡)가 송나라 성리학자들의 글 33편을 발췌한 책.

350 이재(李縡): 1680~1746. 조선 후기의 문신. 대사헌·이조참판 등을 역임했다. 낙론(洛論)을 계승하였으며, 노론 준론(峻論)의 대표적인 인물이다. 1727년 정미환국으로 소론 중심의 정국이 되자 문외출송(門外黜送)되었으며, 이후 용인의 한천(寒泉)에 거주하면서 많은 학자를 길러냈다. 저서로 《도암집(陶菴集)》이 있다.

351 돈효록(敦孝錄): 박성원이 《효경(孝經)》·《서명(西銘)》등의 책에서 효(孝)에 대한 내용을 발췌한 책. 효가 백성을 교화하고 풍속을 아름답게 하는 근본이 되는 점을 들어 백성들을 보호하고 국기를 다지는 원동력이 됨을 강조했다.

352 박성원(朴聖源): 1697~1767. 조선 후기의 문신·학자. 자는 사수(士洙), 호는 겸재(謙齋), 시호는 문헌(文憲). 세손강서원유선(世孫講書院諭善)이 되어 세손인 정조를 보좌했으며, 참판을 끝으로 관직에서 물러나 봉조하(奉朝賀)가 되었다. 예서(禮書)의 연구에 매진하여 각 조목마다 사견을 첨부하여 《예의유집(禮疑類輯)》이라는 서적을 편찬했다. 저서로 《보민록(保民錄)》·《돈녕록(敦寧錄)》·《겸재집(謙齋集)》등이 있다.

353 육도직해(六韜直解): 중국 명나라 유인(劉寅)이 지은 《육도(六韜)》해설서. 《육도》는 군사(軍事) 및 병법과 관련된 6가지 비법을 정리한 서적이다.

354 유인(劉寅): ?~?. 중국 명나라의 관료. 자는 경보(敬甫). 명나라 태조(太祖, 재위 1368~1398) 때 병부시랑 등을 역임했고, 《육도》·《삼략》등 병서의 해설서를 지었다.

짐. 다른 판본 하나는 인지 7권 13장.

《손무자직해(孫武子直解)》[355] 3권

　명나라 유인 지음. 평안도관찰영 소장. 판본 하나는 인지 3권 19장. 목판 마모되고 일부가 빠짐. 다른 판본 하나는 인지 7권 11장. 영변부 소장. 인지 3권 14장.

《오자직해(吳子直解)》[356] 2권

　명나라 유인 지음. 평안도관찰영 소장. 판본 하나는 인지 1권 14장. 목판 마모되고 일부가 빠짐. 다른 판본 하나는 인지 2권 11장.

《사마법직해(司馬法直解)》[357] 1권

　명나라 유인 지음. 평안도관찰영 소장. 판본 하나는 인지 1권 13장. 목판 마모되고 일부가 빠짐. 다른 판본 하나는 인지 2권 17장.

《위료자직해(尉繚子直解)》[358] 5권

　명나라 유인 지음. 평안도관찰영 소장. 판본 하나는 인지 3권 6장. 목판 마모되고 일부가 빠짐. 다

一本印紙七卷十三張.

《孫武子直解》三卷

前人撰. 關西觀察營藏. 一本印紙三卷十九張. 刓缺. 一本印紙七卷十一張. 寧邊府藏. 印紙三卷十四張.

《吳子直解》二卷

前人撰. 關西觀察營藏. 一本印紙一卷十四張. 刓缺. 一本印紙二卷十一張.

《司馬法直解》一卷

前人撰. 關西觀察營藏. 一本印紙一卷十三張. 刓缺. 一本印紙二卷十七張.

《尉繚子直解》五卷

前人撰. 關西觀察營藏. 一本印紙三卷六張. 刓缺. 一

---

355 손무자직해(孫武子直解) : 유인이 지은 《손자병법(孫子兵法)》 해설서.
356 오자직해(吳子直解) : 유인이 지은 《오자(吳子)》 해설서.
357 사마법직해(司馬法直解) : 유인이 지은 《사마법(司馬法)》 해설서.
358 위료자직해(尉繚子直解) : 유인이 지은 《위료자(尉繚子)》 해설서. 정치관·전쟁관을 서술하면서 정의로운 전쟁을 지지하고 전쟁과 정치·경제의 연관성을 논하였으며, 군령과 군제를 구체적으로 논하였다. 청나라 고증학자 완원(阮元)은 "유인은 병가의 말로 병서를 주석했으니, 유학자가 유경(儒經)으로 유가의 책을 해석한 것과 같다."라 평했다.

른 판본 하나는 인지 3권 19장.

本印紙三卷十九張.

《삼략직해(三略直解)》[359] 3권

명나라 유인 지음. 남한산성 개원사 소장. 인지 1권 5장.

제주목 소장. 인지 1권 7장.

함경도관찰영 소장. 인지 1권 8장. 목판 마모되고 일부가 빠짐.

평안도관찰영 소장. 판본 하나는 인지 2권 18장. 다른 판본 하나는 인지 1권 16장. 목판 일부가 빠짐.

영변부 소장. 인지 1권 1.5장. 목판 일부가 빠짐.

《三略直解》三卷

前人撰. 南漢 開元寺藏. 印紙一卷五張.

濟州牧藏. 印紙一卷七卷.

關北觀察營藏. 印紙一卷八張. 刓缺.

關西觀察營藏. 一本印紙二卷十八張. 一本印紙一卷十六張. 缺.

寧邊府藏. 印紙一卷一張又半張. 缺.

《이위공문대직해(李衛公問對直解)》[360] 3권

명나라 유인 지음. 평안도관찰영 소장. 다른 판본 하나는 인지 3권 11장. 목판 마모되고 일부가 빠짐. 다른 판본 하나는 인지 4권 1장.

《李衛公問對直解》三卷

前人撰. 關西觀察營藏. 一本印紙三卷十一張. 刓缺. 一本印紙四卷一張.

《장감박의(將鑑博議)》[361] 10권

남송 대계(戴溪)[362] 지음. 평안도관찰영 소장. 인지 9권 10장. 목판 마모되고 일부가 빠짐.

《將鑑博議》十卷

宋 戴溪撰. 關西觀察營藏. 印紙九卷十張. 刓缺.

---

359 삼략직해(三略直解): 유인이 지은 《삼략(三略)》 해설서. 《삼략》은 중국 진(秦)나라 말의 병법가인 황석공(黃石公)이 유방(劉邦)의 공신인 장량(張良)에게 준 병서이다.

360 이위공문대직해(李衛公問對直解): 유인이 지은 《이위공문대(李衛公問對)》 해설서. 《이위공문대》는 중국 당(唐)나라 이정(李靖, 571~649)과 당 태종이 병법에 관해 나눈 대화가 정리된 병서이다.

361 장감박의(將鑑博議): 대계(戴溪)가 지은 역대 중국 명장들의 특징을 논한 책. 조선 시대 무장들의 필독서 중의 하나였다.

362 대계(戴溪): ?~1215. 중국 남송의 문인. 공부상서(工部尙書) 등을 역임했고 《춘추(春秋)》 등의 주석서를 남겼다.

《기효신서(紀效新書)》[363] 18권

명나라 척계광(戚繼光)[364] 지음. 평안도절도영[365] 소장. 인지 11권 9.5장.

《紀效新書》十八卷

明 戚繼光撰. 關西節度營藏. 印紙十一卷九張又半張.

《동국병감(東國兵鑑)》[366] 2권

본조 문종(文宗)[367] 때 왕명을 받들어 지음. 경상도우절도영 소장. 인지 3권 6.5장.

《東國兵鑑》二卷

本朝 文宗朝奉敎撰. 嶺南右節度營藏. 印紙三卷六張又半張.

《병장도설(兵將圖說)》[368] 1권

문종 때 왕명을 받들어 지음. 황해도관찰영 소장. 인지 1권 6장. 목판 마모됨.

경상도우절도영 소장. 인지 1권 7장.

함경도관찰영 소장. 인지 1권 8장. 목판 마모되고 일부가 빠짐.

《兵將圖說》一卷

文宗朝奉敎撰. 海西觀察營藏. 印紙一卷六張. 刓.

嶺南右節度營藏. 印紙一卷七張.

關北觀察營藏. 印紙一卷八張. 刓缺.

363 기효신서(紀效新書): 척계광(戚繼光)이 지은 병법서. 왜구를 토벌한 경험을 토대로 지어졌다. 임진왜란 전후 류성룡의 건의로 수입하여 훈련도감(訓鍊都監)의 교범으로 삼았다.
364 척계광(戚繼光): 1528~1588. 중국 명나라의 무신. 왜구 토벌로 큰 전공을 세웠다. 저서로 《지지당집(止止堂集)》이 있다.
365 평안도절도영: 평안도 안주에 설치된 병마절도사 본영.
366 동국병감(東國兵鑑): 역대 중국 왕조 및 북방 이민족과의 전쟁을 기록한 책. 조선 문종(文宗) 때 간행했다.
367 문종(文宗): 1414~1452(재위 1450~1452). 조선의 5대 왕. 본명은 이향(李珦). 세종의 장자로 어려서부터 학문을 좋아했고, 세종의 건강이 악화되자 국정을 대신 수행했다. 군사에 관심이 많아 군제와 무기의 개발에 직접 관여했고 병서 편찬에도 힘을 썼다.
368 병장도설(兵將圖說): 병기의 운용에 대해 그림과 함께 해설한 책. 문종 때 《진법(陣法)》이라는 제목으로 간행되었으나 영조 때 《병장도설》로 명칭을 바꾸었다.

《속병장도설(續兵將圖說)》[369] 1권

영조 때 왕명을 받들어 지음. 훈련도감(訓鍊都監)[370] 소장. 인지 2권 11.5장.

철원부 소장. 인지 2권 15장.

평안도관찰영 소장. 인지 3권 4장.

《續兵將圖說》一卷

英宗朝奉敎撰. 訓鍊都監藏. 印紙二卷十一張又半張.

鐵原府藏. 印紙二卷十五張.

關西觀察營藏. 印紙三卷四張.

《무예도보통지(武藝圖譜通志)》[371] 5권·《무예도보통지언해(武藝圖譜通志諺解)》 1권

정조 때 왕명을 받들어 지음. 장용영(壯勇營)[372]에 소장. 인지 10권 6.5장.

《武藝圖譜通志》五卷、《諺解》一卷

正宗朝奉敎撰. 壯勇營藏. 印紙十卷六張又半張.

《병학통(兵學通)》[373] 2권

정조 때 왕명을 받들어 지음. 군기시(軍器寺)[374] 소장. 인지 2권 18장.

《兵學通》二卷

正宗朝奉敎撰. 軍器寺藏. 印紙二卷十八張.

369 속병장도설(續兵將圖說): 조선 후기 조관빈(趙觀彬, 1691~1757)·박문수(朴文秀, 1691~1756) 등이 《병장도설》의 체제를 본떠 편찬한 병서.

370 훈련도감(訓鍊都監): 조선 후기 도성의 수비를 위하여 설치된 관청. 포수(砲手)·살수(殺手)·사수(射手)의 직업군인으로 구성되어 있었다. 훈국(訓局)이라고도 한다. 현재 서울특별시 종로구 신문로 1가 58-1에 훈련도감 터 표석이 남아 있다.

371 무예도보통지(武藝圖譜通志): 이덕무(李德懋, 1741~1793)·박제가(朴齊家, 1750~1805) 등이 영조 때의 《무예신보(武藝新譜)》를 보완하여 편찬한 책. 《무예통지(武藝通志)》·《무예도보(武藝圖譜)》·《무예보(武藝譜)》라고도 한다.

372 장용영(壯勇營): 조선 정조 때 왕권 강화를 위하여 설치한 관청. 국왕의 호위 및 경기 일대의 방어를 담당하였으나, 정조 사후 폐지되었다. 장용영은 내영과 외영으로 구성되었는데 내영은 국왕 경호 및 수도 방어 등의 임무를 위해 도성에 주둔하였고, 외영은 수원화성에 주둔하였다.

373 병학통(兵學通): 정조 때의 형조판서 장지항(張志恒)과 금위대장 서명선(徐命善) 등이 정조의 명을 받아 편찬한 병서. 각 군영과 도의 군사훈련 규범을 통일하기 위해 지었다.

374 군기시(軍器寺): 군수물자 제조를 담당하던 관청으로, 현재 서울시청 자리에 있었다. 조선 태조 때 군기감(軍器監)이 세조 때 개칭되었다.

《병학지남(兵學指南)》[375] 5권

　편찬한 이는 고증할 수 없음. 장용영 소장. 인지 2권 14.5장.

　훈련도감 소장. 인지 2권 11장.

　남한산성 개원사 소장. 인지 3권.

　황해도절도영 소장. 인지 3권.

　운봉현(雲峯縣) 소장. 최숙(崔橚)[376] 해설본. 인지 3권.

　제주목 소장. 인지 2권 7장.

　통제영(統制營)[377] 소장. 인지 2권 12장.

　경상도우절도영 소장. 인지 2권 9장.

　경주목 소장. 인지 2권 16장. 목판 마모되고 일부가 빠짐.

　상주목 소장. 인지 2권 18장.

　함경도남절도영 소장. 인지 2권 11장.

　평안도관찰영 소장. 인지 3권 5장. 목판 일부가 빠짐.

　영변부 소장. 인지 3권 4.5장. 목판 마모되고 일부가 빠짐.

《兵學指南》五卷

編人無考. 壯勇營藏. 印紙二卷十四張又半張.

訓鍊都監藏. 印紙二卷十一張.

南漢 開元寺藏. 印紙三卷.

海西節度營藏. 印紙三卷.

雲峯縣藏. 有崔橚訓解. 印紙三卷.

濟州牧藏. 印紙二卷七張.

統制營藏. 印紙二卷十二張.

嶺南右節度營藏. 印紙二卷九張.

慶州牧藏. 印紙二卷十六張. 刓缺.

尙州牧藏. 印紙二卷十八張.

關北南節度營藏. 印紙二卷十一張.

關西觀察營藏. 印紙三卷五張. 缺.

寧邊府藏. 印紙三卷四張又半張. 刓缺.

---

375 병학지남(兵學指南):《기효신서》에 나오는 군사 운용 방법을 요약하여 만든 책.

376 최숙(崔橚):?~? 조선 후기의 무신. 1694년 삼도수군통제사를 역임하던 중 《병학지남(兵學指南)》의 해설서를 간행하게 하였다.

377 통제영(統制營):조선 후기 수군을 총괄하던 삼도수군통제사영(三道水軍統制使營)의 줄임말. 약칭 통영(統營)이 지금 경상남도 통영시(統營市) 이름의 유래가 되었다. 경상남도 통영시 문화동에 사적이 남아 있다.

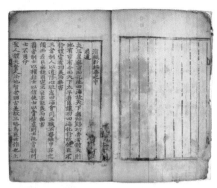
《연기신편》(국립민속박물관)

《연기신편(演機新編)》[378] 3권	《演機新編》三卷
안명로(安命老)[379] 지음. 양산군(梁山郡) 소장. 인지 4권 10장.	安命老撰. 梁山郡藏. 印紙四卷十張.
《화포식언해(火炮式諺解)》[380] 1권	《火炮式諺解》一卷
이서(李曙)[381] 지음. 군기시 소장. 인지 16장.	李曙撰. 軍器寺藏. 印紙十六張.
황해도절도영 소장. 인지 19.5장. 목판 마모됨.	海西節度營藏. 印紙十九張又半張. 刑.
함경도관찰영 소장. 인지 16장. 목판 마모되고 일부가 빠짐.	關北觀察營藏. 印紙十六張. 刑缺.
함경도남절도영 소장. 인지 1권 10장.	關北南節度營藏. 印紙一卷十張.

---

378 연기신편(演機新編): 안명로가 지은 병서. 《기효신서》의 체제를 비판하고 음양가(陰陽家)의 방법을 수록했다.

379 안명로(安命老): 1620~?. 조선 후기의 문신. 양산군수·서천군수 등을 역임했고, 군제개혁에 관심이 많았다.

380 화포식언해(火炮式諺解): 이서가 지은 총포를 다루는 방법과 화약 제조법을 수록한 책.

381 이서(李曙): 1580~1637. 조선 중기의 무신. 인조반정에 참여하였고, 무신으로는 최초로 병조판서를 역임하여 군무를 담당했다. 병자호란 때 인조를 호종하다가 순직했다.

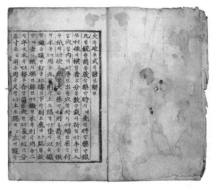

《화포식언해》(국립중앙박물관)

《신전자초방(新傳煮硝方)》[382] 1권

　김지남(金指南)[383] 지음. 군기시 소장. 인지 12.5장.

　함경도관찰영 소장. 인지 11장. 목판 마모되고 일부가 빠짐.

《행군수지(行軍須知)》[384] 2권

　지은이는 고증할 수 없음. 함경도관찰영 소장. 인지 1권 13장. 목판 마모되고 일부가 빠짐.

《보주황제소문(補註黃帝素問)》[385] 12권

　북송 가우(嘉祐) 연간(1056~1063)에 황제의 명을 받

《新傳煮硝方》一卷

　金指南撰. 軍器寺藏. 印紙十二張又半張.

　關北觀察營藏. 印紙十一張. 刓缺.

《行軍須知》二卷

　撰人無考. 關北觀察營藏. 印紙一卷十三張. 刓缺.

《補註黃帝素問》十二卷

　宋 嘉祐中奉勅撰. 慶州府

---

382 신전자초방(新傳煮硝方): 김지남이 지은 화약 제조서. 이두를 사용하여 표기했다.

383 김지남(金指南): 1654~?. 조선 후기의 역관. 중국 사신을 수행하여 다녀오는 길에 화약제조법을 알아낸 공으로 지중추부사(知中樞府事)에 이르렀다. 중국어와 외교에도 능통하여 《통문관지(通文館志)》를 편찬했다.

384 행군수지(行軍須知): 본문에서는 "지은이는 고증할 수 없음"이라고 했지만, 현재 연구결과에 의하면 1679년(숙종 5)에 병조판서였던 김석주(金錫冑)가 편찬한 병서이다. 북송 때의 병서 《무경총요(武經摠要)》에서 군사에 관한 내용을 발췌하여 편찬했다.

385 보주황제소문(補註黃帝素問): 광해군 때 내의원(內醫院)에서 간행한 《황제내경(黃帝內經)》의 주석서. 북송(北宋) 때의 교본을 저본으로 하여 정정한 책이다. 본래 이름은 《보주석문황제내경소문(補註釋文黃帝內經素問)》이다.

들어 지음. 경주부 소장. 인지 22권 5장.　　　　藏. 印紙二十二卷五張.

《찬도맥결(纂圖脈訣)》[386] 4권

육조(六朝)[387] 고양생(高陽生)[388] 지음. 혜민서(惠民署)[389] 소장. 인지 5권 15.5장.

《纂圖脈訣》四卷

六朝 高陽生撰. 惠民署藏 [7], 印紙五卷十五張又半張.

《동인침구경(銅人鍼灸經)》[390] 5권

북송 천성(天聖) 연간(1023~1032)에 황제의 명을 받들어 지음. 혜민서 소장. 인지 3권 14장.

《銅人鍼灸經》五卷

宋 天聖中奉勅撰. 惠民署 藏. 印紙三卷十四張.

《의학정전(醫學正傳)》[391] 8권

명나라 우단(虞摶)[392] 지음. 전라도관찰영 소장. 인지 17권 19.5장. 목판 마모되고 일부가 빠짐.

《醫學正傳》八卷

明 虞摶撰. 湖南觀察營藏. 印紙十七卷十九張又半張. 刊缺.

---

386 찬도맥결(纂圖脈訣): 중국 오대(五代)의 의학자 고양생이 저술한 의학서. 침과 뜸에 관련된 내용이며 조선 시대 의과시(醫科試)의 교재였다. 선조 때 왕명으로 허준(許浚)이 이 책을 증보하여 《찬도방론맥결집성(纂 圖方論脈訣集成)》을 편찬했다.

387 육조(六朝): 중국 삼국시대 오(吳)나라부터 동진(東晉)·유송(劉宋)·남제(南齊)·남양(南梁)·남진(南陳) 의 6왕조(229~589) 시대. 현재 중국 의학계에서는 고양생이 활동했던 시기를 오대[五代, 당나라가 멸망한 907년부터 북송(北宋)이 통일하는 979년까지 약 70년] 또는 11세기 송나라 초기로 추정하고 있다. 저본과 규장각본, 국립중앙도서관 소장본 모두 "六朝"로 기록되어 있다. 《누판고》의 편찬자는 "육조"로 알고 있었 다고 보이므로 교감하지 않고 주석 정보로 표기했다.

388 고양생(高陽生): ?~?. 중국 오대(五代) 시대 의학자. 난해한 《맥경(脈經)》의 내용을 간추려서 "맥결가(脈 訣歌)"를 만들었고, 이것을 《맥결가괄(脈訣歌括)》이라는 책으로 편찬했다.

389 혜민서(惠民署): 조선 시대 백성을 치료하는 일을 담당한 관청. 관사는 한성부 남부 태평관(현재 을지로입 구역 부근)에 위치하였다.

390 동인침구경(銅人鍼灸經): 조선 시대 의과 초시(初始)의 과목 교재로 쓰인 책. 혈을 찾아 침을 놓고 뜸을 뜨 는 방법이 수록되어 있다.

391 의학정전(醫學正傳): 중국 명나라 의학자 우단이 지은 종합 의학서. 《황제내경소문(黃帝內經素問)》·《단계 심법(丹溪心法)》·《맥경(脈經)》등을 기초로 했고, 주술(呪術)·운기(運氣) 등의 방법을 비판했다.

392 우단(虞摶): 1438~1517. 중국 명나라의 의학자. 대대로 의업에 종사했고, 미신적인 치료법을 비판했다.

7 藏: 저본에는 없음. 《鏤板考·子部·醫家類》에 근거하여 보충.

경상도관찰영 소장. 인지 17권 19.5장. 목판 마모되고 일부가 빠짐.

嶺南觀察營藏. 印紙十七卷十九張又半張. 刓缺.

《의서찬요(醫書纂要)》[393] 3권

주농형(朱農亨)[394] 지음. 경주부 소장. 인지 5권 17장. 목판 마모되고 일부가 빠짐.

《醫書纂要》三卷

朱農亨撰. 慶州府藏. 印紙五卷十七張. 刓缺.

《증보만병회춘(增補萬病回春)》[395] 10권

공정현(龔廷賢)[396] 지음. 경상도관찰영 소장. 인지 19권 17장.

경주부 소장. 인지 5권 17장. 목판 마모되고 일부가 빠짐.

《增補萬病回春》十卷

龔廷賢撰. 嶺南觀察營藏. 印紙十九卷十七張.

慶州府藏. 印紙五卷十七張. 刓缺.

《동의보감(東醫寶鑑)》[397] 25권

본조 선조 때 왕명을 받들어 지음. 전라도관찰영 소장. 인지 38권 16.5장. 목판 마모됨.

경상도관찰영 소장. 인지 49권 17장. 목판 마모됨.

《東醫寶鑑》二十五卷

本朝宣廟朝奉敎撰. 湖南觀察營藏. 印紙三十八卷十六張又半張. 刊.

嶺南觀察營藏. 印紙四十九卷十七張. 刊.

---

393 의서찬요(醫書纂要): 중국 원나라의 의학자 주농형이 짓고 명나라의 의학자 노화(盧和)가 찬주(纂註)한 의학서. 본래 이름은 《단계선생의서찬요(丹溪先生醫書纂要)》이다.

394 주농형(朱農亨): 1281~1358. 중국 원나라의 의학자. 자음학파(滋陰學派)를 창시했다.

395 증보만병회춘(增補萬病回春): 중국 명나라의 의학자 공정현의 《만병회춘(萬病回春)》을 조선 시대 교서각(校書閣)에서 증보한 책.

396 공정현(龔廷賢): ?~?. 중국 명나라의 의학자. 대대로 의업에 종사했고, 태의원(太醫院)에서 근무했다. 저서로 《만병회춘》·《수세보원(壽世保元)》등이 있다.

397 동의보감(東醫寶鑑): 허준(許浚)이 정작(鄭碏)·이명원(李命源)·양예수(楊禮壽) 등과 함께 편찬한 의학서. 선조 때 왕명으로 1596년(선조 29)부터 편찬하여 1610년(광해 2)에 완성했다. 중국과 조선에 전해지던 많은 의서를 요약하고 의학을 집대성했다는 평가를 받고 있다.

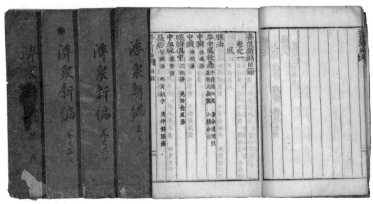

《제중신편》(국립중앙박물관)

《제중신편(濟衆新編)》[398] 8권

정조 때 왕명을 받들어 지음. 내의원(內醫院)[399] 소장.

인지.□□[400]

《濟衆新編》八[8]卷

正宗朝奉敎撰. 內醫院藏.

印紙□□.

《광제비급(廣濟秘笈)》[401] 4권

　이경화(李景華)[402] 지음. 함경도관찰영 소장. 인지
7권 5장.

《廣濟秘笈》四卷

李景華撰. 關北觀察營藏.

印紙七卷五張.

---

398 제중신편(濟衆新編): 조선 후기의 의관 강명길(康命吉)이 정조의 명으로 1799년 편찬한 의학서. 8권 5책.
　　정조는 역대 의학서들을 열람하던 중《동의보감》에 누락된 내용이 있음을 발견하고, 내의원과 강명길 등
　　에게 명하여 모든 의방들을 채집해서 이 책을 편찬하고 간행하도록 했다. 분류방법 및 처방 등은 주로《동
　　의보감》의 체제와 내용에 의거했다.

399 내의원(內醫院): 조선 시대 궁중의 의약을 담당한 관청. 관사는 경복궁 서쪽 영추문 부근에 있었다.

400 □□: 저본에는 인지 이하에 2칸의 공란이 있다.

401 광제비급(廣濟秘笈): 함경도관찰사 이병모(李秉模, 1742~1806)가 지역의 구제에 활용하기 위하여 이경화
　　(李景華)에게 짓게 한 의학서. 병리설은 소략하게 하고 임상을 중심으로 했다. 한글로 향약명(鄕藥名)을
　　기재했고 함경도에서 구하기 쉬운 약재를 위주로 처방했다.

402 이경화(李景華): 1721~?. 조선 후기의 의학자.

[8] 八: 저본에는 "□". 일반적인 용례에 근거하여 보충.

《구황촬요(救荒撮要)》[403] 1권·《벽온방(辟瘟方)》[404] 1권　　《救荒撮要》一卷、《辟瘟方》一卷

명종(明宗)[405] 때 판각. 황해도관찰영 소장. 인지 10장. 목판 마모되고 일부가 빠짐.　　明宗朝刻. 海西觀察營藏. 印紙十張. 刓缺.

《보천가(步天歌)》[406] 1권　　《步天歌》一卷

수나라 왕희명(王希明)[407]의 가결(歌訣, 노래로 된 비결), 청나라 남회인(南懷仁)[408]의 별자리 그림. 관상감　　隋 王希[9]明歌訣, 淸 南懷仁星圖. 觀象監藏. 印紙

《보천가》(국립중앙박물관)

---

403 구황촬요(救荒撮要): 조선 명종(明宗) 때 진휼청(賑恤廳)에서 만든 흉년구호 교범.

404 벽온방(辟瘟方): 세종(世宗) 때 만든 것으로 추정되는 전염병 치료 의학서.

405 명종(明宗): 1534~1567(재위 1545~1567). 조선의 13대 왕. 인종(仁宗)이 재위 8개월 만에 죽어 12세의 나이로 즉위했다. 초기에는 문정왕후(文定王后)가 수렴청정을 하여 외척 윤원형(尹元衡) 등이 득세했다. 명종 시기에는 윤원형·이량(李樑) 등이 작당하여 정치가 어지러웠고, 도적의 발생과 삼포왜란(三浦倭亂) 등 외적의 침입으로 혼란스러웠다.

406 보천가(步天歌): 중국 당나라 왕희명(王希明)의 저술로 알려진 천문서. 수나라 단원자(丹元子)의 저술이라는 설도 있다. 17세기 서양의 천문관측법이 들어오기 이전까지 동아시아의 대표적인 천문서 역할을 했다. 철종(哲宗) 13년(1862) 이준양(李俊陽, ?~?)이 《연경실측신서(燕京實測新書)》를 토대로 새로 엮어 《신법보천가(新法步天歌)》를 간행했다.

407 왕희명(王希明): ?~? 중국 당(唐)나라 개원(開元) 연간(713~741)에 활동했던 천문가. 수나라 때의 인물이라는 설도 있다. 왕희명은 283좌 1,464개의 별을 3원(垣) 28수(宿)로 나누어 별 그림을 그린 다음 각각의 설명문을 가결(歌訣)로 적어 《보천가(步天歌)》를 편찬했다.

408 남회인(南懷仁): 1623~1688. 벨기에 출신 예수회 선교사로 본명은 페르비스트(Ferdinand Verbiest). 서양의 천문학과 수학을 중국에 전파했다.

[9] 希: 저본에는 "羲". 일반적인 용례에 근거하여 수정.

(觀象監)[409] 소장. 인지 10장.

十張.

《관상완점(觀象玩占)》[410] 44권

지은이 미상. 관상감 소장. 인지 25권 18장.

《觀象玩占》四十四卷

撰人未詳. 觀象監藏. 印紙二十五卷十八張.

《천문류초(天文類抄)》[411] 2권

본조 세종 때 왕명을 받들어 지음. 관상감 소장. 인지 1권 18.5장. 목판 일부가 빠짐.

《天文類抄》二卷

本朝世宗朝奉敎撰. 觀象監藏. 印紙一卷十八張又半張. 缺.

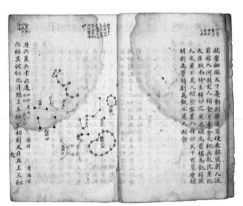

《천문류초》(국립민속박물관)

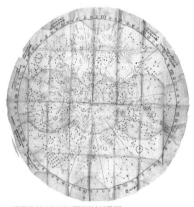

《천문류초》 별자리도(국립민속박물관)

---

409 관상감(觀象監) : 조선 시대 천문·지리·역수(曆數) 등을 담당했던 관청. 관사는 한성부 북부 광화방(廣化坊, 현재 안국역 부근)에 있었다.

410 관상완점(觀象玩占) : 중국 당나라의 천문가 이순풍(李淳風, 602~670)이 지은 천문관측서.《속수사고전서(續修四庫全書)》에 수록되어 있다.

411 천문류초(天文類抄) : 조선 세종 때 이순지(李純之, ?~1465)가 지은 천문관측서. 태양·달·행성들의 운행과 대기의 운행 등이 수록되어 있다.

《제가역상집(諸家曆象集)》[412] 2권

　세종 때 왕명을 받들어 지음. 관상감 소장. 인지
3권 5장. 목판 일부가 빠짐.

《諸家曆象集》二卷

世宗朝奉教撰. 觀象監藏.
印紙三卷五張. 缺.

《천동상위고(天東象緯考)》[413] 18권

　최천벽(崔天璧)[414] 지음. 관상감 소장. 인지 9권
8장. 목판 일부가 빠짐.

《天東象緯考》十八卷

崔天璧撰. 觀象監藏. 印
紙九卷八張. 缺.

《구수략(九數略)》[415] 4권

　최석정(崔錫鼎)[416] 지음. 상주목 소장. 인지 4권
3장.

《九數略》四卷

崔錫鼎撰. 尙州牧藏. 印
紙四卷三張.

《인자수지(人子須知)》[417] 52권

　명나라 서유지(徐維志)[418] · 서유사(徐維事)[419]가 함께
지음. 관상감 소장. 인지 30권 10.5장. 목판 일부가
빠짐.

《人子須知》五十二卷

明 徐維志、維事同撰. 觀
象監藏. 印紙三十卷十張
又半張. 缺.

《탁옥부(琢玉斧)》[420] 25권

　서지막(徐之鏌)[421] 지음. 관상감 소장. 인지 17권

《琢玉斧》二十五卷

徐之鏌撰. 觀象監藏. 印

---

412 제가역상집(諸家曆象集) : 이순지가 지은 천문서. 천문 · 역법 등의 개요를 간략하게 서술했다.
413 천동상위고(天東象緯考) : 최천벽이 지은 천문서. 천지의 이상 현상을 기록했다.
414 최천벽(崔天璧) : 1640~1713. 조선 후기의 관료. 서운관(書雲觀, 관상감)에 오래 근무했다.
415 구수략(九數略) : 최석정이 지은 수학서. 형이상학적 역학사상에 의거하여 수론(數論)을 전개했다.
416 최석정(崔錫鼎) : 1646~1715. 조선 후기의 문신. 소론의 중심 인물로 영의정까지 이르렀다. 《시경》 · 《주역》
　　등의 경전에 능통했고, 민간전승과 수학에도 관심이 많았다. 저서로 《명곡집(明谷集)》이 있다.
417 인자수지(人子須知) : 중국 명나라의 풍수지리학자인 서유지와 서유사 형제가 지은 풍수지리서.
418 서유지(徐維志) : ?~1593. 중국 명나라의 군인 · 풍수지리학자. 남경 일대를 방어하는 임무를 맡았다.
419 서유사(徐維事) : ?~?. 중국 명나라의 풍수지리학자. 형 서유지와 함께 풍수지리서 《인자수지》를 편찬했다.
420 탁옥부(琢玉斧) : 중국 명나라 서지막이 지은 풍수지리서. 도읍지와 국운의 풍수적 상하관계가 있음을 서
　　술했다. 조선 시대 지리학 고시 과목 중의 하나였다.
421 서지막(徐之鏌) : ?~?. 중국 명나라의 풍수학자.

1.5장. 목판 일부가 빠짐.

《나경정문침(羅經頂門針)》[422] 5권

　서지막 지음. 관상감 소장. 인지 6권 4장. 목판
일부가 빠짐.

《소강절심역매화수(邵康節心易梅花數)》[423] 1권

　지은이는 고증할 수 없음. 관상감 소장. 인지 1권
11장. 목판 일부가 빠짐.

《원천강삼성삼명지남(袁天綱三星三命指南)》[424] 10권

　당나라 원천강(袁天綱)[425] 지음. 관상감 소장. 인지
1권 16장.

《응천가(應天歌)》[426] 4권

　송나라 곽정(郭程)[427] 지음. 관상감 소장. 인지 1권
2.5장.

紙十七卷一張又半張. 缺.

《羅經頂門針》五卷

前人撰. 觀象監藏. 印紙
六卷四張. 缺.

《邵康節心易梅花數》一卷

撰人無考. 觀象監藏. 印紙
一卷十一張. 缺.

《袁天綱三星三命指南》
十卷

唐 袁天綱撰. 觀象監藏.
印紙一卷十六張.

《應天歌》四卷

宋 郭程撰. 觀象監藏. 印
紙一卷二張又半張.

---

422 나경정문침(羅經頂門針): 중국 명나라 서지막이 지은 풍수지리서. 풍수서인 《나경(羅經)》을 해설한 책이다.

423 소강절심역매화수(邵康節心易梅花數): 명나라 때의 명리학서(命理學書). 일진(日辰)으로 수(數)와 괘(卦)
　를 뽑는다.

424 원천강삼성삼명지남(袁天綱三星三命指南): 중국 당나라 원천강이 지은 풍수지리학서. 귀신(貴神)·식신(食
　神)·녹신(祿神) 등을 다루었고, 조선 시대 음양과(陰陽科)의 필수과목이었다.

425 원천강(袁天綱): 583~665. 중국 당나라의 풍수지리가. 천문관측에도 조예가 깊었다.

426 응천가(應天歌): 중국 송나라 곽정이 지은 명리학서(命理學書). 사주를 보고 타고난 복록과 수명을 예측하
　는 내용이 수록되어 있다. 조선 시대 음양과(陰陽科) 및 취재 시험 교재로 채택되었다.

427 곽정(郭程): ?~?. 중국 송나라의 명리학자. 자는 거비(去非), 호는 구강산선(九江散仙)·구강도인(九江道
　人). 강서성(江西省) 구강(九江) 지역 출신이며, 진사(進士)에 급제하였다. 후대에 대표적인 명리학서로 알
　려진 《응천가(應天歌)》를 저술했다.

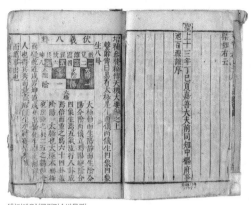

《천기대요》(국립민속박물관)

《자평삼명통변연원(子平三命通變淵源)》428 2권	《子平三命通變淵源》二卷
서대승(徐大升)429 지음. 관상감 소장. 인지 1권.	徐大升撰. 觀象監藏. 印 紙一卷.
《범위수(範圍數)》430 2권	《範圍數》二卷
명나라 조영(趙迎)431 지음. 관상감 소장. 인지 1권 11장.	明 趙迎撰. 觀象監藏. 印 紙一卷十一張.
《천기대요(天機大要)》432 2권	《天機大要》二卷
임소주(林紹周)433 지음. 관상감 소장. 인지 3권	林紹周撰. 觀象監藏. 印

428 자평삼명통변연원(子平三命通變淵源) : 중국 북송 서대승이 지은 명리학서. 중화(中和)의 기를 중요시하여 태과(太過)와 불급(不及)을 경계했다.

429 서대승(徐大升) : ?~?. 중국 북송의 명리학자. 자세한 사적은 전하지 않는다.

430 범위수(範圍數) : 중국 명나라 조영이 지은 명리학서. 천지 생성의 원리를 해설했다.

431 조영(趙迎) : ?~?. 중국 명나라의 명리학자. 하남성(河南省) 공현(鞏縣) 출신으로 가정(嘉請) 5년(1526) 진사에 급제했고, 남경공부주사(南京工部主事)를 역임했다.

432 천기대요(天機大要) : 중국 명나라의 천문학자 임소주가 지은 천문서. 조선에서는 병자호란 이후 시헌력(時憲曆)의 도입과 함께, 이 새로운 역법에 의하여 개편했다. 영조 때 지백원(池百源, ?~?)이 증보하여 《신증천기대요(新增天機大要)》를 간행했고, 지일빈(池日賓, 1729~?)이 다시 증보하여 《증보참찬비전천기대요(增補參贊祕傳天機大要)》를 간행했다.

433 임소주(林紹周) : ?~?. 중국 명나라의 천문학자. 숭정(崇禎) 연간(1628~1644)에 활동한 것으로 추정되나, 자세한 사적은 전하지 않는다.

7장.

상주목 소장. 인지 1권 18장.

紙三卷七張.

尙州牧藏. 印紙一卷十八張.

《협길통의(協吉通義)》[434] 22권

본조 정조 때 왕명을 받들어 지음. 관상감 소장. 인지 21권 0.5장.

《協吉通義》二十二卷

本朝正宗朝奉敎撰. 觀象監藏. 印紙二十一卷半張.

《선택요략(選擇要略)》[435] 3권

이순지(李純之)[436] 지음. 관상감 소장. 인지 4권 19장. 목판 일부가 빠짐.

《選擇要略》三卷

李純之撰. 觀象監藏. 印紙四卷十九張. 缺.

《경민편(警民編)》[437] 1권

김정국(金正國)[438] 지음. 청도군 소장. 인지 1권 3.5장.

《警民編》一卷

金正國撰. 淸道郡藏. 印紙一卷三張又半張.

《파한집(破閑集)》[439] 3권

고려 이인로(李仁老)[440] 지음. 경주부 소장. 인지 1권 2.5장. 목판 마모되고 일부가 빠짐.

《破閑集》三卷

高麗 李仁老撰. 慶州府藏. 印紙一卷二張又半張. 刓缺.

---

434 협길통의(協吉通義) : 정조의 명에 따라 관상감제조(觀象監提調) 서유방(徐有防)이 1796년 편찬한 음양서. 일상생활의 길흉을 피하거나 택하는 방법에 대하여 서술했다.

435 선택요략(選擇要略) : 이순지가 지은 역법서. 관혼례 등의 행사가 있는 경우에 날짜를 고르는 방법을 요약했다.

436 이순지(李純之) : 1406~1465. 조선 전기의 문신. 천문·역법에 조예가 깊어 천문관계 문헌과 이론을 체계화했다. 저서로 《칠정산(七政算)》 등이 있다.

437 경민편(警民編) : 김정국이 황해도관찰사로 재직할 때 백성을 경계시키고 교화하기 위하여 편찬한 책.

438 김정국(金正國) : 1485~1541. 조선 전기의 문신. 김안국(金安國, 1478~1543)의 동생이고, 김굉필(金宏弼)의 문인이다. 성리학·사학·의학에 조예가 깊었다. 저서로 《사재집(思齋集)》이 있다.

439 파한집(破閑集) : 이인로가 지은 시화(詩話)·잡록집(雜錄集). 시·시평·기행문·수필 등이 수록되어 있다.

440 이인로(李仁老) : 1152~1220. 고려 중기의 문신. 고아가 되어 화엄종의 승려 요일(寥一)에게 양육되었다. 정중부(鄭仲夫, ?~1179)의 난 이후 불가에 귀의했다가 명종(明宗) 때 장원 급제하여 관직생활을 시작했다.

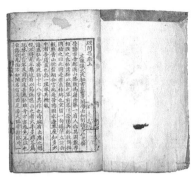

《파한집》(국립중앙박물관)

구강서원(문화재청)

《보한집(補閑集)》[441] 3권

　최자(崔滋)[442] 지음. 경주부 소장. 인지 2권 5장. 목판 마모되고 일부가 빠짐.

《補閑集》三卷

　崔滋撰. 慶州府藏. 印紙 二卷五張. 刓缺.

《역옹패설(櫟翁稗說)》[443] 4권

　이제현(李齊賢)[444] 지음. 경주 구강서원(龜岡書院) 소장. 인지 1권.

《櫟翁稗說》四卷

　李齊賢撰. 慶州龜岡書院 藏. 印紙一卷.

《계곡만필(谿谷漫筆)》[445] 2권

　본조 장유(張維)[446] 지음. 광주목(光州牧) 소장. 인

《谿谷漫筆》二卷

　本朝張維撰. 光州牧藏.

---

441 보한집(補閑集):최자가 지은 시화집. 이인로의 《파한집》을 보충하는 입장에서 저술하여 《속파한집》이라고도 한다.

442 최자(崔滋):1188~1260. 고려 후기의 문신. 강종(康宗) 때 문과에 급제했고, 이규보(李奎報)의 눈에 들어 출세했다. 한국의 문학비평을 본격적인 궤도에 올렸다는 평을 받고 있다.

443 역옹패설(櫟翁稗說):이제현이 지은 시화·잡록집. 《익재난고(益齋亂藁)》에 일부가 수록되어 있다.

444 이제현(李齊賢):1287~1367. 고려 후기의 문신. 학문과 문장에 뛰어나 충선왕의 부름을 받고 원나라 연경의 만권당(萬卷堂)에 머물면서 조맹부(趙孟頫) 등 원나라의 학자들과 교류했다. 공민왕 때에는 문하시중에 올라 국가의 중대사를 관장했다.

445 계곡만필(谿谷漫筆):장유가 지은 수필평론집. 《계곡집(谿谷集)》 맨 뒤에 수록되었다. 수필 외에도 경전 해석상의 문제점 등을 지적했다.

446 장유(張維):1587~1638. 조선 중기의 문신. 인조반정에 참여하여 대사간·대사성 등을 역임하고 우의정에 이르렀다. 김장생의 문인이며 학문과 문장에 뛰어나 한문사대가(漢文四大家) 중 한 사람으로 꼽혔다. 저서로 《계곡집》이 있다.

지 2권 2.5장.

印紙二卷二張又半張.

《종덕신편(種德新編)》[447] 3권·《종덕신편언해(種德新編諺解)》3권

《種德新編》三卷、《諺解》三卷

김육(金堉)[448] 지음. 경상도관찰영 소장. 인지 7권 8장. 목판 마모됨.

金堉撰. 嶺南觀察營藏. 印紙七卷八張. 刓.

함경도관찰영 소장. 인지 2권 5장. 목판 마모되고 일부가 빠짐.

關北觀察營藏. 印紙二卷五張. 刓缺.

평양부 소장. 인지 2권 2장. 목판 마모되고 일부가 빠짐.

平壤府藏. 印紙二卷二張. 刓缺.

《종덕신편》(국립민속박물관)

《유원총보(類苑叢寶)》[449] 47권

김육 지음. 경상도관찰영 소장. 인지 54권.

《類苑叢寶》四十七卷

前人撰. 嶺南觀察營藏. 印紙五十四卷.

---

447 종덕신편(種德新編) : 김육이 지은 교육서. 민간의 풍속 교화를 목적으로 했다.

448 김육(金堉) : 1580~1658. 조선 중기의 문신. 인조 때 벼슬을 시작하여 효종 때 영의정까지 올랐다. 대동법(大同法) 시행에 평생 동안 노력했고, 수차의 보급, 가뭄 구제 등 민생에도 깊은 관심을 기울였다.

449 유원총보(類苑叢寶) : 김육이 편찬한 유서(類書). 《사문유취(事文類聚)》의 체제를 모방하여 지었다.

《신주도덕경(新註道德經)》450 2권

　박세당(朴世堂)451 지음. 상주목 소장. 인지 1권 9장. 목판 일부가 빠짐.

《句解南華眞經》十卷

《구해남화진경(句解南華眞經)》452 10권

　남송 임희일(林希逸)453 지음. 함경도관찰영 소장. 인지 13권 15장. 목판 마모됨.

《參同契註》一卷

《참동계주(參同契註)》454 1권

　본조 남구만(南九萬)455이 주자의 《주역참동계고이(周易參同契考異)》456와 황서절(黃瑞節)457의 부록을 함께 판각. 함경도관찰영 소장. 인지 1권 7장.

《新註道德經》二卷

朴世堂撰. 尙州牧藏. 印紙一卷九張. 缺.

宋 林希逸撰. 關北觀察營藏. 印紙十三卷十五張. 刓.

本朝南九萬取朱子《考異》、黃瑞節附錄合刻之. 關北觀察營藏. 印紙一卷七張.

450 신주도덕경(新註道德經) : 박세당이 지은 《도덕경(道德經)》주석서. 본래 이름은 《노자주해(老子註解)》이다. 기존의 주석을 보충하거나 삭제했고, 맹자·사마광 등의 설을 인용했다.

451 박세당(朴世堂) : 1629~1703. 조선 후기의 문신. 당쟁으로 아들 박태유(朴泰維)·박태보(朴泰輔)를 잃은 뒤 학문에만 전념했다. 송시열(宋時烈)과 시비가 있어 노론(老論)의 미움을 샀다. 저서로 《서계집(西溪集)》이 있다.

452 구해남화진경(句解南華眞經) : 중국 송나라 임희일이 지은 《장자(莊子)》주석서.

453 임희일(林希逸) : ?~?. 중국 남송의 관료. 이종(理宗) 때 관직생활을 시작했고, 중서사인(中書舍人)을 역임했다. 그림·글씨·시에 재능이 있었다.

454 참동계주(參同契註) : 중국 후한(後漢) 위백양(魏伯陽)의 《주역참동계(周易參同契)》에 남구만이 주석을 단 책. 본래 이름은 《주역참동계주(周易參同契註)》이다.

455 남구만(南九萬) : 1629~1711. 조선 후기의 문신. 효종 때 관직생활을 시작하여 영의정까지 이르렀다. 소론의 영수였으며, 희빈(禧嬪) 장씨(張氏) 처벌 때 사사해야 한다는 노론에 맞서 가벼운 형벌을 주장하다가 장씨가 사사되자 낙향했다.

456 주역참동계고이(周易參同契考異) : 주희가 저술한 《주역참동계(周易參同契)》주석서를 황서절이 새로 편집하여 간행한 책.

457 황서절(黃瑞節) : ?~? 중국 원(元)나라의 유학자. 황서절은 주희의 《주역참동계》주석서를 새로 편집하면서 자신이 지은 글을 부록으로 덧붙여 간행했다. 그는 또 주희의 주석서를 모아 1341년에 《주자성서(朱子成書)》10권을 간행했는데, 그 가운데 《주역참동계고이》가 수록되어 있다.

《대장경(大藏經)》[458] 6,558권

고려 고종 때 판각. 합천 해인사 소장. 인지 7,720
권 3장.

《大藏經》六千五百五十八卷
高麗 高宗時刻. 陜川 海印
寺藏. 印紙七千七百二十卷
三張.

《금강반야바라밀경(金剛般若波羅密經)》[459] 2권

당나라 승려 혜능(惠能)[460]이 구결(口訣, 문장에 토를
다는 일)을 하고, 종밀(宗密)[461]이 핵심내용을 편찬. 영
변(寧邊)[462] 보현사(普賢寺)[463] 소장. 인지 6권.

《金剛般若波羅密經》二卷
唐釋惠能口訣, 宗密纂要.
寧邊 普賢寺藏. 印紙六卷.

《묘법연화경(妙法蓮華經)》[464] 7권

송나라 승려 계환(戒環)[465] 해설. 영변 보현사 소
장. 인지 12권 8장.

《妙法蓮華經》七卷
宋 釋戒環解. 寧邊 普賢寺
藏. 印紙十二卷八張.

---

458 대장경(大藏經) : 고려 고종(高宗) 때 대장도감(大藏都監)에서 판각한 대장경. 《초조대장경(初雕大藏經)》이
불타 없어진 뒤 판각했으므로 《재조대장경(再雕大藏經)》이라 하며, 대장경판의 숫자가 8만 개를 넘기 때
문에 《팔만대장경(八萬大藏經)》이라고도 한다. 현재 남아 있는 대장경판은 81,352장이다.

459 금강반야바라밀경(金剛般若波羅密經) : 중국 당나라의 승려 구마라습(鳩摩羅什, 344~413)이 번역한 《금
강반야바라밀경》에 혜능(惠能)이 주석한 책. 조계종(曹溪宗)의 근본경전으로 《반야심경(般若心經)》과 함
께 가장 많이 읽히는 불경이다.

460 혜능(惠能) : 638~713. 중국 당나라의 승려. 선종(禪宗)의 제6조로 6조대사(六祖大師)라 한다. 장터에서
《금강경》을 듣고 불교에 귀의하여 홍인(弘忍)에게 의법(依法, 불법의 적통)을 받았다. 남종선(南宗禪)의 창
시자이다.

461 종밀(宗密) : 780~840. 중국 당나라의 승려. 화엄종의 5조이며, 《원각경(圓覺經)》을 반포했고, 《선원제전
집도서(禪源諸詮集都序)》를 지어 교종(敎宗)과 선종(禪宗)의 통합을 주장했다. 그의 이론은 송대(宋代)
성리학(性理學)의 원류가 되기도 했다.

462 영변(寧邊) : 평안북도 동남부에 있는 도시. 1428년(세종 10) 평안도의 연산부와 무산현을 병합하여 영변대
도호부(寧邊大都護府)로 개편했다.

463 보현사(普賢寺) : 평안북도 향산군 향암리 묘향산에 있는 절. 고려 광종(光宗) 때 창건되었고, 현종(顯宗)
때 증축하여 묘향산을 대표하는 절이 되었다. 서산대사(西山大師) 휴정(休靜)이 입적한 절이고, 일제강점
기에는 주변 21개군의 절을 관장했다.

464 묘법연화경(妙法蓮華經) : 당나라의 승려 구마라습(鳩摩羅什)이 번역했고, 수나라 천태대사(天台大師) 지
의(智顗)와 송나라의 승려 계환이 주해(註解)한 불경. 천태종(天台宗)의 핵심 경전이며 《법화경(法華經)》
이라고도 한다. 누구나 부처가 될 수 있다는 가르침을 담고 있다.

465 계환(戒環) : ?~?. 중국 송나라의 승려. 구마라습이 번역한 《묘법연화경(妙法蓮華經)》은 그 내용이 매우
난해해서 일반 대중들이 읽기에 어려웠으나, 계환이 이를 쉽게 푼 주해서를 저술하였고 이후로 계환의 해
설서가 통행본이 되었다.

《원각료의경(圓覺了義經)》[466] 6권

　　당나라 승려 종밀 주소(注疏)와 해설. 영변 보현사 소장. 인지 16권 12장.

《圓覺了義經》六卷

　　唐釋宗密疏解. 寧邊 普賢寺藏. 印紙十六卷十二張.

《만행수능엄경(萬行首楞嚴經)》[467] 10권

　　송나라 승려 계환 요점 해설. 창평현 소장. 인지 12권 2장.

　　태인(泰仁)[468] 운주사(雲住寺)[469] 소장. 인지 17권.

　　합천 해인사 소장. 인지 8권.

　　영변 보현사 소장. 인지 12권.

《萬行首楞嚴經》十卷

　　宋 釋戒環要解. 昌平縣藏. 印紙十二卷二張.

　　泰仁 雲住寺藏. 印紙十七卷.

　　陜川 海印寺藏. 印紙八卷.

　　寧邊 普賢寺藏. 印紙十二卷.

《화엄경(華嚴經)》[470] 60권

　　당나라 승려 징관(澄觀)[471] 주소(注疏). 영변 보현사 소장. 인지 126권 10장.

《華嚴經》六十卷

　　唐釋澄觀疏. 寧邊 普賢寺藏. 印紙一百二十六卷十張.

---

466 원각료의경(圓覺了義經) : 중국 당나라의 승려 불타다라(佛陀多羅, ?~?)가 번역하고 종밀이 해설한 책. 본래 이름은《대방광원각수다라료의경(大方廣圓覺修多羅了義經)》이고,《원각경(圓覺經)》이라고도 한다. 석가모니와 12보살의 문답을 수록했으며, 우리나라 불교의 소의경전(所依經典, 주요 문헌으로 삼는 경전) 가운데 하나이다.

467 만행수능엄경(萬行首楞嚴經) : 당나라의 승려 반자밀제(般剌密帝, ?~?)가 번역하고 유포한 불경. 본래 이름은《대불정여래밀인수증료의제보살만행수능엄경(大佛頂如來密因修證了義諸菩薩萬行首楞嚴經)》이고 《능엄경(楞嚴經)》이라고도 한다. 우리나라 불교의 4대 경전 중 하나이다.

468 태인(泰仁) : 전라북도 정읍시 태인면 일대.

469 운주사(雲住寺) : 전라북도 정읍시 산외면 종산리에 있는 절.

470 화엄경(華嚴經) : 중국 동진(東晉)의 불타발타라(佛陀跋陀羅, 430~?)가 번역한 불경. 본래 이름은《대방광불화엄경(大方廣佛華嚴經)》이다. 화엄종(華嚴宗)의 핵심 경전이며, 우리나라 불교의 소의경전(所依經典) 가운데 하나이다.

471 징관(澄觀) : 738~839. 중국 당나라의 승려. 화엄종의 4조(祖)로 혜원(慧苑)의 학설을 꺾고 법장(法藏)을 저술했다.

《기신론(起信論)》[472] 2권

   승려 종밀의 주소(注疏). 영변 보현사 소장. 인지 3권 19장.

《선원제전집도서(禪源諸詮集都序)》[473] 1권

   승려 종밀 저술. 영변 보현사 소장. 인지 1권 16.5장.

《경덕전등록(景德傳燈錄)》[474] 30권

   북송 승려 도원(道原)[475] 편찬. 영변 보현사 소장. 인지 20권 12.5장.

《대혜보각선사서(大慧普覺禪師書)》[476] 1권

   승려 종고(宗杲)[477]의 편지. 영변 보현사 소장. 인지 2권 16장.

《起信論》二卷

釋宗密疏. 寧邊 普賢寺藏. 印紙三卷十九張.

《禪源諸詮集都序》一卷

前人述. 寧邊 普賢寺藏. 印紙一卷十六張又半張.

《景德傳燈錄》三十卷

宋釋道原編. 寧邊 普賢寺藏. 印紙二十卷十二張又半張.

《大慧普覺禪師書》一卷

釋宗杲書. 寧邊 普賢寺藏. 印紙二卷十六張.

---

472 기신론(起信論): 중국 남북조시대의 승려 진제(眞諦, 499~569)가 번역한 불경. 반야사상(般若思想)과 유식사상(唯識思想)이 수록되어 있다. 본래 이름은 《대승기신론(大乘起信論)》이다.

473 선원제전집도서(禪源諸詮集都序): 중국 당나라 종밀이 선교일치(禪敎一致)를 주장하기 위해 지은 불경. 우리나라 불교의 필수도서이다.

474 경덕전등록(景德傳燈錄): 중국 북송의 도원이 역대 부처와 조사(祖師)들의 어록과 행적을 기록한 책.

475 도원(道原): ?~?. 중국 북송의 승려. 남악(南嶽)의 10대 종사(宗師)이다.

476 대혜보각선사서(大慧普覺禪師書): 중국 남송의 승려 종고가 문인들과 주고받은 편지를 모은 책. 제자 혜연(慧然, ?~?)이 글을 모으고 황문창(黃文昌)이 엮었다.

477 종고(宗杲): 1089~1163. 중국 남송의 승려. 임제종(臨濟宗) 양기파(楊岐派)의 5대 전인(傳人)이다. 선종의 발달에 큰 영향을 끼쳤고, 금(金)나라와의 주전론(主戰論)을 주장했다.

《대혜보각선사서》(문화재청)

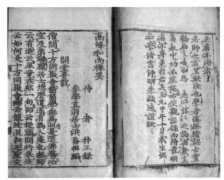

《고봉화상선요》(문화재청)

《고봉선요(高峯禪要)》[478] 1권

    승려 고봉화상(高峯和尙)[479]의 어록. 영변 보현사 소장. 인지 1권 7장.

《高峯禪要》一卷

釋高峯和尙語錄. <u>寧邊</u> <u>普賢寺</u>藏. 印紙一卷七張.

《선문염송설화(禪門拈頌說話)》[480] 30권

    고려 승려 혜심(慧諶)[481] 지음. 본조 승려 천은자(天隱子)[482] 서문 씀. 영변 보현사 소장. 인지 13권.

《禪門拈頌說話》三十卷

<u>高麗</u>釋慧諶撰. 本朝釋<u>天隱子</u>說話. <u>寧邊</u> <u>普賢寺</u>藏. 印紙十三卷.

---

478 고봉선요(高峯禪要): 중국 남송 고봉화상의 법문 가운데 선(禪)의 중요한 점만 간추려 설명한 책. 본래 이름은 《고봉화상선요(高峯和尙禪要)》이다.

479 고봉화상(高峯和尙): 1238~1295. 중국 남송의 승려. 남송이 멸망하자 천목산(天目山)에 들어가 폐관 수련했다.

480 선문염송설화(禪門拈頌說話): 고려 각운(覺運)이 혜심이 지은 《선문염송(禪門拈頌)》에서 중요한 부분을 발췌하고 설화(說話)를 붙인 책. 조선 숙종(肅宗) 때 천은자가 서(序)를 지어 판각했다.

481 혜심(慧諶): 1178~1234. 고려 중기의 승려. 지눌(智訥)의 뒤를 이어 수선사(修禪寺)의 시주가 되었고, 교세를 확장시켰다.

482 천은자(天隱子): ?~?. 조선 후기의 승려. 숙종 때 활동했다.

4) 문집류

《초사(楚辭)》[483] 16권

송나라 주자 주석. 함경도관찰영 소장. 인지 7권 5장. 목판 마모됨.

《선부(選賦)》[484] 8권

선인(選人, 편집자) 고증할 수 없음. 안동부 소장. 인지 8권 15장. 목판 마모됨.

《고문진보대전(古文眞寶大全)》[485] 22권

원나라 진력(陳櫟)[486] 편찬. 옥과현(玉果縣)[487] 소장. 인지 8권 5장. 목판 마모되고 일부가 빠짐.

《당시품휘(唐詩品彙)》[488] 90권

명나라 고병(高棅)[489] 편찬. 북한산 태고사 소장. 인지 40권.

集類

《楚辭》十六卷

宋 朱子注. 關北觀察營藏. 印紙七卷五張. 刓.

《選賦》八卷

選人無考. 安東府藏. 印紙八卷十五張. 刓.

《古文眞寶大全》二十二卷

元 陳櫟編. 玉果縣藏. 印紙八卷五張. 刓缺.

《唐詩品彙》九十卷

明 高棅編. 北漢 太古寺藏. 印紙四十卷.

---

483 초사(楚辭): 중국 초(楚)나라의 시인 굴원(屈原, B.C.340~B.C.278)의 저작. 한(漢)나라의 문인 유향(劉向)이 굴원의 《이소(離騷)》와 25편의 부(賦) 및 기타 작품을 덧붙여 《초사》를 편집했으며, 후한(後漢)의 왕일(王逸)은 여기서 사장(辭章)을 재편집하고 주석을 추가하여 《초사장구(楚辭章句)》16권을 지었다. 송나라의 주희(朱熹)는 굴원의 부(賦)를 재편집하고 주석을 추가하여 《초사집주(楚辭集注)》를 지었다.

484 선부(選賦): 역대 문인들이 지은 부(賦) 중에서 유명한 작품을 선별하여 편집한 책.

485 고문진보대전(古文眞寶大全): 원나라의 문인 진력(陳櫟)이 중국 전국시대 말기부터 송나라 말기에 이르기까지의 시문을 모아 전집·후집으로 편찬한 책. 전집은 주로 시와 운문이 수록되어 있고, 후집은 주로 산문이 수록되어 있다. 중국과 일본에서는 송나라 말기의 학자 황견(黃堅)이 편찬했다는 학설이 대부분이나, 조선에서는 진력이 편찬했다는 설이 주류이다.

486 진력(陳櫟): 1252~1334. 중국 원나라의 문인. 중국의 시문 중에서 우수하고 유명한 작품을 모아 《고문진보대전》을 편찬했다.

487 옥과현(玉果縣): 전라남도 곡성군 옥과면 일대. 신라에서는 옥과군, 고려에서는 보성군(寶城郡)에 속하였으나, 조선에서는 옥과현으로 개편했다.

488 당시품휘(唐詩品彙): 명나라 고병(高棅)이 편찬한 당시선집(唐詩選集). 조선 중기에 갑진자(甲辰字) 금속활자로 간행했다.

489 고병(高棅): 1350~1413. 중국 명나라의 문인. 당나라 시인들의 대표적인 시를 모아 《당시품휘》를 편찬했다.

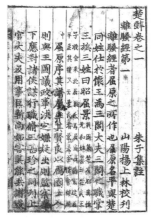

초사 권1(국립중앙도서관)

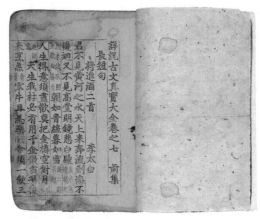

상설고문진보대전 권7(국립중앙박물관 보물 967호)

《당송팔대가문초(唐宋八大家文鈔)》[490] 144권

모곤(茅坤)[491] 편찬. 경상도관찰영 소장. 인지 86권.

《唐宋八大家文鈔》一百四
十四卷

茅坤編. 嶺南觀察營藏.
印紙八十六卷.

《고문백선(古文百選)》[492] 3권

본조 김석주(金錫冑)[493] 편찬. 북한산 태고사 소장.
인지 6권 7장. 목판 마모됨.

《古文百選》三卷

本朝金錫冑編. 北漢 太古
寺藏. 印紙六卷七張. 刓.

---

490 당송팔대가문초(唐宋八大家文鈔): 중국 명나라 모곤이 역대 문장가 8명의 작품을 선별하여 160권으로 편
 찬한 책. 역대 문장가 8명은 당나라의 한유(韓愈)·유종원(柳宗元), 송나라의 구양수(歐陽修)·소순(蘇
 洵)·소식(蘇軾)·소철(蘇轍)·증공(曾鞏)·왕안석(王安石)이다.
491 모곤(茅坤): 1512~1601. 중국 명나라의 문인. 호는 녹문(鹿門). 많은 책을 소장한 장서가로도 유명하다. 저
 서로 《모녹문집(茅鹿門集)》이 전한다.
492 고문백선(古文百選): 김석주가 역대 중국 고문(古文) 중 100편을 모아 편찬한 책. 김석주가 친척의 문장 학
 습을 위하여 100편의 작품을 3편으로 나누어 써주었고, 후인이 이 책을 언해(諺解)하여 다시 편집했다.
493 김석주(金錫冑): 1634~1684. 조선 후기의 문신. 자는 사백(斯百), 호는 식암(息庵). 저서로 《식암집(息菴
 稿)》·《해동사부(海東辭賦)》가 있다.

서원세고 권2(국립중앙도서관)

《황화집(皇華集)》[494] 50권

중국 사신과 시를 주고받으면서 지음. 전라도관찰영 소장. 인지 41권 1.5장. 목판 마모됨.

《皇華集》五十卷

華使唱酬之作. 湖南觀察營藏. 印紙四十一卷一張又半張. 刋.

《서원세고(西原世稿)》[495] 7권

고려 정포(鄭誧)[496] 가문 3대의 원고. 성주 무흘사 소장. 인지 5권. 목판 마모됨.

《西原世稿》七卷

高麗 鄭誧三代文稿. 星州茂屹寺藏. 印紙五卷. 刋.

---

494 황화집(皇華集) : 조선의 원접사(遠接使)가 명나라의 사신과 서로 주고받은 시를 편찬한 책. 50권. 명나라 사신이 처음으로 조선에 온 1450년(세종 32)부터 1633년(인조 11)까지 180여 년간 24차례에 걸쳐 주고받은 시가 수록되어 있다.

495 서원세고(西原世稿) : 고려의 문신 가문인 청주 정씨 정포(鄭誧)·정추(鄭樞)·정총(鄭摠) 3대의 글을 후대에 문집과 다른 책에서 모아 편집한 책.

496 정포(鄭誧) : 1309~1345. 고려 말기의 문신. 자는 중부(仲孚), 호는 설곡(雪谷). 도첨의찬성사(都僉議贊成事)를 역임했다.

《진산세고(晉山世稿)》[497] 8권

　　본조 강회백(姜淮伯)[498] 가문의 원고. 청주 보살사(菩薩寺)[499] 소장. 인지 4권 12장. 목판 일부가 빠짐.

《晉山世稿》八卷

本朝姜淮伯世稿. 淸州 菩薩寺藏. 印紙四卷十二張. 缺.

《6선생유고(六先生遺稿)》[500] 4권

　　박팽년(朴彭年)·성삼문(成三問)·이개(李塏)·하위지(河緯地)·유성원(柳誠源)·유응부(俞應孚) 지음. 영월부 소장. 인지 4권 14장.

《六先生遺稿》四卷

朴彭年、成三問、李塏、河緯地、柳誠源、俞應孚作. 寧越府藏. 印紙四卷十四張.

《양현연원록(兩賢淵源錄)》[501] 1권

　　정붕(鄭鵬)[502]·박영(朴英)[503] 지음. 선산 금오서원 소장. 인지 2권 9장.

《兩賢淵源錄》一卷

鄭鵬、朴英撰. 善山 金烏書院藏. 印紙二卷九張.

---

497 진산세고(晉山世稿) : 강회백·강석덕(姜碩德)·강희안(姜希顔) 3대에 걸친 문집. 1476년 강회백의 손자 강희맹(姜希孟)이 편집하여 간행했다.

498 강회백(姜淮伯) : 1357~1402. 조선 초기의 문신. 자는 백보(伯父), 호는 통정(通亭). 동북면도순문사(東北面都巡問使)를 역임했다. 저서로 《통정집(通亭集)》이 있다.

499 보살사(菩薩寺) : 충청북도 청주시 상당구 용암동에 있는 사찰. 신라 진흥왕 28년(567)에 승려 의신(義信, ?~?)이 창건한 고찰(古刹)이다.

500 6선생유고(六先生遺稿) : 조선 단종(端宗) 때의 사육신(死六臣)인 박팽년·성삼문·이개·하위지·유성원·유응부 6인의 시문집. 박팽년의 7대손인 박숭고(朴崇古)가 사육신의 유문(遺文)을 모아 편집하고, 충청도관찰사 이경억(李慶億)이 1658년(효종 9)에 간행했다.

501 양현연원록(兩賢淵源錄) : 정붕과 그의 제자인 박영의 시문을 모아 간행한 책. 1660년(현종 1) 영산현감(靈山縣監) 박황(朴潢)이 편집하였고, 윤상로(尹商老) 등이 간행했다.

502 정붕(鄭鵬) : 1467~1512. 조선 전기의 문신. 청송부사를 역임했다. 김굉필(金宏弼)에게 성리학을 배워 깊게 연구하였고, 성리학의 핵심을 요약한 《안상도(案上圖)》를 저술했다.

503 박영(朴英) : 1471~1540. 조선 전기의 문신. 청년 시절에 정붕에게 수학하며 여러 성리서(性理書)를 읽었다. 강계부사·동부승지 등을 역임했다. 저서로 《송당집(松堂集)》·《활인신방(活人新方)》·《백록동규해(白鹿洞規解)》 등이 있다.

《북창고옥시집(北窓古玉詩集)》[504] 3권   《北窓古玉詩集》三卷

    정렴(鄭磏)[505]·정작(鄭碏)[506] 지음. 대구 용종사(湧   鄭磏、碏撰. 大邱 湧宗寺

宗寺)[507] 소장. 인지 4권 14장.   藏. 印紙四卷十四張.

《밀산세고(密山世稿)》[508] 2권   《密山世稿》二卷

    박충원(朴忠元)[509]·박계현(朴啓賢)[510] 지음. 제주목   朴忠元、啓賢撰. 濟州牧

소장. 인지 1권 12장.   藏. 印紙一卷十二張.

《양선생왕복서(兩先生往復書)》[511] 3권   《兩先生往復書》三卷

    기대승(奇大升)과 퇴계 이황(李滉)이 주고받은 편   奇大升與退溪往復書. 光

양선생서(국립중앙박물관)

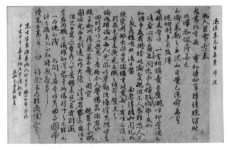
이황의 간찰(국립중앙박물관)

---

504 북창고옥시집(北窓古玉詩集) : 정렴과 정작 형제의 시를 모아 간행한 책. 북창(北窓)은 형 정렴의 호(號), 고
    옥(古玉)은 동생 정작의 호다.

505 정렴(鄭磏) : 1506~1549. 조선 중기의 문인. 자는 사결(士潔). 천문과 지리에 밝았으며, 의술에도 조예가 깊
    었다. 그의 경험방을 모은 《정북창방(鄭北窓方)》이 있었으나 유실되었고, 그 내용 중 일부가 양예수(楊禮
    壽)의 《의림촬요(醫林撮要)》에 전한다.

506 정작(鄭碏) : 1533~1603. 조선 중기의 문인. 선조 때 이조좌랑을 역임했으나, 정쟁에 환멸을 느낀 이후로
    평생 벼슬을 하지 않고 학문에만 전념했다. 의학에도 관심이 많았으며 《동의보감》 편찬에도 참여했다.

507 용종사(湧宗寺) : 미상.

508 밀산세고(密山世稿) : 박충원과 박계현 2대의 유고를 모아 간행한 책. 밀산은 박충원의 본관인 밀양(密陽)
    의 옛 지명이다.

509 박충원(朴忠元) : 1507~1581. 조선 중기의 문신. 자는 중초(仲初), 호는 낙촌(駱村). 이조판서를 역임했다.

510 박계현(朴啓賢) : 1524~1580. 조선 중기의 문신. 박충원의 아들. 이조정랑·호조판서 등을 역임했다.

511 양선생왕복서(兩先生往復書) : 조선 중기의 성리학자인 고봉(高峰) 기대승(奇大升, 1527~1572)과 퇴계(退

지. 광주(光州) 증심사(證心寺)[512] 소장. 인지 5권 10 州 證心寺藏. 印紙五卷十
장. 목판 일부가 빠짐. 張. 缺.

《삼절유고(三節遺稿)》[513] 10권 《三節遺稿》十卷

윤섬(尹暹)[514] · 윤계(尹棨)[515] · 윤집(尹集)[516] 지음. 김 尹暹、尹棨、尹集撰. 金山直
산(金山)[517] 직지사(直指寺)[518] 소장. 인지 4권 13장. 指寺藏. 印紙四卷十三張.

《하음일죽유고(河陰一竹遺稿)》[519] 2권 《河陰一竹遺稿》二卷

강대호(姜大虎)[520] · 강수(姜樹)[521] 지음. 성주 무흘 姜大虎、樹撰. 星州茂屹寺
사 소장. 인지 12.5장. 藏. 印紙十二張又半張.

溪) 이황(李滉, 1502~1571)이 성리학의 이론과 개념을 논하며 서로 주고받은 편지를 기대승이 편집한 책.
《고봉선생문집(高峰先生文集)》에도 수록되어 있다.

512 증심사(證心寺):광주광역시 동구 운림동 무등산 서쪽에 있는 절. 신라 헌안왕 4년(860년)에 처음 세워진
것으로 알려져 있다. 1984년 증심사 일원이 광주광역시 문화재자료 제1호로 지정되었다

513 삼절유고(三節遺稿):병란(兵亂) 중에 순절한 문신 3명의 유고를 모아 간행한 책. 윤섬(尹暹) · 윤계(尹棨) ·
윤집(尹集)은 임진왜란과 병자호란 중에 절의를 지키다 목숨을 잃었다. 이들의 뜻을 기리고자 1672년(현종
13) 윤계의 아들 윤이명(尹以明)이 간행했다. 권두에 송시열(宋時烈)과 정두경(鄭斗卿)의 서문이 있고, 권
말에 송준길(宋浚吉)의 발문이 있다.

514 윤섬(尹暹):1561~1592. 조선 중기의 문신. 1592년(선조 25) 임진왜란이 일어나자 순변사(巡邊使) 이일(李
鎰)의 종사관으로 발령되어 왜군과 싸우다가 상주성(尙州城)에서 전사했다.

515 윤계(尹棨):1603~1636. 조선 중기의 문신. 1636년(인조 14) 병자호란이 일어나자 근왕병(勤王兵) 모집에
응하여 남한산성으로 들어가려다 청나라 병사에게 잡혔다. 포로가 된 이후에도 절의를 지키다 결국 죽음
을 당했다. 후대에 이조참판에 추증되었다.

516 윤집(尹集):1606~1637. 조선 중기의 문신. 병자호란이 일어난 이후로 계속해서 척화론(斥和論)을 주장하
다가 화전(和戰)이 성립된 후 청나라에 포로로 끌려갔다. 청나라에서는 고문과 회유를 번갈아 하면서 윤
집의 뜻을 돌리려 했으나, 끝내 절의를 지켜 마침내 처형당했다. 오달제(吳達濟) · 홍익한(洪翼漢)과 함께
삼학사(三學士)라 불린다. 후대에 영의정에 추증되었다.

517 김산(金山): 경상북도 김천시 교동 일대의 옛 지명. 1914년 행정구역 개편으로 개령군, 김산군, 지례군을
김천군으로 통합하였다.

518 직지사(直指寺):경상북도 김천시 대항면 직지사길 황악산 자락에 있는 절. 직지사의 연혁 자료로, 조선 숙
종 7년(1681)에 조종저(趙宗著)가 지은 〈김산황악산직지사사적비명(金山黃岳山直指寺事蹟碑銘)〉이 남아
있다.

519 하음일죽유고(河陰一竹遺稿):강대호의 유고(遺稿)를 아들 강수가 편집하여 간행한 책. 하음(河陰)은 강
대호의 호(號).

520 강대호(姜大虎):1541~1624. 조선 중기의 문인. 자는 조경(藻卿). 한산군수 · 상주목사 · 임천군수 등을 역
임했다.

521 강수(姜樹):1568~?. 조선 중기의 문인. 자는 수지(樹之). 강대호의 아들이다.

《소은호산합집(素隱湖山合集)》[522] 2권

신천익(愼天翊)[523]·신해익(愼海翊)[524] 지음. 영암(靈巖) 신씨 가문 소장. 인지 3권. 목판 일부가 빠짐.

《이씨연주집(李氏聯珠集)》[525] 9권

남용익(南龍翼)[526]이 이일상(李一相)[527] 종형제의 시를 골라 편찬한 책. 전주 위봉사 소장. 인지 4권 10장. 목판 일부가 빠짐.

《도정절집(陶靖節集)》[528] 2권

진나라 도잠(陶潛)[529] 지음. 영광군 소장. 인지 3권 10장.

《素隱湖山合集》二卷

愼天翊、海翊撰. 靈巖愼氏家藏. 印紙三卷. 缺.

《李氏聯珠集》九卷

南龍翼選李一相從兄弟詩. 全州 威鳳寺藏. 印紙四卷十張. 缺.

《陶靖節集》二卷

晉 陶潛撰. 靈光郡藏. 印紙三卷十張.

---

522 소은호산합집(素隱湖山合集) : 신천익과 신해익 쌍둥이 형제의 글을 모아 간행한 책. 소은(素隱)은 신천익의 호, 호산(湖山)은 신해익의 호다.

523 신천익(愼天翊) : 1592~1661. 조선 중기의 문인. 자는 백거(伯擧). 이조참판·한성부우윤을 역임했다. 저서로 《소은유고(素隱遺稿)》가 있다.

524 신해익(愼海翊) : 1592~1616. 조선 중기의 문인. 자는 중거(仲擧). 예조좌랑 겸 춘추관기사관에 임명되었으나 갑작스러운 병으로 25세에 요절했다. 형 천익과 함께 문재(文才)가 뛰어났다는 평가를 받는다.

525 이씨연주집(李氏聯珠集) : 남용익이 이일상과 종형제 사이인 이가상(李嘉相, 1615~1637)·이만상(李萬相, 1622~1654)·이단상(李端相, 1628~1669) 등 이씨(李氏) 일가의 작품 중에서 주옥 같은 시문을 골라 모아 간행한 책. 조선 중기 최고의 문장가로 알려진 이정귀(李廷龜, 1564~1635)의 후손들 중에서 상당수는 문학적 재질이 탁월하였기에 자신들을 연안(延安) 이씨 안에서도 '관동파(館洞派)'라는 별칭으로 불렀고, 이일상을 중심으로 해서 긴밀한 유대를 형성했다. 남용익은 관동파와 깊은 친분을 나누면서 이들의 작품을 높게 평가하고 그 대표작들을 편집하여 간행했다.

526 남용익(南龍翼) : 1628~1692. 조선 후기의 문신. 자는 운경(雲卿), 호는 호곡(壺谷). 좌참찬·예문관제학을 역임했다. 저서로 《기아(箕雅)》·《부상록(扶桑錄)》·《호곡집(壺谷集)》이 있다.

527 이일상(李一相) : 1612~1666. 조선 중기의 문신. 병조참판·예조판서·대제학을 역임했다. 할아버지 이정귀(李廷龜), 아버지 이명한(李明漢)에 이어 3대가 대제학을 지낸 '삼대문형(三代文衡)'의 가문으로 유명하다.

528 도정절집(陶靖節集) : 도잠(陶潛)의 대표적 시와 산문을 모은 문집(文集). 〈귀거래사(歸去來辭)〉·〈오류선생전(五柳先生傳)〉·〈음주이십수(飮酒二十首)〉 등이 수록되어 있다.

529 도잠(陶潛) : 365~427. 중국 남북조시대 동진(東晉)의 시인. 자는 연명(淵明), 시호는 정절(靖節). 대표작으로 〈귀거래사〉·〈도화원기(桃花源記)〉 등이 있다.

백거이 초상화(작자 미상)

《우주두율(虞註杜律)》530 2권

　원나라 우집(虞集)531 주석. 화순현 소장. 인지 3
권 2장. 목판 마모됨.

　의성현 소장. 인지 3권 2장.

《虞註杜律》二卷

元 虞集注. 和順縣藏. 印
紙三卷二張. 刓.

義城縣藏. 印紙三卷二張.

《두시비해(杜詩批解)》532 28권

　본조 이식(李植) 해설. 경상도관찰영 소장. 인지
24권 12장.

《杜詩批解》二十八卷

本朝李植解. 嶺南觀察營
藏. 印紙二十四卷十二張.

《백씨문집(白氏文集)》533 70권

　당나라 백거이(白居易)534 지음. 안동부 소장. 인지
35권. 목판 마모됨.

《白氏文集》七十卷

唐 白居易撰. 安東府藏.
印紙三十五卷. 刓.

---

530 우주두율(虞註杜律) : 우집이 당(唐)나라 시인 두보(杜甫)의 칠언율시(七言律詩) 중 대표작을 모아 주석하
고 편집한 책.

531 우집(虞集) : 1272~1348. 중국 원(元)나라의 시인. 당시(唐詩)를 계승하여 발전시켰으며, 양재(楊載)·범곽
(范槨)·게혜사(揭傒斯)와 더불어 원시사대가(元詩四大家)로 불린다.

532 두시비해(杜詩批解) : 이식이 두보의 시 약 1,300수를 주해하고 평을 덧붙여 편집한 책. 영조 15년(1739)에
간행되었다.

533 백씨문집(白氏文集) : 백거이의 시문을 저자 본인이 취합하여 편찬한 책. 백거이의 대표 작품이 대부분 수
록되어 있다.

534 백거이(白居易) : 772~846. 중국 당나라의 시인. 일생 동안 수많은 시를 지으면서 유랑하였고, 만년에는 불
교에 심취했다. 대표작으로는 〈장한가(長恨歌)〉·〈비파행(琵琶行)〉 등이 있다.

《격양집(擊壤集)》[535] 20권

　송나라 소옹(邵雍)[536] 지음. 의성현 소장. 인지 10
권 5장. 목판 일부가 빠짐.

《산곡집(山谷集)》[537] 37권

　황정견(黃庭堅)[538] 지음. 능주목 소장. 인지 24권
10장. 목판 마모되고 일부가 빠짐.

《남헌집(南軒集)》[539] 44권

　장식(張栻)[540] 지음. 경상도관찰영 소장. 인지 17
권 1장. 목판 마모되고 일부가 빠짐.

《주자대전집(朱子大全集)》[541] 135권

　주자 지음. 전라도관찰영 소장. 인지 131권 3장.

《擊壤集》二十卷

　宋 邵雍撰. 義城縣藏. 印
紙十卷五張. 缺.

《山谷集》三十七卷

　黃庭堅撰. 綾州牧藏. 印
紙二十四卷十張. 刓缺.

《南軒集》四十四卷

　張栻撰. 嶺南觀察營藏.
印紙十七卷一張. 刓缺.

《朱子大全集》一百三十五卷

　朱子撰. 湖南觀察營藏.
印紙一百三十一卷三張.

---

535 격양집(擊壤集) : 소옹의 대표적 시문을 모아 편찬한 문집. 소옹이 낙양에 은거할 때 인간의 성정(性情)을
　주제로 저술한 작품 등이 수록되어 있다.

536 소옹(邵雍) : 1011~1077. 중국 송나라의 문인. 호는 강절(康節). 도가(道家) 계열의 영향을 받아 유교의 역
　철학(易哲學)을 발전시켜 독자적인 수리철학(數理哲學)을 구축했다. 스승 이지재(李之才)에게서 천문(天
　文)과 역수(易數) 등의 학문을 배웠다. 저서로《황극경세서(皇極經世書)》등이 있다.

537 산곡집(山谷集) : 황정견의 대표적 시문을 모아 편찬한 문집.

538 황정견(黃庭堅) : 1045~1105. 중국 송나라의 시인·화가·서예가. 자는 노직(魯直), 호는 산곡도인(山谷道
　人). 소식(蘇軾)의 문인이며, 강서파(江西派)의 시조로 평가받는다. 시와 문장(文章) 및 서예, 그림 등 각
　방면에서 탁월한 솜씨를 보였다. 진관(秦觀)·장뢰(張耒)·조보지(晁補之)와 더불어 소문사학사(蘇門四學
　士)로 불린다. 저서로《산곡정화록(山谷精華錄)》·《산곡금취외편(山谷琴趣外篇)》등이 있다.

539 남헌집(南軒集) : 장식의 저술을 모아 편찬한 문집. 장식 사후 주희(朱熹)가 장식의 학문을 대표하는 글들
　을 편집하여 44권으로 간행했다.

540 장식(張栻) : 1133~1180. 중국 송나라의 유학자. 자는 경보(敬甫), 호는 남헌(南軒). 재상을 지낸 아버지 장
　준(張浚)의 후광으로 관직에 등용되었다. 유학자 호굉(胡宏)을 스승으로 모시고 수학했으며, 주희 및 여조
　겸(呂祖謙) 등의 학자와 교류했다. 저서로《경세편년(經世編年)》·《수사언인(洙泗言仁)》등이 있다.

541 주자대전집(朱子大全集) : 중국 송나라의 성리학자인 주희의 문집. 본편 100권, 별집 11권, 속집 10권으
　로 구성되어 있다. 주희의 학설과 다른 학자 및 제자들의 질의(質疑)에 대한 회답 편지 및 시(詩)·기(記)·명
　(銘)·비문(碑文)·묘지(墓誌) 등을 모아 조선 정조 때에 간행했다.

주자대전(국립중앙박물관)　　　　　송시열 초상화(국립중앙박물관 국보 제239호)

《주자서절요(朱子書節要)》542 20권

　본조 이황 편찬. 예안 도산서원 소장. 인지 22권 10장.

《朱子書節要》二十卷

本朝退溪編. 禮安 陶山書院藏. 印紙二十二卷十張.

《주서요류(朱書要類)》543 12권

　조익(趙翼)544 편찬. 경상도관찰영 소장. 인지 15권.

《朱書要類》十二卷

趙翼編. 嶺南觀察營藏. 印紙十五卷.

《절작통편(節酌通編)》545 43권

　송시열 편찬. 경상도관찰영 소장. 인지 55권. 목판 마모됨.

《節酌通編》四十三卷

尤菴編. 嶺南觀察營藏. 印紙五十五卷. 刓.

---

542 주자서절요(朱子書節要):이황(李滉)이 주희의 《주자대전집(朱子大全集)》에 수록된 서간문(書簡文) 중에서 핵심적인 글을 모아 편집한 서적. 이황의 제자인 황준량(黃俊良)이 1561년(명종 16) 성주(星州)에서 간행했다.

543 주서요류(朱書要類):조익이 주희의 서간문 가운데에서 초학자들에게 긴요한 글을 뽑아 편찬한 서적. 이황의 《주자서절요》 편찬 형식을 따랐으며, 1642년(인조 20) 12권 6책으로 간행되었다.

544 조익(趙翼):1579~1655. 조선 중기의 문신. 성리학(性理學)의 대가이며, 특히 예학에 밝았고 음률(音律)·병법(兵法) 등에도 조예가 깊었다. 좌의정·중추부영사 등을 역임했다. 저서로 《포저집(浦渚集)》 등이 있다.

545 절작통편(節酌通編):조선 후기의 성리학자 송시열(宋時烈)이 주희의 저술 중에서 중요한 글들을 뽑아 주석하고 편집한 서적. 송시열은 문인 제자들과 함께 이황의 《주자서절요(朱子書節要)》와 정경세(鄭經世, 1563~1633)의 《주문작해(朱文酌海)》에 수록된 주희의 글을 기초로 하고, 그 외 서적들에서 추가로 주희의 글을 골라 편집했다.

서애의고악부 상권(국립중앙도서관)　　　둔촌잡영 목판(국립중앙도서관)

《면재집(勉齋集)》[546] 8권

　송나라 황간(黃榦)[547] 지음. 평안도관찰영 소장.
인지 6권 6장.

《서애의고악부(西涯擬古樂府)》[548] 3권

　명나라 이동양(李東陽)[549] 지음. 장흥부(長興府) 소
장. 인지 4권 18.5장. 목판 일부가 빠짐.

《익재난고(益齋亂稿)》[550] 10권

　고려 이제현(李齊賢) 지음. 경주 구강서원 소장. 인

《勉齋集》八卷

宋 黃榦撰. 關西觀察營藏.
印紙六卷六張.

《西涯擬古樂府》三卷

明 李東陽撰. 長興府藏.
印紙四卷十八張又半張. 缺.

《益齋亂稿》十卷

高麗 李齊賢撰. 慶州 龜岡

---

546 면재집(勉齋集): 황간의 시·잡문·강의경설(講義經說) 등을 모은 문집.

547 황간(黃榦): 1152~1221. 중국 송나라의 유학자. 자는 직경(直卿), 호는 면재(勉齋). 주희의 제자이자 사위
　　였다. 저서로 《주희행장(朱熹行狀)》·《역해(易解)》·《효경본지(孝經本旨)》 등이 있다.

548 서애의고악부(西涯擬古樂府): 이동양의 시 모음집. 새로운 체제와 소재로 악부시를 지어서 후대에 명나라
　　의 대표적인 작품으로 평가받는다.

549 이동양(李東陽): 1447~1516. 중국 명나라의 관료. 여러 관직을 거쳐 재상의 지위에 올랐으며 또한 시문(詩
　　文)에 능했다. 진한(秦漢) 시대의 고문(古文)처럼 글쓰기를 해야 한다고 주장했다. 저서로 《회록당집(懷麓
　　堂集)》 등이 있다.

550 익재난고(益齋亂稿): 고려 말기의 문인 이제현의 시문집. 이제현의 아들 이창로(李彰路)와 손자 이보림(李
　　寶林)이 편집하여 1363년(공민왕 12)에 처음 간행했다. 간행 당시 이제현의 시문 중에 유실된 원고가 많아
　　서 서명을 '난고(亂稿)'라 했다.

지 5권 19.5장. 목판 마모됨.

《가정집(稼亭集)》[551] 21권

이곡(李穀)[552] 지음. 한산(韓山)[553] 문헌서원(文獻書院)[554] 소장. 인지 7권 6.5장.

《둔촌잡영(遁村雜詠)》[555] 11권

이집(李集)[556] 지음. 보성 개흥사(開興寺)[557] 소장. 인지 1권.

《목은집(牧隱集)》[558] 60권

이색(李穡)[559] 지음. 한산 문헌서원 소장. 인지 40권 11장. 목판 마모됨.

書院藏. 印紙五卷十九張又半張. 刊.

《稼亭集》二十一卷

李穀撰. 韓山 文獻書院藏. 印紙七卷六張又半張.

《遁村雜詠》十一卷

李集撰. 寶城 開興寺藏. 印紙一卷.

《牧隱集》六十卷

李穡撰. 韓山 文獻書院藏. 印紙四十卷十一張. 刊.

---

551 가정집(稼亭集) : 이곡의 시와 산문 및 여행기 등을 모아 편찬한 문집. 권1에 수록된 《죽부인전(竹夫人傳)》은 대나무를 의인화해서 절개 있는 부인에 비유한 가전체 작품이다. 초간본은 이곡의 아들 이색(李穡)이 편집하고, 사위 박상충(朴尙衷)이 금산에서 1364년(공민왕 14)에 간행했다.

552 이곡(李穀) : 1298~1351. 고려 후기의 문인. 자는 중보(仲父), 호는 가정(稼亭). 《동문선(東文選)》에는 이곡의 작품 100여 편이 수록되어 있다. 대표작으로 《죽부인전》이 있다.

553 한산(韓山) : 충청남도 서천군 한산면 일대.

554 문헌서원(文獻書院) : 충청남도 서천군 기산면에 있는 서원. 고려 말의 학자인 가정(稼亭) 이곡(李穀)과 목은(牧隱) 이색(李穡, 1328~1396)을 배향하기 위해 조선 선조(宣祖) 때에 설립했다.

555 둔촌잡영(遁村雜詠) : 이집의 대표적 시를 모아 편찬한 문집. 이집의 아들 이지직(李之直)이 편집하여 1410년(태종 10)에 공주에서 간행했다.

556 이집(李集) : 1327~1387. 고려 말의 문인. 자는 호연(浩然), 호는 둔촌(遁村). 저서로 《둔촌유고(遁村遺稿)》가 있다.

557 개흥사(開興寺) : 전라남도 보성군 득량면 삼정리에 있었던 절. 고려시대에 창건되었으나, 조선 후기에 불타서 현재는 터만 남아 있다.

558 목은집(牧隱集) : 이색의 시문집. 1404년(태종 4) 아들 이종선(李宗善)이 편집하고 간행했다.

559 이색(李穡) : 1328~1396. 고려 말의 문신. 자는 영숙(潁叔), 호는 목은(牧隱). 고려 말기의 대표적 유학자 중 한 사람이며, 조선 초기 성리학자들에게 큰 영향을 끼쳤다. 포은(圃隱) 정몽주, 야은(冶隱) 길재와 더불어 삼은(三隱)이라 불린다.

포은집(국립중앙박물관)

정몽주 초상화(국립중앙박물관)

《포은집(圃隱集)》[560] 7권

정몽주(鄭夢周)[561] 지음. 개성부 숭양서원(崧陽書院)[562] 소장. 인지 6권 14장.

영천 임고서원(林皐書院)[563] 소장. 속집(續集)이 빠짐. 인지 2권 15장. 목판 마모됨.

《圃隱集》七卷

鄭夢周撰. 開城府 崧陽書院藏. 印紙六卷十四張.

永川 林皐書院藏. 闕續集. 印紙二卷十五張. 刊.

---

560 포은집(圃隱集) : 정몽주의 시문집. 1439년(세종 21)에 아들 정종성(鄭宗誠)과 정종본(鄭宗本)이 처음으로 간행했다.

561 정몽주(鄭夢周) : 1337~1392. 고려 말기의 문신. 자는 달가(達可), 호는 포은(圃隱). 1360년 문과에 장원 급제한 이후로 요직을 역임했으며 소신이 있는 관료로 고려 조정을 지탱하는 역할을 했다. 그러나 조선을 건국하려는 이성계(李成桂)에게 방해가 된다고 판단한 이방원(李芳遠)의 음모로 선죽교(善竹橋)에서 이방원의 문객 조영규(趙英珪) 등에게 살해되었다. 그의 시조 〈단심가(丹心歌)〉는 충절을 대변하는 작품으로 평가받는다.

562 숭양서원(崧陽書院) : 개성특급시 선죽동 자남산에 있는 서원. 포은(圃隱) 정몽주(鄭夢周)를 배향하기 위해 1573년(선조 6)에 정몽주가 살았던 집터에 설립했다.

563 임고서원(林皐書院) : 경상북도 영천시 임고면 양항리에 있는 서원. 정몽주를 배향하기 위해 1534년(명종 9)에 설립되었다.

《도은집(陶隱集)》564 5권

　이숭인(李崇仁)565 지음. 성주(星州) 안봉사(安峯寺)566 소장. 인지 3권 14장.

《인재집(麟齋集)》567 1권

　이종학(李種學)568 지음. 한산 문헌서원 소장. 인지 1권 4장.

《송당집(松堂集)》569 4권

　본조 조준(趙浚)570 지음. 성주 무흘사 소장. 인지 2권 11장. 목판 일부가 빠짐.

《삼봉집(三峰集)》571 14권

　정도전(鄭道傳)572 지음. 대구 용연사(龍淵寺)573 소장. 인지 13권 6장.

《陶隱集》五卷

李崇仁撰. 星州 安峯寺藏. 印紙三卷十四張.

《麟齋集》一卷

李種學撰. 韓山 文獻書院藏. 印紙一卷四張.

《松堂集》四卷

本朝趙浚撰. 星州 茂屹寺藏. 印紙二卷十一張. 缺.

《三峰集》十四卷

鄭道傳撰. 大邱 龍淵寺藏. 印紙十三卷六張.

---

564 도은집(陶隱集) : 이숭인의 시문집. 조선 초기 권근(權近)이 왕명을 받아 편집하여 1404년(태종 4)에 간행했다.

565 이숭인(李崇仁) : 1347~1392. 고려 말기의 문인. 호는 도은(陶隱), 자는 자안(子安). 목은 이색의 문하생이었다. 공민왕 때 문과에 급제하여 예의산랑(禮儀散郞)·예문응교(藝文應敎)·문하사인(門下舍人) 등의 관직을 역임했다.

566 안봉사(安峯寺) : 경상북도 성주군 벽진면 자산리에 있었던 절. 현재는 절터만 남아 있다.

567 인재집(麟齋集) : 이종학의 시문집. 후손 이자(李耔)에 의해 1519년(중종 14) 무렵 처음 간행되었다.

568 이종학(李種學) : 1361~1392. 고려 말기의 문신. 자는 중문(仲文), 호는 인재(麟齋)이다. 이색(李穡)의 둘째 아들이다. 조선을 건국하는 주도권 다툼 과정에서 정도전(鄭道傳) 일파에게 살해당했다. 저서로《인재유고(麟齋遺稿)》가 있다.

569 송당집(松堂集) : 조준의 시문집. 1669년(현종 10) 9대손 조성(趙䃏)이 조준의 유고(遺稿)를 편집하여 간행했다.

570 조준(趙浚) : 1346~1405. 고려 말기와 조선 초기의 문신. 자는 명중(明仲), 호는 우재(吁齋) 또는 송당(松堂). 정도전과 함께 조선 건국 과정에서 주도적인 역할을 하였다. 문사(文史) 및 경학(經學)과 시문에도 능했다.

571 삼봉집(三峰集) : 정도전의 시문집. 1397년(태조 6)에 아들 정진(鄭津)이 처음 간행했다.

572 정도전(鄭道傳) : 1342~1398. 고려 말기와 조선 초기의 문신. 자는 종지(宗之), 호는 삼봉(三峰). 태조(太祖) 이성계(李成桂)를 도와 조선의 건국 과정에 핵심적인 역할을 했다. 저서로《심문천답(心問天答)》·《불씨잡변(佛氏雜辨)》등이 있다.

573 용연사(龍淵寺) : 대구광역시 달성군 옥포읍에 있는 절. 용연사의 극락전(極樂殿)은 대구광역시 유형문화재 제41호.

포은집(국립중앙박물관)

김시습의 서첩(국립중앙박물관)

《매헌집(梅軒集)》[574] 6권

　권우(權遇)[575] 지음. 무안현(務安縣) 소장. 인지 6
권. 목판 마모됨.

《梅軒集》六卷

　權遇撰. 務安縣藏. 印紙
六卷. 刓.

《형재집(亨齋集)》[576] 4권

　이직(李稷)[577] 지음. 성주 안봉영당(安峰影堂)[578] 소
장. 인지 1권 10장.

《亨齋集》四卷

　李稷撰. 星州 安峰影堂藏.
印紙一卷十張.

---

574 매헌집(梅軒集) : 권우의 시문집. 장남 권채(權採)가 편집하고, 차남 권기(權技)가 1452년(단종 1년) 간행했다.
575 권우(權遇) : 1363~1419. 고려 말기와 조선 초기의 문신. 자는 중려(仲慮), 호는 매헌(梅軒). 고려 말에[관
　직에 등용되었으며 조선 건국 뒤에도 집현전직제학(集賢殿直提學) 등 여러 관직을 역임했다.
576 형재집(亨齋集) : 이직의 시문집. 7대손 이흥인(李興仁)이 1618년(광해군 10)에 처음 간행했다.
577 이직(李稷) : 1362~1431. 조선 초기의 문신. 자는 우정(虞庭), 호는 형재(亨齋). 이조판서·영의정 등을 역
　임했다.
578 안봉영당(安峰影堂) : 경상북도 성주군 월항면 안포리에 있었던 서원. 선조 때 영당(影堂)으로 건립했다가
　1624년(인조 2)에 서원으로 승격되었다. 1680년(숙종 6)에 사액서원이 되었으며, 이장경(李長庚)·이백년
　(李百年)·이인복(李仁復)·이숭인(李崇仁)·이직(李稷) 등을 배향했다.

《별동집(別洞集)》[579] 3권

　윤상(尹祥)[580] 지음. 예천(禮泉) 윤씨 가문 소장. 인
지 2권 4장.

《別洞集》三卷

尹祥撰. 醴川尹氏家藏.
印紙二卷四張.

《눌재집(訥齋集)》[581] 6권

　양성지(梁誠之)[582] 지음. 남원부 소장. 인지 6권 5장.

《訥齋集》六卷

梁誠之撰. 南原府藏. 印
紙六卷五張.

《매월당사유록(梅月堂四遊錄)》[583] 1권

　김시습(金時習)[584] 지음. 경주부 소장. 인지 1권 9
장. 목판 마모됨.

《梅月堂四遊錄》一卷

金時習撰. 慶州府藏. 印
紙一卷九張. 刊.

《어계집(漁溪集)》[585] 2권

　조려(趙旅)[586] 지음. 함안 서산서원 소장. 인지 1권
9장.

《漁溪集》二卷

趙旅撰. 咸安 西山書院藏.
印紙一卷九張.

---

579 별동집(別洞集) : 윤상의 시문집. 아들 윤계은(尹季殷)이 초간본을 간행했다. 간행 시기는 미상. 10대손 윤
　삼징(尹三懲)이 1745년(영조 21)에 중간본을 간행했다.
580 윤상(尹祥) : 1373~1455. 조선 초기의 문신. 자는 실부(實夫), 호는 별동(別洞). 대사성을 역임했다. 권근
　(權近, 1352~1409)의 제자로서 성리학을 깊게 연구했다.
581 눌재집(訥齋集) : 양성지의 시문집. 1791년(정조 15)에 왕명으로 규장각(奎章閣)에서 간행했다.
582 양성지(梁誠之) : 1415~1482. 조선 전기의 문신. 자는 순부(純夫), 호는 눌재(訥齋) · 송파(松坡). 세종부터
　성종 대에 걸쳐 다양한 정책을 폈으며 이조판서 · 대사헌 · 홍문관대제학 등 요직을 역임했다. 저서로 《눌재
　집(訥齋集)》이 있으며, 어명으로 《해동성씨록(海東姓氏錄)》 · 《동국도경(東國圖經)》 등을 편찬했다.
583 매월당사유록(梅月堂四遊錄) : 김시습의 기행시집(記行詩集). 간행 시기 미상. 〈탕유관서록(宕遊關西錄)〉 ·
　〈탕유관동록(宕遊關東錄)〉 · 〈탕유호남록(宕遊湖南錄)〉 · 〈유금오록(遊金鰲錄)〉 등으로 구성되어 있다.
584 김시습(金時習) : 1435~1493. 조선 전기의 문인. 자는 열경(悅卿), 호는 매월당(梅月堂) · 청한자(淸寒子).
　생육신(生六臣)의 한 사람으로 관직에 나아가지 않고 오랜 기간 방랑과 칩거를 반복했으며, 승려가 되었다
　가 환속하기도 했다. 저서로 《매월당집(梅月堂集)》 · 《금오신화(金鰲新話)》 등이 있다.
585 어계집(漁溪集) : 조려의 시문집. 후손 조적(趙績)이 원집 1권을 편집하여 1516년(중종 11)에 처음으로 간행
　하였으며, 9대손 조영석(趙榮祏)이 흩어진 시문을 수집해 부록 1권을 편집하고 원집과 합하여 1742년(영조
　18)에 중간했다.
586 조려(趙旅) : 1420~1489. 조선 전기의 문신. 자는 주옹(主翁), 호는 어계(漁溪). 생육신(生六臣)의 한 사
　람. 1453년(단종 1)에 성균관진사가 되었으나, 세조가 즉위하자 낙향하여 낚시질로 여생을 보내며 자호를
　어계라 했다. 저서로 《어계집(漁溪集)》이 있다.

《점필재집(佔畢齋集)》[587] 25권

김종직(金宗直) 지음. 밀양 예림서원 소장. 인지 13권 13.5장. 목판 마모되고 일부가 빠짐.

《佔畢齋集》二十五卷

金宗直撰. 密陽 禮林書院藏. 印紙十三卷十三張又半張. 刊缺.

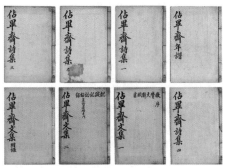

점필재집(국립중앙박물관)

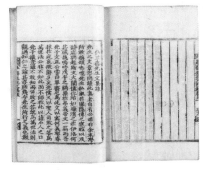

점필재집 발문(跋文)(국립중앙박물관)

《허백정집(虛白亭集)》[588] 3권

홍귀달(洪貴達)[589] 지음. 안동 봉정사(鳳停寺)[590] 소장. 인지 6권 4장. 목판 마모되고 일부가 빠짐.

《虛白亭集》三卷

洪貴達撰. 安東 鳳停寺藏. 印紙六卷四張. 刊缺.

---

587 점필재집(佔畢齋集) : 김종직의 시문집. 1493년(성종 24) 제자 조위(曺偉)에 의해 편집되었으며, 1497년(연산군 3) 정석견(鄭錫堅)에 의해 최초로 간행되었으나 무오사화로 인해 전해지지 못하고, 1520년(중종 15)에 저자의 생질인 강중진(康仲珍)이 불타다 남은 원고를 수습하여 선산(善山)에서 간행했다. 1649년(인조 27) 경상감사 이만(李曼)이 밀양 예림서원에서 다시 간행하였는데, 선산본의 판목은 임진왜란 때 소실되었으므로 새로 판각한 것이다.

588 허백정집(虛白亭集) : 홍귀달의 문집. 원집은 1611년(광해군 3) 외현손 최정호(崔挺豪)가 초고(草稿)를 편집하여 간행하였고, 속집은 1843년(헌종 9) 후손 종구(宗九)·종표(宗標)·기찬(箕瓚) 등이 원집에 빠진 시문을 수집하여 간행했다.

589 홍귀달(洪貴達) : 1438~1504. 조선 전기의 문신. 자는 겸선(兼善), 호는 허백정(虛白亭)·함허정(涵虛亭). 대제학·대사헌·이조판서 등을 역임했다. 1500년 왕명에 따라 《속국조보감(續國朝寶鑑)》·《역대명감(歷代名鑑)》을 편찬했다. 저서로 《허백정집(虛白亭集)》이 있다.

590 봉정사(鳳停寺) : 경상북도 안동시 서후면 태장리에 있는 절. 신라 문무왕 12년(672년)에 창건되었다고 전한다. 한국에서 가장 오래된 목조건물인 국보 제15호 봉정사 극락전, 국보 제311호 봉정사 대웅전이 있다.

《나재집(懶齋集)》[591] 2권

　채수(蔡壽)[592] 지음. 무안현 소장. 인지 5권 1장. 목판 마모됨.

《懶齋集》二卷

蔡壽撰. 務安縣藏. 印紙五卷一張. 刊.

《월헌집(月軒集)》[593] 7권

　정수강(丁壽岡)[594] 지음. 전라도관찰영 소장. 인지 6권 17.5장.

《月軒集》七卷

丁壽岡撰. 湖南觀察營藏. 印紙六卷十七張又半張.

《탁영집(濯纓集)》[595] 5권

　김일손(金馹孫)[596] 지음. 청도(淸道) 자계서원 소장. 인지 3권 4장. 목판 일부가 빠짐.

《濯纓集》五卷

金馹孫撰. 淸道 紫溪書院藏. 印紙三卷四張. 缺.

《이락정집(二樂亭集)》[597] 16권

　신용개(申用漑)[598] 지음. 전주 위봉사 소장. 인지 5권 15장. 목판 일부가 빠짐.

《二樂亭集》十六卷

申用漑撰. 全州 威鳳寺藏. 印紙五卷十五張. 缺.

---

[591] 나재집(懶齋集) : 채수의 시문집. 1674년(현종 15) 후손인 채지연(蔡之沇)이 편집하여 간행했다.

[592] 채수(蔡壽) : 1449~1515. 조선 전기의 문신. 자는 기지(耆之), 호는 나재(懶齋). 성균대사성 등을 거쳐 호조참판이 되었다가 연산군 즉위 후에는 줄곧 외직에 있으면서 무오사화를 피했으며, 중종반정에 공을 세웠다. 음악에도 조예가 깊었으며 시문에 특히 능하였다. 저서로《나재집(懶齋集)》이 있다.

[593] 월헌집(月軒集) : 정수강의 시문집. 아들 정옥형(丁玉亨)이 1542년(중종 37)에 처음 편집하여 간행하였으며, 저자의 형 정수곤(丁壽崑)의 후손인 정시윤(丁時潤)이 1702년(숙종 28)에 중간했다. 1773년에 영조가 호남도(湖南道)에 명하여 다시 개간하게 했다. 저자의 시문을 중심으로 아버지 정자급(丁子伋), 형 정수곤, 손자 정응두(丁應斗)의 유고(遺稿)가 합쳐져 있다.

[594] 정수강(丁壽岡) : 1454~1527. 조선 전기의 문신. 자는 불붕(不崩), 호는 월헌(月軒). 병조참판·동지중추부사 등을 역임했으며, 저서로《월헌집(月軒集)》이 있다.

[595] 탁영집(濯纓集) : 김일손의 시문집. 1668년(현종 9) 당시 학자들에 의해 초간되었고, 1827년(순조 27) 재간되었다.

[596] 김일손(金馹孫) : 1464~1498. 조선 전기의 문신. 자는 계운(季雲), 호는 탁영(濯纓)·소미산인(少微山人). 김종직(金宗直)의 문인이며 사림파의 중심인물로, 홍문관교리·이조정랑 등을 역임했다. 스승의 〈조의제문(弔義帝文)〉을 사초(史草)에 실은 일로 무오사화 때 능지처참되었다. 저서로《탁영집(濯纓集)》이 있다.

[597] 이락정집(二樂亭集) : 신용개의 시문집. 1540년(중종 35)에 아들 신광한(申光漢)이 편집하여 1682년(숙종 8)에 6대손 신익상(申翼相)이 간행했다.

[598] 신용개(申用漑) : 1463~1519. 조선 전기의 문신. 자는 개지(漑之), 호는 이락정(二樂亭)·송계(松溪)·수옹(睡翁). 학덕이 높고 문무를 겸비했으며 우의정·좌의정 등을 역임했다. 저서로《이락정집(二樂亭集)》이 있고, 편서로《속동문선(續東文選)》·《속삼강행실도(續三綱行實圖)》가 있다.

재사당선생일집(逸集) 권1(국립중앙도서관)

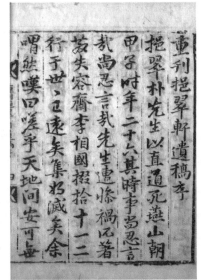

읍취헌유고 서문(국립중앙도서관)

《정문익공유고(鄭文翼公遺稿)》[599] 1권

　정광필(鄭光弼)[600] 지음. 합천 해인사 소장. 인지 2권 5장.

《정文翼公遺稿》一卷

鄭光弼撰. 陜川 海印寺藏. 印紙二卷五張.

《재사당집(再思堂集)》[601] 1권

　이원(李黿)[602] 지음. 황해도관찰영 소장. 인지 10장. 목판 마모됨.

《再思堂集》一卷

李黿撰. 海西觀察營藏. 印紙十張. 刊.

599 정문익공유고(鄭文翼公遺稿): 정광필의 문집. 저자의 6대손 정재륜(鄭載崙)이 유고를 모으고, 이것을 7대손 정복선(鄭復先)이 1702년(숙종 28)에 간행했다.

600 정광필(鄭光弼): 1462~1538. 조선 전기의 문신. 자는 사훈(士勛), 호는 수부(守夫). 우의정·좌의정을 거쳐 영의정에 올랐다. 시호는 문익(文翼)이며, 저서로 《정문익공유고(鄭文翼公遺稿)》가 있다.

601 재사당집(再思堂集): 이원의 저서로 《재사당일집(再思堂逸集)》이라고도 한다. 초간본은 후손 이인엽(李寅燁)이 유고를 모아 1698년(숙종 24) 《익재집(益齋集)》에 부편(附編)하여 간행했다.

602 이원(李黿): ?~1504. 조선 전기의 문신. 자는 낭옹(浪翁), 호는 재사당(再思堂). 문장에 능하고 절의와 덕행으로 추앙받았으며, 호조좌랑을 역임했다. 저서로 《금강록(金剛錄)》·《재사당집(再思堂集)》 등이 있다.

《우암집(寓菴集)》[603] 4권

　　홍언충(洪彦忠)[604] 지음. 상주 근암(近巖) 향현사(鄉賢祠)[605] 소장. 인지 2권 11장.

《寓菴集》四卷

　　洪彦忠撰. 尙州 近巖 鄉賢祠藏. 印紙二卷十一張.

《용재집(容齋集)》[606] 12권

　　이행(李荇)[607] 지음. 면천(沔川)[608]화봉사(火峰寺)[609] 소장. 인지 14권 14장.

《容齋集》十二卷

　　李荇撰. 沔川 火峰寺藏. 印紙十四卷十四張.

《읍취헌유고(挹翠軒遺稿)》[610] 4권

　　박은(朴誾)[611] 지음. 정조 을묘년(1795) 간행본은 순천부 소장. 인지 2권 17장.

　　구각본은 통제영 충렬사(忠烈祠)[612] 소장. 인지 2권 9장.

《挹翠軒遺稿》四卷

　　朴誾撰. 正宗乙卯刻本, 順天府藏. 印紙二卷十七張. 舊刻本, 統制營 忠烈祠藏. 印紙二卷九張.

603 우암집(寓菴集) : 홍언충의 시문집. 1720년(1720 숙종 46)에 후손 홍상민(洪相民)이 수집하여 간행했다.

604 홍언충(洪彦忠) : 1473~1508. 조선 전기의 문신. 자는 직경(直頃), 호는 우암(寓菴). 홍귀달(洪貴達)의 아들이다. 부수찬·이조좌랑 등을 역임했다. 문장에 능하고 글씨에도 뛰어났으며, 특히 예서(隸書)를 잘 썼다. 저서로《자만사(自挽辭)》·《우암집(寓菴集)》이 있다.

605 근암(近巖) 향현사(鄉賢祠) : 경상북도 문경시 산북면에 있었던 서원. 1544년(중종 39) 영천자(靈川子) 신잠(申潛)이 근암서당(近巖書堂)을 설립한 뒤 1665년(현종 6) 홍언충(洪彦忠)을 배향하여 향현사(鄉賢祠)가 되었다가, 1669년(현종 10) 이덕형(李德馨)을 추가로 배향하면서 서원이 되었다.

606 용재집(容齋集) : 이행의 시문집. 1589년(선조 22) 손자인 이광(李洸)이 태인현(泰仁縣)에서 초간하였고, 1634년(인조 12) 이안눌(李安訥)이 청주에서 중간했다.

607 이행(李荇) : 1478~1534. 조선 전기의 문신. 자는 택지(擇之), 호는 용재(容齋)·창택어수(滄澤漁水)·청학도인(靑鶴道人). 우의정·좌의정 등을 역임했다. 문장이 뛰어났으며, 글씨와 그림에도 능했다. 저서로《용재집(容齋集)》이 있다.

608 면천(沔川) : 충청남도 당진시 면천면 일대.

609 화봉사(火峰寺) : 충청남도 당진시 면천면에 있었던 절. 현재는 남아 있지 않다.

610 읍취헌유고(挹翠軒遺稿) : 박은의 시문집. 초간본은 친구 이행(李荇)이 수집하여 엮었고, 그 뒤에 아들인 박공량(朴公亮)이 다시 수집하여 별고로 엮은《천마잠두록(天磨蠶頭錄)》을 손자들이 초간본과 합질했다. 그 후에 나온 판본으로 현종 연간 간행본, 계묘년 간행본, 숙종 연간 간행본이 있다. 1795년(정조 19)에 2책으로 중간된 어제본(御製本)이 순천(順川)에서 간행되었다.

611 박은(朴誾) : 1479~1504. 조선 전기의 학자·시인. 자는 중열(仲說), 호는 읍취헌(挹翠軒). 승문원권지·홍문관정자·경연관을 역임했다. 연산군에게 소(疏)를 올린 일로 파직되고, 갑자사화 때 유배되었다가 투옥되어 26세 나이로 사형을 당했다. 저서로《읍취헌유고(挹翠軒遺稿)》가 있다.

612 충렬사(忠烈祠) : 경상남도 통영시 명정동에 있는 사당(祠堂). 충무공 이순신 장군을 기리기 위해 건립되었다.

《송재집(松齋集)》613 2권

　　이우(李堣)614 지음. 예안 도산서원 소장. 인지 2권 1장.

《農巖集》二卷

　　李堣撰. 禮安 陶山書院 藏. 印紙二卷一張.

《농암집(聾巖集)》615 5권

　　이현보(李賢輔)616 지음. 예안 도산서원 소장. 인지 2권 15장.

《聾[10]巖集》五卷

　　李賢輔撰. 禮安 陶山書院 藏. 印紙二卷十五張.

《눌재집(訥齋集)》617 13권

　　박상(朴祥)618 지음. 광주(光州)향교 소장. 인지 7권 18장.

《訥齋集》十三卷

　　朴祥撰. 光州校宮藏. 印紙七卷十八張.

《모재집(慕齋集)》619 15권

　　김안국(金安國)620 지음. 용강(龍岡)621 오산서원(鰲山

《慕齋集》十五卷

　　金安國撰. 龍岡 鰲山書院

---

613 송재집(松齋集) : 이우의 시문집. 조카인 이황(李滉)이 그의 유고 〈관동행록(關東行錄)〉과 〈귀전록(歸田錄)〉 등의 시를 모아 필사본으로 전하던 것을 이황의 제자이며 저자의 외종손인 오운(吳澐)이 1584년(선조 17)에 간행했다.

614 이우(李堣) : 1469~1517. 조선 전기의 문신. 자는 명중(明仲), 호는 송재(松齋). 형조참판·강원도관찰사 등을 역임하였으며, 시에 뛰어났다. 저서로 《송재집(松齋集)》이 있고, 《동국사략(東國史略)》은 전하지 않는다.

615 농암집(聾巖集) : 이현보의 시문집. 1665년(현종 6)에 간행되었다.

616 이현보(李賢輔) : 1467~1555. 조선 전기의 문신. 호는 농암(聾巖)·설빈옹(雪鬢翁). 형조참판·호조참판 등을 역임했다. 조선 시대 문학사에서 중요한 위치를 차지하는 문인이며, 저서로 《농암집(聾巖集)》이 있다.

617 눌재집(訥齋集) : 박상의 시문집. 산일되고 일부만 전해오던 그의 시문을 김수항(金壽恒)·이사명(李師命) 등이 수습하여 간행하려다가 중단되었고, 1694년 전라도관찰사 최규서(崔奎瑞)가 간행했다.

618 박상(朴祥) : 1474~1530. 조선 전기의 문신. 자는 창세(昌世), 호는 눌재(訥齋). 사간원헌납·전라도관찰사 등을 역임했다. 저서로 《눌재집(訥齋集)》이 있다.

619 모재집(慕齋集) : 김안국의 시문집. 초간본은 1574년(선조 7)에 문인 허충길(許忠吉)이 유고를 수집해 간행했다. 1687년(숙종 13) 김구(金構)에 의해 용강서원에서 중간되었다.

620 김안국(金安國) : 1478~1543. 조선 전기의 문신. 자는 국경(國卿), 호는 모재(慕齋). 예조판서·판중추부사 등을 역임했다. 김굉필(金宏弼)의 문인이며, 저서로 《모재집(慕齋集)》·《동몽선습(童蒙先習)》 등이 있고, 편서로 《성리대전언해(性理大全諺解)》 등 다수가 있다.

621 용강(龍岡) : 평안남도 용강군 일대. 용강군은 대동강을 따라 평양으로 들어가는 길목의 요충지에 위치하며 삼면이 바다로 둘러싸였다.

[10] 聾 : 저본에는 "龍". 《鏤板考·集部·別集類》에 근거하여 수정.

사재집 권2(국립중앙도서관)

《사재집(思齋集)》[623] 4권

김정국(金正國)[624] 지음. 용강 오산서원 소장. 인지 4권 8.5장.

書院)[622] 소장. 인지 14장.

藏. 印紙十四張.

《思齋集》四卷

金正國撰. 龍岡 鰲山書院 藏. 印紙四卷八張又半張.

《음애집(陰崖集)》[625] 5권

이자(李耔)[626] 지음. 대구 용연사 소장. 인지 4권 4장.

《陰崖集》五卷

李耔撰. 大邱 龍淵寺藏. 印紙四卷四張.

---

622 오산서원(鰲山書院): 평안남도 용강군에 있었던 서원. 조선 현종 때 건립했고, 1701년(숙종 27)에 사액되었다. 김안국(金安國)과 김정국(金正國)을 배향하였으며, 김안국의 유품과 유묵이 소장되어 있었다고 한다.

623 사재집(思齋集): 김정국의 시문집. 초간본은 1591년(선조 24) 손자 김요립(金堯立)이 간행했다.

624 김정국(金正國): 1485~1541. 조선 전기의 문신. 자는 국필(國弼), 호는 사재(思齋)·은휴(恩休). 경상도관찰사·예조참판·형조참판 등을 역임했다. 저서로 《사재집(思齋集)》·《성리대전절요(性理大全節要)》·《역대수수승통지도(歷代授受承統之圖)》·《촌가구급방(村家救急方)》·《기묘당적(己卯薰籍)》·《사재척언(思齋摭言)》·《경민편(警民篇)》 등이 있다.

625 음애집(陰崖集): 이자의 시문집. 6대손 이도흥(李道興)과 족종손(族從孫) 이이장(李彝章)이 1754년(영조 30)에 간행했다.

626 이자(李耔): 1480~1533. 조선 전기의 문신. 자는 차야(次野), 호는 음애(陰崖)·몽옹(夢翁)·계옹(溪翁). 의성현령·대사헌 등을 역임했다. 저서로 《음애일기(陰崖日記)》·《음애집(陰崖集)》이 있다.

《충암집(沖菴集)》[627] 5권

　김정(金淨)[628] 지음. 보은 상현서원(象賢書院)[629] 소장. 인지 13권 9장.

《충재집(沖齋集)》[630] 9권

　권벌(權橃)[631] 지음. 안동 삼계서원(三溪書院)[632] 소장. 인지 7권 17장.

《송은집(松隱集)》[633] 2권

　김광수(金光粹)[634] 지음. 의성 장대서원(藏待書院)[635] 소장. 인지 1권 7장.

《沖菴集》五卷

金淨撰. 報恩 象賢書院藏. 印紙十三卷九張.

《沖齋集》九卷

權橃撰. 安東 三溪書院藏. 印紙七卷十七張.

《松隱集》二卷

金光粹撰. 義城 藏待書院藏. 印紙一卷七張.

---

627 충암집(沖菴集) : 김정의 시문집. 초간본은 1552년(명종 7), 중간본은 1636년(인조 14)에 간행되었다.

628 김정(金淨) : 1486~1521. 조선 중기의 문신. 자는 원충(元沖), 호는 충암(沖菴)·고봉(孤峯). 순창군수·형조판서 등을 역임했다. 저서로《충암집(沖庵集)》이 있다.

629 상현서원(象賢書院) : 충청북도 보은군 장안면 서원리에 있는 서원. 충암 김정의 학문과 덕행을 추모하기 위해 설립되었다. 충청북도 기념물 제43호.

630 충재집(沖齋集) : 권벌의 시문집. 초간본은 1671년(현종 12) 종손 권목(權霂)에 의해 간행되었고, 중간본은 1705년(숙종 31) 후손 권두경(權斗經) 등에 의해 간행되었으며, 중편본(重編本)은 1752년(영조 28) 6세손 권만(權萬)이 편집하고 후손 권빈(權贇)이 간행했다.

631 권벌(權橃) : 1478~1548. 조선 중기의 문신. 자는 중허(仲虛), 호는 충재(沖齋)·훤정(萱亭). 병조판서·한성부판윤·예조판서·의정부우찬성 등을 역임했다. 저서로《충재집(沖齋集)》이 있다.

632 삼계서원(三溪書院) : 경상북도 봉화군 봉화읍 삼계리에 있는 서원. 권벌의 학문과 덕행을 추모하기 위하여 1588년(선조 21)에 건립했고 1660년(현종 1)에 사액을 받았다. 대원군의 서원철폐령에 따라 철폐되었다가 1951년에 복원하였다.

633 송은집(松隱集) : 김광수의 시문집. 1740년(영조 16)에 처음 간행되었다.

634 김광수(金光粹) : 1468~1563. 조선 중기의 학자. 자는 국화(國華), 호는 송은(松隱). 서애(西厓) 류성룡(柳成龍)의 외조부이다. 저서로《송은집(松隱集)》·《경심잠(警心箴)》이 있다.

635 장대서원(藏待書院) : 경상북도 의성군 봉양면 장대리에 있었던 서원. 조선 중기의 문신 신지제(申之悌)의 학문과 덕행을 추모하기 설립되었고, 1672년(현종 13) 이민성(李民宬)을 추가로 배향하고, 1685년(숙종 11) 김광수(金光粹)와 신원록(申元祿)의 위패를 옮겨와 함께 배향하였다. 대원군의 서원철폐령으로 철폐되었다.

정암집 권1(국립중앙도서관)

《회재집(晦齋集)》[636] 15권

경주 옥산서원 소장. 인지 9권 5장.

《晦齋集》十五卷

慶州 玉山書院藏. 印紙九
卷五張.

《정암집(靜菴集)》[637] 8권

한 판본은 능주 죽수서원(竹樹書院)[638] 소장. 인지
4권 10장.

또 다른 판본은 박세채(朴世采)가 편집하고 계보
(系譜)·지장(誌狀)을 첨부. 안동부 소장. 인지 6권 10
장. 목판 마모되고 일부가 빠짐.

《靜菴集》八卷

一本綾州 竹樹書院藏. 印
紙四卷十張.

一本朴世采編, 附系譜、誌
狀. 安東府藏. 印紙六卷
十張. 刓缺.

---

636 회재집(晦齋集) : 조선 중기의 문신 이언적(李彦迪, 1491~1553)의 시문집. 이언적의 자는 복고(復古), 호는
    회재(晦齋). 왕명에 의하여 손자 이준(李浚)과 노수신(盧守愼) 등이 편집하여 간행하였으며, 임진왜란으로
    소실되자 1631년(인조 9)에 옥산서원(玉山書院)에서 중간했다.

637 정암집(靜菴集) : 조선 중기의 문신 조광조(趙光祖, 1482~1519)의 문집. 조광조의 자는 효직(孝直), 호는
    정암(靜菴). 원집(原集)은 선조(宣祖)의 명으로 김굉필(金宏弼)·이언적(李彦迪)·정여창(鄭汝昌) 등의 문집
    과 함께 《유선록(儒先錄)》이라는 제목으로 찬록(纂錄)되었다. 그 후 1683년(숙종 9) 박세채(朴世采) 등이
    원집에 부록을 추가하여 편찬하고 송시열(宋時烈)이 간행했다.

638 죽수서원(竹樹書院) : 전라남도 화순군 한천면 모산리에 있는 서원. 조광조(趙光祖)와 양팽손(梁彭孫)을
    추모하기 위해 설립되었다. 전라남도 문화재자료 제130호.

《용암집(龍巖集)》[639] 4권

　박운(朴雲)[640] 지음. 선산(善山) 낙봉서원(洛峯書院)[641] 소장. 인지 6권 10장.

《운암일고(雲巖逸稿)》[642] 2권

　김연(金緣)[643] 지음. 예안 도산서원 소장. 인지 1권 15장.

《독암유고(獨菴遺稿)》[644] 2권

　조종경(趙宗敬)[645] 지음. 상주 남장사(南長寺)[646] 소장. 인지 3권 5장.

《입암집(立巖集)》[647] 6권

　민제인(閔齊仁)[648] 지음. 대구 용연사 소장. 인지 6권 9장.

《龍巖集》四卷

朴雲撰. 善山 洛峯書院藏. 印紙六卷十張.

《雲巖逸稿》二卷

金緣撰. 禮安 陶山書院藏. 印紙一卷十五張.

《獨菴遺稿》二卷

趙宗敬撰. 尙州 南長寺藏. 印紙三卷五張.

《立巖集》六卷

閔齊仁撰. 大邱 龍淵寺藏. 印紙六卷九張.

---

639 용암집(龍巖集): 박운의 시문집. 1778년(정조 2)에 후손들이 간행했다.

640 박운(朴雲): 1493~1562. 조선 중기의 학자. 자는 택지(澤之), 호는 용암(龍巖)·운암(雲巖)·지암(止庵) 등. 저서로 《용암집(龍巖集)》·《삼후전(三侯傳)》 등이 있다.

641 낙봉서원(洛峯書院): 경상북도 구미시 해평면 낙성리에 있는 서원. 1647년(인조 25)에 김숙자(金叔滋) 등의 문신을 추모하기 위해 설립되었다. 경상북도 문화재자료 제222호.

642 운암일고(雲巖逸稿): 김연의 시문집. 1783년(정조 7) 8세손 김영(金瑩)이 편집하여 간행했다.

643 김연(金緣): 1487~1544. 조선 중기의 문신. 자는 자적(子迪) 또는 자유(子裕), 호는 운암(雲巖). 정언·강원도관찰사·경주부윤 등을 역임했다.

644 독암유고(獨菴遺稿): 조종경의 시문집. 초간본은 1587년(선조 20)에 아들 조정추(趙廷樞)가 편찬·간행하였고, 중간본은 1643년(인조 21)에 증손 조흡(趙潝)이 간행하였으며, 그 뒤 1760년(영조 36)에 7대손 조엄(趙曮)이 부록을 덧붙여 상주에서 간행했다.

645 조종경(趙宗敬): 1495~1535. 조선 중기의 문신. 자는 자신(子愼), 호는 독암(獨庵). 장령·사간·사섬시정을 역임했다. 저서로 《독암유고(獨庵遺稿)》가 있다.

646 남장사(南長寺): 경상북도 상주시 남장동에 있는 절. 신라시대 832년(흥덕왕 7) 진감국사(眞鑑國師)가 창건하여 장백사(長栢寺)라 하였으며, 1186년(명종 16) 각원대사(覺圓大師)가 현재 위치로 옮겨 짓고 남장사라 개칭하였다.

647 입암집(立巖集): 민제인의 시문집. 1610년(광해군 2) 손자 민여경(閔汝慶)이 유고를 모아 편집하고 민여임(閔汝任)이 간행했다.

648 민제인(閔齊仁): 1493~1549. 조선 중기의 문신. 자는 희중(希仲), 호는 입암(立巖). 형조참판·우찬성 등을 역임했다. 저서로 《입암집(立巖集)》·《동국사략(東國史略)》 등이 있다.

《석천집(石川集)》[649] 8권

임억령(林億齡)[650] 지음. 영암(靈巖) 도갑사(道岬寺)[651] 소장. 인지 9권. 목판 일부가 빠짐.

《石川集》八卷

林億齡撰. 靈巖 道岬寺藏. 印紙九卷. 缺.

《갈천집(葛川集)》[652] 4권

임훈(林薰)[653] 지음. 안의(安義)[654] 용문서원(龍門書院)[655] 소장. 인지 3권 6장.

《葛川集》四卷

林薰撰. 安義 龍門書院藏. 印紙三卷六張.

《첨모당집(瞻慕堂集)》[656] 3권

임운(林芸)[657] 지음. 안의 용문서원 소장. 인지 2권 7장.

《瞻慕堂集》三卷

林芸撰. 安義 龍門書院藏. 印紙二卷七張.

《후계집(后溪集)》[658] 2권

김범(金範)[659] 지음. 상주(尙州) 옥성서원(玉成書

《后溪集》二卷

金範撰. 尙州 玉成書院藏.

---

649 석천집(石川集) : 임억령의 시문집. 1619년(광해군 11) 귤옥(橘屋) 윤광계(尹光啓, 1559~?)가 서문을 썼으며 간행자는 미상이다.

650 임억령(林億齡) : 1496~1568. 조선 중기의 문신. 자는 대수(大樹), 호는 석천(石川). 병조참지·담양부사 등을 역임했다. 저서로《석천집(石川集)》이 있다.

651 도갑사(道岬寺) : 전라남도 영암군 군서면 도갑리 월출산에 있는 절.

652 갈천집(葛川集) : 임훈의 시문집. 1665년(현종 6) 저자의 증손이 편집하여 간행했다.

653 임훈(林薰) : 1500~1584. 조선 중기의 문신. 자는 중성(仲成), 호는 자이당(自怡堂) 또는 고사옹(枯査翁)·갈천(葛川). 장악원정·광주목사 등을 역임했다. 저서로《갈천집(葛川集)》이 있다.

654 안의(安義) : 경상남도 함양군 안의면 일대.

655 용문서원(龍門書院) : 경상남도 함양군 안의면 봉산리에 있었던 서원. 1583년(선조 16)에 지방유림의 공의로 정여창(鄭汝昌), 임훈(林薰) 등의 학문과 덕행을 추모하기 위해 설립했다. 대원군의 서원철폐령으로 철폐되었다.

656 첨모당집(瞻慕堂集) : 임운의 시문집. 1669년(현종 10)경 후손이 편집하여 간행했다.

657 임운(林芸) : 1517~1572. 조선 중기의 학자. 자는 언성(彦成), 호는 첨모당(瞻慕堂)·노동(蘆洞). 사직서참봉·후릉참봉에 임명되었다. 저서로《첨모당집(瞻慕堂集)》이 있다.

658 후계집(后溪集) : 김범의 시문집. 간행시기와 간행자는 미상.

659 김범(金範) : 1512~1566. 조선 중기의 학자. 자는 덕용(德容), 호는 후계(後溪). 저서로《후계집(後溪集)》이 있다.

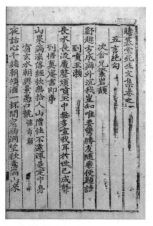

첨모당집(국립중앙도서관)　　　　　　　　화담집(국립중앙도서관)

院)660 소장. 인지 1권 8장. 목판 마모됨.　　　印紙一卷八張. 刊.

《화담집(花潭集)》661 3권　　　　　　　　　《花潭集》三卷

　　서경덕(徐敬德)662 지음. 개성부 화곡서원(花谷書　　徐敬德撰. 開城府 花谷書
院)663 소장. 인지 2권 9장.　　　　　　　　院藏. 印紙二卷九張.

《대곡집(大谷集)》664 3권　　　　　　　　　《大谷集》三卷

　　성운(成運)665 지음. 보은 상현서원 소장. 인지 4권　　成運撰. 報恩 象賢書院藏.

---

660 옥성서원(玉成書院) : 경상북도 상주시 외남면 신상리에 있는 서원. 1631년(인조 9)에 김득배(金得培) 등의
　　문신을 추모하기 위해 건립되었다.
661 화담집(花潭集) : 서경덕의 시문집. 초간본은 제자 박민헌(朴民獻) · 허엽(許曄) 등이 편집하여 1605년(선조
　　38) 은산현감 홍방(洪霶)이 간행했고, 영조 때 다시 간행했다.
662 서경덕(徐敬德) : 1489~1546. 조선 중기의 학자. 자는 가구(可久), 호는 복재(復齋) · 화담(花潭). 독자적인
　　기일원론(氣一元論)을 완성한 주기론(主氣論)의 선구자. 저서로 《화담집(花潭集)》이 있다.
663 화곡서원(花谷書院) : 황해북도 개풍군 영남면 현화리에 있었던 서원. 서경덕(徐敬德) 등의 선현을 추모하
　　기 위해 건립되었다.
664 대곡집(大谷集) : 성운의 시문집. 1596년(선조 29) 성운의 문인이자 처조카인 김가기(金可幾)가 간행을 기획
　　했으나 완성하지 못하고, 김가기의 아들 김덕민(金德民)이 1603년(선조 36) 충청도관찰사 유근(柳根)의 도
　　움을 받아 간행했다.
665 성운(成運) : 1497~1579. 조선 중기의 학자. 자는 건숙(健叔), 호는 대곡(大谷). 서경덕(徐敬德) · 조식(曺
　　植) · 이지함(李之菡) 등과 교유하며 학문에 정진했다. 저서로 《대곡집(大谷集)》이 있다.

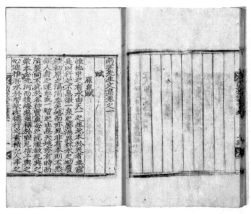

남명집 권1(국립중앙박물관)

5장.

印紙四卷五張.

《하서집(河西集)》[666] 23권

金麟厚(金麟厚)[667] 지음. 장성 필암서원(筆巖書院)[668] 소장. 인지 12권 9장.

《河西集》二十三卷

金麟厚撰. 長城 筆巖書院 藏. 印紙十二卷九張.

《남명집(南冥集)》[669] 14권

조식(曺植)[670] 지음. 진주 덕천서원(德川書院)[671] 소장. 인지 15권 10장. 목판 일부가 빠짐.

《南冥集》十四卷

曺植撰. 晉州 德川書院藏. 印紙十五卷十張. 缺.

---

666 하서집(河西集): 김인후의 문집. 초간본은 문인 조희문(趙希文)·백광훈(白光勳)·양자징(梁子澂) 등의 초본·교정과 전라감사 송찬(宋贊)의 협조로 1568년(선조 1)에 간행되었다.

667 김인후(金麟厚): 1510~1560. 조선 중기의 문신·학자. 자는 후지(厚之), 호는 하서(河西)·담재(湛齋). 저서로《하서집(河西集)》등이 있다.

668 필암서원(筆巖書院): 전라남도 장성군 황룡면 필암리에 있는 서원. 조선 중기의 유학자인 하서(河西) 김인후(金麟厚, 1510~1560)를 배향하기 위해 건립되었다.

669 남명집(南冥集): 조식의 문집. 정인홍의 주도로 1602년(선조 35) 합천 해인사에서 처음 간행하였으나 소실되었고, 이를 바탕으로 간행한 갑진본(甲辰本) 외에 여러 판본이 전한다.

670 조식(曺植): 1501~1572. 조선 중기의 학자. 자는 건중(健中), 호는 남명(南冥). 저서로《남명집(南冥集)》·《남명학기유편(南冥學記類編)》등이 있다.

671 덕천서원(德川書院): 경상남도 산청군 시천면 원리에 있는 서원. 1576년(선조 9)에 조선 중기의 학자 조식(曺植)을 추모하기 위해 건립되었다.

퇴계집 목록(국립중앙박물관)

퇴계집 전체(국립중앙박물관)

《일재집(一齋集)》[672] 1권

　　이항(李恒)[673] 지음. 태인(泰仁)[674] 보림암(寶林菴)[675]
소장. 인지 1권 15장.

《一齋集》一卷

　　李恒撰. 泰仁 寶林菴藏.
印紙一卷十五張.

《온계일고(溫溪逸稿)》[676] 5권

　　이해(李瀣)[677] 지음. 예안 도산서원 소장. 인지 4권.

《溫溪逸稿》五卷

　　李瀣撰. 禮安 陶山書院藏.
印紙四卷.

《퇴계집(退溪集)》[678] 62권

　　예안 도산서원 소장. 인지 72권 7장.

《退溪集》六十二卷

　　禮安 陶山書院藏. 印紙
七十二卷七張.

---

672 일재집(一齋集) : 이항의 시문집. 5대손 이성익(李星益)이 유고를 수집하고 박세채(朴世采)에게 편찬을 위
　　촉하여 간행을 준비하다 사망하자, 일가인 이준구(李俊耉)가 이 일을 이어받아 1673년에 간행했다.
673 이항(李恒) : 1499~1576. 조선 중기의 문신·학자. 자는 항지(恒之), 호는 일재(一齋). 사헌부장령 등을 역
　　임했다. 저서로《일재집(一齋集)》이 있다.
674 태인(泰仁) : 전라북도 정읍시 태인면 일대.
675 보림암(寶林菴) : 전라북도 정읍시 북면에 있던 절.
676 온계일고(溫溪逸稿) : 이해의 시문집. 1772년(영조 48)에 후손이 편집하여 간행했다.
677 이해(李瀣) : 1496~1550. 조선 중기의 문신. 자는 경명(景明), 호는 온계(溫溪). 대사헌·대사간·예조참판
　　을 역임했다. 저서로《온계일고(溫溪逸稿)》가 있다.
678 퇴계집(退溪集) : 조선 중기의 문신·학자인 이황(李滉, 1501~1570)의 문집. 초간본은 경자본(庚子本)으로
　　불리며, 문인 조목(趙穆) 등이 1599년(선조 32)부터 준비하여 이듬해에 간행했다.

《퇴계자성록(退溪自省錄)》[679] 1권

　예안 도산서원 소장. 인지 1권 18.5장.

《退溪自省錄》一卷

　禮安 陶山書院藏. 印紙一卷十八張又半張.

《인재집(忍齋集)》[680] 4권

　홍섬(洪暹)[681] 지음. 전주 위봉사 소장. 인지 8권 4장.

《忍齋集》四卷

　洪暹撰. 全州 威鳳寺藏. 印紙八卷四張.

《치재유고(恥齋遺稿)》[682] 4권

　홍인우(洪仁祐)[683] 지음. 예안 도산서원 소장. 인지 3권 9장.

《恥齋遺稿》四卷

　洪仁祐撰. 禮安 陶山書院藏. 印紙三卷九張.

《장음정유고(長吟亭遺稿)》[684] 1권

　나식(羅湜)[685] 지음. 전주 위봉사 소장. 인지 16장.

《長吟亭遺稿》一卷

　羅湜撰. 全州 威鳳寺藏. 印紙十六張.

---

679 퇴계자성록(退溪自省錄) : 이황의 서간집. 1585년(선조 18)에 나주에서 처음 간행되었고, 1793년(정조 17)에 중간되었다.
680 인재집(忍齋集) : 홍섬의 시문집. 1668년(현종 9) 증손 홍석(洪錫)이 간행했다.
681 홍섬(洪暹) : 1504~1585. 조선 중기의 문신. 자는 퇴지(退之), 호는 인재(忍齋). 홍문관대제학·영의정 등을 역임했다. 저서로《인재집(忍齋集)》·《인재잡록(忍齋雜錄)》이 있다.
682 치재유고(恥齋遺稿) : 홍인우의 시문집. 아들인 홍진(洪進)이 유고(遺稿)를 수집, 편차하여 1607년(선조 40)경에 초간했다.
683 홍인우(洪仁祐) : 1515~1554. 조선 중기의 학자. 자는 응길(應吉). 호는 치재(恥齋). 저서로《치재유고(恥齋遺稿)》·《관동일록(關東日錄)》이 있다.
684 장음정유고(長吟亭遺稿) : 나식의 시문집. 초간본은 1678년(숙종 4)에 후손 나양좌(羅良佐)가 편집하여 간행했다.
685 나식(羅湜) : 1498~1546. 조선 중기의 학자. 자는 정원(正源), 호는 장음정(長吟亭). 저서로《장음정집(長吟亭集)》이 있다.

치재유고(국립중앙도서관)   금호유고 서문(국립중앙도서관)

《동은집(峒隱集)》[686] 3권   《峒隱集》三卷

이의건(李義健)[687] 지음. 청풍부 소장. 인지 1권   李義健撰. 淸風府藏. 印紙
19.5장. 목판 마모되고 일부가 빠짐.   一卷十九張又半張. 刓缺.
합천 해인사 소장. 인지 1권 19장.   陜川 海印寺藏. 印紙一卷
                                         十九張.

《월천집(月川集)》[688] 6권   《月川集》六卷

조목(趙穆)[689] 지음. 예안 도산서원 소장. 인지 4권   趙穆撰. 禮安 陶山書院

---

686 동은집(峒隱集) : 이의건의 시문집. 1659년(현종 즉위년) 종손 후원(厚源)과 심덕조(沈德祖)에 의하여 간행
    되었다.
687 이의건(李義健) : 1533~1621. 조선 중기의 학자. 자는 의중(宜中), 호는 동은(峒隱). 저서로 《동은집(峒隱
    集)》이 있다.
688 월천집(月川集) : 조목의 시문집. 1666년(현종 7)에 아들 석명(錫明)이 유고를 편집하고, 예안현감 이석관
    (李碩寬)이 간행했다.
689 조목(趙穆) : 1524~1606. 조선 중기의 문신·학자. 자는 사경(士敬), 호는 월천(月川). 이황(李滉)의 문인이
    다. 저서로 《월천집(月川集)》·《곤지잡록(困知雜錄)》이 있다.

2장. 목판 마모됨.

藏. 印紙四卷二張. 刊.

《금호유고(錦湖遺稿)》[690] 1권

임형수(林亨秀)[691] 지음. 광주(光州)향교 소장. 인지 3권.

《錦湖遺稿》一卷

林亨秀撰. 光州校宮藏. 印紙三卷.

《귀암집(龜巖集)》[692] 2권

이정(李禎)[693] 지음. 사천(泗川)[694] 구계서원(龜溪書院)[695] 소장. 인지 4권 1장.

《龜巖集》二卷

李禎撰. 泗川 龜溪書院藏. 印紙四卷一張.

《임당유고(林塘遺稿)》[696] 2권

정유길(鄭惟吉)[697] 지음. 강화 전등사(傳燈寺)[698] 소장. 인지 3권 7.5장.

《林塘遺稿》二卷

鄭惟吉撰. 江華 傳燈寺藏. 印紙三卷七張又半張.

---

690 금호유고(錦湖遺稿) : 임형수의 시문집. 1678년(숙종 4)에 외현손 유응수(柳應壽)가 유문을 모아 김수항(金壽恒)이 편집하고, 이민서(李敏敍) 등이 간행했다.

691 임형수(林亨秀) : 1514~1547. 조선 중기의 문신. 자는 사수(士遂), 호는 금호(錦湖). 부제학·제주목사를 역임했다. 저서로《금호유고(錦湖遺稿)》가 있다.

692 귀암집(龜巖集) : 이정의 시문집. 1641년(인조 19) 증손 함일(涵一)과 백서우(白瑞羽) 등이 편집하여 간행했다.

693 이정(李禎) : 1512~1571. 조선 전기의 문신. 자는 강이(剛而), 호는 귀암(龜巖). 형조참의·좌부승지를 역임했다. 저서로《귀암집(龜巖集)》·《성리유편(性理遺編)》등이 있다.

694 사천(泗川) : 경상남도 사천시 일대.

695 구계서원(龜溪書院) : 경상남도 사천시 사천읍에 있는 서원. 1611년(광해군 3)에 이황(李滉)과 이정(李禎)의 학문과 덕행을 추모하기 위해 건립되었다.

696 임당유고(林塘遺稿) : 정유길의 시문집. 아들 광성(廣成)이 유문(遺文)을 수집했고, 1638년(인조 16) 증손 태화(太和)와 외손 김상헌(金尙憲) 등이 편집하여 간행했다.

697 정유길(鄭惟吉) : 1515~1588. 조선 전기의 문신. 자는 길원(吉元), 호는 임당(林塘). 우의정 등을 역임했다. 저서로《임당유고(林塘遺稿)》가 있다.

698 전등사(傳燈寺) : 인천광역시 강화군 길상면에 있는 절. 삼국 시대 창건되었다고 한다. 보물 제393호인 철종과 인천광역시 유형문화재 제45호인 법화경판이 소장되어 있다.

《진락당집(眞樂堂集)》[699] 2권

　　김취성(金就成)[700] 지음. 선산 낙봉서원 소장. 인지 2권 2장.

《久菴集》四卷

《구암집(久菴集)》[701] 4권

　　김취문(金就文)[702] 지음. 선산 낙봉서원 소장. 인지 4권 5장.

《이암집(頤菴集)》[703] 12권

　　송인(宋寅)[704] 지음. 개령현(開寧縣)[705] 소장. 인지 7권 2장. 목판 마모되고 일부가 빠짐.

《미암집(眉巖集)》[706] 1권

　　유희춘(柳希春)[707] 지음. 종성부 소장. 인지 1권. 목판 마모되고 일부가 빠짐.

《眞樂堂集》二卷

金就成撰. 善山 洛峯書院藏. 印紙二卷二張.

《久菴集》四卷

金就文撰. 善山 洛峯書院藏. 印紙四卷五張.

《頤菴集》十二卷

宋寅撰. 開寧縣藏. 印紙七卷二張. 刓缺.

《眉巖集》一卷

柳希春撰. 鍾城府藏. 印紙一卷. 刓缺.

699 진락당집(眞樂堂集) : 김취성의 시문집. 1791년(정조 15) 동생 김취문(金就文)의 문집에 합간되었으며, 뒤에 방손 김몽화(金夢華)가 다시 편집하여 간행했다.
700 김취성(金就成) : 1492~1550. 조선 중기의 학자. 자는 성지(成之), 호는 진락당(眞樂堂) 또는 서산(西山). 저서로 《진락당집(眞樂堂集)》이 있다.
701 구암집(久菴集) : 김취문의 시문집. 후손 김몽화(金夢華)가 편찬하여 1791년(정조 15)에 간행했다.
702 김취문(金就文) : 1509~1570. 조선 중기의 문신. 자는 문지(文之), 호는 구암(久菴). 대사간을 역임했다. 저서로 《구암집(久菴集)》이 있다.
703 이암집(頤菴集) : 송인의 시문집. 손자 송은(宋垠)이 편집하여 간행하려 했으나 판본의 결손으로 완수하지 못하고, 1634년(인조 12) 증손 송희업(宋熙業)이 증보·간행했다.
704 송인(宋寅) : 1517~1584. 조선 중기의 학자. 자는 명중(明仲), 호는 이암(頤菴). 저서로 《이암집(頤菴集)》이 있다.
705 개령현(開寧縣) : 경상북도 김천시 개령면과 주변 지역을 관할하던 조선 시대 행정구역.
706 미암집(眉巖集) : 유희춘의 시문집. 1612년(광해군 4) 함경도관찰사 한준겸(韓浚謙)이 종성(鍾城)에서 처음 간행했다.
707 유희춘(柳希春) : 1513~1577. 조선 중기의 문신. 자는 인중(仁仲), 호는 미암(眉巖). 전라도관찰사·이조참판을 역임했다. 저서로 《미암일기(眉巖日記)》·《속몽구(續蒙求)》·《역대요록(歷代要錄)》 등이 있다.

미암집 목판 및 미암선생일기(국립중앙박물관)

《금계집(錦溪集)》708 12권

　황준량(黃俊良)709 지음. 풍기(豐基) 욱양서원(郁陽書院)710 소장. 인지 10권 4.5장.

《소고집(嘯皐集)》711 10권

　박승임(朴承任)712 지음. 영천 구강서원 소장. 인지 7권 18장.

《錦溪集》十二卷

　黃俊良撰. 豐基 郁陽書院藏. 印紙十卷四張又半張.

《嘯皐集》十卷

　朴承任撰. 榮川 龜江書院藏. 印紙七卷十八張.

---

708 금계집(錦溪集) : 황준량의 시문집. 1584년(선조 17) 동생 황수량(黃秀良)이 편집하여 간행했다.
709 황준량(黃俊良) : 1517~1563. 조선 중기의 문신. 자는 중거(仲擧), 호는 금계(錦溪). 단양군수·성주목사 등을 역임했다. 저서로《금계집(錦溪集)》이 있다.
710 욱양서원(郁陽書院) : 경상북도 영주시 풍기읍에 있었던 서원. 1662년(현종 3)에 이황(李滉)과 황준량(黃俊良)의 학문과 덕행을 추모하기 건립되었다.
711 소고집(嘯皐集) : 박승임의 시문집. 1600년(선조 33)에 제자 김륵(金玏)·오운(吳澐)·배응경(裵應褧) 등이 편집하여 간행되었다. 속집과 부록은 6대손 박희천(朴希天)이 수집하고 이상정(李象靖)의 교정을 거쳐, 이미 간행된 원집과 함께 1782년(정조 6)에 간행했다.
712 박승임(朴承任) : 1517~1586. 조선 중기의 문신·학자. 자는 중보(重甫), 호는 소고(嘯皐). 저서로《성리유선(性理類選)》·《소고집(嘯皐集)》등이 있다.

《소재집(蘇齋集)》[713] 19권

　　노수신(盧守愼)[714] 지음. 상주 도남서원(道南書院)[715] 소장. 인지 17권 5장.

《悔堂集》十九卷

盧守愼撰. 尙州 道南書院 藏. 印紙十七卷五張.

《회당집(悔堂集)》[716] 2권

　　신원록(申元祿)[717] 지음. 의성 장대서원 소장. 인지 1권 12장.

《悔堂集》二卷

申元祿撰. 義城 藏待書院 藏. 印紙一卷十二張.

《부사집(浮査集)》[718] 8권

　　성여신(成汝信)[719] 지음. 진주 임천서원(臨川書院)[720] 소장. 인지 6권 4장.

《浮査集》八卷

成汝信撰. 晉州 臨川書院 藏. 印紙六卷四張.

《제봉집(霽峯集)》[721] 7권

　　고경명(高敬命)[722] 지음. 광주 포충사 소장. 인지 7권 16장.

《霽峯集》七卷

高敬命撰. 光州 褒忠祠藏. 印紙七卷十六張.

---

713 소재집(蘇齋集) : 노수신의 시문집. 1602년(선조 35)의 초간본은 소실되었고, 1652년(효종 3) 증손자 노준명(盧峻明)이 편집한 것을 그 동생 노경명(盧景命)이 간행했다.

714 노수신(盧守愼) : 1515~1590. 조선 중기의 문신·학자. 자는 과회(寡悔), 호는 소재(蘇齋)·이재(伊齋)·암실(暗室)·여봉노인(茹峰老人). 저서로 《소재집(蘇齋集)》이 있다.

715 도남서원(道南書院) : 경상북도 상주시 도남동에 있었던 서원. 1606년(선조 39) 정몽주(鄭夢周) 등 옛 선현의 학문과 덕행을 추모하기 위해 건립되었다.

716 회당집(悔堂集) : 신원록의 시문집. 6대손 신정모(申正模)가 1740년(영조 16)에 편집했으나 간행은 1769년경에 이루어진 것으로 추정된다.

717 신원록(申元祿) : 1516~1576. 조선 중기의 학자. 자는 계수(季綏), 호는 회당(悔堂). 저서로 《회당집(悔堂集)》이 있다.

718 부사집(浮査集) : 성여신의 시문집. 1785년(정조 9) 후손 성동익(成東益)이 편집하여 간행했다.

719 성여신(成汝信) : 1546~1632. 조선 중기의 문신. 자는 공실(公實), 호는 부사(浮査)·야로(野老)·부사(桴槎). 조식(曺植)의 문인이다. 저서로 《부사집(浮査集)》이 있다.

720 임천서원(臨川書院) : 경상남도 진주시 금산면 가방리에 있는 서원. 1702년(숙종 28년)에 조선 중기의 문신 이준민(李俊民), 성여신(成汝信) 등 오현(五賢)을 추모하기 위해 건립되었다.

721 제봉집(霽峯集) : 고경명의 시문집. 1617년(광해군 9) 아들 고용후(高用厚)가 편집하여 간행했다.

722 고경명(高敬命) : 1533~1592. 조선 중기의 문신·의병장. 자는 이순(而順), 호는 제봉(霽峰)·태헌(苔軒). 임진왜란 때 전라좌도 의병장으로 추대되어 왜적에 항거하다 순절했다. 저서로 《제봉집(霽峯集)》·《서석록(瑞石錄)》·《정기록(正氣錄)》이 있다.

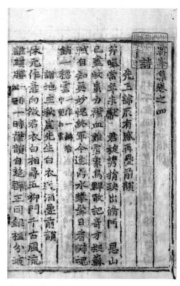

제봉집 권4(국립중앙도서관)

《정기록(正氣錄)》[723] 1권

　　고유후(高由厚)[724] 편찬. 광주(光州) 포충사 소장. 인지 2권 17장.

《德溪集(德溪集)》[725] 8권

　　오건(吳健)[726] 지음. 산청 서계서원 소장. 인지 5권 7장.

《正氣錄》一卷

　　高由厚編. 光州 褒忠祠藏. 印紙二卷十七張.

《德溪集》八卷[11]

　　吳健撰. 山淸 西溪書院藏. 印紙五卷七張.

---

723 정기록(正氣錄) : 임진왜란 때 순절한 고경명(高敬命)과 아들 고종후(高從厚), 고인후(高因厚)의 충절을 기록한 책. 고경명의 아들 고유후(高由厚)가 편찬하고, 1599년(선조 32) 고유후의 아우인 고용후(高用厚)가 증보하여 간행했다.

724 고유후(高由厚) : 조선 중기 문신. 의병장인 고경명(高敬命)의 아들.

725 덕계집(德溪集) : 오건의 시문집. 1827년(순조 27) 그의 후손인 오사덕(吳思德) 등에 의하여 간행된 것으로 추정된다.

726 오건(吳健) : 1521~1574. 조선 중기의 문신. 자는 자강(子强), 호는 덕계(德溪). 이조좌랑 등을 역임했다. 저서로 《덕계집(德溪集)》·《정묘일기(丁卯日記)》 등이 있다.

[11] 卷 : 저본에는 "集". 일반적인 통례에 근거하여 수정

《약포집(藥圃集)》[727] 7권

정탁(鄭琢)[728] 지음. 안동부 소장. 인지 6권 1장. 목판 마모되고 일부가 빠짐.

《白麓集》七卷

鄭琢撰. 安東府藏. 印紙六卷一張. 刓缺.

《백록집(白麓集)》[729] 3권

신응시(辛應時)[730] 지음. 광주 포충사 소장. 인지 2권 10장.

《白麓集》三卷

辛應時撰. 光州 褒忠祠藏. 印紙二卷十張.

《백담집(柏潭集)》[731] 4권

구봉령(具鳳齡)[732] 지음. 안동 주계서원 소장. 인지 8권.

《柏潭集》四卷

具鳳齡撰. 安東 周溪書院藏. 印紙八卷.

《간이집(簡易集)》[733] 9권

최립(崔岦)[734] 지음. 전라도관찰영 소장. 인지 17권 11장.

《簡易集》九卷

崔岦撰. 湖南觀察營藏. 印紙十七卷十一張.

---

727 약포집(藥圃集) : 정탁의 시문집. 본집은 1760년(영조 36) 왕명에 따라 정탁의 5대손 정옥(鄭玉)이 주도해 간행했다. 속집은 1818년(순조 18) 후손 정광익(鄭光翊)·정필규(鄭必奎)·정창운(鄭昌運) 등이 편집한 것을 1821년 도정서원(道正書院)에서 간행했다.

728 정탁(鄭琢) : 1526~1605. 조선 중기의 문신. 자는 자정(子精), 호는 약포(藥圃)·백곡(栢谷). 우의정·좌의정·영중추부사 등을 역임했다. 저서로《약포집(藥圃集)》·《용만문견록(龍灣聞見錄)》등이 있다.

729 백록집(白麓集) : 신응시의 시문집. 아들 신경진(辛慶晉)이 수습한 유고(遺稿)를 손자 신희계(辛喜季)가 1660년(현종 1)에 편집하여 간행하였으며, 1741년(영조 17) 후손 신치복(辛致馥)이 보완, 속간했다. 현재는《백록유고(白麓遺稿)》로 통용된다.

730 신응시(辛應時) : 1532~1585. 조선 중기의 문신. 자는 군망(君望), 호는 백록(白麓). 예조참의·병조참지 등을 역임했다. 저서로《백록유고(白麓遺稿)》가 있다.

731 백담집(柏潭集) : 구봉령의 시문집. 본집은 1645년(인조 23) 풍기군수 김계광(金啓光)이 편집하여 간행하였고, 속집은 1691년(숙종 17) 이유수(李裕垂)와 김성구(金成九)가 간행했다.

732 구봉령(具鳳齡) : 1526~1586. 조선 중기의 문신·학자. 자는 경서(景瑞), 호는 백담(柏潭). 대사헌·병조참판·형조참판 등을 역임했다. 저서로《백담집(柏潭集)》이 있다.

733 간이집(簡易集) : 최립의 시문집. 1631년(인조 9)에 간행되었다.

734 최립(崔岦) : 1539~1612. 조선 중기의 문신·문인. 자는 입지(立之), 호는 간이(簡易)·동고(東皐). 문장가로서 이름을 떨쳤으며 글씨에도 뛰어났다. 저서로《간이집(簡易集)》등이 있다.

간이집 권4(국립중앙도서관)

《아계유고(鵝溪遺稿)》[735] 6권

　이산해(李山海)[736] 지음. 예산 천방사(天方寺)[737] 소장. 인지 7권 6장.

《鵝溪遺稿》六卷

李山海撰. 禮山 天方寺藏. 印紙七卷六張.

《사류재집(四留齋集)》[738] 12권

　이정암(李廷馣)[739] 지음. 연안(延安)[740] 현충사(顯忠祠)[741] 소장. 인지 10권.

《四留齋集》十二卷

李廷馣撰. 延安 顯忠祠藏. 印紙十卷.

---

735 아계유고(鵝溪遺稿): 이산해의 문집. 1659년(효종 10)에 간행되었다.

736 이산해(李山海): 1539~1609. 조선 중기의 문신. 자는 여수(汝受), 호는 아계(鵝溪)·종남수옹(終南睡翁). 영의정 등을 역임했다. 저서로《아계유고(鵝溪遺稿)》등이 있다.

737 천방사(天方寺): 충청남도 예산군 대술면에 있는 절.

738 사류재집(四留齋集): 이정암의 시문집. 1736년(영조 12)에 5대손 이성룡(李聖龍)이 간행했다.

739 이정암(李廷馣): 1541~1600. 조선 중기의 문신. 자는 중훈(仲薰), 호는 사류재(四留齋)·퇴우당(退憂堂)·월당(月塘). 병조참판·충청도관찰사 등을 역임했다. 저서로《독역고(讀易考)》·《사류재집(四留齋集)》등이 있다.

740 연안(延安): 황해남도 연안군 일대.

741 현충사(顯忠祠): 황해남도 연안군에 있었던 사당. 옛 선현을 추모하기 위해 설립되었다.

송강가사 중 "관동별곡"(국립중앙도서관)   송강가사 중 "사미인곡"(국립중앙도서관)

《송강문고(松江文稿)》[742] 2권

정철(鄭澈)[743] 지음. 창평 서봉사(瑞鳳寺)[744] 소장.
인지 2권 2장.

《송강가사(松江歌辭)》[745] 1권

정철 지음. 성주목 소장. 인지 1권 3장.

평안도관찰영 소장. 인지 15장.

《松江文稿》二卷

鄭澈撰. 昌平 瑞鳳寺藏.
印紙二卷二張.

《松江歌辭》一卷

前人撰. 星州牧藏. 印紙
一卷三張.

關西觀察營藏. 印紙十五
張.

---

742 송강문고(松江文稿) : 송강 정철의 시문집. 간행시기와 간행자는 미상.

743 정철(鄭澈) : 1536~1593. 조선 중기의 문신·문인. 자는 계함(季涵), 호는 송강(松江). 저서로 《송강집(松江
集)》·《송강가사(松江歌辭)》 등이 있다.

744 서봉사(瑞鳳寺) : 전라남도 담양군 창평면에 있던 절.

745 송강가사(松江歌辭) : 정철의 가사와 시조를 수록한 시가집. 성주본(星州本)은 정철의 5대손인 정관하(鄭
觀河)가 1747년(영조 23)에 간행하였고, 황주본(黃州本)은 1690년(숙종 16)부터 1696년 사이에 이계상(李
季祥)이 간행했다.

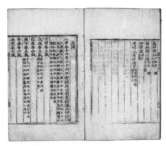

율곡집(국립중앙박물관)　　　　　율곡집 전체(국립중앙박물관)

《상유집(桑楡集)》[746] 2권

유사규(柳思規)[747] 지음. 해주 소현서원 소장. 인지
2권 9장. 목판 마모됨.

《栗谷集》十六卷

해주 소현서원 소장. 인지 39권 7장. 목판 마모됨.

《우계속집(牛溪續集)》[749] 6권

노성 노강서원 소장. 인지 7권 16장. 목판 마모되
고 일부가 빠짐.

《桑楡集》二卷

柳思規撰. 海州 紹賢書院
藏. 印紙二卷九張. 刊.

《栗谷集》十六卷

海州 紹賢書院藏. 印紙
三十九卷七張. 刊.

《牛溪續集》六卷

魯城 魯岡書院藏. 印紙七
卷十六張. 刊缺.

---

746 상유집(桑楡集) : 유사규의 시집. 1618년(광해군 10)에 아들 유순익(柳舜翼)이 편집하여 간행했다.
747 유사규(柳思規) : 1534~1607. 조선 중기의 문신. 자는 여헌(汝憲), 호는 상유자(桑楡子). 남양부사 등을 역
임했다. 저서로 《상유집(桑楡集)》이 있다.
748 율곡집(栗谷集) : 조선 중기의 학자 이이(李珥, 1536~1584)의 시문집. 시집은 박지화(朴枝華) 등이 편집하
고, 문집은 박여룡(朴汝龍) 등이 성혼(成渾)의 도움을 받아 편집해 1611년(광해군 3)에 해주에서 간행했
다. 《율곡전서(栗谷全書)》에 포함되어 있다.
749 우계속집(牛溪續集) : 조선 중기의 문신·학자 성혼(成渾, 1535~1598)의 시문집. 성혼의 자는 호원(浩原),
호는 묵암(默庵)·우계(牛溪). 원집 6권과 속집 6권으로 구성되어 있다. 초간본은 1621년(광해군 13) 문인
들에 의하여 간행되었다.

《각재집(覺齋集)》750 3권

　하항(河沆)751 지음. 진주 대각서원(大覺書院)752 소장. 인지 2권.

《覺齋集》三卷

河沆撰. 晉州 大覺書院藏. 印紙二卷.

《비지문집(賁趾文集)》753 4권

　남치리(南致利)754 지음. 안동 노림서원(魯林書院)755 소장. 인지 3권 18장. 목판 마모됨.

《賁趾文集》四卷

南致利撰. 安東 魯林書院藏. 印紙三卷十八張. 刓.

《곤재우득록(困齋遇得錄)》756 3권

　정개청(鄭介淸)757 지음. 무안현 소장. 인지 11권 2장. 목판 마모됨.

《困齋遇得錄》三卷

鄭介淸撰. 務安縣藏. 印紙十一卷二張. 刓.

《구봉집(龜峯集)》758 11권

　송익필(宋翼弼)759 지음. 의성현 소장. 인지 12권 2장.

《龜峯集》十一卷

宋翼弼撰. 義城縣藏. 印紙十二卷二張.

---

750 각재집(覺齋集) : 하항의 시문집. 1813년(순조 13) 방계 후손 하경현(河景賢)이 편집하여 간행했다.

751 하항(河沆) : 1538~1590. 조선 중기의 학자. 자는 호원(灝源), 호는 각재(覺齋). 저서로 《각재집(覺齋集)》이 있다.

752 대각서원(大覺書院) : 경상남도 진주시 수곡면에 있는 서원. 1610년(광해군 2) 조선 중기의 학자인 하항(河沆)과 손천우(孫天佑) 등을 추모하기 위해 건립되었다.

753 비지문집(賁趾文集) : 남치리의 시문집. 간행시기와 간행자는 미상.

754 남치리(南致利) : 1543~1580. 조선 중기의 학자. 자는 성중(成仲)·의중(義仲). 호는 비지(賁趾). 이황(李滉) 문하의 안자(顔子, 안회)라는 평가를 받았다. 저서로 《비지문집(賁趾文集)》이 있다.

755 노림서원(魯林書院) : 경상북도 안동시 일직면 송리리에 있었던 서원. 1649년(인조 27) 남치리(南致利)의 학문과 덕행을 추모하기 위해 건립되었다.

756 곤재우득록(困齋遇得錄) : 정개청의 시문집. 1688년(숙종 14) 나만성(羅晩成) 등이 편집하여 간행했다. 현재는 《우득록》으로 통용된다.

757 정개청(鄭介淸) : 1529~1590. 조선 중기의 문신·학자. 자는 의백(義伯), 호는 곤재(困齋). 저서로 《곤재우득록(困齋遇得錄)》이 있다.

758 구봉집(龜峯集) : 송익필의 시문집. 1642년(인조 20) 김상성(金相聖)이 간행했다.

759 송익필(宋翼弼) : 1534~1599. 조선 중기의 학자. 자는 운장(雲長), 호는 구봉(龜峯). 예학(禮學)에 밝아 김장생(金長生)에게 큰 영향을 주었다. 저서로 《귀봉집(龜峯集)》이 있다.

구봉집 권1(국립중앙도서관)

《물암집(勿巖集)》[760] 6권

　김륭(金隆)[761] 지음. 영천 삼봉서원(三峯書院)[762] 소
장. 인지 3권 9장.

《겸암일고(謙菴逸稿)》[763] 4권

　류운룡(柳雲龍)[764] 지음. 안동 류씨 가문 소장. 인
지 3권 10장.

《서애집(西崖集)》[765] 28권

　류성룡 지음. 안동 병산서원 소장. 인지 18권 18

《勿巖集》六卷

　金隆撰. 榮川 三峯書院藏.
印紙三卷九張.

《謙菴逸稿》四卷

　柳雲龍撰. 安東柳氏家藏.
印紙三卷十張.

《西崖集》二十八卷

　柳成龍撰. 安東 屛山書院

---

760 물암집(勿巖集) : 김륭의 시문집. 1774년(영조 50) 이상정(李象靖)의 편집을 거쳐 후손 김세완(金世椀)·김
　상건(金尙建) 등에 의해 간행되었다.
761 김륭(金隆) : 1549~1593. 조선 중기의 학자. 자는 도성(道盛), 호는 물암(勿巖). 저서로 《물암집(勿巖集)》·
　《삼서강록(三書講錄)》 등이 있다.
762 삼봉서원(三峯書院) : 경상북도 영주시 이산면 신암리에 있었던 서원. 1654년(효종 5) 고려 말, 조선 초의
　학자 김이음(金爾音)의 학문과 덕행을 추모하기 위해 건립되었다.
763 겸암일고(謙菴逸稿) : 류운룡의 시문집. 1743년(영조 19)에 6대손 류영민(柳永民)이 간행했다.
764 류운룡(柳雲龍) : 1539~1601. 조선 중기의 문신·학자. 자는 응현(應見), 호는 겸암(謙菴). 류성룡(柳成龍)
　의 형으로 이황(李滉)의 문하에서 수학했다. 저서로 《겸암집(謙菴集)》이 있다.
765 서애집(西崖集) : 조선 중기의 문신 류성룡(柳成龍, 1542~1607)의 시문집. 1633년(인조 11)에 막내아들 류
　진(柳袗)이 간행했다.

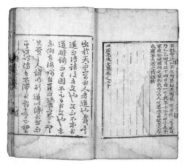

서애문집(국립중앙박물관)

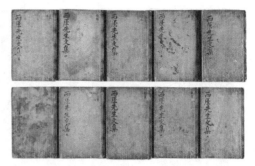

서애문집 전체(국립중앙박물관)

장. 목판 마모됨.

藏. 印紙十八卷十八張. 刊.

《환성당일고(喚醒堂逸稿)》[766] 3권

《喚醒堂逸稿》三卷

　박연(朴演)[767] 지음. 선산 낙봉서원 소장. 인지 1권 2.5장.

朴演撰. 善山 洛峯書院藏. 印紙一卷二張又半張.

《동강집(東岡集)》[768] 19권

《東岡集》十九卷

　김우옹(金宇顒)[769] 지음. 성주 청천서원(晴川書院)[770] 소장. 인지 14권.

金宇顒撰. 星州 晴川書院藏. 印紙十四卷.

---

766 환성당일고(喚醒堂逸稿) : 박연의 시문집. 간행연도 미상.

767 박연(朴演) : 1529~1591. 조선 중기의 학자. 자는 제중(濟仲), 호는 환성당(喚醒堂). 저서로 《환성당일고(喚醒堂逸稿)》가 있다.

768 동강집(東岡集) : 김우옹의 시문집. 1661년(현종 2) 문인들이 편집하여 간행했다.

769 김우옹(金宇顒) : 1540~1603. 조선 중기의 문신·학자. 자는 숙부(肅夫), 호는 동강(東岡)·직봉포의(直峰布衣). 조식(曹植)의 문인이다. 병조참판·예조참판·이조참판 등을 역임했다. 저서로 《동강집(東岡集)》이 있다.

770 청천서원(晴川書院) : 경상남도 합천군 대양면 정양리에 있었던 서원. 1780년(정조 4)에 조선 중기의 학자 이병태(李秉泰)의 절행과 청백함을 추앙하여 청백사(淸白祠)를 건립하고 위패를 모셨고, 1808년(순조 8)에 '청천(淸川)'이라 사액되어 서원으로 개편되었다.

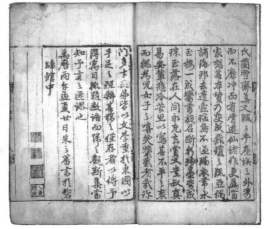

난설헌시집 표지(국립중앙박물관)　　　　난설헌 시집(국립중앙박물관)

《고죽집(孤竹集)》[771] 1권

　　최경창(崔慶昌)[772] 지음. 전주부 소장. 인지 1권
14.5장.

《옥봉집(玉峯集)》[773] 5권

　　백광훈(白光勳)[774] 지음. 영암(靈巖) 백씨 가문 소
장. 인지 4권 5장.

《孤竹集》一卷

崔慶昌撰. 全州府藏. 印紙
一卷十四張又半張.

《玉峯集》五卷

白光勳撰. 靈巖白氏家藏.
印紙四卷五張.

---

771 고죽집(孤竹集) : 최경창의 시집. 1683년(숙종 9) 손자 최진해(崔振海)가 수집하고 증손 최석영(崔碩英)이
　　간행했다.
772 최경창(崔慶昌) : 1539~1583. 조선 중기의 학자. 자는 가운(嘉運), 호는 고죽(孤竹). 박순(朴淳)의 문인
　　이다. 학문과 문장에 능했으며 당시(唐詩)에 뛰어나 백광훈·이달(李達)과 함께 삼당시인(三唐詩人)으로 불
　　렸다. 저서로 《고죽집(孤竹集)》이 있다.
773 옥봉집(玉峯集) : 백광훈의 시문집. 1611년(광해군 3)에 아들 백진남(白振南)이 유고를 수습하여 편집하고,
　　윤안성(尹安姓) 등의 도움으로 간행했다.
774 백광훈(白光勳) : 1537~1582. 조선 중기의 시인. 자는 창경(彰卿), 호는 옥봉(玉峯). 삼당시인(三唐詩人)의
　　한 사람이다. 저서로 《옥봉집(玉峯集)》이 있다.

《손곡집(蓀谷集)》[775] 6권

이달(李達)[776] 지음. 경주부 소장. 인지 1권 13.5장. 목판 마모됨.

《蓀谷集》六卷

李達撰. 慶州府藏. 印紙一卷十三張又半張. 刊.

《난설헌집(蘭雪軒集)》[777] 1권

김성립(金誠立)[778]의 처 허씨(許氏)[779] 지음. 동래부 소장. 인지 19.5장. 목판 마모됨.

《蘭雪軒集》一卷

金誠立妻許氏撰. 東萊府藏. 印紙十九張又半張. 刊.

《중봉집(重峰集)》[780] 6권

조헌(趙憲)[781] 지음. 금산(錦山) 종용사(從容祠)[782] 소장. 인지 7권 15장.

《重峰集》六卷

趙憲撰. 錦山 從容祠藏. 印紙七卷十五張.

---

[775] 손곡집(蓀谷集): 이달의 시집. 초간본은 제자 허균(許筠)이 1618년(광해군 10)에 평소 암기하고 있던 이달의 시 200여 수와 홍유형(洪有炯)으로부터 얻은 130여 수를 이재영(李再榮)에게 6권으로 편집하게 하여 간행하였으나, 허균의 처형 이후 유포가 금지된 것으로 보인다. 그 뒤 1693년(숙종 19)에 당시 경주윤(慶州尹)이었던 허영(許穎)이 비각본(祕閣本)을 얻어 간행했다.

[776] 이달(李達): 1539~1612. 조선 중기의 시인. 자는 익지(益之), 호는 손곡(蓀谷)·서담(西潭)·동리(東里). 삼당시인(三唐詩人)의 한 사람이다. 저서로《손곡집(蓀谷集)》이 있다.

[777] 난설헌집(蘭雪軒集): 허난설헌(許蘭雪軒)의 시집. 남동생 허균(許筠)이 수집하여 1608년(선조 41)에 간행했다.

[778] 김성립(金誠立): 1562~1593. 조선 중기의 문신. 자는 여견(汝見) 또는 여현(汝賢), 호는 서당(西堂). 시인 허난설헌(許蘭雪軒)의 남편이다.

[779] 허씨(許氏): 1563~1589. 조선 중기의 시인. 본명은 초희(楚姬), 호는 난설헌(蘭雪軒), 별호 경번(景樊). 동생인 허균(許筠)과 함께 이달(李達)에게서 시를 배웠다. 저서로《난설헌집(蘭雪軒集)》이 있다.

[780] 중봉집(重峰集): 조헌의 문집. 초간본은 조헌이 순절한 지 22년 뒤인 1613년(광해군 5) 동학 의병 동지였던 안방준(安邦俊)이 그의 유문(遺文)과 사적을 수집, 편찬하여 1615년에 간행했다.

[781] 조헌(趙憲): 1544~1592. 조선 중기의 문신·유학자·의병장. 자는 여식(汝式), 호는 중봉(重峯)·도원(陶原)·후율(後栗). 이이(李珥)·성혼(成渾)의 문인이다. 임진왜란 때 왜군과의 전투에서 전사했다. 저서로《중봉집(重峰集)》이 있다.

[782] 종용사(從容祠): 충청남도 금산군 금성면 의총리에 있는 사당. 인조 25년(1647)에 임진왜란 때 전투 중에 순절한 고경명(高敬命) 등 700여명을 추모하기 위해 칠백의총(七百義塚)을 만들고 700의사의 위패를 모셨다.

오리집 권1(국립중앙도서관)

《학봉집(鶴峰集)》[783] 14권

　김성일(金誠一)[784] 지음. 안동 호계서원 소장. 인지
15권 2.5장.

《鶴峰集》十四卷

金誠一撰. 安東 虎溪書院
藏. 印紙十五卷[12]二張又半
張.

《오리집(梧里集)》[785] 16권

　이원익(李元翼)[786] 지음. 안동 병산서원 소장. 인지
15권 10장. 목판 마모됨.

《梧里集》十六卷

李元翼撰. 安東 屛山書院
藏. 印紙十五卷十張. 刊.

---

783 학봉집(鶴峰集) : 김성일의 문집. 원집은 1649년(인조 27)에 간행되었으며, 속집은 1782년(정조 6)에 사손
　　(嗣孫, 대를 잇는 손자) 김주국(金柱國)이 유고를 수습하고 이상정(李象靖)이 편집하여 호계서원에서 간행했
　　다.
784 김성일(金誠一) : 1538~1593. 조선 중기의 문신·학자. 자는 사순(士純), 호는 학봉(鶴峰). 이황(李滉)의 문
　　인이다. 저서로《해사록(海槎錄)》·《학봉집(鶴峯集)》등이 있다.
785 오리집(梧里集) : 이원익의 시문집. 1691년(숙종 17) 증손인 이상현(李象賢) 등이 원집을 편집하여 간행하였
　　으며, 1705년 현손인 이존도(李存道)에 의해 속집이 간행되었다.
786 이원익(李元翼) : 1547~1634. 조선 중기의 문신. 자는 공려(公勵), 호는 오리(梧里). 이조판서·우의정·영의
　　정 등을 역임했다. 저서로《오리집(梧里集)》·《속오리집(續梧里集)》·《오리일기(梧里日記)》등이 있다.
[12] 卷 : 저본에는 "張". 일반적인 통례에 근거하여 수정.

《식암집(息菴集)》[787] 6권

　황섬(黃暹)[788] 지음. 풍기(豊基) 우곡서원(愚谷書院)[789] 소장. 인지 5권 3장.

《坡谷遺稿》六卷

黃暹撰. 豊基 愚谷書院藏. 印紙五卷三張.

《파곡유고(坡谷遺稿)》[790] 1권

　이성중(李誠中)[791] 지음. 칠곡 천주사(天柱寺)[792] 소장. 인지 2권 8장.

《坡谷遺稿》一卷

李誠中撰. 漆谷 天柱寺藏. 印紙二卷八張.

《금강집(錦江集)》[793] 6권

　장신(張璶)[794] 지음. 영천군 소장. 인지 2권 10장.

《錦江集》六卷

張璶撰. 榮川郡藏. 印紙二卷十張.

《일송집(一松集)》[795] 8권

　심희수(沈喜壽)[796] 지음. 성주 무흘사 소장. 인지 9권 10장. 목판 일부가 빠짐.

《一松集》八卷

沈喜壽撰. 星州 茂屹寺藏. 印紙九卷十張. 缺.

---

787 식암집(息菴集) : 황섬의 시문집. 1769년(영조 45)에 간행되었다.

788 황섬(黃暹) : 1544~1616. 조선 중기의 문신. 자는 경명(景明), 호는 식암(息庵)·돈암(遯庵). 정탁(鄭琢)의 문인이다. 도승지·예조참판·대사헌 등을 역임했다. 저서로 《식암집(息庵集)》이 있다.

789 우곡서원(愚谷書院) : 경상북도 의성군 의성읍 업리에 있는 서원. 1818년(순조 18)에 지방유림의 공의로 고려의 학자 오국화(吳國華)의 학문과 덕행을 추모하기 위해 건립되었다.

790 파곡유고(坡谷遺稿) : 이성중의 시문집. 초간본은 손자 이명웅(李命雄)이 수집, 편차하여 1640년(인조 18)에 간행하였고, 1749년(영조 25) 6대손 이성경(李星慶)이 시문을 증보하여 중간했다.

791 이성중(李誠中) : 1539~1593. 조선 중기의 문신. 자는 공저(公著), 호는 파곡(坡谷). 세종의 아들 계양군(桂陽君) 이증(李璔)의 현손이며, 이중호(李仲虎)·이황의 문인이다. 홍문관부제학·대사헌·호조판서 등을 역임했다. 저서로 《파곡유고(坡谷遺稿)》가 있다.

792 천주사(天柱寺) : 경상북도 칠곡군 가산면 가산리에 있었던 절.

793 금강집(錦江集) : 장신의 시문집. 1717년(영조 48) 박이장(朴履章) 등에 의해 간행되었다.

794 장신(張璶) : 1629~1711. 조선 후기의 문신. 자는 중온(仲溫), 호는 금강(錦江). 개령현감 등을 역임했다. 저서로 《금강집(錦江集)》이 있다.

795 일송집(一松集) : 심희수의 시문집. 간행 경위는 상세히 알 수 없으며, 1649년(인조 27)에 쓴 이민구(李敏求)의 서문이 있다.

796 심희수(沈喜壽) : 1548~1622. 조선 중기의 문신. 자는 백구(伯懼), 호는 일송(一松) 혹은 수뢰루인(水雷累人). 노수신(盧守愼)의 문인이다. 우찬성·좌의정 등을 역임했다. 문장에 능하고 글씨를 잘 썼으며, 저서로 《일송집(一松集)》이 있다.

《건재일고(健齋逸稿)》[797] 2권

　박수일(朴遂一)[798] 지음. 선산 낙봉서원 소장. 인지 2권 6장.

《晦谷集(晦谷集)》[799] 2권

　권춘란(權春蘭)[800] 지음. 안동 주계서원 소장. 인지 2권 12장.

《오봉집(鰲峰集)》[801] 5권

　김제민(金齊閔)[802] 지음. 고부(古阜)[803] 도계서원(道啓書院)[804] 소장. 인지 4권 5장.

《백암집(柏巖集)》[805] 9권

　김륵(金玏)[806] 지음. 영천 김씨 가문 소장. 인지 6권 12장.

《健齋逸稿》二卷

　朴遂一撰. 善山 洛峯書院藏. 印紙二卷六張.

《晦谷集》二卷

　權春蘭撰. 安東 周溪書院藏. 印紙二卷十二張.

《鰲峰集》五卷

　金齊閔撰. 古阜 道啓書院藏. 印紙四卷五張.

《柏巖集》九卷

　金玏撰. 榮川金氏家藏. 印紙六卷十二張.

797 건재일고(健齋逸稿) : 박수일의 유고집. 1720년(숙종 46) 종손 박사옥(朴思沃)이 수집하여 간행했다.
798 박수일(朴遂一) : 1553~1597. 조선 중기의 학자. 자는 순백(純伯), 호는 건재(健齋)·명경(明鏡). 저서로 《건재일고(健齋逸稿)》가 있다.
799 회곡집(晦谷集) : 권춘란의 시문집. 1845년(헌종 11)에 후손 권엽(權曄)이 편집하여 간행했다.
800 권춘란(權春蘭) : 1539~1617. 조선 중기의 문신. 자는 언회(彦晦), 호는 회곡(晦谷). 구봉령(具鳳齡)·이황(李滉)의 문인이다. 성균관사성·청송부사·홍문관수찬 등을 역임했다. 저서로 《진학도(進學圖)》·《공문언행록(孔門言行錄)》·《회곡집(晦谷集)》 등이 있다.
801 오봉집(鰲峰集) : 김제민의 시문집. 1695년(숙종 21)에 증손 김도기(金道器)가 편집하여 간행했다.
802 김제민(金齊閔) : 1527~1599. 조선 중기의 문신. 자는 사효(士孝), 호는 오봉(鰲峰). 이항(李恒)의 문인이다. 저서로 《오봉집(鰲峯集)》이 있다.
803 고부(古阜) : 전라북도 정읍시 고부면 일대.
804 도계서원(道啓書院) : 전라북도 정읍시 덕천면 도계리에 있는 서원. 1673년(헌종 14)에 세워진 서원으로, 1868년(고종 5) 철거되었다가 1962년 중건되었다.
805 백암집(柏巖集) : 김륵의 시문집. 1772년(영조 48) 이상정(李象靖)의 교정을 거쳐, 저자의 6대손 김위(金瑋)에 의하여 간행되었다.
806 김륵(金玏) : 1540~1616. 조선 중기의 문신. 자는 희옥(希玉), 호는 백암(柏巖). 이황(李滉)의 문인이다. 이조참판 등을 역임했다. 저서로 《백암집(栢巖集)》이 있다.

《백곡집(柏谷集)》[807] 5권

　정곤수(鄭崐壽)[808] 지음. 성주 유계서원(柳溪書院)[809] 소장. 인지 6권 2장.

《한강집(寒岡集)》[810] 23권

　정구(鄭逑) 지음. 성주 회연서원 소장. 인지 22권 13장.

《간재집(艮齋集)》[811] 14권

　이덕홍(李德弘)[812] 지음. 영천 오계서원(迂溪書院)[813] 소장. 인지 7권 10장.

《백졸재집(百拙齋集)》[814] 2권

　한응인(韓應寅)[815] 지음. 전주 위봉사 소장. 인지 3권 1장.

《柏谷集》五卷

鄭崐壽撰. 星州 柳溪書院藏. 印紙六卷二張.

《寒岡集》二十三卷

鄭逑撰. 星州 檜淵書院藏. 印紙二十二卷十三張.

《艮齋集》十四卷

李德弘撰. 榮川 迂溪書院藏. 印紙七卷十張.

《百拙齋集》二卷

韓應寅撰. 全州 威鳳寺藏. 印紙三卷一張.

---

807 백곡집(柏谷集) : 정곤수의 시문집. 1675년 외증손 심역(沈檩)이 편집하여 간행하다 중단되고, 1710년에 현손 정건(鄭鍵)과 심역의 아들 심정희(沈廷熙)에 의하여 다시 간행되었다.

808 정곤수(鄭崐壽) : 1538~1602. 조선 중기의 문신. 자는 여인(汝仁), 호는 백곡(柏谷)·경음(慶陰)·조은(朝隱). 초명은 규(逵)이며, 곤수는 선조(宣祖)의 하사명이다. 판의금부사·도총관 등을 역임했다. 저서로 《백곡집(柏谷集)》이 있다.

809 유계서원(柳溪書院) : 경상북도 성주군에 있었던 서원. 숙종 때에 건립되었으나, 정확한 위치 및 철폐 시기는 확인되지 않는다.

810 한강집(寒岡集) : 정구의 시문집. 1680년(숙종 6)에 문인 허목(許穆)이 편찬, 간행했다.

811 간재집(艮齋集) : 이덕홍의 시문집. 1666년(현종 7)에 외종손 김만휴(金萬休)가 간행하였으며, 그 뒤 1754년과 1766년에 중간되었다.

812 이덕홍(李德弘) : 1541~1596. 조선 중기의 학자. 자는 굉중(宏仲), 호는 간재(艮齋). 이황(李滉)의 문하에서 수학하였고, 모든 학문에 뛰어났으며 특히 역학에 밝았다. 저서로 《주역질의(周易質疑)》·《사서질의(四書質疑)》·《계산기선록(溪山記善錄)》·《주자서절요강록(朱子書節要講錄)》·《간재집(艮齋集)》 등이 있다.

813 오계서원(迂溪書院) : 경상북도 영주시 평은면 천본리에 있는 서원. 1665년(현종 6)에 이덕홍(李德弘)의 학문과 덕행을 추모하기 위해 건립되었다.

814 백졸재집(百拙齋集) : 한응인의 시문집. 아들 한신급(韓信及)과 한인급(韓仁及) 등이 편집한 것을 1702년(숙종 28) 증손 한성우(韓聖佑)가 간행했다.

815 한응인(韓應寅) : 1554~1614. 조선 중기의 문신. 자는 춘경(春卿), 호는 백졸재(百拙齋)·한유촌(韓柳村). 호조판서·병조판서·우의정 등을 역임했다. 한어(漢語)에 능하고 초서(草書)에 뛰어났으며, 저서로 《백졸재유고(百拙齋遺稿)》가 있다.

한음문고 표지(국립중앙도서관)　　　　한음문고 서문(국립중앙도서관)

《한음문고(漢陰文稿)》[816] 12권

　이덕형(李德馨)[817] 지음. 상주 근암 향현사 소장.
인지 10권 9장.

《한음문고(漢陰文稿)》[816] 12권

　황혁(黃赫)[819] 지음. 대구 동화사(桐華寺)[820] 소장.
인지 2권 6장.

《漢陰文稿》十二卷

李德馨撰. 尙州 近巖 鄕賢
祠藏. 印紙十卷九張.

《獨石集》一卷

黃赫撰. 大邱 桐華寺藏.
印紙二卷六張.

---

816 한음문고(漢陰文稿) : 이덕형의 시문집. 1673년(현종 14)에 손자 이상정(李象鼎)이 편집하여 간행했다.

817 이덕형(李德馨) : 1561~1613. 조선 중기의 문신. 이조판서·우의정·영의정 등을 역임했다. 자는 명보(明甫),
　　호는 한음(漢陰)·쌍송(雙松)·포옹산인(抱雍散人). 저서로《한음문고(漢陰文稿)》가 있다.

818 독석집(獨石集) : 황혁의 시문집. 처음에 그의 유문(遺文)을 외손인 유흥해(柳興海) 등이 간행했으나 빠진
　　내용이 있었으므로, 그 후손인 황선(黃璿)이 1727년(영조 3)에 보교(補校), 재간했다.

819 황혁(黃赫) : 1551~1612. 조선 중기의 문신. 자는 회지(晦之), 호는 독석(獨石). 기대승(奇大升)의 문인이
　　다. 집의·사간 등을 역임했다. 저서로《독석집(獨石集)》이 있다.

820 동화사(桐華寺) : 대구광역시 동구 도학동 팔공산(八公山)에 있는 절. 493년(소지왕 15) 극달(極達)이 창건
　　하여 유가사(瑜伽寺)라 하였다. 832년(흥덕왕 7) 왕사 심지(心地)가 중창할 당시 겨울철임에도 절 주위에
　　오동나무꽃이 만발하였으므로 동화사로 개칭하였다고 한다.

백사집 표지(국립중앙도서관)　　　백사집 권1 목록(국립중앙도서관)

《수몽집(守夢集)》[821] 8권

정엽 지음. 황해도관찰영 소장. 인지 4권 10.5장.
목판 마모되고 일부가 빠짐.

《守夢集》八卷

鄭曄撰. 海西觀察營藏. 印
紙四卷十張又半張. 刓缺.

《명고집(鳴皐集)》[822] 8권

임전(任錪)[823] 지음. 경상도관찰영 소장. 인지 2권
8.5장.

《鳴皐集》八卷

任錪撰. 嶺南觀察營藏.
印紙二卷八張又半張.

《백사집(白沙集)》[824] 3권

윤훤(尹暄)[825] 지음. 황해도관찰영 소장. 인지 2권

《白沙集》三卷

尹暄撰. 海西觀察營藏.

---

821 수몽집(守夢集) : 조선 중기의 문신 정엽(鄭曄, 1563~1625)의 시문집. 사위 나만갑(羅萬甲)이 수집하고,
　　1669년(현종 10)에 아들 정성두(鄭星斗)가 간행했다.

822 명고집(鳴皐集) : 임전의 시문집. 1705년(숙종 31)에 외현손(外玄孫) 박권(朴權)이 편집하여 간행했다.

823 임전(任錪) : 1560~1611. 조선 중기의 문신. 자는 관보(寬甫), 호는 명고(鳴皐). 성혼(成渾)의 문인이다. 당
　　대의 재야학자로서 대문장가 권필(權韠)과 쌍벽을 이룰 정도로 시명(詩名, 시의 명성)이 높았다. 저서로
　　《명고집(鳴皐集)》이 있다.

824 백사집(白沙集) : 윤훤의 시문집. 조선 시대 간행 시기는 미상. 1926년 6권 3책으로 간행되었다.

825 윤훤(尹暄) : 1573~1627. 조선 중기의 문신. 자는 차야(次野), 호는 백사(白沙). 성혼(成渾)의 문인이다. 황
　　해도관찰사 등을 역임했다. 저서로 《백사집(白沙集)》이 있다.

2장. 목판 마모됨.

印紙二卷二張. 刊.

《월봉집(月峯集)》[826] 6권

김순명(金順命)[827] 지음. 성주 무흘사 소장. 인지 5권 5장.

《月峯集》六卷

金順命撰. 星州 茂屹寺藏. 印紙五卷五張.

《송정집(松亭集)》[828] 6권

하수일(河受一)[829] 지음. 진주 대각서원 소장. 인지 6권.

《松亭集》六卷

河受一撰. 晉州 大覺書院藏. 印紙六卷.

《지산집(芝山集)》[830] 11권

조호익(曺好益) 지음. 영천 도잠서원 소장. 인지 8권 5장.

《芝山集》十一卷

曺好益撰. 永川 道岑書院藏. 印紙八卷五張.

《대소헌집(大笑軒集)》[831] 3권

조종도(趙宗道)[832] 지음. 함안 덕암서원 소장. 인지 2권 1장.

《大笑軒集》三卷

趙宗道撰. 咸安 德巖書院藏. 印紙二卷一張.

---

826 월봉집(月峯集) : 김순명의 시문집. 간행 시기와 간행자는 미상.
827 김순명(金順命) : 1561~1614. 조선 중기의 문신. 자는 정수(正受), 호는 월봉(月峰). 황해도관찰사 등을 역임했다.
828 송정집(松亭集) : 하수일의 문집. 6세손 하달중(河達中) 등의 주선으로 1785년(정조 9)에 판각, 간행했다.
829 하수일(河受一) : 1553~1612. 조선 중기의 문신. 자는 태이(太易), 호는 송정(松亭). 저서로 《송정집(松亭集)》이 있다.
830 지산집(芝山集) : 조호익의 시문집. 원집은 1727년(영조 3) 간행되었고, 속집은 후손 조선적(曺善迪)이 수집한 것에 조선적의 아들 조덕신(曺德臣)이 연보(年譜)를 추가하여 1779년 간행했다.
831 대소헌집(大笑軒集) : 조종도의 시문집. 손자 조징성(趙徵聖)·조징천(趙徵天)이 병화로 산일된 유문을 수집했고, 이광정(李光庭)의 교열과 5세손 조화세(趙華世)의 편집을 거쳐, 1769년(영조 45) 7세손 조휘진(趙輝晉)이 간행했다.
832 조종도(趙宗道) : 1537~1597. 조선 중기의 문신. 자는 백유(伯由), 호는 대소헌(大笑軒). 어려서 정두(鄭斗)의 문하에서 수학하였으며, 조식(曺植)의 문하생이기도 하다. 저서로 《대소헌집(大笑軒集)》이 있다.

《경암집(敬菴集)》[833] 7권

  노경임(盧景任)[834] 지음. 선산 송산서원(松山書院)[835] 소장. 인지 4권 14.5장.

《愚伏集》二十一卷

  鄭經世撰. 尙州 道南書院 藏. 印紙十九卷七張.

《敬菴集》七卷

  盧景任撰. 善山 松山書院 藏. 印紙四卷十四張又半張.

《우복집(愚伏集)》[836] 21권

  정경세(鄭經世)[837] 지음. 상주 도남서원 소장. 인지 19권 7장.

《남계집(南溪集)》[838] 3권

  강응철(康應哲)[839] 지음. 상주 연악서원 소장. 인지 2권 12장.

《南溪集》三卷

  康應哲撰. 尙州 淵嶽書院 藏. 印紙二卷十二張.

《상촌집(象村集)》[840] 63권

  신흠(申欽)[841] 지음. 장성부 소장. 인지 36권 9.5장. 목판 마모됨.

《象村集》六十三卷

  申欽撰. 長城府藏. 印紙三十六卷九張又半張. 刊.

---

833 경암집(敬菴集): 노경임의 시문집. 1784년(정조 8)에 5대손 노억(盧澺)이 간행했다.

834 노경임(盧景任): 1569~1620. 조선 중기의 문신. 자는 홍중(弘仲), 호는 경암(敬菴). 장현광(張顯光)과 류성룡(柳成龍)의 문하에서 수학했으며, 성주목사 등을 역임했다. 저서로 《경암집(敬菴集)》이 있다.

835 송산서원(松山書院): 경상북도 구미시 해평면 창림리에 있는 서원. 1647년(인조 25) 조선 중기의 학자 최응룡(崔應龍)과 최현(崔晛)의 학문과 덕행을 추모하기 위해 건립되었다.

836 우복집(愚伏集): 정경세의 시문집. 원집 20권 10책은 1657년(효종 8) 처음 간행되었고, 그 뒤 1840년(헌종 6)에 우산서원(愚山書院)에서 중간되었다.

837 정경세(鄭經世): 1563~1633. 조선 중기의 문신. 자는 경임(景任), 호는 우복(愚伏). 류성룡(柳成龍)의 문인이다. 저서로 《우복집(愚伏集)》·《상례참고(喪禮參考)》가 있다.

838 남계집(南溪集): 강응철의 시문집. 1841년 후손 강만원(康萬元)에 의해 편집하여 간행되었다.

839 강응철(康應哲): 1562~1635. 조선 중기의 학자·의병장. 자는 명보(明甫), 호는 남계(南溪). 임진왜란이 일어나자 향병을 모집하여 경상도 상주를 지켰다. 저서로 《남계집(南溪集)》이 있다.

840 상촌집(象村集): 신흠의 시문집. 초간본은 1630년(인조 8)에 아들 신익성(申翊聖)이 간행했다.

841 신흠(申欽): 1566~1628. 조선 중기의 문신. 자는 경숙(敬叔), 호는 현헌(玄軒)·상촌(象村)·현옹(玄翁)·방옹(放翁). 송인수(宋麟壽)와 이제민(李濟民)의 문하에서 수학했다. 저서로 《상촌집(象村集)》이 있다.

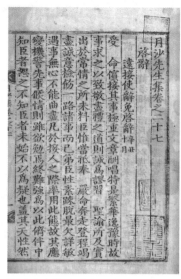

월사집 권27(국립중앙도서관)

《월사집(月沙集)》842 75권

　이정귀(李廷龜)843 지음. 대구 용연사 소장. 인지 43권 15장.

《월沙集》七十五卷

　李廷龜撰. 大邱 龍淵寺藏. 印紙四十三卷十五張.

《농포집(農圃集)》844 2권

　정문부(鄭文孚)845 지음. 진주(晉州) 정씨 가문 소장. 인지 4권 6장.

《農圃集》二卷

　鄭文孚撰. 晉州鄭氏家藏. 印紙四卷六張.

---

842 월사집(月沙集) : 이정귀의 시문집. 문인 최유해(崔有海)가 1636년(인조 14)에 공주에서 간행했다. 그 뒤에 1688년(숙종 14) 경상감사 이세화(李世華) 등이 중간하였고, 1720년 이익상(李翊相)이 그의 종질 이희조(李喜朝) 등과 함께 별집 7권을 추가하여 대구에서 간행했다.

843 이정귀(李廷龜) : 1564~1635. 조선 중기의 문신. 자는 성징(聖徵), 호는 월사(月沙)·보만당(保晚堂)·치암(癡菴)·추애(秋崖)·습정(習靜). 윤근수(尹根壽)의 문인이다. 장유(張維)·이식(李植)·신흠(申欽)과 더불어 한문사대가로 일컬어졌으며, 중국어에 능통했다. 저서로 《월사집(月沙集)》이 있다.

844 농포집(農圃集) : 정문부의 시문집. 초간본은 1758년(영조 34)에 현손 정상점(鄭相點)이 간행했다.

845 정문부(鄭文孚) : 1565~1624. 조선 중기의 문신·의병장. 자는 자허(子虛), 호는 농포(農圃). 남원부사·형조참판 등을 역임했다. 저서로 《농포집(農圃集)》이 있다.

《근시재집(近始齋集)》846 4권

　　김해(金垓)847 지음. 예안 도산서원 소장. 인지 3권 11장.

《梧峯集(梧峯集)》848 8권

　　신지제(申之悌)849 지음. 의성 장대서원 소장. 인지 6권 2장.

《석루유고(石樓遺稿)》850 4권

　　이경전(李慶全)851 지음. 예산 천방사 소장. 인지 6권 7장.

《내암집(耐菴集)》852 2권

　　정사웅(鄭士雄)853 지음. 성주 무흘사 소장. 인지 4권.

《近始齋集》四卷

金垓撰. 禮安 陶山書院藏. 印紙三卷十一張.

《梧峯集》八卷

申之悌撰. 義城 藏待書院藏. 印紙六卷二張.

《石樓遺稿》四卷

李慶全撰. 禮山 天方寺藏. 印紙六卷七張.

《耐菴集》二卷

鄭士雄撰. 星州 茂屹寺藏. 印紙四卷.

---

846 근시재집(近始齋集) : 김해의 시문집. 1708년(숙종 34)에 증손 김석윤(金錫胤)이 편집하고, 1783년(정조 7)에 간행되었다.

847 김해(金垓) : 1555~1593. 조선 중기의 문신·의병장. 자는 달원(達遠), 호는 근시재(近始齋)·시재(始齋). 저서로 《근시재집(近始齋集)》이 있다.

848 오봉집(梧峯集) : 신지제의 시문집. 1740년(영조 16)에 현손 신진구(申震龜)가 편집하여 간행했다.

849 신지제(申之悌) : 1562~1624. 조선 중기의 문신. 자는 순부(順夫), 호는 오봉(梧峰)·오재(梧齋). 성균관직강 등을 역임했다. 저서로 《오봉집(梧峯集)》이 있다.

850 석루유고(石樓遺稿) : 이경전의 문집. 1659년(효종 10)에 아들 이무(李袤)가 간행했다.

851 이경전(李慶全) : 1567~1644. 조선 중기의 문신. 자는 중집(仲集), 호는 석루(石樓). 형조판서를 역임했다. 문장으로 이름이 높았으며, 저서로 《석루유고(石樓遺稿)》가 있다.

852 내암집(耐菴集) : 정사웅의 시문집. 간행 시기와 간행자는 미상.

853 정사웅(鄭士雄) : 1536~?. 조선 중기의 문신. 자는 경빈(景贇), 호는 내암(耐菴). 병조와 예조의 정랑을 역임했다. 시에 능통하여 노사백(老詞伯)이라 불리기도 했다. 저서로 《내암집(耐菴集)》이 있다.

수은집 권1(국립중앙도서관)

《수은집(睡隱集)》[854] 7권

　강항(姜沆)[855] 지음. 영암 강씨 가문 소장. 인지 8
권 6.5장.

《睡隱集》七卷

　姜沆撰. 靈巖 姜氏 家藏.
印紙八卷六張又半張.

《선원유고(仙源遺稿)》[856] 5권

　김상용 지음. 상주 서산서원 소장. 인지 4권 6장.

《仙源遺稿》五卷

　金尙容撰. 尙州 西山書院
藏. 印紙四卷六張.

《청음집(淸陰集)》[857] 40권

　김상헌(金尙憲)[858] 지음. 안동 봉정사 소장. 인지

《淸陰集》四十卷

　金尙憲撰. 安東 鳳停寺藏.

---

854 수은집(睡隱集) : 강항의 시문집. 1658년(효종 9)에 윤순거(尹舜擧) 등 문인들이 간행했다.

855 강항(姜沆) : 1567~1618. 조선 중기의 문신. 자는 태초(太初), 호는 수은(睡隱). 성혼(成渾)의 문인이다. 형
　　조좌랑 등을 역임했다. 저서로 《운제록(雲堤錄)》·《강감회요(綱鑑會要)》·《수은집(睡隱集)》 등이 있다.

856 선원유고(仙源遺稿) : 조선 중기의 문신 김상용(金尙容, 1561~1637)의 시문집. 1640년(인조 18)에 아들인
　　김광환(金光煥)·김광현(金光炫)이 편집하여 간행했다.

857 청음집(淸陰集) : 김상헌의 시문집. 1671년(현종 12)경 저자가 직접 편정(編定)한 초고에 의해 간행되었다.

858 김상헌(金尙憲) : 1570~1652. 조선 중기의 문신. 자는 숙도(叔度), 호는 청음(淸陰)·석실산인(石室山人)·
　　서간노인(西磵老人). 대사헌·예조판서 등을 역임했다. 저서로 《청음집(淸陰集)》이 있다.

32권. 목판 일부가 빠짐.

印紙三十二卷. 缺.

《설교창수집(雪窖唱酬集)》[859] 3권

김상헌과 조한영(曹漢英)[860]이 함께 지음. 무주 산성사 소장. 인지 2권 8장.

《雪窖唱酬集》三卷

前人與曹漢英撰. 茂朱 山城寺藏. 印紙二卷八張.

《운천집(雲川集)》[861] 6권

김용(金涌)[862] 지음. 안동 묵계서원 소장. 인지 6권 11장.

《雲川集》六卷

金涌撰. 安東 默溪書院藏. 印紙六卷十一張.

《체소집(體素集)》[863] 3권

이춘영(李春英)[864] 지음. 청풍부 소장. 인지 2권 1.5장. 목판 마모되고 일부가 빠짐.

《體素集》三卷

李春英撰. 淸風府藏. 印紙二卷一張又半張. 刑缺.

《만취집(晩翠集)》[865] 4권

김개국(金蓋國)[866] 지음. 영천 삼봉서원 소장. 인지 1권 9장.

《晩翠集》四卷

金蓋國撰. 榮川 三峯書院藏. 印紙一卷九張.

---

859 설교창수집(雪窖唱酬集): 김상헌과 조한영의 시집. 간행시기 미상. 청나라와의 화친(和親)을 반대했다는 죄명으로 심양(瀋陽)에 압송되어 갇혀 있는 동안 두 사람이 수창(酬唱, 서로 시를 주고받음)한 시들을 조한영이 편집하여 간행했다.

860 조한영(曹漢英): 1608~1670. 조선 후기의 문신. 자는 수이(守而), 호는 회곡(晦谷). 이식(李植)·김장생(金長生)의 문인이다. 형조참판·경기도관찰사 등을 역임했다. 저서로《회곡집(晦谷集)》이 있다.

861 운천집(雲川集): 김용의 시문집. 1694년(숙종 20)에 현손 김창석(金昌錫) 등이 편집하여 간행했다.

862 김용(金涌): 1557~1620. 조선 중기의 문신. 자는 도원(道源), 호는 운천(雲川). 김성일(金誠一)의 조카이다. 예문관검열·성균관전적·상주목사 등을 역임했다. 저서로《운천호종일기(雲川扈從日記)》등이 있다.

863 체소집(體素集): 이춘영의 시문집. 아들 이시재(李時材)가 편찬하여 1647년 간행했다.

864 이춘영(李春英): 1563~1606. 조선 중기의 문신. 자는 실지(實之), 호는 체소재(體素齋). 초계제술문관(抄啓製述文官)을 역임했다.

865 만취집(晩翠集): 김개국의 시문집. 간행시기는 미상.

866 김개국(金蓋國): 1548~1603. 조선 중기의 문신. 자는 공제(公濟), 호는 만취당(晩翠堂). 부모를 지극정성으로 봉양하여 절의(節義)와 효심(孝心)이 남다른 인물로 추앙받았다. 1643년(인조 21) 영천 삼봉서원(三峯書院)에 제향되었다. 저서로《만취일고(晩翠逸稿)》가 있다.

《용계집(龍溪集)》[867] 4권

김지남(金止男)[868] 지음. 대구 동화사 소장. 인지 3권 18장.

《월간집(月澗集)》[869] 5권

이전(李㙉)[870] 지음. 상주 옥성서원 소장. 인지 5권 11장.

《창석집(蒼石集)》[871] 18권

이준(李埈)[872] 지음. 상주 옥성서원 소장. 인지 19권 10장.

《학곡집(鶴谷集)》[873] 11권

홍서봉(洪瑞鳳)[874] 지음. 개령부 소장. 인지 6권 18.5장. 목판 일부가 빠짐.

《龍溪集》四卷

金止男撰. 大邱 桐華寺藏. 印紙三卷十八張.

《月澗[13]集》五卷

李㙉撰. 尙州 玉成書院藏. 印紙五卷十一張.

《蒼石集》十八卷

李埈撰. 尙州 玉成書院藏. 印紙十九卷十張.

《鶴谷集》十一卷

洪瑞鳳撰. 開寧府藏. 印紙六卷十八張又半張. 缺.

---

867 용계집(龍溪集): 김지남의 시문집. 간행시기는 미상.

868 김지남(金止男): 1559~1631. 조선 중기의 문신. 자는 자정(子定), 호는 용계(龍溪). 행주판관·경상감사 등을 역임했다. 저서로 『용계유고(龍溪遺稿)』가 있다.

869 월간집(月澗集): 이전의 시문집. 5권 4책. 현손 이증록(李增祿)이 1712년(숙종 38)에 처음 간행하였고, 6대손 이요복(李堯福)이 연보를 첨부하여 1802년(순조 2) 중간했다.

870 이전(李㙉): 1558~1648. 조선 중기의 문신. 자는 숙재(叔載), 호는 월간(月澗). 류성룡(柳成龍)의 문하에서 성리학을 배웠다. 사후 옥성서원에 배향되었다.

871 창석집(蒼石集): 이준의 시문집. 28권 16책. 왜란과 호란 전후 시기의 시대상을 확인할 수 있는 자료 가치가 있다.

872 이준(李埈): 1560~1635. 조선 중기의 문신. 자는 숙평(叔平), 호는 창석(蒼石). 형 이전(李㙉)과 함께 류성룡의 문하에서 성리학을 배웠다.

873 학곡집(鶴谷集): 홍서봉의 시문집. 8권 3책. 1653년 처음 간행되었다.

874 홍서봉(洪瑞鳳): 1572~1645. 조선 중기의 문신. 자는 휘세(輝世), 호는 학곡(鶴谷). 우의정·좌의정·영의정을 역임했다. 병자호란 당시에 화의(和議)를 주장하였고, 최명길(崔鳴吉) 등의 조정 대신과 함께 청나라 군사 진영을 오가면서 화의를 위한 실무를 수행했다.

[13] 澗: 저본에는 "石間". 《月澗集》에 근거하여 수정.

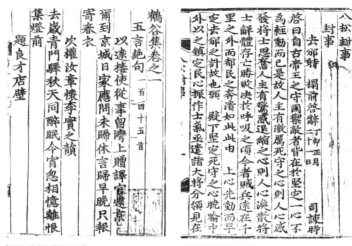

학곡집 권1(국립중앙도서관)　　　　　　　　　팔송봉사(국립중앙도서관)

《추탄집(楸灘集)》[875] 4권

오윤겸(吳允謙)[876] 지음. 성주 무흘사 소장. 인지 5권 19장. 목판 일부가 빠짐.

《구원시집(九畹詩集)》[877] 5권

이춘원(李春元)[878] 지음. 상주 남장사 소장. 인지 3권 2장.

《楸灘集》四卷

吳允謙撰. 星州 茂屹寺藏. 印紙五卷十九張. 缺.

《九畹詩集》五卷

李春元撰. 尙州 南長寺藏. 印紙三卷二張.

---

875 추탄집(楸灘集) : 오윤겸의 시문집. 3권 2책. 1692년(숙종 18)에 손자 오도일(吳道一)이 대제학으로 있으면서 간행했다. 권말에 박세채(朴世采)의 발문이 있다.

876 오윤겸(吳允謙) : 1559~1636. 조선 중기의 문신. 자는 여익(汝益), 호는 추탄(楸灘)·토당(土塘). 1622년, 명나라 희종의 즉위를 축하하기 위한 하극사(賀極使)로 선발되어, 육로가 후금에 의해 폐쇄되었으므로 바다로 명나라를 다녀와 그 공으로 우참찬에 올랐다. 이듬해 인조반정이 일어나자 대사헌에 임명되고, 이어 이조·형조·예조의 판서를 두루 역임했다. 저서로 《추탄문집(楸灘文集)》·《동사일록(東槎日錄)》·《해사조천일록(海槎朝天日錄)》등이 있다.

877 구원시집(九畹詩集) : 이춘원의 시문집. 4권 2책. 1656년(효종 7)에 그의 제자들이 편집·간행했다. 권두에 이경여(李敬興)·정두경(鄭斗卿)의 서문이 있다. 현전하는 문집의 서명은 《구원집(九畹集)》이다.

878 이춘원(李春元) : 1571~1634. 조선 중기의 문신. 자는 원길(元吉), 호는 구원(九畹). 1597년에는 광양현감으로 남원을 포위한 왜군과 싸웠다. 1623년 인조반정으로 구신(舊臣)들을 많이 등용할 때 한직을 맡겨 정양하게 하려 하였으나 사퇴했다. 저서로 《구원집》이 있다.

《수색집(水色集)》[879] 8권

　허적(許頔)[880] 지음. 하양(河陽)[881]환성사(環城寺)[882] 소장. 인지 6권 17장.

《팔송봉사(八松封事)》[883] 3권

　윤황(尹煌)[884] 지음. 노성 노강서원 소장. 인지 4권 2장. 목판 일부가 빠짐.

《죽창집(竹牕集)》[885] 10권

　강주(姜籒)[886] 지음. 함경도관찰영 소장. 인지 4권 8장. 목판 마모됨.

《水色集》八卷

許頔⑭撰. 河陽 環城寺藏. 印紙六卷十七張.

《八松封事》三卷

尹煌撰. 魯城 魯岡書院藏. 印紙四卷二張. 缺.

《竹牕集》十⑮卷

姜籒撰. 關北 觀察營藏. 印紙四卷八張. 刓.

879　수색집(水色集) : 허적의 시문집. 8권 4책. 1658년(효종 9)에 간행되었다. 권두에 재종제의 서문과 권말에 허목(許穆)의 제후(題後)가 있다.

880　허적(許頔) : 1563~1640. 조선 중기의 문신. 자는 자하(子賀), 호는 수색(水色). 1628년(인조 6)에 유효립(柳孝立)의 모반사건에 공을 세워 영사공신(寧社功臣)에 녹훈되고 양릉군(陽陵君)에 책봉되었다. 이후 판서에까지 올랐다. 저서로《수색집》이 있다.

881　하양(河陽) : 경상북도 경산시 하양읍 일대.

882　환성사(環城寺) : 경상북도 경산시 하양읍 사기리 환성산에 있는 절. 신라 835년(흥덕왕 10)에 심지왕사(心地王師)가 창건하였고, 1635년(인조 13) 신감대사(神鑑大師)가 중건하였다.

883　팔송봉사(八松封事) : 윤황의 시문집. 2권 2책. 1854년(철종 5)에 처음 간행되었고, 1866년(고종 3)에 윤황의 9대 종손 윤상작(尹相爵) 등이 다시 편집·간행했다. 권두에 김상헌(金尙憲)의 서문이 있고, 발문은 없다.

884　윤황(尹煌) : 1571~1639. 조선 중기의 문신. 자는 덕요(德耀), 호는 팔송(八松). 1599년 주서로 입시한 뒤 군자감첨정·성균관전적을 거쳐, 1601년에 감찰이 되었으며 곧 정언으로 옮겼다. 병자호란이 일어나자 정묘호란 때와 같이 척화를 주장하다가, 집의 채유후(蔡裕後), 부제학 전식(全湜)의 탄핵을 받았다. 저서로《팔송봉사》가 있다.

885　죽창집(竹牕集) : 강주의 시문집. 10권 2책. 작은아들 강백년(姜栢年)이 가장 초고를 바탕으로 편집하여 1654년 처음 간행했다. 시문과 여러 기록을 증보하여 1668년 다시 간행했다. 현재는《죽창유고(竹牕遺稿)》로 통용된다.

886　강주(姜籒) : 1567~1651. 조선 중기의 문신. 자는 사고(師古), 호는 채진자(采眞子)·죽창(竹牕). 1585년(선조 18)에 진사가 되고, 1595년 별시 문과에 을과로 급제하여 이조정랑을 지냈다. 뇌물 사건으로 투옥되었다가 물러난 뒤로 벼슬을 하지 않다가, 1623년 인조반정 후에 다시 첨지중추부사가 되었다. 시문과 초서·예서 등 서예에 뛰어났다. 저서로《죽창집》이 있다.

⑭　頔 : 저본에는 "橘". 규장각본·일반적인 용례에 근거하여 수정.

⑮　十 : 저본에는 "□". 일반적인 용례에 근거하여 보충.

《경정집(敬亭集)》[887] 12권

　이민성(李民宬)[888] 지음. 의성 장대서원(藏待書院)[889] 소장. 인지 10권 2장.

《紫巖集》十二卷

李民宬撰. 義城 藏待書院藏. 印紙十卷二張.

《자암집(紫巖集)》[890] 7권

　이민환(李民寏)[891] 지음. 의성 이씨 가문 소장. 인지 4권 13장.

《紫巖集》七卷

李民寏撰. 義城李氏家藏. 印紙四卷十三張.

《동악집(東岳集)》[892] 26권

　이안눌(李安訥)[893] 지음. 전라도관찰영 소장. 인지 28권 12.5장. 목판 마모됨.

《東岳集》二十六卷

李安訥撰. 湖南觀察營藏. 印紙二十八卷十二張又半張. 刓.

---

887 경정집(敬亭集) : 이민성의 시문집. 1664년(현종 5)에 아들 이정기(李廷機)가 간행하였고, 1903년에 중간되었다. 권두에 조경(趙絅)과 정두경(鄭斗卿)의 서문이 있다.

888 이민성(李民宬) : 1570~1629. 조선 중기의 문신. 자는 관보(寬甫), 호는 경정(敬亭). 1601년 서장관(書狀官)으로 차출되어 명나라에 다녀왔다. 직언을 잘하기로 이름 높았으며, 의리가 강해 광해군의 난정 때 간당(奸黨)들에게 모함을 받은 이덕형(李德馨)·이원익(李元翼)·영창대군(永昌大君)을 구출하려고 힘썼다. 저서로 《경정집》·《조천록(朝天錄)》등이 있다.

889 장대서원(藏待書院) : 경상북도 의성군 봉양면 장대리에 있는 서원. 1669년(현종 10)에 조선 중기의 학자 신지제(申之悌)의 학문과 덕행을 추모하기 위해 건립되었다.

890 자암집(紫巖集) : 이민환의 시문집. 7권 2책. 1741년(영조 17)에 증손 이수태(李秀泰)가 간행했다.

891 이민환(李民寏) : 1573~1649. 조선 중기의 문신. 자는 이장(而壯), 호는 자암(紫巖). 이괄(李适)의 난(1624년)과 정묘호란(1627년) 때 왕을 호종하였고, 1636년 병자호란이 일어나자 영남호소사(嶺南號召使) 장현광의 종사관이 되어 출전했다. 저서로 《자암집》·《건주견문록(建州見聞錄)》이 있다.

892 동악집(東岳集) : 이안눌의 시문집. 30권 14책. 1640년(인조 18)에 재종질인 이식(李植)이 전라감사 원두표(元斗杓)와 구봉서(具鳳瑞), 전주부윤 오단(吳端)과 한흥일(韓興一) 등과 함께 편집·간행했다. 권두에 신익성(申翊聖)의 서문, 권말에 이식의 발문이 있다.

893 이안눌(李安訥) : 1571~1637. 조선 중기의 문신. 자는 자민(子敏), 호는 동악(東岳). 1599년(선조 32) 다시 과거 시험을 봐 문과에 급제했으며 이후 여러 언관직(言官職)을 거쳐 예조와 이조의 정랑을 지냈다. 작품 창작에 최선을 다하여 문집에 4,379수라는 방대한 양의 시를 남겼다. 저서로 《동악집》이 있다.

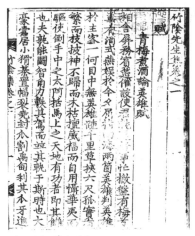

죽음집 권1(국립중앙도서관)

《죽음집(竹陰集)》[894] 16권

　조희일(趙希逸)[895] 지음. 강서현(江西縣)[896] 소장. 인지 11권 10장.

《丹圃集》十六卷

　趙希逸撰. 江西縣藏. 印紙十一卷十張.

《단포집(丹圃集)》[897] 1권

　조희진(趙希進)[898] 지음. 진주 신당서원 소장. 인지 1권 0.5장.

《丹圃集》一卷

　趙希進撰. 晉州 新塘書院藏. 印紙一卷半張.

---

894 죽음집(竹陰集) : 조희일의 시문집. 16권, 부록 합 6책. 1684년(숙종 10)에 아들 조석형(趙錫馨)이 수집·편차하여 1681년(숙종 7) 간행한 초간본이 소실되자, 손자 조경망(趙景望)과 증손 조정만(趙正萬)이 편집하여 재간행했다. 권두에 송시열(宋時烈)·김수항(金壽恒)·이민서(李敏叙)의 서문이 있고, 권말에 정만의 후기가 있다.

895 조희일(趙希逸) : 1575~1638. 조선 중기의 문신. 자는 이숙(怡叔), 호는 죽음(竹陰)·팔봉(八峯). 1601년(선조 34) 진사시에 장원으로 뽑혔는데, 선조가 그 시권(試券)을 보고 칭찬을 아끼지 않았다. 후일 그의 아들 조석형(趙錫馨)도 진사시에 장원을 하여 아버지에 이어 3대가 진사 장원의 가통을 세웠다. 저서로 《죽음집》·《경사질의(經史質疑)》가 있다.

896 강서현(江西縣) : 평안남도 강서군 일대. 대동강 하류지역에 있다.

897 단포집(丹圃集) : 조희진의 시문집. 1책. 1761년(영조 37)에 손자 조덕상(趙德常)이 간행했다. 현재는 《단포유고(丹圃遺稿)》로 통용된다.

898 조희진(趙希進) : 1579~1644. 조선 중기의 문신. 자는 여숙(與叔), 호는 단포(丹圃). 성균관박사·전적, 공조좌랑 등을 거쳐 서산군수로 나갔다가 다시 돌아와 군자감정·장악원정을 역임했다. 시문에도 뛰어나 그 저작이 매우 많았으나 난리를 겪으면서 많이 유실되었다. 저서로 《단포유고》가 있다.

《신원우율양현소(伸冤牛栗兩賢疏)》[899] 1권

　이귀(李貴)[900] 지음. 여산(礪山) 죽림서원(竹林書院)[901] 소장. 인지 1권 10장. 목판 마모되고 일부가 빠짐.

《沙溪遺稿(沙溪遺稿)》[902] 14권

　연산 돈암서원 소장. 인지 8권 4장.

《여헌집(旅軒集)》[903] 11권

　장현광(張顯光) 지음. 인동 동락서원 소장. 인지 11권 12장.

《촌은집(村隱集)》[904] 3권

　유희경(劉希慶)[905] 지음. 남해(南海) 용문사(龍門

《伸冤牛栗兩賢疏》一卷

　李貴撰. 礪山 竹林書院藏. 印紙一卷十張. 刓缺.

《沙溪遺稿》十四卷

　連山 遯巖書院藏. 印紙八卷四張.

《旅軒集》十一卷

　張顯光撰. 仁同 東洛書院藏. 印紙十一卷十二張.

《村隱集》三卷

　劉希慶撰. 南海 龍門寺藏.

---

899 신원우율양현소(伸冤牛栗兩賢疏) : 이귀가 두 스승을 옹호하기 위해 올린 장문의 상소문. 선조대 동인(東人)과 서인(西人)으로 분당된 뒤, 이귀는 자신의 스승 우계 성혼(成渾, 1535~1598)과 율곡 이이(李珥, 1536~1584)가 동인의 공격을 받자 상소문을 올렸다. 현재 이 상소문은 《조선왕조실록(朝鮮王朝實錄)》 선조수정실록 1587년(선조 20) 3월 1일 기사에 실려 있고, 미국 버클리대학교 동아시아도서관에 1책이 소장되어 있다.

900 이귀(李貴) : 1577~1633. 조선 중기의 문신. 자는 옥여(玉汝), 호는 묵재(默齋). 이이, 성혼의 문하에서 수학해 문명을 떨쳤으며, 1582년(선조 15) 생원이 되었다. 저서로 《묵재일기》가 있다.

901 죽림서원(竹林書院) : 충청남도 논산시 강경읍 황산리에 있는 서원. 1626년(인조 4)에 지방유림의 공의로 이이·성혼·김장생(金長生)의 학문과 덕행을 추모하기 위해 황산사(黃山祠)를 창건하였고, 1665년(현종 6)에 사액되었다.

902 사계유고(沙溪遺稿) : 김장생의 시문집. 14권 6책. 1686년(숙종 12)에 교서관(校書館)에서 왕명에 의해 목판으로 간행했다.

903 여헌집(旅軒集) : 장현광의 시문집. 원집 13권 7책, 속집 10권 5책. 간행 연대는 알 수 없으나 몇 차례의 간행에 의해 여러 가지 이본(異本)이 있다.

904 촌은집(村隱集) : 유희경의 시문집. 3권 2책. 손자 유자욱(劉自勖)이 수집하고 김창협(金昌協)이 선정하여 증손인 유태웅(劉泰雄)에 의하여 1707년(숙종 33)에 간행되었다. 권두에 김창협과 이경전(李慶全)의 서문이 있다.

905 유희경(劉希慶) : 1545~1636. 조선 중기의 문인. 자는 응길(應吉), 호는 촌은(村隱). 천민 출신이나 한시를 잘 지어 당시의 사대부들과 교유했다. 저서로 《촌은집》이 있으며, 그 밖의 저서로 《상례초(喪禮抄)》가 있다. 아들 유일민(劉逸民)에 의해 자헌대부한성판윤(資憲大夫漢城判尹)에 추증되었다.

寺)906 소장. 인지 2권 15장. 목판 마모됨.

印紙二卷十五張. 刓.

《신독재유고(愼獨齋遺稿)》907 15권

연산 돈암서원 소장. 인지 11권.

《愼獨齋遺稿》十五卷

連山 遯巖書院藏. 印紙十一卷.

《성오당집(省吾堂集)》908 4권

이개립(李介立)909 지음. 영천 의산서원(義山書院)910 소장. 인지 3권 3장.

《省吾堂集》四卷

李介立撰. 榮川 義山書院藏. 印紙三卷三張.

《청사집(晴沙集)》911 1권

고용후(高用厚)912 지음. 광주(光州) 포충사 소장. 인지 3권 13장.

《晴沙集》一卷

高用厚撰. 光州 褒忠祠藏. 印紙三卷十三張.

---

906 용문사(龍門寺) : 경상남도 남해군 이동면 용소리에 있는 절. 신라시대 원효(元曉)대사가 창건했다는 전설이 전해진다. 용문사 대웅전은 조선 현종 때 건립되어 영조 때 중수되었으며, 현재 보물 제1849호로 지정되어 있다.

907 신독재유고(愼獨齋遺稿) : 김집의 시문집. 15권 7책. 1710년(숙종 36) 여름에 간행되었다. 후손 김상현(金尙鉉)의 발문이 실려 있다.

908 성오당집(省吾堂集) : 이개립의 시문집. 3권 2책. 1775년(영조 51)에 5대손 이광배(李光培)가 편집·간행했다.

909 이개립(李介立) : 1546~1625. 조선 중기의 의병장. 자는 대중(大中), 호는 성오당(省吾堂)·역봉(櫟峯). 1567년(명종 22) 사마시에 합격하여 진사가 된 뒤 1586년(선조 19)에 효행으로 천거되어 참봉에 임명되었으나 어버이를 봉양하기 위하여 사퇴했다. 1596년 산은현감(山隱縣監)에 임명되고, 다음해 정유재란 때 체찰사 종사관(體察使從事官) 황여일(黃汝一)의 천거로 향병대장(鄕兵大將)이 되었다. 저서로 《성오당집》이 있다.

910 의산서원(義山書院) : 경상북도 영주시 장수면 성곡리에 있었던 서원. 1664년(현종 5)에 지방유림의 공의로 이개립(李介立)의 학문과 덕행을 추모하기 위해 창건되었다.

911 청사집(晴沙集) : 고용후의 시문집. 2권 1책. 1680년(숙종 6)에 편집·간행되었으며, 권두에 서광계(徐光啓)·김수항(金壽恒)의 서문이 있다.

912 고용후(高用厚) : 1577~?. 조선 중기의 의병장. 자는 선행(善行), 호는 청사(晴沙). 1606년 증광문과에 을과로 급제하여, 이듬해 예조좌랑이 되었다. 그 뒤 병조좌랑·병조정랑을 거쳐 1616년(광해군 8) 남원부사가 되었으며, 1624년(인조 2) 고성군수를 역임했다. 저서로 《청사집》·《정기록(正氣錄)》등이 있다.

《이재집(頤齋集)》[913] 2권

조우인(曺友仁)[914] 지음. 상주 도남서원(道南書院)[915] 소장. 인지 3권 3.5장. 목판 마모됨.

《頤齋集》二卷

曺友仁撰. 尙州 道南書院藏. 印紙三卷三張又半張. 刊.

《인재집(訒齋集)》[916] 24권

최현(崔晛)[917] 지음. 선산 송산서원(松山書院) 소장. 인지 18권 11장.

《訒[16]齋集》二十四卷

崔晛撰. 善山 松山書院藏. 印紙十八卷十一張.

《석주집(石洲集)》[918] 11권

권필(權韠)[919] 지음. 전주부 소장. 인지 6권 6.5장.

《石洲集》十一卷

權韠撰. 全州府藏. 印紙六卷六張又半張.

---

913 이재집(頤齋集) : 조우인의 시문집. 8권 4책. 서문과 발문이 없어 편찬 경위와 간행연대를 알 수 없다.

914 조우인(曺友仁) : 1561~1625. 조선 중기의 문신. 자는 여익(汝益), 호는 매호(梅湖)·이재(頤齋). 1605년 문과에 급제해 여러 벼슬을 지내다가 1616년(광해군 8)에는 함경도경성판관을 지냈다. 저서로 《이재집》·《이재영언(頤齋詠言)》이 있다.

915 도남서원(道南書院) : 경상북도 상주시 도남동에 있는 서원. 1606년(선조 39) 지방유림의 공의로 정몽주(鄭夢周)·김굉필(金宏弼)·정여창(鄭汝昌)·이언적(李彦迪)·이황(李滉)의 학문과 덕행을 추모하기 위해 창건되었다. 흥선대원군의 서원철폐령으로 철폐되었다.

916 인재집(訒齋集) : 최현의 시문집. 15권 8책. 1778년(정조 2) 최현의 후손 최광벽(崔光璧)이 15권 8책으로 편집·간행하였고, 1960년대에 보충하여 중간했다. 권두에 정범조(丁範祖)와 채제공(蔡濟恭)의 서문이 있고, 권말에 권두경(權斗經)과 최광벽의 발문이 있다.

917 최현(崔晛) : 1563~1640. 조선 중기의 문신. 자는 계승(季昇), 호는 인재(訒齋). 1592년(선조 25) 임진왜란 때 의병을 일으켜 도처에서 공을 세웠고, 1598년 그 공으로 원릉참봉(元陵參奉)이 되었다. 1612년(광해군 4) 실록청 겸 춘추관에 들어가 《선조실록》 편수에 참여했다. 저서로 《인재집》이 있다.

918 석주집(石洲集) : 권필의 시문집. 11권 4책. 1631년(인조 9) 이식(李植)이 문인 심기원(沈器遠)이 간직하고 있던 구본과 이안눌의 숙부 집에서 발견된 신본, 그리고 집에 보관되어 있던 난고(亂藁)를 추려 편집했다.

919 권필(權韠) : 1569~1612. 조선 중기의 문신·서예가. 자는 여장(汝章), 호는 석주(石洲). 1587년 진사 초시와 복시(覆試)에서 수석을 하였으나 임금에게 거슬리는 글자가 있어 출방(黜榜, 과거 시험에서 퇴출됨)당했고 이후 과거에 응시하지 않았다. 저서로 《석주집(石洲集)》, 한문 소설인 《주생전(周生傳)》이 있다.

[16] 訒 : 저본에는 "認". 일반적인 용례에 근거하여 수정.

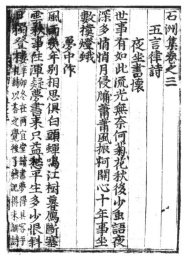

석주집 권3(국립중앙도서관)

《무주일고(無住逸稿)》[920] 6권

홍호(洪鎬)[921] 지음. 함창(咸昌) 함씨(咸氏) 가문 소장. 인지 3권 17장.

《동주집(東州集)》[922] 43권

이민구(李敏求)[923] 지음. 함경도관찰영 소장. 인지 24권 19장. 목판 마모되고 일부가 빠짐.

《無住逸稿》六卷

洪鎬撰. 咸昌咸氏家藏. 印紙三卷十七張.

《東州集》四十三卷

李敏求撰. 關北觀察營藏. 印紙二十四卷十九張. 刑缺.

---

920 무주일고(無住逸稿): 홍호의 시문집. 6권 2책. 서문과 발문이 없어 편찬 경위와 간행연대를 알 수 없으나, 효종·현종 연간(1650~1674)에 홍호의 아들 홍여하(洪汝河)가 편집·간행한 것으로 추정된다.
921 홍호(洪鎬): 1586~1646. 조선 중기의 문신. 자는 숙경(叔京), 호는 무주(無住)·동락(東洛). 1606년(선조 39) 식년문과에 병과로 급제해 승문원에 들어갔다. 종부시정(宗簿寺正)·장령·승지·공조참의·흥해군수·예조참의·우부승지 등을 역임했다. 저서로 《무주일고》가 있다.
922 동주집(東州集): 이민구의 시문집. 43권 13책. 권두에 1639년(인조 17)에 쓴 자서(自序)가 있다. 1679년(숙종 5) 3월과 1680년 6월 사이에 간행된 것으로 추정된다.
923 이민구(李敏求): 1589~1670. 조선 중기의 문신. 자는 자시(子時), 호는 동주(東州)·관해(觀海). 1612년 증광 문과에 장원 급제해 수찬으로 등용되었다. 예조좌랑·병조좌랑을 거쳐 이조참판·동지경연사 등을 역임했다. 저서로 《동주집》·《독사수필(讀史隨筆)》·《간언귀감(諫言龜鑑)》등이 있다.

《계곡집(谿谷集)》⁹²⁴ 34권

　장유(張維) 지음. 광주목(光州牧) 소장. 인지 27권
7.5장. 목판 마모되고 일부가 빠짐.

《谿谷集》三十四卷

　張維撰. 光州牧藏. 印紙
二十七卷七張又半張. 刓缺.

《백강집(白江集)》⁹²⁵ 15권

　이경여(李敬輿) 지음. 전주부 소장. 인지 14권 18.5
장. 목판 마모됨.

《白江集》十五卷

　李敬輿撰. 全州府藏. 印紙
十四卷十八張又半張. 刓.

《동계집(桐溪集)》⁹²⁶ 6권

　정온(鄭蘊)⁹²⁷ 지음. 안의 용문서원 소장. 인지 9
권 16장. 목판 마모되고 일부가 빠짐.

《桐溪集》六卷

　鄭蘊撰. 安義 龍門書院藏.
印紙九卷十六張. 刓缺.

《택당집(澤堂集)》⁹²⁸ 34권

　이식(李植) 지음. 남한산성 개원사 소장. 인지 34권.

　무주 산성사 소장. 인지 29권 1장.

《澤堂集》三十四卷

　李植撰. 南漢 開元寺藏.
印紙三十四卷.

　茂朱 山城寺藏. 印紙二
十九卷一張.

---

924 계곡집(谿谷集) : 장유의 시문집. 36권 16책. 저자 자신이 편집했던 것을 1643년(인조 21) 아들 장선징(張
　善澂)이 약간의 시문을 추가하여 다시 편집·간행했다. 김상헌(金尙憲)·이명한(李明漢)·이식(李植)·박미
　(朴瀰) 등의 서문과 저자의 자서가 있다.
925 백강집(白江集) : 이경여의 시문집. 15권 8책. 1684년(숙종 10)에 그 아들 이민서(李敏叙)가 편집·간행했다.
926 동계집(桐溪集) : 정온의 시문집. 10권 9책. 1660년(현종 1)에 손자 정기수(鄭岐壽)가 본집 6권 5책을 간행
　하였고, 철종(哲宗) 3년(1852)에 그 후손 정기필(鄭夔弼)이 속집 3책을 포함하여 9권 8책을 복간하였으며,
　그 뒤 순조(純祖) 17년(1817)에 연보 1책이 별도로 간행되었다.
927 정온(鄭蘊) : 1569~1641. 조선 중기의 문신. 자는 휘원(輝遠), 호는 동계(桐溪)·고고자(鼓鼓子). 1610년(광
　해군 2) 별시문과에 을과로 급제하여 시강원겸설서·사간원정언을 역임했다. 숙종 때 절의를 높이 평가하
　여 영의정에 추증되었다. 어려서부터 당시 경상우도에서 명성이 자자하던 정인홍(鄭仁弘)에게 사사하여 그
　의 강개한 기질과 학통을 전수받았다. 저서로 《동계집》이 있다.
928 택당집(澤堂集) : 이식의 시문집. 34권 17책. 원집 10권과 속집의 제4권까지는 저자 자신이 수정(手定, 손
　수 선정)한 것이고, 속집은 총 6권 중 1637년(54세) 이후의 작품 중에서 시 2권을 김수항(金壽恒)이 선정
　하고 편찬했다. 별집은 송시열(宋時烈)이 편찬했다.

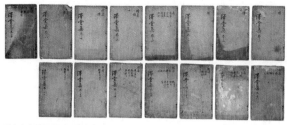

택당집 전체(국립중앙박물관)

천파집 서문(국립중앙도서관)

《소암집(疏菴集)》[929] 6권

임숙영(任叔英)[930] 지음. 황해도관찰영 소장. 인지
4권. 목판 마모되고 일부가 빠짐.

《疏菴集》六卷

任叔英撰. 海西觀察營藏.
印紙四卷. 刊缺.

《기암집(畸菴集)》[931] 12권

정홍명(鄭弘溟)[932] 지음. 창평 서봉사(瑞鳳寺)[933] 소
장. 인지 10권 3장.

《畸菴集》十二卷

鄭弘溟撰. 昌平 瑞鳳寺藏.
印紙十卷三張.

《중봉집(仲峯集)》[934] 6권

박의(朴漪)[935] 지음. 평산부(平山府)[936] 소장. 인지 3

《仲[17]峯集》六卷

朴漪撰. 平山府藏. 印紙

---

[929] 소암집(疏菴集) : 임숙영의 시문집. 8권 3책. 1635년(인조 13)에 그의 문인 강흥재(姜興載)가 편집·간행했다.

[930] 임숙영(任叔英) : 1576~1623. 조선 중기의 문신. 자는 무숙(茂淑), 호는 소암(疏菴). 1601년(선조 34) 진사
가 되고, 성균관에 10년 동안 수학, 논의가 과감하였으며, 전후 유소(儒疏)가 그의 손에서 나왔다. 저서로
《소암집》이 있다.

[931] 기암집(畸菴集) : 정홍명의 시문집. 12권 4책. 1655년(효종 6)에 아들 정이(鄭洝)와 조카 정양(鄭瀁)이 편
집·간행했다.

[932] 정홍명(鄭弘溟) : 1582~1650. 조선 중기의 문신. 자는 자용(子容), 호는 기암(畸菴)·삼치(三癡). 1616년(광
해군 8) 문과에 급제, 승문원에 보임되었으나 반대당들의 질시로 고향으로 돌아가 독서와 후진 양성에 힘
썼다. 저서로《기옹집(畸翁集)》·《기옹만필(畸翁漫筆)》이 있다.

[933] 서봉사(瑞鳳寺) : 전라남도 담양군 가사문학면 정곡리에 있었던 절. 건립시기 미상. 조선 초기에는 전라도
의 대찰(大刹) 중 하나였다. 현재는 터만 남아 있다.

[934] 중봉집(仲峯集) : 박의의 시문집. 현재 전하지 않는다.

[935] 박의(朴漪) : 1600~1644. 조선 중기의 문신. 자는 중련(仲漣), 호는 중봉(仲峯). 1628년(인조 6) 별시문과
에 병과로 급제했다. 이후 성균관 학유·전적·직강, 병조좌랑 등을 역임했다. 저서로《중봉집》이 있다.

[936] 평산부(平山府) : 황해북도 평산군 일대.

[17] 仲 : 저본에는 "中". 일반적인 용례에 근거하여 수정.

권 5장. 목판 일부가 빠짐.

《천파집(天坡集)》[937] 4권

　　오숙(吳䎘)[938] 지음. 진주 청곡사(靑谷寺)[939] 소장. 인지 5권 15장.

《백천당유고(百千堂遺稿)》[940] 4권

　　오핵(吳翮)[941] 지음. 고성 용화사(龍華寺)[942] 소장. 인지 3권 8.5장.

《청하집(靑霞集)》[943] 8권

　　권극중(權克中)[944] 지음. 고부(古阜) 권씨(權氏) 가문 소장. 인지 3권 15장.

三卷五張. 缺.

《天坡集》四卷

吳䎘撰. 晉州 靑谷寺藏. 印紙五卷十五張.

《百千堂遺稿》四卷

吳翮撰. 固城 龍華寺藏. 印紙三卷八張又半張.

《靑霞集》八卷

權克中撰. 古阜權氏家藏. 印紙三卷十五張.

---

937 천파집(天坡集) : 오숙의 시문집. 4권 4책. 1646년(인조 24)에 아우 오빈(吳䎶)이 진주목사로 있을 때 편집·간행했다. 권두에 이경석(李景奭)·정두경(鄭斗卿)의 서문이 있다.

938 오숙(吳䎘) : 1592~1634. 조선 중기의 문신. 자는 숙우(肅羽), 호는 천파(天坡). 1612년 증광문과에 병과로 급제해 약관에 과거로서 이름을 날렸다. 예조좌랑을 지내다가 조정의 어지러운 정치를 더이상 볼 수 없어 벼슬을 버리고, 장유(張維)·이명한(李明漢) 등과 교유하며 삼각산에서 독서했다. 저서로 《천파집》 4권이 있다.

939 청곡사(靑谷寺) : 경상남도 진주시 금산면 갈전리 월아산에 있는 절. 조계종 해인사(海印寺)의 말사. 879년(신라 헌강왕 5) 도선국사(道詵國師)가 창건했다.

940 백천당유고(百千堂遺稿) : 오핵의 시문집. 4권 1책. 편찬 경위와 간행 연대를 알 수 없다.

941 오핵(吳翮) : 1615~1653. 조선 중기의 문신. 자는 일소(逸少), 호는 백천당(百千堂). 장유(張維)의 문하에서 공부하였으며, 1646년(인조 24) 정시문과에 장원으로 급제한 이후 병조좌랑·정언(正言) 등을 역임했다. 저서로 《백천당유고》·《척화삼신전(斥和三臣傳)》·《만세감(萬世鑑)》 등이 있다.

942 용화사(龍華寺) : 경상남도 통영시 봉평동 미륵산에 있는 절. 신라 제27대 선덕여왕(632~646) 때 은점(恩霑)선사가 창건했다고 전해진다. 경상남도 문화재자료 제10호.

943 청하집(靑霞集) : 권극중의 시문집. 8권 2책. 1704년(숙종 30) 제자 김우증(金遇證)의 편집과 민진원(閔鎭遠)의 후원으로 간행되었다.

944 권극중(權克中) : 1585~1659. 조선 중기의 학자. 자는 정지(正之), 호는 청하(靑霞). 13세부터 김장생(金長生)의 문인인 최명룡(崔命龍)에게 수학했다. 28세 때인 1612년(광해군 4)에 진사시에 합격하였으며, 잠시 태학(太學)에 유학하였으나 곧 낙향했다. 저서로 《청하집》·《참동계주해(參同契註解)》·《역대사요(歷代史要)》·《비요복서결(備要卜筮訣)》 등이 있다.

《계암집(溪巖集)》[945] 6권

　　김령(金坽)[946] 지음. 예안 도산서원 소장. 인지 5권 7장.

《화당집(化堂集)》[947] 5권

　　신민일(申敏一)[948] 지음. 전주 위봉사 소장. 인지 6권 12.5장.

《백주집(白洲集)》[949] 23권

　　이명한(李明漢)[950] 지음. 전주 위봉사 소장. 인지 14권 10장.

《태천집(苔川集)》[951] 2권

　　김지수(金地粹)[952] 지음. 고부 도계서원 소장. 인지

《溪巖[18]集》六卷

金坽撰. 禮安 陶山書院藏. 印紙五卷七張.

《化堂集》五卷

申敏一撰. 全州 威鳳寺藏. 印紙六卷十二張又半張.

《白洲集》二十三卷

李明漢撰. 全州 威鳳寺藏. 印紙十四卷十張.

《苔川集》二卷

金地粹撰. 古阜 道溪書院

945 계암집(溪巖集): 김영의 시문집. 6권 3책. 필사본으로 전해오다가 1772년(영조 48) 현손 김굉(金紘) 등이 도산서원에서 편집·간행했다. 권두에 이상정(李象靖)의 서문과 권말에 이세택(李世澤)과 김굉의 발문이 있다.

946 김령(金坽): 1577~1641. 조선 중기의 문신. 자는 자준(子峻), 호는 계암(溪巖). 1612년(광해군 4) 증광문과에 병과로 급제해 승문원에 등용된 뒤 여러 벼슬을 거쳐 주서에 이르렀으나, 광해군의 어지러운 정치를 비관해 관직을 그만두고 낙향했다. 1689년(숙종 15)에 도승지에 추증되었다. 저서로 《계암집》이 있다.

947 화당집(化堂集): 신민일의 시문집. 5권 3책. 증손 신임(申鉐)의 편집을 거쳐, 1720년(숙종 46) 현손 신사철(申思喆)이 간행했다. 권말에 신임의 발문이 있다.

948 신민일(申敏一): 1576~1650. 조선 중기의 문신. 자는 공보(功甫), 호는 화당(化堂). 식년문과에 병과로 급제한 뒤 학유(學諭)·성현도찰방(省峴道察訪)·감찰·연서도찰방(延曙道察訪)·은계도찰방(銀溪道察訪) 등을 역임했다. 저서로 《화당집》이 있다.

949 백주집(白洲集): 이명한의 시문집. 20권 9책. 1647년(인조 25) 후손에 의해 간행되었다. 권두에 김상헌(金尙憲)의 서문이 있다.

950 이명한(李明漢): 1595~1645. 조선 중기의 시인·문신. 자는 천장(天章), 호는 백주(白洲). 1610년(광해군 2) 사마시에 합격했다. 1616년 증광문과에 을과로 급제한 뒤 승문원권지정자(承文院權知正字)·전적·공조좌랑에 이르렀다. 이어서 병조좌랑·교리 등을 지냈다. 아버지 이정구, 아들 이일상(李一相)과 더불어 3대가 대제학을 지낸 것으로 유명하다. 저서로 《백주집》이 있다.

951 태천집(苔川集): 김지수의 시문집. 3권 2책. 후손 김용재(金龍載)가 편집·간행하였으며, 간행 연도는 미상이다. 권두에 김창협(金昌協)·민진후(閔鎭厚)의 서문이 있다.

952 김지수(金地粹): 1585~1639. 조선 중기의 문신. 자는 거비(去非), 호는 태천(苔川)·태호(苔湖)·천태산인(天台山人). 1616년(광해군 8) 증광문과에 병과로 급제하고 교서관교감(校書館校勘)에 올랐다. 이어서 사헌부의 지평·장령을 거쳐 시강원의 문학·필선이 되어 세자를 가르쳤다. 저서로 《태천집》이 있다.

[18] 巖: 저본에는 "菴".《鏤板考·集部·別集類》에 근거하여 수정.

백주집 표지(국립중앙도서관)　　　　백주집 권2(국립중앙도서관)

1권 12장.

《죽남당고(竹南堂稿)》[953] 13권

　오준(吳竣)[954] 지음. 간성군(杆城郡)[955] 소장. 인지 4권 7.5장. 목판 마모되고 일부가 빠짐.

《만사고(晩沙稿)》[956] 6권

　심지원(沈之源)[957] 지음. 합천 해인사 소장. 인지 4권 4장.

藏. 印紙一卷十二張.

《竹南堂稿》十三卷

　吳竣撰. 杆城郡藏. 印紙四卷七張又半張. 刓缺.

《晩沙稿》六卷

　沈之源撰. 陜川 海印寺藏. 印紙四卷四張.

---

953 죽남당고(竹南堂稿) : 오준의 시문집. 12권 3책. 1689년(숙종 15) 외손 이봉조(李鳳朝)가 간성군수로 있을 때 간행했다. 서문은 없고, 권말에 이봉조의 발문이 있다.

954 오준(吳竣) : 1587~1666. 조선 중기의 문신·서예가. 자는 여완(汝完), 호는 죽남(竹南). 1618년(광해군 10) 증광 문과에 을과로 급제한 뒤, 주서(注書)를 거쳐 지평·장령·필선·수찬 등을 지냈다. 저서로 《죽남당집》이 있으며, 글씨로 아산의 〈충무공이순신비(忠武公李舜臣碑)〉·구례의 〈화엄사벽암대사비(華嚴寺碧巖大師碑)〉·회양(淮陽)의 〈허백당명조대사비(虛白堂明照大師碑)〉등의 비문이 있다.

955 간성군(杆城郡) : 강원도 고성군 일대와 속초시 장사동 일대를 포함하는 조선 시대 행정구역.

956 만사고(晩沙稿) : 심지원의 시문집. 5권 1책. 1759년(영조 35) 손자 심정최(沈廷最)에 의하여 편집·간행되었다.

957 심지원(沈之源) : 1593~1662. 조선 중기의 문신. 자는 원지(源之), 호는 만사(晩沙). 1620년(광해군 12) 정시 문과에 병과로 급제했다. 응교·집의·교리·부수찬 등 청요직을 두루 거쳤다. 저서로 《만사고》가 있으며, 글씨로 과천의 〈정창연비(鄭昌衍碑)〉가 있다.

《행명집(涬溟集)》958 □권

　　윤순지(尹順之)959 지음. 강서현 소장. 인지 4권 4장.

《涬溟集》□卷

　　尹順之撰. 江西縣藏. 印紙四卷四張.

《호주집(湖洲集)》960 8권

　　채유후(蔡裕後)961 지음. 함경도관찰영 소장. 인지 4권 15장. 목판 마모되고 일부가 빠짐.

《湖洲集》八卷

　　蔡裕後撰. 關北觀察營藏. 印紙四卷十五張. 刓缺.

《학사집(鶴沙集)》962 12권

　　김응조(金應祖)963 지음. 영천 의산서원 소장. 인지 12권.

《鶴沙集》十二卷

　　金應祖撰. 榮川 義山書院藏. 印紙十二卷.

《청봉집(晴峯集)》964 6권

　　심동구(沈東龜)965 지음. 안변부 소장. 인지 4권 4장.

《晴峯集》六卷

　　沈東龜撰. 安邊府藏. 印紙四卷四張.

---

958 행명집(涬溟集) : 윤순지의 시문집. 현재 남아 있지 않아 내용 및 권수(卷數)를 알 수 없다. 국립중앙도서관 소장본 《누판고(鏤板考)》〈집부(集部)〉 "별집류(別集類)" '행명집' 항목에도 권수는 누락되어 있다. 저본의 두주(頭註)에는 "卷數後考(권수는 이후에 상고할 것)"라 적혀 있다.

959 윤순지(尹順之) : 1591~1666. 조선 중기의 문신. 자는 낙천(樂天), 호는 행명(涬溟). 1620년 정시문과에 병과로 급제, 예문관검열·언관 등을 역임했다. 종조(從祖) 윤근수(尹根壽)에게 학문을 배웠으며, 시(詩)·사(史)·서(書)·율(律)에도 뛰어났다.

960 호주집(湖洲集) : 채유후의 시문집. 7권 3책. 종손 채명윤(蔡明胤)과 채팽윤(蔡彭胤)이 편집하고, 1705년 (숙종 31) 채팽윤이 홍만조(洪萬朝)의 협조를 얻어 간행했다. 윤지완(尹趾完)의 서문, 홍만조와 채팽윤의 발문이 있다.

961 채유후(蔡裕後) : 1599~1660. 조선 중기의 문신. 자는 백창(伯昌), 호는 호주(湖洲). 17세에 생원(生員)이 되었으며, 1623년(인조 1) 개시문과(改試文科)에 장원 급제하여 사가독서(賜暇讀書)를 했다. 이후 교리·지평·이조좌랑·응교를 지내고 사간을 역임했다. 효종이 즉위한 뒤 대제학으로서 《인조실록》·《선조개수실록(宣祖改修實錄)》 편찬에 참여했다. 저서로 《호주집》이 있다.

962 학사집(鶴沙集) : 김응조의 시문집.

963 김응조(金應祖) : 1587~1667. 조선 중기의 문신. 자는 효징(孝徵), 호는 학사(鶴沙)·아헌(啞軒). 17세 때 류성룡(柳成龍)을 사사했으며, 1613년(광해군 5)에 생원시에 합격했다. 이어서 여러 관직을 인조·효종·현종 삼대에 걸쳐 역임했다. 저서로 《학사집(鶴沙集)》·《사례문답(四禮問答)》·《산중록(山中錄)》·《변무록(辨誣錄)》 등이 있다.

964 청봉집(晴峯集) : 심동구의 시문집. 6권 2책. 송시열의 서문을 받아 1673년(현종 14)에 간행하였다.

965 심동구(沈東龜) : 1594~1660. 조선 중기의 문신. 자는 문징(文徵), 호는 청봉(晴峯). 1624년(인조 2) 증광문과에 병과로 급제했다. 일찍이 당대의 문신 이호민(李好閔)과 오억령(吳億齡)으로부터 인정을 받았다. 1641년 교리(校理)로 등용되어 종부시정·응교·집의·사인 등을 역임했다. 저서로 《청봉집》이 있다.

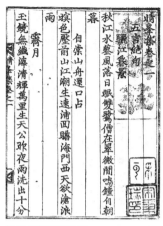

청봉집 권1(국립중앙도서관)

《경당집(敬堂集)》[966] 2권

　장흥효(張興孝)[967] 지음. 안동 경광서원(鏡光書院)[968] 소장. 인지 4권 8장. 목판 일부가 빠짐.

《용주유고(龍洲遺稿)》[969] 23권

　조경(趙絅)[970] 지음. 순천 송광사(松廣寺)[971] 소장.

《敬堂集》二卷

張興孝撰. 安東 鏡光書院 藏. 印紙四卷八張. 缺.

《龍洲遺稿》二十三卷

趙絅撰. 順天 松廣寺藏.

966 경당집(敬堂集) : 장흥효의 시문집. 4권 2책. 본집은 외손자 이휘일(李徽逸)이 편집, 1693년(숙종 19)에 이현일(李玄逸)이 간행했다. 속집은 1818년(순조 18)에 후손 장상규(張相奎)가 편집·간행했다. 본집은 권두에 권유(權愈)의 서문과 권말에 이현일의 발문이 있고, 속집은 권두에 김굉(金㙆)의 서문이 있다.

967 장흥효(張興孝) : 1564~1633. 조선 중기의 문신. 자는 행원(行源), 호는 경당(敬堂). 관계 진출을 단념하고 후진의 교도에 전념하여 제자가 수백 명에 달했다. 문하에 이휘일(李徽逸) 등의 학자가 있다. 1633년에 창릉참봉(昌陵參奉)에 임명되었으나 교지가 도착하기 전에 죽었다. 저서로 《경당문집》이 있다.

968 경광서원(鏡光書院) : 경상북도 안동시 서후면 금계리에 있는 서원. 1690년(숙종 16)에 창건하여 배상지(裵尙志)·이종준(李宗準)·장흥효(張興孝)를 봉향하다가 고종(高宗) 5년(1868)에 훼철되었으며, 1972년에 복원되었다.

969 용주유고(龍洲遺稿) : 조경의 시문집. 23권 12책. 1674년 아들 조위봉이 가문의 초고를 교정 및 편집하였고, 손자 조구완이 1703년 순천에서 간행하였다.

970 조경(趙絅) : 1586~1669. 조선 중기의 문신. 자는 일장(日章), 호는 용주(龍洲)·주봉(柱峯). 1612년(광해군 4) 사마시에 합격했으나, 광해군의 난정으로 대과를 단념하고 거창에 은거했다. 1623년 인조반정 후 숨은 인재로 천거되어 고창현감·경상도사 등에 임명되었으나 사양하다가 형조좌랑·목천현감 등을 지냈다. 저서로 《용주유고》가 있다.

971 송광사(松廣寺) : 전라남도 순천시 송광면 조계산(曹溪山)에 있는 절. '송광(松廣)'이라는 절 이름은 조계산의 옛 이름인 송광산(松廣山)에서 유래했다.

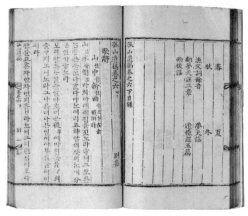

고산유고 권6(국립한글박물관)

인지 22권 2장.

印紙二十二卷二張.

《만휴집(萬休集)》[972] 11권

임유후(任有後)[973] 지음. 남한산성 개원사 소장. 인지 16권 8장.

《萬休集》十一卷

任有後撰. 南漢 開元寺藏.

印紙十六卷八張.

《고산유고(孤山遺稿)》[974] 6권

윤선도(尹善道)[975] 지음. 해남 윤씨 가문 소장. 인지 13권 8장.

《孤山遺稿》六卷

尹善道撰. 海南尹氏家藏.

印紙十三卷八張.

---

972 만휴집(萬休集):임유후의 시문집. 현재 전하지 않는다.

973 임유후(任有後):1601~1673. 조선 후기의 문신. 자는 효백(孝伯), 호는 만휴(萬休). 1626년(인조 4) 정시문과에 병과로 급제, 1627년 정묘호란 때 가주서로 척화를 주장했다. 이듬해 반란을 음모하던 아우 임지후(任之後)와 숙부 임취정(任就正) 등이 죽음을 당하자 벼슬을 그만두고 울진 산중으로 내려가 향인들과 교유하면서 학문을 연구했다. 저서로《만휴집》이 있다.

974 고산유고(孤山遺稿):윤선도의 시문집. 6권 6책. 1791년(정조 15) 전라감사 서유린(徐有隣)이 왕명을 받고 간행했다. 그 뒤 정조 22년 전라감사 서정수(徐鼎修)가 윤선도의 본가에 간직된 목판본을 대본으로 하여 개편, 간행했다.

975 윤선도(尹善道):1587~1671. 조선 후기의 문신. 자는 약이(約而), 호는 고산(孤山)·해옹(海翁). 18세에 진사초시(進士初試)에 합격하고, 20세에 승보시(陞補試, 성균관 유생에게 시행하던 시험)에 1등을 했으며, 향시와 진사시에 연이어 합격했다. 정철(鄭澈)·박인로(朴仁老)와 함께 조선 시대 3대 가인(歌人)으로 일컬어진다. 저서로《고산유고》가 있다.

《간송당집(澗松堂集)》⁹⁷⁶ 7권

　조임도(趙任道)⁹⁷⁷ 지음. 함안 송정서원(松汀書院)⁹⁷⁸ 소장. 인지 8권 2장.

《澗松堂集》七卷

趙任道撰. 咸安 松汀書院 藏. 印紙八卷二張.

《후천집(朽淺集)》⁹⁷⁹ 8권

　황종해(黃宗海)⁹⁸⁰ 지음. 고성 운흥사(雲興寺)⁹⁸¹ 소장. 인지 7권 19장.

《朽淺集》八卷

黃宗海撰. 固城 雲興寺藏. 印紙七卷十九張.

《미수기언(眉叟記言)》⁹⁸² 93권

　허목 지음. 나주 미천서원(眉川書院)⁹⁸³ 소장. 인지 44권 11장.

《眉叟記言》九十三卷

許穆撰. 羅州 眉川書院藏. 印紙四十四卷十一張.

---

976 간송당집(澗松堂集) : 조임도의 시문집. 7권 4책. 1774년(영조 20)에 이광정(李光庭)의 편집을 거쳐 그의 현손 조홍엽(趙弘燁)이 간행했다. 권두에 이광정의 서문과 세계도·연보가 있다. 현재는 《간송집(澗松集)》으로 통용된다.

977 조임도(趙任道) : 1585~1664. 조선 중기의 학자. 자는 덕용(德勇), 호는 간송당(澗松堂). 1604년(선조 37) 향시에 합격하였고, 이듬해인 21세 때 《관규쇄록(管窺鎖錄)》을 저술했다. 저서로 《간송집》이 있다.

978 송정서원(松汀書院) : 경상남도 함안군 산인면 송정리에 있었던 서원. 1721년(경종 1) 조선 중기의 문신 조임도를 배향하기 위해 건립되었다. 흥선대원군의 서원 철폐령으로 철폐되었으며 현재 서원 터에 유허비가 남아 있다.

979 후천집(朽淺集) : 황종해의 시문집. 8권 5책. 1713년(숙종 39)에 증손 황응하(黃應河)와 종증손(從曾孫) 황찬(黃燦)이 고성현(固城縣)에서 간행했다.

980 황종해(黃宗海) : 1579~1642. 조선 중기의 학자. 자는 대진(大進), 호는 후천(朽淺). 1613년(광해군 5)에 광해군이 대비를 서궁(西宮)에 유폐하자 과거 공부를 폐하고 세상에 나오지 아니했다. 이후 장유(張維)가 천거하여 후릉참봉(厚陵參奉), 동몽교관(童蒙敎官)으로 제수되었으나 관직에 나가지 않았다. 저서로 《후천집》이 있다.

981 운흥사(雲興寺) : 경상남도 고성군 하이면 와룡리에 있는 절. 676년(신라 문무왕 16) 의상(義湘)이 창건했다. 일설에는 1350년(고려 충정왕 2)에 창건되었다고도 한다.

982 미수기언(眉叟記言) : 허목의 시문집. 93권 25책. 저자 자신이 직접 편찬해 놓은 책을, 1689년(숙종 15) 왕명에 의하여 간행했다. 본래 서명은 《기언(記言)》이다.

983 미천서원(眉川書院) : 전라남도 나주시 안창동에 있는 서원. 1690년 허목(許穆)의 학문과 덕행을 추모하기 위해 건립했다. 전라남도 기념물 제29호.

미수기언 전체(국립중앙박물관)

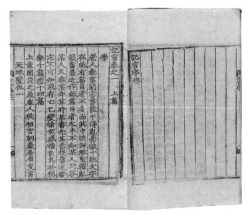

미수기언 권1 첫면(국립중앙박물관)

《동명집(東溟集)》[984] 11권

정두경(鄭斗卿)[985] 지음. 함경도관찰영 소장. 인지 5권 14장. 목판 마모됨.

《東溟集》十一卷

鄭斗卿撰. 關北觀察營藏. 印紙五卷十四張. 刓.

---

984 동명집(東溟集): 정두경의 시문집. 11권 3책. 직접 편집해 놓은 원고를 토대로 1674년(현종 15) 남구만이 함흥에서 간행했다. 권두에 1646년(인조 24)에 쓴 윤신지(尹新之)의 서문이 있다. 1711년 손자 정수곤이 중간했다.

985 정두경(鄭斗卿): 1579~1673. 조선 중기의 문인. 자는 군평(君平), 호는 동명(東溟). 14세 때 별시 초선(初選)에 합격하여 문명을 떨쳤다. 1629년 별시문과에 장원 급제하고, 부수찬·정언 등을 역임했다. 1669년(현종 10) 홍문관제학을 거쳐 예조참판·공조참판 겸 승문원제조에 임명되었으나 노병으로 사양하고 나가지 않았다. 저서로《동명집》이 있다.

송자대전 전체(합천박물관)

《창주유고(滄洲遺稿)》[986] 18권

　김익희(金益熙)[987] 지음. 의성현 소장. 인지 11권 5장.

《滄洲遺稿》十八卷

金益熙撰. 義城縣藏. 印紙十一卷五張.

《송자대전(宋子大全)》[988] 236권

　청주 화양서원 소장. 인지 207권 8장.

《宋子大全》二百三十六卷

淸州 華陽書院藏. 印紙二百七卷八張.

《동춘당집(同春堂集)》[989] 33권

　문의(文義)[990] 금담서원(黔潭書院)[991] 소장. 인지 29권 13.5장. 목판 일부가 빠짐.

《同春堂集》三十三卷

文義 黔潭書院藏. 印紙二十九卷十三張又半張. 缺.

---

986 창주유고(滄洲遺稿) : 김익희의 시문집. 18권 7책. 1708년(숙종 34) 김익희의 종손 김진규(金鎭圭)가 편집·간행했다. 서문은 없고, 권말에 송근수(宋近洙)의 발문이 있다.

987 김익희(金益熙) : 1610~1656. 조선 후기의 문신. 자는 중문(仲文), 호는 창주(滄洲). 1633년(인조 11) 증광문과에 병과로 급제하여 부정자(副正字)에 등용되었다. 이어서 대사성·대사헌·대제학을 역임했다. 저서로 《창주유고》가 있다.

988 송자대전(宋子大全) : 송시열의 시문집. 215권 102책. 1787년(정조 11)에 간행되었다.

989 동춘당집(同春堂集) : 송준길의 시문집. 48권 26책. 1680년(숙종 6) 왕명으로 송시열(宋時烈)이 교정하여 예문관에서 처음 간행했다.

990 문의(文義) : 충청북도 청주시 상당구 문의면 일대.

991 금담서원(黔潭書院) : 세종특별자치시 부강면 금호리에 있었던 서원. 1695년(숙종 21) 지방유림의 공의로 송준길(宋浚吉)의 학문과 덕행을 추모하기 위해 창건되었다.

상주 흥암서원(興巖書院)992 소장. 인지 38권 10장.

尙州 興巖書院藏. 印紙三十八卷十張.

《시남집(市南集)》993 27권

　유계(俞棨)994 지음. 임천(林川)995 칠산서원(七山書院)996 소장. 인지 24권 11장.

《市南集》二十七卷

俞棨撰. 林川 七山書院藏. 印紙二十四卷十一張.

《노서유고(魯西遺稿)》997 22권

　윤선거(尹宣擧)998 지음. 노성 노강서원 소장. 인지 48권

《魯西遺稿》二十二卷

尹宣擧撰. 魯城 魯岡書院藏. 印紙四十八卷.

《태계집(台溪集)》999 2권

　하진(河溍)1000 지음. 진주(晉州) 하씨(河氏) 가문 소

《台溪集》二卷

河溍撰. 晉州河氏家藏. 印

---

992 흥암서원(興巖書院): 경상북도 상주시 연원동에 있는 서원. 1702년 송준길(宋浚吉)을 배향하기 위해 건립되었고, 1705년 사액을 받았다.

993 시남집(市南集): 유계의 시문집. 27권 5책. 아들 유명윤(俞命胤) 등이 가문의 초고를 바탕으로 편집한 원고를 현풍현감(玄風縣監) 유명흥(俞命興)이 1688년(숙종 14) 처음 간행했다.

994 유계(俞棨): 1607~1664. 조선 후기의 문신. 자는 무중(武仲), 호는 시남(市南). 1633년 식년 문과에 을과로 급제하여 승문원의 관리로 벼슬을 시작했다. 병자호란 때 시강원설서로서 척화를 주장하다가 화의가 성립되자 척화죄로 임천에 유배되었다. 이이(李珥)와 김장생의 학통을 계승하였고, 예론의 입장은 송시열을 중심으로 하는 노론의 전위적인 역할을 담당했다. 저서로《시남집》·《강거문답(江居問答)》·《가례원류(家禮源流)》등이 있다.

995 임천(林川): 충청남도 부여군 임천면 일대.

996 칠산서원(七山書院): 충청남도 부여군 임천면 칠산리에 있는 서원. 1687년(숙종 13)에 유계(俞棨)의 학문과 덕행을 추모하기 위해 건립되었다.

997 노서유고(魯西遺稿): 윤선거의 시문집. 26권 13책. 1712년(숙종38) 처음 간행되었다.

998 윤선거(尹宣擧): 1610~1669. 조선 후기의 문인·서예가. 자는 길보(吉甫), 호는 노서(魯西)·미촌(美村)·산천재(山泉齋). 김집(金集)의 문인이다. 1633년 식년 문과에 형 윤문거와 함께 급제하였으며, 생원·진사 양시에 합격하여 성균관에서 수학했다. 저서로《노서유고》, 유계(俞棨)와 함께 저술한《가례원류(家禮源流)》·《후천도설(後天圖說)》등이 있다.

999 태계집(台溪集): 하진의 시문집. 8권 4책. 1703년(숙종 29) 하진의 후손 하덕장(河德長)·하대관(河大觀)·하범운(河範運) 등이 편집·간행했으며, 1728년(영조 4) 중간되었다. 권두에 강백년(姜栢年)의 서문이 있고, 권말에 이현일(李玄逸)·이익(李瀷)·이야순(李野淳)·유심춘(柳尋春)의 발문이 있다. 현전하는 문집의 서명은《태계문집(台溪文集)》이다.

1000 하진(河溍): 1597~1658. 조선 중기의 문신. 자는 진백(晉伯), 호는 태계(台溪). 1633년 증광문과에 갑과로 급제했다. 효성이 지극하였고 관후한 성품으로 직언을 잘했다. 저서로《태계문집》이 있다.

오달제의 필묵매도(筆墨梅圖)(국립중앙박물관)

장. 인지 3권 16장.   紙三卷十六張.

《오충렬공유고(吳忠烈公遺稿)》[1001] 2권   《吳忠烈公遺稿》二卷

  오달제(吳達濟)[1002] 지음. 태인 상두사(象頭寺)[1003]   吳達濟撰. 泰仁 象頭寺藏.
소장. 인지 3권 10장.   印紙三卷十張.

[1001] 오충렬공유고(吳忠烈公遺稿) : 오달제의 시문집. 2권 2책. 1697년(숙종 23)에 사손(嗣孫) 오수일(吳遂一)
이 편집·간행했다. 권두에 윤증(尹拯)의 서문, 권말에 오수일의 발문이 있다. 현전하는 문집의 서명은 《충
렬공유고(忠烈公遺稿)》이다.

[1002] 오달제(吳達濟) : 1609~1637. 조선 중기의 문신·화가. 자는 계휘(季輝), 호는 추담(秋潭), 시호는 충렬(忠
烈). 26세에 문과에 장원 급제하여 성균관 전적을 시작으로 병조좌랑·시강원 사서·사간원 정언·사헌부
지평·홍문관 수찬을 거쳤다. 병자호란 당시에 청나라와의 화의(和議)를 반대했고, 결국 청나라로 끌려가
처형당했다. 저서로 《충렬공유고》가 있다.

[1003] 상두사(象頭寺) : 전라북도 정읍시 산외면 상두리 상두산(象頭山)에 있었던 절. 이곳은 조선 시대에는 태
인군에 속해 있었다. 현재는 터만 남아 있다.

《오탄집(梧灘集)》[1004] 14권

심유(沈攸)[1005] 지음. 의성현 소장. 인지 16권 0.5장. 목판 마모되고 일부가 빠짐.

《구당집(久堂集)》[1006] 24권

박장원(朴長遠)[1007] 지음. 합천 해인사 소장. 인지 24권 8장.

《고송집(孤松集)》[1008] 4권

신홍망(申弘望)[1009] 지음. 의성(義城) 신씨(申氏) 가문 소장. 인지 2권 13장.

《초암집(初菴集)》[1010] 14권

신혼(申混)[1011] 지음. 해남현 소장. 인지 7권 4장. 목판 마모됨.

《梧灘集》十四卷

沈攸撰. 義城縣藏. 印紙十六卷半張. 刓缺.

《久堂集》二十四卷

朴長遠撰. 陜川 海印寺藏. 印紙二十四卷八張.

《孤松集》四卷

申弘望撰. 義城申氏家藏. 印紙二卷十三張.

《初菴集》十四卷

申混撰. 海南縣藏. 印紙七卷四張. 刊.

1004 오탄집(梧灘集):심유의 시문집. 14권 7책. 1708년(숙종 34) 아들 심한주(沈漢柱)가 편집, 간행했다. 권두에 권상하(權尙夏)·김진규(金鎭圭) 등의 서문이 있고, 발문은 없다.

1005 심유(沈攸):1620~1688. 조선 후기의 문신. 자는 중미(仲美), 호는 오탄(梧灘). 1650년(효종 1)에 증광 문과에 병과로 급제하여 승문원에 보임되었다. 대사성·홍문관부제학을 비롯하여 이조·예조·호조·형조의 참의를 두루 역임했다. 저서로《오탄집》이 있다.

1006 구당집(久堂集):박장원의 시문집. 24권 18책. 아들 박빈(朴鑌)과 박선(朴銑)이 편집한 것을 1730년(영조 6)에 간행했다. 서문과 발문은 없고, 권말에 간기가 있다.

1007 박장원(朴長遠):1612~1671. 조선 후기의 문신. 자는 중구(仲久), 호는 구당(久堂)·습천(隰川). 1636년 별시 문과에 을과로 급제하였으나, 그해에 일어난 병자호란으로 외할아버지인 심현(沈誢)을 따라 강화도에 피난했다. 1653년(효종 4) 승지로 있을 때 남인의 탄핵으로 흥해(興海)에 유배되었다가 이듬해 풀려났다. 저서로《구당집》이 있다.

1008 고송집(孤松集):신홍망의 시문집. 3권 2책. 1739년(영조 15) 증손 신진구(申震龜)가 편집, 간행했다. 권두에 이광정(李光庭)의 서문이 있고, 권말에 권상일(權相一)의 발문과 신진구의 후지(後識)가 있다.

1009 신홍망(申弘望):1600~?. 조선 후기의 문신. 자는 망구(望久), 호는 고송(孤松). 1627년(인조 5) 진사시에 합격하고 참봉에 임명되었으나 부임하지 않았다. 1639년 별시 문과에 병과로 급제하여 주서·지평·정언·풍기군수 등을 역임했다. 저서로《고송집》이 있다.

1010 초암집(初菴集):신혼의 시문집. 4책. 1701년(숙종 27) 제주목에서 간행되었다. 권두에 저자의 제문(題文), 권말에 조경(趙絅)의 서문이 있다.

1011 신혼(申混):1624~1656. 조선 후기의 문신·서예가. 자는 원택(元澤), 호는 초암(初菴)·유암(柳菴). 1644

《노봉집(老峯集)》[1012] 12권

민정중(閔鼎重)[1013] 지음. 장흥 연곡서원(淵谷書院)[1014] 소장. 인지 14권 16.5장. 목판 일부가 빠짐.

《老峯集》十二卷

閔鼎重撰. 長興 淵谷書院藏. 印紙十四卷十六張又半張. 缺.

《정관재집(靜觀齋集)》[1015] 22권

이단상(李端相)[1016] 지음. 원집 16권은 함경도관찰영 소장. 인지 14권 3장. 목판 마모되고 일부가 빠짐.

별집 6권은 전주 위봉사 소장. 인지 5권 3.5장.

《靜觀齋集》二十二卷

李端相撰. 原集十六卷, 關北觀察營藏. 印紙十四卷三張. 刊缺.

別集六卷, 全州 威鳳寺藏. 印紙五卷三張[19]又半張.

년 문과에 급제하여, 정언·수찬을 거쳐 교리를 지냈다. 1648년 최일(崔逸)·이후(李厚) 등과 함께 승문원의 임무를 겸하여 정시(庭試)와 식년시 양방(兩榜)에 급제한 사람들을 분관(分館)하는 일을 수행했다. 저서로 《초암집》이 있다.

1012 노봉집(老峯集) : 민정중의 시문집. 12권 6책. 1734년(영조 10)에 민정중의 조카 민진원(閔鎭遠)이 편집·간행했다. 권두에 이재(李縡)의 서문이 있고 발문은 없다.

1013 민정중(閔鼎重) : 1628~1692. 조선 후기의 문신. 자는 대수(大受), 호는 노봉(老峯). 1649년(인조 27)에 정시문과에 장원 급제하고, 호남어사를 지낸 뒤 대사헌을 거쳐 이조·공조·호조·형조 판서를 역임했다. 1675년 남인이 득세하자 서인으로서 장흥부(長興府)에 유배되었다가 1680년 풀려나 좌의정이 되었다. 저서에 《노봉문집》·《노봉연중설화(老峯筵中說話)》·《임진유문(壬辰遺聞)》등이 있다.

1014 연곡서원(淵谷書院) : 전라남도 장흥군 장흥읍 원도리에 있는 서원. 1698년(숙종 24)에 지방유림의 공의로 건립하고, 1726년(영조 2)에 사액을 받았다. 민정중(閔鼎重)·민유중(閔維重)을 봉향하였다.

1015 정관재집(靜觀齋集) : 이단상의 시문집. 16권 6책. 1682년(숙종 8) 이단상의 아들 이희조(李喜朝)에 의해 편집되어 윤지선(尹趾善)의 주선으로 간행되었다. 권두에 송시열·박세채의 서문, 권말에 문인인 임영(林泳)·윤지선의 발문이 있다.

1016 이단상(李端相) : ?~1669. 조선 후기의 문신. 자는 유능(幼能), 호는 정관재(靜觀齋)·서호(西湖). 1648년(인조 26)에 진사시에 장원했다. 그의 문하에서 아들인 이희조(李喜朝)와 김창협(金昌協)·김창흡(金昌翕)·임영(林泳) 등의 학자가 배출되었다. 저서로 《정관재집》·《대학집람(大學集覽)》·《사례비요(四禮備要)》·《성현통기(聖賢通紀)》등이 있다.

[19] 張 : 저본에는 "卷".《鏤板考·集部·別集類》에 근거하여 수정.

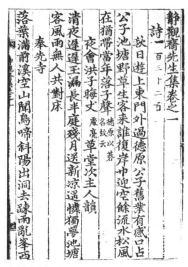

静觀齋先生集卷之一

詩一百三十二首

公子池塘野草生客來誰復岸巾迎空餘流水松風

秋日遊上東門外過德原公子舊業有感口占

在擒帶當年落子睉

夜會洪子睉丈 德原以菩 名故云

草堂次主人韻 慶憙

清夜遲遲王漏長半庭殘月送新涼懷獨夢池塘

客風雨無人共對床

奉先寺

落葉滿前溪空山聞鳥啼斜陽出洞去踈雨亂峯西

정관재집 권1(국립중앙도서관)

《동리집(東里集)》[1017] 16권

이은상(李殷相)[1018] 지음. 대구 용연사 소장. 인지 10권 4장.

《東里集》十六卷

李殷相撰. 大邱 龍淵寺藏. 印紙十卷四張.

《매간집(梅澗集)》[1019] 7권

이익상(李翊相)[1020] 지음. 무주 산성사 소장. 인지 3권 8장.

《梅澗集》七卷

李翊相撰. 茂朱 山城寺藏. 印紙三卷八張.

[1017] 동리집(東里集): 이은상의 시문집. 16권 5책. 1702년(숙종 28) 외손인 김진화(金鎭華)에 의하여 간행되었다. 그의 유고를 사위인 김만중(金萬重)이 산정(刪定)하여 간직했던 것인데, 김만중의 아들 진화가 변려제문(騈儷諸文)까지 추가하여 간행했다. 권두에 김창협(金昌協)의 서문과 권말에 김진화의 발문이 있다.

[1018] 이은상(李殷相): 1617~1678. 조선 후기의 문신. 자는 열경(說卿), 호는 동리(東里). 1651년(효종 2) 별시문과에 을과로 급제하였다. 현종이 죽자 애책문(哀冊文)을 지어 올린 바 있으며, 송시열(宋時烈)이 복상문제로 유배당하자 벼슬에 나가지 않고 관동지방을 유람했다. 저서로《동리집》·《동리소설》이 있다.

[1019] 매간집(梅澗集): 이익상의 시문집. 7권 2책. 1722년(경종 2) 조카 이희조(李喜朝)와 아들 이광조(李光朝)가 편집, 간행했다. 권말에 이희조와 이광조의 발문이 있다.

[1020] 이익상(李翊相): 1625~1691. 조선 후기의 문신. 자는 필경(弼卿), 호는 매간(梅澗). 1651년(효종 2) 진사시에 수석으로 합격하였다. 1689년 기사환국으로 남인이 집권하자 사직하고 고향 양주로 퇴거했다. 저서로《매간집》이 있다.

《문곡집(文谷集)》[1021] 28권

김수항(金壽恒)[1022] 지음. 영암 도갑사 소장. 인지 29권 10장. 목판 마모되고 일부가 빠짐.

《文谷集》二十八卷

金壽恒撰. 靈巖 道岬寺藏. 印紙二十九卷十張. 刓缺.

《청계집(淸溪集)》[1023] 8권

홍위(洪蕆)[1024] 지음. 전주 위봉사 소장. 인지 6권 10.5장. 목판 일부가 빠짐.

《淸溪集》八卷[20]

洪蕆撰. 全州 威鳳寺藏. 印紙六卷十張半張. 缺.

《추담집(秋潭集)》[1025] 4권

유창(俞瑒)[1026] 지음. 통제영 소장. 인지 7권 18장.

《秋潭集》四卷

俞瑒撰. 統制營藏. 印紙七卷十八張.

1021 문곡집(文谷集) : 조선 후기의 문신 김수항의 문집. 아들 김창집(金昌集)과 김창협(金昌協)이 편집한 뒤 숙종 25년(1699)에 활자본으로 간행했고, 송준길(宋浚吉)의 문인 안세징(安世徵)이 일부 수정하여 다시 목판본으로 간행했다. 《문곡집》은 조선 후기 정치사 연구의 중요한 자료이다.

1022 김수항(金壽恒) : 1629~1689. 조선 후기의 문신. 자는 구지(久之), 호는 문곡(文谷). 송시열(宋時烈) 등과 정치적 입장을 함께 했고, 노론(老論)의 지도자격 인물이었으며 영의정을 역임했다. 오시수(吳始壽)의 처형에 관여했다가 남인(南人)들의 미움을 사, 기사환국(己巳換局) 때 위리안치(圍籬安置)된 이후 사약을 받았다.

1023 청계집(淸溪集) : 조선 후기의 문신 홍위의 시문집. 김수항이 산정하다가 완성하지 못하고 죽은 뒤, 아들 홍천서(洪天敍)가 1690년에 간행했다. 잡저에 수록된 〈한거문답(閒居問答)〉에서 군주의 역할과 정치 전반에 관한 논술을 문답식으로 해설하는 등 저자의 정치이념이 수록되어 있다.

1024 홍위(洪蕆) : 1620~1660. 조선 후기의 문신. 자는 군실(君實), 호는 청계(淸溪)·창람(蒼嵐). 경상도관찰사·동부승지 등을 역임했다. 성균관 유생으로 있을 때 이이(李珥)·성혼(成渾)의 문묘 종사를 주장했다. 상소를 많이 올려 그 양이 수만 언에 이르렀다.

1025 추담집(秋潭集) : 조선 후기의 문신 유창의 시문집. 권두에 송시열·박세채(朴世采)가 쓴 서문이 있으나 문집 전체의 서문은 아니다. 4책으로 구성되어 있다.

1026 유창(俞瑒) : 1614~1690. 조선 후기의 문신. 자는 백규(伯圭), 호는 추담(楸潭)·운계(雲溪). 수원부사로 재직하던 중 진상물을 병조판서 홍중보(洪重普)에게 임의로 주었다가 유배당했고, 청나라에 사신으로 갔을 때는 서장관 권해(權瑎)와 사사로운 감정으로 불화했다는 이유로 탄핵을 받았으나 다시 등용되어 개성부유수에 이르렀다.

[20] 卷 : 저본에는 "集". 《鏤板考·集部·別集類》에 근거하여 수정.

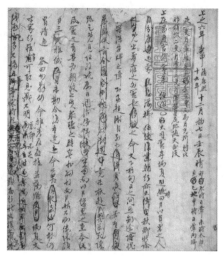

김만중의 구운몽(九雲夢)(국립중앙박물관)　　　　　　김만중의 구운몽(九雲夢)(국립중앙박물관)

《서포집(西浦集)》[1027] 10권

　김만중(金萬重)[1028] 지음. 의성현 소장. 인지 5권.
목판 일부가 빠짐.

《목재집(木齋集)》[1029] 14권

　홍여하(洪汝河)[1030] 지음. 함창(咸昌) 홍씨(洪氏) 가
문 소장. 인지 13권 1장.

《西浦集》十卷

金萬重撰. 義城縣藏. 印
紙五卷. 缺.

《木齋集》十四卷

洪汝河撰. 咸昌洪氏家藏.
印紙十三卷一張.

[1027] 서포집(西浦集): 조선 후기의 문신 김만중의 문집. 아들 김진화(金鎭華)가 숙종 2년(1702)에 간행했다.

[1028] 김만중(金萬重): 1637~1692. 조선 후기의 문신. 아명은 선생(船生), 자는 중숙(重淑), 호는 서포(西浦).
　　김장생(金長生)의 증손이다. 태어난 해에 아버지 김익겸(金益兼)이 정축호란(丁丑胡亂)으로 강화도에서
　　순절하여 홀어머니 슬하에서 자랐다. 대제학을 역임했으나 말년은 유배생활로 보냈다. 국문 소설을 상당
　　수 창작했고, 유명한 작품으로 《구운몽(九雲夢)》·《사씨남정기(謝氏南征記)》·《서포만필(西浦漫筆)》등이
　　있다.

[1029] 목재집(木齋集): 조선 후기의 문신 홍여하의 문집. 숙종 19년(1693)에 간행되었다. 경전과 성리설에 관한
　　내용이 많고, 잡저에는 사회경제적 내용과 지리에도 관심을 보여 다양한 분야의 글이 수록되어 있다.

[1030] 홍여하(洪汝河): 1620~1674. 조선 후기의 문신. 자는 백원(百源), 호는 목재(木齋)·산택재(山澤齋). 성리
　　학에 밝아 사림들에게 추앙받았다. 상주 근암서원(近巖書院)에 제향되었다.

《죽서집(竹西集)》[1031] 4권

　이민적(李敏迪)[1032] 지음. 충주 덕주사(德周寺)[1033] 소장. 인지 3권 12.5장. 목판 일부가 빠짐.

《竹西集》四卷

李敏迪撰. 忠州 德周寺藏. 印紙三卷十二張又半張. 缺.

《서하집(西河集)》[1034] 17권

　이민서(李敏敍)[1035] 지음. 충주 덕주사 소장. 인지 15권 2장. 목판 일부가 빠짐.

《西河集》十七卷

李敏敍撰. 忠州 德周寺藏. 印紙十五卷二張. 缺.

《남계집(南溪集)》[1036] 129권

　박세채 지음. 합천 해인사 소장. 인지 130권 1장. 목판 일부가 빠짐.

《南溪集》一百二十九卷

朴世采撰. 陜川 海印寺藏. 印紙一百三十卷一張. 缺.

《서계집(西溪集)》[1037] 20권

　박세당(朴世堂)[1038] 지음. 성주 쌍계사 소장. 인지

《西溪集》二十卷

朴世堂撰. 星州 雙溪寺藏.

1031 죽서집(竹西集) : 조선 후기의 문신 이민적의 문집. 아들 이사명(李師命)이 숙종 10년(1684)에 간행했다. 소차(疏箚)에는 당시 정치·경제에 관한 내용이 수록되어 있다.

1032 이민적(李敏迪) : 1625~1673. 조선 후기의 문신. 자는 혜중(惠仲), 호는 죽서(竹西). 정치·경제 분야에서 많은 상소를 올렸으며 〈옥당조진시폐차(玉堂條陳時弊箚)〉가 명문으로 꼽힌다.

1033 덕주사(德周寺) : 충청북도 제천시 한수면 송계리 월악산에 있는 절. 신라의 마지막 공주 덕주공주(德周公主)가 마의태자(麻衣太子)와 함께 금강산으로 가던 도중 마애불이 있는 이곳에 머물러 절을 세웠다는 전설이 있다. 587년(신라 진평왕 9)에 창건하였다는 설도 있다.

1034 서하집(西河集) : 조선 후기의 문신 이민서의 문집. 1701년 처음 간행되었다. 임진왜란 때의 의병장 김덕령(金德齡)을 평가한 《김장군전(金將軍傳)》이 수록되어 있어 임진왜란 의병 연구에 가치가 있으며, 숙종 연간의 정치상황과 한문학 연구에도 중요한 자료로 평가된다.

1035 이민서(李敏敍) : 1633~1688. 조선 후기의 문신. 자는 이중(彝仲), 호는 서하(西河). 송시열(宋時烈)의 문인이다. 김수항(金壽恒)·이단하(李端夏)·남구만(南九萬) 등과 교유했으며 이조판서·지돈녕부사 등을 역임했다. 서하사(西河祠)·동산서원(東山書院)에 제향되었다.

1036 남계집(南溪集) : 조선 후기의 문신 박세채의 문집. 성리학과 예학(禮學)에 관한 내용이 많으며, 《퇴계사서질의의의(退溪四書質疑疑義)》·《경전요목(經典要目)》등이 수록되어 있다.

1037 서계집(西溪集) : 조선 후기의 학자 박세당의 문집. 《사변록(思辨錄)》·《신주도덕경(新注道德經)》·《색경(穡經)》등이 수록되어 있다.

1038 박세당(朴世堂) : 1629~1703. 조선 후기의 문신. 자는 계긍(季肯), 호는 잠수(潛叟)·서계초수(西溪樵叟)·서계(西溪). 당쟁으로 아들 박태유(朴泰維)·박태보(朴泰輔)가 죽고 난 뒤에는 양주로 낙향하여 학문과 교육에 전념했다. 노장사상에도 깊은 관심을 보이는 등 폭넓은 연구를 했다.

서계집 권1 목록(국립중앙도서관)

서계간독(西溪簡牘)(국립중앙박물관)

22권 17장.

印紙二十二卷十七張.

《일봉집(一峰集)》[1039] 17권

조현기(趙顯期)[1040] 지음. 용담향교 소장. 인지 15
권 6장. 목판 일부가 빠짐.

《一峰集》十七卷

趙顯期撰. 龍潭校宮藏.
印紙十五卷六張. 缺.

《조암집(槽巖集)》[1041] 4권

조창기(趙昌期)[1042] 지음. 진주 신당서원 소장. 인
지 5권 10장.

《槽巖集》四卷

趙昌期撰. 晉州 新塘書院
藏. 印紙五卷十張.

1039 일봉집(一峰集): 조선 후기의 문신 조현기의 문집. 아들 조정강(趙正綱)이 간행했다. 〈별집(別集)〉에는
　　성리학자로서 평소 구상하던 것을 현실에 반영하려는 의지가 드러나 있다.
1040 조현기(趙顯期): 1634~1685. 조선 후기의 문신. 자는 양경(楊卿), 호는 일봉(一峰). 의금부도사·인천부
　　사 등을 역임했다. 청나라에서 오삼계(吳三桂)가 난을 일으키자 북벌을 주장했다.
1041 조암집(槽巖集): 조선 후기의 문신 조창기의 문집. 조카 조정례(趙正禮)가 숙종 39년(1713)에 간행했다.
　　〈감찰시진소회소(監察時陳所懷疏)〉등 1만 자가 넘는 상소문이 여러 편 있다.
1042 조창기(趙昌期): 1640~1676. 조선 후기의 문신. 자는 문경(文卿), 호는 조암(槽巖). 사헌부지평·사간원사
　　간 등을 역임했다. 시무에 대한 상소를 많이 올렸고 경제에 밝았다.

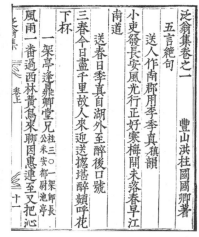

범옹집 표지(국립중앙도서관)   범옹집 권1(국립중앙도서관)

《박천집(博泉集)》[1043] 33권

　이옥(李沃)[1044] 지음. 합천 해인사 소장. 인지 12권 9장.

《博泉集》三十三卷

李沃撰. 陜川 海印寺藏. 印紙十二卷九張.

《범옹집(泛翁集)》[1045] 6권

　홍주국(洪柱國)[1046] 지음. 의성현 소장. 인지 6권 5장.

《泛翁集》六卷

洪柱國撰. 義城縣藏. 印紙六卷五張.

1043 박천집(博泉集) : 조선 후기의 문신 이옥의 문집. 아들 이만유(李萬維)가 숙종 46년(1720)에 간행했다. 관제개혁·군제개혁 등 제도개혁에 관한 상소들이 수록되어 있다.

1044 이옥(李沃) : 1641~1698. 조선 후기의 문신. 자는 문약(文若), 호는 박천(博泉). 우부승지·경기도관찰사 등을 역임했고, 간언을 하다 여러 차례 유배당했다.

1045 범옹집(泛翁集) : 조선 후기의 문신 홍주국의 문집. 아들 홍만선(洪萬選)이 숙종 35년(1709)에 간행했다. 둘째 아들 홍만적(洪萬迪)의 《임호유고(臨湖遺稿)》가 합본되어 있다.

1046 홍주국(洪柱國) : 1623~1680. 조선 후기의 문신. 자는 국경(國卿), 호는 범옹(泛翁)·죽리(竹里). 예조참의·안악현감 등을 역임했다. 노론에 속했으나 그의 묘갈명은 송시열, 묘지명은 남구만, 묘표는 박세당, 행장은 조지겸(趙持謙)이 지은 것으로 보아 당색에 구애받지 않고 교유관계를 유지하였음을 알 수 있다.

《식암유고(息菴遺稿)》[1047] 25권

김석주(金錫胄)[1048] 지음. 영광군 소장. 인지 25권.

《息菴遺稿》二十五卷

金錫胄撰. 靈光郡藏. 印紙二十五卷.

《외재집(畏齋集)》[1049] 11권

이단하(李端夏)[1050] 지음. 대구 용천사 소장. 인지 13권 3장.

《畏齋集》十一卷

李端夏撰. 大邱 湧泉寺藏. 印紙十三卷三張.

《지관집(止觀集)》[1051] 1권

박선(朴銑)[1052] 지음. 합천 해인사 소장. 인지 1권 8장.

《止觀集》一卷

朴銑撰. 陝川 海印寺藏. 印紙一卷八張.

《손암집(損菴集)》[1053] 9권

조근(趙根)[1054] 지음. 함안 서산서원 소장. 인지 7권 6장.

《損菴集》九卷

趙根撰. 咸安 西山書院藏. 印紙七卷六張.

1047 식암유고(息菴遺稿) : 조선 후기의 문신 김석주의 문집. 아들 김도연(金道淵)이 숙종 23년(1697)에 간행했다. 〈잡저(雜著)〉에 《서경(書經)》의 기삼백(朞三百)의 역법과 《사기(史記)》에 관한 논설이 수록되어 있다.

1048 김석주(金錫胄) : 1634~1684. 조선 후기의 문신. 자는 사백(斯百). 호는 식암(息庵), 김육(金堉)의 손자이며, 김좌명(金佐明)의 아들이다. 2차 예송 때에는 허적과 입장을 함께하여 송시열 등을 축출했으나, 남인의 권력이 강화되자 송시열을 구명하고 허적을 제거했다. 사후 숙종의 묘정에 배향되었다.

1049 외재집(畏齋集) : 조선 후기의 문신 이단하의 문집. 소차(疏箚, 상소와 차자)가 많아 저자의 현실참여적인 면모가 잘 드러난다.

1050 이단하(李端夏) : 1625~1689. 조선 후기의 문신. 자는 계주(季周), 호는 외재(畏齋)·송간(松磵). 송시열의 문인이다. 예조판서·좌의정 등을 역임했다. 의정부의 기능 회복을 위하여 노력했고, 사창(司倉)의 활성에 힘썼다.

1051 지관집(止觀集) : 조선 후기의 문신 박선의 문집. 《지관재유고(止觀齋遺稿)》라고도 한다.

1052 박선(朴銑) : 1639~1696. 조선 후기의 문신. 자는 회숙(晦叔), 호는 지관재(止觀齋). 공조정랑·김제군수 등을 역임했으며, 여산군수를 마지막으로 벼슬에서 물러나 여생을 보냈다.

1053 손암집(損菴集) : 조선 후기의 문신 조근의 문집. 조카 조영석(趙榮祏)이 영조 25년(1749)에 간행했다. 평안도 강서현(江西縣)의 행정문제와 저자의 교우관계에 대한 내용들이 수록되어 있다.

1054 조근(趙根) : 1631~1690. 조선 후기의 문신. 자는 복형(復亨), 호는 손암(損庵). 송시열의 문인이다. 사헌부지평·강서현령 등을 역임했다. 이이·성혼의 문묘 종사를 추진하였으며, 2차 예송에도 연관되어 유배된 적이 있다.

손암집 표지(국립중앙도서관)   손암집 권1 목록(국립중앙도서관)

《창계집(滄溪集)》[1055] 27권

임영(林泳)[1056] 지음. 청도 자계서원 소장. 인지 29권 6장. 목판 일부가 빠짐.

《滄溪集》二十七卷

林泳撰. 淸道 紫溪書院藏. 印紙二十九卷六張. 缺.

《시와집(是窩集)》[1057] 8권

한태동(韓泰東)[1058] 지음. 합천 해인사 소장. 인지 5권 3장.

《是窩集》八卷

韓泰東撰. 陜川 海印寺藏. 印紙五卷三張.

1055 창계집(滄溪集): 조선 후기의 문신 임영의 문집. 동생 임정(林淨)이 숙종 34년(1708)에 간행했다. 시는 순수하면서도 능숙하다는 평을 받는다.

1056 임영(林泳): 1649~1696. 조선 후기의 문신. 자는 덕함(德涵), 호는 창계(滄溪). 이단상(李端相)·박세채의 문인이며, 송준길·송시열에게서도 배운 적이 있다. 사헌부대사헌·전라도관찰사 등을 역임했다. 경전과 역사서에 밝았고 문장도 잘 지었다. 창계서원(滄溪書院)·수산사(水山祠)에 제향되었다.

1057 시와집(是窩集): 조선 후기의 문신 한태동의 문집. 영조 15년(1739)에 손자 한덕필(韓德弼)이 편집·간행했다. 《시와유고(是窩遺稿)》라고도 한다. 저자가 북경에 다녀온 일과 토지제도 개혁에 관한 내용 등이 수록되어 있다.

1058 한태동(韓泰東): 1646~1687. 조선 후기의 문신. 자는 노첨(魯瞻), 호는 시와(是窩). 사헌부지평·사간원사간 등을 역임했다. 노소 분당 때 소론에 속했다.

《정재집(定齋集)》[1059] 14권

　박태보(朴泰輔)[1060] 지음. 양주부 소장. 인지 14권.

《한수재집(寒水齋集)》[1061] 35권

　권상하(權尙夏)[1062] 지음. 단양 상선암(上仙菴)[1063] 소장. 인지 45권 8장.

《수곡집(睡谷集)》[1064] 19권

　이여(李畬)[1065] 지음. 대구 동화사 소장. 인지 20권.

《定齋集》十四卷

　朴泰輔撰. 楊州府藏. 印紙十四卷.

《寒水齋集》三十五卷

　權尙夏撰. 丹陽 上仙菴藏. 印紙四十五卷八張.

《睡谷集》十九卷

　李畬撰. 大邱 桐華寺藏. 印紙二十卷.

1059 정재집(定齋集) : 조선 후기의 문신 박태보의 문집. 경전에 대한 내용과 조정에서의 활동 내용 등이 수록되어 있다.

1060 박태보(朴泰輔) : 1654~1689. 조선 후기의 문신. 자는 사원(士元), 호는 정재(定齋). 박세당의 아들이다. 예조정랑·파주목사 등을 역임했다. 소론에 속했으며, 인현왕후(仁顯王后) 폐위를 반대하다가 받은 고문의 후유증으로 유배를 가는 도중에 죽었다.

1061 한수재집(寒水齋集) : 조선 후기의 학자 권상하의 문집. 〈잡저〉에 성리학에 대한 견해가 자세히 소개되어 있다.

1062 권상하(權尙夏) : 1641~1721. 조선 후기의 학자. 자는 치도(致道), 호는 수암(遂菴)·한수재(寒水齋). 송시열의 적전(嫡傳, 적통을 받은 제자)이다. 대사헌·우의정·좌의정 등에 임명되었으나 평생 벼슬을 하지 않고 학문에 전념했다. 송시열이 사약을 받을 때 곁을 지켰으며, 유언에 따라 만동묘(萬東廟)와 대보단(大報壇)을 세워 명 신종(神宗)과 의종(毅宗)을 제사지냈다. 문인 이간(李柬)과 한원진(韓元震)의 논쟁에 한원진에게 동조함으로써 호락논쟁(湖洛論爭)의 계기가 되었다.

1063 상선암(上仙菴) : 충청북도 단양군 단성면 가산리에 있는 절. 신라시대 의상대사(義湘大師)가 창건하였다고 전하며, 옛 이름은 선암사(仙巖寺)였다.

1064 수곡집(睡谷集) : 조선 후기의 문신 이여의 문집. 윤휴를 비판하고 송시열을 옹호한 〈논윤증패의차(論尹拯悖義箚)〉 등의 글이 수록되어 있다.

1065 이여(李畬) : 1645~1718. 조선 후기의 문신. 자는 치보(治甫), 호는 수곡(睡谷)·포음(浦陰). 대제학·예조판서·영의정 등을 역임했다. 문장으로 이름이 났으며 청렴한 생활을 했다.

농암집 권19 목록(국립민속박물관)

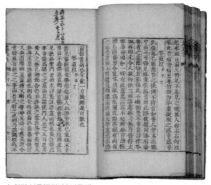

농암집 본문(국립민속박물관)

《농암집(農巖集)》[1066] 36권

  김창협(金昌協)[1067] 지음. 안동부 소장. 인지 36권.

《農巖集》三十六卷

  金昌協撰. 安東府藏. 印紙
三十六卷.

《지촌집(芝村集)》[1068] 32권

  이희조(李喜朝)[1069] 지음. 평안도관찰영 소장. 인지
32권 12장.

《芝村集》三十二卷

  李喜朝撰. 關西觀察營藏.
印紙三十二卷十二張.

1066 농암집(農巖集) : 조선 후기의 문신 김창협의 문집. 동생 김창흡(金昌翕)이 숙종 36년(1710)에 간행했다.
    부록과 속집이 있으며 이황과 이이가 밝히지 못한 부분을 정리한 〈논퇴율양선생사단칠정설(論退栗兩先生
    四端七情說)〉이 수록되어 있다.
1067 김창협(金昌協) : 1651~1708. 조선 후기의 문신. 자는 중화(仲和), 호는 농암(農巖)·삼주(三洲). 김상헌
    (金尙憲)의 증손이고 김수항(金壽恒)의 아들이다. 학문적으로는 이황과 이이의 학설을 절충했으며, 송시
    열의 《주자대전차의(朱子大全箚疑)》를 교정했다. 문장을 잘 짓고 글씨도 잘 써서 많은 비문과 표문을 남겼다.
1068 지촌집(芝村集) : 조선 후기의 문신 이희조의 문집. 아들 이양신(李亮臣)이 영조 30년(1754)에 간행했다.
    회니시비(懷泥是非) 등의 사건에서 송시열을 변호하는 내용이 수록되어 있고, 당시 노론 인물들과 교류한
    편지들이 실려 있다. 이외에도 성리학·예학·시사문제 등에 대한 글이 수록되어 있다.
1069 이희조(李喜朝) : 1655~1724. 조선 후기의 문신. 자는 동보(同甫), 호는 지촌(芝村). 송시열의 문인이고,
    노론의 일원으로 당쟁에 참여했다. 인천현감·대사헌·이조참판 등을 역임했다. 신임사화(辛壬士禍)로 노론
    4대신이 유배당할 때 유배되었고, 유배지를 옮기던 도중에 죽었다.

《병와집(瓶窩集)》[1070] 18권

　이형상(李衡祥)[1071] 지음. 영천군 소장. 인지 17장.

《瓶窩集》十八卷

　李衡祥撰. 永川郡藏. 印紙十七張.

《동계집(東溪集)》[1072] 11권

　박태순(朴泰淳)[1073] 지음. 함경도관찰영 소장. 인지 10권 15장. 목판 마모되고 일부가 빠짐.

《東溪集》十一[21]卷

　朴泰淳撰. 關北觀察營藏. 印紙十卷十五張. 刓缺.

《민문충공주의(閔文忠公奏議)》[1074] 10권

　민진원(閔鎭遠)[1075] 지음. 경상도관찰영 소장. 인지 9권 18장.

　평안도관찰영 소장. 인지 9권 10장.

《閔文忠公奏議》十卷

　閔鎭遠撰. 嶺南觀察營藏. 印紙九卷十八張.

　關西觀察營藏. 印紙九卷十張.

1070 병와집(瓶窩集) : 조선 후기의 문신 이형상의 문집. 손자 이만송(李晩松)이 영조 50년(1774)에 간행했다. 성리학·경학·천문·역사·문학 등 다양한 부문의 글이 수록되어 있다.

1071 이형상(李衡祥) : 1653~1733. 조선 후기의 문신. 자는 중옥(仲玉), 호는 병와(瓶窩)·순옹(順翁). 효령대군의 10대손이다. 호조좌랑·경주부윤 등을 역임했다. 교육과 미신 타파에 힘썼으며, 이인좌의 난을 진압할 때도 공을 세웠다. 정조 때 청백리에 올랐다.

1072 동계집(東溪集) : 조선 후기의 문신 박태순의 문집. 손자 박사집(朴師緝)이 영조 12년(1736)에 간행했다. 병자호란 때 각지의 사건을 수집하여 패전의 원인을 분석한 내용이 수록되어 있다. 원집(原集) 8권, 연보(年譜) 3권, 총 11권 4책으로 이루어져 있다.

1073 박태순(朴泰淳) : 1653~1704. 조선 후기의 문신. 자는 여후(汝厚), 호는 동계(東溪). 우부승지·전라도관찰사·형조판서 등을 역임했다. 전라도관찰사로 재직 중에 허균(許筠)의 문집을 간행했고, 광주부윤으로 재직 중에는 백제시대 고분의 보수를 실시했다.

1074 민문충공주의(閔文忠公奏議) : 조선 후기의 문신 민진원의 소차(疏箚)를 수록한 책. 손자 민백순(閔百順)이 영조 33년(1757)에 간행했다. 당쟁에 대한 상소가 많으며, 시대의 폐단을 지적한 상소도 수록되어 있다.

1075 민진원(閔鎭遠) : 1664~1736. 조선 후기의 문신. 자는 성유(聖猷), 호는 단암(丹巖)·세심(洗心), 시호는 문충(文忠). 송시열의 문인이다. 전라도관찰사·이조판서·좌의정 등을 역임했다. 문장으로 이름나 《숙종실록(肅宗實錄)》의 편찬에 참여했고, 《경종실록(景宗實錄)》의 총재관을 맡았다. 저서로 《단암주의(丹巖奏議)》·《연행록(燕行錄)》 등이 있으며 영조의 묘정에 배향되었다.

[21] 十一 : 저본에는 "□". 《東溪集》에 근거하여 보충.

《희암집(希菴集)》[1076] 29권

　채팽윤(蔡彭胤)[1077] 지음. 상주 용흥사(龍興寺)[1078] 소장. 인지 27권 5장.

《希菴集》二十九卷

　蔡彭胤撰. <u>尙州 龍興寺藏</u>. 印紙二十七卷五張.

《박정자유고(朴正字遺稿)》[1079] 15권

　박태한(朴泰漢)[1080] 지음. 합천 해인사 소장. 인지 15권 6장.

《朴正字遺稿》十五卷

　朴泰漢撰. <u>陜川 海印寺藏</u>. 印紙十五卷六張.

《명암집(鳴巖集)》[1081] 8권

　이해조(李海朝)[1082] 지음. 전주 위봉사 소장. 인지 6권 13.5장. 목판 일부가 빠짐.

《鳴巖集》八卷

　李海朝撰. <u>全州 威鳳寺藏</u>. 印紙六卷十三張又半張. 缺.

《동암유고(東菴遺稿)》[1083] 5권

　홍대구(洪大龜)[1084] 지음. 함창(咸昌) 홍씨(洪氏) 가문 소장. 인지 2권 19장.

《東菴遺稿》五卷

　洪大龜撰. <u>咸昌洪氏家藏</u>. 印紙二卷十九張.

1076 희암집(希菴集) : 조선 후기의 문신 채팽윤의 문집. 종손 채제공(蔡濟恭)이 영조 51년(1775)에 간행했다.

1077 채팽윤(蔡彭胤) : 1669~1731. 조선 후기의 문신. 자는 중기(仲耆), 호는 희암(希菴)·은와(恩窩). 도승지·대사간 등을 역임했다. 어려서부터 신동으로 이름났고 시문과 글씨를 잘 썼다.

1078 용흥사(龍興寺) : 경상북도 상주시 지천동 갑장산(甲長山)에 있는 절. 신라 문성왕 1년(1839)에 창건되었다고 전해진다.

1079 박정자유고(朴正字遺稿) : 조선 후기의 문신 박태한의 문집. 《서경(書經)》〈대우모(大禹謨)〉편의 인심도심(人心道心) 문제를 논술한 내용 등 경학 관련 내용이 많이 수록되어 있다.

1080 박태한(朴泰漢) : 1664~1698. 조선 후기의 문신. 자는 교백(喬佰). 윤증의 문인이다. 승문원정자를 역임했고, 당파에 휩쓸리지 않았다.

1081 명암집(鳴巖集) : 조선 후기의 문신 이해조의 문집. 노론의 입장에서 논쟁한 내용이 수록되어 있다.

1082 이해조(李海朝) : 1660~1711. 조선 후기의 문신. 자는 자동(子東), 호는 명암(鳴巖). 대제학을 지낸 이일상(李一相)의 아들. 대제학·전라도관찰사 등을 역임했다. 시문을 매우 잘 지어서 당시에 천재라는 평을 들었다.

1083 동암유고(東菴遺稿) : 조선 후기의 학자 홍대구의 문집. 아들 홍호길(洪虎吉)이 숙종 20년(1694)에 편집했다. 시는 산수를 읊은 것이 많다. 경학과 왕안석(王安石)·소식(蘇軾)에 대하여 논술한 내용도 수록되어 있다.

1084 홍대구(洪大龜) : 1670~1731. 조선 후기의 학자. 호는 동암(東菴). 벼슬을 하지 않았으며, 《주역(周易)》 연구에 힘을 기울였다.

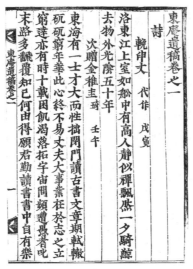

동암유고 권1(국립중앙도서관)

《포암집(圃巖集)》[1085] 22권

　윤봉조(尹鳳朝)[1086] 지음. 예천군 소장. 인지 25권.

《圃巖集》二十二卷

尹鳳朝撰. 醴泉郡藏. 印
紙二十五卷.

《농수유고(農叟遺稿)》[1087] 1권

　최천익(崔天翼)[1088] 지음. 흥해(興海) 최씨(崔氏) 가문
소장. 인지 1권 13장.

《農叟遺稿》一卷

崔天翼撰. 興海崔氏家藏.
印紙一卷十三張.

1085 포암집(圃巖集):조선 후기의 문신 윤봉조의 문집. 정치문제는 노론의 입장에서 서술되었으며, 성리학에
　　관한 논의도 다수 수록되어 있다.
1086 윤봉조(尹鳳朝):1680~1761. 조선 후기의 문신. 자는 명숙(鳴叔), 호는 포암(圃巖). 공조참판·판돈녕부
　　사 등을 역임했다. 《경종실록》 편찬에 참여했으며, 상소문을 많이 올려 오랫동안 귀양을 가기도 했다.
1087 농수유고(農叟遺稿):조선 후기의 문인 최천익의 문집. 1권을 증보하여 《농수집(農叟集)》으로 중간되
　　었다.
1088 최천익(崔天翼):1710~1779. 조선 후기의 문인. 자는 진숙(晉叔), 호는 농수(農叟). 아전 출신으로 진사시
　　에 급제한 이후 과거를 보지 않아 벼슬하지 않고 학문과 후진 양성에 힘썼다.

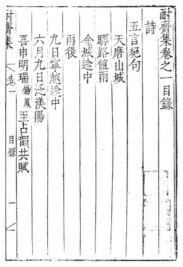

내재집 권1 목록(국립중앙도서관)　　　기옹집 권1 목록(국립중앙도서관)

《금호집(琴湖集)》[1089] 5권

이지걸(李志傑)[1090] 지음. 합천 해인사 소장. 인지 4권 9장.

《내재집(耐齋集)》[1091] 6권

홍태유(洪泰猷)[1092] 지음. 경주부 소장. 인지 5권 17장.

예천군 소장. 인지 5권 3장.

《琴湖集》五卷

李志傑撰. 陜川 海印寺藏. 印紙四卷九張.

《耐齋集》六卷

洪泰猷撰. 慶州府藏. 印紙五卷十七張.

醴泉郡藏. 印紙五卷三張.

1089 금호집(琴湖集) : 조선 후기의 문신 이지걸의 시문집. 남구만·최석정 등이 숙종 38년(1712)에 간행했다. 한유·구양수의 시보다 뛰어나다는 평가를 받기도 했다.

1090 이지걸(李志傑) : 1632~1702. 조선 후기의 문신. 자는 수부(秀夫), 호는 금호(琴湖). 공조좌랑·첨지중추부사 등을 역임했다. 당쟁으로 귀양가 있을 때 많은 시를 지었다.

1091 내재집(耐齋集) : 조선 후기의 문인 홍태유의 문집. 아들 홍윤익(洪胤益) 등이 영조 6년(1730) 김창흡·이일원에게 위촉하여 간행했다. 시는 당나라의 시풍을 따랐고, 지방의 실상에 대한 기록도 수록되어 있다.

1092 홍태유(洪泰猷) : 1672~1715. 조선 후기의 문인. 자는 백형(伯亨), 호는 내재(耐齋). 아버지 홍치상(洪致祥)이 당쟁으로 사사되자 평생 벼슬하지 않고 은거했다. 시문을 잘 썼다.

《후재집(厚齋集)》[1093] 46권

　김간(金榦)[1094] 지음. 전라도관찰영 소장. 인지 46권 16장. 목판 마모되고 일부가 빠짐.

《厚齋集》四十六卷

　金榦撰. 湖南觀察營藏. 印紙四十六卷十六張. 刓缺.

《유유자고(悠悠子稿)》[1095] 1권

　이희(李熺)[1096] 지음. 청도군 소장. 인지 1권 4장.

《悠悠子稿》一卷

　李熺撰. 淸道郡藏. 印紙一卷四張.

《기옹집(寄翁集)》[1097] 6권

　남한기(南漢紀)[1098] 지음. 성천부(成川府)[1099] 소장. 인지 5권 19장.

《寄翁集》六卷

　南漢紀撰. 成川府藏. 印紙五卷十九張.

《취허집(翠虛集)》[1100] 4권

　성완(成琬)[1101] 지음. 평양 영명사(永明寺)[1102] 소장. 인지 4권 18장.

《翠虛集》四卷

　成琬撰. 平壤 永明寺藏. 印紙四卷十八張.

[1093] 후재집(厚齋集): 조선 후기의 문신 김간의 문집. 경학과 예학 관련 저술이 많으며, 예론·성리론·향촌교화에 대한 설이 많이 실려 있다. 〈별집〉에는 군포의 폐단에 대하여 지적한 내용도 있다.

[1094] 김간(金榦): 1646~1732. 조선 후기의 문신. 자는 직경(直卿), 호는 후재(厚齋). 송시열·박세채의 문인이다. 대사헌·우참찬 등을 역임했다. 예설을 깊이 연구하여 많은 기록을 남겼다.

[1095] 유유자고(悠悠子稿): 조선 후기의 문인 이희의 시집. 근체시가 대부분이나 고체시도 수록되어 있다. 그의 딸이 원고를 수습하여 간행했다고 한다.

[1096] 이희(李熺): ?~?. 조선 후기의 문인. 자는 회중(晦中), 호는 유유자(悠悠子). 이완(李浣) 대장의 서손(庶孫)이고, 권상하의 문인이다. 효행으로 유명했고, 숙종 46년(1720)에 정려비가 내려졌다.

[1097] 기옹집(寄翁集): 조선 후기의 문신 남한기의 문집. 아들 남유용(南有容)이 영조 28년(1752)에 간행했다. 정몽주부터 김장생 등 63명의 행록이 수록되어 있다.

[1098] 남한기(南漢紀): 1675~1748. 조선 후기의 문신. 자는 국보(國寶), 호는 기옹(寄翁). 호조정랑·청송부사 등을 역임했다. 기로소(耆老所)에 들어갔으며, 청렴한 관직생활을 했다.

[1099] 성천부(成川府): 평안남도 성천군 일대.

[1100] 취허집(翠虛集): 조선 후기의 문신 성완의 문집. 영조 42년(1766)에 간행되었다. 대명의리에 관한 시가 수록되어 있다.

[1101] 성완(成琬): 1639~?. 조선 후기의 문신. 자는 백규(伯圭), 호는 취허(翠虛). 제술관(製述官)으로 일본에 간 일이 있었고, 찰방을 역임했다.

[1102] 영명사(永明寺): 평양직할시 금수산(錦繡山) 기슭에 있는 절. 삼국시대 고구려의 제1대 동명성왕(東明聖王)의 유지로 창건된 사찰로 알려져 있다.

《운재고(芸齋稿)》[1103] 3권

　이평(李坪)[1104] 지음. 하양 환성사 소장. 인지 2권 8장.

《芸齋稿》三卷

李坪撰. 河陽 環城寺藏. 印紙二卷八張.

《동허재집(洞虛齋集)》[1105] 1권

　성헌징(成獻徵)[1106] 지음. 상주 흥암서원 소장. 인지 16장.

《洞虛齋集》一卷

成獻徵撰. 尙州 興巖書院藏. 印紙十六張.

《청천집(靑泉集)》[1107] 6권

　신유한(申維翰)[1108] 지음. 합천 해인사 소장. 인지 7권 8장.

《靑泉集》六卷

申維翰撰. 陜川 海印寺藏. 印紙七卷八張.

《국포집(菊圃集)》[1109] 12권

　강박(姜樸)[1110] 지음. 상주 용흥사 소장. 인지 15권 7장. 목판 일부가 빠짐.

《菊圃集》十二卷

姜樸撰. 尙州 龍興寺藏. 印紙十五卷七張. 缺.

1103 운재고(芸齋稿): 조선 후기의 문신 이평의 유고. 1770년(영조 46) 종손 이미(李瀰)가 간행하였다. 이미의 서문과 이병연(李秉淵)의 발문이 있다.

1104 이평(李坪): 1648~1704. 조선 후기의 문신. 자는 대산(對山)·재산(載山), 호는 운재(芸齋). 음직으로 좌랑에 올랐다. 문장을 잘 짓고, 제자백가에 밝아 박세채 등이 높게 평가했다.

1105 동허재집(洞虛齋集): 조선 후기의 학자 성헌징의 문집. 종손 성우주(成宇柱)·성국주(成國柱)가 간행했다. "태허설(太虛說)"이 수록되어 있다.

1106 성헌징(成獻徵): 1654~1676. 조선 후기의 학자. 자는 문식(文式), 호는 동허재(洞虛齋). 제가의 학설을 두루 섭렵했다. 그가 지은 〈천도책(天道策)〉은 명문장이라 칭송받았으며, 권상하와 교류가 있었다.

1107 청천집(靑泉集): 조선 후기의 문신 신유한의 문집. 이반룡(李攀龍)의 시와 노남(盧柟)의 부(賦)를 모범으로 삼았다.

1108 신유한(申維翰): 1681~1752. 조선 후기의 문신. 자는 주백(周伯), 호는 청천(靑泉). 제술관으로 일본에 다녀왔고, 봉상시첨정을 역임했다. 문장으로 이름이 났다.

1109 국포집(菊圃集): 조선 후기의 문신 강박의 문집. 채제공과 아들 강필악(姜必岳)이 영조 51년(1775)에 간행했다. 오언시를 잘 지었으며, 글씨에 조예가 있어 각종 서법에 대하여 소개한 내용이 수록되어 있다.

1110 강박(姜樸): 1690~1742. 조선 후기의 문신. 자는 자순(子淳), 호는 국포(菊圃). 함종부사 등을 역임했다. 오상렴(吳尙濂)과 채팽윤(蔡彭胤) 등의 시맥(詩脈)을 계승한 시인이다. 저서로 《국포쇄록(菊圃鎖錄)》이 있다.

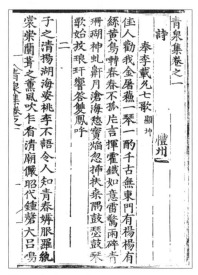

청천집 권1(국립중앙도서관)

《사천시초(槎川詩鈔)》[1111] 2권

　이병연(李秉淵)[1112] 지음. 평안도관찰영 소장. 인지
3권.

《槎川詩鈔》二卷

李秉淵撰. 關西觀察營藏.
印紙三卷.

《사촌집(沙村集)》[1113] 4권

　김치후(金致垕)[1114] 지음. 평안도관찰영 소장. 인지
4권 14장.

《沙村集》四卷

金致垕撰. 關西觀察營藏.
印紙四卷十四張.

1111 사천시초(槎川詩鈔): 조선 후기의 문신 이병연의 시집. 조선의 산천을 시로 형상화했다.

1112 이병연(李秉淵): 1671~1751. 조선 후기의 문신. 자는 일원(一源), 호는 사천(槎川)·백악하(白嶽下). 음직
　　으로 벼슬을 했으며, 영조 때 제일의 시인으로 불렸다.

1113 사촌집(沙村集): 조선 후기의 문신 김치후의 문집. 아들 김종정(金鍾正)이 영조 41년(1765)에 간행했다.
　　유배지에서 쓴 글이 많으며, 당쟁에 관한 내용도 수록되어 있다.

1114 김치후(金致垕): 1692~1742. 조선 후기의 문신. 자는 사중(士重), 호는 사촌(沙村). 대사간·정주목사 등
　　을 역임했다. 탕평책에 반대하여 장기간 유배생활을 했다.

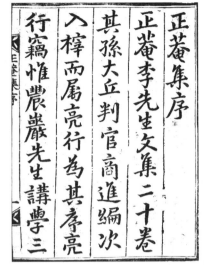

둔암집 권1 목록(국립중앙도서관)　　　　　　　　정암집 서문(국립중앙도서관)

《둔암집(屯菴集)》[1115] 8권

　신방(申昉)[1116] 지음. 전라도관찰영 소장. 인지 6권 17장.

《屯菴集》八卷

　申昉撰. 湖南觀察營藏. 印紙六卷十七張.

《함계집(涵溪集)》[1117] 6권

　정석달(鄭碩達)[1118] 지음. 영천(永川) 매곡서당(梅谷書堂)[1119] 소장. 인지 6권.

《涵溪集》六卷

　鄭碩達撰. 永川 梅谷書堂藏. 印紙六卷.

1115 둔암집(屯菴集): 조선 후기의 학자 신방의 문집. 사위 홍인한(洪麟漢)이 영조 34년(1758)에 간행했다. 당쟁에 관한 내용과 송나라 소식(蘇軾)을 비판한 내용 등이 수록되어 있다.

1116 신방(申昉): 1686~1736. 조선 후기의 문신. 자는 명원(明遠), 호는 둔암(屯菴). 박세채의 외손이다. 경상도관찰사·대사헌·도승지 등을 역임했다.

1117 함계집(涵溪集): 조선 후기의 학자 정석달의 문집. 손자 정일찬(鄭一鑽)이 영조 49년(1773)에 간행했다. 성리설에 대하여 문답식으로 서술한 내용이 주로 수록되어 있으며, 심학(心學)을 중요하게 다루었다.

1118 정석달(鄭碩達): 1660~1720. 조선 후기의 학자. 자는 가행(可行), 호는 함계(涵溪). 이현일(李玄逸)의 문인이다. 벼슬을 하지 않고 학문에 전념했다.

1119 매곡서당(梅谷書堂): 경상북도 영천시 임고면 삼매리 매곡(梅谷)마을에 있던 서당. 서당은 남아 있지 않으나 매산 정중기의 고택이 이곳에 남아 있다.

《매산집(梅山集)》[1120] 12권

　정중기(鄭重器)[1121] 지음. 영천 매곡서당 소장. 인지
12권 1장.

《梅山集》十二卷

鄭重器撰. 永川 梅谷書堂
[22]藏. 印紙十二卷一張.

《태화집(太華集)》[1122] 4권

　남유상(南有常)[1123] 지음. 대구 용연사 소장. 인지
5권 2장.

《太華集》四卷

南有常撰. 大邱 龍淵寺藏.
印紙五卷二張.

《정암집(正菴集)》[1124] 20권

　이현익(李顯益)[1125] 지음. 대구 용천사 소장. 인지
20권 1장.

《正菴集》二十卷

李顯益撰. 大邱 湧泉寺藏.
印紙二十卷一張.

《겸산집(兼山集)》[1126] 20권

　유숙기(俞肅基)[1127] 지음. 대구 동화사 소장. 인지
12권 17장.

《兼山集》二十卷

俞肅基撰. 大邱 桐華寺藏.
印紙十二卷十七張.

1120 매산집(梅山集) : 조선 후기의 문신 정중기의 문집. 아들 정일찬(鄭一鑽)이 편집했다. 김상휴가 초간본을
　　훼손하였으나 중간이 이루어지지 못하다가 1966년에 중간되었다. 예학에 관한 내용이 많이 수록되어 있다.
1121 정중기(鄭重器) : 1685~1757. 조선 후기의 문신. 자는 도옹(道翁), 호는 매산(梅山). 결성현감·형조참의
　　등을 역임했다. 《여씨향약(呂氏鄕約)》에 의한 백성 교화에 힘썼다.
1122 태화집(太華集) : 조선 후기의 문신 남유상의 문집. 동생 남유용이 영조 12년(1736)에 간행했다. 시에는
　　학문에 관한 내용이 많고, 의례에 관한 저술도 많이 수록되어 있다.
1123 남유상(南有常) : 1696~1728. 조선 후기의 문신. 자는 길재(吉哉), 호는 태화자(泰華子). 이조정랑 등을
　　역임했고, 《숙종실록》편찬에 참여했다. 이광좌(李光佐)를 배척하다가 유배생활을 했다.
1124 정암집(正菴集) : 조선 후기의 문신 이현익의 문집. 손자 이상진(李商進)이 영조 49년(1773)에 간행했다.
　　사서삼경에 대한 주석을 달고, 이황과 이이의 이론을 절충하는 등 조선 후기 사상사와 경학사에서 중요한
　　내용이 수록되어 있다.
1125 이현익(李顯益) : 1678~1717. 조선 후기의 문신. 자는 중겸(仲謙), 호는 정암(正菴). 권상하·김창협의 문
　　인이다. 왕자사부·진안현감 등을 역임했다. 성리학과 예학을 깊이 연구했다.
1126 겸산집(兼山集) : 조선 후기의 문신 유숙기의 문집. 아들 유언부(俞彦傅)가 영조 51년(1775)에 간행했다.
　　〈중용차의(中庸箚疑)〉·〈서경차의(書經箚疑)〉 등 경학 저술이 많이 수록되어 있다.
1127 유숙기(俞肅基) : 1696~1752. 조선 후기의 문신. 자는 자공(子恭), 호는 겸산(兼山). 김창흡의 문인이다.
　　임피현령·전주판관 등을 역임했다. 《소학》을 매일 읽어 실천에 힘썼으며, 경학 저술을 다수 남겼다.
[22] 堂 : 저본에는 "院". 《鏤板考·集部·別集類》에 근거하여 수정.

《남당집(南塘集)》[1128] 38권

　한원진(韓元震)[1129] 지음. 금산군 소장. 인지 42권 7장.

《외암집(巍巖集)》[1130] 16권

　이간(李柬)[1131] 지음. 경산현(慶山縣)[1132] 소장. 인지 7권 16.5장.

《동계집(東溪集)》[1133] 12권

　조구명(趙龜命)[1134] 지음. 경주부 소장. 인지 12권 13장.

《창하집(蒼霞集)》[1135] 10권

　원경하(元景夏)[1136] 지음. 전라도관찰영 소장. 인지

《南塘集》三十八卷

　韓元震撰. 金山郡藏. 印紙四十二卷七張.

《巍巖集》十六卷

　李柬撰. 慶山縣藏. 印紙七卷十六張又半張.

《東溪集》十二卷

　趙龜命撰. 慶州府藏. 印紙十二卷十三張.

《蒼霞集》十卷

　元景夏撰. 湖南觀察營藏.

1128　남당집(南塘集): 조선 후기의 학자 한원진의 문집. 이간(李柬)과 주고받은 성리학 이론에 관한 내용이 다수 실려 있다. 대표적인 작품으로 〈주자언론동이고(朱子言論同異考)〉·〈심경부주차의(心經附註箚疑)〉 등이 있다.

1129　한원진(韓元震): 1682~1751. 조선 후기의 학자. 자는 덕소(德昭), 호는 남당(南塘). 권상하의 문인이다. 신임사화(辛壬士禍) 이후 사직하고 학문에만 전념했다. 성리학설에 정통했고, 이간(李柬) 등과 인성(人性)·물성(物性)에 대하여 논쟁한 호락논쟁(湖洛論爭)에서 호론(湖論)을 이끌었다.

1130　외암집(巍巖集): 조선 후기의 학자 이간의 문집. 시에는 사상적 측면이 강하게 드러나며, 성리학 이론에 관한 내용이 다수 수록되어 있다. 한원진과 주고받은 성리학 관련 문답이 많이 수록되어 있고, 〈이통기국변(理通氣局辨)〉 등의 저술에서 그의 주장을 알 수 있다.

1131　이간(李柬): 1677~1727. 조선 후기의 학자. 자는 공거(公擧), 호는 외암(巍巖)·추월헌(秋月軒). 벼슬에 여러 차례 천거되었으나 학문에만 전념했다. 성리학설에 정통했고, 한원진 등과 인성(人性)·물성(物性)에 대하여 논쟁한 호락논쟁(湖洛論爭)에서 낙론(洛論)을 이끌었다.

1132　경산현(慶山縣): 경상북도 경산시 일대. 조선 시대 경산현의 관아가 위치한 곳은 현재 경산시 서상동이다.

1133　동계집(東溪集): 조선 후기의 학자 조구명의 문집. 조유수(趙裕壽)가 영조 17년(1741)에 간행했다. 노자와 장자를 구별하고 노자를 높이 평가한 〈독노자(讀老子)〉가 수록되어 있다.

1134　조구명(趙龜命): 1693~1737. 조선 후기의 학자. 자는 석여(錫汝)·보여(寶汝), 호는 건천자(乾川子)·동계(東谿). 벼슬을 하지 않고 학문에만 전념했다. 산문에 뛰어나 당대 8대 문장가로 꼽혔다.

1135　창하집(蒼霞集): 조선 후기의 문신 원경하의 문집. 상소문이 많은 부분을 차지하고 있고, 당시 정책에 관한 내용이 수록되어 있다. 초판은 전주에서 간행되었고, 1773년 아들 원인손(元仁孫)이 전라관찰사로 있을 때 다시 간행했다.

1136　원경하(元景夏): 1698~1761. 조선 후기의 문신. 자는 화백(華伯), 호는 창하(蒼霞)·비와(肥窩). 예문관제학·청풍부사 등을 역임했다. 영조의 탕평책에 적극적으로 동조하여 당쟁 완화에 노력을 기울였다.

창하집 총목(국립중앙도서관)

9권 3장.	印紙九卷三張.
《진암집(晉菴集)》[1137] 8권	《晉菴集》八卷
이천보(李天輔)[1138] 지음. 대구 용연사 소장. 인지 9권 6장.	李天輔撰. 大邱 龍淵寺藏. 印紙九卷六張.
《잠재고(潛齋稿)》[1139] 2권	《潛齋稿》二卷
김익겸(金益謙)[1140] 지음. 전라도관찰영 소장. 인지 1권 18.5장.	金益謙撰. 湖南觀察營藏. 印紙一卷十八張又半張.

[1137] 진암집(晉菴集): 조선 후기의 문신 이천보의 시문집. 종형 이정보(李鼎輔) 등이 정조 5년(1781)에 간행했다. 관직생활 중 경험한 재해와 민생의 어려움 등을 해결하려는 내용이 수록되어 있다.

[1138] 이천보(李天輔): 1698~1761. 조선 후기의 문신. 자는 의숙(宜叔), 호는 진암(晉庵). 병조판서·좌의정·영의정 등을 역임했다. 허례허식을 차리지 않았고, 시를 잘 지었다. 장헌세자(莊獻世子, 사도세자)의 평양원유사건에 연루되어 자결했다.

[1139] 잠재고(潛齋稿): 조선 후기의 문신 김익겸의 문집.

[1140] 김익겸(金益謙): 1701~1747. 조선 후기의 문신. 자는 원계(元桂), 호는 잠재(潛齋). 김상헌의 증손이다. 공조정랑·성천부사 등을 역임했다.

《여택재유고(麗澤齋遺稿)》[1141] 6권

　권재운(權載運)[1142] 지음. 안동 작계서당(柞溪書堂)[1143] 소장. 인지 4권.

《청계집(靑溪集)》[1144] 4권

　이동운(李東運)[1145] 지음. 홍주(洪州)[1146] 용봉사(龍鳳寺)[1147] 소장. 인지 1권 18장.

《봉록집(鳳麓集)》[1148] 4권

　김이곤(金履坤)[1149] 지음. 평양부 소장. 인지 3권 11.5장.

《麗澤齋遺稿》六卷

權載運撰. 安東 柞溪書堂藏. 印紙四卷.

《靑溪集》四卷

李東運撰. 洪州 龍鳳寺藏. 印紙一卷十八張.

《鳳麓集》四卷

金履坤撰. 平壤府藏. 印紙三卷十一張又半張.

1141 여택재유고(麗澤齋遺稿) : 조선 후기의 학자 권재운의 문집. 아들 권달시(權達時) 등이 정조 10년(1786)에 간행했다. 시는 도학적 교훈이 강하다. 학문에 정진했던 글이 다수 수록되어 있다.

1142 권재운(權載運) : 1701~1778. 조선 후기의 학자. 자는 경후(景厚), 호는 여택재(麗澤齋). 벼슬에 천거되어도 응하지 않고 평생 학문에 전념했다.

1143 작계서당(柞溪書堂) : 경상북도 안동시에 있었던 서당. 정확한 위치는 미상. 이헌경(李獻慶, 1719~1791)의 《간옹문집(艮翁文集)》 권10에 1795년에 쓴 〈작계서당상량문(柞溪書堂上樑文)〉이 수록되어 있다.

1144 청계집(靑溪集) : 조선 후기의 문인 이동운의 문집. 대부분의 내용이 시이고, 끝에 사(辭) 1편, 기(記)1편, 발(跋) 1편이 붙어 있다.

1145 이동운(李東運) : 1694~1743. 조선 후기의 문인. 자는 여양(汝陽), 호는 신묵재(愼默齋). 이인좌의 난 때 의병활동을 했다. 진사였고 과거용 문장 및 시에 뛰어났다는 기록 외에는 《청계집》과 관련지을 만한 기록이 없다.

1146 홍주(洪州) : 충청남도 홍성군 홍성읍 일대의 옛 지명. 1914년 행정구역 개편으로 홍성군(洪城郡)에 병합되었다.

1147 용봉사(龍鳳寺) : 충청남도 홍성군 홍북읍 신경리 용봉산(龍鳳山)에 있는 절. 백제 말기에 창건된 것으로 추정된다. 인근에 신경리 마애석불(보물 제355호)이 있다.

1148 봉록집(鳳麓集) : 조선 후기의 문신 김이곤의 문집. 친구 홍낙순(洪樂純)이 정조 2년(1778)에 간행했다. 시는 독특한 풍취가 있고, 〈잡지〉에는 《주역》·《서경》 등에 대한 이론이 수록되어 있다.

1149 김이곤(金履坤) : 1712~1774. 조선 후기의 문신. 자는 후재(厚哉), 호는 봉록(鳳麓). 동궁시직·신계현령 등을 역임했다. 경학·역사·음악에 조예가 깊었으며, 시가에서 독특한 경향을 이루어 봉록체(鳳麓體)라 했다.

간옹집 서문(국립중앙도서관)

《간옹집(艮翁集)》[1150] 24권

이헌경(李獻慶)[1151] 지음. 칠곡(漆谷) 정씨(鄭氏) 가문 소장. 인지 17권.

《艮翁集》二十四卷

李獻慶撰. 漆谷鄭氏家藏. 印紙十七卷.

《하서집(荷棲集)》[1152] 11권

조경(趙璥)[1153] 지음. 평안도관찰영 소장. 인지 9권 15장.

《荷棲集》十一卷

趙璥撰. 關西觀察營藏. 印紙九卷十五張.

1150 간옹집(艮翁集): 조선 후기의 문신 이헌경의 문집.
1151 이헌경(李獻慶): 1719~1791. 조선 후기의 문신. 초명은 이성경(李星慶), 자는 몽서(夢瑞), 호는 간옹(艮翁). 동부승지·대사간 등을 역임했다.
1152 하서집(荷棲集): 조경의 시문집. 1789년(정조 13) 아들 조진구(趙鎭球)가 처음으로 간행했다.
1153 조경(趙璥): 1727~1787. 조선 후기의 문신. 자는 경서(景瑞), 호는 하서(荷棲). 호조판서·우의정을 역임했다.

《누판고》 권1 표지(국립중앙도서관 소장본)

《누판고》 목록(국립중앙도서관 소장본)

《누판고(鏤板考)[1154]》[1155]

《鏤板考》

이운지 권제7 끝

怡雲志卷第七

1154 누판고(鏤板考) : 조선 후기 서유구(徐有榘) 등이 편찬한 책판(冊板)의 목록. 7권 3책. 필사본. 1778년(정조 2) 정조는 공사(公私)에서 간행된 모든 책의 판본을 기록하여 올리라는 유시(諭示)를 내렸고, 이후 전국에 소장된 판본의 보존상태를 규장각의 각신(閣臣)들이 상세하게 조사하여 그 목록인《장판부(藏板簿)》를 완성했다. 1796년 정조는 서유구에게 명하여 중앙과 지방의《장판부》를 가져다 경사자집(經史子集)으로 분류하고 목록을 작성하되, 책마다 반드시 편찬자의 성명과 대략적인 내용을 표시하고 권질(卷帙)의 수효와 판본의 소재를 빠짐없이 자세히 기재하도록 했다. 서유구가 직접 쓴《누판고》원본은 전하지 않으나, 전사본(轉寫本)이 국립중앙도서관·규장각한국학연구원·고려대학교 도서관에 소장되어 있다.
1155 《鏤板考》(국립중앙도서관 소장본).

3

이운지 권제8
怡雲志 卷第八

임원십육지 106

林園十六志 百六

한가로운 삶의 일과 / 명승지 여행
시문과 술을 즐기는 잔치
각 절기의 구경거리와 즐거운 놀이

구사격은 그 동물이 9가지이다. 큰 과녁 1개를 만들고서 그 안에 8개의 과녁을
붙이고 곰과녁을 한가운데 붙인다. 호랑이과녁은 맨 위에, 사슴과녁은 맨 아래
에 붙인다. 독수리과녁, 꿩과녁, 원숭이과녁은 오른쪽의 위에서 아래로, 기러기
과녁, 토끼과녁, 물고기과녁은 왼쪽의 위에서 아래로 붙인다. 동물마다 정해진
산가지의 수가 있어, 그 동물을 쏘아 맞추면 정해져 있는 산가지의 수만큼 술을
마셔야 한다.

한가로운 삶의 일과

燕閑功課

1. 총론

1) 서재에서의 수행법

오연(吾衍)[1]이 지은 서재 안에서의 수행법:마음은 한가한데 손이 나른하다면 법첩(法帖)[2]을 보면서 글자를 따라가며 보기만 해도 좋다. 손은 한가한데 마음이 나른하다면 급하지 않은 일을 처리하면서도, 해도 좋고 그만두어도 좋다. 마음과 손이 모두 한가하다면 글씨를 쓰고 시문(詩文)을 지으면서 이를 모두 완성해볼 만하다. 마음과 손이 모두 나른하다면 앉아 졸면서 억지로 정신을 쓰지 않는다.

마음이 안정되지 않을 때에는 시문이나 여러 가지 단편 고사(故事)를 보는 편이 좋으니, 이는 쉽게 이해할 수 있어 마음을 오래 쓰지 않아도 되기 때문이다. 마음이 한가하고 특별한 일이 없으면 장편의 문장을 보거나 경전의 주석이나 역사서나 옛사람의 문집 등을 보는 편이 좋은데, 이는 또 비바람 부는 때와 추운 밤에 더욱 좋다.

總論

書室修行法

吾子行[1]所述書室中修行法:心閑手懶, 則觀法帖, 以其可逐字放置也;手閑心懶, 則治迂事, 以其可作可止也;心手俱閑, 則寫字作詩文, 以其可兼濟也;心手俱懶, 則坐睡以其不強役于神也.

心不定, 宜看詩及雜短故事, 以其易于見, 意不滯于久也. 心閑無事, 宜看長篇文字, 或經註或史傳或古人文集, 此又甚宜于風雨之際及寒夜也.

---

1 오연(吾衍):1268~1311. 중국 원(元)나라의 은자. 자는 자행(子行), 호는 정백(貞白). 벼슬에는 관심을 두지 않고, 시골에 은거해서 학문에 몰두하며 일생을 보냈다. 저서로 《학고편(學古編)》·《한거록(閑居錄)》등이 있다.
2 법첩(法帖):옛 명필의 글씨나 훌륭한 그림을 따라 익힐 수 있도록 필적을 똑같이 흉내내어 모아 놓은 서첩(書帖)이나 화첩(畫帖). 여기서는 그중 서첩을 가리킨다.
[1] 行:저본에는 "彦".《霏雪錄》에 근거하여 수정.

또 다른 수행법: 마음이 번잡하고 손이 한가하다면 누워 있고, 손이 번잡하고 마음이 한가하다면 생각에 젖는다. 마음과 손이 모두 한가하다면 글을 짓거나 글씨를 쓴다. 마음과 손이 모두 번잡하다면 그 일을 일찍 마무리하여 자신의 정신을 편안하게 할 것을 생각한다. 《비설록(霏雪錄)[3]》[4]

又曰：心宂手閑則臥, 手宂心閑則思. 心手俱閑, 則著書作字；心手俱宂, 則思早畢其事以寧吾神.《霏雪錄》

2) 제재(齊齋) 예사(倪思)[5]의 10가지 즐거움

①의리서(義理書)[6] 읽기, ②법첩의 글자 배우기, ③맑은 마음으로 고요히 앉아 있기, ④유익한 벗들과 청담 나누기, ⑤술을 조금 마셔 반쯤 취하기, ⑥화초에 물을 주고 대나무를 재배하기, ⑦금(琴)[7] 소리 들으며 학 구경하기[8], ⑧향 피우며 차 달이기, ⑨성에 올라 산 바라보기, ⑩바둑에 마음 두기. 《경서당잡지(經鉏堂雜志)[9]》[10]

齊齋十樂

讀義理書, 學法帖字, 澄心靜坐, 益友淸談, 小酌半醺, 澆花種竹, 聽琴翫鶴, 焚香煎茶, 登城觀山, 寓意奕棋.《經鉏堂雜志》

---

3 비설록(霏雪錄)：중국 명(明)나라의 문인 유적(劉績, ?~?)이 지은 책으로 홍무(洪武) 연간(1368~1398)에 완성되었다. 가학의 전통을 이어 《모시(毛詩)》에 관한 내용 및 당대 학자들이 전하는 고사와 패사(稗史)나 소설(小說) 등을 잡다하게 수록했다.

4 《霏雪錄》《叢書集成初編》328, 7~8쪽)；《遵生八牋》 卷8 〈起居安樂牋〉下 "晨昏怡養條" '序古名論'(《遵生八牋校注》, 239쪽).

5 예사(倪思)：1147~1220. 중국 남송(南宋)의 학자. 호는 제재(齊齋). 이학(理學)을 전파하고 발전시킨 중요한 인물이다. 평생 불교를 독실하게 믿었지만, 행동은 유가사상을 근본으로 삼았다. 저서로 《반마이동(班馬異同)》·《경서당잡지(經鉏堂雜志)》·《제산갑을고(齊山甲乙稿)》 등이 있다.

6 의리서(義理書)：유가(儒家)의 경서(經書). 유학을 의리지학(義理之學)이라고 부르기도 한다.

7 금(琴)：중국 현악기. 고금(古琴)·아금(雅琴)·칠현금(七絃琴)·휘금(徽琴)이라고도 한다. 가야금·거문고처럼 길다란 판에 줄을 얹은 모양이며, 왼손으로 줄을 짚어 음높이를 조절하고 오른손 손가락으로 튕기거나 당겨 연주한다. 우리나라 문헌에서는 거문고를 그냥 금이라 쓰기도 한다. 연주법은 《임원경제지 유예지》3, 풍석문화재단, 2018, 210~271쪽에 자세하다.

8 소리……구경하기：금을 연주하자 검은 두루미가 날아와 춤추었다는 《한비자(韓非子)》 〈십과(十過)〉편의 고사에서 유래했다. 《이운지》권2 〈임원에서 즐기는 청아한 즐길거리(상)〉 "금[琴供]·검[劍供]" 참조.

9 경서당잡지(經鉏堂雜志)：중국 남송(南宋)의 학자 예사(倪思)가 지은 책. 이 책은 만년의 저술로, 노장과 불교 등의 사상을 크게 포용하여 고원하고 이상적인 담론이 많다. 명나라 문인 진계유(陳繼儒) 등이 그 영향을 받았다.

10 《說郛》卷75 上 〈經鉏堂雜誌〉 "齊齋十樂"(《文淵閣四庫全書》880, 221쪽).

3) 맑고 한가로운 삶의 6가지 일

맑고 한가로운 삶을 사는 사람은 자신의 몸을 게으르게 움직여서도 안 되나, 또 한가한 사람으로서 그에 걸맞은 한가한 일을 해야 한다.

①옛사람의 법첩을 임모(臨摹)[11]하여 옛날의 글씨를 익힌다.

②서궤(書几)의 먼지를 털어준다.

③벼루의 묵은 먹 찌꺼기를 씻는다.

④정원 안의 화초에 물을 준다.

⑤수풀 속의 잎들을 털어준다.

⑥몸이 조금 피곤하게 느껴지면 몸을 편안한 평상에 누인 채로 잠시 반나절 쉰다. 《복수전서(福壽全書)[12]》[13]

淸閑六事

淸閑之人, 不可惰其四肢, 又須以閑人做閑事.

臨古人帖, 溫昔年書.

拂几微塵.

洗硯宿墨.

灌園中花.

拂林中葉.

覺體少倦, 放身匡牀上, 暫息半晌. 《福壽全書》

4) 휴양의 일과 계획

휴양하며 하루를 보내는 법은 다음과 같다. 닭이 운 뒤에 잠에서 깨면 두 손을 입가에 대고 숨을 1~2번 입으로 내쉬어 밤사이에 몸에 쌓인 독기를 내뱉는다. 손바닥을 합장하려 가슴 앞으로 들어 올린 다음 손바닥으로 열이 나도록 비벼서 코의 양쪽 옆을 마찰하듯 문지르고, 이어서 양쪽 눈을 5~7번 지

怡養立成

怡養一日之法 : 鷄鳴後醒睡, 卽以兩手呵氣一二口, 以出夜間積毒. 合掌承之, 搓熱擦摩兩鼻傍, 及拂熨兩目五七遍. 更將兩耳揉捏扯拽, 捲向前後五七遍.

---

11 임모(臨摹) : 글씨와 그림 수련의 초보 단계로, 법첩의 글씨나 그림 위에 종이를 대고 그리는 것을 '임', 법첩을 보고 따라 그리는 것을 '모'라 한다. 능숙해지면 '방(倣)'이라 하여, 대가의 글씨나 그림 풍을 따라 새로운 작품을 창작하는 단계로 나아간다. 자세한 내용은 《임원경제지 유예지》2, 풍석문화재단, 2018, 210~213쪽을 참조 바람.

12 복수전서(福壽全書) : 중국 명(明)나라의 문인 진계유(陳繼儒, 1558~1639)의 저서. 전현(前賢)의 격언(格言)·유사(遺事) 중에서 경계 삼을 만한 말을 골라 편찬한 책.

13 《四庫存目叢書》子部 149책에 《福壽全書》가 수록되어 있으나, 본문 출전 확인 안 됨.

그시 눌러준다. 다시 양쪽 귀를 주무르기도 하고 잡아당기기도 하고서 앞뒤로 5~7번 말아준다. 두 손으로 뒤통수를 감싸고 중지와 검지 두 손가락을 사용하여 뒤통수를 퉁기듯 두드리는데, 각각 24번 한다.[14]

以兩手抱腦後, 用中、食二指彈擊腦後各二十四.

몸을 일으켜 세워 좌우로 팔을 쭉 편 다음 활을 당기는 자세를 좌우로 번갈아 5~7번 취한 뒤에, 선 채로 두 다리를 5~7번 폈다 오므렸다 한다. 이를 맞부딪치고 침을 내서 침이 입 안 가득 고이면 침을 3번에 나누어 삼킨다. 조금 쉬었다가 사계절의 기후와 기온에 따라 적절한 옷을 가늠하여 입는다.

左右聳身舒臂, 作開弓勢, 遞互五七遍, 後以兩股伸縮五七遍. 叩齒嗽津滿口, 作三嚥. 少息, 因四時氣候寒溫, 酌量衣服.

자리에서 일어나 백곤탕(白滾湯, 끓인 맹물) 3~5모금을 복용하는데, 이 물을 '태화탕(太和湯)'이라 한다. 다음으로 기혈(氣血)을 화평하게 하고 비장(脾腸, 지라)을 강화하며 위장을 튼튼하게 하는 약 수십 환을 복용한다. 조금 있다가 묽은 죽 1~2사발을 먹고 채소로 뱃속의 죽기운을 눌러 주되, 맵거나 익히지 않았거나 단단한 음식물은 지나치게 많이 먹지 말아야 한다.

起服白滾湯三五口, 名"太和湯". 次服平和補脾健胃藥數十丸. 少頃, 進薄粥一二甌, 以蔬菜壓之, 勿過食辛辣及生硬之物.

일어나 방안을 걷되, 손으로 배를 두드리며 50~60보를 걷는다. 또는 불당(佛堂)에 가서 향을 사르며 불경을 외거나 염불을 하여 서방정토(西方淨土)[15]에 이르는 공덕을 쌓는다. 또는 아이들의 공부를 지도해주거나 집안일을 본다. 일할 때는 마음을 기쁘게

起步房中, 以手鼓腹行五六十步. 或往理佛, 焚香誦經念佛, 作西方功德. 或課兒童學業, 或理家政, 就事歡然, 勿以小過動氣, 不

---

14 두……한다 : 양 손바닥으로 귀를 막고 손가락을 뒤통수로 향한 뒤 검지를 중지에 올린 다음 검지로 뒤통수를 퉁겨주는 동작이다.

15 서방정토(西方淨土) : 불교에서, 서쪽으로 10억 8천만 리를 가면 있다고 하는 아미타불(阿彌陀佛, 무량수불)의 세계.

하여 작은 잘못 때문에 기운을 흩트리지 말고, 화를 내거나 꾸짖는 일에 힘을 써서는 안 된다.

지팡이를 들고 정원에 들어가 정원을 맡은 하인을 시켜 채소를 파종하거나 가꾸고, 땅을 일구어 도랑을 내고 휴전(畦田, 두렁밭)16을 만들거나, 김을 매고 화초에 물을 주거나, 뻗어나간 덩굴을 묶어주거나, 옆으로 뻗은 가지를 쳐서 번잡하게 자라지 않게 하거나, 꽃 피는 때가 되면 꽃을 꺾어다 병에 꽂아 서재의 맑은 완상(玩賞)에 제공하게 한다.

방으로 돌아와 편안히 쉬되, 눈을 감고 단정히 앉아 정신을 안정시킨다. 조금 있다가 점심을 먹는다. 식사량을 조절하여 먹되, 음식이 맛있다고 너무 많이 먹지 말며, 기름지거나 향이 강하고 성질이 마른[燥] 음식을 먹어 오장 속을 뜨겁게 하지 말아야 한다. 식사가 끝나면 맑은 차 1~2잔을 마시면서 곧장 찻물로 이를 헹군다. 이때는 일반적으로 3번 정도 헹구고 뱉어내 치아 사이와 잇몸이 만나는 곳에 끼여 있는 음식물을 제거한다.

기운을 내서 일어나 다시 배를 두드리며 100여 보를 걷다가 멈춘다. 혹은 서재에 나아가 서재에서의 수행법을 행한다. 아니면 손님을 맞이하여 현묘한 이치를 논하거나 한담을 나눈다. 이때 손님과 시비(是非)를 따지지 말고 권세(權勢)에 대해 이야기하지 말아야 한다. 또 공문(公門, 관가의 업무)에 관여하지

得嗔叫用力.

杖入園林, 令園丁種植蔬茱, 開墾溝畦, 芟草灌花, 結縛延蔓, 斫伐橫枝, 毋滋宂雜, 時卽採花揷瓶, 以供書齋淸翫.

歸室寧息, 閉目兀坐定神. 頃就午餐, 量腹而入, 毋以食爽過多, 毋求厚味香燥之物, 以爍五內. 食畢, 飮淸茶一二杯, 卽以茶漱齒, 凡三吐之, 去牙縫積食.

作氣起, 復鼓腹行百餘步而止. 或就書室, 作書室中修行事. 或接客談玄, 說閑散話, 毋論是非, 毋談權勢, 毋涉公門, 毋貪貨利.

---

16 휴전(畦田, 두렁밭) : 사방을 두렁으로 에워싼 논처럼 만든 밭. 이에 대한 자세한 설명은《임원경제지 관휴지》권1〈총서〉 "농지 가꾸기" '두렁밭 만드는 법'에 나온다.

말고 재물을 탐하는 이야기를 나누지 말아야 한다.

또는 손님과 함께 떡이나 밀가루 음식 등 1~2가지를 먹고 맑은 차 1잔을 마신다. 이때 수단(水團)[17]·종자(粽子)[18]·유잡(油煠)[19]·딱딱하거나 체하기 쉬운 음식·기름지거나 미끈거리는 음식 등은 피한다. 자리에서 일어나 손님이 가는 길을 전송할 때는 간혹 200~300보를 손님과 함께 걷고 돌아온다.

또는 낮잠을 자고 일어나거나, 거닐면서 고시(古詩)를 읊어 가슴속의 그윽한 정회를 펴내거나, 금(琴)에 능한 자는 금을 1~2곡조 탄다.

몸에 입은 옷이 절기에 적당한가를 스스로 가늠하여 추우면 껴입고 더우면 덜 입으며, 추위를 참지는 않되 옷을 너무 껴입지도 않는다. 그리하여 뜨락이나 숲에서 지팡이를 짚고 신을 신고 거닐어 혈맥(血脈)이 잘 돌게 한다. 저녁식사 때가 되면 배고픈 정도를 가늠하여 먹고, 혹 술을 여남은 잔을 마시되 너무 취할 만큼 마시지는 말고 몸의 모든 혈맥이 잘 돌 정도로만 마신다.

구등(篝燈)[20]을 켜는 겨울 저녁이면 시를 보거나 집안 식구와 이야기하다가 1경(7~9시)이나 2경(9시~11시)을 알리는 북소리가 울리면 비로소 잠자리에 든

或共客享粉糕麵食一二物, 啜淸茗一杯, 忌食水團、粽子、油煠、堅滯、膩滑等食. 起送客行, 或共步三二百步歸.

或晝眠起, 或行吟古詩以宣暢胸次幽情, 能琴者撫琴一二操.

時自酌量身服, 寒煖卽爲加減, 毋得忍寒, 不就增服. 於焉杖屨門庭林薄, 使血脈流通. 時乎晚餐, 量腹飢飽, 或飮酒十數杯, 勿令大醉, 以和百脈.

篝燈冬月, 看詩或說家, 一二鼓始就寢. 主人晏臥, 可理家庭火盜生發. 睡時

---

17 수단(水團) : 쌀가루나 밀가루를 반죽하여 경단 같이 만들어서 삶은 후에, 이를 냉수에 헹구어 물기가 마르기 전에 꿀물에 넣고 실백잣(잣 알맹이)을 띄운 음식. 흔히 유월 유두(流頭)에 먹는다. 《임원경제지 정조지》 권7 〈절식[節食之類]〉 "유두절식(流頭節食)"에 만드는 방법이 있다.

18 종자(粽子) : 댓잎이나 갈잎 등으로 참쌀가루를 세모나게 싼 다음 묶어서 찐 떡. 굴원(屈原, B.C 340~B.C 278)이 멱라수(覓羅水)에 몸을 던진 후, 매년 단오가 되면 초나라 사람들이 굴원을 기리기 위해 이 음식을 강물에 던졌다고 한다.

19 유잡(油煠) : 야채나 고기를 기름에 튀겨서 만든 음식.

20 구등(篝燈) : 바람을 막기 위해 불어리(화로에 덧씌우는 망이나 틀)를 만들어 씌운 등.

다. 주인은 잠자리에 누워도 집안에 발생하는 화재
나 도적을 처리할 수 있어야 한다. 잘 때는 가래를
삭이고 체증을 뚫거나 가슴을 통하게 하고 속을 편
하게 다스리는 약 1첩을 복용해야 한다. 마음속으
로는 과거나 미래의 타인 및 자신의 나쁜 일을 생각
하지 말고, 늘 오직 한결같이 좋은 일만 생각해야
악몽을 꾸지 않게 된다.《준생팔전》[21]

當服消痰導滯、利膈和中藥
一劑. 心頭勿想過去、未來
人我惡事, 惟以一善爲念,
令人不生惡夢.《遵生八牋》

---

21 《遵生八牋》卷8〈起居安樂牋〉下 "晨昏怡養條" '高子怡養立成'(《遵生八牋校注》, 241~242쪽).

2. 사계절의 일과 四時課

1) 봄의 일과 春課

새벽에 일어나서 매화탕(梅花湯)¹을 마시고, 종 아이를 시켜 일과를 부여하여 섬돌을 뒤덮고 있는 이끼에 물을 뿌리고 쓸어 내게 한다. 우중(禺中, 오전 10시 무렵)에 장미로(薔薇露)²를 가져다 손을 씻고, 옥유향(玉蕤香)³을 피우고, 적문녹자서(赤文綠字書)⁴를 읽는다.

한낮에는 죽순과 고사리를 꺾어다가 참깨를 뿌려 볶아 먹고, 샘물을 길러 새로 난 차를 맛본다. 오후에는 관단마(款段馬)⁵를 타고 전수편(翦水鞭)⁶을 잡고서 술 1말과 홍귤[雙柑] 2개를 가지고 가서 꾀꼬리 울음소리를 듣는다.⁷

晨起, 點梅花湯, 課奚奴灑掃護階苔. 禺中, 取薔薇露浣手, 薰玉蕤香, 讀赤文綠字書.

晌午, 採笋、蕨, 供胡麻, 汲泉試新茗. 午後, 乘款段馬, 執翦水鞭, 携斗酒、雙柑, 往聽黃鸝.

---

1 매화탕(梅花湯):볶은 찰벼·상백피(桑白皮) 등을 넣어 끓인 물로, 소갈증으로 인해 갈증이 나면서 소변을 자주 보는 증상에 좋다.

2 장미로(薔薇露):장미꽃으로 만든 향수의 일종. 장미수(薔薇水)라고도 한다. 이것을 옷에 뿌리면 옷이 해져도 향기가 사라지지 않는다고 한다.

3 옥유향(玉蕤香):향의 한 종류. 유종원(柳宗元, 773~819)이 한유(韓愈, 768~824)가 보내 준 시를 받으면 장미로(薔薇露)라는 향수에 손을 씻고 옥유향을 쐰 다음 읽었다고 한다.

4 적문녹자서(赤文綠字書):일반적으로는 참위(讖緯) 서적을 지칭하나, 여기서는 《주역(周易)》을 뜻한다. 고대에 《주역》의 바탕이 된, 하도(河圖)와 낙서(洛書) 등의 그림들이 주로 붉은 글씨[赤文]나 녹색 글자[綠字]로 되어 있어서 붙여진 이름이다.

5 관단마(款段馬):작은 조랑말. 주로 걸음이 느린 말을 지칭한다.

6 전수편(翦水鞭):말을 재촉하는 채찍의 일종. 《독서기수략(讀書紀數略)》 권50 〈물부(物部)〉 "잡구류(雜具類)" '구절식마(九節飾馬)'에는, 진(晉)나라의 문인 왕제(王濟, ?~?)가 1년 중의 각 절기마다 말에 다는 안장·채찍·등자 등의 장식을 다음과 같이 바꾸어 썼다는 기록이 나온다. "청명이 되면 전수편을 쓰고, (중략) 동지가 되면 시풍등(嘶風鐙)을 쓴다.(淸明則剪水鞭, (중략) 冬至則嘶風鐙.)"

7 술……듣는다:중국 남조 송(宋)나라의 은사(隱士) 대옹(戴顒, ?~?)의 봄놀이 고사. 《운선잡기(雲仙雜記)》에

해 질 무렵에는 버드나무 아래에 앉아 바람을 쐬며 오색의 전지(箋紙, 찌지)를 잘라 금낭(錦囊)[8]에 넣을 만한 좋은 시구를 모은다. 엷게 땅거미가 지면 길가의 꽃에 물을 주고 물고기에게 밥을 준다. 《청한공(淸閑供)[9]》[10]

日晡, 坐柳風前, 裂五色箋, 集錦囊佳句. 薄暮, 遶徑灌花種魚. 《淸閑供》

2) 여름의 일과

夏課

새벽에 일어나서 기하(芰荷)의 옷[11]을 입고 꽃가지 곁에서 이슬을 마셔 폐(肺)를 촉촉하게 적신다. 우중(禺中, 정오 무렵)에는, 옛 그림을 펴 보거나 법첩을 펴 놓고 글씨 연습[臨池][12]을 한다.

晨起, 芰荷爲衣, 傍花枝, 吸露潤肺. 禺中, 披古圖畫, 展法帖臨池.

한낮에는 두건을 벗어 석벽에 걸어 놓고 평상에 걸터앉아 《제해기(齊諧記)》[13]와 《산해경(山海經)》[14]의

晌午, 脫巾石壁, 據匡床, 談《齊諧》、《山海》, 倦則取

다음과 같은 고사가 나온다. 어느 봄날에 대응이 술 1말과 홍귤 2개를 가지고 길을 갈 때, 어떤 이가 그에게 어디 가느냐고 묻자, 대응은 "꾀꼬리 소리를 들으러 가네. 꾀꼬리 소리는 속인의 귀를 일깨우는 침폄(針砭, 쇠침과 돌침)과 같아서 시(詩) 지을 마음을 고취시켜 주네. 그대는 그것을 아는가?(往聽黃鸝聲, 此俗耳針砭, 詩腸鼓吹, 汝知之乎.)"라 했다. 이후 '봄, 꾀꼬리, 귤 2개'는 봄의 상징처럼 두루 쓰이게 되었다. 조선 후기 김홍도(金弘道, 1745~?)의 《마상청앵(馬上聽鸎)》에 부친 이인문(李寅文, 1745~1821)의 제시(題詩)에, "아름다운 사람이 꽃 아래에서 천 가락 생황을 부나, 시인의 술동이 옆에 홍귤 한 쌍이로다.(佳人花底簧千古, 韻士樽前柑一雙.)"라 읊었다.

8 금낭(錦囊) : 시를 지어 담는 비단 주머니. 중국 당(唐)나라의 시인 이하(李賀, 791~817)가 종에게 비단 주머니를 들고 따르게 한 뒤에 좋은 시상이 떠오르면 종이에 적어 그 주머니에 담았다는 고사가 있다.

9 청한공(淸閑供) : 중국 청나라의 문인 정우문(程羽文, 1644~1722)이 지은 책. 사대부의 한가롭고 여유로우며 고상한 일상을 계절과 하루 일과에 따라 묘사한 저술이다.

10 《淸閑供》〈四時歡〉 "春時"(《續修四庫全書》1191, 360쪽) ; 《廣群芳譜》卷1〈天時譜〉, 6쪽.

11 기하(芰荷)의 옷 : 은자의 옷을 비유하는 말. 기(芰)는 세발마름, 하(荷)는 연잎인데, 고대에는 옷을 만드는 재료로 썼다. 《초사(楚辭)》〈이소(離騷)〉 편에 나오는, "기하(芰荷)를 마름질하여 옷을 만들고, 부용(芙蓉)을 모아 치마를 만드네.(製芰荷以爲衣兮, 集芙蓉以爲裳)"라는 구절에서 유래했다.

12 글씨 연습[臨池] : 중국 후한(後漢)의 명필 장지(張芝, ?~192)가 연못가에서 글씨를 연습하며 작은 돌에 글씨를 쓰고 못물에 붓 씻기를 거듭한 끝에 마침내 못물이 검게 변했다 하여, 글씨를 연마한다는 뜻으로 쓰이게 되었다.

13 제해기(齊諧記) : 중국 남조시대 송(宋)나라의 문인 동양무의(東陽無疑, ?~?)가 저술한 괴담집. '견우와 직녀' 설화를 비롯한 민간 전승의 기괴한 이야기와 전설 등이 수록되어 있다.

14 산해경(山海經) : 중국 고대의 신화와 지리를 기록한 책. 작자는 미상. 책이 나온 시기는 대략 전국시대이다. 지은이가 하(夏)나라 우왕(禹王) 또는 백익(伯益)이라는 설과 B.C 4세기 전국시대 후의 저작이라

기괴한 이야기를 한다. 피곤해지면 좌궁침(左宮枕)[15]을 가져다 베고 화서국(華胥國)[16]에 가서 흠씬 놀다온다. 오후에는 야자열매를 파낸 잔을 준비하고 참외를 냇물에 띄우고 자두를 담궈두고서 연꽃을 찧어 빚은 벽방주(碧芳酒)[17]를 마신다.

해 질 무렵에는 주사(硃砂)[18] 온천에 목욕을 하고 작은 배를 저어 늙은 등나무가 있고 굽이진 물가에서 낚싯대를 드리운다. 엷게 땅거미가 지면 대껍질로 만든 관을 쓰고 부들로 만든 부채를 부치며 높은 언덕에 서서 화운(火雲, 불타는 노을)이 변해가는 풍경을 본다. 《청한공(清閑供)》[19]

左宮枕, 爛遊華胥國. 午後, 剖椰子杯, 浮瓜沈李, 擣蓮花飲碧芳酒.

日晡, 浴罷硃砂溫泉, 棹小舟, 垂釣于古藤曲水邊. 薄暮, 籜冠蒲扇, 立層岡, 看火雲變現. 《清閑供》

3) 가을의 일과

秋課

새벽에 일어나서 장막을 내리고 아첨(牙籤)[20]을 검토한다. 이슬을 받아다 주묵(硃墨, 붉은 먹)을 갈아 책의 원고에 방점(傍點)을 찍으며 교정을 한다. 우중에는 금을 타며 학을 어르고, 금석문(金石文)과 정이(鼎彝, 솥과 제기 등의 골동품)를 감상한다.

晨起, 下帷檢牙籤, 挹露研硃點校. 禺中, 操琴調鶴, 玩金石、鼎彝.

한낮에는 연방(蓮房)[21]으로 벼루를 씻고, 다구(茶

晌午, 用蓮房洗硯, 理茶

는 설이 대립하고 있다.

15 좌궁침(左宮枕): 베개의 일종. 송나라 도곡(陶穀)의 《청이기(清異記)》에 의하면, 좌궁침은 푸른 옥으로 만드는데, 모양이 반듯하고 평평하며 길어서 두 사람이 같이 벨 수 있으며, 여름에는 시원하고 겨울에는 따뜻하다고 했다.

16 화서국(華胥國): 황제(黃帝)가 낮잠을 자다가 꿈속에서 노닐고 온 전설상의 나라. 이곳에는 왕이 없지만 모두가 무위자연 속에서 욕심 없이 평화롭게 살고 있다고 한다.

17 벽방주(碧芳酒): 술을 빚을 때 찧은 연꽃을 첨가해서 풍미를 더한 술.

18 주사(朱砂): 수은으로 이루어진 황화 광물. 붉은 광택을 내는 광물의 일종으로, 안료나 약재로 사용한다.

19 《清閑供》〈四時歡〉"夏時"《續修四庫全書》1191, 360쪽)

20 아첨(牙籤): 책 속에 끼워 표지(標識)로 삼는 상아로 만든 첨대. 일반적으로 서적을 비유한다.

21 연방(蓮房): 연꽃의 열매가 들어 있는 둥그런 송이.

具)를 정리하고, 오동과 대나무로 만든 기명(器皿, 각종 그릇)들을 닦는다. 오후에는 백접리(白接羅)[22]를 머리에 쓰고 은사삼(隱士衫)[23]을 입고서 붉게 물든 나무와 낙엽을 보며 좋은 시구가 떠오르면 낙엽 위에 적는다.

해 질 무렵에는 게와 농어회를 안주 삼아 소라껍질로 만든 잔에 술을 부어 새로 빚은 술을 먹고, 취하면 통소 몇 곡조를 연주한다. 엷게 땅거미가 지면 사립문에 기대어 나무꾼이나 목동이 노래하는 소리를 듣고, 반월향(伴月香)[24]을 사르며, 국화에 거름을 준다. 《청한공(淸閑供)》[25]

4) 겨울의 일과

새벽에 일어나서 순료(醇醪)[26]를 마시고, 햇살을 등진 채 손을 씻고 머리를 빗는다. 우중에는 털로 만든 침구를 깔아 놓고 오신(烏薪, 숯)을 산 다음 명사(名士)들을 모아 흑금사(黑金社)[27]를 만든다.

한낮에는 점대(점치는 댓가지)를 끼고 점을 치거나

具, 拭梧、竹. 午後, 戴白接羅, 着隱士衫, 望紅樹葉落, 得句題其上.

日晡, 持蟹螯、鱸鱠, 酌海川螺, 試新釀, 醉弄洞簫數聲. 薄暮, 倚柴扉, 聽樵歌牧唱, 焚伴月香, 壅菊.
《淸閑供》

冬課

晨起, 飮醇醪, 負暄盥櫛. 禺中, 置氈褥, 市烏薪, 會名士, 作黑金社.

晌午, 挾筴理舊稿, 看碁影

---

22 백접리(白接羅):학의 흰 깃털을 엮어 장식한 모자.

23 은사삼(隱士衫):은자(隱者)들이 즐겨 입는 검소한 베옷.

24 반월향(伴月香):중국 오대(五代) 말기의 문인 서현(徐鉉, 916~991)이 애용했던 향의 이름. 《청이록(淸異錄)》에 의하면 서현은 밝은 달밤에 바깥에 앉아서 이 향을 피우길 좋아했다고 한다. 이 고사에서 '달[月]'을 마주하여[伴] 피우는 향'이라는 이름이 유래했다. 《이운지》 권2 〈임원에서 즐기는 청아한 즐길거리〉 "향공" 참조.

25 《淸閑供》〈四時歡〉 "秋時"(《續修四庫全書》 1191, 360쪽)

26 순료(醇醪):다른 것이 섞이지 않아 순수하고 진한 술. 순주(醇酒)라고도 한다.

27 흑금사(黑金社):겨울을 대비하여 숯을 마련하는 모임. 《어정월령집요(御定月令輯要)》 권17 〈동령(冬令)〉에 "여산(廬山) 백록동(白鹿洞)에서는 유사(遊士)들이 서로 모여서 매번 겨울 추위에 돈을 추렴하여 숯을 구입해서 겨울 추위를 대비하였는데, 이를 '흑금사'라 불렀다.(廬山白鹿洞遊士輯輚, 每冬寒釀金市烏薪, 爲禦冬備, 號'黑金社'.)"라 했다. 《이운지》 권8 〈각 절기의 구경거리와 즐거운 놀이〉 "세시 풍속의 총 목록" '11월'의 흑금사 항목 참고.

파교풍설도

옛 원고를 정리하고, 해 그림자가 섬돌로 옮겨가는 모습을 보면서 발을 씻는다. 오후에는 도통롱(都統籠)[28]을 메고 깎아지른 벼랑 사이에 있는 늙은 소나무가 보이는 곳에 자리잡고 얼음을 깨어 건명(建茗)[29]을 끓인다.

移階, 濯足. 午後, 携都統籠, 向古松懸崖間, 敲氷煮建茗.

---

28 도통롱(都統籠) : 각종 차와 다구(茶具)를 갖추어 넣고 휴대할 수 있도록 만든 대나무 바구니.
29 건명(建茗) : 건다(建茶). 중국 복건성(福建省) 건계(建溪) 일대에서 생산되는 명차.

해 질 무렵에는 베옷에 가죽 모자 차림으로 시풍등(嘶風鐙)[30]을 나귀 등에 얹은 다음 절뚝거리는 나귀를 채찍질하고 길을 나서 한매(寒梅, 겨울에 피는 매화)의 소식을 묻는다.[31] 엷게 땅거미가 지면 화로 주위에 여럿이 무릎을 맞대고 앉아 토란 덩이뿌리를 잿불에 묻어두고는[32], 지극하게 현묘한 게송을 말하거나 검술(劍術)에 대해 이야기한다.《청한공》[33]

日晡, 布衣皮帽, 裝嘶風鐙, 策蹇驢, 問寒梅消息. 薄暮, 圍爐促膝, 煨芋魁, 說無上妙偈, 談劍術.《淸閑供》

---

30 시풍등(嘶風鐙):말을 탈 때 발을 디딜 수 있게 만든 등자(鐙子)의 일종. 위의 기사 "봄의 일과" 중 '전수편' 주석 참조.

31 절뚝거리는……묻는다:중국 당나라의 시인 맹호연(孟浩然, 689~740)이 한겨울 눈이 내릴 때, 절뚝거리는 나귀를 타고 장안(長安) 동쪽의 명승지인 파교(灞橋)로 가서 이르게 핀 매화꽃을 찾았다는 고사에서 유래했다.

32 토란……묻어두고는:화롯불에 토란을 구워 먹으며 대화를 나누었다는 다음 고사에서 유래했다. 중국 당나라 형악사(衡嶽寺)의 고승 명찬선사(明瓚禪師, ?~?)가 비범하다는 말이 세간에 알려지자, 당시 무명 서생이던 이필(李泌, 722~789)이 밤중에 선사를 방문했다. 그때 마침 명찬선사가 화롯불을 뒤적여서 토란을 굽고 있다가 이필에게 구운 토란 반 조각을 나눠 주었고, 이필이 미래에 재상(宰相)이 될 것이라고 예언했다. 그 뒤로 이필은 여러 관직을 거쳐 재상의 자리에까지 올랐다.

33 《淸閑供》〈四時歡〉 "冬時"(《續修四庫全書》1191, 360쪽).

3. 하루 24시간의 일과[二六課][1]

二六課

1) 진시(辰時, 오전 7~9시)의 일과

辰課

일찍 일어나서 옷깃을 단정히 하고 밝은 창 가운데가 마주보이는 곳에 앉아 운기조식(運氣調息)[2]을 하여 하늘의 기운을 받는다. 백탕(白湯, 끓인 물) 한 사발을 마시되 차는 마시지 않는다.

夙興, 整衣袗, 坐明牕中, 調息受天氣. 進白湯一甌, 勿飲茶.

머리를 100여 번 빗어 바람이 잘 통하게 하고, 화기를 내려 눈을 밝게 하며, 머리 속의 열기를 가시게 한다. 세수하고 양치질한 다음 아침밥을 먹는데, 죽이 좋고 묽고 간하지 않은 음식이 좋다. 배가 부르면 천천히 100보를 걸으며 손으로 배를 문질러 음식이 빨리 내려가게 한다.

櫛髮百餘遍, 使疏風, 淸火明目, 去腦中熱. 盥漱[1]畢早飱, 宜粥, 宜淡素. 飽徐行百步, 以手摩腹, 令速下食.

자연의 기(氣)는 해시(亥時, 오후 9~11시)와 자시(子時, 오후 11시~오전 1시) 이후의 기가 진기(眞氣)이다. 기는 고요할 때는 맑고, 시끄러워지면 탁하다. 그러므로 자연의 기는 사시(巳時, 오전 9~11시)와 오시(午時, 오전 11시~오후 1시)가 되면 희미해진다. 《청한공(淸閑供)》[3]

天氣者, 亥、子以來眞氣也, 靜而淸, 喧而濁, 故天氣至巳、午而微矣. 《淸閑供》

---

1 하루 24시간의 일과[二六課] : 예전에는 하루를 자시(子時, 오후 11시~오전 1시)에서 해시(亥時, 오후 9~11시)까지 모두 열두 단위로 나누었기 때문에 12(2×6, 오전·오후 각각 6단위)를 뜻하는 이륙(二六)을 넣어 "이륙과(二六課)"라는 제목을 붙였다.

2 운기조식(運氣調息) : 호흡을 통해 기를 조절하는 행위.

3 《淸閑供》〈二六課〉"辰"(《續修四庫全書》1191, 362쪽).

[1] 漱 : 저본에는 "手". 《淸閑供·二六課·辰》에 근거하여 수정.

2) 사시(巳時, 오전 9~11시)의 일과 · 巳課

책을 읽는데, 《능엄경(楞嚴經)》[4]이나 《남화경(南華經)》[5] 또는 《주역》의 한 괘를 읽는다. 순서에 따라 읽어 앞뒤가 뒤바뀌지 않게 하고, 망상을 하지 않고, 모여서 담론하지 않는다. 대의(大義)를 깨달으면 멈출 줄을 알고 의심을 쌓아두지 않는다. 피곤해지면 눈을 감고 침을 수십 번 삼킨다. 손님을 맞으면 말을 아껴 기운을 기른다. 《청한공》[6]

讀書, 或《楞嚴》或《南華》或《易》一卦. 循序勿汎濫, 勿妄想, 勿聚談. 了大義, 知止, 勿積疑. 倦卽閉目, 嚥津數十口. 見賓客, 寡言以養氣. 《淸閑供》

3) 오시(午時, 오전 11시~오후 1시)의 일과 · 午課

앉아서 향 1가닥을 피우고 향이 다 탈 때까지 두어 정신과 기운을 편안히 정돈한다. 비로소 밥에 맑은 국을 먹되 배고픈 정도에 알맞게 먹고 배부르기 전에 먹기를 그친다. 찻물로 입안의 찌꺼기를 씻고 양치질을 한 다음에야 물을 마신다.

坐香一線畢經行, 使神氣安頓. 始飯用素湯, 當飢而食, 未飽先止. 茶滌口膩, 漱去乃飮.

많이 걷고 적게 앉아 있으며, 몸을 구부리지 말아야 한다. 가슴속이 답답하면 입을 다물었다가 숨을 2~3차례 뿜어낸다. 일반적으로 음식의 절도(節度)는 가득 참[滿]을 덜고 허(虛)를 수용함에 있다. 그러므로 배고픈 정도에 맞게 먹고 가득 차게 먹는 것을 절제하여, 배가 미처 부르기 전에 멈춰 뱃속에

多行步少坐, 勿傴. 胸中悶則黙呵氣二三口. 凡飮食之節, 減滿受虛, 故當飢節其滿, 未飽留其虛. 《淸閑供》

4　능엄경(楞嚴經) : 불교 선종(禪宗)의 주요 경전(經典). 전체 내용은 여래장(如來藏) 사상에 대한 설법 위주로 구성되어 있다. 정식 명칭은 '대불정여래밀인수증요의제보살만행수능엄경(大佛頂如來密因修證了義諸菩薩萬行首楞嚴經)'이며, 줄여서 '대불정수능엄경'이라고도 한다.

5　남화경(南華經) : 《남화진경(南華眞經)》의 약칭으로, 장주(莊周, B.C 369?~B.C 286)가 지은 《장자(莊子)》를 말한다. 도교를 숭상했던 당나라 현종(玄宗)이 742년에 장자에게 남화진인(南華眞人)이라는 호를 추증하고, 《장자》를 《남화진경》이라 개칭한 데서 유래했다. 이 책은 노자(老子)의 《도덕경(道德經)》과 함께 도교의 주요 경전이 되었다.

6　《淸閑供》〈二六課〉 "巳"(《續修四庫全書》1191, 362쪽).

그 허(虛)를 남겨둔다. 《청한공》[7]

4) 미시(未時, 오후 1~3시)의 일과

역사서를 섭렵하여 옛사람들의 큰 국량을 보고, 사물의 이치를 탐구하며, 시무(時務, 당면한 일)를 두루 살핀다. 일이 생기면 반드시 처리해내야 하고 눈앞에 사물이 나타나면 반드시 그것이 무엇인지 알아내야 한다. 낮에 눕지 않으며, 처리해야 할 일이나 알아내야 할 사물을 두려워하지 않으면 사물이 언제 오더라도 문제될 게 없다. 역사서를 섭렵하고 시무를 두루 살펴보는 일은 모두 묘하고도 밝게 아취(雅趣)가 생겨나는 일이지만 글을 읽는 사람들은 일상에서 이런 사실을 알지 못한다. 《청한공》[8]

未課

獵史, 看古人大局, 窮事理, 流覽時務. 事來須應過, 物來須識破. 勿晝臥, 無事無物, 不妨事物之來. 涉獵流覽, 都是妙明生趣, 讀書人日用不知. 《清閑供》

5) 신시(申時, 오후 3~5시)의 일과

옛사람이 깨달음을 얻어 쓴 글 1~2편을 낭송하고, 술잔 가득 따른 몇 잔의 술을 마시되, 많이 마셔서 뜻을 어지럽혀지게 해서는 안 된다. 또는 이름난 사람의 시 몇 수를 읊조리거나, 옛 법첩을 따라 붓을 놀려보다가 피곤해지면 곧 그친다. 시를 읊조리며 술을 1잔 가득 마셔서[浮白] 몸의 진기(眞氣)를 왕성하게 한다. 이 시간은 또한 장욱(張旭)[9]의 초서가

申課

朗誦古人得意文一二篇, 引滿數酌, 勿多飲令昏志. 或吟名人詩數首, 弄筆倣古帖, 倦卽止. 吟誦浮白以王眞氣, 亦是張顚草書被酒入聖時也. 《清閑供》

---

7 《清閑供》〈二六課〉 "午"(《續修四庫全書》1191, 362쪽).

8 《清閑供》〈二六課〉 "未"(《續修四庫全書》1191, 362쪽).

9 장욱(張旭):?~?. 중국 당(唐)나라 문종(文宗, 809~840) 때의 서예가. 자는 백고(伯高). 분방하게 보이는 광초(狂草)를 주로 썼는데, 대취할 때까지 술을 마시고 술에 취하면 미친 듯이 글씨를 쓰고는 깨어나선 취중의 글씨를 스스로 신품(神品)이라 했다고 하여 세칭 '장전(張顚)'이라 일컫는다. 작품으로 《자언첩(自言帖)》이 있다.

술기운에 힘입어 서성(書聖)의 경지에 들어가게 된 때이기도 하다. 《청한공》[10]

6) 유시(酉時, 오후 5~7시)의 일과

앉아서 향 1가닥을 피우고 마음 내키는 대로 동정(動靜)을 취한다. 저녁은 일찍 먹는 게 좋고, 아이에게 하루 공부로 부과한 것을 정한 만큼 했으면 그만하게 한다. 술을 조금 마셔야지 흠뻑 취하지 않는다. 뜨거운 물로 발을 씻어 화기(火氣)를 내리고 습기를 제거한다. 저녁에는 하루 동안 먹은 음식의 독기를 양치질로 씻어낸다. 《청한공》[11]

酉課

坐香一線, 動靜如意. 晚飧宜早, 課兒子一日程, 如法卽止. 小飲, 勿沈醉陶然. 熱水濯足, 降火除濕. 暮漱滌一日飮食之毒. 《淸閑供》

7) 술시(戌時, 오후 7~9시)의 일과

등불을 켠 밤에 가만히 앉아서 생각을 많이 하지 말고 책을 많이 읽지 않는다. 생각을 많이 하면 마음을 상하고 책을 많이 읽으면 눈을 상한다. 앉아 있더라도 2경(二更, 오후 9~11시)을 넘기지 않아야 하고, 편안히 잠자리에 들어 원기를 배양해야 한다. 누울 때는 반드시 몸을 옆으로 눕히되 한 다리를 위로 구부린다. 먼저 마음을 잠재운 후 눈을 잠재운다. 마음을 잠재우는 것은 지법(止法)[12]이고, 눈을 잠재우는 것은 관법(觀法)[13]이다. 《청한공》[14]

戌課

燈夜黙坐, 勿多思, 勿多閱. 多思傷心, 多閱傷目. 坐勿過二更, 須安睡以培元氣. 臥必側身, 屈上一足. 先睡心, 後睡眼, 睡心是止法, 睡眼是觀法. 《淸閑供》

---

10 《淸閑供》〈二六課〉 “申”(《續修四庫全書》1191, 362쪽).
11 《淸閑供》〈二六課〉 “酉”(《續修四庫全書》1191, 362쪽).
12 지법(止法) : 불가의 수행법 중의 하나. 번뇌와 망상을 끊고 마음을 고요한 상태로 유지하는 수행법이다.
13 관법(觀法) : 불가의 수행법 중의 하나. 온갖 잡스런 생각에서 벗어나 세상의 이치를 직관하는 동시에 명상하여 깨닫는 수행법이다.
14 《淸閑供》〈二六課〉 “戌”(《續修四庫全書》1191, 363쪽).

8) 해시(亥時, 오후 9~11시) · 자시(子時, 오후 11시~ 오전 1시)의 일과

亥、子課

해시 끝에서 자시 처음은 사람으로 치면 아기가 막 태어난 때이니, 일신(一身)의 원기(元氣)가 이때에 펼쳐진다. 그 기미가 있을 즈음이 되어 일어나 앉아 이불을 둘러쓰고서 마음을 비우고 고요함을 유지하되 인위적으로 하지 않고 자연스럽게 행한다. 향 1가닥을 피워 그 명문(命門)[15]을 단단하게 하면 정신이 날마다 넉넉하고 원기가 오래도록 가득해진다. 각성한 상태에서 원기를 계속 운행시키면 쉬 늙지 않고 장수할 수 있다. 《청한공》[16]

亥末子初, 嬰始孩也, 一身元氣於焉發陳. 當其機候, 起坐擁衾, 虛心靜佇[2], 無爲而行. 約香一線, 固其命門, 精神日餘, 元氣久盈. 醒而行之, 難老而長存也. 《淸閑供》

9) 축시(丑時, 오전 1~3시) · 인시(寅時, 오전 3~5시)의 일과

丑、寅課

축시와 인시 사이는 정기(精氣)가 발생하는 때이니, 깊이 잠들지 말고 고요히 마음을 지켜 정기가 제 집[宅, 즉 몸]에 머무르도록 한다. 혹 몸을 활[弓] 모양처럼 옆으로 돌린 상태로 누우면 정기 또한 두루 흘러서 새어 나가지 않게 된다. 이는 마치 구맹(句萌)[17]이 꺾이지 않고 생기(生氣)를 받아들이는 것과 같다. 《청한공》[18]

丑、寅間, 精氣發生時也, 勿酣睡, 靜守, 令精住其宅. 或轉側臥如弓, 氣亦周流不漏洩, 如句萌不折迎生氣也. 《淸閑供》

---

15 명문(命門) : 일반적으로는 명치를 뜻하고, 한의학에서는 사람의 정기(精氣)가 모이는 곳인 오른쪽 콩팥을 의미한다.
16 《淸閑供》〈二六課〉 "亥子"(《續修四庫全書》1191, 363쪽).
17 구맹(句萌) : 처음 움트는 초목의 싹. 구부러져서 트는 싹을 구(句)라 하고, 곧게 트는 싹을 맹(萌)이라 한다.
18 《淸閑供》〈二六課〉 "丑寅"(《續修四庫全書》1191, 363쪽).
② 佇 : 저본에는 "宁". 《淸閑供·二六課·亥子》에 근거하여 수정.

10) 묘시(卯時, 오전 5~7시)의 일과

잠에서 깨어나 새벽빛을 본 다음 옷을 걸치고 평상에 앉는다. 300번 치아를 부딪치고 두 어깨를 돌리면서 어깨의 근육과 뼈를 풀어주고 음양의 기운을 조화롭게 한다. 옷을 털고 평상을 내려놓되[下榻][19], 몸을 과도하게 함부로 움직이지 않는다. 《청한공》[20]

卯課

醒見晨光, 披衣坐牀. 叩齒三百, 轉動兩肩, 調其筋骨, 以和陰陽. 振衣下榻, 俾勿濫觴.《清閑供》

---

[19] 평상을 내려놓되[下榻]: 손님을 맞이할 준비를 한다는 의미다. 중국 후한(後漢) 환제(桓帝, 재위 146~168) 때의 예장태수(豫章太守)인 진번(陳蕃)이 당시 덕망이 높던 서치(徐穉, ?~?)가 방문하면 특별히 평상을 내려놓았다가 그가 가면 다시 걸어 놓았다는 고사가 《후한서(後漢書)》 권83 〈서치열전(徐穉列傳)〉에 보인다.
[20] 《清閑供》 〈二六課〉 "卯課"(《續修四庫全書》1191, 363쪽).

명승지 여행

名勝遊衍

1. 여행 도구

游具

【안 《섬용지》〈탈 것[騎乘之具]〉·〈여행에 쓰는 기타 도구[行李雜具]〉[1] 항목과 서로 참고해야 한다.】

【案 當與《贍用志、騎乘之具·行李雜器》條互考.】

1) 여행 도구는 간편해야 한다

論游具宜簡便

산천을 유람하는 사람들은 일행이 많아서는 안 되니, 많으면 사람을 접대하는 일로 피로해져 고요하게 감상하는 데에 방해가 된다. 하인을 많이 거느리면 이르는 곳마다 사람들로 북적이게 한다. 그러므로 요즘에는 3인으로 구성하고 제반 준비물을 갖추는데, 모두 양 어깨에 2인이 지도록 한다. 궤장(几杖, 안석과 지팡이)을 가지고 일산을 휴대한 잔심부름 꾼까지 더해 3사람만 있으면 충분하다.

遊山客不可多, 多則應接人事勞頓, 有妨靜賞. 兼僕衆, 所至擾人, 今爲三人, 具諸應用物, 共爲兩肩, 二人荷之, 操几杖持蓋雜使, 更三人足矣.

짐꾼이 유람하는 객의 짐을 탐탁해하지 않으면 서로 비교해서 재량껏 덜어내어 쓸데없이 중복되는 물건이 없도록 하는데, 오직 가볍고 간단해야 편리하다. 그릇 종류는 모두 옻칠한 나무 그릇으로 해야 가벼우면서도 도둑맞는 일을 멀리 할 수 있다. 술잔만은 혹 자기나 돌로 된 것을 써도 괜찮다. 은전(銀

肩輿者不豫客有所携, 則相照裁損, 無浪重複, 惟輕簡爲便. 器皿皆木漆, 輕而遠盜. 惟酒杯或可用瓷、石[1]. 銀錢一二千, 使人腰之, 操几杖者可兼也.

---

1 섬용지……도구:《섬용지》권4 〈탈 것〉·〈여행에 쓰는 기타 도구〉에 있다.
[1] 瓷石:저본에는 없음.《說郛·忘懷錄》에 근거하여 보충.

錢) 1,000~2,000전을 하인의 허리에 차게 하고, 궤
장을 가지고 갈 사람을 함께 데려가도 좋다. 《망회
록(忘懷錄)2》3

《忘懷錄》

2) 안차(安車, 여행용 수레)4

안차의 바퀴는 높게 만들지 않아야 하는데, 높으
면 안차가 흔들린다. 수레 몸체는 길이가 6척으로,
누울 수가 있다. 그 너비는 양 바퀴의 폭에 맞춘다.
바퀴는 부들을 꼬아 만든 새끼로 감아주되, 새끼 굵
기가 동전 크기 정도가 되어야 한다. 안차 위에 4개
의 기둥을 설치하고, 덮개는 빽빽한 대자리로 만들
고, 종이를 붙여 먹칠을 하되 다닥다닥 붙이지 않
는다. 종이가 겹치면 시야를 가려서 관람할 때 방해
가 되기 때문이다. 좌석[廂]의 높이는 1.4척이고, 그
위에 자리나 거적 등의 깔개를 깐다. 바깥쪽 난간은
팔꿈치를 기댈 만한 너비로 기준을 삼는다.

안차 뒤쪽은 문을 만들고 앞쪽에는 부판(扶板)5을
설치하되 위에 걸치게 한다. 부판을 앞에 두면 기댈
수 있고, 뒤에 두면 의지할 수 있기 때문에 때에 따
라 옮겨 사용한다. 쇠선반[鐵鉅子]을 좌석의 부판에

安車

安車輪不欲高, 高則搖. 車
身長六尺, 可以臥也. 其廣
合轍. 輪以蒲索纏之, 索
如錢大可也. 車上設四柱,
蓋密簟爲之, 紙糊墨漆, 勿
加椾椾②, 重又蔽眼, 害
于觀眺. 廂高尺四寸, 設茵
薦之具③, 外可以隱肘爲
法④.

車後爲門, 前設扶板, 加于
廂上, 在前可憑, 在後可
倚, 臨時移徙. 以鐵鉅子
簪于兩廂之上板⑤, 可闊

2　망회록(忘懷錄) : 중국 송(宋)나라의 문인 심괄(沈括, 1031~1095)의 저서. 시골에서 은거하는 삶의 소소한
　　일면을 기록한 책.
3　《說郛》卷74 上〈忘懷錄〉《文淵閣四庫全書》880, 183~184쪽).
4　안차(安車) : 앉아서 이동할 수 있도록 만든 옛날 여행용 수레. 고대의 수레는 원래 서서 타도록 되어 있었는
　　데, 이 수레는 편안히 앉을 수 있게 만들었으므로 안차라 한다. 주로 고관대작들이 이용하였다.
5　부판(扶板) : 수레 앞쪽에 설치하여 잡고 기댈 수 있도록 만든 판자.
②　椾椾 : 《說郛·忘懷錄》에는 "校恐".
③　茵薦之具 : 《說郛·忘懷錄》에는 "茵靁其".
④　隱肘爲法 : 《說郛·忘懷錄》에는 "飮馬".
⑤　上板 : 《說郛·忘懷錄》에는 "板上".

《고금도서집성》의 안차 그림

꽂으면 1척 남짓 더 넓힐 수가 있어서 여기에 서적 및 안주와 술 등을 넣을 수 있다. 좌석 아래에 한 장의 판자를 깔아 누웠을 때 바람을 막아 준다. 그 조금 뒤쪽에 솔호(窜戶, 쪽창)를 만들어 옆으로 누우면 산천을 구경하기에 편하게 한다.

안차 뒤쪽에는 유헌(油幰)[6]을 치고 유헌의 양쪽 끝에 그림 족자의 축(軸)처럼 가로로 축을 설치하는데, 축의 굵기는 손가락 굵기 정도 되게 한다. 비가 오면 축을 펼쳐서 앞쪽 기둥에 묶고, 해를 가리거나 바람을 가리려 하면 반만 펴거나 한쪽만 펴고, 다른 한쪽은 때에 따라 쇠선반을 이용하여 안차 덮개의 들보나 좌석 아래에 꽂아둔다.

쓸 일이 없으면 말아서 수레 뒤나 앞에 세워 납폐(納陛)[7]로 삼으면 발을 내려뜨려 앉을 수 있다. 눕고 싶

尺餘, 令可容書策及肴尊之類. 庙下稱以一板, 臥則障風, 近後爲窜戶[6], 以備側[7]臥觀山也.

車後施油幰, 幰兩頭施軸如畫幀, 軸大如指. 有雨則展之, 縛于前柱, 欲障日障風, 則半展或偏展, 一邊臨時以鐵鉅子簪于車蓋梁及庙下.

無用則卷之, 立于車後車前, 爲納陛, 令可垂足而坐, 要

---

6 유헌(油幰):비와 바람을 막을 수 있도록, 기름을 발라 장식한 수레의 휘장.
7 납폐(納陛):본래 대궐의 축대를 파서 오르는 모습이 보이지 않게 만든 계단. 또 옛날 제왕이 큰 공훈이 있는 제후나 대신들에게 예우의 뜻으로 베푼 아홉 가지 은전(恩典) 가운데 하나이기도 하다. 여기서는 유헌

으면 누울 자리를 판자로 걸쳐서 평평하게 한다. 금 (琴)·책·술통·부채·모자 등은 안차의 손잡이나 덮개의 틈이나 수레 뒤편에 모두 걸 수 있다.[8] 《망회록》[9]

臥則以板架之令平. 琴、書、酒榼、扇、帽之類, 挂車携、蓋間, 車後皆可也.《忘懷錄》

3) 편교(便轎, 등산용 가마)[10]

便轎

편교는 산에 오를 때 쓰는데 요즈음 시중의 민간에서 말하는 '두교(兜轎)[11]' 방식과 같다. 다만 몸을 앉히는 양점(涼簟)[12] 양 옆은 구리나 쇠를 두드려서 교량(橋梁, 양쪽 채)에 쌍갈고리를 만들고, 아래쪽으로 양점 양쪽 끝을 띠로 매단다. 갈고리에는 소정(箭釘)[13]을 꽂을 수 있도록 구멍[眼]을 만든다. 채[杠][14]에는 구리로 만든 2개의 띠를 아래로 늘어뜨리고, 구멍을 파서 구리갈고리를 끼울 수 있게 한 뒤에 맞은편 구멍은 소정을 써서 고정시켜 마치 매달아 놓은 듯이 만든다.

入山用之, 如今市中俗云 "兜轎"式也. 但坐身涼簟兩傍, 用銅或鐵打成橋梁雙鈎, 下鑽涼簟兩頭, 鈎上作眼待箭. 杠[8]上用銅製二鑽下垂, 作竅以受銅鈎, 對眼用箭釘住, 如懸卦然.

사람이 그 위에 앉고 채 위의 권위(圈圍)[15]에 기대면 편안하게 갈 뿐 아니라 또 산을 오르거나 산을

人坐其上, 背靠杠上圈圍, 不惟安適, 且上山下山如履

의 두루마리로 만든 임시 발판을 가리키는 것으로 추정된다.

8 이상에서 설명한 안차의 정확한 구조를 역자들은 제대로 이해하지 못했다.

9 《說郛》卷74 上〈忘懷錄〉.

10 편교(便轎, 등산용 가마):두 사람이 메고 다닐 수 있도록 만든 가마. 일반 가마와 다르게, 앉아 있는 사람이 편안하도록 수평을 유지할 수 있게 만든다.

11 두교(兜轎):중국 전역의 민간에서 일반적으로 쓰던 교통수단으로, 양쪽의 긴 막대(채) 사이에 걸터앉는 의자와 발판이 달려 있는데 그 위치가 긴 막대의 아래쪽이라 안정감이 있다. 덮개나 난간이 없어 사람만 탈 수 있다.

12 양점(涼簟):여름에 눕거나 앉을 때 덥지 않도록 바닥에 까는 자리.

13 소정(箭釘):목재를 고정시키기 위해 대나무로 만든 못.

14 채[杠]:편교의 양 옆으로 길게 설치해서 사람이 어깨에 걸 수 있게 만든 나무.

15 권위(圈圍):몸을 기댈 수 있게 둥그렇게 만든 받침대.

6 戶:《說郛·忘懷錄》에는 "尺".

7 側:《說郛·忘懷錄》에는 "及".

8 杠:저본·《遵生八牋》에는 "扛".《遵生八牋·起居安樂箋·晨昏怡養條》의 문맥에 근거한 교감에 따라 수정. 이하 기사의 모든 "扛"은 "杠"으로 고치며 교감기를 달지 않음.

〈중산출유도(中山出遊圖)〉의 편교   청나라말기의 편교

내려올 때조차도 마치 평지를 밟는 듯하다. 왜냐하면 그 장치가 항상 수평을 유지하기 때문이다. 어찌 앞으로 자빠지거나 뒤로 쏠릴 염려가 있겠는가? 편교의 채는 민(閩)[16] 지방에서 나는 자형목(紫荊木)[17]으로 만드는데, 가볍고 가늘면서도 단단하며 무거울수록 힘을 더욱 잘 받으니 다른 나무들은 모두 비교가 되지 않는다. 《준생팔전》[18]

平地, 以其機關常平故也. 何有前撲後抑之患? 杠子 得有閩産紫荊木爲之, 輕 細而堅, 愈重愈力, 他木俱 不勝也. 《遵生八牋》

4) 피운건(披雲巾, 방한 두건)

피운건은 포목이나 모직으로 만드는데, 두건 부분은 납작하고 정수리 부분은 네모나게 하며 뒤에는 피견(披肩)[19] 반 폭을 쓰고 내부의 솜은 면(綿)으로 한다. 이것은 주권(朱權)[20]이 만든 물건으로, 눈밭을 거닐 때 추위를 막기 위한 도구이다. 《기거기복전(起居器服箋)[21]》[22]

披雲巾

或段或氈爲之, 區巾方頂, 後用披肩半幅, 內絮以綿. 此臞仙所製, 爲踏雪衝寒 之具. 《起居器服箋》

---

16 민(閩):중국 복건성(福建省) 일대.

17 자형목(紫荊木):산람과(山欖科) 자형목속의 나무. 우리나라에서는 박태기나무라 부른다. 큰 나무는 최대 30m까지 자란다. 나무껍질이 가죽과 비슷하고 목재는 가벼우면서도 단단하다.

18 《遵生八牋》卷8〈起居安樂牋〉下"溪山逸游條"游具(《遵生八牋校注》, 260쪽).

19 피견(披肩):뒷덜미와 어깨를 덮어 따듯하게 하는 복식.

20 주권(朱權):1378~1448. 명나라 태조 주원장의 17번째 아들. 호는 구선(臞仙)이며 함허자(函虛子) 또는 단구(丹丘) 선생이라고도 한다. 저서로《구선신은서(臞仙神隱書)》가 있다.

21 기거기복전(起居器服箋):중국 명나라의 문인 도륭(屠隆, 1542~1605)의 저서. 일상생활에 필요한 가구와 도구 등을 설명한 책이다.《고반여사(考槃餘事)》에 수록되어 있다.

5) 운석(雲舃, 여행용 신발)

운석은 도롱이풀과 종려나무잎으로 만드는데, 운두(雲頭)[23]는 짚신과 비슷하다. 흰 베로 신발을 만들고, 푸른 베로 높게 말려 있는 운두를 만든다. 신발의 표면은 푸른 베로 끈을 만들어 좌우로 나누어 배치하는데, 각 변에 가로로 6개의 끈을 지나게 하여 12개월의 의미를 상징한다. 뒤에는 푸른 구름 모양을 만들고 입구에는 푸른 가선을 둘렀는데, 흙길에 신고 걸어 다니는 용도로는 아닌 듯하지만 산인(山人, 산을 다니는 사람)들이 명승지를 유람하는 도구로는 적당하다. 《기거기복전》[24]

6) 정리(釘履, 징 박은 신발)[25]

사극(謝屐)[26]은 산을 오를 때는 신발의 앞굽을 떼고 산을 내려올 때는 뒷굽을 뗀다. 이런 신발이 고

雲舃

以蓑草及棕爲之, 雲頭如芒鞋. 或以白布爲鞋, 靑布作高挽雲頭, 鞋面以靑布作條, 左右分置, 每邊橫過六條, 以象十二月意. 後用靑雲, 口以靑緣, 似非塵土中着脚行用, 當爲山人濟勝之具也. 《起居器服箋》

釘履

謝屐, 上山則去前齒, 下山則去後齒, 非不爲雅, 孰若

송나라 무덤에서 출토된 정리

---

22 《考槃餘事》〈起居器服箋〉 "帳"(《考槃餘事》, 326쪽);《遵生八牋》 卷8〈起居安樂牋〉下 "溪山逸游條" 游具(《遵生八牋校注》, 257쪽).
23 운두(雲頭):옛날 여인들의 신발 앞에 구름무늬나 꽃무늬로 수놓은 장식.
24 《考槃餘事》〈起居器服箋〉 "帳"(《考槃餘事》, 326쪽);《遵生八牋》 卷8〈起居安樂牋〉下 "溪山逸游條" '游具'(《遵生八牋校注》, 258쪽).
25 정리(釘履):바닥에 쇠로 된 징을 박은 신발. 산이나 비탈진 길, 눈이나 얼음이 쌓인 길을 걸을 때 사용했다.
26 사극(謝屐):산을 오를 때 신는 나막신. 사공극(謝公屐)이라고도 한다. 중국 남조(南朝) 송(宋)나라의 시인 사영운(謝靈運, 385~433)이 산을 올라갈 때는 나막신의 앞굽을 떼고 내려올 때는 뒷굽을 떼어 걷기에 편하게 만들었다는 고사에서 명칭이 유래했다.

아하지 않은 것은 아니지만, 무엇이 요즈음 정리(釘履)의 편리함만 하겠는가?《산가청사(山家淸事)²⁷》²⁸

송(宋)나라 때 정리의 제도는 지금 자세히 알 수 없으나, 우리나라 사람들은 가죽으로 신을 만들고 바닥에 철정(鐵釘, 쇠로 된 징)을 박은 신발【신발 한 짝마다 위아래로 각각 철정 3개를 박는다.】을 쓰는데, 산을 타며 얼음을 디딜 때나 험한 산비탈을 오르내릴 때 가장 편리하여, 미끄러지거나 엎어지는 일을 면하게 해 준다.《금화경독기》²⁹

今釘履爲便?《山家淸事》

宋時釘履之制, 今不可詳, 而東人用革爲履, 底著鐵釘者【每一隻上下各著鐵釘三】, 最便山行踏氷, 上下峻坂, 免致滑溜顚仆.《金華耕讀記》

7) 지팡이

오직 합죽장(合竹杖)³⁰이 좋은데, '지(之)' 자 모양 대나무·방죽(方竹)³¹·늙은 대나무의 땅속줄기로 만든 지팡이도 고아하다.

근래에 지팡이 모양처럼 생긴 형목(荊木, 모형나무) 가운데 위로는 가지가 쌍으로 뻗고 두꺼운 뿌리가 있는 부분을 찾아 쌍지(雙芝, 쌍으로 된 영지) 모양으로 조각하고 옥처럼 매끈하게 다듬은 지팡이 또한 사람들 마음에 든다. 금은(金銀)·벽진(碧瑱, 푸른 옥)·고동(古銅, 오래된 구리)을 상감(商嵌) 기법으로 새겨 넣은

杖

惟合竹爲佳, 有以之字竹、方竹、老竹鞭爲之者亦雅.

近日以荊木如杖形者, 原其上有雙枝厚根處, 雕爲雙芝, 摩滑如玉, 亦可人意. 得有三代商嵌金銀、碧瑱、古銅鳩鳥杖頭, 須用椶、竹爲杖.

---

27 산가청사(山家淸事):중국 송(宋)나라의 문인 임홍(林洪, ?~?)의 저서. 3권. 자연에 은거하는 생활의 방법과 의미 및 여러 일화 등을 수록하고 있다.

28 《山家淸事》〈山轎〉(《叢書集成初編》2883, 2쪽).

29 출전 확인 안 됨.

30 합죽장(合竹杖):대나무를 서로 맞붙여서 만든 죽장.

31 방죽(方竹):관상용 대나무의 일종. 대나무 모습이 약간 모가 나 있어 방죽(方竹)이라 한다. 높이는 3~8m, 지름은 1~4cm이며 재질이 단단하다.

합죽장

구조장두

삼대(三代)[32]의 구조장두(鳩鳥杖頭)[33]를 얻으면 종려나
무나 대나무로 지팡이를 만들어야 한다.

내가 몸통 전체에 금이나 은으로 옷을 입힌 장두
를 보았는데, 형태도 매우 예스러웠다. 구조장 아래
에는 구리관이 있었는데, 역시 삼대의 물건이었다.
제작된 모양도 매우 아낄 만했으니, 이렇게 완전한
조건을 갖춘 지팡이를 얻는다면 노인들이 쓰기에 한
량없이 좋다.

이 외에 만세등(萬歲藤)[34]이나 명아주로 지팡이를
만들면 형태가 비록 괴이하더라도, 이것은 늙은 스
님들의 여행 도구이지 산인가(山人家, 산을 다니는 사람
들)의 지팡이는 아닌 듯하다. 《준생팔전》[35]

余見有全身鏒金銀者, 形
亦古甚, 下有銅管, 亦三代
物也. 製甚可愛, 得此全
副, 老人受用無量.

外此用萬歲藤、藜藋爲杖,
形雖奇怪, 此爲老衲行具,
恐非山人家扶老也.《遵生
八牋》

---

32 삼대(三代) : 중국의 고대 국가인 하(夏)나라, 은(殷)나라, 주(周)나라를 말한다.

33 구조장두(鳩鳥杖頭) : 비둘기나 학 등의 새 모양으로 만든 지팡이 머리. 구리·금·은 등의 재료를 써서 손으
로 붙잡기 편리한 모양으로 만든다.

34 만세등(萬歲藤) : 오래된 등나무. 천문동의 이칭이기도 하지만 여기서는 오래되어 모양이 괴이한 등나무를
뜻한다.

35 《遵生八牋》卷8〈起居安樂牋〉下"溪山逸游條"游具(《遵生八牋校注》, 258쪽).

지팡이는 반죽(斑竹)[36]이 상등품이니, 대나무는 늙고 호리호리하면서 단단하고 굳세어야 하고, 얼룩은 살짝 붉으면서 점이 듬성듬성 있어야 한다. 가도(賈島)[37]의 시에 "숲 속에서 가장 가느다란 가지 골랐지, 돌 위에 뿌리 내려 더디게 자란. 붉은 얼룩 뚝뚝 떨어져 조금씩 박혀 있어도 싫지 않으니, 마치 상비(湘妃)[38]가 눈물 다 흘렸을 때와 같네."[39]라 하였다. 이 시는 반죽 지팡이에 대해 잘 표현하였다. 《노학암필기(老學菴筆記)[40]》[41]

柱杖, 斑竹爲上, 竹欲老瘦而堅勁, 斑欲微赤而點疏. 賈長江詩云:"揀得林中最細枝, 結根石上長身遲. 莫嫌滴瀝紅斑少, 恰是湘妃淚盡時." 善言柱杖者也. 《老學菴筆記》

척촉장(躑躅杖)[42]이 상등품인데【안 철원(鐵原) 보개산(寶蓋山)[43]에서 나는 철쭉나무가 좋다.】, 쭉 곧아 휘어지지 않고 길이가 1장(丈)이 넘는 나무를 10월에 채취해서 만든다. 9개의 마디가 저절로 생긴 재목이어야 상품(上品)이고, 곁가지를 잘라내서 마디를 만들어낸 재목은 그 다음이다. 뿌리째 뽑아 아래쪽 어

躑躅杖爲上【案 出鐵原寶蓋山者佳】, 十月取挺直不曲, 長過一丈. 自成九節者乃爲上品, 若削去傍枝以作其節者, 次之. 要連根⑨拔取, 割下亂根, 陰乾, 以

---

36 반죽(斑竹) : 반점 무늬가 있는 대나무. 중국 고대 순(舜)임금의 왕비가 된 요(堯)임금의 두 딸 아황(娥皇)과 여영(女英)이 순임금 사후에 상강(湘江)에서 슬피 울다가 물에 빠져 죽었는데, 이때 흘린 눈물방울이 대나무에 얼룩져서 무늬가 되었다는 전설이 있다.

37 가도(賈島) : 779~843. 중국 당(唐)나라의 시인. 자는 낭선(浪仙). 만년에 장강주부(長江主簿)에 임명되어 사람들이 가장강(賈長江)이라 불렀다. 맹교(孟郊)·장적(張籍) 등의 문인과 교유하였으며, 퇴고(推敲) 고사의 주인공으로도 유명하다. 저서로 《장강집(長江集)》이 있다.

38 상비(湘妃) : 요(堯)임금의 딸이자 순(舜)임금의 두 왕비인 아황(娥皇)과 여영(女英). 이비(二妃)라고도 한다. 둘은 상강(湘江)에 몸을 던져 죽어서 상강의 신(神)이 되었다는 고사가 전해온다.

39 숲……같네 : 《장강집(長江集)》 권9 〈증양포수재반죽주장(贈梁浦秀才斑竹拄杖, 수재 양포에게 반죽 지팡이를 주다)〉에 있다.

40 노학암필기(老學菴筆記) : 중국 남송의 시인 육유(陸游, 1125~1209)의 저서. 작가가 직접 겪은 일, 보고 들은 일, 독서를 통해 고찰하여 깨달은 일 등 풍부한 내용이 담겨 있어 송나라 필기류 가운데 손꼽히는 책이다.

41 《老學菴筆記》 卷5, 65쪽.

42 척촉장(躑躅杖) : 철쭉나무로 만든 지팡이.

43 보개산(寶蓋山) : 강원도 철원군 동송읍, 경기도 연천군 신서면과 포천시 관인면에 걸쳐 있는 산. 해발 877m.

⑨ 根 : 저본에는 "枝". 《增補山林經濟·雜方·淸齋位置》에 근거하여 수정.

명아주지팡이

지러운 잔뿌리를 베어내고, 그늘에서 말린 다음 칼로 거친 겉껍질을 얇게 벗겨내되 안쪽 껍질은 상하지 않게 한다. 주사(朱砂)에 향유(香油, 참기름)을 섞어 지팡이에 바르고 문질러 광택을 내어야 빼어나다. 《증보산림경제(增補山林經濟)44)45

　정공등(丁公藤)【곧 마가목(馬櫃木)46이다.】은 겨울에 캐서 지팡이를 만들면 사람에게 이롭다. 《증보산림경제》47

刀細刮䵴皮, 勿損內皮. 用朱砂和香油, 塗擦取光方妙. 《增補山林經濟》

丁公藤【卽馬櫃木】, 冬採作杖, 益人. 同上

44　증보산림경제(增補山林經濟) : 1766년(영조 42년) 유중림(柳重臨, 1705~1771)이 홍만선(洪萬選)의 《산림경제》를 증보하여 편찬한 책. 16권 12책. 《산림경제》의 16항목 체제가 이 책에서는 23항목으로 확대되었고, 각 항목에서도 내용이 추가되었다.

45　《增補山林經濟》卷16 〈雜方〉 "淸齋位置" '柱杖'(《農書》5, 227쪽).

46　마가목(馬櫃木) : 장미과의 낙엽 활엽 교목. 10m 정도 크기로 자라고, 중풍을 치료하는 약재로 쓴다.

47　《增補山林經濟》, 위와 같은 곳.

천금목(千金木)【민간에서는 '붉나무'48라 한다.】으로 지팡이를 만들면 소갈(消渴, 당뇨병)을 치료하고 전염병을 막는다. 《증보산림경제》49

千金木【俗名"붉나모"】作杖, 治消渴辟瘟. 同上

8) 영배(癭杯, 옹이로 만든 술잔)

나무 중에 옹이가 잔처럼 생긴 것을 가져다 쪼고 다듬어 술잔을 만든다. 그 법식 중 오직 3가지 종류가 가장 좋은데, 즉 도배(桃杯, 복숭아 모양 술잔)·연배(蓮杯, 연꽃 모양 술잔)·지배(芝杯, 영지버섯 모양 술잔)이다. 그 외에도 종류가 매우 많은데다 모양이 또 기이하지만, 요컨대 알맞게 쓰기에 이 3가지만한 술잔이 없다. 《준생팔전》50

癭杯

取木之癭肯杯者, 琢磨成杯, 式惟三種爲最, 桃杯、蓮杯、芝杯. 其外種類甚夥且奇, 要之, 適用無如三者. 《遵生八牋》

9) 영표(癭瓢, 옹이로 만든 바가지)

영표에는 영지버섯과 같은 모양도 있고 표주박 같은 모양도 있으니, 산인가들이 휴대하고서 그것으로 샘물을 떠 마신다. 큰 영표는 5~6촌을 넘지 않고 작은 영표는 그 절반 크기다. 오직 물을 뿌려가며 그 속을 연마하고, 베로 바깥을 문지르면 옻칠을 한 듯 광채가 나서 밝게 사람을 비춘다. 비록 물에 젖더라도 변하지 않고 먼지나 때가 타지 않으니, 거의 정묘한 감상품에 들어갈 만하다. 《준생팔전》51

癭瓢

有形如芝者, 有如瓠者, 山人家携帶用以飮泉. 大不過五六寸, 而小者半之. 惟以水磨其中, 布擦其外, 光彩如漆, 明亮燭人. 雖水濕不變, 塵汚不受, 庶入精妙鑑賞. 《遵生八牋》

---

48 붉나무 : 옻나무과에 속하는 작은 낙엽 활엽 교목. 키는 5~6m 정도로 자란다. 오배자나무라고도 한다.
49 《增補山林經濟》, 위와 같은 곳.
50 《遵生八牋》卷8〈起居安樂牋〉下"溪山逸游條"'游具'(《遵生八牋校注》, 259쪽).
51 《遵生八牋》卷8〈起居安樂牋〉下"溪山逸游條"'游具'(《遵生八牋校注》, 259쪽).

영배

약람

호로

10) 약람(藥籃, 약 담는 바구니)

약람은 곧 수화람(水火籃)이다. 그 제도 중에 좋은
물건이 있지만, 오직 붉은 칠을 멀리한 물건이라야 좋
다. 그 속에 응험방약(應驗方藥, 효험이 있는 처방약)과 고
약(膏藥)을 채워두고 어디서든 사람의 병을 치료하기
에 편리하게 한다. 산골 동자에게 휴대하게 하면 또
한 속세를 떠난 풍치가 많다. 근래에 등나무 실로 엮
어 만든 약람은 좋지 않고, 대모죽(大毛竹)[52]을 갈이틀
[53]로 깎아 만든 약람은 너무 무겁다. 《준생팔전》[54]

11) 호로(葫蘆, 호리병)

천연 그대로인 0.1척 가량의 작은 호로가 가장 사
람들 마음에 든다. 이것을 꿰매어 옷의 끈에 달기도
하고 염주에 매달 수도 있는데 값이 비싸 그다지 자
주 볼 수 없고 오직 경사(京師, 북경)에만 있다. 만약

藥籃

卽水火籃也. 製有佳者, 惟
遠紅漆爲佳. 內實應驗方
藥、膏藥, 以便隨處濟人,
山童携之, 亦多物外風致.
近有藤絲編者不佳, 以大
毛竹車旋者太重. 《遵生八
牋》

葫蘆

有天生一寸小葫蘆, 最可人
意, 用以綴爲衣紐, 又可懸
于念珠, 價高不甚多見, 惟
京師有之. 若用杖頭卦帶

---

52 대모죽(大毛竹) : 대나무의 일종으로, 10여 m 크기로 자란다. 매우 크고 단단해서 건축 등의 재목으로 쓰인다.

53 갈이틀 : 굴대를 돌려서 물건을 자르거나 깎는 틀. 《섬용지》 권4 〈공업 총정리〉 "목재 다루기" '갈이틀'에 자
세히 소개되어 있다.

54 《遵生八牋》 卷8 〈起居安樂牋〉 下 "溪山逸游條" 游具(《遵生八牋校注》, 259쪽).

시통

지팡이 머리에 걸어 놓고 약을 담아두려면 0.2~0.3
척의 호로도 빼어나다. 그중에서 허리가 길게 생긴
노자호로(鷺鷥葫蘆)[55]는 약람의 왼쪽 귀퉁이에 매달
수 있는데, 없앨 수 없을 듯하다. 《준생팔전》[56]

盛[10]藥者, 二三寸葫蘆亦
妙. 其長腰鷺鷥葫蘆, 可懸
藥籃左畔, 似不可少. 《遵
生八牋》

12) 시통(詩筒, 시 쓴 종이를 담는 통)

백거이(白居易)[57]와 원진(元稹)[58]은 늘 대나무 통에
시를 담아 주고받으면서 갱창(賡唱)[59]하였다. 그러므

詩筒

白樂天與元微之, 常以竹筒
貯詩, 往來賡唱. 故和靖

---

55 노자호로(鷺鷥葫蘆) : 허리가 해오라기의 목처럼 길게 생긴 호리병.
56 《遵生八牋》卷8〈起居安樂牋〉下 “溪山逸游條” 游具(《遵生八牋校注》, 259쪽).
57 백거이(白居易) : 772~846. 중국 당나라의 시인. 자는 낙천(樂天), 호는 향산거사(香山居士). 악부시(樂府
詩)에 능했고 심오한 내용을 쉽게 표현하여 많은 사람들의 애호를 받았다. 원진(元稹)과 더불어 신악부(新
樂府) 운동을 전개하였다. 저서로 《백씨장경집(白氏長慶集)》이 있고, 대표적인 시로 〈장한가(長恨歌)〉·
〈매탄옹(賣炭翁)〉·〈비파행(琵琶行)〉 등이 있으며, 현재 719수의 시가 전해진다.
58 원진(元稹) : 779~831. 중국 당나라의 시인. 자는 미지(微之). 일찍 관직에 나가 재상의 직위에까지 올랐다.
백거이와 함께 신악부운동(新樂府運動)을 주도했고, 백거이와 함께 '원백(元白)'으로 불린다. 백거이가 신악부
(新樂府)에 치중한 반면 원진은 고악부(古樂府)에 치중하였다. 저서로 《원씨장경집(元氏長慶集)》이 있다.
59 갱창(賡唱) : 시를 번갈아 지어가며 서로 화답하는 일. 다른 사람의 시에 화답하여 지은 시는 갱사(賡詞)라
한다.
[10] 盛 : 저본·《遵生八牋》에는 “乘”. 《遵生八牋·起居安樂箋·溪山逸游條》의 문맥에 근거한 교감에 따라
수정.

로 임포(林逋)[60]의 시에 "반죽(斑竹) 시통을 차고도 오히려 속됨을 염려하니, 주고받는 시 산에 누가 되지 않겠네."[61]라는 구절이 있다. 《산가청사》[62]

큰 대나무의 아랫마디를 남겨두어 바닥으로 삼고, 그 위에는 나무뚜껑을 달되 주석으로 만든 지도리를 달아 여닫을 수 있게 한다. 푸른 실로 끈을 만들어 그 좌우에 단 다음 말 안장 머리에 걸어 놓는다. 《증보산림경제》[63]

13) 시전(詩牋, 시 쓰는 종이)

이슬을 머금은 촉규(蜀葵, 접시꽃)의 잎을 따서 갈아 즙을 낸 뒤, 이를 베에 적셔 죽지(竹紙)[64] 위에 문지른다. 죽지가 조금 마르기를 기다렸다가 따뜻한 불로 다려주면 녹색이 되면서 광택이 난다. 여기에 글씨를 쓰면 정채(精采, 정묘한 광채)가 있음을 알게 된다. 이 종이를 '규전(葵牋)'이라 한다. 《산가청사》[65]

내가 나뭇잎 모양의 시전 3가지를 만들었는데,

詩云:"帶斑猶恐俗, 和節不妨山"之句.《山家淸事》

大竹留下節作底, 上用木蓋, 施以錫樞, 令可啓閉, 以靑絲爲繩, 綴其左右, 卦諸鞍頭.《增補山林經濟》

詩牋

朵帶露蜀葵葉, 研汁[11], 用布擦竹紙上. 候少乾, 用溫火熨之, 綠色而澤, 入墨覺有精采, 是名"葵牋".《山家淸事》

余作葉箋三種, 以蠟板研

---

60 임포(林逋):967~1028. 중국 북송의 시인. 자는 군복(君復), 시호는 화정(和靖). 명예와 관직을 구하지 않고 서호의 은거지에서 소박하게 살았다. 서화에 능하고 시를 잘 지었으며 특히 매화시가 유명하다. 매화를 특히 아끼면서 학을 자식처럼 길렀으므로 당시에 '매처학자(梅妻鶴子)'라 불렸다. 임포는 자주 서호에 배를 띄우고 놀았는데 손님이 오면 하인이 학을 풀어서 주인에게 알렸다고 하여 정자의 이름을 '방학(放鶴)'이라 했다.

61 반죽(斑竹)……않겠네:《임화정집(林和靖集)》卷1〈오언고시(五言古詩)〉"시통(詩筒)"의 한 구절이다.

62 《山家淸事》〈詩筒〉(《叢書集成初編》2883, 3~4쪽);《遵生八牋》卷8〈起居安樂牋〉下"溪山逸游條"游具(《遵生八牋校注》, 259쪽).

63 《增補山林經濟》卷16〈雜方〉"淸齋位置"'詩筒'(《農書》5, 220쪽).

64 죽지(竹紙):어린 대를 원료로 하여 만든 중국에서 나는 얇은 종이.

65 《山家淸事》〈詩筒〉(《叢書集成初編》2883, 4쪽);《遵生八牋》卷8〈起居安樂牋〉下"溪山逸游條"游具(《遵生八牋校注》, 259쪽).

[11] 汁:저본에는 "汴".《山家淸事·詩筒》에 근거하여 수정.

납판(蠟板)[66]으로 종이를 문질러 나뭇잎 무늬를 내고 무늬에 따라 가위로 잘라 만들었다. 붉은색은 단풍 물든 잎처럼 만든 시전이고, 녹색은 파초잎처럼 만든 시전이고, 황색은 패엽(貝葉)[67]처럼 만든 시전이다. 모두 민중(閩中)[68] 지방의 나문장전(羅紋長箋)[69]을 가져다 만들었으니, 이것 또한 산에 사는 사람이 흥을 붙여 고요하게 지내며 할 만한 일이다.

만약 산에서 유람하다가 문득 시구가 떠오를 때 나뭇잎 시전에 글씨를 써서 공중에 던지면 시전이 바람을 타고 날아가고, 강물에 배를 띄우고 놀다 시전을 물에 던지면 시전이 물결 따라 부침한다. 이렇게 하면 저절로 그윽한 흥취가 매우 많이 있다. 《준생팔전》[70]

肖葉紋, 用剪裁成, 紅色者肖紅葉, 綠色者肖焦葉, 黃色者肖貝葉, 皆取閩中羅紋長箋爲之, 此亦山人寄興岑寂所爲.

若山遊偶得絕句, 書葉投空, 隨風飛颺, 泛舟付之中流, 逐水浮沈, 自有許多幽趣.《遵生八牋》

14) 운패(韻牌, 시의 운이 적힌 패)

시의 운(韻) 중에 상평성(上平聲)·하평성(下平聲)[71]을 새겨 종이 패 형식으로 만들고 '운패(韻牌)'라 했으니, 각 운마다 1장씩 모두 30장이다. 산에서 유람하고 물에서 뱃놀이할 때 사람들이 운패 1장씩을 취하고

韻牌

刻詩韻上下二平聲爲紙牌式, 名曰"韻牌", 每韻一葉, 總三十葉. 山遊水泛, 人取一葉, 吟以用韻, 似甚便覽

---

66 납판(蠟板) : 밀랍판. 중국 당(唐)나라 때부터 시전 만드는 데 쓰였는데, 납판으로 종이를 문지르면 종이가 균일해지고 광택이 난다.
67 패엽(貝葉) : 패다라엽(貝多羅葉). 패다라는 범어 'pattra'의 음사이며 '잎'이라는 뜻이다. 옛날 인도에서 불경을 쓸 때 다라수(多羅樹, 종려나무과 교목)의 잎에다 썼다는 고사에서 유래하였다.
68 민중(閩中) : 중국 복건성(福建省) 지역.
69 나문장전(羅紋長箋) : 비단 무늬의 긴 편지지.
70 《遵生八牋》卷8〈起居安樂牋〉下 "溪山逸游條" 游具(《遵生八牋校注》, 259~260쪽).
71 상평성(上平聲)·하평성(下平聲) : 평성은 상평성과 하평성 각각 15개의 소리로 분류한다. 상평성 15운은 동(東)·동(冬)·강(江)·지(支)·미(微)·어(魚)·우(虞)·제(齊)·가(佳)·회(灰)·진(眞)·문(文)·원(元)·한(寒)·산(刪). 하평성 15운은 선(先)·소(蕭)·효(肴)·호(豪)·가(歌)·마(麻)·양(陽)·경(庚)·청(靑)·증(蒸)·우(尤)·침(侵)·담(覃)·염(鹽)·함(咸).

이것으로 운을 삼아 시를 읊으면 시 지을 때 매우 편리하게 운을 살필 수 있을 듯하다. 《준생팔전》[72]

⑫.《遵生八牋》

근래에 사성(四聲)[73]의 운을 새겼는데, 글자는 파리 대가리만큼 잘고 패[策]의 크기는 사방 0.1척이다. 수놓은 주머니에 담아 몸에 차면 산행할 때 운을 뽑기에 매우 편리하다.

近刻四聲韻, 字細蠅頭, 策大方寸, 用繡囊佩之, 甚便山行鬮韻.

또 운자를 새긴 편면(便面)[74] 양식도 있는데, 운자를 쥘부채[75]의 앞면에 붙인다. 이를 '운선(韻扇, 운이 적힌 부채)'이라 했다. 사람들이 운선을 1개씩 가지고 산행을 한다면 훨씬 더 간편하다. 《금화경독기》[76]

又有刻成便面樣, 揚粘褶疊扇面, 謂之"韻扇". 人持一扇, 尤極簡便.《金華耕讀記》

15) 주구(酒具, 휴대용 술그릇)[77]

酒具

산길이 험하여 절뚝거리는 나귀에 술을 실으니 어찌 주구가 없을 수 있겠는가? 예전에는 편제(偏提)[78]가 있었는데, 이는 요즈음의 주별(酒鼈)[79]과 같다. 주별의 길이는 1.5척 가량이고, 납작한 모양에 1두(斗, 말) 남짓 용량이다. 술을 넣고 따르는 위쪽 구

山徑兀, 以蹇驢載酒, 詎容無具? 舊有偏提, 猶今酒鼈, 長可尺五而匾容斗餘, 上竅出入猶小錢大, 長可五分, 用塞. 設兩環, 帶

---

72 《遵生八牋》卷8〈起居安樂牋〉下 "溪山逸游條" 游具(《遵生八牋校注》, 259쪽).

73 사성(四聲):성조(聲調)를 가진 한자의 소리, 곧 평성(平聲, 평탄한 소리)·상성(上聲, 올라가는 소리)·거성(去聲, 높은 소리)·입성(入聲, 내리면서 닫히는 소리)이다.

74 편면(便面):부채의 일종. 옛날에 사람들이 부채질하거나 얼굴을 가리던 용도로 쓴 물건.

75 쥘부채:접었다 폈다 할 수 있는 부채.

76 출전 확인 안 됨.

77 주구(酒具):《이운지》권1〈은거지[衡泌]의 배치〉"음주 도구"에도 여러 형태의 술그릇에 대한 내용이 나온다.

78 편제(偏提):손잡이가 달린 주전자 형태의 술병. 술을 따르는 돌출된 주둥이가 있는 형태도 있고, 생략된 형태도 있다. 《이운지》권1〈은거지[衡泌]의 배치〉"음주 도구" '편제' 항목 참고.

79 주별(酒鼈):자라 모양으로 생긴 술병.

⑫ 覽: 저본에는 "緊".《遵生八牋·起居安樂牋·溪山逸游條》에 근거하여 수정.

술주전자(세계술문화박물관 리쿼리움)　　　　　　　주별(국립중앙박물관)

멍은 작은 동전 크기만 하고, 길이는 0.05척이며 마　　以革, 唯漆爲之.
개를 사용한다. 양쪽에 고리를 달고, 가죽 끈을 매
며 옻칠만 한다.

　임포(林逋)가 이산인(李山人)[80]에게 보낸 시에도, 그　　和靖翁送李山人, 故有“身
래서 '몸에는 거친 직철(直掇)[81]만 걸쳤고, 말 앞엔 옛　　上祇衣麤直掇, 馬前長帶
편제를 길게 둘러맸네.'[82]라는 구절이 있었다.　　　　　　古偏提”之句.

　지금 세상에는 또 옻칠한 큰 호로(葫蘆)[83]가 있는　　今世又有大漆葫蘆, 隔以
데, 3칸으로 나누어 술은 아래 칸에 놓고, 과일과　　三, 酒下, 果, 皿中上, 以靑
그릇은 가운데 칸과 위 칸에 넣고 푸른 끈으로 묶어　　絲⑬絡負之. 或副以書篋,
서 등에 진다. 혹은 서협(書篋, 책상자)을 붙여 한 짐을　　可作一担, 加以雨具及琴
만들고, 우구(雨具)[84] 및 금(琴)을 위에 더해도 모두　　皆可, 較之沈存中遊山具差
좋다. 심괄(沈括)[85]이 산을 유람할 때의 여행도구와　　省矣. 惟酒杯, 當依沈制,

80　이산인(李山人) : ?~?. 임포가 지은 시 〈기태백이산인(寄太白李山人, 태백 이산인에게 보내다)〉에 이름과
　　자가 나오지만 구체적으로 어떤 인물인지는 알려져 있지 않다.

81　직철(直掇) : 승려나 도사가 입는 도포. 주로 누더기처럼 낡은 옷을 뜻한다.

82　몸에는……둘러맸네 : 《林和靖集》 卷3 〈七言律詩〉 “寄太白李山人”.

83　호로(葫蘆) : 호리병박. 여기서의 호로는 아주 커서 술뿐 아니라 안주나 간단한 그릇 등의 물건을 수납할 수
　　도 있는 크기이다.

84　우구(雨具) : 우산이나 도롱이 등 비올 때 쓰는 도구.

85　심괄(沈括) : 1031~1095. 중국 북송(北宋)의 학자. 호는 몽계(夢溪), 자는 존중(存中). 사천감(司天監, 천문대
　　수장)이 되어 천체관측법·역법(曆法) 등을 창안하였다. 천문·수학·지리·본초(本草) 등의 학문에 많은 업적
　　을 남겼다. 저서로 《임원경제지》의 여러 곳에 인용된 《몽계필담(夢溪筆談)》·《망회록(忘懷錄)》 등이 있다.

비교해 보면 약간 소략하다. 하지만 술잔만은 심괄의 제도를 따라 은그릇을 써야 한다.[86]《산가청사》[87]

用銀器.《山家淸事》

술을 담아 멀리 유람할 때 옛날 요기(窯器, 도자기)가 가장 좋고 구리 주전자[銅提]는 그 다음이고, 요즘에 주석으로 만든 술그릇은 몹시 나쁘다. 내가 생각하기에 자기(磁器)는 지고 다니기에 무겁고 구리그릇은 쇳내가 나므로 호리병박으로 만든 술통만 못하다. 호리병박 안에 옻칠을 단단히 해서 지니고 멀리 유람하면 매우 가볍고 간편할 듯하다.《준생팔전》[88]

注酒遠遊, 古有⑭窯器甚佳, 銅提次之, 近以錫造者惡甚. 余意磁者負重, 銅者有腥, 不若蒲蘆作具, 內用堅漆, 挾之遠遊, 似甚輕便.《遵生八牋》

주합(酒盒)[89]은 유랍(鍮鑞)[90]으로 만든다. 형태는 둥글고 납작하다. 위쪽의 주둥이는 세로로 0.1척 정도 솟아 있고 지름도 주둥이 길이와 같다. 뚜껑의 모양은 우산 꼭대기 같고 뚜껑의 깊이는 주둥이 길이와 같다. 주둥이와 뚜껑을 모두 나선형으로 서로 맞물리게 만들어 술이 한 방울도 새지 않게 한다.

酒盒用鍮鑞爲之, 形圓而匾, 上口豎起寸許, 徑如之. 蓋形如傘頂, 深與口齊, 口與蓋竝作螺旋相含, 令涓滴不漏.

뚜껑의 중앙에 세로로 작은 대롱(빨대)을 끼우되, 아래는 바닥에서 0.1척 정도 떨어지게 한다. 주합의 주둥이를 가져다 입술에 넣고 대롱을 빨면 술이 곧

當蓋之中, 豎揷小管, 下不及底寸許, 取盒口入唇咂之, 酒卽湧入也. 盒之兩

---

86 심괄(沈括)이……한다:심괄의 저서《망회록》에는 여행 도구가 세밀하게 기록되어 있으며 아래 26) "여행 도구를 넣는 2가지 형태의 어깨 짐[行具二肩]"에 그 세부 내용이 있는데, 술잔을 비롯한 휴대용 술그릇 등의 기물이 열거되어 있다.

87 《山家淸事》〈酒具〉(《叢書集成初編》2883, 1~2쪽).

88 《遵生八牋》卷8〈起居安樂牋〉下 "溪山逸游條" 游具(《遵生八牋校注》, 261쪽).

89 주합(酒盒):둥글넓적하고 덮개가 있는 형태의, 술을 담는 그릇.

90 유랍(鍮鑞):구리와 주석을 합금한 놋쇠의 일종.

⑬ 絲:저본에는 "綠".《山家淸事·酒具》에 근거하여 수정.

⑭ 有:저본에는 "用".《遵生八牋·起居安樂牋·溪山逸游條》에 근거하여 수정.

장 올라와 입으로 들어온다. 주합 양쪽 어깨에 고리를 만들고 여기에 가죽끈을 달아 하인에게 차게 하면 말 위에서도 빨아먹을 수 있으니, 번거롭게 술잔과 표자(杓子, 술을 뜨는 국자)를 쓰지 않아도 된다.《금화경독기》[91]

肩, 設環帶革, 令從者佩之, 可於馬上取吸, 不煩杯杓.《金華耕讀記》

태극준(太極樽)은 납작한 박[匏]으로 만든다. 바로 세워 위에 구멍을 하나 뚫은 다음 대나무를 꽂아 주둥이를 만들고 바닥에는 나무굽을 붙인다. 바깥은 칠포(漆布, 옻칠한 베)로 단단하게 싸고, 안에는 생옻[生漆]을 붓는데, 모두 2번 한다. 이렇게 하면 술을 담아두어도 썩지 않고 게다가 스며 나오는 일을 면할 수 있다. 끈을 달아 휴대하면 유람하기 매우 편리하다.

太極樽, 以匾匏爲之. 豎起, 上鑿一孔, 以竹木旋口, 粘以木足. 堅以漆布, 內以生漆灌之, 凡二次. 酒貯不朽, 且免沁漉, 以絡携遊便甚.

호로준(葫蘆樽)은 큰 박과 작은 박 이 2개의 박으로 만든다. 가운데 허리부분은 대나무의 위와 아래 부분을 나선형 수나사(볼트)처럼 만든 관(管)을 장부[92]

葫蘆樽, 用大小二匏爲之. 中腰以竹木旋管爲筍, 上下相聯, 堅以布漆. 頂開一孔

원도. 태극준

원도. 호로준

91 출전 확인 안 됨.
92 장부: 한 부재의 구멍에 끼울 수 있도록 다른 부재의 끝을 가늘고 길게 만든 부분.

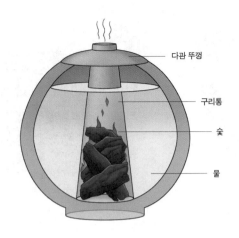

유랍다관 상상도

로 삼아 위와 아래를 연결하고 단단하게 포칠(布漆)[93]
을 한다. 꼭대기에는 위의 태극준처럼 구멍을 하나
낸다. 다만 바닥에는 굽을 달지 않는다. 주둥이 위
에 작은 구멍을 하나 내고 아울러 뚜껑에도 구멍을
뚫어 구리 빗장을 횡으로 꽂되, 작은 빗장으로 잠가
놓고, 헐거워지지 않도록 조심한다. 위의 태극준도
이 제법과 동일하다.[94]

如上式, 但不用足. 口上開
一小孔, 并蓋子口透穿, 橫
抽銅鎖[15], 用小鎖閉之, 以
愼疏虞. 上同此製.

16) 다구(茶具, 휴대용 차 도구)[95]

멀리 유람하여 객지에서 숙박할 때 풍로(風爐)[96]

茶具

遠遊旅次, 未易携帶風爐.

소뿔 모양 적동다관 삽화

나무로 만든 다합(국립중앙박물관)

를 휴대하기는 쉽지 않다. 또 다조(茶竈)⁹⁷를 갖추어 설치할 수 없으면, 유랍으로 다관(茶罐, 찻물을 달이는 다구)을 만든다. 다관은 주둥이가 없고 손잡이도 없어 모양이 항아리나 동이와 같다. 안쪽 바닥 한가운데 구리로 만든 통을 세우는데, 통은 배가 불룩하고 아가리는 좁게 만들며 높이는 다관 아가리보다 0.04~0.05척이 높다. 통의 바깥 둘레에 물을 담고 통 속에 숯을 쟁여 넣어서 불을 피우면 연못이 섬을 두르고 있는 듯하니, 통이 뜨거워져서 물이 끓는다. 숯 2~3덩이로 10잔의 찻물을 달일 수 있다. 다관의 뚜껑도 유랍으로 만들지만 통의 아가리만은 뚜껑을 쓰지 않는다. 《금화경독기》⁹⁸

또 다른 방법: 적동(赤銅)⁹⁹으로 다관을 만들되 모양은 소뿔처럼 만들고 위에 뚜껑을 달아 여닫을 수

又不可聚設茶竈，則用鍮鑞爲罐，無嘴無提梁，形如缸盎．內底正中，豎起銅造筒子，腹飽口弇，高出罐口四五分．貯水筒子之外，裝炭筒子之中而爇之，如池環島，筒熱水沸，用炭二三塊，可煎十盞茶．其蓋亦用鍮鑞爲之，惟筒口不用蓋．《金華耕讀記》

一法：用赤銅爲罐，形肖牛角，上設蓋，令啓閉．旣貯

---

97 다조(茶竈): 차를 끓이는 부뚜막.

98 출전 확인 안 됨.

99 적동(赤銅): 다른 쇠가 섞이지 않은 순수한 구리. 순동(純銅)이라고도 한다.

있게 한다. 물을 담고 덮개를 잠근 다음 곧바로 화롯불 속에 꽂아 두면 잠깐 사이에 물이 끓어 풍랑 소리가 나니, 먼 여행길 객지에서의 숙박에 가장 편리하다. 다만 임씨(林氏)[100]의 16탕(十六湯)[101] 가운데 있는 신훈지율(薪熏之律)[102]을 어길까 염려될 뿐이다. 《금화경독기》[103]

찻잔이나 다합(茶盒)[104]은 자그마한 박으로 만들면 아취가 풍부하게 있고, 또한 먼 길을 갈 때 휴대하기에도 편리하다. 일찍이 중국에서 박으로 만든 이런 물건을 보았는데, 몸체에 전서(篆書) 무늬가 양각한 듯이 볼록하게 튀어나와 있었다. 내가 듣기로는, 박이 아직 익기 전에 거푸집을 만들고 거기에다 뜻대로 전서 무늬나 꽃문양을 새긴 뒤, 텃밭에 가서 이 거푸집을 박에다 씌운 다음 내버려 두면 박이 자라면서 거푸집 안에 꽉 차면서 저절로 볼록하게 도드라진 무늬를 만든다고 한다. 《금화경독기》[105]

다구들을 전부 담을 총갑(總匣, 종합상자)은 가죽

水關蓋, 直插灶火中, 斯須作風濤聲, 最便於遠行旅宿. 但恐犯林氏十六湯中薪熏之律耳. 同上

茶盞、茶盒, 用小匏爲之, 饒有雅趣, 亦便遠携. 曾見華造者, 身有篆文凸起如陽刻者. 聞於匏未熟時, 作型範, 隨意刻篆文或花紋, 就園圃中, 套匏任置, 則匏長充滿範內, 自作凸起之文云. 同上

茶具總匣, 皮護杉木爲之,

---

100 임씨(林氏) : 미상. 《십육탕품(十六湯品)》의 저자는 소이(蘇廙)로 알려져 있다.

101 16탕(十六湯) : 중국 당나라의 문인 소이(蘇廙, ?~?)가 저술한 《십육탕품(十六湯品)》에 나오는 16탕. 《이운지》권2 〈임원에서 즐기는 청아한 즐길거리 (상)〉 "차[茶供]" '찻물의 징후'에 십육탕품에 대한 내용이 나온다.

102 신훈지율(薪熏之律) : 찻물을 끓일 때 연기가 나는 땔감은 쓰지 않는 규칙. 《십육탕품》중 제12법률탕(第十二法律湯)에는 다음과 같은 구절이 있다. "차를 애호하는 사람에게도 법과 규율이 있다. 고여 있는 물을 금하고, 땔감은 연기가 나는 것을 피한다. 법을 어겨서 물을 잘못 끓이면 차의 맛을 해친다.(在茶家亦有法律. 水忌停, 薪忌熏. 犯律逾法, 湯乖, 則茶殆矣.)"《淸異錄》卷4〈茗荈〉 "十六湯". 《이운지》권2〈임원에서 즐기는 청아한 즐길거리 (상)〉 "차[茶供]" '땔감의 품등'에 나온다.

103 출전 확인 안 됨.

104 다합(茶盒) : 차를 넣는 용도의 덮개가 달린 그릇.

105 출전 확인 안 됨.

을 입힌 삼나무로 만든다. 아래에는 서랍[替] 하나를 설치해서 숯을 보관하고, 위에는 칸[撞] 3단을 설치한다. 칸의 높이는 서랍보다 배로 높게 한다. 가운데의 칸에는 유랍으로 만든 다관 1개와 옻칠을 한 나무 다주(茶舟)106 10벌을 보관한다.【다주는 다관의 앞뒤에 나누어 겹쳐서 보관한다.】오른쪽 칸에는 도자기 찻잔 5~6개, 박으로 만든 찻잔 3~5개를 보관한다. 왼쪽 칸에는 목합(木盒)·포합(匏盒, 박으로 만든 함)·납호(鑞壺, 유랍으로 만든 단지)에 각종의 아차(芽茶)107와 과다(銙茶)108를 나누어 담아둔다.

총갑 전체에 문 1개를 달고 자물쇠로 열고 닫는다. 이것은 육우(陸羽)109의 24다기(茶器)110와 비교하

下設一替藏炭, 上設三撞, 撞之高倍于替. 中撞藏鍮鑞茶罐一、木漆茶舟十【分度茶罐前後】, 右撞藏磁盞五六、匏盞三五, 左撞藏木盒、匏盒、鑞壺, 分貯各種芽茶、銙茶.

總設一門, 鎖鑰啓閉. 此較陸處士二十四器, 堇過

청나라 다구 총갑

다구 총갑

---

106 다주(茶舟):다기를 올려놓는 배[舟] 모양의 소반.

107 아차(芽茶):덜 자란 어린 새잎으로 만든 차.

108 과다(銙茶):중북송 선화(宣和) 연간(1119~1125)에 대과(帶銙, 허리띠의 고리)와 비슷한 모양으로 만든 차.

109 육우(陸羽):733~804. 중국 당나라의 문인. 자는 홍절(鴻浙), 호는 경릉자(競陵子)·동강자(東岡子). 차에 대한 이론에 정통하였으며 일생 동안 차를 즐겼다. 차에 대한 정보를 집대성한 서적인《다경(茶經)》을 편찬했다. 중국에서는 다성(茶聖)으로 숭앙받고 있다.

110 24다기(茶器):《다경》권중(卷中)〈사지기(四之器)〉에 나오는 24개의 다구를 말한다.《이운지》권2〈임원에서 즐기는 청아한 즐길거리 (상)〉"차[茶供]" '다구(茶具)'에 있다.

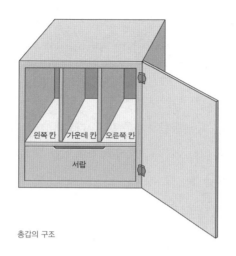

총갑의 구조

왼쪽 칸　가운데 칸　오른쪽 칸

서랍

면 겨우 1/5을 넘고, 고렴(高濂)[111]의 16다기[112]와 견주면 1/3에도 못 미친다. 대개 산을 다니거나 객지에서 숙박할 때는 더욱 간편함을 취하지 않을 수 없기 때문이다. 《금화경독기》[113]

아랍[回回]의 다구는 길을 갈 때 휴대하기에 가장 알맞다. 차를 끓이는 화로·솥·다완(茶椀, 찻사발)은 모두 붉은 칠을 한 가죽으로 겉싸개를 만들고 싸서 대과(帶銙)[114]를 꿴 허리띠처럼 띠를 달아서 등에 지면 지극히 간편하다. 《열하일기(熱河日記)》[115]

五分之一；比高深夫十六器, 未及三分之一. 蓋山行旅宿, 不得不益就簡便也. 同上

回回茶具, 最宜道路携持, 爇爐、鎗、椀, 皆以朱漆皮韋爲外套, 纍纍如帶銙腰帶, 背負, 極其簡便. 《熱河日記》

---

111 고렴(高濂)：?~?. 중국 명나라의 문인으로, 《임원경제지》에 매우 많이 인용된 《준생팔전》의 저자이다. 자는 심보(深甫 또는 深夫), 호는 서남(瑞南)이다. 저서로 《옥잠기(玉簪記)》·《절효기(節孝記)》가 있다.

112 16다기：《준생팔전》 권11 〈음찬복식전(飮饌服食牋)〉상 "다구십육기(茶具十六器)"에 나오는 16개의 다기를 말한다. 《이운지》 권2 〈임원에서 즐기는 청아한 즐길거리 (상)〉 "차[茶供]" '다구(茶具)'에서는 16개의 다기 및 다기를 담는 7개의 다구도 소개하고 있다.

113 출전 확인 안 됨.

114 대과(帶銙)：허리띠의 양 끝을 걸어 물리는 잠금 고리.

115 《熱河日記》 〈口外異聞〉 "哈密王"(《국역 열하일기》 2, 627쪽).

17) 제합(提盒, 휴대용 합)

높이는 총 1.8척, 길이는 1.2척, 깊이는 1척으로 하여 작은 찬장과 같은 방식으로 바깥 몸체를 만든다. 맨 아래에 사방 0.42척 되는 공간을 남기고 판갑(板閘)[116]을 대서 작은 수납공간 1개를 만든 다음 안에 술잔 6개·술단지 1개·젓가락 6벌·권배(勸杯, 접대용 술잔) 2개를 차곡차곡 넣는다.

그 위의 공간에는 6칸을 만들되, 마치 네모난 찬합의 바닥같이 만든다. 매 칸의 높이는 0.19척이고, 그중 위의 4칸은 칸마다 접시 6장씩을 차곡차곡 넣어두었다가 과일과 안주를 담아 술상에 올린다.

또 아래 2칸은 칸마다 큰 접시 4장씩을 차곡차곡 넣어두었다가 규채(鮭菜)[117]를 담아서 반찬으로 올린다. 밖에는 전체를 덮는 문 1개를 만들어, 문을 장착했다 떼었다 하며 곧 자물쇠로 잠글 수 있게 한다. 제합은 손에 들기[提]에 매우 가볍고 편리하며, 6명의 손님 접대에 필요한 물품을 충분히 제공할 수 있다. 《준생팔전》[118]

提盒

高總一尺八寸, 長一尺二寸, 入深一尺, 式如小廚, 爲外體也. 下留空方四寸二分, 以板閘住, 作一小倉, 內裝酒杯六、酒壺一、筯子六、勸杯二.

上空作六格, 如方盒[16]底, 每格高一寸九分, 以四格, 每格裝碟六枚, 置菓殽供酒觴.

又二格, 每格裝四大碟, 置鮭菜供饌筯. 外總一門, 裝卸卽可關鎖. 提甚輕便, 足以供六賓之需.《遵生八牋》

제합	提盒
4칸은 안에 접시 6장씩을 차곡차곡 넣는다.	四格內裝碟六枚.
2칸은 안에 큰 접시 4장씩을 차곡차곡 넣는다.	二格內裝四大碟.

---

116 판갑(板閘):공간을 나누기 위해 대는 나무판.
117 규채(鮭菜):숙회(熟膾)의 일종으로, 생선·해삼·전복 및 여러 채소에 녹말을 묻혀 데쳐서 먹는 전통요리. 여기서는 조리한 어채(魚菜)의 총칭으로 쓰였다.
118 《遵生八牋》 卷8 〈起居安樂牋〉下 "溪山逸游條" 游具(《遵生八牋校注》, 261쪽).
16 盒: 저본에는 "合".《遵生八牋·起居安樂牋·溪山逸游條》에 근거하여 수정.

원도. 제합(고려대본)

청나라 제합

판자로 사방을 두른 빈 공간에는 술단지·술잔·
젓가락 등의 물건들을 둔다.

밖에는 전면을 덮는 문짝 1개를 만든다.

문짝의 윗부분에는 자르고 팜으로써 격자창 5줄
을 가로로 만들어 시원하게 통풍시킨다.

옆면도 파서 시원하게 통풍이 되도록 격자창 4줄
을 세로로 만든다.

幔板內空置壺、楛、筯子等
物.

外作總門一扇.

上截鑿櫺五條以透涼.

傍鑿透涼空櫺四條.

손잡이 달린 찬합(饌盒)(국립중앙박물관)

청대 화가 장윤의 〈추산행려도(秋山行旅圖)〉

제합을 제당(提撞)[119]의 형식으로 세로로 칸을 만들지 않고 가로의 작은 찬장 방식으로 만든 까닭은, 이미 빈 공간이어서 여름에 시원하게 통풍시킬 수 있고, 칸 부분이 가로로 된 찬장 방식이 아니면 내부 조건을 제대로 통제할 수 없기 때문이다.[120]

不作提撞製, 爲小廚式者, 恐格脚旣空, 夏月取涼, 非廚不足以拘攝故耳.

18) 제로(提爐, 휴대용 화로)

만드는 방식은 제합과 같다. 높이는 1.8척, 너비는 1척, 길이는 1.2척으로 3칸[撞]을 만든다. 아래 1칸은 네모난 상자처럼 만들고, 그 안에 물 끓이는 구리화로를 장착하는데, 몸체가 네모난 상자 모양과 같다. 이를 아래 상자 모양 안에 끼워 앉힌다.

중간 칸은 바닥에 2개의 구멍을 나누어 내고, 왼쪽 구멍에는 불을 지펴 차 단지를 올려 두고서 차를 제공할 수 있게 한다. 오른쪽 구멍에는 끓는 물을 붓고 그 위에 통처럼 생겼으면서 뚜껑이 달린 작은 솥 1개를 올려 솥 안에 술을 중탕(中湯)한다. 긴 하루의 오후에 이 솥으로 죽을 끓여 손님에게 대접할 수도 있다.

화로 옆에 하나의 작은 구멍을 뚫어 이 구멍으로 숯을 꺼내고 바람이 들어가게 한다. 단지와 솥이 화로가 있는 칸 위로 껑충 솟아 너무 드러나면 고아하지 않기 때문에 중간 칸 위쪽의 바깥에 아래 칸의 네모난 상자처럼 1칸을 만든다. 다만 그 칸에 바닥

提爐

式如提盒. 高一尺八寸, 闊一尺, 長一尺二寸, 作三撞. 下層一格如方匣, 內用銅造水火爐, 身如匣方, 坐嵌匣內.

中分二孔, 左孔炷火, 置茶壺以供茶;右孔注湯, 置一桶子小鑊有蓋, 頓湯中煮酒. 長日午餘, 此鑊可煮粥供客.

傍鑿一小孔, 出炭進風. 其壺、鑊迴出爐格上, 太露不雅, 外作如下格方匣一格, 但不用底以罩之, 便壺、鑊不外見也. 一虛一實共二

---

119 제당(提撞):제합과 외형은 비슷하나 세로로 칸막이를 나눈 휴대용 물품으로 추측된다.
120 이상의 원도와 원도에 적혀 있는 내용도 출처가 《준생팔전》이다.

청나라 제로(국립중앙박물관)

을 만들었다가 솥이나 화로의 윗부분이 걸리는 일이 없도록 하면 단지나 솥이 밖으로 보이지 않게 된다. 아래 한 칸은 비어 있고 중간 한 칸은 채워져 있어 합쳐서 2칸이고, 그 위에 다시 1칸을 더하고 바닥과 덮개를 설치하여 숯을 쟁여 넣도록 한다. 이렇게 하여 총 3칸이 1가(架)[121]를 이룬다. 위에 자물쇠를 채울 수 있게 하고, 앞의 제합과 짝이 되게 한다. 《준생팔전》[122]

格, 上加一格, 置底蓋以裝炭. 總三格成一架. 上可箭關, 與提盒[17]作一副也. 《遵生八牋》

이 칸은 하나의 네모난 상자처럼 만들어 숯을 담아두었다가 쓸 때를 대비한다. 가운데 1칸은 위쪽을 비워서 호리병과 노구솥 두 물건이 칸 위로 튀어나오지 않게 덮어주니, 식라(食籮)[123]의 양식과 같다.

此格作一方箱盛炭備用, 中一格空罩, 以蔽壺、鍋二物撞起, 如食籮式.

---

121 가(架) : 물건을 놓는 시렁. 여기서는 세 칸으로 구성된 제로 1개의 단위를 가리킨다. 요즘 흔히 쓰는 '세트'라는 말과 같다.

122 《遵生八牋》卷8〈起居安樂牋〉下 "溪山逸游條" 游具(《遵生八牋校注》, 261쪽).

123 식라(食籮) : 음식을 담아 메고 다닐 수 있게 대나무 등의 나무를 엮어서 만든 상자.

[17] 盒 : 저본에는 "合".《遵生八牋·起居安樂牋·溪山逸游條》에 근거하여 수정.

원도. 제로(고려대본)124

이 노구솥은 불 위로 옮겨 죽을 끓일 수 있다.	此鍋可移火上煮粥.
노구솥 바닥이 뜨거운 물속에 0.3척 잠기게 한다.	鍋底入熱水內三寸.
물을 뜨겁게 하여 술을 데운다.	熱水煖酒.
이 단지는 차를 뜨겁게 할 수 있고, 물 위에서 차를 데우기도 한다.	此壺可熱茶, 水上煖茶.
불	火
격화조(隔火條)125	隔火條
불구멍	火門
별도로 둥근 구리 술잔 모양을 만들고 뒤집어 놓	另製銅圈, 熱⑱壺上. 鑿

---

124 제로 : 이 원도도 《준생팔전》에서 왔다.

125 격화조(隔火條) : 화로나 향로의 불을 덮어 불의 세기를 조절하는 기와조각.

⑱ 熱 : 저본에는 "摯". 《遵生八牋·起居安樂牋·溪山逸游條》에 근거하여 수정.

은 뒤 뜨겁게 데울 단지를 그 위에 놓는다. 구리 술
잔 모양에는 매화 모양의 구멍을 뚫어 불기운이 통
하여 위로 올라가게 한다.[126]

梅花孔, 以透火氣上蒸.

19) 비구갑(備具匣, 여행 상비품 상자)

비구갑은 가벼운 나무로 만들고, 겉은 가죽을 덧
대어 감싼 뒤, 배갑(拜匣)[127]처럼 두껍게 옻칠한다.
높이는 0.7척, 너비는 0.8척, 길이는 1.4척이다. 그
안에 위아래로 2개의 서랍을 만들되 위는 얕고 아
래는 깊게 만들어 작은 빗상자 1개, 찻잔 4개, 투분
(骰盆)[128] 1개, 향합(香盒, 향 담는 합) 1개, 향로 1개, 다

備具匣

以輕木爲之, 外加皮包, 厚
漆如拜匣. 高七寸, 闊八寸,
長一尺四寸. 中作二替, 上
淺下深, 置小梳匣一、茶盞
四、骰盆一、香盒一、香爐
一、茶盒一、匙筯瓶一.

배갑(국립중앙박물관)

투분

투분2

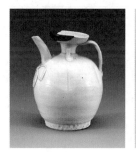
백자 수주(국립중앙박물관)

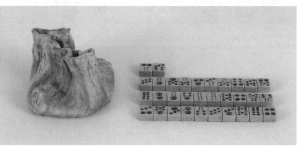
골패(국립민속박물관)

---

126 이상의 원도와 원도에 적혀 있는 내용도 출처가 《준생팔전》이다.
127 배갑(拜匣): 인사 온 손님을 배웅할 때 답례 예물을 넣는 장방형의 납작한 상자. 나무나 가죽으로 만든다.
128 투분(骰盆): 투자 또는 주사위를 담아 굴리는 통. 아래 투자매마 주석 참고.

합(茶盒) 1개, 시저병(匙筯瓶, 수저통) 1개를 넣어둔다.

위의 서랍 속에는 작은 벼루 1개, 먹 1개, 붓 2자루, 작은 수주자(水注子)[129] 1개, 수세미 1개, 도서용 작은 상자 1개, 골패(骨牌)[130] 담는 상자 1개, 투자매마(骰子枚馬)[131] 담는 합 1개, 향탄병(香炭餅)[132] 담는 합 1개, 길에서 쓰기 편리한 문구갑(文具匣)[133] 1개를 둔다.

그 문구갑 안에는 재도(裁刀, 마름질용 칼)·송곳·귀이개·이쑤시개·소식육차(消息肉叉)[134]·손톱깎이·면도칼 등의 물건을 보관한다. 또 주패(酒牌)[135]통 1개, 시운패(詩韻牌, 시의 운자가 적힌 패)통 1개, 시통(詩筒) 1개를 보관하되, 시통 안에는 홍엽전(紅葉箋)[136]과 각색의 전(箋)을 보관했다가 시를 적는다.

上替內, 小硯一、墨一、筆二、小水注子一、水洗一、圖書小匣一、骨牌匣一、骰子枚馬盒一、香炭餅盒一、途利文具匣一.

內藏裁刀、錐子、挖耳、挑牙、消息肉叉、修指甲刀鑷、髮刡等件. 酒牌一、詩韻牌一、詩筒一、內藏紅葉、各箋以錄詩.

청나라의 투자1

청나라의 투자2

향탄(국립민속박물관)

---

129 수주자(水注子):물이나 차를 담아 따르는 주전자 모양의 그릇. 수주라고도 한다.

130 골패(骨牌):노름 또는 유희(遊戲)를 위한 도구. 작고 납작한 네모 조각 32개에 각각 흰 뼈 등으로 장식을 한 뒤, 각 숫자만큼의 구멍을 새긴다.

131 투자매마(骰子枚馬):노름에 사용하는 도구. 주로 나무를 깎아 만드는데, 주사위 형태 또는 길고 납작한 형태 등으로 만들어 각 면에 숫자나 글자를 새겨 넣는다. 투자 또는 주마(籌碼)라고도 한다.

132 향탄병(香炭餅):향과 숯을 반죽해서 떡 모양으로 만든 향.

133 문구갑(文具匣):문방 도구를 보관하는 상자.

134 소식육차(消息肉叉):고기 조각을 찍어서 불에 굽거나 요리할 때 사용하는 포크 모양의 도구.

135 주패(酒牌):옛사람들이 술을 마실 때 흥을 돋우기 위해 쓰던 도구. 종이로 만든 패에 술의 명칭과 함께 신선이나 유명인 등 여러 인물 그림이 그려져 있어 술을 마실 때 감상하며 그 의미를 음미하였다고 한다. 당(唐)나라에서 기원한 이후로 명청(明淸)대에 성행했다. 엽자(葉子)라고도 한다.

136 홍엽전(紅葉箋):단풍 무늬 등이 은은하게 새겨진 시전.

문구갑(국립민속박물관)

육차

주패

청나라 비구갑

아래 칸에는 머리 빗는 데 쓰는 도구 상자를 보관해서 산에서 유숙할 때 편리하게 쓴다. 밝은 자물쇠로 여닫게 한다. 이를 지니고 산을 유람하면 역시 매우 편리할 듯하다. 《준생팔전》[137]

下藏梳具匣者, 以便山宿. 外用關鎖以開閉. 携之山遊, 似亦甚便. 《遵生八牋》

20) 의갑(衣匣, 옷 상자)[138]

의갑은 가죽을 입힌 삼나무로 만드는데, 높이는 0.5~0.6척이다. 덮개와 바닥은 널빤지를 두르지 않

衣匣

以皮護杉木爲之, 高五六寸. 蓋底不用板幔, 惟布裹

---

137 《遵生八牋》 卷8 〈起居安樂牋〉 下 "溪山逸游條" '游具'(《遵生八牋校注》, 261쪽).
138 의갑(衣匣):《섬용지》 권3 〈복식 도구〉 "의복의 보관"에도 '옷장'과 '옷 보관법' 등의 내용이 나온다.

향합(국립민속박물관)

여의(국립중앙박물관)

고 다만 베로 가죽 표면을 싸면 부드러워 들고 다닐 만하고, 길이와 너비는 전포식(氈包式)139처럼 하는데 그보다 0.1~0.2척 조금 더 길게 한다. 봄철에 휴대할 때에는 안에 솜을 쟁여 넣어 간편하게 입는 옷을 마련하여 바람이나 추위 등 갑자기 변하는 날씨를 대비한다. 여름철에는 협의(夾衣)140를 마련해두며, 가을에는 봄과 같이 하고, 겨울이 되면 솜옷·방한모·목도리 등의 물건을 넣는다. 의갑 속에는 또 등긁이·대나무 긁개와 함께 철로 된 여의(如意)141를 휴대하여 쓰기에 편리하게 한다. 《준생팔전》142

皮面, 軟而可擧, 長闊如氈
包式, 少長一二寸. 携於春
時, 內裝綿夾便服, 以備風
寒驟變. 夏月裝以夾衣, 秋
與春同, 冬則綿服、煖帽、
圍項[19]等件. 匣中更帶搔
背、竹鈀, 竝鐵如意, 以便
取用.《遵生八牋》

21) 좌전(坐氈, 털방석)143

좌전은 꽃이 필 때 땅에 까는데, 때마다 녹비(鹿

坐氈

花時席地, 每用鹿皮爲之,

---

139 전포식(氈包式):전(氈)으로 가죽 표면을 싸는 방식. 전은 직조나 편직으로 짠 직물이 아니라 동물 털의 축융성(습기나 열, 압력에 의하여 서로 엉키고 줄어드는 성질)을 이용하여 모섬유로부터 직접 포를 만드는 부직포(不織布)이다. 《섬용지》권3 〈복식 도구〉 "옷과 갖옷" '전구(氈裘)' 항목 참고.

140 협의(夾衣):편하게 몸에 걸칠 수 있는 두 겹으로 된 겉옷.

141 여의(如意):여의는 본래 승려들이 불경을 읽을 때나 설법할 때 지니던 도구로, 모든 일이 뜻처럼[如意] 이루어진다는 의미를 상징한다. 후대에는 민간에서도 장신구로 많이 사용했다. 《이운지》권1 〈은거지[衡泌]의 배치〉 "여러 휴대용 도구" '여의(如意)' 항목 참고.

142 《遵生八牋》卷8 〈起居安樂牋〉下 "溪山逸游條" 游具(《遵生八牋校注》, 260쪽).

143 좌전(坐氈):《임원경제지 섬용지》2, 풍석문화재단, 2016, 240쪽.

[19] 項:저본에는 "頂".《遵生八牋·起居安樂牋·溪山逸游條》에 근거하여 수정.

皮, 사슴가죽)로 만들어 사람들마다 1장씩 쓰면 털이 빠져 오래 쓰지 못하니 어찌 감당하겠는가? 부들 깔개나 종려나무 깔개에 앉으면 매우 좋다. 내가 생각하기에 청전(靑氈)[144] 1장을 가지고 물가나 꽃나무 옆에 가서 자리를 펴고 함께 앉으면 말았다 펴고 휴대하기에 더욱 편리하다.《준생팔전》[145]

人各一張, 奈何毛脫不久? 以蒲團、棕團坐之甚佳. 余意挾靑氈一條, 臨水傍花處, 展地共坐, 更便卷舒携帶耳.《遵生八牋》

22) 행장(行帳, 여행용 장막)

산사(山寺)나 야외의 자리에서는 매번 모기나 바람에 시달리므로 지금 이 장막을 만든다. 4개의 기둥과 4개의 들보에 홈을 내고 장부[枘] 구멍을 뚫고 서로 맞물리게 설치한다. 그 위에는 겹으로 된 장막을 덮고, 장막 바로 아래에는 동전 두께의 기름종이【민간에서는 '유둔(油芚)'이라 한다.】를 깐다. 네 모서리는 0.7~0.8척을 접어 칸[廂]을 만들고 별도로 모전(毛氈)으로 된 요 1개를 깐 뒤, 4면에 비단 휘장[撬紗帳][146]을 두른다. 이렇게 단장을 하여 일으켜 세우면 하나의 장막이 되고, 접어서 묶으면 한 짐도 되지 않는다.

이 행장은 대체로 택승정(擇勝亭)[147]의 제도와 비슷하지만, 그보다 짧고 좁아 휴대하기에 편하게 만

行帳

山寺、野店每苦蚊、風, 今作此帳, 四柱、四梁、鑿柄交設, 上用袷幙罩之, 下鋪聯付錢厚油紙.【俗稱"油芚"】四邊摺起七八寸爲廂, 另[20]容一氈褥, 四面以撬紗帳圍之, 粧起則成一帷幕, 折束則不滿一担.

大抵彷彿擇勝亭之制, 而矮小短狹, 俾便携持.【折

---

144 청전(靑氈) : 짐승의 털로 두껍게 짜고 푸른 염료로 물들인 피륙.
145 《遵生八牋》卷8〈起居安樂牋〉下 "溪山逸游條" '游具'(《遵生八牋校注》, 260쪽).
146 비단 휘장[撬紗帳] : 날실을 꼬아서 직조한 사(紗)로 만든 휘장. 효사는 중국 소주에서 나는 성긴 비단의 일종으로 공기가 비교적 잘 통하여 여름용 휘장에 많이 쓰였다. 삼면을 바늘로 박고 전면에 매화를 그려 넣었다고 한다.
147 택승정(擇勝亭) :《이운지》권1〈은거지[衡泌]의 배치〉 "임원 삶터의 여러 건축물과 정자" '택승정(擇勝亭)' 참고.
[20] 另 : 저본에는 "劣". 규장각본에 근거하여 수정.

들었다. 【접어 묶을 때는 장막 아래에 깔아놓은 유
둔을 상자처럼 만들어 네 모서리가 되게 접은 다음,
그 속에 장막을 넣고 줄로 묶는다. 이어 4개의 기둥
과 4개의 들보도 함께 묶어 한 짐으로 만든다.】《금
화경독기》[148]

23) 향구(香具, 휴대용 향 도구)

산을 유람하는 사람이 고요한 절에 머무르거나
여관에서 묵을 때에 하루라도 향이 없을 수 없다.
지금 하나의 총갑(總匣)[149]을 만들되, 가죽을 입힌 삼
나무로 만들고 위아래 서랍을 나누어 설치한다. 아
래 서랍에는 향병(香餅)[150]을 보관하고 지전(紙錢) 태운
재를 보관한다.

위 서랍은 3칸으로 나누어 만든 다음, 가운데 칸
에는 향로【향로는 구리나 자기를 막론하고 작은 향
로를 귀하게 여긴다.】·향반(香盤)·향 수저 등을 보관
한다. 오른쪽 칸에는 칠합(漆盒, 옻칠한 향합)·자기향
합·구리향합 등을 보관하고, 생향(生香)·병향(餅香)·
환향(丸香)[151]·말향(末香, 가루향) 등 각종의 향들을 나
누어 보관한다. 왼쪽 칸에는 종이 상자와 비단 주머
니 등의 안에 크고 작은 주향(炷香, 심지 모양의 향) 등
을 담는다.

전체를 여닫는 대문 1개를 달아 자물쇠로 열고

束時, 下鋪油芚四摺如匣,
內藏帳幔以繩約之, 與四
柱、四梁同絡作一担.】《金
華耕讀起》

香具

山遊者, 或止蕭寺, 或宿旅
店, 不可一日無香. 今作一
總匣, 皮護杉木爲之, 分設
上下替. 下替藏香餠子、紙
錢灰.

上替分作三格, 中格藏香爐
【毋論銅、磁, 以少爲貴.】
香盤、香匙筯. 右格藏漆盒、
磁盒、銅盒等, 分藏生香、
餠香、丸香、末香諸種, 左
格用紙匣、錦帒等, 貯大小
炷香.

總設一門, 鎖鑰啓閉, 可與

---

148 출전 확인 안 됨.
149 총갑(總匣) : 향 관련 모든 물품을 보관하는 상자.
150 향병(香餅) : 반죽해서 납작한 떡 모양으로 만든 향. 병향(餅香)이라고도 한다.
151 환향(丸香) : 알처럼 동그랗게 만든 향.

향로(국립중앙박물관)

닫는다. 다구(多具)의 총갑과 함께 한쪽 어깨에 지는
짐으로 만든다.《금화경독기》[152]

茶具總匣共作一肩.《金華
耕讀起》

24) 호로합(葫蘆盒, 호리병 모양의 합)

단단한 나무를 갈이틀로 깎아 큰 호리병 모양을
만든 다음 세로로 잘라 2짝 1벌을 만든다. 연결하
는 부분은 구리로 지도리를 만들어서 열었다 닫았
다 할 수 있게 한다. 그 안에 바리때·접시·사발·종
지 등 일체의 그릇들을 보관하는데, 이 그릇들은 모
두 종이로 만들어 밖에는 옻칠하고 안에는 땜납을
바른다. 크고 작은 그릇들이 서로 포개져 층층이 수
납되어 있으면 10명의 손님을 대접할 수 있는 술잔
과 접시를 갖출 수 있다. 그 목 부분의 솟아 나온 곳
에는 상아젓가락과 놋쇠숟가락 1벌씩을 묶어 보관
한다. 바깥쪽을 푸른 끈으로 묶어서 1명의 시동에
게 지게 한다.《금화경독기》[153]

葫蘆盒

用剛木鏃作大葫蘆, 竪剖
之爲兩隻, 其聯衿處, 用銅
爲紐, 令可分合啓閉. 內藏
鉢、碟、椀、鍾等一切器皿,
皆紙造, 外漆內鑞. 大小
相含, 層層庋裝, 可具十賓
杯盤. 其頸項竪起處, 藏
象箸、鍮匙合兩隻結紐, 外
用靑繩絡之, 令一僮負之.
《金華耕讀記》

---

152 출전 확인 안 됨.
153 출전 확인 안 됨.

또 하나의 도구는 제법이 위와 같은데, 안에 나무로 만든 둥근 합이 4~5층 포개져 있다. 그곳에 포해(脯鮭, 포와 어채)·초이(麨餌)[154]·과줄[菓飣][155] 등의 음식을 보관한다. 목 부근에는 목이 긴 납병(鑞瓶, 유랍으로 만든 병)을 넣는데, 여기에 술이나 장류를 담아 둔다. 역시 푸른 끈으로 묶어 1명의 시동에게 지게 한다. 《금화경독기》[156]

又一具, 製與上同, 內胎木圓盒四五層, 藏脯鮭、麨餌、菓飣之類. 其近頸處, 裝脩頸鑞瓶, 盛酒醬之類, 亦以靑繩絡之, 令一僮負之. 同上

25) 등합(藤盒, 등나무 합)

등나무를 엮어서 합을 만드는데, 합의 모양은 둥글거나 네모나기도 하고, 6각이나 8각이기도 하고, 2~3칸 또는 4~5칸이기도 하다. 오랫동안 음식을 저장해도 상하지 않게 할 수 있으므로 산을 유람할 때 없어서는 안 되는 물건이다. 《금화경독기》[157]

藤盒

用藤織成盒子, 或圓或方, 或六楞、八楞, 或二三格或四五格. 可久貯食不敗, 山遊不可無者也. 《金華耕讀記》

26) 여행 도구를 넣는 2가지 형태의 어깨짐

26-1) 갑견(甲肩)[158]

왼쪽의 옷상자 1개에는 옷·이불·베개·대야·양치도구·수건·발싸개·빗·거울·약 등을 넣어 둔다.[159]

오른쪽 음식상자 1개는 대나무로 2칸을 만들고, 평평한 바닥과 덮개 4개를 만든다. 여기에 찬합 3개

行具二肩

甲肩

左衣篋一, 衣、被、枕、盥、漱具、手巾、足布、梳、鏡、藥.

右食具一, 竹[21]爲之二隔, 平底蓋爲四, 食盤子三, 每

---

154 초이(麨餌): 초(麨)는 곡식을 볶아 만든 미숫가루 음식을 의미하고, 이(餌)는 곡물을 가루내어 시루에 찐 시루떡 종류의 떡을 말한다.

155 과줄[菓飣]: 과일류와 과자류의 음식을 총칭한다. 《정조지》 권3 〈과줄[菓飣之類]〉 참고.

156 출전 확인 안 됨.

157 출전 확인 안 됨.

158 갑견(甲肩): 첫째 짐상자. 견(肩)은 한 사람이 어깨에 지고 갈 만한 분량의 짐이다.

159 여기에 실린 《망회록》 기사의 원문에는 내용을 구별하기 위해 한 칸씩 띄워서 쓴 대목이 있다. 그런 곳의 번역문도 한 줄 띄웠다.

를 넣는데, 각각의 찬합마다 과자 접시 10개와 작은 주합(酒榼)[160] 1개는 여러 되의 술을 담아서 따를 때를 대비하여 쓸 표주박 1개, 술잔 3개를 둔다.

옻칠한 통 모양의 합에는 말린 고기·말린 과일·좋은 채소 각각 몇 종류와 떡 약간을 담아 두어 먹고 마시는 데에 대비하고, 불시의 갑작스런 접대에 대응한다.

다만 앞의 찬합 3개에는 서로 겹치는 물품이 들어 있으니 1칸에다 넣고, 나머지는 따로 둔다. 하지만 여름철에는 과일과 포를 모두 휴대해서는 안 된다.

26-2) 을견(乙肩)

대나무로 2칸을 만드는데 아래는 함[櫃]으로 만들고 위에는 빈 칸으로 둔다.

왼쪽 칸 위층에는 책상자 1개·종이·붓·먹·벼루·가위·운략(韻略)[161]·잡다한 서책들을 둔다.

왼쪽 아래 함 속에는 사발과 접시 각각 6개, 수저 각각 4벌, 생과일 몇 개, 과도를 둔다.

오른쪽 칸 위층에는 금(琴) 1개와 대나무 상자에 담은 접이식 바둑판 1개를 둔다.

盤菓子楪[22]十[23], 矮酒榼一, 可容數升以備注[24]酒, 匏一、桮三.

漆[25]筒盒子貯脯脩、乾菓、嘉蔬各數品、餅餌少許, 以備飲食, 不時以應倉猝.

唯三食盤相重, 爲一隔, 其餘分任之. 暑月菓脩皆不須携.

乙[26]肩

竹隔二, 下爲櫃, 上爲虛格.

左隔上層, 書箱一、紙、筆、墨、硯、剪刀、韻略、雜書冊.

櫃中碗碟各六、匕箸各四、生菓數物、削菓子刀[27].

右隔上層, 琴一、竹匣貯之摺疊棋局一.

---

160 주합(酒榼):술이나 술그릇과 술안주를 담아서 들고 다닐 수 있게 만든 찬합. 주합(酒盒).

161 운략(韻略):시를 짓는 데 참고하기 위한 용도의 간략한 운서(韻書).

[21] 竹:《說郛·忘懷錄》에는 "行".

[22] 楪:저본에는 "揲". 일반적인 용례에 근거하여 수정.

[23] 十:《說郛·忘懷錄》에는 "下".

[24] 注:저본에는 "沽".《說郛·忘懷錄》에 근거하여 수정.

[25] 漆:《說郛·忘懷錄》에는 "凍".

[26] 乙:《說郛·忘懷錄》에는 "一".

[27] 子刀:《說郛·忘懷錄》에는 "刀子".

명나라의 화가 대진(戴進, 1388~1462)의 〈춘유만귀도(春遊晚歸圖)〉 (대만 고궁박물원)

오른쪽 아래 함 속에는 바둑알, 차 2~3종류, 납차[臘茶]162 【곧 맷돌에 갈아서 끓인 것.】, 잔과 받침대 각 3개, 사발, 표주박, 숟가락 등을 둔다.

함께 넣는 기타 물건으로는 손도끼·작두·약초 캐는 호미·납촉(蠟燭, 밀랍으로 만든 초)·지팡이·흙길에 신는 장화·우비·산립(纖笠)163·취사용 작은 냄비·급수자(急須子)164·기름통을 둔다. 《망회록(忘懷錄)》165

櫃28 中貯棋子、茶二三品、臘茶【卽碾29熱者】、盞托各30三、盂、瓢、匕31等.

附帶雜物, 小斧子、斫刀、劚藥鋤子、蠟燭、拄杖、泥靴、雨衣、纖笠、食銚虎子、急須子、油筒. 《忘懷錄》

---

162 납차[臘茶] : 중국 건주(建州)에서 생산되는 차. 납면차[蠟面茶]라고도 한다. 우려낸 찻물의 빛깔이 밀납을 녹인 것처럼 우윳빛을 띠고 있어서 붙여진 이름.

163 산립(纖笠) : 비나 햇볕을 피하기 위해 쓰는 넓은 갓.

164 급수자(急須子) : 빠르고 편하게 물을 데울 수 있는 주전자 모양의 그릇.

165 《說郛》 卷74 上 〈忘懷錄〉 (《文淵閣四庫全書》 880, 184~185쪽).

28 櫃 : 《說郛·忘懷錄》에는 없음.

29 碾 : 《說郛·忘懷錄》에는 "煨".

30 各 : 저본에는 "合". 《說郛·忘懷錄》에 근거하여 수정.

31 匕 : 《說郛·忘懷錄》에는 "七".

2. 산에 오를 때의 부적과 주문　　登陟[1]符呪

1) 승산부(昇山符, 산에 오를 때의 부적)

일반적으로 도(道)를 닦거나 약을 제조하거나 난을 피하여 은거하려는 자들 중에 산에 들어가지 않은 경우가 없다. 그러나 산에 들어가는 법을 알지 못하는 자들은 대부분 재난을 당한다.

질병을 얻거나, 자상(刺傷, 찔린 상처)을 입거나, 놀라고 무서워 불안해하기도 하고, 도깨비불을 보거나 혹 괴이한 소리를 듣기도 한다. 바람이 불지 않는데도 큰 나무가 저절로 꺾여 넘어지게 하거나, 바위가 까닭 없이 저절로 굴러 떨어져 사람을 쳐서 죽이기도 한다. 사람이 무언가에 홀려 미친 듯이 달려가다가 구덩이나 계곡에 떨어지기도 하고, 호랑이·이리·독충에게 물려 죽기도 한다. 그러므로 경솔하게 산에 들어가서는 안 된다.

일반적으로 사람들이 산에 들어갈 때는 모두 입산 전 7일 동안 재계하여 몸을 깨끗이 하고 더러운 것을 보거나 듣지 말아야 한다. 승산부를 몸에 지니고, 문을 나설 때는 온몸을 운신(運身)하는 삼오법

昇山符

凡爲道合藥及避亂隱居者, 莫不入山. 然不知入山法者, 多遇禍害.

或被疾病及傷刺, 及驚怖不安;或見光影, 或聞異聲;或令大木不風而自摧折, 巖石無故而自墮落, 打擊煞人;或令人迷惑狂走, 墮落坑谷;或令人遭虎狼、毒蟲[2]犯人, 不可輕入山也.

凡人入山, 皆當先齋潔七日, 不經汚穢, 帶昇山符, 出門作周身三五法. 《抱朴子》

---

[1] 陟:《抱朴子內篇·登涉》에는 "涉".
[2] 蟲: 저본에는 "蛇".《抱朴子內篇·登涉》에 근거하여 수정.

(三五法)[1]을 해야 한다. 《포박자(抱朴子)[2]》[3]

어떤 사람이 산천과 사당의 온갖 귀신을 물리치는 방법에 대해 묻자 포박자(抱朴子)가 다음과 같이 말했다. "〈노군황정중태사십구진비부(老君黃庭中胎四十九眞秘符)〉[4]를 지니고 가야 한다. 산림에 들어갈 때는 갑인일(甲寅日)에 흰색 바탕에 붉은 글씨로 이 부적을 써서 밤에 서안 위에 놓고, 술과 포를 각각 조금씩 올려 북두칠성을 향하여 제사를 지낸다. 이때 스스로 이름을 말하고, 2번 절한 뒤에 이 부적을 거두어 옷깃 속에 넣어두면 산천의 온갖 귀신과 모든 정령들, 호랑이와 이리, 고독(蠱毒)[5] 등을 물리칠 수 있다. 일반적으로 도사들이 산에 들어갈 때나 곤란한 일을 피하여 산림에 숨을 때에도 모두 이 방법을 알아야 한다."《포박자》[6]

或問辟山川、廟堂百鬼之法, 抱朴子曰："有《老君黃庭中胎四十九眞秘符》, 入山林, 以甲寅日丹書白素, 夜置案中, 向北斗祭之, 以酒脯各少少, 自說姓名, 再拜受取, 內衣領中, 辟山川百鬼萬精、虎狼、蠱毒也. 凡[3]道士入山及避難入山林, 皆宜知此法也."《抱朴子》

1　삼오법(三五法) : 미상. 양생가에서 심장·간·담·다리·폐 등을 두드리고 당기거나, 부위에 따라 굽혔다 펴고 비틀기를 보통 3~5번 하는 일을 가리키는 것으로 보인다. 호흡법이라는 견해도 있다.

2　포박자(抱朴子) : 중국 동진(東晉)의 갈홍(葛洪, 283~343)이 지은 책. 〈내편(內篇)〉 20편, 〈외편(外篇)〉 50편으로 이루어져 있다. 〈내편〉에는 신선이 되기 위해 필요한 수행법이나 복용해야 할 약 등의 내용이, 〈외편〉에는 사회의 이해득실이 논술되어 있다.

3　《抱朴子內篇》卷17〈登涉〉, 299쪽.

4　노군황정중태사십구진비부(老君黃庭中胎四十九眞秘符) : 초기 도교의 경전 중 《황정경(黃庭經)》의 아류 가운데 하나인 〈황정중경옥경(黃庭中景玉經)〉에 있는 49개의 비부(秘符)를 가리키는 것으로 보인다.

5　고독(蠱毒) : 뱀·지네·두꺼비 등 독이 있는 동물들.

6　《抱朴子內篇》卷17〈登涉〉, 308쪽.

[3] 凡 : 《抱朴子內篇·登涉》에는 "何必".

입산부(入山符, 산에 들어갈 때의 부적)　　　　　　入山符

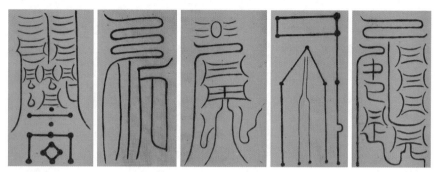

원도. 입산부

위의 5가지 부적은 모두 노군(老君)[7]의 입산부이다. 붉은 글씨로 복숭아나무 판자 위에 크게 부적 문자를 쓰되 판자 위에 꽉 차게 한다. 문 위와 사방의 네 모퉁이 및 도로변 요지에 붙인다.《포박자》[8]

上五符, 皆老君入山符也. 以丹書桃板上, 大書其文字, 令瀰滿板上, 以著門戶上及四方四隅及所道側要處.《抱朴子》

입산패대부(入山佩帶符, 산에 들어갈 때 몸에 차는 부적)　　　入山佩帶符

원도. 입산패대부

7　노군(老君): 노자(老子)를 중국 도교의 신으로 신격화한 이름. '태상노군(太上老君)'이라고도 한다.

8　《抱朴子內篇》卷17〈登涉〉, 309쪽.

2) 오악도(五嶽圖)[9] 부적

〈오악도(五嶽圖)〉에는 일반적으로 2개의 양식이 있다. 하나는 《도장경(道藏經)[10]》에서 나온 것이고, 다른 하나는 당경(唐鏡)[11]에서 베낀 그림에서 나온 것이다. 황색 바탕에 붉은 글씨로 쓴 다음 장황하여 작은 두루마리로 만들어야 한다. 길이는 0.3~0.4척이고 축대(軸帶)[12]로 장식을 하고 장두(杖頭, 지팡이 장식)에 걸어 호리병과 나란히 둔다.

산사람들이 이것을 가지고 편하게 유람한다면 부도선생(負圖先生) 이충(李充)[13]의 무리가 아니라 하겠는가?【한나라 태초(太初)[14] 연간에 이충(李充)이 스스로 "나는 풍익(馮翊)[15] 사람으로, 나이가 300살이다."라 하며 바구니를 메고 〈오악도〉를 지고[負圖] 한가롭게 유람하였다. 한(漢) 무제(武帝)가 그를 보고 '부도선생'이라는 칭호를 하사하였다.】《준생팔전》[16]

五嶽圖

圖凡二式, 一出《道藏經》, 一出唐鏡摸下, 當用黃素朱書, 裱作小卷, 長可三四寸, 飾以軸帶, 卦之杖頭, 與葫蘆作伴.

山人持以逸遊, 謂非負圖先輩歟?【漢 太初年中, 李充自稱"馮翊人, 三百歲", 荷草器負圖遨遊, 武帝見之, 封"負圖先生".】《遵生八牋》

9　오악도(五嶽圖) : 고대 중국에서 진산으로 받드는 5개 산의 그림을 도식화하여 만든 부적. 산에 올라갈 때 이것을 차면 귀신과 짐승을 물리칠 수 있다고 한다. 동쪽의 태산(泰山), 서쪽의 화산(華山), 중앙의 숭산(嵩山), 북쪽의 항산(恒山), 남쪽의 형산(衡山)이 그려져 있다.

10　도장경(道藏經) : 도교의 경전류를 모은 도교총서(道敎叢書). 도장경(道藏經)·도일체경(道一切經)이라고도 한다. 도교경전은 후한(後漢) 때 원시 도교 교단이 형성되어 도교활동을 시작하면서 각 교단을 중심으로 만들어졌다. 태평도(太平道)는 《태평경(太平經)》 170권을 찬술하였고 이것이 도경(道經) 찬술의 기폭제가 되어, 오두미도(五斗米道)는 《노자도덕경(老子道德經)》·《노자상이주(老子想爾注)》를 찬술하였고, 동진(東晉)의 갈홍(葛洪)은 《포박자(抱朴子)》 70권을 비롯하여 200여 부 670여 권의 도교경전을 집성하였다.

11　당경(唐鏡) : 중국 당(唐)나라 때 구리로 만든 거울. 여러 가지 공예기술에 의한 풍부한 장식성을 특색으로 한다. 서화경(瑞花鏡)·화지경(花技鏡)·단화문경(團華文鏡)·산악문경(山岳文鏡)·백아탄금경(伯牙彈琴鏡)·쌍봉문경(雙鳳文鏡) 등이 있다. 여기에서는 당경의 산악문경(山岳文鏡)을 베낀 것이 있다는 말이다.

12　축대(軸帶) : 책의 권축(卷軸) 겉면에 대어 장식하는 끈.

13　이충(李充) : 323~388. 중국 동진(東晉)의 문학가·목록학가(目錄學家). 당시 전적(典籍)이 정리되지 않아 혼란스러웠는데, 그가 정리를 맡아 번다하고 중복된 것들은 제거하고 갑·을·병·정 네 부분으로 나누어 갑부에는 오경(五經)·을부에는 사기(史記)·병부에는 제자서(諸子書)·정부에는 시부(詩賦)로 정리했다. 저서로 《주역지(周易旨)》 등이 있다.

14　태초(太初) : 중국 한나라 무제(武帝) 때의 연호(B.C 104~101).

15　풍익(馮翊) : 지금의 중국 섬서성(陝西省) 위남시(渭南市) 대려현(大荔縣) 일대.

16　《遵生八牋》 卷8 〈起居安樂牋〉 下 "溪山逸游條" 游具(《遵生八牋校注》, 266쪽).

원도. 《도장경(道藏經)》 〈오악진형도(五岳眞形圖)〉
태악(泰岳)·화악(華岳)·숭악(嵩岳)·항악(恒岳)·형악(衡岳)

원도. 〈경 뒷면의 오악형도[鏡背五岳形圖]〉
태악·형악·숭악·화악·항악

도를 닦는 사람이 산이나 계곡에 은거할 때는 〈오악진형도(五嶽眞形圖)〉를 구해 몸에 차고 있어야 하니, 그렇게 하면 산속의 도깨비와 호랑이와 고(蠱) 등 일체의 요사한 독들이 모두 가까이 올 수 없다. 한 무제(武帝) 원봉(元封)[17] 3년 7월 7일에, 무제가 서왕모(西王母)[18]에게서 〈오악진형도〉를 받아 인간 세상에 유포했다.

세상 사람들이 이 그림을 몸에 차고 있다면 강이나 바다를 건너고 산이나 계곡에 들어가고, 밤에 들판을 다니거나 흉가에 묵는 경우에도 일체 사특한

修道之士, 棲隱山谷, 須得 《五嶽眞形圖》以佩之, 則 山中魑魅·虎蠱一切妖毒, 皆莫能近. 漢 武帝 元封三 年七月七日, 受之西王母, 流布人間.

世人能佩此圖, 渡江海入 山谷, 夜行郊野, 偶宿凶 房, 一切邪魔·魑魅·魍魎·

---

17 원봉(元封): 중국 한나라 무제 때의 연호(B.C 110~105).
18 서왕모(西王母): 중국 전설상의 신녀. 불로장생·불사를 관장한다. 곤륜산 정상에 살고 있으며 먹으면 불로장생할 수 있는 반도(蟠桃)가 열리는 과수원을 가지고 있는데, 반도가 열리는 때가 되면 반도회를 열어 신선들에게 나누어준다고 한다.

마귀·도깨비·망량(魍魎, 산천의 귀신)·물귀신·산속의 정령들이 모두 숨어 감히 해를 끼치지 못한다.

집에 있을 때에도 이 부적을 잘 받들어 모셔 두면 갑작스런 불행이 닥치지 않고 상서로운 복이 길이 모인다. 《포박자》[19]

水怪、山精, 悉皆隱遁, 不敢加害.

家居供奉, 橫惡不起, 禎祥永集.《抱朴子》

3) 입산주(入山呪, 산에 들어갈 때의 주문)

산림 속에 들어갈 때는 왼손으로 청룡(靑龍)[20] 방향에 있는 풀을 뜯고 반을 잘라 그중 절반은 봉성(逢星)[21] 아래에 놓고, 명당(明堂)[22]을 지나 태음중(太陰中)[23]에 들어갈 때 우보(禹步)[24]로 걸으며 주문을 다음과 같이 3번 외운다. "태음장군(太陰將軍) 낙고(諾皐)[25]

入山呪

往山林中, 當以左手取靑龍上草, 折半置逢星下, 歷明堂, 入太陰中, 禹步而行, 三呪曰:"諾皐, 太陰將軍, 獨開④曾孫王甲, 勿開外

---

19 출전 확인 안 됨; 《遵生八牋》, 위와 같은 곳.

20 청룡(靑龍):육갑(六甲)에 해당하는 동쪽 방위를 말한다. 곧 갑자(甲子)·갑술(甲戌)·갑신(甲申)·갑오(甲午)·갑진(甲辰)·갑인(甲寅)의 6개 방위이다. 6명의 신을 의미하기도 하는데, 이들은 양신(陽神)으로, 육갑옥남(六甲玉男)이라고 부른다. 육갑장군은 날씨를 관장하고 귀신을 제압한다고 전해진다.

21 봉성(逢星):육을(六乙)에 해당하는 동남쪽 방위를 말한다. 곧 을축(乙丑)·을묘(乙卯)·을사(乙巳)·을미(乙未)·을유(乙酉)·을해(乙亥)의 6개 방위이다.

22 명당(明堂):육병(六丙)에 해당하는 남쪽 방위를 말한다. 곧 병자(丙子)·병인(丙寅)·병진(丙辰)·병오(丙午)·병신(丙申)·병술(丙戌)의 6개 방위이다.

23 태음중(太陰中):육정(六丁)에 해당하는 남동쪽 방위를 말한다. 곧 정묘(丁卯)·정축(丁丑)·정해(丁亥)·정유(丁酉)·정미(丁未)·정사(丁巳)의 6개 방위이다. 6명의 신을 의미하기도 하는데, 이들은 음신(陰神)으로, 육정옥녀(六丁玉女)라고 부른다. 이들 또한 육갑옥남과 마찬가지로 날씨를 관장하고 귀신을 제압한다고 전해진다.

24 우보(禹步):우(禹)는 짐승 이름인데, 너풀너풀 걸으며 귀신을 잡아먹기 때문에 귀신들이 두려워한다. 그러므로 도가(道家)에서 그 걸음을 흉내내어 걷는 데서 나온 말이다. 일설에는 우(禹)임금이 치수하느라 병이 생겨 절뚝 걸음을 걷게 된 데에서 유래했는데, 뒤에 뜻이 변하여 도사가 술법을 베풀 때 걷는 걸음을 우보라고 했다고도 한다.

25 낙고(諾皐):중국 북방의 신인 태음장군(太陰將軍)의 이름. 중국 송(宋)나라 심괄(沈括)의 《몽계필담(夢溪筆談)》〈상수(象數)〉를 살펴보면, 육임(六壬, 골패점)에 12신이 있는데 나무와 불의 신으로 좌방(左方)에는 등사(螣蛇), 운무로 몸을 감추는 전설 속의 뱀)·주작(朱雀)·육합(六合)·구진(句陳)·청룡(靑龍)과 쇠와 물의 신이 있고 우방(右方)에는 천후(天后)·태음(太陰)·진무(眞武)·태상(太常)·백호(白虎)가 있다고 한다. 이것이 전하면서 일반적으로 주문을 외울 때 부르는 신령의 대명사가 되었다.

④ 開:저본에는 "聞".《抱朴子內篇·登涉》에 근거하여 수정.

여! 나 증손(曾孫) 왕갑(王甲)[26]에게만 산의 문을 열어주고 다른사람에게는 열어주지 마소서. 남이 왕갑을 보면 나뭇단으로 여기고 남이 왕갑을 보지 못하면 사람이 아닌 것으로 여기게 하소서." 그런 다음, 잘라서 쥐고 있던 나머지 절반의 풀을 땅 위에 놓고, 왼손으로 흙을 집어 코와 인중(人中)에 바르고, 오른손으로는 풀을 잡고 자신의 몸을 가리는 시늉을 한다. 왼손을 앞에 놓고 우보로 걷다가 육계(六癸)[27]의 방향에 이르러 숨을 멈춘 채 서 있으면 사람과 귀신이 그를 볼 수 없다. 일반적으로 육갑(六甲)을 '청룡(靑龍)'이라 하고, 육을(六乙)을 '봉성(逢星)'이라 하고, 육병(六丙)을 '명당(明堂)'이라 하고 육정(六丁)을 '음중(陰中)'이라 한다.

또 우보법(禹步法)은 다음과 같다. 똑바로 서서 오른발을 앞으로 내딛고 왼발은 뒤에 둔다. 다음에는 다시 오른발을 앞으로 내딛고 왼발을 들어 오른발과 나란히 둔다. 이것이 첫 번째 걸음이다. 다음에는 다시 오른발을 앞으로 내딛고 그 다음에는 왼발을 그 앞으로 내딛은 다음 오른발을 들어 왼발과 나란히 둔다. 이것이 두 번째 걸음이다. 다음에는 다시

人. 使人見甲者, 以爲束薪, 不見甲者, 以爲非人." 則折所持之草置地上, 左手取土, 以傅鼻、人中, 右手持草自蔽. 左手著前, 禹步而行, 到六⑤癸下, 閉氣而住, 人鬼不能見也. 凡六甲爲"靑龍", 六乙爲"逢星", 六丙爲"明堂", 六丁爲"陰中"也.

又禹步法: 正立, 右足在前, 左足在後, 次復前右足, 以左足從右足并, 是一步也. 次復前右足, 次前左足, 以右足從左足并, 是二⑥步也. 次復前右足, 以左足從右足并, 是三步

---

26 왕갑(王甲): 입산하는 사람 본인을 가리킨다. 태음신을 상대로 주문을 외므로 그에 걸맞은 지위의 이름을 붙여야 하는데, 갑(甲)이 간지의 가장 첫 번째이고 존귀하므로 왕(王)을 붙여 말한 것이고, 증손(曾孫)이라는 혈연관계를 설정하여 외면하기 어려운 관계임을 강조한 것으로 보인다. 방사(方士)의 술수법(術數法)은 십간(十干)의 을(乙)·병(丙)·정(丁)을 삼기(三奇)로 삼고, 무(戊)·기(己)·경(庚)·신(辛)·임(壬)·계(癸)를 육의(六儀)로 삼아 삼의와 육의를 구궁(九宮, 9개 방위)에 나누어 배치하고 갑신(甲神)이 이들을 통솔해서 길흉을 미리 예견하여 피하게 한다고 여겼다.

27 육계(六癸): 계유(癸酉)·계미(癸未)·계사(癸巳)·계묘(癸卯)·계축(癸丑)·계해(癸亥)의 6개 방위를 말한다.

⑤ 六: 저본에는 없음. 《抱朴子內篇·登涉》에 근거하여 보충.

⑥ 二: 저본에는 "一". 《抱朴子內篇·登涉》에 근거하여 수정.

오른발을 앞으로 내딛고 왼발을 들어 오른발과 나란히 둔다. 이것이 세 번째 걸음이다. 이와 같이 하면 우보로 걷는 방법이 끝난다. 《포박자》[28]

也. 如此, 禹步之道畢矣. 《抱朴子》

4) 육갑비축(六甲秘祝)[29]

산에 들어갈 때는 육갑비축을 알아야 하니, 주문은 다음과 같다. "임병투자개진열전행(臨兵鬪者皆陳列前行, 전투에 나서는 사람은 모두 늘어서서 앞으로 나아가라)" 일반적으로 이 9글자를 항상 은밀하게 외우면 피하지 못할 일이 없다. "요도불번(要道不煩, 중요한 도는 번거롭지 않다)"[30]이라는 말은 이런 일을 두고 하는 말이다. 《포박자》[31]

六甲秘祝

入山宜知六甲秘祝, 祝曰: "臨兵鬪者, 皆陳列前行." 凡九字, 常當密祝之, 無所不避. "要道不煩", 此之謂也. 《抱朴子》

5) 산에 들어갈 때 주문 외우는 법

산에 들어갈 때는 '의방(儀方)'[32] 2글자를 외워서 뱀을 물리치고, '의강(儀康)'[33] 2글자를 외워서 호랑이를 물리치고, '임병(林兵)'[34] 2글자를 외워서 온갖 사기(邪氣)를 물리친다. 《준생팔전》[35]

入山念法

入山, 念"儀方"二字以却蛇, 念"儀康"二字以却虎, 念"林兵"二字以却百邪. 《遵生八牋》

---

28 《抱朴子內篇》卷4〈登涉〉, 302쪽.
29 육갑비축(六甲秘祝) : 산에 들어갈 때 맹수나 귀신 눈에 띄지 않도록 혼자 외우는 9글자의 진언(眞言). 육갑은 민간에서 둔갑술을 의미하는 단어로 쓰였다.
30 중요한⋯⋯않다:《抱朴子內篇》卷8〈釋滯〉, 148쪽.
31 《抱朴子內篇》卷17〈登涉〉, 303쪽.
32 의방(儀方) : 전설 속의 신 이름. 중국에서는 단오절에 기둥에 이 두 글자를 거꾸로 붙여 뱀을 쫓았다. 일설에는 의방을 '방의(方儀)'로 보고 악귀를 쫓는 방상시(方相氏)가 강림하여 악귀나 뱀을 쫓는 의미로 이해하기도 한다.
33 의강(儀康) : 전설 속의 신 이름. 일설에는 중국 전설상의 두 인물인 의적(儀狄)과 두강(杜康)을 가리킨다고 하는데, 이 둘은 술을 잘 빚는 일로 유명했다고 한다.
34 임병(林兵) : 전설 속의 신 이름. 《옥해(玉海)》에 "임병이 들을 지키니 온갖 신이 길을 여네.(林兵護野, 萬神啓路.)"라는 구절이 있다.
35 《遵生八牋》卷8〈起居安樂牋〉下 '三才避忌條' '地道諸忌'(《遵生八牋校注》, 267쪽).

6) 도수부(渡水符, 물 건널 때의 부적)

渡水符

강이나 하천을 건널 때 붉은색으로 '우(禹)'[36] 자를 써서 몸에 차고 있으면 길하다. 손바닥 가운데에 '토(土)' 자를 쓰면 배에서 내릴 때까지 두려운 마음이 들지 않는다. 《준생팔전》[37]

渡江河, 朱書"禹"字, 佩之吉. 寫"土"字於手心, 下船無恐怖.《遵生八牋》

---

36 우(禹): 중국 고대 하(夏)나라 임금으로 치수(治水)를 잘하여 순(舜)임금의 뒤를 이어 왕이 되었다. 물을 잘 다스린 왕이므로 물을 건널 때 그의 이름을 써서 위험으로부터 몸을 보호할 수 있다고 믿은 것으로 보인다.

37 《遵生八牋》卷8〈起居安樂牋〉下 "三才避忌條" '地道諸忌'(《遵生八牋校注》, 267쪽).

3. 기타 사항

雜纂

1) 산에 들어갈 때 요사한 도깨비 물리치는 법

入山辟妖魅法

산에 들어가면 산의 정령과 도깨비가 간혹 사람 형상으로 변한다. 이때는 0.9척 길이의 밝은 거울을 등 뒤에 달고 가야 하니, 제 형상이 거울에 비치면 사람의 형상으로 변하지 못하고 사라지거나 물러난다. □□□[1]

入山則山精、老魅或作人形, 當懸明鏡九寸於背後, 其形在鏡中, 則不能變, 鎖亡退去. □□□[1]

산에 들어가 산기슭에 이르렀을 때 먼저 수십 걸음 물러섰다가 비로소 산에 오르면 산의 정령이 해를 끼치는 일이 없다. 《준생팔전》[2]

入山至山脚, 先退數十步, 方上山, 山精無犯. 《遵生八牋》

2) 산에 들어갈 때 뱀이나 독충 물리치는 법

入山辟蛇蠱法

색깔이 닭볏처럼 붉은 무도(武都)[3]의 웅황(雄黃)[4] 5냥 이상을 허리에 차고서 산림의 초목으로 들어가면 뱀이 두렵지 않다. 뱀이 사람을 물면 약간의 웅황가루를 상처 안에 넣어도 산을 오르는 동안 낫는다. 《포박자》[5]

帶武都雄黃色如鷄冠者五兩以上, 以入山林草木, 則不畏蛇. 蛇若中人, 以少許雄黃末內瘡中, 亦登時愈也. 《抱朴子》

---

1 □□□ : 저본에 빈 칸으로 되어있다. 이 문장의 출전은 《山林經濟》卷4〈雜方〉"入山辟妖魅方"《農書》2, 689쪽)이다.

2 《遵生八牋》卷8〈起居安樂牋〉下"三才避忌條"'地道諸忌'(《遵生八牋校注》, 267쪽).

3 무도(武都) : 현재 중국 감숙성(甘肅省) 농남시(隴南市) 무도구(武都區) 일대. 무도는 웅황의 주요 산지이다.

4 웅황(雄黃) : 천연으로 나는 비소(砒素)의 화합물로, 등황색 또는 누런색을 띠며 염료 또는 화약을 만드는 데 쓰인다. 석웅황(石雄黃)이라고도 한다.

5 《抱朴子內篇》卷17〈登涉〉, 304~305쪽.

산에 들어갈 때 뒤쪽 옷자락을 세 손가락으로 접어 올려 허리에 끼면 뱀과 벌레가 감히 접근하지 못한다. 《준생팔전》[6]

入山將後衣裾, 摺三指挾於腰, 蛇蟲不敢近.《遵生八牋》

3) 길 갈 때 밥 먹지 않고도 저절로 배부르게 하는 법

行路不吃飯自飽法

참깨【1승】·찹쌀【1승】을 함께 갈아 가루 낸 뒤, 붉은 대추【1승】를 삶아 익히고 앞의 가루와 섞어서 탄환 크기의 환을 만든다. 매번 물로 1환씩 넘기면 하루 종일 배가 고프지 않을 수 있다. 《고금비원》[7]

芝麻【一升】, 糯米【一升】, 共研爲末, 將紅棗【一升②】煮熟, 和爲丸如彈子大. 每水下一丸, 可一日不飢.《古今秘苑》

4) 먼길 갈 때 발 보호하는 법

遠行護足法

방풍(防風)[8]·세신(細辛)[9]·초오(草烏)[10]【안 다른 처방에서는 고본(藁本)[11]을 쓰기도 한다.】를 가루 낸 뒤, 신발 바닥에 뿌린다. 만약 가죽신을 신었으면 앞의 가루를 물에 개어 발바닥 가운데에 바르고, 짚신을 신었으면 물로 짚신 바닥을 적신 다음 약가루를 그 위에 뿌린다. 그러면 아무리 먼길을 가더라도 발이 쑤시지 않고 굳은살도 생기지 않는다. 《농정전서》[12]

用防風、細辛、草烏【案 一方用藁本】, 爲末, 摻鞋底. 若着靴則水調塗足心, 若草鞋則以水濕草鞋之底, 沾上藥末, 雖遠行, 不疼不趼.《農政全書》

---

6 《遵生八牋》卷8〈起居安樂牋〉下 "三才避忌條"'地道諸忌'(《遵生八牋校注》, 267쪽).

7 《古今秘苑》〈1集〉卷2 "行路不吃飯自飽法", 4쪽.

8 방풍(防風): 산형과의 다년생 초본식물의 뿌리. 항알러지·항염·해열·진통·항균 등의 효과가 있다.

9 세신(細辛): 쥐방울과의 다년생 초본식물의 뿌리. 뿌리가 매우 가늘고 맛이 매워 이러한 이름이 붙었다. 항염·진통·항균 등의 효과가 있다.

10 초오(草烏): 미나리아재빗과의 다년생 초본식물의 덩이뿌리. 모양이 까마귀 머리와 닮아 이러한 이름이 붙었다. 항염·진통 등의 효과가 있다.

11 고본(藁本): 산형과의 다년생 초본식물의 뿌리. 진통·진경·항염 등의 효과가 있다.

12 《農政全書》卷42〈製造〉"食物"'營室'(《農政全書校注》中, 1226~1227쪽).

① □□□ : 저본에는 3글자 자리가 비어 있다. 바로 위 원문의 출전을 쓰려고 남겨둔 공간으로 생각된다.

② 一升 :《古今秘苑·行路不吃飯自飽法》에는 "二斤".

안장과 등자(국립민속박물관)

길을 가면 발이 매우 고되고 피로하다. 이때는 밤에 주막에서 쉬면서 벽을 향하여 발을 굽히고 자면 다음날 발이 피로하지 않다. 《증보산림경제》[13]

行路辛苦, 夜住站舍, 向壁拳[3]足睡, 則明日足不勞. 《增補山林經濟》

5) 밤길 갈 때 노래 불러서는 안 된다

밤길을 갈 때는 노래를 부르거나 크게 고함치지 말아야 한다. 호랑이나 표범이 밤에 사람이 노래 부르는 소리를 들으면 쫓아와서 해친다. 《증보산림경제》[14]

夜行忌歌唱

夜行, 勿歌唱大呼, 虎豹夜聽人唱聲, 追害之. 同上[4]

6) 밤길 갈 때 도깨비불 물리치는 법

들판에 들어갔다가 도깨비불을 보았을 때는 말안장의 양쪽 등자(鐙子)[15]를 서로 두드려 소리를 내면

夜行辟鬼火法

入田野中見鬼火, 以鞍兩鐙相叩作聲則卽滅. 同上[5]

---

13 《增補山林經濟》卷16〈雜方〉"行路足不勞方"(《農書》5, 187~188쪽).

14 《增補山林經濟》, 위와 같은 곳.

15 등자(鐙子):말을 타고 앉아 두 발로 디디게 되어 있는 발걸이. 안장에 달아 말의 양쪽 옆구리로 늘어뜨린다. 발을 안전하게 끼울 수 있어 말을 타고 달리며 화살을 여러 방향으로 쏠 수 있도록 몸의 균형을 잡아주며, 낙상을 방지하는 효과가 있다.

③ 拳 : 저본에는 "卷".《增補山林經濟·雜方·行路足不勞方》에 근거하여 수정.

④ 同上 : 저본에는 없음. 일반적인 용례에 근거하여 보충.

⑤ 同上 : 저본에는 없음. 일반적인 용례에 근거하여 보충.

곧 도깨비불이 사라진다. 《증보산림경제》[16]

7) 밤길 갈 때 두려워하지 않는 법

밤길을 가거나 어두운 곳에 누웠을 때 마음속에 두려운 느낌이 드는 경우에는 내 명당(明堂)[17]에 햇빛이나 달빛을 간직하고 있다고 생각하면 온갖 사기(邪氣)가 저절로 사라진다. 《준생팔전》[18]

밤길을 갈 때 왼손이나 오른손 중지로 손바닥 가운데에 '아시귀(我是鬼, 내가 귀신이다)' 3글자를 쓰고 2번 꽉 쥐면 두렵지 않다. □□□ 손으로 뒤통수 머리카락을 쓸어내리면서 계속 이빨을 부딪치며 소리를 낸다. 귀신은 이빨 부딪치는 소리를 두려워하므로 감히 사람에게 해를 끼치지 못한다. 《증보산림경제》[19]

8) 배를 타고 갈 때 바람 피하는 법

강이나 호수에서는 오직 큰바람이 무섭다. 겨울에는 바람이 불기 전에 조짐이 있기 때문에 배를 타고 갈 때 대비할 수 있다. 그러나 한여름에는 바람이 순식간에 불어 이따금 곤란을 겪는다. 예전에 강가 지방의 상인들에게 바람을 피하는 한 가지 방법을

夜行不恐懼法

夜行及冥臥, 心中懼者, 當存日月光入我明堂中, 百邪自散. 《遵生八牋》

夜行, 左手或右手以中指, 書手心作"我是鬼"三字, 再握固則不恐懼. □□□[6]用手掠腦後髮常琢齒, 鬼畏琢齒聲, 不敢犯人. 《增補山林經濟[7]》

船行避風法

江湖間, 唯畏大風. 冬月風作有漸, 船行可以爲備. 唯盛夏, 風起于顧盼之間, 往往罹難. 曾聞江國賈人有一術, 可免此患.

---

16 《增補山林經濟》卷16〈雜方〉"逐鬼魅法"(《農書》5, 185쪽).

17 명당(明堂): 사람 얼굴에서 두 눈 사이를 산근(山根)이라 하는데 이 산근의 아랫부분, 바로 코의 옆면(코뼈와 양 볼의 사이) 비스듬한 부분을 가리킨다.

18 《遵生八牋》卷8〈起居安樂牋〉下"三才避忌條"'人事諸忌'(《遵生八牋校注》, 268쪽).

19 《增補山林經濟》卷16〈雜方〉"行路不恐懼方"(《農書》5, 188~189쪽).

6 □□□ : 저본에는 3글자 자리가 비어 있다.

7 增……濟 : 저본에는 없음. 일반적인 용례에 근거하여 보충.

들었는데 이 방법으로 이러한 근심을 면할 수 있다.

일반적으로 여름에 바람 부는 상황은 오후에 일어나기 마련이다. 배를 타고 가려는 사람은 당일 오고(五鼓, 오전 3~5시) 초에 일어나 별빛과 달빛이 밝고 깨끗한지, 사방 하늘 끝에서 땅에 이르기까지 모두 구름이 없는지를 살펴본 뒤에야 배를 타고 갈 수 있다. 사시(巳時, 오전 9~10시)에 이르면 곧 배를 타고 가는 일을 멈춰야 한다. 이렇게 하면 다시는 사나운 바람과 만날 일이 없을 것이다. 《몽계필담(夢溪筆談)20》21

大凡夏月風景, 須作于午後, 欲行船者, 五鼓初起, 視星月明潔, 四際至地皆無雲氣, 便可行, 至於巳時卽止. 如此, 無復與暴風遇矣.《夢溪筆談》

9) 물 건널 때 풍랑 두려워하지 않는 법

도사(道士)가 어쩔 수 없이 큰 하천을 건너야 하는 경우에는 모두 먼저 물가에 도착해서 달걀 1알을 깨고, 여기에 약간의 분(粉)에 향가루를 섞고 그릇째로 물속에서 함께 휘젓다가 저절로 씻겨나가게 하면 풍랑·교룡(蛟龍)22이 두렵지 않다. 《포박자》23

渡水不畏風波法

道士不得已而當涉游⑧大川者, 皆先當於水次, 破鷄子一枚, 以少許粉雜香末, 合攪器水中, 以自洗濯, 則不畏風波, 蛟龍也.《抱朴子》

10) 배 없이 물 건너는 법

물을 건널 때 탈 만한 1척의 조각배도 없는 경우에는 말린 돼지방광(오줌보) 10여 개를 가져다 그 안에 공기를 채우고 허리 부근에 둘러 묶으면 물을 헤엄쳐서 건널 수 있다. 멀리 유람하는 사람이 몰라서

無舟渡水法

渡水無一葦之楫, 取乾猪脬十餘, 內氣其中, 環在腰間, 泅水而濟, 遠遊之人不可不知.《淸溪暇筆》

---

20 몽계필담(夢溪筆談): 중국 송(宋)나라 심괄(沈括, 1031~1095)이 지은 책. 은퇴 후 평생 동안 보고 들은 일을 백과사전식으로 분류해 지은 저작이다. 몽계(夢溪)는 만년에 그가 살던 집의 이름이다.

21 《夢溪筆談》卷25〈雜誌〉2, 15쪽.

22 교룡(蛟龍): 상상 속의 동물. 용의 한 종류로, 모양은 뱀과 같다.

23 《抱朴子內篇》卷17〈登涉〉, 307쪽.

⑧ 涉游:《抱朴子內篇·登涉》에는 "游涉".

는 안 되는 방법이다. 《청계가필(淸溪暇筆)[24]》[25]

11) 산에 들어갈 때 피해야 할 시기

산에 들어갈 때는 3월·9월에 들어가야 하니, 이 때가 산이 열리는 달이기 때문이다. 또 그 가운데서도 길한 날과 좋은 시간을 골라서 들어가야 한다. 만약 일이 오래도록 계속 있어서 느긋하게 이 달을 기다릴 수 없다면 적어도 날과 시간이라도 가려야 한다. 《포박자》[26]

산에 들어갈 때 크게 피해야 하는 시기가 있다. 갑(甲)·을(乙)·인(寅)·묘(卯)가 들어간 해에 1월·2월에는 동악(東岳)[27]에 들어가면 안 된다. 병(丙)·정(丁)·사(巳)·오(午)가 들어간 해에 4월·5월에는 남악(南岳)[28]에 들어가면 안 된다. 경(庚)·신(辛)·신(申)·유(酉)가 들어간 해에 7월·8월에는 서악(西岳)[29]에 들어가면 안 된다. 무(戊)·기(己)가 들어간 해에 3월·6월·9월·12월에는 중악(中岳)[30]에 들어가면 안 된다. 임

入山宜忌月日

入山, 當以三月、九月, 此是山開月. 又當擇其月中吉日佳時, 若事久不得徐徐須此月者, 但可選日時耳. 《抱朴子》

大忌, 不可以甲、乙、寅、卯之歲, 正月、二月入東岳; 不以丙、丁、巳、午之歲, 四月、五月入南岳; 不以庚、辛、申、酉之歲, 七月、八月入西岳; 不以戊、己之歲, 四季之月入中岳; 不以壬、癸、亥、子之歲, 十月、十一月入北岳.

---

24 청계가필(淸溪暇筆): 중국 명(明)나라 요복(姚福, ?~?)이 지은 책. 자신이 평소 보고 들었거나 책에서 접한 내용을 정리하였다.

25 《淸溪暇筆》卷上《續修四庫全書》1167, 642쪽).

26 《抱朴子內篇》卷17〈登涉〉, 307쪽.

27 동악(東岳): 태산(泰山)을 말한다. 중국 산동성(山東省) 태안시(泰安市)에 있다. 중국의 오악(五岳) 가운데에서도 으뜸으로 꼽히며 역대 황제들이 이곳에서 봉선(封禪, 천지의 제사)을 지냈다. 해발 1,545m.

28 남악(南岳): 여기에서는 천주산[天柱山, 곽산(霍山)]을 말한다. 중국 안휘성(安徽省) 안경시(安慶市)에 있다. 해발 1,488m. 한무제(漢武帝)가 남방을 순시할 당시, 천주산을 남악(南岳)으로 봉했으나 수문제(隋文帝)가 천주산을 폐하고, 호남성(湖南省) 형산현의 형산(衡山)을 남악으로 봉하여 지금은 형산을 남악이라 한다.

29 서악(西岳): 화산(華山)을 말한다. 중국 섬서성(陝西省) 화음시(華陰市)에 있다. 오악 중에서 지형이 가장 험준하다. 태화산(太華山)이라고도 한다.

30 중악(中岳): 숭산(嵩山)을 말한다. 숭고산(嵩高山)이라고도 한다. 중국 하남성(河南城) 등봉시(登封市)에 있다. 해발 1,512m.

(壬)·계(癸)·해(亥)·자(子)가 들어간 해에 10월·11월에
는 북악(北岳)[31]에 들어가면 안 된다.

태화산(太華山, 서악)·곽산(霍山, 남악)·항산(恒山, 북
악)·태산(泰山, 동악)·숭고산(嵩高山, 중악)에 들어가지
말아야 하는 해이면 그 해를 피하고, 해당 산의 방
면에 가는 일도 모두 함께 금한다.

산에 들어갈 때 크게 피해야 할 날은 1월 오일(午
日)·2월 해일(亥日)·3월 신일(申日)·4월 술일(戌日)·오
월 미일(未日)·6월 묘일(卯日)·7월의 갑일(甲日)과 자일
(子日)·8월 신일(申日)과 자일(子日)·9월 인일(寅日)·10
월 진일(辰日)과 미일(未日)·11월 사일(巳日)과 축일(丑
日)·12월 인일(寅日)이다.

산에 들어가기에 좋은 날은 갑자일(甲子日)·갑인일
(甲寅日)·을해일(乙亥日)·기사일(己巳日)·을묘일(乙卯日)·
병술일(丙戌日)·병오일(丙午日)·병진일(丙辰日)로, 이상
의 날에 산에 들어가면 크게 길하다.《포박자》[32]

《구천비기(九天秘記)》[33] 및 《태을둔갑(太乙遁甲)》[34]
에 다음과 같이 말했다. "산에 들어갈 때, 큰달[大月,
한 달이 30일인 달]에는 3일·11일·15일·18일·24일·26
일·30일을 피하고 작은달[小月, 한 달이 29일인 달]에는

不須入太華、霍山、恒山、
泰[9]山、嵩高山, 乃忌此
歲, 其岳之方面, 皆同禁
也.

入山之大忌, 正月午、二月
亥、三月申、四月戌、五月
未、六月卯、七月甲·子、八月
申·子、九月寅、十月辰·未、
十一月巳·丑、十二月寅.

入山良日, 甲子、甲寅、乙
亥、己巳、乙卯、丙戌、丙午、
丙辰, 巳上日大吉. 同上

《九天秘記》及《太乙遁甲》
云: "入山, 大月忌三日、十一
日、十五日、十八日、二十四日、
二十六日、三十日, 小月忌一日、

---

31 북악(北岳): 여기에서는 중국 하북성(河北省) 보정시(保定市)에 있는 대무산(大茂山, 옛 이름 항산). 해발
  1,898m. 일반적으로는 중국 산서성(山西省) 대동시(大同市)에 있는 항산(恒山)을 말하지만, 실제로 이곳에
  서 북악의 제사를 지낸 것은 청대(淸代) 초기 1660년에 이르러서라고 한다.
32 《抱朴子內篇》卷17〈登涉〉, 299~300쪽.
33 구천비기(九天秘記): 작자 미상의 도교서(道敎書).
34 태을둔갑(太乙遁甲): 작자 미상의 병법 점술서. 천문현상이나 기상변화의 상태를 음양이론과 접목하여 전
  쟁의 길흉을 파악하는 병음양(兵陰陽)의 한 종류이다.
⑨ 泰: 저본에는 "太". 일반적인 용례에 근거하여 수정.

1일·5일·13일·16일·26일·28일을 피한다. 이날에 산에 들어가면 반드시 산신령에게 죽거나, 또 구하는 것을 얻지 못하며, 하고자 하는 일을 성취하지 못한다. 단지 도사만 그러한 것이 아니라 보통 사람들도 이날 산에 들어가면 모두 흉한 해를 입고 호랑이·이리·독충을 만나게 된다."《포박자》[35]

《영보경(靈寶經)》[36]에 "산에 들어갈 때는 보일(寶日)과 의일(義日)에 가야 한다. 만약 이날을 전적으로 따르면 크게 길할 것이나, 제일(制日)·벌일(伐日)에 산에 들어가면 반드시 죽는다."[37]라 했다.

이른바 '보일(寶日)'이란, 간지(干支)[38]에서 앞의 천간(天干)이 뒤의 지지(地支)를 생(生, 생성)[39]하는 날이다. 예를 들어 갑오(甲午)일·을사(乙巳)일과 같은 날이 이것이다. 갑(甲)은 목(木)이고 오(午)는 화(火)이며, 을(乙) 역시 목(木)이고 사(巳) 역시 화(火)인데, 화(火)는 목(木)에서 생기기 때문이다.

또 '의일(義日)'이란, 간지에서 뒤의 지지가 앞의 천간을 생하는 날이다. 예를 들어 임신(壬申)일·계유(癸

五日、十三日、十六日、二十六日、二十八日. 以此日入山, 必爲山神所弒[10], 又所求不得, 所作不成. 不但道士, 凡人以此日入山, 皆凶害, 與虎狼、毒蟲相遇也." 同上

《靈寶經》云: "入山, 當以寶日及義日, 若專日者大吉, 以制日、伐日必死."

所謂"寶日"者, 謂支干上生下之日. 若用甲午、乙巳之日是也. 甲者木也, 午者火也, 乙亦木也, 巳亦火也, 火生於木故也.

又謂"義日"者, 支干下生上之日. 若壬申、癸酉之日是

---

35 《抱朴子內篇》卷17〈登涉〉, 301쪽.

36 영보경(靈寶經): 중국 도교의 경전으로,《태상동현영보무량도인상품묘경(太上洞玄靈寶無量度人上品妙經)》을 말한다.《도인경(度人經)》이라고도 한다.

37 산에……죽는다: 출전 확인 안 됨;《說郛》卷74下〈登涉符籙〉(《文淵閣四庫全書》880, 186쪽).

38 간지(干支): 중국 및 한자문화권에서 연(年)·월(月)·일(日)·시(時)·방위 등을 표현하는 방법. 천간(天干)과 지지(地支)로 구성된다. 천간은 갑(甲)·을(乙)·병(丙)·정(丁)·무(戊)·기(己)·경(庚)·신(辛)·임(壬)·계(癸)이고, 지지는 자(子)·축(丑)·인(寅)·묘(卯)·진(辰)·사(巳)·오(午)·미(未)·신(申)·유(酉)·술(戌)·해(亥)다. 천간과 지지가 한 글자씩 조합하여 60갑자를 구성한다.

39 생(生, 생성): 오행에서 목생화(木生火), 화생토(火生土), 토생금(土生金), 금생수(金生水), 수생목(水生木)의 관계를 말한다. 예를 들어 목생화(木生火)의 경우, 불에 나무를 넣으면 불이 더 잘 타오르는 것처럼 목이 화를 생한다고 표현한다.

[10] 弒:《抱朴子內篇·登涉》에는 "試".

酉)일과 같은 날이 이것이다. 임(壬)은 수(水)이고 신(申)은 금(金)이며, 계(癸)는 수(水)이고 유(酉)는 금(金)인데, 수(水)는 금(金)에서 생하기 때문이다.

이른바 '제일(制日)'이란, 간지에서 앞의 천간이 뒤의 지지를 극(克, 극복)[40]하는 날이다. 예를 들어 무자(戊子)일·기해(己亥)일과 같은 날이 이것이다. 무(戊)는 토(土)이고 자(子)는 수(水)이며, 기(己)는 토(土)이고 해(亥)는 수(水)인데, 오행의 의미 관계에서 토(土)가 수(水)를 극하기 때문이다.

이른바 '벌일(伐日)'이란, 간지에서 뒤의 지지가 앞의 천간을 극하는 날이다. 예를 들어 갑신(甲申)일·을유(乙酉)일과 같은 날이 이것이다. 갑(甲)은 목(木)이고 신(申)은 금(金)이며, 을(乙) 역시 목(木)이고 유(酉) 역시 금(金)인데, 금(金)은 목(木)을 극하기 때문이다. 다른 경우도 모두 이와 같으니, 위의 예시를 끌어들여 확장하면 다른 날에 대해서도 모두 알 수 있다. 《포박자》[41]

也. 壬者水也, 申者金也;
癸者水也, 酉者金也, 水生
於金故也.

所謂"制日"者, 支干上克下
之日也. 若戊子、己亥之日
是也. 戊者土也, 子者水
也, 己亦土也, 亥亦水也,
五行之義, 土克水也.

所謂"伐日"者, 支干下克上
之日. 若甲申、乙酉之日是
也. 甲者木也, 申者金也,
乙亦木也, 酉亦金也, 金克
木故也. 他皆倣此, 引而長
之, 皆可知之也. 同上

《둔갑중경(遁甲中經)[42]》에 "명산에 들어갈 때 온갖 사기(邪氣)·호랑이·이리·독충·산적들이 감히 사람에게 접근하지 못하게 하려면 천장일(天藏日)에 산에서 나오고 지호일(地戶日)에 산에 들어가야 한다."[43]라

《遁甲中經》曰: "入名山,
欲令百邪、虎狼、毒蟲、盜
賊不敢近人者, 出天藏, 入
地戶." 凡六癸爲天藏, 六己

---

40 극(克, 극복):오행에서 목극토(木剋土), 토극수(土剋水), 수극화(水剋火), 화극금(火剋金), 금극목(金剋木)의 관계를 말한다. 예를 들어 금극목(金剋木)의 경우, 도끼가 나무를 자를 수 있는 것처럼 금이 목을 극한다고 표현한다.

41 《抱朴子內篇》卷17〈登涉〉, 303쪽.

42 둔갑중경(遁甲中經):작자 미상의 도교서.

43 명산에……한다:출전 확인 안 됨;《說郛》卷74下〈登涉符籙〉(《文淵閣四庫全書》880, 186~187쪽).

했다. 일반적으로 여섯 계일(癸日)[44]을 천장일이라 하   爲地戶也. 同上
고, 여섯 기일(己日)[45]을 지호일이라 한다. 《포박자》[46]

---

44 여섯 계일(癸日): 계축일(癸丑日)·계묘일(癸卯日)·계사일(癸巳日)·계미일(癸未日)·계유일(癸酉日)·계해일
    (癸亥日)을 말한다.
45 여섯 기일(己日): 기축일(己丑日)·기묘일(己卯日)·기사일(己巳日)·기미일(己未日)·기유일(己酉日)·기해일(己
    亥日)을 말한다.
46 《抱朴子內篇》卷17〈登涉〉, 302쪽.

- Ⅲ -

시문과 술을 즐기는 잔치

文酒讌會

1. 유상곡수(굽이진 시내에 술잔 띄우며 시 짓는 놀이)   流觴曲水

1) 놀이의 기원

굽이진 시내에 술잔을 띄우며 시 짓는 놀이에 대해 속석(束晳)[1]은 일시(逸詩)[2] 가운데 '우상(羽觴)[3]을 물결에 띄운다.'[4]라는 문장에 근거하여, "주공이 낙읍(洛邑)[5]을 건설할 때 시작한 놀이다."라 했으나, 정말로 그런지는 알 수 없다. 진(晉)나라 사람들이 난정(蘭亭)[6]에서 계사(禊祀)[7]를 지내고 술을 마신 때부터

緣起

流杯曲水, 束晳據逸詩"羽觴隨波"之文, 謂"始於周公營洛邑時", 未知其信然也. 自晉人蘭亭之禊飮, 逐爲上巳節物. 然考柳子厚《序飮》, 則又不專於上巳矣.

청자양이배(靑磁兩耳杯)(국립중앙박물관)

왕희지의 난정서(蘭亭序)

---

1 속석(束晳):?~300?. 중국 진(晉)나라의 경학가. 자는 광미(廣微). 과두문(蝌蚪文)에 정통했으며, 상서랑(尙書郞)·박사(博士) 등을 역임했다. 저서로 《오경통론(五經通論)》 등이 있다.
2 일시(逸詩):중국 고대의 노래 모음집인 《시경(詩經)》에 수록되지 않았지만 그 일부가 전해지는 시.
3 우상(羽觴):고대 술잔의 한 종류. 양쪽에 새 날개모양 손잡이가 달려 있다고 해서 붙여진 이름이다. 이배(耳杯)라고도 한다.
4 우상(羽觴)을……띄운다:고대 매년 상사일[上巳日, 새해 첫 사일(巳日)]에 잔치하고 놀면서 흐르는 물에 잔을 띄워 아래로 내려보낼 때 《시경(詩經)》에서 빠진 일시 중에 이 한 구절을 외웠다고 한다. 《진서(晉書)·속석전(束晳傳)》에 이 일이 실려 있다.
5 낙읍(洛邑):동주(東周)의 도읍으로, 지금의 낙양(洛陽)을 말한다.
6 난정(蘭亭):중국 절강성(浙江省) 소흥현(紹興縣) 시내에서 남서쪽으로 12㎞ 정도 떨어진 곳에 있던 정자. 왕희지(王羲之, 321~379)가 동진(東晉) 영화(永和) 9년(353년) 3월 3일에 이곳에서 당시의 명사(名士) 41명과 함께 유상곡수의 풍류를 즐겼다고 한다. 이때 모아 엮은 시집의 서문인 《난정서(蘭亭序)》가 전해진다. 《난정서》에 대해서는 《임원경제지 유예지》2, 풍석문화재단, 2017, 132쪽에 소개되어 있다.

난정회서도(蘭亭會序圖)(국립중앙박물관)

비로소 3월 상사절(上巳節)[8]에 행하는 일이 되었다. 《金華耕讀記》
그러나 유종원(柳宗元)[9]의 《서음(序飮)[10]》을 고찰해보
면 또 오로지 상사절에만 하는 놀이는 아니다. 《금
화경독기(金華耕讀記)》[11]

2) 차례로 술 마시는 일의 대략적인 법식

계곡의 바위에 술을 마련해두고 잔을 채운 다음
물에 띄워 보낸다. 술 마실 차례가 된 사람이 1척 되
는 산가지 3개를 들어 물이 흐르는 반대 방향으로

序飮凡例

置酒溪石上, 實觴而流之,
當飮者擧籌之十寸者三,
逆而投之, 能不洄于㳂, 不

---

7 계사(禊祀):음력 3월 첫 번째 사일(巳日)에 모여 산천에 지내는 제사. 상스럽지 못한 기운을 떨쳐버리며 재
   앙을 씻어낸다는 의미를 갖고 있다.
8 3월 상사절(上巳節):음력 3월의 첫 번째 드는 사일(巳日). 나중에는 3월 3일을 가리키게 되었다.
9 유종원(柳宗元):773~819. 중국 당(唐)나라의 문인. 자는 자후(子厚). 당송팔대가의 한 사람으로, 한유
   (韓愈, 768~842)와 함께 변문(騈文)에 반대해 고문(古文)운동을 펼쳤다. 유주자사(柳州刺史)를 지내 '유
   유주(柳柳州)'라 부르기도 한다.
10 서음(序飮):유종원이 음주에 관하여 쓴 짧은 산문. 작은 언덕을 하나 구입하여 이틀 동안 정리하고 술 마
   실 자리를 마련한 뒤 놀이를 하며 술을 마시고 즐기는 내용이다.
11 《金華耕讀記》卷4 '流觴曲水', 20~21쪽.

거슬러 던진다. 산가지가 물이 소용돌이치는 곳에서도 돌지 않거나 모래섬에서 멈추지 않거나 바닥에 가라앉지 않은 경우에는 벌주를 마시지 않고 지나간다. 그러나 산가지가 소용돌이치며 돌거나, 모래섬에서 멈추거나, 바닥에 가라앉으면 그렇게 된 산가지 숫자대로 벌주를 마신다. 유종원《서음(序飮)》[12]

止于坻, 不沈于底者, 過不飮, 而洄而止而沈者, 飮如籌之數. 柳柳州《序飮》

---

12 《柳河東集》卷24〈序十一首〉"序飮"(《文淵閣四庫全書》1076, 227쪽).

2. 투호

投壺

1) 공동으로 필요한 인원

合用之人

예생(禮生) 1명【투호 절차와 점수를 외친다.】, 사사(司射) 1명【화살 던지는 일을 관장한다.】, 사정(司正) 1명【벌을 관장한다.】, 사인(使人) 1명【투호병을 잡고, 음식을 올린다.】, 찬자(贊者) 2명【화살을 가져온다. 제자들이 맡는다.】, 작자(酌者) 2명【술잔을 돌린다. 곧 손님과 주인 가운데 이긴 편의 제자들이다.】, 현자(弦者, 현악기 연주자)【《시경》의 시를 노래하면서 경쇠와 북을 친다. 방각(方慤)[1]이 "현악기로 〈이수(貍首)〉[2]를 연주한다."[3]라 한 말을 살펴보면, 현자에게 슬(瑟)[4]이 있었을 것이다. 지금은 이것을 연주할

禮生一人【唱贊】、司射一人【司投】、司正一人【司罰】、使人一人【執壺薦羞】、贊者二人【取矢, 用弟子爲之.】、酌者二人【行觴, 卽賓主勝黨之弟子.】、弦者【歌詩, 擊磬擊鼓. 按① 方氏曰"以弦歌《貍首》", 則弦者當有瑟. 今玆未能, 姑缺之.】司馬氏《投壺儀節②》

---

1 방각(方慤) : ?~?. 중국 북송(北宋)의 학자. 자는 성부(性夫). 저서로 《예기해(禮記解)》 등이 있다.
2 이수(貍首) : 《시경》에 실렸으나 그 가사를 잃은 시 중의 한 편. 이(貍)는 '불래(不來)'라고도 불리어지는데, 시 내용 중 일부에 "조회 오지 않는 제후를 쏜다."는 내용이 있어, 옛날 사례(射禮)를 행할 때, 제후들이 〈이수(貍首)〉를 부르며 활쏘는 사람을 위해 박자를 맞추어 주었다.
3 현악기로……연주한다 :《禮記集說》卷146〈投壺〉(《文淵閣四庫全書》120, 529쪽).
4 슬(瑟) : 거문고, 가야금, 중국 금(琴)처럼 길다란 판에 줄을 얹고, 각 줄은 안족(雁足)이 받치며, 손가락으로 뜯어 연주하는 악기. 보통 25현. 슬은 흔히 금과 함께 편성되어, 《시경》 맨 첫 시인 〈관저〉에서 남녀의 정을 '금슬(琴瑟)'에 비유했으므로, 이후 부부의 의를 '금슬'이라 부르게 되었다.
① 按 : 저본에는 "技". 《說郛·投壺儀節》에 근거하여 수정.
② 投壺儀節 : 저본에는 "投壺節儀". 일반적인 용례에 근거하여 수정. 이하 모든 "投壺節儀"는 "投壺儀節"로 고치며 교감기를 달지 않음.

투호도(국립중앙박물관)

투호병과 화살(국립민속박물관)

수 없으므로 우선 빼놓는다.】 사마광(司馬光)⁵《투호
의절(投壺儀節)⁶》⁷

2) 필요한 도구

투호병·화살【8대】·산가지 담는 통[中]·산가지
【80개】·굽이 달린 잔받침[豊]·술잔[觶]·경쇠·북·작
은북·술병·음식접시·물사발·손 씻는 대야·수건.

【투호의 예법을 살펴보면 손을 씻고 술잔을 씻은

合用之物

壺、矢【八】、中、算【八十】、
豊、觶、磬、鼓、鼙、酒壺、
羞楪、水盌、盥盆、帨巾.

【按③《禮》，盥手洗爵，有

5 사마광(司馬光)：1019~1086. 북송(北宋)의 관리. 자는 군실(君實), 호는 우부(迂夫), 시호는 문정(文正).
   산서성(山西省) 하현(夏縣) 속수향(涑水鄉)에서 출생하여 '속수선생(涑水先生)'이라고도 불린다. 왕안석
   의 신법당과 논쟁하다 벼슬을 버리고 낙양(洛陽)으로 돌아가 독락원(獨樂園)을 조성하고 살았다. 그가 은
   거한 것은 후대에 '재력가의 은일(隱逸)'의 전형이 되었으며, 그림으로도 많이 그려졌다. 사후 온국공(溫國
   公)에 봉해졌으므로 사마온공(司馬溫公)이라고도 한다. 저서에《자치통감(資治通鑑)》·《속수기문(涑水紀
   聞)》·《사마문정공집(司馬文正公集)》등이 있다.
6 투호의절(投壺儀節)：사마광이 지은 투호의 규칙에 관한 책.
7 《說郛》卷101上〈投壺儀節〉"合用之人"(《文淵閣四庫全書》881, 701쪽).
③ 按：저본에는 "㧑".《說郛·投壺儀節》에 근거하여 수정.

다음, 뢰(罍)에 물을 담고 국자로 물을 떠서, 세(洗, 헹군 물을 버릴 그릇)에 버릴 물을 담는다고 했다.[8] 지금(중국 송대) 사람들은 대야에 손을 씻고 물 사발에 잔을 씻는다. 이는 비록 옛 제도가 아니지만 또한 따를 만하다.】사마광《투호의절》[9]

罍以盛水, 有枓勺以斟水, 有洗以盛棄水, 今人以盥盆盥手, 以水盌洗爵, 雖非古, 亦可從也.】<u>司馬氏</u>《投壺儀節》

3) 투호 의례

손님과 주인이 모두 일어나, 앉은 자리에서 내려가 차례대로 선다.

【주인은 동쪽에, 손님은 서쪽에 선다.】

사정(司正)은 제자들이 맡게 한다.

【사정은 "뽐내지 마소서. 오만하지 마소서. 등지고[偝] 서지 마소서. 멀리 있는 사람과 말하지 마소서. 등지고 서거나 멀리 있는 사람과 말한다면[踰言] 항상 벌주[常爵]가 있을 것입니다."라 한다. 시끄럽게 떠들며 예의를 벗어난 행동을 하는 사람이 있으면, 사정이 "아무개는 예의를 벗어난 행동을 하여 벌을 줍니다."라 한다.

안《예기(禮記)》소(疏)에 "호(憮)는 호(好)와 오(吾)의 반절이다. 패(偝)는 음이 패(佩)이다. 호는 오만하다는 말이고, 패는 서 있는 자세가 똑바로 앞을 향하지 않았다는 말이다. 유언(踰言)은 멀리 있는 사람과

儀式

賓主皆起降坐, 序立.

【主東賓西】

司正令弟子.

【司正曰："毋憮, 毋敖, 毋偝④立, 毋踰言. 偝⑤立踰言有常爵." 有誼譁失禮者, 司正言"某人失禮罰之."

案《禮記》疏："憮, 好吾反. 偝, 音佩. 憮, 敖慢也. 偝, 立⑥不正鄕前也. 踰言, 遠談語也. 常爵, 常所

---

8 투호의……했다:《의례(儀禮)》·《예기(禮記)》에서 이와 비슷한 내용은 나오지만 부합하는 내용은 확인 안 됨.
9 《說郛》卷101上〈投壺儀節〉"合用之物"(《文淵閣四庫全書》881, 701쪽).
④ 偝:《說郛·投壺儀節·儀節》에는 "偕".
⑤ 偝:《說郛·投壺儀節·儀節》에는 "偕".
⑥ 立:《禮記正義·投壺》에는 "者".

말하는 것이다. 상작(常爵)은 항상 벌칙으로 벌주를 준다는 말이다."[10]라 했다. 또《의례경전통해(儀禮經傳通解)》를 살펴보면 "제자들은 초청한 손님의 뒤에 있게 한다."[11]라 했다.】

사인(使人)이 투호병을 잡고, 주인이 화살을 받든다.

【투호병에서 4대의 화살을 집어서 받든다.】

주인이 감사의 인사를 하고 손님이 답사를 한다.

【주인이 말한다. "저에게 구부러진[枉] 화살과 쭈그러진[哨] 병이 있으니, 이것으로 당신을 즐겁게 해 드릴까 합니다."

손님이 대답한다. "그대가 맛있는 술과 훌륭한 안주를 마련하여 제가 이미 대접을 받았는데[旣賜], 또 거듭 놀이로 즐겁게 해주신다니, 감히 사양합니다."

주인이 말한다. "구부러진 화살과 쭈그러진 병이니 사양하실 것 없습니다. 감히 간곡하게 놀이를 청합니다."

손님이 대답한다. "제가 이미 대접을 받았는데, 또 거듭 이 놀이로 즐겁게 해 주신다니, 감히 간곡하게 사양합니다."

주인이 말한다. "구부러진 화살과 쭈그러진 호리병이니 사양하실 것 없습니다. 감히 간곡하게 놀이를 청합니다."

손님이 대답한다. "제가 간곡하게 사양했으나 허락을 받지 못했으니, 감히 공손하게 주인의 청을 따

以罰人之爵也." 又按《儀禮經傳通解》"令弟子在請賓之後".】

使人執壺, 主人奉矢.

【於壺取四矢捧之】

主人致辭, 賓對辭.

【主人曰 : "某有枉矢哨壺, 請以樂賓."

賓曰 : "子有旨酒嘉肴, 某旣賜矣, 又重以樂, 敢辭."

主人曰 : "枉矢哨壺, 不足辭也, 敢固以請."

賓曰 : "某旣賜矣, 又重以樂, 敢固辭."

主人曰 : "枉矢哨壺, 不足辭也, 敢固以請."

賓曰 : "某固辭, 不得命, 敢不敬從?"

---

10 호(憮)는……말이다 :《禮記正義》卷58〈投壺〉(《十三經注疏整理本》15, 1838쪽).
11 제자들은……한다 : 출전 확인 안 됨.

르지 않을 수 있겠습니까?"

【안 《의례(儀禮)》 주(註)에 "왕(枉)과 초(哨)는 바르지 않은 모양으로, 겸사(謙辭)이다."라 했다. 소(疏)에 "왕(枉)은 굽었다는 말이고 초(哨)는 쭈그러졌다는 말이니, 모두 바르지 않은 것이다. 기사(旣賜)는 이미 대접을 받았음을 말한다."[12]라 했다.】

案《儀禮》註："枉、哨, 不正貌, 爲謙辭." 疏："枉, 曲也；哨, 謂哨咬[7], 不正. 旣賜, 言旣受賜也."】

손님이 절하고 화살을 받는다. 허리 굽혀 2번 절한 뒤 바로 선다.

賓拜受, 鞠躬拜興拜興, 平身.

【손님이 절을 하려고 하면, 주인이 몸을 피하고 사양하며 말한다. "감히 피합니다."

【賓將拜, 主人退避, 曰："敢避."

【안 《의례》 주에 "손님이 2번 절하고 받는다는 말은 절하고 화살을 받는다는 뜻이다."[13]】

案《儀禮》註："賓再拜受, 拜受矢也."】

주인이 손님에게 화살을 전달한다.

主人送矢.

【손님이 화살을 받으면 주인은 자리로 돌아간다.】

【賓受矢, 主人復位.】

화살을 전달할 때는 절을 하며 보낸다. 허리 굽혀 2번 절한 뒤 바로 선다.

拜送, 鞠躬拜興拜興, 平身.

【손님 또한 몸을 피하고 사양하며 말한다. "감히 피합니다."】

【賓亦退避, 曰："敢避."】

찬자(贊者)가 주인에게 화살을 준다.

贊者授主人矢.

【투호병에서 4대의 화살을 가져다 주인에게 준다.】

【於壺取四矢, 授主人.】

주인이 나아가 던지는 자리를 살핀다.

主人進視投所.

【자리를 설치할 때는 모두 남향으로 한다.】

【設席皆南向】

주인이 자리로 돌아온다. 주인이 손님에게 읍

復位. 主人揖, 賓就席. 司

---

12 왕(枉)은……말한다：《儀禮經傳通解》卷6〈鄕禮〉2 "投壺禮"《文淵閣四庫全書》131, 120쪽).

13 손님이……뜻이다：《儀禮經傳通解》, 위와 같은 곳.

7 咬：《儀禮經傳通解·鄕禮·投壺禮》에는 "咬".

(揖)[14]을 하면 손님은 자리에 나아간다. 사사(司射)는 탁호(度壺)한다.

【사사가 투호병을 잡는 사람 있는 곳에서 투호병을 가져다 손님과 주인 자리의 남쪽에 놓는다. 주인의 화살을 가져오고, 이것으로 거리를 잴 때는 주인과 손님의 자리에서 각각 화살 2대 반이 되는 거리로 한다.

[안] 《의례》 주에 "탁호(度壺)란 투호병을 설치할 자리를 재는 것이다."[15]라 했다.】

사사가 산가지 담는 통[中]을 설치한다.

【서쪽 계단에 산가지 담는 통을 설치한다. 주인이 서 있는 자리 앞쪽에서 산가지를 가져다 산가지 담는 통에 8대 담고 나머지 산가지는 산가지 담는 통 서쪽에 가로로 놓아둔다.

[안] 《의례》 주에 "사(士)[16]는 녹중(鹿中)[17]을 쓴다."라 했다. 소(疏)에 "산가지 담는 통의 형태는 나무를 깎아 만드는데, 그 형상이 마치 무소나 사슴이 엎드려 있는 모습과 같다. 모형의 등 위에 둥근 받침대를 만들어 여기에 산가지를 담는다."[18]라 했다. 《예기》 〈투호의(投壺儀)〉에서 "산가지는 길이가 1.2척이다."[19]

射度壺.

【司射於執壺人處, 取壺置賓主席之南, 取主人矢, 度之各二[8]矢半.

[案] 《儀禮》註 : "度壺, 度其所設之處."】

司射設中.

【坐設中於西階. 主所立位之前取算, 實八算於中, 橫委其餘算於中西.

[案] 《儀禮》註 : "士鹿中." 疏 : "中之形, 刻木爲之, 狀如兕鹿而伏, 背上立圓圈以盛算." 《禮·投壺儀》 : "算, 長尺二寸." 又曰 : "算多少, 視其坐." 疏 : "算用當視坐

14 읍(揖) : 인사하는 방법의 하나. 두 손을 맞잡아 얼굴 앞으로 들어 올리고 허리를 앞으로 공손히 구부렸다가 몸을 펴면서 내린다.
15 탁호(度壺)란……것이다 : 《儀禮經傳通解》 卷6 〈鄕禮〉2 "投壺禮" 《文淵閣四庫全書》 131, 121쪽).
16 사(士) : 고대의 신분 서열 중 하나로 천자(天子), 제후(諸侯), 대부(大夫) 다음 등급의 신분. 모든 예는 이 등급을 기준으로 차별 있게 제정되어 행해졌다.
17 녹중(鹿中) : 사례(射禮)를 행할 때에 사(士)가 쏜 화살을 세는 산가지를 담는 도구. 나무를 깎아 사슴 모양으로 만들고 속을 비워서 활을 쏘아 맞추면 맞춘 수만큼의 산가지를 사슴의 입에 넣어 센다. 대부는 시중(兕中, 무소 모양 통)을 쓴다. 투호 놀이에서도 같은 도구를 썼다.
18 사(士)는……담는다 : 《儀禮經傳通解》 卷6 〈鄕禮〉2 "投壺禮" 《文淵閣四庫全書》 131, 120쪽).
19 산가지는……1.2척이다 : 《禮記正義》 卷58 〈投壺〉 《十三經注疏整理本》 15, 1836쪽).
[8] 二 : 《說郛·投壺儀節·儀節》에는 "一".

라 했다. 또 "산가지의 개수는 그 자리에서 던지는 사람들의 수를 살펴서 결정한다."라 했다. 소(疏)에 "산가지의 수는 자리에서 투호를 하는 사람이 몇 명인지를 살펴서 개수를 결정한다. 투호를 할 때 사람마다 화살 4대를 가지고 하면, 또한 사람마다 4개의 산가지가 있어야 한다."[20]라 했다.】

投壺者之衆寡爲數也. 投壺者人四矢, 亦人四算."】

사사(司射)가 투호병에 화살을 던지라는 말을 아뢰며 손님에게 청한다.

司射奏投壺之令, 請賓.

【사사가 말한다. "순투(順投)[21]는 입(入)이라 하고, 비투(比投)[22]는 계산에 넣지 않습니다. 이긴 사람이 진 사람에게 술을 마시도록 합니다. 정작(正爵, 바른 예로 술을 권하는 짓)이 행해지고 나서 이긴 분을 위하여 말[馬][23]을 세우도록[立馬] 하겠습니다. 1개의 말은 2개의 말을 따르게 하여, 3개의 말이 서고 나면,[24] 말[馬]이 많은 사람을 축하해 주십시오."

【司射曰:"順投爲入, 比投不釋, 勝飮不勝者, 正爵旣行, 請爲勝者立馬, 一馬從二馬, 三馬旣立[9], 請慶多馬."

안 《의례》 주에 "이긴 사람이 진 사람에게 술을 마시도록 하는 이유는, 솜씨가 뛰어난 사람이 뛰어나지 못한 사람을 봉양(奉養)한다는 의미이다. 정작(正爵)은 바른 예법으로 올리는 술이다. 어떤 사람은 벌(罰)의 의미라고 하고, 어떤 사람은 축하의 의미라

案 《儀禮》註:"勝飮不勝, 言以能養不能也. 正爵, 所以正禮之爵也, 或以罰, 或以慶. 馬, 勝算也, 謂之馬者, 若云'技藝如此, 任爲

---

20 산가지의……한다:《禮記正義》卷58〈投壺〉《十三經注疏整理本》15, 1835~1836쪽).

21 순투(順投):투호병에 제대로 들어간 화살.

22 비투(比投):주인과 손님이 교대로 화살을 던지는데, 상대가 던지기 전에 연거푸 던진 화살. 이런 경우에는 화살이 들어가도 점수로 인정하지 않는다.

23 말[馬]:투호는 3번에 나눠 경기를 하는데, 말은 이긴 사람에게 주는 산가지를 말한다. 이긴 사람이 말을 가지는 것을 '말을 세우다[立馬]'라 한다.

24 1개의……나면:투호는 총 3번의 경기를 하여 승패를 겨루는데, 3번 중 2번만 이겨도 최종 승패가 사실상 결정된다. 이때 말 1개를 가지고 있는 사람은 말 2개를 가지고 있는 사람에게 자신의 말을 줘서 이긴 사람의 말이 3개가 되게 만들어준다는 뜻이다. 해당 내용에 대한 설명은 아래 《의례》 소(疏)에도 나온다.

⑨ 立:저본에는 "備".《儀禮經傳通解·鄕禮·投壺禮》에 근거하여 수정.

고도 한다. 말은 이긴 사람의 산가지인데, '말'이라고 하는 이유는, 말하자면 '기예가 이렇게 뛰어난 사람은 장수로 삼아 말을 태울 만하다.'라 는 의미가 있기 때문이다."

소(疏)에 다음과 같이 말하였다. "순(順)은 근본 [本, 정방향]으로, 화살에도 본(本, 촉 부분)과 말(末, 깃 부분)이 있음을 말한 것이니, 투호병에 화살을 던져 화살의 근본이 들어간 것을 '입(入)'이라 하고, 산가지로 세어 계산에 넣는다. 화살의 말(末)이 들어간 경우에는 '입'이라 하지 않고, 또한 계산에 넣지 않는다.

'비투는 계산에 넣지 않는다'는 말에서 비(比)는 연달아 던진다는 말이다. 또 손님과 주인이 투호를 할 때의 법칙은 반드시 번갈아 가면서 던져야 하는데, 만약 뒷사람이 던지기를 기다리지 않고 연달아 던져버리면, 던진 화살이 비록 들어갔다 하더라도 또한 계산에 넣지 않는다.

'말을 세운다[立馬]'는 말은 산가지로 말을 삼아 이긴 횟수를 표시한다는 말이다.

'1개의 말이 2개의 말을 따르게 한다'라는 말의 뜻은 다음과 같다. 이길 때마다 바로 1개의 말을 세우는데, 예(禮)에서는 말을 3개 얻는 것으로 완성을 삼는다. 만약 3개의 말이 온전히 갖추어지면 1번의 경기가 완성된다. 다만 이긴 편이 꼭 3개의 말을 얻는 것은 아니니, 만약 이긴 편이 2개의 말을 얻고 진 편이 1개의 말을 얻었다면, 1개를 가진 편은 이미 2개를 가진 편에게 진 상황이다. 그러므로 진 편이 가진 산가지 1개를 거두어다가 이긴 편이 가진 산가

將帥乘馬也'."

疏: "順, 本也, 言矢有本末, 投矢於壺, 以矢本入者, 乃名爲入, 則爲之釋算也, 若矢以末入, 則不名爲入, 亦不爲之釋算也.

比投不釋者, 比, 頻也. 又賓主投壺法, 要更遞而投, 若不待後人投之而已頻投, 則其投雖入, 亦不爲之釋算也.

立馬, 謂取算以爲馬, 表勝數也.
一馬從二馬者, 謂每一勝, 輒立一馬, 禮以三馬爲成. 若專三馬, 則爲一成, 但勝偶未必得三, 若勝偶得二, 劣偶得一, 一旣劣於二, 故徹取劣偶之一, 以足勝偶之二, 爲三, 故云'一馬從二馬.'

지 2개에 보태어 3개를 만든다. 그러므로 '1개의 말
이 2개의 말을 따르게 한다.'라 했다.

'3개의 말이 서고 나면, 말[馬]이 많은 사람을 축
하해 주십시오.'라는 말은 만약 연달아 3번 완승을
하거나, 혹 상대방의 말을 받아서 3개의 말을 채우
는 것이다. 이는 한 경기의 승부가 이미 완성되었으
니, 또 술을 따라주어 말이 많은 편을 축하하는 것
이다."25】

三馬旣立, 請慶多馬者, 若
頻得三成, 或取彼足爲三
馬, 是其勝已成, 又酌酒,
慶賀於多馬之偶也."】

사사가 주인에게 청한다.

請主人.

【손님에게 청할 때와 같은 방식으로 한다.】

【同請賓⑩】

손님과 주인이 모두 앉는다. 사사(司射)가 산가지
를 잡는다.

賓主皆坐, 司射執算.

【손님과 주인은 산가지 담는 통의 서쪽과 동쪽에
앉는다. 통에 있는 8개의 산가지를 꺼내어 잡고, 새
산가지 8개를 통에다 바꾸어 담고 나서 일어난다.】

【於中西東面坐, 取中之八
算執之, 改實八算於中而
起.】

현자(弦者)에게 음악을 연주하게 한다.

命弦者奏樂.

【사사가 말한다. "〈이수(貍首)〉장를 연주하되 간격
을 일정하게 하시오." 현자가 대답한다. "예." 첫 번
째 음악 연주가 끝난다.

【司射曰: "請奏《貍首》, 間
若一⑪." 弦者曰: "諾." 奏
樂一終.

안 《의례(儀禮)》 소(疏)에 "'간격을 일정하게 한다'
는 말은 전 악절(樂節)과 후 악절의 사이에 쉬는 박자
수가 일정한 듯하다는 말이다."26라 했다.】

案《儀禮》疏: "間若一者,
謂前後樂節中間疏數如似
一也."】

던지기를 청한다.

請投.

---

25 이긴 사람이……것이다:《儀禮經傳通解》卷6〈鄕禮〉2 "投壺禮"(《文淵閣四庫全書》131, 122쪽).
26 간격을……말이다:《禮記正義》卷58〈投壺〉(《十三經注疏整理本》15, 1831쪽).
⑩ 同請賓:《說郛·投壺儀節·儀節》에는 "司射請".
⑪ 一:《說郛·投壺儀節·儀節》에는 "二".

【사사가 말한다. "화살이 갖추어졌습니다. 번갈아 던지십시오." 두 번째 음악 연주가 끝나면 북소리에 맞춰 손님과 주인이 번갈아 1대의 화살을 던진다. 다섯 번째 음악 연주가 끝날 때까지 4대의 화살을 모두 던져서 투호병에 들어간 화살이 있으면 사사가 앉아서 산가지를 세어 계산에 넣는다. 들어간 화살 1대 당 산가지 1개로 계산한다. 손님의 것은 산가지를 담는 통 중 오른쪽에 넣고 주인의 것은 산가지를 담는 통 중 왼쪽에 넣는다.】

던지기를 끝내고 산가지를 센다.

【사사가 말한다. "오른편과 왼편이 모두 던지기를 끝냈습니다." 찬자(贊者) 2명이 화살을 거둔다. 사사가 산가지 담는 통 서쪽에다 남은 산가지를 앉은 채로 놓아 두고 일어나서 말한다. "산가지를 세겠습니다." 손님과 주인이 산가지 담는 통의 서쪽과 동쪽에 찬자 2명과 마주 앉는다. 먼저 오른쪽 손님의 산가지를 세고, 나중에 왼쪽 주인의 산가지를 센다. 둘다 개수가 같으면 좌우에서 각각 1개의 산가지를 들고 말한다. "왼쪽과 오른쪽의 개수가 같습니다."

이긴 사람이 있는 경우 중 산가지 1개가 많으면 1개의 산가지를 들고 말한다. 왼쪽 사람이 이겼다면 "왼쪽이 오른쪽보다 1기(奇)[27]가 많습니다."라 한다. 오른쪽 사람이 이겼다면 "오른쪽이 왼쪽보다 1기가

【司射曰: "矢具, 請拾投." 樂二終, 循鼓聲, 賓主迭投一矢. 樂五終盡四矢爲[12] 入者, 司射坐而[13]釋算, 一矢釋一算. 賓于中右, 主于中左.】

卒投數算.

【司射曰: "左右卒投." 贊者二人撤[14]矢, 司射坐置餘算於中西, 起告曰: "請數." 於中西東面坐, 先數右算, 後數左算, 均則左右各執一算以告, 曰: "左右均."

有勝者, 多一算, 則執一算以告, 左勝, 曰: "左賢於右一奇." 右勝, 曰: "右賢於左一奇."】

---

27 기(奇): 홀수를 가리킨다. 척(隻)과 같은 의미로 쓰인다.

[12] 爲:《說郛·投壺儀節·儀節》에는 "有".

[13] 坐而:《說郛·投壺儀節·儀節》에는 "北面".

[14] 撤: 저본에는 "徹".《說郛·投壺儀節·儀節》에 근거하여 수정.

많습니다."라 한다.

3개가 많으면 "3기가 많습니다."라고 한다. 산가지 2개가 많으면 산가지 2개를 잡고 "아무개가 아무개보다 1전(純)²⁸이 많습니다."라 한다. 4개가 많으면 "2전이 많습니다."라 한다.

패호(敗壺)²⁹가 나면 세지 않는다. 다시 음악을 연주하고 던지기를 청한다.

안 《의례》 소(疏)에 "전(純)은 전(全)이니, 산가지 2개를 합하여 1전(全)으로 삼는다. 땅에서 산가지를 주울 때 1전씩 구별하여 줍는다. 1개의 산가지는 전(純)이 되지 못하므로 '기(奇)'라 한다. 짝수로 늘어나면 '몇 전'이라 하고, 홀수로 늘어나면 '몇 기'라고 한다."³⁰라 했다.】

술을 따라 벌을 시행하게 한다.

【사사가 손을 들고 말한다. "술잔을 돌리십시오." 작자(酌者) 2명이 말한다. "예." 이긴 사람의 제자들이 대답을 하고나서 서쪽 계단 위에 남쪽 방향으로 굽이 달린 잔받침[豐]을 진설한다. 다시 뿔로 만든 술잔[觶]을 씻고 올라가 술을 따라 굽이 달린 잔받침 위에 올려 놓는다.】

진 사람이 꿇어앉아 술잔을 잡고 축하의 인사를 하면 이긴 사람도 꿇어앉아 답사를 한다.

【이긴 사람은 읍을 하고, 진 사람은 굽이 달린 잔받침 곁에 동쪽 방향으로 꿇어앉은 다음, 술잔을 잡

三則曰: "三奇." 多二算, 則執二算以告, 曰: "某賢於某一純." 四則曰: "二純."

敗壺則不請數, 復奏樂請投.

案《儀禮》疏: "純, 全也, 二算合爲一全. 地上取算之時, 一純則別而取之. 一算謂不滿純者, 故云'奇'. 益雙數則曰'若干純', 隻數則曰'若干奇'."】

命酌行罰.

【司射擧手, 曰: "請行觴." 酌者曰: "諾." 勝者之子弟旣諾, 乃於西階上, 南面設豐, 復洗觶, 升酌酒, 坐奠豐上.】

當飲者跪, 取酒致辭, 勝者跪對辭.

【勝者揖, 飲者東面跪豐旁, 取酒捧揖勝者, 曰: "賜灌."

---

28 전(純): 짝수를 뜻한다. 음과 뜻이 전(全)과 같다.
29 패호(敗壺): 던진 화살이 모두 들어가지 않은 경우를 말한다.
30 전(純)은……한다:《儀禮經傳通解》卷6〈鄕禮〉2 "投壺禮"(《文淵閣四庫全書》131, 123쪽).

고서 받들어 이긴 사람에게 읍을 하며 말한다. "마 실 술을 내려 주십시오[賜灌]." 이긴 사람은 서쪽 방 향으로 꿇어앉아 대답한다. "공손하게 이 잔으로 그 대를 봉양합니다."

勝者西面跪, 對曰 : "敬養."

왼쪽과 오른쪽의 산가지 개수가 똑같으면 벌을 시행하지 않고, 다시 음악을 연주하면서 던지기를 청한다.

左右均則不行罰, 復奏樂 請投.

안《의례》의 주(注)에 "관(灌)은 마신다는 뜻과 같 다. 사관(賜灌)이라 말한 이유는 복종하며 존경을 표 현하기 위해서이다. 사관(賜灌)과 경양(敬養)은 각각 서쪽 계단 위에서 상대방과 함께 향음주례(鄕飮酒禮) 와 향사례(鄕射禮)31처럼 한다."32라 했다.

案《儀禮》註 : "灌, 猶飮 也. 言賜灌者, 服而爲尊敬 辭也. 賜灌、敬養, 各與其偶 於西階上, 如飮、射禮⑮."

우안 양(養)은 봉양한다는 말이다.】

又案 養, 奉養也.】

술을 마신다.

飮酒.

【사자(使者)가 앉아서 음식을 올린다.】

【使者坐薦羞】

주인과 손님 모두 일어난다.

皆起.

【작자(酌者)에게 뿔로 만든 술잔을 돌려준다.】

【還酌者觶】

자리로 돌아간다.

復位.

【주인은 읍을 하고, 빈객은 자리에 나아간다.】

【主揖賓就席】

말을 세운다.

立馬.

【사사가 말한다. "말을 세우겠습니다." 이긴 사람 의 이미 계산된 산가지를 앉아서 가져다 이긴 사람

【司射曰 : "請立馬." 坐取勝 者已數算, 立于勝者. 初釋

---

31 향음주례(鄕飮酒禮)와 향사례(鄕射禮) : 향촌의 선비들이 학덕과 연륜이 높은 이를 주빈(主賓)으로 모시고 술을 마시는 일을 향음주례라 하고, 활을 쏘는 일을 향사례라 한다. 이는 모두 예를 세우고 서로의 화합을 도모하는 향촌의례의 하나이다. 향음주례와 관련된 내용은《향례지(鄕禮志)》권1〈통례(通禮)〉상 "향음 주례", 향사례와 관련된 내용은《향례지(鄕禮志)》권2〈통례(通禮)〉중 "향사례" 참조.

32 관(灌)은……한다 :《儀禮經傳通解》卷6〈鄕禮〉2 "投壺禮"(《文淵閣四庫全書》131, 123쪽).

⑮ 禮 :《儀禮經傳通解·鄕禮·投壺禮》에는 "爵".

앞에 세운다. 처음 산가지를 계산에 넣기 전, 이윽고 왼쪽과 오른쪽의 산가지를 함께 거두어 산가지를 담는 통 서쪽에 놓는다. 또 통에서 8대의 산가지를 집어낸 다음, 8대의 산가지를 통에 바꾸어 담아 놓고 일어난다.】

算之前, 遂兼斂左右算, 置中西, 又取中之八算執之, 改實八算于中而起.】

찬자(贊者)가 화살을 전달한다. 현자(弦者)에게 명하여 음악을 연주하게 한다.

贊者送矢, 命弦者奏樂.

【한 곡이 끝나면 던지기를 청한다. 던지기를 끝낸 뒤 벌을 시행한다. 말을 세우는 것은 앞의 예(禮)와 같이 한다.】

【一終請投, 卒投行罰. 立馬同前禮.】

찬자가 화살을 전달한다. 현자에게 명하여 음악을 연주하게 한다.

贊者送矢, 命弦者奏樂.

【앞의 예와 같이 한다.】

【同前禮】

경하(慶賀)의 예를 행한다.

行慶禮.

【만약 이긴 사람이 2개의 말을 얻고 진 사람이 1개의 말을 얻었다면, 사사(司射)가 진 사람이 가진 1개의 말을 가져다 이긴 사람에게 보태주고 말한다. "1개의 말은 2개의 말을 따르게 합니다." 다시 말한다. "3개의 말이 이미 갖추어졌으니, 많은 말[馬]을 경하해 주십시오." 손님과 주인이 모두 말한다. "예." 만약 이긴 사람이 연거푸 3개의 말을 얻으면 멈추고 말한다. "3개의 말이 이미 갖추어졌으니, 많은 말[馬]을 경하해 주십시오."】

【若勝者得二馬, 劣者得一馬, 則司射取劣者一馬, 蓋勝者, 告曰:"一馬從二馬." 復告曰:"三[16]馬旣備, 請慶多馬." 賓主皆曰:"諾." 若勝者頻得三馬則止, 告曰:"三馬旣備, 請慶多馬."】

이긴 사람이 술을 마신다.

勝者酒.

【스스로 술을 따라 바로 마신다.】

【自酌酒立飲】

---

16 三:《說郛·投壺儀節·儀節》에는 "二".

술을 마신다.

飮酒.

【사자가 음식을 올린다.】

【使者薦羞】

말을 거둔다.

撤馬.

【사사가 말한다. "말을 거두겠습니다." 그리고 산가지 담는 통의 서쪽에 놓는다. 손님과 주인 모두 물러난다.】

【司射曰: "請撤馬." 仍置中西. 賓主皆退.】

손님들이 위의 예를 갖추어 차례대로 짝을 지어 던진다.

衆賓僎以次耦投.

【앞의 예와 같이 한 다음 그친다. 찬자(贊者)에게 명하여 화살을 전달하고, 음악을 연주하게 하고, 던지기를 청한다.】

【如前禮止, 令贊者送矢奏樂請投.】

의식을 마친다. 손님과 주인이 모두 다시 자리에 돌아가도록 청한다. 산가지와 잔을 치운다. 사마광 《투호의절》[33]

禮畢. 賓主請復就坐, 行無算爵. 司馬氏《投壺儀節》

4) 노고(魯鼓, 투호 의례 때 치는 북)의 박자

魯鼓音節

○□【짧게 끊는 곳[句]】, ○○□【짧게 끊는 곳】, □○□【짧게 끊는 곳】, ○○□【짧게 끊는 곳】. 동그라미에서는 작은북을 치고 네모에서는 북을 친다. 경쇠소리의 완급(緩急)은 북의 짧게 끊는 곳에 맞추되, 짧게 끊는 곳마다 2번씩 친다. 사마광 《투호의절》[34]

○□【句】, ○○□【句】, □○□【句】, ○○□【句】. 圜者擊鼙, 方者擊鼓, 磬聲緩急, 應鼓之句, 句二. 司馬氏《投壺儀節》

5) 〈이수(貍首)〉장의 곡조

《貍首》聲調

"살쾡이 머리[貍首] 아름다워,

"貍首之斑然,

33 《說郛》 卷101上 〈投壺儀節〉 "儀節"(《文淵閣四庫全書》 881, 702~703쪽).

34 《說郛》 卷101上 〈投壺儀節〉 "魯鼓音節"(《文淵閣四庫全書》 881, 704쪽).

여인의 손을 잡은 듯 부드럽네."[35]

"증손후씨(曾孫侯氏)[36]가

4번의 바른 잔[正爵] 모두 받들어 올리네.[37]

대부(大夫) 군자(君子)와

모든 서사(庶士)들이 참석하고

대소의 관료들 모두 나와

임금 계신 곳에 모시네.

연례(燕禮)를 행하고 활을 쏘니

즐겁고도 영예롭네."[38]

【4행 끝 글자인 '사(士)'는 '소(所)'와 협운(叶韻)이고, 8행 끝 글자인 '예(譽)'는 '우(雨)'와 협운이다.[39]

○ 지금 원양(原壤)[40]이 부른 노래 2구를 취한 것은, 사(士)와 대부(大夫)들은 통용할 수 있기 때문이다. 그러나 마융(馬融)[41]의 '시를 취하는 자는 남은 자취 때문에 시 전체의 이치를 해치지 않는다.'는 설

"執女手之卷然."

"曾孫侯氏,

四正具舉.

大夫君子,

凡以庶士,

小大莫處,

御于君所.

以燕以射,

則燕則譽."

【士叶所, 譽叶雨.

○今取原壤所歌者, 以士、大夫可通用也. 然例以馬氏'取詩者不以迹害理'之說, 則曾孫侯氏八句, 亦可通

---

35 살쾡이……부드럽네:《禮記正義》卷9〈檀弓〉下《十三經注疏整理本》12, 376쪽). 이 시는 일시(逸詩) 가운데 한 편인〈이수(貍首)〉의 처음 두 구절로 추정되나 나머지 가사가 전해지지 않는다. 원양(原壤)이 노래했다고 알려져 있다.

36 증손후씨(曾孫侯氏):제후(諸侯)를 달리 일컫는 말이다. 제후는 그 시조인 제후에 대하여 자신을 증손(曾孫)이라고 일컫는 데서 유래하였다.

37 증손후씨(曾孫侯氏)가……올리네:'정(正)'은 '정작(正爵)'의 줄임말로 예의에 맞게 올린 잔이라는 뜻이다. 제일 먼저 빈객에게 올리고 다음에 임금에게 올리며, 다음에 경(卿)에게 올리고 끝으로 대부(大夫)에게 올린다.

38 증손후씨(曾孫侯氏)가……영예롭네:《禮記正義》卷62〈射義〉《十三經注疏整理本》15, 1918쪽).《예기정의(禮記正義)》에서는 이 시를〈이수(貍首)〉가사의 일부분이라고 추정하고 있다.

39 4행……협운이다:협운은 같은 운에 속하지 않는 운자(韻字)를 동일한 운으로 사용하는 일이다. '씨(氏)'·'자(子)'·'사(士)'는 상성(上聲) 네 번째 운인 '지(紙)' 운에 속하고, '거(舉)'·'처(處)'·'소(所)'는 상성 여섯 번째 운인 '어(語)' 운에 속한다. '士'와 '所'는 운이 서로 다르지만 모음이 같아서 아주 어색하지는 않다. 마찬가지로 '예(譽)'와 '우(雨)'도 각각 '어(御)' 운과 '우(遇)' 운에 속하지만 협운으로 즐겨 사용하는 듯하다.

40 원양(原壤):?~?. 중국 노(魯)나라 사람. 공자의 친구로, 어머니가 돌아가시자 공자가 조문을 갔는데, 나무에 올라라〈이수〉를 노래한 일화가 전해진다.

41 마융(馬融):79~166. 중국 후한(後漢)의 학자. 무릉(茂陵) 사람. 남군(南郡)의 태수(太守)·의랑(議郎)을 역임하고 병으로 관직을 떠났다. 음악을 좋아하고 사치하여 세인의 비난을 받았으나 학자로서는 인정을 받았다.《시경(詩經)》·《상서(尙書)》·《주역(周易)》·《논어(論語)》·《효경(孝經)》·《회남자(淮南子)》·《노자(老子)》 등에 주석하고, 정현·노식 등의 제자를 육성했으며, 훈고학(訓詁學)의 조상으로 알려졌다. 저서로《삼전이동설(三傳異同說)》이 있다.

로 전례를 삼는다면 '증손후씨 이하의 8구'도 통용할 수 있다. 그래서 아울러 그 곡조를 기록한다.】사마광《투호의절》[42]

用, 故并著其調.】司馬氏《投壺儀節》

6) 시의 악곡(樂曲)을 연주하고 그치는 절차

먼저 경쇠를 쳐서 노래의 조를 울린다. 노래가 1번 끝날 때마다 1번 북을 치니, 노래가 5번 끝나면 북을 5번 치게 된다. 사마광《투호의절》[43]

詩樂作止之節

先擊磬以宣歌聲, 每歌一終一擊鼓, 歌五終則五擊. 司馬氏《投壺儀節》

7) 시가(詩歌)를 연주하며 투호하는 절차

시가는 5번 연주된다. 1번 연주하면 1절이다. 먼저 1절을 연주하고서, 다시 1절을 연주하는 소리를 듣고 나서 비로소 화살을 던진다. 노래 소리가 끝나고 북소리가 시작하는 시점에 맞추어 화살을 던지되, 손님과 주인이 번갈아 1대씩 화살을 던진다. 5절이 끝나 4대의 화살을 마침내 다 던졌으면, 던지기를 마치고 산가지를 센다. 사마광《투호의절》[44]

奏詩投壺之節

詩歌五終. 一終爲一節, 先歌一節, 以聽再歌一節, 始投. 循歌聲之終、鼓聲之始而發矢, 賓主迭發一矢, 四節盡四矢乃卒投, 數算[17]. 司馬氏《投壺儀節》

8) 투호격도(投壺格圖, 그림으로 보는 투호 규칙)

세상에 전하는 투호격도는 모두 기이하고 뛰어나 얻기 어려운 것을 최고로 치지만, 이는 모두 주사위 놀이나 제비뽑기와 같은 놀이일 뿐이라 고례(古禮)가

投壺格圖

世傳投壺格圖, 皆以奇雋難得者爲右, 是皆投瓊、探[18]鬮之類耳, 非古禮之本

---

42 《說郛》卷101上〈投壺儀節〉"貍首聲調"(《文淵閣四庫全書》881, 704쪽).
43 《說郛》卷101上〈投壺儀節〉"詩樂作止之節"(《文淵閣四庫全書》881, 704쪽).
44 《說郛》卷101上〈投壺儀節〉"奏詩投壺之節"(《文淵閣四庫全書》881, 704쪽).
[17] 算 : 저본에는 "聲".《說郛·投壺儀節·奏詩投壺之節》에 근거하여 수정.
[18] 探 : 저본에는 "深".《說郛·投壺新格》에 근거하여 수정.

지향한 본뜻이 아니다.

지금 다시 새로운 격식을 정하여 옛 도본(圖本)에다 새로이 더하거나 덜었다. 던지는 솜씨가 정밀한 것을 최고로 치고, 우연히 맞은 것은 낮게 쳐서 저 요행을 노리는 사람들로 하여금 손쓸 바가 없게 했다.

투호병은 주둥이의 지름이 0.3척, 귀의 지름이 0.1척, 높이가 1척이며, 안에 팥을 담아둔다. 투호병과 던지는 자리의 거리는 화살 2.5대 거리이다. 화살은 12대[枚]이고, 각 화살의 길이는 2.4척이다.

전호(全壺)⁴⁵로서 실수가 없는 것을 '현(賢)'이라 한다. 실로 전호를 하지 못하면 산가지를 모아서 먼저 120개를 채운 사람이 이기고, 나중에 채운 사람은 진다. 두 사람 모두 120개를 채웠다면, 남은 산가지가 많은 사람이 이기고, 적은 사람은 진다.

유초(有初)⁴⁶의 화살은 산가지 10개로 친다.

【첫째 화살을 투호병에 넣은 경우는 군자가 일을 경영하고 시작을 도모할 때 처음을 신중하게 잘 처리한 것이기 때문에 상을 준다.

두 번째 화살 이하로 연중(連中, 화살이 연달아 병에 들어가는 것)이 계속되는 경우는 모두 각각 산가지 5개로 친다. 그런데 만약 화살 1개가 병에 들어가지 않으면 그 다음 화살부터는 비록 병에 들어가더라도 모두 산전(散箭)이다. 연중(連中) 가운데 관이(貫耳, 10개) 및 효전(驍箭, 10개)이 있는 경우, 그 화살은 별도

意也.

今更定新格, 增損舊圖, 以精密者爲右, 偶中者爲下, 使夫用機徼倖者, 無所措其手焉.

壺口徑三寸, 耳徑一寸, 高一尺, 實以小豆. 壺去席二箭半, 箭十有二枚, 長二尺有四寸.

以全壺不失者爲"賢", 苟不能全, 則積算, 先滿百二十者勝, 後者負. 俱滿則餘算多者勝, 少者負.

有初箭, 十算.

【首箭中者, 君子作事謀始, 以其能愼始, 故賞之.

第二箭以下, 連中不絕者, 皆五算. 若一箭不中, 次箭皆爲散箭. 其連中內有貫耳及驍者, 其箭別計, 假若有初箭仍貫耳, 則二十算是也.

---

45 전호(全壺): 던진 화살이 투호병의 주둥이나 양쪽 귀에 모두 제대로 들어가 하나도 실수가 없는 경우를 말한다.

46 유초(有初): 맨 첫 번째 화살이 들어가는 것.

로 계산한다. 가령 유초(有初)의 화살에 이어서 관이
(貫耳)를 하면 산가지 20개로 치는 것이 이것이다.

옛 도본에는 유초에 산가지 하나를 치고, 그 다
음부터 매 화살마다 산가지 2개를 더해주어, 화살
4대를 다 던지고 나면 그만이었다. 하지만 이는 공
로를 권장하는 도가 전혀 아니었다. 지금은 두 번
째 화살 이하로는 연중인 경우 모두 상을 준다. 사
람에게 동기를 부여하여 해이하지 않게 하기 위해서
이다.】

전호(全壺)는 산가지가 없다.

【산가지가 없는 사람은 상대편의 산가지 수가 많
고 적음을 막론하고 모두 이긴다. 만약 두 사람 모
두 전호를 했다면 남은 산가지를 다시 계산하여 승
부를 결정한다. 대체로 "9인(仞)의 산을 쌓아 올림에
한 삼태기 흙이 모자라 공이 무너진다."47라 하였으
니, 전호는 실로 이루기 어려운 결과이기 때문에 군
자가 귀하게 여긴다.】

유종(有終)은 산가지 15개로 친다.

【마지막 화살이 병에 들어가는 것이다. '일을 시
작하지 않는 경우는 없으나 끝맺음을 잘하는 경우
는 매우 드물다.'48라고 하였다. 그러므로 유초(有初)
에 비해 산가지 5개를 더 얹어 주는 것이다.】

산전(散箭)은 산가지 1개로 치고, 관이(貫耳)는 산
가지 10개로 친다.

舊圖, 初箭一籌, 其次每箭
加二[19]籌, 盡四箭而止, 甚
非勸功之道. 今自二箭以下
連中不絕者, 皆賞之, 所以
勉人於不解也.】

全壺, 無算.

【無算者, 不以耦之算數多
少, 皆勝之也. 若兩人俱全,
則復計其餘算以決勝負.
夫"爲山九仞, 功虧一簣",
全壺實難, 故君子貴之.】

有終, 十五算.

【末箭中也, '靡不有初, 鮮
克有終', 故比之有初, 又加
五算也.】

散箭一算, 貫耳十算.

---

47 9인(仞)의……무너진다:《尙書正義》卷13〈旅獒〉《十三經注疏整理本》3, 391쪽).
48 일을……드물다:《毛詩註疏》卷18〈蕩之什〉"蕩"《十三經注疏整理本》6, 1356쪽).
[19] 二:《說郛·投壺新格》에는 "一".

【귀는 투호병 주둥이보다 크기가 작은데도 잘 넣었으니, 이는 마음을 씀이 더욱 정밀한 행위이기 때문에 상을 준다.】

효전(驍箭)은 산가지 10개로 친다.

【또한 '효(驍)'라 표현했으니, 모두 훌륭하고 용맹하다는 뜻이다. 화살을 던져서 병에 넣지 못하고, 화살이 부딪혀 도로 튕겨 올라 병 위에 걸쳐 있는 것을 다시 가져다가 던져서 넣은 것을 말한다. 이미 실수를 했다가 다시 화살을 가져와서 넣으면 선(善)을 회복하고 허물을 보충하는 것에서 멀지 않으므로 상을 준다. 만약 다시 던져서 관이(貫耳)를 한 경우는 산가지를 별도로 계산하고, 다시 던져서 넣지 못한 경우는 점수가 없다.】

패호(敗壺)는 이미 가지고 있는 산가지와 상관없이 모두 진다.

【12대의 화살이 모두 병에 들어가지 않은 경우를 말하니, 크게 공이 없는 것이다. 만약 두 사람 모두 패호라면 또한 남은 산가지를 계산하여 승부를 결정한다.】

횡이(橫耳)와 횡호(橫壺)는 모두 일반적인 산가지 산법에 의거하고 상은 없다.

【횡이(橫耳)는 화살이 투호 병의 귀 위에 가로로 걸쳐 있는 것으로, 예전에는 산가지 50개를 주었다. 횡호(橫壺)는 화살이 투호병 주둥이에 가로로 걸쳐 있는 것으로, 예전에는 산가지 40개를 주었다. 그러

【耳小於口而能中之, 是其用心愈精, 故賞之.】

驍箭, 十算.

【亦謂之"驍[20]", 皆俊猛意也. 謂投而不中, 箭激反躍捷, 而得之復投而中者也, 爲其已失而復得之, 不遠復善補過者也, 故賞之. 若復投而貫耳者, 其算別計, 復投而不中者, 廢之.】

敗壺, 不問已有之算, 皆負.

【謂十二箭皆不中, 大無功也. 若兩人皆敗, 則亦計餘算, 而決勝負.】

橫耳、橫壺, 皆依常算, 無賞.

【橫耳, 謂箭橫加耳上, 舊五十籌. 橫壺, 謂橫加壺口, 舊四十籌. 皆依常算, 無賞. 謂偶然而橫, 非投者

---

[20] 驍 : 저본에는 "□".《說郛·投壺新格》에 근거하여 보충.

나 지금은 모두 일반적 산가지 산법에 의하고 상은
없다. 말하자면 우연히 가로로 놓인 결과이지 던진
사람의 솜씨가 아니니, 어찌 상을 줄 수 있겠는가?
만약 다음에 던진 화살에 맞아서 땅에 떨어지면 병
에 넣지 못한 것과 똑같이 처리한다.】

의간(倚竿)·용수(龍首)·용미(龍尾)·낭호(狼壺)·대검
(帶劍)·이의간(耳倚竿)은 모두 산가지를 주지 않는다.

【의간(倚竿)은 화살이 투호병 주둥이에 비스듬히
기대고 있는 상태로, 예전에는 산가지 15개를 주었
다. 용수(龍首)는 의간(倚竿)과 같이 기운 상황에서 화
살 머리가 똑바로 자신을 향해 있는 상태로, 예전에
는 산가지 18개를 주었다. 용미(龍尾)는 의간과 같이
기운 상황에서 화살의 깃이 똑바로 자신을 향해 있
는 상태로, 예전에는 산가지 15개를 주었다. 낭호(狼
壺)는 주둥이 위에서 빙글빙글 돌다가 의간(倚竿)이
된 경우로, 예전에는 산가지 14개를 주었다. 대검(帶
劍)은 관이(貫耳)와 같은 상황에서 촉이 바닥에 닿지
않고 멈춘 상태로, 예전에는 산가지 15개를 주었다.
이의간(耳倚竿)은 예전에 산가지가 15개였다. 그러나
이상의 모든 종류에서 그 산가지를 없애버렸다. 그
런 것들은 모두 비뚤고 치우쳐서 선(善)에 들지 않기
때문이다. 그런데 옛 도본에서는 특이한 화살이라고
하여 산가지를 많이 주었으니 참으로 할 말이 없다.

工, 何足以賞? 若爲後箭
所擊而墜地者, 與不中同.】

倚竿、龍首、龍尾、狼壺、帶
劍[21]、耳倚竿, 皆廢其算.
【倚竿, 謂箭斜倚壺口中, 舊
十五籌. 龍首, 謂倚竿而[22]
箭首正向己者, 舊十八籌.
龍尾, 謂倚竿而箭羽正向
己者, 舊十五籌. 狼壺, 謂
轉旋口上而成倚竿者, 舊
十四籌. 帶劍[23], 謂貫耳不
至地者, 舊十五籌. 耳倚
竿, 舊十五籌, 皆廢其算,
謂皆傾邪險詖, 不在於善,
而舊圖以爲奇箭, 多與之
算, 甚無謂也.

---

[21] 劍 : 저본에는 "釖". 《說郛·投壺新格》에 근거하여 수정.
[22] 而 : 《說郛·投壺新格》에는 "正".
[23] 劍 : 저본에는 "釖". 《說郛·投壺新格》에 근거하여 수정.

지금 그 산가지를 없앰은 벌을 주기 위함이다. 그러나 또한 넣지 못한 경우와는 다르다. 그래서 연중(連中)과 전호(全壺)일 때에 이상의 상태가 되면 모두 만점을 얻는다. 만약 다음 화살에 맞아서 투호병에 저절로 들어가거나 귀에 들어가는 경우는 넣지 못한 것과 똑같이 처리한다.】

도중(倒中)과 도이(倒耳)는 투호병에 화살을 넣어서 받은 산가지를 모두 없앤다.

【도중(倒中)은 예전에 산가지 120개였다. 도이(倒耳)는 예전에 산가지 수에 상관없이 만점과 등급이 같았다. 이것은 거꾸로 들어가서 뒤집어진 화살이니, 몹시 나쁜 상태이다. 어찌 최고의 상을 주겠는가? 지금 그 산가지를 모두 없애버린 이유는, 반역과 순응의 도를 밝히기 위해서이다.】사마광《투호신격(投壺新格)》49

今廢其算, 所以罰之. 然亦異於不中者, 故於連中、全壺皆得通數. 若爲後箭所擊及自墜壺, 若耳中者, 與不中同.】

倒中、倒耳, 壺中之算, 盡廢之.

【倒中, 舊百二十籌. 倒耳, 舊不問籌數, 竝滿. 此則顚倒反覆, 惡之[24]大者, 奈何以爲上賞? 今盡廢其算, 所以明逆應[25]之道.】司馬氏《投壺新格》

유초(有初):첫 화살이 투호병의 주둥이에 들어간 경우.

有初

관이(貫耳):화살이 양쪽 귀 중 한 곳에 들어간 경우.

貫耳

연중(連中):화살이 연달아 주둥이에 들어간 경우.

連中

산전(散箭, 화살이 연달아 들어가지 못하고 중간에 하나가 빗나간 경우).

散箭

유초관이(有初貫耳, 첫 화살이 귀에 들어간 경우).

有初貫耳

---

49 《說郛》卷101上〈投壺新格〉《文淵閣四庫全書》881, 705~707쪽).

[24] 之:저본에는 "不".《說郛·投壺新格》에 근거하여 수정.

[25] 應:《說郛·投壺新格》에는 "順".

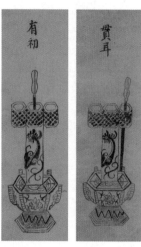

〈원도〉50 유초(고려대본) 관이(고려대본)　연중(고려대본)　산전(고려대본)　유초관이(고려대본)　연중관이(고려대본)

연중관이(連中貫耳, 화살이 연달아 양쪽 귀에 들어간 경우).　連中貫耳

횡이(橫耳, 화살이 귀에 비스듬하게 걸친 경우).　橫耳

횡호(橫壺, 화살이 투호병 위에 가로 놓인 경우).　橫壺

의간(倚竿, 화살이 주둥이에 비스듬하게 걸친 경우).　倚竿

이의간(耳倚竿, 화살이 귀에 비스듬하게 걸친 경우).　耳倚竿

도중(倒中, 화살이 주둥이에 거꾸로 들어간 경우).　倒中

도이(倒耳, 화살이 귀에 거꾸로 들어간 경우).　倒耳

전호(全壺, 화살이 주둥이와 귀에 모두 다 들어간 경우).　全壺

유종(有終, 마지막 화살이 주둥이에 들어간 경우).　有終

효전(驍箭, 화살이 주둥이에 맞고 튀어 올랐다가 비스듬하게　驍箭
걸친 경우).

대검(帶劍, 화살이 귀에 들어갔으나 땅에 닿지 않은 경우).　帶劍

---

50 원도 : 이하의 투호도도 동일하다.

| 횡이(고려대본) | 횡호(고려대본) | 의간(고려대본) | 이의간(고려대본) | 도중(고려대본) | 도이(고려대본) |

용수(龍首, 화살이 주둥이에 비스듬하게 걸친 상황에서, 머 　　龍首
리가 자신을 정면으로 향하고 있는 경우).

용미(龍尾, 화살이 주둥이에 비스듬하게 걸친 상황에서, 깃이 　　龍尾
자신을 정면으로 향하고 있는 경우).

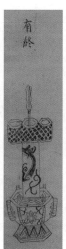

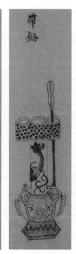

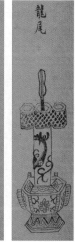

| 전호(고려대본) | 유종(고려대본) | 효전(고려대본) | 대검(고려대본) | 용수(고려대본) | 용미(고려대본) |

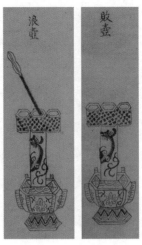

낭호(고려대본)　　　패호(고려대본)

　　낭호(狼壺, 화살이 주둥이에 맞고 빙글빙글 돌다가 비스듬하　　狼26壺
게 걸친 경우).

　　패호(敗壺, 12대의 화살이 모두 들어가지 않은 경우).　　　　敗壺

---

26 狼 : 저본에는 "浪". 《說郛·投壺新格》에 근거하여 수정.

3. 구후사(九侯射)[1]

九侯射

1) 술 마시는 규칙

구사격은 그 동물이 9가지이다. 큰 과녁 1개를 만들고서 그 안에 8개의 과녁을 붙인다. 곰과녁을 한가운데 붙이고, 호랑이과녁은 맨 위에, 사슴과녁은 맨 아래에 붙인다. 독수리과녁, 꿩과녁, 원숭이과녁은 오른쪽의 위에서 아래로, 기러기과녁, 토끼과녁, 물고기과녁은 왼쪽의 위에서 아래로[2] 붙인다. 동물마다 정해진 산가지의 수가 있어, 그 동물을 쏘아 맞추면 정해져 있는 산가지의 수만큼 술을 마셔야 한다.

활쏘기는 여럿이 어울리는 즐거움을 누리기 위한 놀이이다. 옛날의 군자는 구사격 겨루는 일을 술 마시는 방법으로 삼았다. 재앙은 다툼에서 일어나니, 다투고서 기뻐하는 일은 다투지 않고서 즐거워함만 못하다. 그러므로 승부도 없고 상벌도 없다. 적중시킨 사람을 솜씨 있다고 여기지 않으면 이기기를 좋아하는 자긍심이 없어지고, 적중시키지 못한 사람에게 벌을 주지 않으면 잘하지 못한다는 조롱도 없

飮例

九射之格, 其物九, 爲一大侯, 而寓以八侯. 熊當中, 虎居上, 鹿居下, 雕、雉、猿居右, 鴈、兎、魚居左, 而物各有籌, 射中其物, 則視籌所在而飮之.

射者, 所以爲群居之樂也, 而古之君子, 以爭九射之格以爲酒. 禍起於爭, 爭而爲歡, 不若不爭而樂也. 故無勝負無賞罰. 中者不爲功, 則無好勝之矜; 不中者無所罰, 則無不能之誚.

---

1 구후사(九侯射): 9가지 동물 문양 과녁에 화살을 쏘아 정해진 숫자대로 술을 마시는 놀이.
2 호랑이과녁은……아래로: 오른쪽과 왼쪽은 과녁을 기준으로 한다. 즉, 쏘는 사람 입장에서는 좌우가 반대이다. 아래의 원도 참조.

어진다.

쏘아 얻은 산가지 수만큼 술을 마시고, 마시는 잔도 크지 않으니 부끄러울 일이 없다. 그러므로 활을 쏘아서 스스로 맞춘 사람도 술 마시기를 면할 수 없고, 자주 차례가 오면 역시 사양할 수 없다. 이 때문에 다툼이 멎는 것이다. 하루 종일 즐기면서도 부끄럽지 않고 다투지도 않으니, 이것이 군자의 즐거움이다.

산가지 세는 법:한 동물마다 반드시 3개의 산가지를 만든다. 대개 활쏘기 놀이에 참석하는 빈객의 수는 일정하지 않다. 그러므로 대부분 동물마다 산가지를 만들어 준비를 한다. 일반적으로 지금 손님과 주인의 수가 9명이면, 사람마다 3개들이 한 묶음씩을 나누어주고, 8명이면 곰에 해당하는 산가지는 빼둔다. 8명에 못 미치거나 또 더 적다면 사람마다 한 묶음씩 나누어주고 나머지 산가지는 빼두는 것이 좋다. 산가지 수를 더 늘려 사람 수에 따라 1묶음씩이나 혹 2묶음씩의 산가지를 주어도 모두 좋은데, 이는 주인만이 상황에 따라 정하는 규칙이다.

그러나 어느 경우든 곰에 해당하는 산가지는 모두 빼두고, 화살을 곰과녁에 맞히면 자리에 있는 모든 사람들이 술을 마셔야 한다. 만약 어떤 이가 한 동물의 과녁을 2번 맞혔으면 잡고 있던 산가지의 수에 기준하여 마시는 양을 정한다. 술잔의 크기 역시 주인의 명에만 따라야 한다. 두 사람이 한 동물을 맞춘 경우도 그렇게 한다.

활을 쏜 모든 이가 한 순번씩 돌아 이미 술을 마

探籌而飮, 飮非觥也, 無所恥. 故射而自中者, 有不能免飮, 而屢及則亦不得辭, 所以息爭也. 終日爲樂, 而不恥不爭, 君子之樂也.

探籌之法:一物必爲三籌. 蓋射賓之數多少不常, 故多爲之籌以備也. 凡今賓主之數九人, 則人探其一, 八人則置其熊籌, 不及八人而又少, 則人探其一而置其餘籌可也. 益之以籌, 而人探其一或二, 皆可也, 惟主人臨時之約.

然皆置其熊籌, 中則在席皆飮. 若一物而再中, 則視執籌者, 飮量之多少, 而飮器之大小, 亦惟主人之命. 若兩籌而一物者亦然.

凡射者一周旣飮醻, 則斂

원도. 구후도식(九侯圖式) (고려대본)

셨으면, 산가지를 거두어 다시 나눈다. 산가지를 새로 나누어 점수가 자주 바뀌면 화살이 적중해도 일정한 점수가 없어, 어떤 때는 과녁을 맞춰도 술을 마시게 되고, 어떤 때는 요행히 마시기를 면하게 된다. 이것이 구후사를 기쁘게 즐기면서 싫증나지 않는 까닭이다. 구양수(歐陽修)[3] 《구사격(九射格)》[4]

籌而復探之, 籌新而屢變, 矢中而無情, 或適當之, 或幸而免, 此所以歡然爲樂而不厭也. 歐陽氏《九射格》

---

3 구양수(歐陽修) : 1007~1072. 중국 북송(北宋)의 학자. 자는 영숙(永叔), 호는 취옹(醉翁)·육일거사(六一居士), 시호는 문충(文忠). 한림학사를 거쳐 참지정사(參知政事)에 이르렀다. 당대 최고의 문장가였으며, 당송팔대가(唐宋八大家)의 한 사람이다. 저서로 《모시본의(毛詩本義)》·《춘추기(春秋記)》 등이 있다.

4 《說郛》卷101上〈九射格〉(《文淵閣四庫全書》881, 700~701쪽).

4. 시패(詩牌)[1] 놀이

詩牌

1) 상아 시패 만드는 방식

시패는 600개의 패쪽[扇]이 있으며, 각각의 시패는 너비 0.06척, 두께 0.01척이다. 한 면에는 글자를 새기고 다른 한 면은 공백으로 남겨둔다. 그 글자 소리의 평측(平仄)[2]은 붉은 먹으로 구별을 해둔다. 춘

牙牌式

牌六百扇, 廣六分, 厚一分, 以一面刻字, 一面空白. 其字聲平仄, 以朱墨別之. 椿①牌一扇, 長準詩牌, 二刻

청나라 시대 시패

---

1 시패(詩牌):시에 쓰는 글자를 기록한 패. 나무나 상아로 만들어 글자를 새긴다. 시패를 이용해 유희를 즐기는 방법은 여러 방식이 있는데, 본문에 전해지는 방식과 약간 차이가 있으나 다음과 같은 놀이 방식도 있다. 각 글자를 기록한 600개의 패쪽 중 필요한 패쪽 개수만큼 글자가 보이지 않게 엎어 놓고 사람들 2~4명 정도가 각각 돌아가면서 패쪽을 선택한다. 선택한 패쪽의 개수는 사람 수 및 시의 글자 수에 따라 매번 다르다. 예를 들어 3명이 5글자로 된 4줄의 시를 가지고 놀이를 한다고 하면 20개의 패쪽을 엎어놓고 순번대로 돌아가면서 1차례마다 1개씩 5개의 패쪽을 쥔다. 그러면 바닥에는 5개의 엎어둔 패쪽이 남아 있다. 3명은 이미 선택한 5개의 패쪽을 다시 돌아가면서 자신의 패쪽 1개를 내려놓고 바닥의 패쪽 1개를 골라서 손에 쥔다. 이때 5개의 패쪽이 자신이 지으려고 하는 시의 구절과 일치하도록 먼저 5개를 잘 선택하는 요령이 이 놀이의 핵심이다. 1명이 5개의 패쪽을 잘 선택해서 시의 구절을 완성하면 승자가 된다.
2 평측(平仄):중국의 작시법에 관한 술어. 중국어에는 평성(平聲)·상성(上聲)·거성(去聲)·입성(入聲)의 4가지 성조가 있는데, '평'은 평성이며, '측'은 상성·거성·입성을 말한다.

패(椿牌)[3]가 되는 하나의 패쪽은 길이를 시패와 같게 만들되 '시백(詩伯)[4]' 2글자를 새긴다. 왕량추(王良樞)[5] 《시패보(詩牌譜)[6]》[7]

日"詩伯". 王氏《詩牌譜》

평성(平聲) 200자는 붉은 색 먹으로 장식한다.

天(하늘 천)·風(바람 풍)·雲(구름 운)·煙(연기 연)·霞(놀하)·霄(하늘 소)·霜(서리 상)·晴(갤 청)·陰(응달 음)·明(밝을 명)·[8]

泉(샘 천)·山(뫼 산)·峯(봉우리 봉)·坡(언덕 파)·湖(호수 호)·沙(모래 사)·波(물결 파)·川(내 천)·溪(시내 계)·江(강 강)·

堤(둑 제)·磯(물가 기)·汀(물가 정)·池(못 지)·園(동산 원)·村(마을 촌)·堦(섬돌 계)·家(집 가)·洲(섬 주)·巖(바위 암)·

涯(물가 애)·巒(뫼 만)·濱(물가 빈)·田(밭 전)·郊(성밖 교)·丘(언덕 구)·皐(언덕 고)·方(모 방)·塵(티끌 진)·東(동녘 동)·

西(서녘 서)·南(남녘 남)·流(흐를 류)·春(봄 춘)·秋(가을 추)·寒(찰 한)·涼(서늘할 량)·時(때 시)·光(빛 광)·陽(볕 양)·

年(해 년)·晴(갤 청)·和(화할 화)·凄(쓸쓸할 처)·宵(밤소)·昏(어두울 혼)·花(꽃 화)·梅(매화 매)·松(소나무 송)·桃

平聲字二百飾以硃

天, 風, 雲, 煙, 霞, 霄, 霜, 晴, 陰, 明,

泉, 山, 峯, 坡, 湖, 沙, 波, 川, 溪, 江,

堤, 磯, 汀, 池, 園, 村, 堦, 家, 洲, 巖,

涯, 巒, 濱, 田, 郊, 丘, 皐, 方, 塵, 東,

西, 南, 流, 春, 秋, 寒, 涼, 時, 光, 陽,

年, 晴[2], 和, 凄, 宵, 昏, 花, 梅, 松, 桃,

---

3 춘패(椿牌) : 놀이를 주관하는 시백(詩伯)의 패. '춘(椿)'에는 '아버지' 또는 '연장자'의 의미가 있다.

4 시백(詩伯) : 시패 놀이를 주관하는 사람. 운자를 뽑아 시를 돌아가며 지을 때, 춘패(椿牌)를 든 사람이 임시로 시백이 되어 시패를 나누어 주거나 운자를 정하는 등의 전체 과정을 주관한다.

5 왕량추(王良樞) : ?~?. 중국 명나라의 문인. 《시패보》를 저술했다는 행적 이외의 자료는 확인되지 않는다.

6 시패보(詩牌譜) : 왕량추가 저술한 책으로, 시패를 만들고 활용하는 방법이 수록되어 있다.

7 《詩牌譜》〈牙牌式〉(《叢書集成新編》54, 464쪽).

8 원문과 대조하는 데 편리하도록 편의상 10글자씩 떼어 단락을 나누기로 한다. 시패 글자에 대한 부분은 이하 동일.

① 椿 : 저본에는 "椿". 《詩牌譜·牙牌式》에 근거하여 수정. 이하 모든 "椿"은 "椿"으로 교감하며 교감기를 달지 않음.

② 晴 : 《총서집성신편(叢書集成新編)》·《원명선본총서(元明善本叢書)》에 수록된 《시패보》와 저본에도 모두 "晴"으로 되어 있다. 이 '평성 200자'의 8번째 글자 "晴"과 중복되며, 이것을 하나 지우면 199자가 된다.

(복숭아나무 도)·

梧(벽오동 오)·桐(오동나무 동)·城(성 성)·蘋(네가래 빈)·
枝(가지 지)·芳(꽃다울 방)·蘿(무 라)·枯(마를 고)·荷(멜
하)·林(수풀 림)·

梧、桐、城、蘋、枝、芳、蘿、
枯、荷、林、

苔(이끼 태)·蘆(갈대 로)·香(향기 향)·蒼(푸를 창)·蓮(연
꽃 련)·華(꽃 화)·葩(꽃 파)·蘭(난초 란)·茅(띠 모)·英(꽃부
리 영)·

苔、蘆、香、蒼、蓮、華、葩、
蘭、茅、英、

筇(대 이름 공)·茶(차 다)·笙(생황 생)·人(사람 인)·君(임
금 군)·仙(신선 선)·翁(늙은이 옹)·僧(중 승)·童(아이 동)·樵
(땔나무 초)·

筇、茶、笙、人、君、仙、翁、
僧、童、樵

賓(손 빈)·漁(고기 잡을 어)·情(뜻 정)·懷(품을 회)·心(마
음 심)·神(귀신 신)·頭(머리 두)·思(생각할 사)·襟(옷깃 금)·
愁(시름 수)·

賓、漁、情、懷、心、神、頭、
思、襟、愁、

亭(정자 정)·臺(돈대 대)·窓(창 창)·橋(다리 교)·樓(다락
루)·庭(뜰 정)·齊(가지런할 제)·居(있을 거)·門(문 문)·扉(문
짝 비)·

亭、臺、窓、橋、樓、庭、齊、
居、門、扉、

扃(빗장 경)·軒(집 헌)·廬(오두막집 려)·闌(가로막을 란)·
堂(집 당)·隣(이웃 린)·菲(엷을 비)·扶(도울 부)·皆(다 개)·
能(능할 능)·

扃、軒、廬、闌、堂、隣、菲、
扶、皆、能、

因(인할 인)·親(친할 친)·陳(늘어놓을 진)·安(편안할 안)·
難(어려울 난)·觀(볼 관)·玄(검을 현)·然(그러할 연)·偏(치우
칠 편)·何(어찌 하)·

因、親、陳、安、難、觀、玄、
然、偏、何、

過(지날 과)·藏(감출 장)·長(길 장)·相(서로 상)·忘(잊을
망)·空(빌 공)·沈(가라앉을 침)·生(날 생)·揚(오를 양)·疏(트
일 소)·

過、藏、長、相、忘、空、沈、
生、揚、疏、

橫(가로 횡)·開(열 개)·斜(비낄 사)·離(떼놓을 리)·憂(근
심할 우)·臨(임할 림)·携(끌 휴)·歸(돌아갈 귀)·眠(잠잘 면)·

橫、開、斜、離、憂、臨、携、
歸、眠、還、

還(돌아올 환)·

題(표제 제)·遊(놀 유)·當(당할 당)·迎(맞이할 영)·閒(틈
한)·吟(읊을 음)·歌(노래 가)·來(올 래)·尋(찾을 심)·堪(견
딜 감)·

悲(슬플 비)·如(같을 여)·侵(침노할 침)·黃(누를 황)·淸
(맑을 청)·紅(붉을 홍)·聲(소리 성)·浮(뜰 부)·輕(가벼울 경)·
茫(아득할 망)·

殘(해칠 잔)·成(이룰 성)·令(명령 령)·深(깊을 심)·邊(가
변)·平(평평할 평)·中(가운데 중)·高(높을 고)·低(낮을 저)·
前(앞 전)·

孤(외로울 고)·雙(쌍 쌍)·飄(회오리바람 표)·搖(흔들릴
요)·多(많을 다)·隨(따를 수)·痕(흉터 흔)·連(잇닿을 련)·新
(새 신)·留(머무를 류)·

傾(기울 경)·凭(기댈 빙)·凝(엉길 응)·分(나눌 분)·窮(다
할 궁)·容(얼굴 용)·重(무거울 중)·從(좇을 종)·微(작을 미)·
揮(휘두를 휘).

題、遊、當、迎、閒、吟、歌、來、尋、堪、
悲、如、侵、黃、淸、紅、聲、浮、輕、茫、
殘、成、令、深、邊、平、中、高、低、前、
孤、雙、飄、搖、多、隨、痕、連、新、留、
傾、凭、凝、分、窮、容、重、從、微、揮.

추가로 덧붙인 평성 100자

遲(늦을 지)·餘(남을 여)·穿(뚫을 천)·移(옮길 이)·回(돌
회)·叢(모일 총)·鳴(울 명)·垂(드리울 수)·收(거둘 수)·聞(들
을 문)·

敲(두드릴 고)·翻(날 번)·同(한가지 동)·無(없을 무)·含
(머금을 함)·通(통할 통)·悠(멀 유)·休(쉴 휴)·求(구할 구)·
飛(날 비)·

續增平聲一百字

遲、餘、穿、移、回、叢、鳴、
垂、收、聞、

敲[3]、翻、同、無、含、通、
悠、休、求、飛、

---

[3] 敲：저본에는 "高".《詩牌譜·續增平聲一百字》에 근거하여 수정.

鷄(닭 계)·啼(울 제)·猿(원숭이 원)·鷗(갈매기 구)·魚(물고기 어)·禽(날짐승 금)·鶯(꾀꼬리 앵)·蜂(벌 봉)·鴻(큰기러기 홍)·舟(배 주)·

鷄、啼④、猿⑤、鷗⑥、魚、禽、鶯、蜂、鴻、舟、

帆(돛 범)·簾(발 렴)·燈(등잔 등)·琴(거문고 금)·樽(술통 준)·棋(바둑 기)·杯(잔 배)·屛(병풍 병)·衣(옷 의)·簑(도롱이 사)·

帆、簾、燈、琴、樽、棋、杯、屛、衣、簑、

詩(시 시)·鍾(종 종)·壺(병 호)·砧(다듬잇돌 침)·觴(잔 상)·裳(치마 상)·絃(줄 현)·車(수레 차)·巵(잔 치)·書(쓸 서)·

詩、鍾、壺、砧、觴、裳、絃、車、巵、書、

文(글월 문)·巾(수건 건)·甌(사발 구)·醪(막걸리 료)·濃(짙을 농)·輝(빛날 휘)·稀(드물 희)·芬(향기로울 분)·頻(자주 빈)·群(무리 군)·

文、巾、甌、醪、濃、輝、稀、芬、頻、群、

喧(의젓할 훤)·繁(많을 번)·憐(불쌍히여길 련)·姸(고울 연)·懸(매달 현)·翩(빨리 날 편)·稍(벼줄기 끝 초)·紛(어지러워질 분)·狂(미칠 광)·依(의지할 의)·

喧、繁、憐、姸、懸、翩、稍、紛、狂、依、

靑(푸를 청)·乘(탈 승)·投(던질 투)·驚(놀랄 경)·登(오를 등)·籠(대그릇 롱)·層(층 층)·柔(부드러울 유)·稠(빽빽할 조)·舒(펼 서)·

靑、乘、投、驚、登、籠、層、柔、稠、舒、

音(소리 음)·三(석 삼)·鮮(고울 선)·初(처음 초)·虛(빌 허)·凄(쓸쓸할 처)【안 '처(凄)' 자는 위에 있는 원래의 시패⁹에 이미 보이니 다시 고증해야 한다.¹⁰】·蕭(맑은

音、三、鮮、初、虛、凄⑦【案 "凄"已見原牌, 更考】、蕭、嬌、遙、棲、

---

9 원래의 시패 : 앞의 '평성 200자'의 54번째. 이를 빼야 100자가 된다.
10 처(凄)……한다 : 《총서집성신편》에 수록된 《시패보》〈추가로 덧붙인 평성 100자[續增平聲一百字]〉에는 '婆'로 쓰여 있으므로 '婆'가 옳은 글자다.
④ 啼 : 저본에는 "鳴". 《詩牌譜·續增平聲一百字》에 근거하여 수정.
⑤ 猿 : 저본에는 없음. 《詩牌譜·續增平聲一百字》에 근거하여 보충.
⑥ 鷗 : 저본에는 "鷗流". 《詩牌譜·續增平聲一百字》에 근거하여 수정.
⑦ 凄 : 《詩牌譜·續增平聲一百字》에는 "婆".

대쑥 소) · 嬌(아리따울 교) · 遙(멀 요) · 棲(깃들일 서) ·

佳(아름다울 가) · 吹(불 취) · 寬(너그러울 관) · 環(고리 환) · 班(나눌 반) · 攀(더위잡을 반) · 間(틈 간) · 千(일천 천) · 歡(기뻐할 환) · 終(끝날 종).

佳、吹、寬、環、班、攀、間、 千、歡、終.

측성(仄聲) 200자는 먹으로 장식한다.

仄聲字二百飾以墨

有(있을 유) · 對(대답할 대) · 興(일 흥) · 畔(두둑 반) · 紫(자줏빛 자) · 鳳(봉새 봉) · 久(오랠 구) · 喜(기쁠 희) · 侶(짝 려) · 渚(물가 저) ·

有、對、興、畔、紫、鳳、久、 喜、侶、渚、

聚(모일 취) · 戶(지게 호) · 灑(물뿌릴 쇄) · 友(벗 우) · 海(바다 해) · 採(캘 채) · 蚤(벼룩 조) · 坐(앉을 좌) · 夏(여름 하) · 響(울림 향) ·

聚、戶、灑、友、海、採、蚤、 坐、夏、響、

此(이 차) · 境(지경 경) · 嶺(재 령) · 杏(살구 행) · 迥(멀 형) · 蕚(꽃받침 악) · 錦(비단 금) · 漸(점점 점) · 積(쌓을 적) · 媚(아첨할 미) ·

此、境、嶺、杏、迥、蕚、錦、 漸、積、媚、

未(아닐 미) · 曙(새벽 서) · 朗(밝을 랑) · 北(북녘 북) · 桂(계수나무 계) · 麗(고울 려) · 釼(둔할 일) · 梟(올빼미 효) · 爰(이에 원) · 峻(높을 준) ·

未、曙、朗、北、桂、麗、釼、 梟、爰、峻、

縱(늘어질 종) · 萬(일만 만) · 翫(가지고 놀 완) · 面(낯 면) · 宿(묵을 숙) · 乍(잠깐 사) · 淨(깨끗할 정) · 盛(담을 성) · 郭(성곽 곽) · 岫(산굴 수) ·

縱、萬、翫、面、宿、乍、淨、 盛、郭、岫、

袖(소매 수) · 覆(뒤집힐 복) · 茂(우거질 무) · 蔭(그늘 음) · 艶(고울 염) · 逐(쫓을 축) · 倏(갑자기 숙) · 玉(옥 옥) · 列(줄 렬) · 拂(떨 불) ·

袖、覆、茂、蔭、艶、逐、倏、 玉、列、拂、

發(쏠 발) · 忽(소홀히 할 홀) · 結(맺을 결) · 酌(따를 작) · 薄(엷을 박) · 陌(두렁 맥) · 隔(사이 뜰 격) · 合(합할 합) · 雜(섞일 잡) · 舊(예 구) ·

發、忽、結、酌、薄、陌、隔、 合、雜、舊、

巳(여섯째지지 사)·得(얻을 득)·許(허락할 허)·處(곳 처)·　巳、得、許、處、閣、是、倚、
閣(문설주 각)·是(옳을 시)·倚(의지할 의)·艤(배 댈 의)·耳　艤、耳、理、
(귀 이)·理(다스릴 리)·

子(아들 자)·擧(들 거)·五(다섯 오)·解(풀 해)·每(매양　子、擧、五、解、每、載、待、
매)·載(실을 재)·待(기다릴 대)·引(끌 인)·淺(얕을 천)·遣(보　引、淺、遣、
낼 견)·

少(적을 소)·皓(흴 호)·雅(우아할 아)·犖(얼룩소 락)·把　少⑧、皓、雅、犖、把、寡、
(잡을 파)·寡(적을 과)·兩(두 량)·仰(우러를 앙)·想(생각할　兩、仰、想、賞、
상)·賞(상줄 상)·

往(갈 왕)·久(오랠 구)·九(아홉 구)·首(머리 수)·後(뒤　往、久、九、首、後、覽、掩、
후)·覽(볼 람)·掩(가릴 엄)·送(보낼 송)·几(안석 궤)·弄(희롱　送、几、弄⑨、
할 롱)·

哢(지저귈 롱)·寄(부칠 기)·遂(이를 수)·事(일 사)·味(맛　哢、寄、遂、事、味、遇、最、
미)·遇(만날 우)·最(가장 최)·慨(분개할 개)·礙(거리낄 애)·　慨、礙、恨、
恨(한할 한)·

歎(탄식할 탄)·戀(사모할 련)·羨(부러워할 선)·嘯(휘파람　歎、戀、羨、嘯、意、口、屋、
불 소)·意(뜻 의)·口(입 구)·屋(집 옥)·囀(지저귈 전)·向(향할　囀、向、愴、
향)·愴(슬퍼할 창)·

濯(씻을 탁)·逸(달아날 일)·髮(터럭 발)·渴(목마를 갈)·　濯、逸、髮、渴、闊、絶、閱、
闊(트일 활)·絶(끊을 절)·閱(검열할 열)·說(말씀 설)·寺(절　說、寺、館、
사)·館(객사 관)·

燕(제비 연)·棹(노 도)·檻(우리 함)·枕(베개 침)·榻(걸　燕、棹、檻、枕、榻、酒、席、
상 탑)·酒(술 주)·席(자리 석)·笛(피리 적)·帶(띠 대)·釣(낚　笛、帶、釣、
시 조)·

---

⑧ 少: 저본에는 "小". 《詩牌譜·仄聲字二百飾以墨》에 근거하여 수정.
⑨ 弄: 저본에는 "箏". 《詩牌譜·仄聲字二百飾以墨》에 근거하여 수정.

曲(굽을 곡)·艇(거룻배 정)·鷺(해오라기 로)·鴈(기러기 안)·鶴(학 학)·鳥(새 조)·蝶(나비 접)·雪(눈 설)·霧(안개 무)·日(해 일)·

露(이슬 로)·水(물 수)·月(달 월)·院(담 원)·洞(골 동)·苑(나라 동산 원)·澗(계곡물 간)·浪(물결 랑)·路(길 로)·石(돌 석)·

塢(둑 오)·壑(골 학)·徑(지름길 경)·野(들 야)·谷(골 곡)·岸(언덕 안)·地(땅 지)·沼(늪 소)·砌(섬돌 체)·小(작을 소)·

一(한 일)·賞(상줄 상)[11]·聽(들을 청)·奏(아뢸 주)·古(옛 고)·不(아닐 불)·半(반 반)·笑(웃을 소)·飲(마실 음)·吐(토할 토)·

臥(엎드릴 와)·欲(하고자할 욕)·杖(지팡이 장)·達(통달할 달)·短(짧을 단)·起(일어날 기)·眺(바라볼 조)·老(늙을 로)·遍(두루 편)·綠(초록빛 록).

曲、艇、鷺、鴈、鶴、鳥、蝶、雪、霧、日、

露、水、月、院、洞、苑、澗、浪、路、石、

塢、壑、徑、野、谷、岸、地、沼、砌、小、

一、賞、聽、奏、古、不、半、笑、飲、吐、

臥、欲、杖、達、短、起、眺、老、遍、綠.

추가로 덧붙인 측성 100자[12]　續增仄聲一百字

映(비출 영)·照(비출 조)·裏(속 리)·疊(겹쳐질 첩)·獨(홀로 독)·點(점 점)·數(셀 수)·寂(고요할 적)·幾(기미 기)·共(함께 공)·

趣(달릴 취)·片(조각 편)·泛(뜰 범)·亂(어지러울 란)·落(떨어질 락)·訪(찾을 방)·影(그림자 영)·度(법도 도)·蘇(이끼 선)·浸(담글 침)·

冷(찰 랭)·出(날 출)·舞(춤출 무)·斷(끊을 단)·上(위 상)·白(흰 백)·淡(묽을 담)·夢(꿈 몽)·盡(다할 진)·翠(물총새 취)·

映、照、裏、疊、獨、點、數、寂、幾、共、

趣、片、泛、亂、落、訪、影、度、蘇、浸

冷、出、舞、斷、上、白、淡、夢、盡、翠、

11　賞：《총서집성신편(叢書集成新編)》·《원명선본총서(元明善本叢書)》에 수록된 《시패보》와 저본에도 모두 "賞"으로 되어 있다. 위의 99번째 글자 "賞"과 중복된다.

12　100자：《시패보》의 "추가로 덧붙인 측성 100자[續增仄聲一百字]" 항목에는 저본과 마찬가지로 91개의 운자만 나열되어 있다.

應(응할 응) · 放(놓을 방) · 外(밖 외) · 滿(찰 만) · 入(들 입) · 望(바랄 망) · 碧(푸를 벽) · 近(가까울 근) · 遠(멀 원) · 擁(낄 옹) ·

應、放、外、滿、入、望、碧、近、遠、擁、

下(아래 하) · 醉(취할 취) · 立(설 립) · 詠(읊을 영) · 傍(곁 방) · 去(갈 거) · 爽(시원할 상) · 更(고칠 경) · 色(빛 색) · 樂(풍류 악) ·

下、醉、立、詠、傍、去、爽、更、色、樂、

靜(고요할 정) · 渺(아득할 묘) · 韻(운 운) · 似(같을 사) · 遶(두를 요) · 到(이를 도) · 散(흩을 산) · 墜(떨어질 추) · 若(같을 약) · 急(급할 급) ·

靜、渺、韻、似、遶、到、散、墜、若、急、

在(있을 재) · 正(바를 정) · 好(좋을 호) · 聳(솟을 용) · 隱(숨길 은) · 見(볼 견) · 氣(기운 기) · 動(움직일 동) · 暗(어두울 암) · 勝(이길 승) ·

在、正、好、聳、隱、見、氣、動、暗、勝、

接(사귈 접) · 轉(구를 전) · 破(깨뜨릴 파) · 秀(빼어날 수) · 捲(말 권) · 唱(노래 창) · 謝(사례할 사) · 細(가늘 세) · 夕(저녁 석) · 雨(비 우) ·

接、轉、破、秀、捲、唱、謝、細、夕、雨、

景(볕 경) · 暮(저물 모) · 夜(밤 야) · 午(일곱째지지 오) · 暖(따뜻할 난) · 晚(저물 만) · 曉(새벽 효) · 晝(낮 주) · 霽(갤 제) · 款(정성 관) · 聚(모일 취).

景、暮、夜、午、暖、晚、曉、晝、霽、款、聚.

2) 시패 나누는 방식[分牌式, 분패식]

일반적으로 시패를 나눌 때에는 똑같이 4등분을 하여 각각의 사람마다 100개의 패쪽을 주고, 1사람이 시백(詩伯)이 되어 따로 춘패(椿牌)를 쥔다. 각자 100개의 패쪽 속에서 1개의 패쪽을 내서, 글자의 획수에 따라 누구누구 순으로 할 지 순서를 정한다.

그런 다음 종이와 붓을 가져와서 시백의 주관 하에 각각의 사람들이 자기가 낸 운자와 시에 붙일 제목을 즉시 먼저 부록(附錄)함으로써 상황에 따라 운

分牌式

凡分牌, 均爲四分, 每一百扇, 以一人爲詩伯, 執椿牌. 內取一扇, 以字畫數, 到某人次第.

取用以紙筆, 令詩伯掌之, 各人所得之韻、所立之題, 卽先附錄防換. 詩成錄之,

자나 제목을 바꿔치기하는 일을 방지한다. 시가 완성되면 기록한 뒤에 상세하게 우열을 평가한다. 왕량추 《시패보》[13]

然後細評優劣. 王氏《詩牌譜》

3) 운자 나누는 방식[分韻式, 분운식]

시패를 이미 4등분했으면 시백이 손가는 대로 시패 2패쪽을 뽑아 그중 1개를 각각의 사람에게 1패쪽씩을 주어 운자로 삼게 한다. 먼저 평성자(平聲字)를 쓰는데, 평성자가 만약 홀로 있으면[孤][14] 곧 측성자(仄聲字)를 쓴다. 측성자가 또 홀로 있으면 옆에 앉은 사람이 시백에게 나누어 받은 자신의 시패 가운데서 손가는 대로 1개의 패쪽을 바꾸어 취하여 운자로 삼는다. 만약 다시 홀로 있으면 다시 바꾸되, 만약 3번이나 운자가 홀로 있는 패쪽을 얻은 경우에는 황패(荒牌)[15]에 준해서 처리한다. 왕량추 《시패보》[16]

分韻式

如四牌既分, 詩伯信手取牌二扇, 每人與一扇作韻. 先用平字, 平字若孤, 却用仄字, 仄字又孤, 傍坐人就於詩伯分內, 信手換取一扇作韻. 若再孤, 再換, 若三得韻孤者, 准荒牌. 王氏《詩牌譜》

4) 제목 붙이는 방식[立題式, 입제식]

일반적으로 제목을 붙일 때에는 먼저 자기가 이미 받은 패를 가지고 그 글자의 뜻을 두루 살펴 그 가운데 산과 봉우리·골짜기와 암석·시내와 계곡 등의 종류가 많이 있으면 산의 경치와 관련된 제목을 붙인다. 또는 강가의 개구리밥·호수의 풀·안개 낀

立題式

凡立題, 先將自已所得之牌, 通察字意, 其中多山峯、洞石、澗壑之類, 則立山景題. 或多江蘋、湖草、煙浦、漁磯, 則立水村釣題. 其他

---

13 《詩牌譜》〈分牌式〉(《叢書集成新編》54, 465쪽).

14 평성자가……있으면 : 한시를 지을 때 평성자나 측성자를 쓰는 규칙 중에서 "고평(孤平)", 즉 앞뒤로 측성자 사이에 홀로 끼인 평성자는 피해야 한다. 평성자는 홀로 떨어져 있으면 안 되고 연달아 이어져야 한다.

15 황패(荒牌) : 놀이 규칙에 벗어나서 무효 처리한 시패(詩牌).

16 《詩牌譜》〈分韻式〉(《叢書集成新編》54, 465쪽).

나루·낚시터 등의 종류가 많으면 어촌의 낚시와 관련된 제목을 붙인다. 그 외에 혹 임천(林泉, 숲과 샘)·전야(田野, 밭과 들)·성시(城市)·누대(樓臺)·봄이나 가을·아침이나 저녁의 경치와 관련된 종류가 많으면 시의 문체와 의미를 두루 잘 드러내도록 제목을 붙인 뒤에 알리고, 시백으로 하여금 적게 한 뒤에 시패를 펼친다. 왕량추《시패보》[17]

或林泉、田野、城市、樓臺、春秋、曉暮之類, 通宜辯體詳意立題後告, 令詩伯錄訖, 然後鋪牌. 王氏《詩牌譜》

5) 글자 쓰는 방식[用字式, 용자식]

일반적으로 한 글자에 음가가 2개이고, 평성과 측성으로 모두 쓸 수 있는 글자를 얻으면, 마음이 가는 대로 정한다. 만약 글자를 중첩해서 쓰고자 할 때에는 1개의 시패를 내려놓아 1칸의 공백을 만들고, 내려놓은 1글자를 2글자의 독음으로 삼는다.

예를 들면 옛 시에서 "가지 위에서 꾀꼬리가 울지 못하게 하니, 꾀꼬리 울면 신첩(臣妾)[18]의 꿈을 깨우기 때문이라네."[19]라 하고, 또 예를 들면 "나무 꼭대기에서 나무 아래로 떨어지는 꽃잎 찾노라니, 한 잎은 서쪽으로 한 잎은 동쪽으로 날리네."[20]라 한 경우이다. 【내가 생각하기에, 원문의 '일편(一片)' 2글자 아

用字式

凡遇一字兩音, 其平仄可兼用者, 任意. 如欲用重疊字者, 但下一牌留一空, 以下一字讀作二字.

或如古詩云"休教枝上啼, 啼時驚妾夢", 又如"樹頭樹底覓殘紅, 一片西飛一片東"之意. 【愚意下一片二字, 留二空是也.】王氏《詩牌譜》

---

17 《詩牌譜》〈立題式〉《叢書集成新編》54, 465쪽).

18 신첩(臣妾):여자가 임금을 상대하여 자기를 낮추어 이르던 일인칭 대명사.

19 가지……때문이라네:중국 당나라의 시인 김창서(金昌緖, ?~?)가 지은 《춘원(春怨)》에 나오는 시구이다. "노란 꾀꼬리를 쫓아내도록 아이에게 시켜 가지 위에서 울지 못하게 하니, 꾀꼬리가 울면 신첩의 꿈을 깨워서 임이 있는 요서(遼西)에 이르기를 못하기 때문이라네.(打却黃鶯兒, 莫教枝上啼. 啼時驚妾夢, 不得到遼西)" 이 시는 《석창역대시선(石倉歷代詩選)》 권46 〈성당(盛唐)〉15 "김창서(金昌緖)"에 수록되어 있다. '啼' 자가 연달아 나온 경우이다.

20 나무……날리네:당나라의 시인 왕건(王建, 768~835)이 지은 《궁사(宮詞)》에 나오는 시구이다. 《만수당인절구(萬首唐人絕句)》 권31 〈칠언(七言)〉 "궁중사(宮中詞) 1"에 수록되어 있다. '一片' 자가 다른 글자를 사이에 두고 연달아 나온 경우이다.

래에 2칸의 공백을 두는 것이 이것이다.】왕량추《시
패보》[21]

6) 글자를 빌리는 방식[借字式, 차자식]

글자를 빌려 쓸 수 있는지의 여부는 모두 시백의
결정을 따른다. 글자를 빌려 쓰는 3가지 방식이 있
다. 첫째는 '차음(借音, 음가 빌려 쓰기)'이다. 예를 들면
'청(淸)'을 '청(靑)'으로 쓰거나, '반(半)'을 '반(泮)'이나 '반
(畔)'으로 쓴다는 뜻이니, 음이 같고 형태가 비슷한
글자라야 인정해 준다.

둘째는 '가감(加減, 부수 더하거나 빼기)'이다. 예를 들
면 '포(鋪)'를 '금(金)'으로 쓰거나, '련(蓮)'을 '차(車)'로 쓰
거나, '서(西)'를 '쇄(洒)'로 쓰거나, '수(水)'를 '빙(氷)'으로
쓰는 경우이다. 다만 중심 부분의 글자를 사용하려
고 작은 부수들을 빼거나 더할 수는 있어도 작은 부
분의 글자를 사용하려고 중심 부수들을 더하거나
뺄 수는 없다.

셋째는 '균화(均和, 고르게 사용하기)'이다. 화(花, 꽃)·
류(柳, 버들)·풍(風, 바람)·월(月, 달) 등과 같은 글자는
사람들이 모두 사용하기 좋아하니, 아직 시패를 펼
치기 전에, 어떤 글자 1개 혹은 2~3개를 빌려 쓸 수
있음을 허락한다고 모두에게 일일이 설명하고, 공백
을 남겨 두었다가 글자를 빌려서 메우게 한다. 왕량
추《시패보》[22]

借字式

借字可否, 俱聽詩伯. 字有
三借. 一曰"借音", 如淸作
靑, 半作泮, 畔之義, 音同
形近者方許.

二曰"加減", 如鋪作金, 蓮
作車, 西作洒, 水作冰, 止
許用大加減小, 不可用小加
減大.

三曰"均和", 如花、柳、風、
月, 人皆好用, 未鋪之前,
說過俱許通借某字一個或
二三個, 留空寫補. 王氏
《詩牌譜》

---

21 《詩牌譜》〈用字式〉《叢書集成新編》54, 465쪽).
22 《詩牌譜》〈借字式〉《叢書集成新編》54, 465쪽).

7) 승부 가리는 방식[較勝式, 교승식]

시가 이미 완성되었으면 시백이 기록하기를 기다린 뒤에 여러 사람들이 천천히 등급을 논의하는데, 좋은 시와 나쁜 시를 억지로 나누고 자기 마음대로 편벽되게 평가해서 문인들의 모임을 손상시켜서는 안 된다. 왕량추 《시패보》[23]

較勝式

詩旣成矣, 待詩伯錄訖, 然後衆人徐議次第, 不許强分姸醜偏任己, 以傷斯文之會. 王氏《詩牌譜》

8) 등급 매기는 방식[品第式, 품제식]

시에는 4가지 종류가 있으니 칠언(七言)·육언(六言)·오언(五言)·사언(四言)이고, 3가지 품등이 있으니 상품(上品)·중품(中品)·하품(下品)이다.

상품은 먼저 붙여 놓은 제목이 시의 내용과 일맥상통하고, 대구(對句)가 적절하며, 단숨에 완성된 시다. 중품은 어구가 맑고 뛰어나며, 처음부터 끝까지 일관되고, 속된 시구나 글자가 전혀 없는 시다. 하품은 제목과 문체에 오류가 없고, 평측이 잘 어울리며, 의미가 평이한 시다. 그 외로 사실이 잡다하면서 어지럽고 처음부터 끝까지 연결이 안 되는 시는 비록 소리로는 낭송할 만하더라도 또한 황패로 친다. 왕량추 《시패보》[24]

品第式

詩有四等, 七言、六言、五言、四言也. 有三品, 上中下也.

上品者, 貼題貫理, 聯句切當, 成於一氣. 中品者, 語句淸奇, 首尾貫串, 全無俗俚句字. 下品者, 題體不失, 平仄和暢, 意味平平. 其他事實雜亂, 首尾斷續, 雖聲可誦, 亦作荒牌. 王氏《詩牌譜》

9) 갱가(賡歌)[25]하는 방식[賡歌式, 갱가식]

일반적으로 시가 이미 완성되고 승부가 끝난 뒤에도 자기가 이전에 지은 시패를 가지고 이리저리 뒤

賡歌式

凡詩已成, 勝負已畢, 有能將自己前牌攪亂, 更立題

---

23 《詩牌譜》〈較勝式〉(《叢書集成新編》54, 465쪽).
24 《詩牌譜》〈品第式〉(《叢書集成新編》54, 465쪽).
25 갱가(賡歌) : 군신이나 친우 간에 화답해서 노래를 서로 이어 부르거나, 시를 서로 이어짓는 일.

섞어서 다시 제목을 정하고 이전에 썼던 운을 그대로 써서 시를 지을 수 있다. 완성된 시가 비록 십여 수라 하더라도 모두 격식에 의해서 상을 받을 수 있다.

【안】 이 《시패보》 뒷면에 왕량추가 지은 짧은 발문이 있는데 다음과 같다. "근세에 상정(觴政)[26]이 번잡하고 속되니, 고상한 경지로 돌아가야 한다. 이에 이 책을 간행하여 전한다." 여기에 근거하면 《시패보》 안에서 말한 '상벌'이란 대체로 상이나 벌로 술을 마시는 규정이다. 다만 《시패보》 가운데 상벌에 대한 격식을 기록해 놓지 않았으니, 이는 시백을 맡은 사람이 상황에 따라 재량대로 하는 데 달려 있을 뿐이다.】

이전의 시에서 연속된 3글자를 표절하여 쓰는 일은 허용하지 않는다. 연속된 3글자를 그대로 갖다 쓰면 황패로 친다. 왕량추 《시패보》[27]

10) 상대의 시 개작하는 방식[翻新式, 번신식]

또 갑과 을의 시가 완성되고 상벌이 이미 끝났는데, 병과 정이 갑과 을의 시패 안에서 시의 의미가 미진한 곳을 보고서 곧바로 그들을 대신하여 훌륭한 시를 지은 경우, 새로 나온 시에 대한 상벌은 다만 갑·을·병·정 4명이서 비교할 뿐, 시백은 간여하지 않는다. 왕량추 《시패보》[28]

名, 仍用前韻詩成, 雖十數首, 皆依格得賞.

【案】 此譜後方有王氏小跋, 云: "近世觴政繁俗, 宜歸於雅, 乃刻而傳焉." 據此則譜中所云"賞罰", 大低觴飮之令. 但譜中不著賞罰格式, 此在詩伯臨場斟酌耳.】

不許盜用前詩相連三字, 否則以荒牌論. 王氏《詩牌譜》

翻新式

且如甲、乙詩成, 賞罰已畢, 丙、丁看出甲、乙牌內詩意未盡, 即能代彼鋪出好詩者, 其賞罰止較甲、乙、丙、丁, 不豫詩伯. 王氏《詩牌譜》

---

26 상정(觴政): 주령(酒令)의 다른 말로, 주연(酒宴)의 흥을 더하기 위해 마련한 술 마시는 규칙.

27 《詩牌譜》〈賡歌式〉(《叢書集成新編》54, 465쪽).

28 《詩牌譜》〈翻新式〉(《叢書集成新編》54, 465쪽).

11) 남이 지은 시의 운으로 시 짓는 방식[和韻式, 화운식]

상벌이 이미 시행되었는데 남의 시패 안의 제목과 운이 자신이 가진 시패 안의 글자 뜻과 서로 어울리는 경우에는, 시백에게 그 제목과 운을 명백하게 기록하도록 하고 제목과 운을 빌려온다. 그리고 자신의 시패를 가지고 그 제목과 운에 따라 적절히 모아서 시를 완성한 경우도 격식에 의하여 상벌을 준다. 또는 2명이 서로 제목과 운을 맞바꾸고자 하는 경우에는 허락하되, 시백은 간여하지 않는다. 왕량추 《시패보》[29]

和韻式

如賞罰已訖, 看彼牌內題韻, 與我牌內字意相協者, 令詩伯將他題韻錄記明白, 借來, 將我牌, 依他題韻輳成詩者, 依格賞罰. 或二人競欲交題換韻者聽, 詩伯不豫. 王氏《詩牌譜》

12) 남은 시패로 시 짓는 방식[收殘式, 수잔식]

만약 4명의 시가 이미 완성되었는데 나머지 버린 시패 가운데 전부 및 일부를 주어 이를 이용해서 시를 잘 지은 사람이 있으면, 상벌도 똑같이 한다. 이에 대한 상으로는 제목과 운을 편하게 정할 수 있도록 허용한다. 왕량추 《시패보》[30]

收殘式

若四人之詩已成, 餘零牌通及一付有能鋪出詩者, 賞罰亦同. 賞格題韻, 許隨手立意. 王氏《詩牌譜》

13) 황패를 되살려 시 짓는 방식[洗荒式, 세황식]

만약 그 가운데 어떤 사람의 시패가 이미 황패가 되었는데, 그 사람을 대신하여 시를 지어 완성할 수 있는 사람이 있다면, 벌로 황패를 얻은 본래 사람의 산가지를 모두 그를 대신해서 시를 지은 사람에게 주

洗荒式

若其中一人之牌已荒, 有能代彼鋪成者, 本人該罰荒牌之籌, 盡與代鋪之人, 詩伯不豫. 王氏《詩牌譜》

---

29 《詩牌譜》〈和韻式〉(《叢書集成新編》54, 465쪽).

30 《詩牌譜》〈收殘式〉(《叢書集成新編》54, 465~466쪽).

며, 이때 시백은 간여하지 않는다. 왕량추 《시패보》[31]

14) 상대의 운으로 시 짓는 방식[疊錦式, 첩금식]

각 사람들의 시패 안에 얼마만큼의 운자가 있는
지 상세하게 살펴서 모두 알리고 기록한다. 만약 시
패를 숨기고 감추었다가 다른 사람에게 들키면 즉시
황패로 처리한다. 들킨 시패가 10개의 운이든 또는
7~8개의 운이든 모두 그 수만큼 시를 완성해야 한
다. 다만 이때는 마음대로 제목을 짓도록 허락하며,
그 제목을 먼저 알릴 필요는 없다. 시가 완성되면 또
한 품격(品格)[32]의 양에 따라 승부를 밝힌다. 왕량추
《시패보》[33]

15) 차례로 시 짓는 방식[聯珠式, 연주식]

4묶음의 시패가 이미 나누어지면 시백이 1명씩
읊어야 할 시구의 수를 나누지 않아도 된다. 1명이
먼저 혹 오언시나 사언시의 측구(仄句) 1구를 먼저 뽑
아내면 다음 차례의 사람이 잇달아 지어 즉시 측구
1구를 뽑아내고, 또 다음 차례의 사람에 이르고,
이런 식으로 1바퀴 돌아 다시 그 운을 시작한다. 4
구마다 1번 운을 바꾸는데 시패가 다하면 끝낸다.
어떤 사람이 시를 짓지 못하면 다음 차례의 사람이
대신 짓되, 짓지 못한 사람은 벌을 받고, 대신 지은

疊錦式

各人牌內, 看詳有韻若干,
俱盡報錄. 若隱藏被人看
出, 就作荒牌. 其中若有十
韻或七八韻, 俱要成詩[10].
但許隨意成題, 不必先報,
亦以品格多少, 詳其勝負.
王氏《詩牌譜》

聯珠式

四牌旣分, 不用詩伯分數,
一人先出或五言、四言仄句
一句, 次坐者聯之, 就出仄
句一句, 又及次坐者, 週而
復始其韻. 以四句一換, 牌
盡爲終. 一人不就, 次坐者
代之, 不就者罰, 代之者受
焉. 王氏《詩牌譜》

---

31 《詩牌譜》〈洗荒式〉《叢書集成新編》54, 466쪽).

32 품격(品格) : 문학이나 예술작품의 기량이나 격조.

33 《詩牌譜》〈疊錦式〉《叢書集成新編》54, 466쪽).

10 詩 : 저본에는 "許". 규장각본·《詩牌譜·疊錦式》에 근거하여 수정.

사람이 상을 받는다. 왕량추 《시패보》[34]

16) 대구(對句) 맞추어 시 짓는 방식[合璧式, 합벽식]

만약 2명이 대구를 지어 우열을 다투는 경우 시백을 정하지 않는다. 이편의 사람이 시구를 3차례 뽑아내면 저편 사람이 그에 대한 대구를 3차례 짓는다. 대구가 끝나면 저편이 반대로 시구를 3차례 뽑아내고, 이편도 또한 저편의 시에 대한 대구를 3차례 짓는다.

1차에는 15언을 짓는데, 격구대(隔句對)[35]로 1구를 걸러 대(對)가 되게 하고 3언 1구이다. 2번째 차례는 11언을 짓는데 1구를 걸러 대가 되게 하고 5언 1구이다. 3번째 차례는 9언을 짓는데 1구를 걸러 대가 되게 하고 7언 1구이다. 대구도 또한 마찬가지로 대구를 잘 댄 사람이 이기고 잘 대지 못한 사람이 진다. 왕량추 《시패보》[36]

合璧式

如二人作對較勝, 不用詩伯. 此出句三次, 彼對句三次. 對畢, 彼却出三次, 此亦對三次.

一次出十五言, 隔對一句, 三言一句;二出十一言, 隔句一句, 五言一句;三出九言, 隔句一句, 七言一句. 對亦如之, 能者勝, 不能者負. 王氏《詩牌譜》

17) 다양한 문체로 시 짓는 방식[煥彩式, 환채식]

만약 2명이 우열을 다투는 경우 300개 패쪽으로 1구씩을 만들어 8구시 완성을 목표로 하는데, 또한 사등이급(四等二級)[37]의 형식을 사용한다. 또는 만사

煥彩式

如二人較勝, 以三百扇爲一句, 期成八句詩, 亦用四等二級. 或爲漫詞、古風、歌

---

34 《詩牌譜》〈聯珠式〉《叢書集成新編》54, 466쪽).

35 격구대(隔句對) : 한시(漢詩)에서 대구를 다는 방식. 한 구씩 건너뛰면서 대구가 되도록 하는 방식으로, 즉 1구와 3구가 대가 되고, 2구와 4구가 대가 된다. 선면대(扇面對)라고 부르기도 한다. 1차 · 2차 · 3차의 글자 수가 다르고 1구를 걸러 대구가 되어야 하므로, 시를 이어 짓기가 어려운 방법이다. 여러 편의 시를 짓는 게 아니라 한 편의 시 안에서 대구의 변주를 이렇게 해가는 것으로 추정된다.

36 《詩牌譜》〈合璧式〉《叢書集成新編》54, 466쪽).

37 사등이급(四等二級) : 사등은 4종류의 시체인 칠언(七言) · 육언(六言) · 오언(五言) · 사언(四言)을 말하고, 이급은 2가지 품등인 상품(上品) · 하품(下品)을 말한다.

(漫詞)[38]·고풍(古風)[39]·가행(歌行)[40]·장단구(長短句)[41]를 짓거나 또는 장편의 사부(辭賦)·투곡조(套曲調)[42]를 지으려고 한다면 모든 패쪽을 다 써서 하나씩 차례대로 돌아가며 시구를 펼치고, 그 상벌은 자율적으로 정해야 한다. 왕량추《시패보》[43]

行、長短，或欲鋪長篇辭賦，成套曲調，則用全牌一付輪流鋪之，其賞罰當自定. 王氏《詩牌譜》

---

38 만사(漫詞): 중국 송나라 때 생겨난 운문 양식. 당나라 때 생겨난 운문 양식인 사(詞)는 주로 1절 2~4구로 이루어져 있었는데, 만사는 2절 이상으로 이루어져 있다. 기존의 사(詞)가 서민적이거나 여성적인 면이 강했다면, 만사는 남성적이고 서사적인 정서가 많아졌다는 평가를 받는다.

39 고풍(古風): 한시의 일종으로 고체시(古體詩) 또는 악부시(樂府詩)라고도 한다. 주로 《시경(詩經)》에 있는 시의 형식을 모방한 시를 지칭한다.

40 가행(歌行): 한시의 일종. 비교적 성률 규칙이 엄격하지 않은 운문 양식이며, 악부시(樂府詩)의 계통을 이어받았다. 당나라의 시인 백거이(白居易, 772~846)가 지은 《장한가(長恨歌)》가 그 대표작품 중 하나이다.

41 장단구(長短句): 사(詞) 형식의 하나로, 글자 수에 크게 구애받지 않고 긴 구와 짧은 구를 뒤섞어 짓는 방식의 시.

42 투곡조(套曲調): 대곡(大曲) 또는 산투(散套)라고도 한다. 서(序)·파(破)·최(催)·곤(袞) 등 정형화된 형식에 맞추어 여러 편의 소곡을 모아, 줄거리가 있는 대규모 노래를 만드는 방식. 중국 송(宋)나라 때 생겨났으며, 이후 원(元)의 잡극(雜劇)을 거쳐 오늘날까지 중국 희곡(戲曲)의 표준 양식이 되었다.

43 《詩牌譜》〈煥彩式〉(《叢書集成新編》54, 466쪽).

5. 남승도(攬勝圖)[1]

攬勝圖

1) 평식(枰式, 말판)[2]

남승도 도식의 대략은 바둑판[楸枰]과 같으며 그 모양은 정방형이다. 장호(張潮)[3]《남승도(攬勝圖)[4]》[5]

枰式

圖之大約如楸枰, 其形爲 正方. 張氏《攬勝圖》

2) 주사위 던지고 술 마시는 전체 규칙

1개의 투자(骰子, 주사위)를 가지고 각자 던져서 말을 정한다. 요(幺)[6]는 어부(漁父), 2는 우사(羽士)[7], 3은 검협(劍俠)[8], 4는 미인(美人), 5는 치의(緇衣)[9], 6은 사객(詞客, 시객)이 된다.

만약 어부가 주사위를 2번 던져 거듭 1이 나오고,

擲飮統例

用一骰子, 各擲定馬. 幺爲 漁父, 二羽士, 三劍俠, 四 美人, 五緇衣, 六詞客.

如漁父再擲幺, 羽士再擲

---

1 남승도(攬勝圖) : 주사위 놀이의 일종. 천하의 명승지 지명을 도판 위에 그려 놓고 주사위를 던져 유람하듯 옮겨가는 놀이로, 노로정(勞勞亭)이 출발점이고 장안(長安)이 종점이다.

2 평식(枰式) : 남승도 놀이의 말판. 바둑판처럼 생긴 모양에서 유래한 용어이다.

3 장호(張潮) : 1659~?. 중국 청나라의 문인. 자는 산래(山來)·심재(心齋). 한림원공목(翰林院孔目) 관직을 역임했으며, 청대 문인의 저술을 모아《소대총서(昭代叢書)》를 편찬했다. 저서로《우초신지(虞初新志)》·《심재잡조(心齋雜組)》·《화영사(花影詞)》등이 있다.

4 남승도(攬勝圖) : 중국 청나라의 문인 장호와 왕탁(王晫, 1636~?)이 청대의 저술 157종을 모아서 함께 편찬한《단궤총서(檀几叢書)》〈여집(餘集)〉권하(卷下)에 수록되어 있는 놀이 규칙과 그림.《단궤총서》에 따르면《남승도》는 청나라의 문인 보애(寶崖) 오진염(吳陳琰, ?~?)이 편찬했다고 한다. 서유구가《단궤총서》의 편찬자인 장호를 남승도의 저자로 잘못 기록한 듯하다.

5 《攬勝圖》〈凡例〉(《檀几叢書》〈餘集〉卷下, 3쪽).

6 요(幺) : 아주 작다는 의미이며, 주사위 놀이에서는 '1'을 지칭한다.

7 우사(羽士) : 원래는 도교(道敎)의 도사(道士)를 가리키지만, 은거해서 사는 선비를 뜻하기도 한다.

8 검협(劍俠) : 검객(劍客) 또는 협객(俠客)을 지칭한다.

9 치의(緇衣) : 회흑색(灰黑色)의 옷. 원래는 경대부(卿大夫)가 입궐할 때 입는 의복을 뜻하였으나, 후대는 수행자나 승려가 입는 의복을 의미한다.

우사가 2번 던져 거듭 2가 나오면 본채(本采)[10]를 얻었다 여겨, 상(賞)으로 술 마시기를 면하는 산가지 1개를 준다. 나머지도 이와 같다. 본격적인 놀이 시작 전에는 산가지 4개로 상(賞)을 주는데, 시작한 뒤에 주사위를 던져 본채를 얻는 경우에는 상이 없다.

말이 이미 정해지면 노로정(勞勞亭)[11]에 나란히 모여 모두 전별주(餞別酒, 작별할 때 마시는 술) 1잔을 마시고 각자 전별시(餞別詩)를 지은 후에 차례대로 주사위를 던져 나온 점의 숫자만큼 앞으로 나아간다. 두 사람이 동시에 1곳에 이르는 것을 '회(會, 만남)'라 한다.

행선지가 관지(觀止)[12]에 이르면 세진주(洗塵酒)[13] 1잔을 마신다. 관지에 먼저 도착한 사람이 1위가 되어서 판을 거두고 상정(觴政)을 주관하며, 가장 늦게 도착한 사람은 벌주(罰酒)로 큰 술잔으로 1잔을 마신다. 장호《남승도》[14]

3) 주사위 던지고 술 마시는 세부 규칙

노로정(勞勞亭)【6개의 말이 나란히 나아가서 각자 전별주 1잔을 마시고 전별시를 짓는다.】

二, 爲得本采, 賞免酒籌
一, 餘倣此. 籌凡四賞, 若後擲本采者, 無賞.

馬旣定, 齊集勞勞亭, 統飮餞酒一杯, 各賦別詩, 然後捱次擲, 數點前行. 兩人同至一處爲"會".

行至觀止, 飮洗塵酒一杯. 先到者爲第一, 主收局觴政, 最後到者, 罰巨觥一. 張氏《攬勝圖》

擲飮條例

勞勞亭【六馬齊進, 各飮餞酒一杯, 賦別詩.】

---

10 본채(本采): 각 참여자별로 지정된 숫자. 본채를 얻으면 술 마시기를 면하는 산가지 1개를 상으로 준다. 나머지 검협(劍俠)이 주사위의 3을, 미인(美人)이 4를, 치의(緇衣)가 5를, 사객(詞客)이 6을 얻는 경우도 같다. 술을 면하는 산가지는 모두 4개까지 얻을 수 있으며, 그 이후는 본채가 나와도 상이 없다.
11 노로정(勞勞亭): 중국 강소성(江蘇省) 남경시(南京市) 서남쪽에 있는 정자. 옛날 춘추전국시대 유명했던 오(吳)나라의 신정(新亭) 남쪽에 세운 누정(樓亭)이다. 주로 송별을 하던 장소로 유명하였고, 여러 시인이 노로정을 소재로 시를 남겼다. 여기서는 주사위 놀이의 출발점이다.
12 관지(觀止): 주사위 놀이의 종착지. 명승지 관광[觀]이 끝났다[止]는 의미를 담고 있다.
13 세진주(洗塵酒): 여행 가운데의 흙먼지를 씻는 술. 주사위 놀이에서 뒷사람의 말이 앞사람의 말과 같은 자리에 당도했음을 말한다.
14 《攬勝圖》〈凡例〉(《檀几叢書》〈餘集〉卷下, 9쪽).

완사계(浣紗溪)15 【다만 사객·미인이 여기에서 만나면 시 1구를 짓고 술 1잔을 마신다. 시를 짓지 못한 사람은 대신 노래 1곡을 부른다. 이후로 모두 이와 같다.】

浣紗溪【只詞客、美人會此, 詩一句, 酒一杯. 無詩者, 代歌一曲, 後倣此.】

검각(劍閣)16 【검협이 여기에 이르면 시 1구를 짓고 술 1잔을 마신다.】

劍閣【劍俠至此, 詩一句, 酒一杯.】

천축(天竺)17 【치의가 여기에 이르면 시 1구를 짓고 술 1잔을 마신다.】

天竺【緇衣至此, 詩一句, 酒一杯.】

적벽(赤壁)18 【다만 사객·치의·우사가 여기에서 만나면 각자 시 1구를 짓고 술 1잔을 마신다.】

赤壁【只詞客、緇衣、羽士會此, 各詩一句, 酒一杯.】

조대(釣臺)19 【어부가 여기에 이르면 시 1구를 짓고 술 1잔을 마신다.】

釣臺【漁父至此, 詩一句, 酒一杯.】

등왕각(滕王閣)20 【주사위를 던져 6이 나와야 곧장 지나가고, 6이 나오지 않으면 나아갈 수 없으나, 오직 사객은 곧장 지나갈 수 있다.】

滕王閣【遇六方徑行, 不遇不得行, 唯詞客徑行.】

---

15 완사계(浣紗溪) : 중국 절강성(浙江省) 소흥현(紹興縣) 남약야산(南若耶山) 아래에 있는 계곡. 약야계(若耶溪)라고도 한다. 계곡 안에 완사석(浣紗石) 바위가 있는데, 춘추전국시대의 미인 서시(西施)가 비단을 씻던 곳이라는 전설이 전해진다.

16 검각(劍閣) : 중국 사천성(四川省) 면곡현(綿谷縣)에 있는 대검산(大劍山)과 소검산(小劍山)을 지칭한다. 이곳은 절벽이 만 길이나 돼 천하에서 가장 험준한 잔도(棧道, 절벽이나 계곡 사이를 잇는 나무다리)가 있었다고 한다.

17 천축(天竺) : 인도(印度)의 옛 명칭. 서역(西域)이라고도 한다.

18 적벽(赤壁) : 중국 호북성(湖北省) 황강현(黃岡縣) 강가에 있는 절벽. 송나라의 문장가인 소식(蘇軾)이 이곳에서 뱃놀이하고 이날의 감상을 〈적벽부(赤壁賦)〉라는 명문에 남겼다.

19 조대(釣臺) : 중국 절강성(浙江省) 동려현(桐廬縣) 서남쪽 칠리탄(七里灘)에 있는 낚시터. 후한 광무제(光武帝) 때의 고매한 선비였던 엄광(嚴光)이 낚시하던 곳이다. 엄광은 광무제와 어린 시절 벗이었는데, 광무제가 즉위하자 성명을 바꾸고 은거하였다. 광무제는 엄광을 간의대부(諫議大夫)에 제수했으나 엄광은 관직을 사양하고 부춘산(富春山)에 은거하며 이곳에서 낚시질하면서 지냈다는 고사가 전한다.

20 등왕각(滕王閣) : 중국 강서성(江西省) 남창시(南昌市)에 있는 정자. 당나라 고종(高宗)의 아들 원영(元嬰)이 강주자사(江州刺史)로 있으면서 이 누각을 세웠는데, 당시에 원영은 등왕(滕王)에 봉해졌으므로 등왕각이라 불렸다. 뒤에 왕발(王勃)이 이곳에 이르리 〈등왕각서(滕王閣序)〉라는 유명한 글을 지었다.

적벽(赤壁)

등왕각

　　여산(廬山)[21]【여기에 이르면 모두 각자 시 1구를 짓고 술 1잔을 마셔야 하지만, 미인은 면한다.】

　　역수(易水)[22]【검협이 여기에 이르면 시 1구를 짓고 술 1잔을 마신다.】

　　정형(井陘)[23]【먼저 온 사람의 말이 여기에 있을 때, 뒷사람이 넘어가는 일은 허락하지만 만나는 일은 허락하지 않는다. 만약 뒷사람이 이 규칙을 어겨 만나게 되면 앞으로 가지 못하고 다시 본래 위치로 돌아가야 한다.】

　　투계파(鬪鷄坡)[24]【여기에서 만난 사람들은 회주(會

廬山【至此, 皆各詩一句, 酒一杯, 美人免.】

易水【劍俠至此, 詩一句, 酒一杯.】

井陘【先有馬在此, 後末者許徑過, 不許會. 犯則不得行, 回本位.】

鬪鷄坡【會者飲會酒, 外仍

21　여산(廬山): 중국 강서성 구강현(九江縣) 남쪽에 있는 산. 이곳에 아름다운 폭포가 있는데, 당나라 시인 이백(李白)이 〈망여산폭포(望廬山瀑布)〉라는 시를 지어 세상에 널리 알려지게 되었다.

22　역수(易水): 중국 하북성(河北省) 역현(易縣) 일대를 흐르는 강. 전국시대 위(衛)나라의 자객 형가(荊軻)가 연(燕)나라 태자 단(丹)을 위해 진시황(秦始皇)을 살해할 목적으로 진나라에 갈 때, 태자와 빈객들이 모두 흰 의관을 하고 이곳에 이르러 전별했다. 친구 고점리(高漸離)가 축(筑)이란 악기를 연주하자 형가가 화답하였는데, "바람이 쓸쓸하고 역수는 차갑네. 장사(壯士)가 한 번 가노니 다시 돌아오지 않으리.(風蕭蕭兮易水寒, 壯士一去兮不復還.)"라는 시를 남겼다는 고사가 《사기(史記)》 권86 〈자객열전(刺客列傳)〉에 전한다.

23　정형(井陘): 중국 하북성(河北省) 서부에 있는 정형현(井陘縣) 일대. 고지대에 속하며 태항산(太行山)의 지맥과 이어져 있다. 이곳 정형구(井陘口)에는 협곡이 있는데, 토문관(土門關)으로 불리며 진(晉)나라 때부터 중요한 군사 요충지로 이용되었다.

24　투계파(鬪鷄坡): 미상. 중국 섬서성(陝西省) 장안현(長安縣)의 도랑[御溝]을 양구(楊溝) 또는 양구(羊溝)라고 부르는데, 《장자(莊子)》 〈일편(逸篇)〉에 "양구(羊溝)의 투계하는 닭이 3년 동안 승리하였는데, 닭을 볼 줄 아는 사람이 보니 좋은 닭이 아니었다. 그런데도 자주 싸움에서 이긴 것은 살쾡이 기름을 머리에 발랐

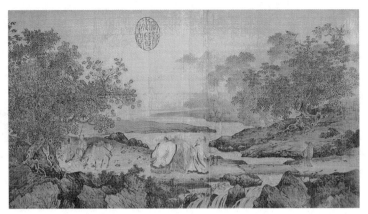

송나라 화가 석각(石恪)의 〈호계삼소도(虎溪三笑圖)〉

酒, 서로 만나서 마시는 술)를 마시고, 그 밖의 사람들은
이어서 3번을 던진다.】

　취옹정(醉翁亭)25【여기에 이르면 시 1구를 짓고 술
1잔을 마신다. 여기에서 만나도 시 1구를 짓고 술 1
잔을 마신다.】

　홍문(鴻門)26【검협이 여기에 이르면 시 1구를 짓고
술 1잔을 마신다.】

　남관(藍關)27【여기에 이르면 시 1구를 짓고 술 1잔

賭①三勝.】

醉翁亭【至此, 詩一句, 酒
一杯. 會亦詩一句, 酒一
杯.】

鴻門【劍俠至此, 詩一句,
酒一杯.】

藍關【至此, 詩一句, 酒一

　기 때문이었다.(羊溝之雞, 三歲爲株, 相者視之, 則非良雞也. 然而數以勝人者, 以狸膏塗其頭.)"라 하고,
　원주(原注)에 "양구는 닭싸움을 하는 곳이다.(羊溝, 鬪雞處.)"라 했다. 이 내용을 미루어보면 양구(羊溝)
　지역에 있었던 고개인 듯하다.

25　취옹정(醉翁亭):중국 안휘성(安徽省) 저주시(滁州市) 서남쪽 낭야산(琅琊山) 기슭에 있는 정자. 송(宋)나
　라의 문인 구양수(歐陽脩)가 저주(滁州) 태수로 있으면서 지었다고 하며 〈취옹정기(醉翁亭記)〉라는 글을
　남겼다.

26　홍문(鴻門):중국 섬서성(陝西省) 서안시(西安市) 임동구(臨潼區) 신풍진(新豐鎭) 홍문보촌(鴻門堡村)에
　있던 관문. 초(楚)나라의 항우(項羽, B.C 232~B.C 202)가 홍문에서 유방(劉邦, B.C 247~B.C 195)을 만
　나 주연을 베풀고 대접할 때 항우의 신하였던 범증(范增)이 유방을 죽이려다가 실패로 끝났다. 유방은 이
　자리를 빠져 나와 항우에게는 백벽(白璧) 한 쌍을 보내고 범증에게는 옥두(玉斗) 한 쌍을 보냈는데, 범증은
　유방을 죽이지 못한 일을 분해하며 옥두를 칼로 부숴서 조각을 냈다는 고사가 전한다.

27　남관(藍關):중국 섬서성(陝西省) 남전현(藍田縣) 동남쪽에 있는 관문. 남전관(藍田關)이라고도 한다.

①　賭:저본에는 "睹". 규장각본·《檀几叢書·餘集·攬勝圖》에 근거하여 수정.

서호(西湖)

을 마신다. 건너뛰면 술 마시기를 면한다.】

삼소당(三笑堂)[28] 【다만 사객·치의·우사가 여기에 이르면 각자 시 1구를 짓고 술 1잔을 마신다.】

안탑(鴈塔)[29] 【본채를 얻은 뒤라야 바로 지나갈 수 있고, 얻지 못하면 본래 위치로 돌아가야 한다. 치의만은 곧장 지나갈 수 있다.】

서호(西湖)[30] 【여기에 이르면 시 1구를 짓고 술 1잔을 마신다.】

杯. 越過免飮.】

三笑堂【只詞客、緇衣、羽士 至此, 各詩一句, 酒一杯.】

鴈塔【遇本朶然後, 方徑行, 不遇回本位. 唯緇衣徑行.】

西湖【至此, 詩一句, 酒一杯.】

---

28 삼소당(三笑堂) : 중국 강서성(江西省) 구강현(九江縣) 여산(廬山) 동림사(東林寺) 앞을 흐르는 시내 호계(虎溪) 가에 있는 정자. 동진(東晉)의 혜원법사(慧遠法師, 334~416)는 손님을 배웅할 때 이 시내를 건너지 않고 여기서 돌아갔다. 하루는 혜원법사가 자신을 찾아온 도연명(陶淵明)·육수정(陸修靜)과 함께 이야기하며 배웅하다가 자신도 모르는 사이에 이 시내를 넘자 세 사람은 크게 웃고 헤어졌다는 고사가 있다. '삼소당'이라는 명칭은 이 고사에서 유래하였으며 이 고사를 소재로 많은 화가가 그림을 그렸다.

29 안탑(鴈塔) : 중국 섬서성 서안시 안탑구(雁塔区) 대자은사(大慈恩寺) 경내에 있는 대안탑(大雁塔)을 지칭하는 것으로 추정된다. 당나라 삼장법사(三藏法師) 현장(玄奘, 600~664)이 16년에 걸친 인도 기행을 마치고 돌아온 후 가지고 온 불교 경전을 번역한 업적을 기리기 위해, 고종(高宗) 영휘(永徽) 3년(652)에 건립한 탑이다.

30 서호(西湖) : 중국 절강성(浙江省) 항주시(杭州市) 서쪽에 있는 천연 호수. 이곳은 많은 문인이 즐겨 찾으며 많은 글을 남긴 명승지로, 특히 백거이와 소식이 이곳에서 많은 시를 지었다.

도엽도(桃葉渡)[31] 【미인이 여기에 이르면 시 1구를 짓고 술 1잔을 마신다. 주사위의 수에 따라 여기에 이른 사람은 목을 축이되, 모두 나온 점의 수대로 술을 마신다. 우사는 면한다.】

장대(章臺)[32] 【미인이 여기에 이르면 시 1구를 짓고 술 1잔을 마신다.】

소혼교(銷魂橋)[33] 【여기에 이르면 반드시 미인을 기다렸다가 만나야 한다. 혹 미인이 그냥 넘어간 뒤에 기다리는 사람은 주사위를 다시 던진다. 만약 미인이 소혼교 전에 있으면 다시 던지지 않고 기다린다. 오직 미인만 곧장 질러갈 수 있다.】

곡강(曲江)[34] 【사객이 여기에 이르면 시 1구를 짓고 술 1잔을 마신다.】

예천(醴泉)[35] 【뜻이 맞는 사람을 기다렸다가 마주하여 큰 잔으로 1잔을 마시고 시 1구를 짓는다. 뜻 맞는

桃葉渡【美人至此, 詩一句, 酒一杯. 點到者滴, 一色遇點飮. 羽士免.】

章臺【美人至此, 詩一句, 酒一杯.】

銷魂橋【至此, 必候美人相會. 或美人已過而後再得, 如美人在前不論. 惟美人徑行.】

曲江【詞客至此, 詩一句, 酒一杯.】

醴泉【邀同志者, 對飮一大杯, 詩一句. 無則獨飮獨

---

31 도엽도(桃葉渡):중국 강소성 남경시 진회구(秦淮區)를 흐르는 진회하(秦淮河)와 청계(靑溪)가 합류하는 지점에 있는 나루터. 남경의 오래된 명승지이고, 동진(東晉)의 문인이자 서예가인 왕헌지(王獻之, 348~386)가 애첩 도엽(桃葉)을 떠나보낸 곳으로 유명하다.
32 장대(章臺):중국 한(漢)나라 때 수도인 장안(長安, 섬서성 서안시)의 번화한 거리 이름. 후대에는 기원(妓院, 기생들이 모여 사는 곳)이나 유흥가가 있는 곳을 지칭하는 의미로 쓰이기도 한다.
33 소혼교(銷魂橋):중국 섬서성 서안시 동쪽을 흐르는 파수(灞水)에 있는 다리. 파교(灞橋)라고도 한다. 옛사람들이 이곳에서 버들을 꺾어 떠나는 사람을 전송하였기에 소혼교(銷魂橋, 마음을 달래는 다리)라 불렸다. 당나라의 문장가인 한유(韓愈, 768~824)가 〈현재유회(縣齋有懷)〉라는 시에서 '눈물을 머금은 채 맑은 파수를 건너네.(銜淚渡淸灞)'라는 시구를 지어서 과거에 낙방하고 눈물을 머금은 채로 파교를 지나갔던 일을 노래하였다. 이후로 과거에 낙방한 슬픔을 빗대어 '파루(灞淚, 파교의 눈물)'라 한다.
34 곡강(曲江):중국 섬서성 서안시 동남쪽에 있는 못. 물의 흐름이 여러 차례 굽고 꺾여 흐르기 때문에 곡강 또는 곡강지(曲江池)라 불렸다. 한나라 무제(武帝, B.C 156~B.C 87)가 여기에 의춘원(宜春苑)을 만들었고, 당나라 때 다시 더 넓게 파서 연못가에 자운루(紫雲樓)와 부용원(芙蓉苑) 등의 여러 명승지를 만들었는데, 매년 명절과 경치가 좋을 때 유객(遊客)들이 가득 찼다고 한다. 지금은 메워져 있고, 옛 자취만 남아 있다.
35 예천(醴泉):중국 섬서성 인유현(麟游縣)에 있는 샘. 당나라 태종(太宗, 598~649)이 인유현 구성궁(九成宮)에 피서차 놀러갔다가 달고 시원한 샘을 발견하고 '예천(醴泉)'이라 명명하였고, 문인 위징(魏徵, 580~643)에게 명하여 글을 짓게 하고 구양순(歐陽詢, 557~641)에게 글씨를 써서 새기게 하였다.

사람이 없으면 홀로 마시고 홀로 시를 짓는다. 만나게 된 사람도 각자 시 1구를 짓고 술 1잔을 마신다.】

양장도(羊腸道)³⁶ 1굽이에서 26굽이까지【양장도를 지날 때는 반드시 물고기를 꿴 듯이 줄줄이 앞뒤로 늘어서서 가야지, 나란히 가거나 앞의 말을 추월하는 일은 허용하지 않는다. 이 규칙을 범하는 사람은 벌주(罰酒) 1잔을 마시고 본래 위치로 돌아간다.】

용문(龍門)³⁷【사객은 반드시 뛰어 넘어가야 한다. 만약 여기에 머물게 되면 본래 위치로 돌아간다.】

고양리(高陽里)³⁸【여기에 이르면 시 1구를 짓고 술 1잔을 마신다. 여기에서 만나게 된 사람도 시 1구를 짓고 술 1잔을 마신다.】

우화대(雨花臺)³⁹에서 무산(巫山)의 삼협(三峽)⁴⁰까지 【우화대에 이르면 반드시 단번에 뛰어 넘어가야 한

賦②, 會各詩一句, 酒一杯.】

羊腸道一曲至廿六曲【羊腸道中必魚貫而行, 不許并走及越前馬. 犯者罰一杯, 回本位.】

龍門【詞客須躍過. 如住此, 回本位.】

高陽里【至此, 詩一句, 酒一杯. 會亦詩一句, 酒一杯.】

雨花臺至巫山 三峽【到雨花臺, 必一躍過. 三峽, 點

---

36 양장도(羊腸道) : 양의 창자처럼 구불구불한 비탈길. 중국 산서성(山西省) 진성시(晉城市) 택주현(澤州縣)에 있는 양장판(羊腸坂)을 지칭하는 듯하다. 양장판은 전체 길이 약 4km가 되는 험준한 산길로 이루어져 있다.

37 용문(龍門) : 중국 하남성(河南省) 낙양(洛陽)을 흐르는, 황하(黃河) 상류에 있는 큰 폭포. 이 폭포 밑으로 큰 물고기들이 수없이 모여들었으나 위로 오르지 못하였으며, 만일 위로 오르면 용이 된다는 고사가 전한다. 이후로 과거에 급제하는 일을 등용문(登龍門)이라 하였다.

38 고양리(高陽里) : 중국 호북성(湖北省) 양양시(襄陽市) 현산(峴山) 남쪽 지역. 이곳에 거부 습씨(習氏)의 정원 가운데 습지(習池)라는 연못이 있는데, 진(晉)나라 산간(山簡, ?~?)이 남정장군(南征將軍)이 되어 양양에 부임하였을 때 이 연못을 고양지(高陽池)라 이름하고, 자주 놀러가서 크게 취하여 돌아왔다는 고사가 전한다.

39 우화대(雨花臺) : 중국 강소성 남경시 중화문(中華門) 밖 취보산(聚寶山)에 있는 명승지. 취보산은 석영과 수정 등으로 이루어진 산이다. 양(梁)나라 무제(武帝, 464~549) 때에 운광법사(雲光法師)가 이 산의 큰 바위에서 불경을 강설하는데, 강설이 하늘을 감동하게 해 꽃이 비처럼 쏟아져 내렸고, 그 꽃들이 내려앉아 돌이 되었으므로 그 바위를 우화대(雨花臺)라고 명명했다고 한다.

40 무산(巫山)의 삼협(三峽) : 중국 중경시(重慶市) 동북부 무산현(巫山縣)과 봉절현(奉節縣) 일대에 있는 구당협(瞿塘峽)·서릉협(西陵峽)·무협(巫峽)을 이른다. 상협(上峽)은 구당협(瞿塘峽)이다. 서쪽 봉절현의 백제성(白帝城)에서 동쪽 무산현의 대계(大溪)에 이르는 총 길이 8km의 협곡으로, 삼협 중 제일 짧고 좁으면서도 가장 웅장하고 험준한 협곡이다. 중협(中峽鎭)은 서릉협(西陵峽)이다. 향계하(香溪河) 입구에서 의창시(宜昌市) 남쪽 진관(津關)에 이르는 총 길이 75km의 구간으로 여울이 많고 물살이 세다. 하협(下峽)은 무협(巫峽)이다. 서쪽에 있는 무산현 대녕하(大寧河) 어귀에서 동쪽에 있는 호북성 파동현(巴東縣)에 이르는 40km 길이의 협곡이다. 삼협 중 가장 길고 정연한 협곡이며, 깊고 그윽한 경치로 유명하다. 골이 깊고 굽이가 많아 구불구불한 데다가 안개와 구름이 휘돌아 변화가 무궁하다.

② 獨賦 : 《檀几叢書·餘集·攬勝圖》에는 없음.

우화대(雨花臺)

다. 삼협에서는 주사위 점의 수에 따라 이곳에 이른 사람은 나아갈 수 없고 본래 위치로 돌아간다.】

반계(磻溪)⁴¹【어부가 여기에 이르면 시 1구를 짓고 술 1잔을 마신다.】

제주교(題柱橋)⁴²【사객이 여기에 이르면 시 1구를 짓고 술 1잔을 마신다.】

황량몽(黃梁夢)⁴³【우사가 여기에 이르면 시 1구를 짓고 술 1잔을 마신다.】

到者不得行, 回本位.】

磻溪【漁父至此, 詩一句, 酒一杯.】

題柱橋【詞客至此, 詩一句, 酒一杯.】

黃梁夢【羽士至此, 詩一句, 酒一杯.】

---

41 반계(磻溪): 중국 섬서성(陝西省) 보계시(寶鷄市) 동남쪽으로 흘러 위수(渭水)로 흘러드는 강의 이름. 강태공(姜太公) 여상(呂尙)이 낚시하던 곳으로 알려져 있다.

42 제주교(題柱橋): 중국 사천성(四川省) 성도시(成都市) 북쪽 망향대(望鄕臺) 부근에 있는 다리. 원래 승선교(昇仙橋)라 하는데, 사마상여(司馬相如, B.C 179~B.C 118)가 고향을 떠나 수도인 장안으로 떠나면서 그 기둥[柱]에 제목[題]을 붙이면서 "4마리 말이 끄는 높은 수레를 타지 않고서는 다시 이 다리를 건너지 않겠다.(不乘駟馬高車, 不復過此橋.)"라 썼다고 한다. 그 뒤로 사마상여는 문장을 한무제(漢武帝)에게 인정받았고, 높은 수레를 타고 금의환향하였다.

43 황량몽(黃梁夢): 중국 하북성(河北省) 감단시(邯鄲市) 북쪽에 있는 황량몽진(黃梁夢鎭)으로 추정된다. 해발고도가 높은 지역에 있으면서 경치가 매우 수려하다. 황량몽은 인생이 덧없고 부귀영화가 허망함을 비유하는 말로도 쓰인다. 당나라의 노생(盧生)이 도사 여옹(呂翁)의 베개를 빌어 잠시 잠들었다가 깼는데, 메조[黃梁]밥을 한 번 짓는 정도의 시간 동안 꿈속에서 부귀공명을 다 누렸다는 고사에서 유래했다.

아미산(峨嵋山)[44]【치의가 여기에 이르면 시 1구를 짓고 술 1잔을 마신다.】

峨嵋山【緇衣至此, 詩一句, 酒一杯.】

동작대(銅雀臺)[45]【미인이 여기에 이르면 시 1구를 짓고 술 1잔을 마신다.】

銅雀臺【美人至此, 詩一句, 酒一杯.】

봉래(蓬萊)[46]【여기에 이르면 시 1구를 짓고 술 1잔을 마신다. 여기에서 만나게 된 사람도 시 1구를 짓고 술 1잔을 마신다.】

蓬萊【至此, 詩一句, 酒一杯. 會亦詩一句, 酒一杯.】

황산(黃山)[47]【여기에 이르면 시 1구를 짓고 술 1잔을 마신다. 미인은 면한다.】

黃山【至此, 詩一句, 酒一杯, 美人免.】

구의산(九疑山)[48] 1산에서 9산까지【주사위 점의 수에 따라 이르면 술 1잔을 마시고 구의산 길에 들어가야 한다. 오직 어부만은 바로 도원(桃源)으로 간다.】

九疑一山至九山【點到一杯[3], 入九疑山路. 惟漁父徑入桃源.】

---

44 아미산(峨眉山) : 중국 사천성 아미현(峨眉縣) 남서쪽에 있는 산. 해발 3,092m. 보현보살(普賢菩薩)의 성지(聖地)이기도 하며, 오대산(五臺山)·보타산(普陀山)과 더불어 중국 3대 영산의 하나로 알려져 있다. 산중에는 우심사(牛心寺)·복호사(伏虎寺) 등 유명한 사찰과 명승지가 많다.

45 동작대(銅雀臺) : 중국 하북성(河北省) 임장현(臨漳縣) 서남쪽 옛 업성(鄴城)에 있던 누대. 삼국시대 위(魏)나라의 조조(曹操)가 건설하였는데, 전체 규모가 120칸으로 매우 높이 솟아오른 모양이었다. 지붕 위에 구리로 주조하여 만든 거대한 공작(孔雀)을 설치하였고, 날개를 펼치고 꼬리를 펼친 모양이 마치 날아갈 듯한 형세를 이루고 있어 동작대라 명명했다고 한다.

46 봉래(蓬萊) : 중국 고대 전설에 신선이 산다는 삼신산(三神山)의 하나. 다른 두 산은 방장산(方丈山)과 영주산(瀛洲山)이다.

47 황산(黃山) : 안휘성(安徽省) 남동부에 있는 산. 주봉인 연화봉(蓮花峰)은 해발 1,864m. 옛 명칭은 이산(移山)이나, 당(唐)나라 때부터 황산으로 불렀다. 남쪽 기슭에 있는 탕구(湯口)에는 온천이 솟아나며, 산 곳곳에 명승지가 숨어 있다.

48 구의산(九疑山) : 중국 호남성(湖南省) 영원현(寧遠縣)의 남쪽에 있는 산. 구의산(九嶷山) 또는 창오산(蒼梧山)이라고도 한다. 순(舜)임금을 이곳에서 장사지냈다고 하며, 현재 순임금을 기리는 사당이 남아 있다. 주명(朱明)·석성(石城)·석루(石樓)·아황(娥皇)·순원(舜源)·여영(女英)·소소(簫韶)·계림(桂林)·자림(梓林) 등 총 9개의 산봉우리가 있는데, 그 산봉우리가 모두 비슷하여 구분하기 어렵다는 뜻에서 구의산 명칭이 유래했다고 한다.

[3] 一杯 : 저본에는 없음. 《檀几叢書·餘集·攬勝圖》에 근거하여 보충.

도원(桃源)49【어부가 여기에 이르면 시 1구를 짓고 술 1잔을 마신다.】

桃源【漁父至此, 詩一句, 酒一杯.】

황학루(黃鶴樓)50【여기에 이르면 시 1구를 짓고 술 1잔을 마신다. 여기에서 만나게 된 사람도 시 1구를 짓고 술 1잔을 마신다.】

黃鶴樓【至此, 詩一句, 酒一杯. 會亦詩一句, 酒一杯.】

진창(陳倉)51【안 걸리고 건너가는 경우만은 허용한다. 주사위 점의 수에 따라 여기에 도달한 사람은 본래의 위치로 되돌아가고 앞으로 나아갈 수 없다.】

陳倉【只許暗渡. 點渡者回本位, 不得行.】

비파정(琵琶亭)52【다만 사객·미인이 여기에서 만나면 시 1구를 짓고 술 1잔을 마신다.】

琵琶亭【只詞客、美人會此, 詩一句, 酒一杯.】

구절판(九折坂)53 1판에서 9판까지【구절판 안에서는 1이 나오면 안 된다. 1이 나온 사람은 본래 위치로 돌아가야지, 앞으로 나아갈 수 없다.】

九折一坂至九坂【坂中不許見幺, 見幺者, 回本位, 不得行.】

---

49 도원(桃源):이상향의 공간. 도원경(桃源境) 또는 무릉도원(武陵桃源)이라 하는데, 도연명(陶淵明)의 《도화원기(桃花源記)》에서 유래한다. 무릉(武陵)이라는 곳에 사는 어부 한 사람이 우연히 복숭아 꽃잎이 떠내려오고 있는 것을 발견하고 노를 저어 상류로 올라갔다가 낯선 산골짜기에 이르렀고, 마침내 동굴을 지나 별천지를 발견했다는 이야기다.

50 황학루(黃鶴樓):중국 호북성(湖北省) 무한시(武漢市) 장강(長江) 남쪽 사산(蛇山)에 있는 누각. 남창(南昌)의 등왕각(滕王閣), 악양(岳陽)의 악양루(岳陽樓)와 함께 강남 3대 누각 중 하나이다. 처음에는 삼국시대 오(吳)나라 때 군사적인 용도를 위해 망루를 지었으나 경치가 수려하여 이후 수많은 시인 묵객들이 찾아와 시를 남기고 갔다. 당나라 시인 최호(崔顥, 704?~754)의 〈등황학루(登黃鶴樓)〉라는 시가 가장 유명하다. 이백(李白)이 황학루에 올라 시를 지으려다가 최호(崔顥)의 시를 보고는 탄복하여 시 짓기를 포기하였다는 고사가 있다.

51 진창(陳倉):중국 섬서성 보계시(寶鷄市) 진창구(陳倉區) 일대. 오래전부터 군사적 요충지로 활용되었던 곳이며, 한나라를 건국한 유방이 한신(韓信)의 계책대로 잔도(棧道)를 손질하여 초나라 군사 몰래 숨어서 지나갔던 곳이다.

52 비파정(琵琶亭):중국 강서성 구강시(九江市) 서쪽에 있는 정자. 당나라 시인 백거이(白居易)가 신악부(新樂府)를 비롯한 사회비판의 시 때문에 중앙에서 쫓겨나 강주사마(江州司馬)로 좌천되었을 때, 분포구(湓浦口)에서 빈객을 보내고 밤에 배에서 비파 소리를 들으면서 느낀 바가 있어 〈비파행(琵琶行)〉을 지었다. 이후에 이곳에 정자를 짓고 '비파정'이라 명명하였다.

53 구절판(九折坂):중국 사천성(四川省) 영경현(榮經縣) 공래산(邛崍山)에 있는 언덕. 언덕길이 매우 험하고 굽이굽이 꺾어져 있어 구절판이라고 한다.

황학루(黃鶴樓)

악양루(岳陽樓)

악양루(岳陽樓)[54]【여기에 이르면 시 1구를 짓고 술 1잔을 마신다. 여기에서 만난 사람들도 시 1구를 짓고 술 1잔을 마신다.】

岳陽樓【至此詩一句, 酒一杯, 會亦詩一句, 酒一杯.】

용호산(龍虎山)[55]【우사가 여기에 이르면 시 1구를 짓고 술 1잔을 마신다.】

龍虎山【羽士至此, 詩一句, 酒一杯.】

난정(蘭亭)【사객이 여기에 이르면 시 1구를 짓고 술 1잔을 마신다.】

蘭亭【詞客至此, 詩一句, 酒一杯.】

황금대(黃金臺)[56]【다만 사객·검협이 여기에 이르면 시 1구를 짓고 술 1잔을 마신다.】

黃金臺【只詞客、劍俠至此, 詩一句, 酒一杯.】

장안시(長安市)[57]【여기에 이르면 시 1구를 짓고 술 1잔을 마신다. 여기에서 만나게 된 사람도 시 1구를 짓고 술 1잔을 마신다.】

長安市【至此詩一句, 酒一杯, 會亦詩一句, 酒一杯.】

54 악양루(岳陽樓) : 호남성 악양시(岳陽市) 옛 성 서문(西門)에 있는 누대. 아래로는 동정호(洞庭湖)가 내려다 보이고 멀리 망군산(望君山)이 보인다. 당나라의 문인 장열(張說)이 악양의 태수가 되어 창건한 이후로 송나라의 등자경(滕子京)이 중수(重修)하고, 범중엄(范仲淹)은 유명한 〈악양루기(岳陽樓記)〉를 지었다.

55 용호산(龍虎山) : 중국 강서성 귀계현(貴溪縣) 서남쪽에 있는 도교의 성지(聖地). 한나라 때 장도릉(張道陵)이 이곳에서 수도한 이후로 도교의 중요한 수도처가 되었다.

56 황금대(黃金臺) : 중국 하북성 역현(易縣) 동남쪽에 있던 누대. 연대(燕臺)라고도 한다. 전국시대 연(燕)나라 소왕(昭王)이 건축하였는데, 누대 위에 천금을 쌓아 두고 천하의 현사들을 초빙하여 이야기를 들었다는 고사가 전한다.

57 장안시(長安市) : 중국 섬서성 서안시 일대. 유방(劉邦)이 세운 한(漢)나라의 수도였으며, 이후 당나라를 비롯한 여러 왕조에서 수도로 삼았다. 남승도 놀이의 마지막 지점이다.

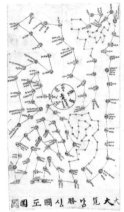

남승도(국립중앙박물관)

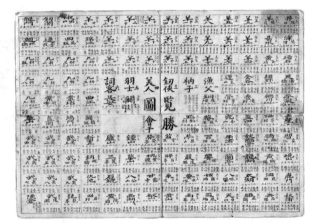

남승도(국립중앙박물관)

관지(觀止)【주사위 점의 수에 따라 여기에 딱 떨어져야 완주로 인정한다. 만약 여분의 수가 있으면 벌주 1잔을 마시고 본래 위치로 돌아간다.】장호《남승도》[58]

觀止【點到者方許完. 如有餘點, 罰一杯, 回本位.】張氏《攬勝圖》

---

[58] 《攬勝圖》〈凡例〉(《檀几叢書》〈餘集〉 卷下, 10쪽).

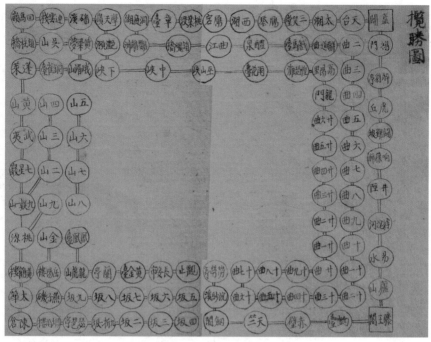

원도. 남승도

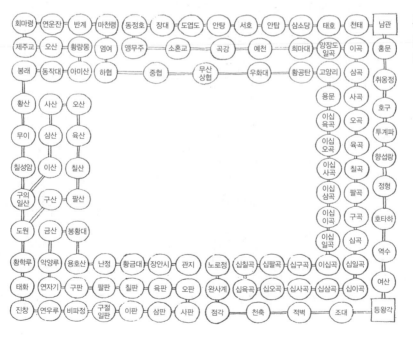

攬勝圖 남승도

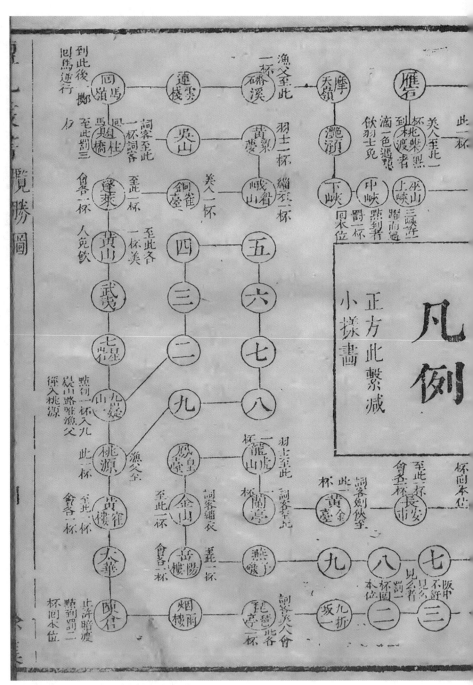

남승도(단궤총서)

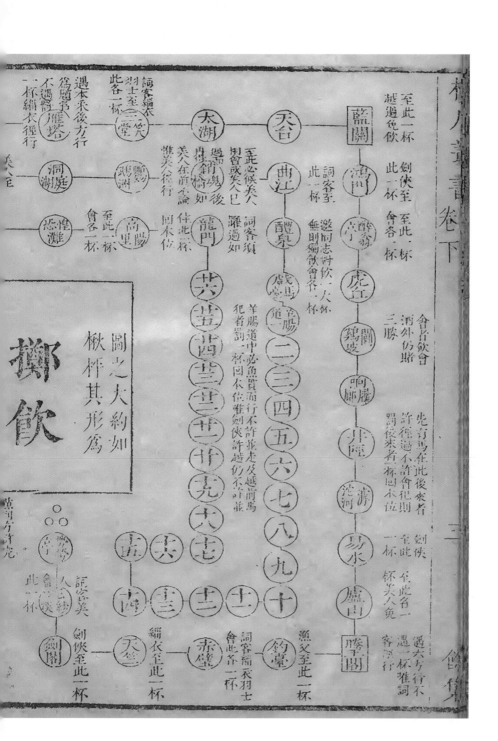

- IV -

각 절기의 구경거리와
즐거운 놀이

節辰賞樂

1. 세시 풍속의 총 목록 　　　歲時總目

1) 월별 행사 　　　　　　　　月令演

　좋은 절기의 좋은 날을 세상 사람들이 즐긴 지 오래되었다. 때로는 하나의 고사(古事)로 인해 남아 있기도 하고, 때로는 한 사람의 사적(事迹)에 의지해 중요해지기도 한다. 나머지 절기의 평범한 날이라도 오히려 유행한 풍속으로 되살릴 만한 행사가 많다. 그러므로 한 편에 모두 모아 동호인에게 전한다.

令節良辰, 世賞久矣. 或因一事而留, 或托一人而重. 零時碎日, 尙多流風可挹. 總輯一篇, 貽諸同好.

1-1) 1월 　　　　　　　　　　一月

　천랍(天臘)[1]【세조(歲朝)[2]】

　유복(油卜)[3]【인일(人日)[4]】

　금오이야(金吾弛夜)[5]【15일(대보름)】

天臘【歲朝】

油卜【人日】

金吾弛夜【十五】

1　천랍(天臘):음력 1월 초하루, 즉 설날이다. 도가(道家)에서 주로 사용하는 용어이다.

2　세조(歲朝):1월 초하루. 세단(歲旦)이라고도 한다.

3　유복(油卜):1월 7일에 기름을 뿌려 1년의 풍흉을 점치는 풍속. 《어정월령집요(御定月令輯要)》권5〈정월령(正月令)〉 "유복(油卜)"에서 이날에는 "기름을 수면에 뿌린 다음 그 무늬를 관찰하여 1년의 풍흉을 점쳤다.(以油灑水面觀其紋, 驗一歲之豐歉.)"라 했다.

4　인일(人日):1월 7일의 아칭(雅稱). 《고금사문유취(古今事文類聚)》〈전집(前集)〉권6 "천시부(天時部)" '인일다음(人日多陰)"에 의하면, 동방삭(東方朔)의 점서(占書)에서 1월 1일부터 6일까지 각각 그날의 날씨를 관찰하여 닭·개·양·돼지·소·말 등의 육축(六畜)에 대해서 점을 치고, 7일은 사람에 대해 점치고, 8일은 곡식의 풍흉을 점쳤다고 한다.

5　금오이야(金吾弛夜):도성(都城)의 치안을 담당하는 금오위(金吾衛)의 금령을 푸는 풍속. 한(漢)나라 때부터 1월 대보름에 시행해 온 풍속이다.

모마일(耗磨日)[6] 【16일】

耗磨日【十六】

매양야등(買兩夜燈)[7] 【17일·18일】

買兩夜燈【十七、十八】

보천천(補天穿)[8] 【19일】

補天穿【十九】

송궁(送窮)[9] 【29일】

送窮【二十九】

1-2) 2월

二月

헌생자(獻生子)[10] 【1일】

獻生子【朔日】

답청(踏靑)[11] 【2일】

踏靑【二日】

방춘절(芳春節)[12] 【8일】

芳春節【八日】

말의 조상신에게 제사 지내는 날【강일(剛日)[13]】

祭馬祖【剛日】

치롱주(治聾酒)[14] 【사일(社日)[15]】

治聾酒【社日】

박접회(撲蝶會)[16] 【15일】

撲蝶會【十五】

---

6 모마일(耗磨日) : 1월 16일에 술을 마시는 풍속. 《어정월령집요(御定月令輯要)》 권5 〈정월령(正月令)〉 "모마일(耗磨日)"에서는 "1월 16일은 옛날에는 창고를 열지 않고, 지금의 사일(社日)처럼 술을 마셨다.(正月十六日, 古不開倉庫, 飮酒如今之社日.)"고 한다.

7 매양야등(買兩夜燈) : 1월 17일과 18일 이틀 밤을 밝히는 등을 사서 걸어두는 풍속.

8 보천천(補天穿) : 하늘의 구멍을 메우는 날이라는 의미이며, 1월 19일이나 20일에 전병(煎餅)을 지붕 위에 던지는 풍속이다. 《세시광기(歲時廣記)》 권1 〈춘(春)〉 "계전병(繫煎餅)"에는 "강동의 풍속에서는 1월 20일을 천천일(天穿日)이라 하여 붉은 실로 전병을 묶어 지붕 위에 던지는데, 이를 '보천천'이라 했다.(江東俗號, 正月二十日爲天穿日, 以紅縷繫煎餅餌置屋上, 謂之'補天穿'.)"는 기록이 있다.

9 송궁(送窮) : 귀신을 쫓는 풍속. 1월 29일에는 집안의 먼지나 오물을 쓸고 씻어내어 물에 던지면서 '송궁(送窮, 궁한 귀신을 보낸다)'이라 외쳤다고 한다. 당(唐)나라의 한유(韓愈, 768~824)는 〈송궁문(送窮文)〉에서 지궁(智窮, 지혜가 궁한 귀신)·학궁(學窮, 학문이 궁한 귀신)·문궁(文窮, 문장이 궁한 귀신)·명궁(命窮, 수명이 궁한 귀신)·교궁(交窮, 사귐이 궁한 귀신), 모두 다섯 궁귀(窮鬼)를 경계하라고 했다.

10 헌생자(獻生子) : 당나라 이래로 있어 온 민간의 풍속. 음력 2월 1일을 중화절(中和節)이라 하여 푸른 주머니에 오곡과 오이 및 과일의 종자를 담아 서로 서로에게 건네준다.

11 답청(踏靑) : 당송 이래로 청명절을 전후하여 새싹이 돋는 교외에 산책하며 유람하는 풍속.

12 방춘절(芳春節) : 도교의 명절. 이날 옥신대도군(玉晨大道君)이 옥소림방(玉霄琳房)에 올라 사방으로 천하를 둘러보는 날이라고 한다.

13 강일(剛日) : 갑일(甲日)·병일(丙日)·무일(戊日)·경일(庚日)·임일(壬日). 양강(陽剛)에 해당하는 홀수일이므로 강일(剛日)이라고 한다. 강일에 말의 시조에게 제사를 올렸다.

14 치롱주(治聾酒) : 귀밝이술. 사일(社日)에 술을 마시면 귀가 어두운 증상을 고칠 수 있다는 고사가 전한다.

15 사일(社日) : 입춘(立春) 후 5번째 무일(戊日). 춘사(春社)라고도 한다.

16 박접회(撲蝶會) : 음력 2월 15일 아침을 '화조(花朝)'라 하는데, 이날 남자와 여자들이 모여 꽃 앞에서 나비를 잡는 놀이를 한다.

1-3) 3월

불계(祓禊)[17]【상사(上巳)[18]】

유상(流觴)[19]【3일】

모석유(摸石遊)[20] · 금연(禁煙, 불 피우지 않는 날)【한식
(寒食)[21]】

사신화(賜新火)[22]【청명(淸明)[23]】

송춘(送春)[24]【하순】

1-4) 4월

음주(飮酎)[25]【상순】

용화회(龍華會)[26]【8일】

창포탄(菖蒲誕)[27]【14일】

三月	
祓禊【上巳】	
流觴【三日】	
摸石遊、禁煙【寒食】	
賜新火【淸明】	
送春【下旬】	
四月	
飮酎【上旬】	
龍華會【八日】	
菖蒲誕【十四日】	

---

17 불계(祓禊) : 3월 3일에 물가에 가서 목욕하여 불상(不祥)한 것을 제거하는 풍속.

18 상사(上巳) : 음력 3월의 1번째 사일(巳日)이었으나 나중에는 3월 3일 곧 삼짇날을 가리키게 되었다.

19 유상(流觴) : 유상곡수(流觴曲水)의 준말로, 굽이진 시냇물에 술잔을 돌려서 마시는 놀이이다. 앞의 〈문주
연회(文酒讌會, 시문과 술을 즐기는 잔치)〉 "유상곡수(流觴曲水)" 항목에 상세한 내용이 있다.

20 모석유(摸石遊) : 산수를 유람하면서 쉬기 좋은 바위를 찾아 노는 풍속.

21 한식(寒食) : 동지(冬至)부터 105일째 되는 날. 이날에는 불을 피우지 않고 찬 음식을 먹는 풍속이 있다. 중
국 진(晉)나라의 충신 개자추(介子推)의 혼령을 위로하는 뜻이 있다. 진나라 문공(文公)이 곤궁하여 굶주
릴 때 개자추가 허벅다리의 살을 잘라 바쳐서 목숨을 지탱했으나, 뒤에 왕위에 올랐을 때 개자추에 대한
등용을 잊고 말았다. 개자추는 원망하지 않고 조용히 면산(緜山)에 숨었고 문공은 뒤늦게 그의 충성심을
깨닫고 찾았으나 산에서 나오지 않았다. 이에 그를 나오게 하려고 면산에 불을 놓았으나 오히려 개자추는
불에 타죽고 말았다. 그를 기리기 위해 사람들은 한식날에 찬 음식을 먹었다.

22 사신화(賜新火) : 청명(淸明) 하루 전날에는 예전의 불씨로 살린 불을 일절 쓰지 못하게 하고, 청명 당일에
새로운 불씨로 불을 피워서 백관들에게 하사해 주는 풍속.

23 청명(淸明) : 24절기의 하나로, 춘분(春分) 15일 후, 곡우(穀雨) 15일 전이다. 양력 4월 6일 전후이며, 음력
으로는 3월이다. 청명은 예로부터 한 해의 농사를 시작하는 중요한 날로 여겨졌다.

24 송춘(送春) : 봄을 보내는 뜻으로 음력 3월 그믐날에 노는 놀이. 관리들은 각각 채색한 지팡이를 짚고, 봄
을 상징하는 작은 소[牛]인형을 만들어 고관의 집에 두루 보낸다.

25 음주(飮酎) : 잘 빚은 진한 술을 마시던 풍속. 날씨가 더워지기 시작할 4월 초에 술이 완성되면, 천자와 군
신들이 조정에서 예악을 즐기며 이 술을 마시던 풍속이 있었다.

26 용화회(龍華會) : 옛날에는 음력 4월 8일 설법회를 마련하여 미륵불이 도를 이루고 부처가 되어, 이 세계에
내려오기를 축원했다. 용화(龍華)는 미륵불이 이 나무 아래에서 득도했다고 하는 용화수를 의미한다.

27 창포탄(菖蒲誕) : 창포꽃이 피는 날을 기념하던 풍속.

앵순주(櫻筍廚)28 【15일】 　　　　　　　　　　櫻筍廚【十五】

결하(結夏)29 · 완화담(浣花潭)30 【19일】 　　　結夏、浣花潭【十九】

1-5) 5월 　　　　　　　　　　　　　　　五月

지랍(地臘)31 【5일】 　　　　　　　　　　　地臘【五日】

호로곡(皓露曲)32 · 죽취(竹醉)33 【13일】 　　皓露曲、竹醉【十三】

천지합(天地合)34 【16일】 　　　　　　　天地合【十六】

불제(祓祭)35 【하지(夏至)36】 　　　　　　祓祭【夏至】

분룡(分龍)37 【그믐】 　　　　　　　　　分龍【晦日】

---

28 앵순주(櫻筍廚) : 당나라 때 앵두와 죽순이 나오기 시작할 무렵 조정에서 앵두와 죽순 등으로 반찬을 만들어 먹던 풍속.

29 결하(結夏) : 승려들이 음력 4월 15일부터 7월 15일까지 3개월간 한 곳에 모여 일체의 외출을 금하고 수행에만 전념하는 하안거(夏安居)를 시작하는 일. 15일에 하안거를 위해 모이기 시작하여 19일부터 본격적으로 수행한다. 원래 인도에서는 브라만교에서 안거 제도가 시작되었다. 안거 제도는 우기(雨期)인 여름철에 수행자들이 돌아다니며 수행을 하다가 폭풍우를 만나 피해를 보기도 하거나, 또 이를 피하고자 초목과 벌레들을 살상하는 사태가 많았기 때문에 이 시기에는 아예 외출을 금하고 수행에만 몰두하던 관습에서 유래했다.

30 완화담(浣花潭) : 일명 완화계(浣花溪), 또는 금강(錦江)이라고 한다. 성도(成都) 서쪽 서포현(犀浦縣)에 있다. 계곡물이 모여 강으로 흘러넘치는데 그곳에 사는 사람들이 채전(彩牋, 시 짓는 색종이)을 많이 만드는 까닭에 '완화(浣花)'라고 이름했다. 음력 4월 19일 두보(杜甫, 712~770)가 완화계가에 있는 자신의 초당(草堂)인 창랑정(滄浪亭)에서 채색 비단옷을 입고 잔치를 열었다는 '완화일(浣花日)' 풍속이 전해진다.

31 지랍(地臘) : 음력 5월 5일 단오(端午)를 말한다. 수릿날·천중절(天中節)이라고도 하며 중국에서는 중오(重午)·중오(重五)·단양(端陽)이라고도 한다. 단오는 초오(初五)의 뜻으로 5월의 첫째 오일(午日)을 말한다. 음력으로 5월은 오월(午月)에 해당하며, 달과 날이 홀수로 중복되는 것을 상서롭게 여겨서 5월 5일을 명절날로 했다. 단오는 중국 한대(漢代)의 문헌에도 나타나는데, 옛날부터 5월은 장마가 시작되는 달로 나쁜 병이 유행하기 쉽고, 여러 가지 액(厄)을 제거해야 하는 나쁜 달로 보았기 때문에 예방조치로서 여러 풍속이 생겨났다.

32 호로곡(皓露曲) : 더위가 한창인 음력 5월 여름 동정호(洞庭湖)에 배를 띄우고 "호로추상지곡(皓露秋霜之曲, 흰 이슬과 가을 서리의 노래)"을 부르며 더위를 식혔다는 기록이 《천중기(天中記)》 권5 〈하(夏)〉에 있다.

33 죽취(竹醉) : 대나무를 심는 날. 음력 5월 13일은 용이 생겨나는 날이란 뜻의 '용생일(龍生日)'로 부르고 대나무를 심는다. 죽취일(竹醉日)이라고도 한다.

34 천지합(天地合) : 천지가 만나는 날을 기념하는 풍속. "도가(道家)에서는 5월 16일을 하늘과 땅이 만나는 날로 여기니, 부부는 잠을 따로 자야 한다.(道家以五月十六日爲天地合日, 夫婦當異寢.)"는 기록이 《천중기》 권5 〈하(夏)〉에 있다.

35 불제(祓祭) : 산천에 제사를 지내서 사악한 기운을 떨쳐 없애는 의식. 앞에 나온 3월의 '불계'와 그 의미는 같다.

36 하지(夏至) : 24절기의 하나. 망종(芒種)과 소서(小暑) 사이에 있으며, 양력 6월 21일경에 해당한다. 1년 가운데 태양이 가장 높이 뜨고 낮의 길이가 가장 길다.

37 분룡(分龍) : 분룡우(分龍雨)가 내리는 날. 분룡우는 일종의 여름 소나기인데, 수레바퀴 하나 사이를 두고 비가 지나가는 때도 있다고 한다. 고대 사람들은 비를 관장하는 용의 관할 구역이 달라서 그렇다고 여겨 '분룡우'라 했다.

1-6) 6월

피복(避伏)[38]【3일】

천황절(天貺節)[39]【6일】

천맥과(薦麥瓜)[40]【초복(初伏)[41]】

벽통권(碧筒勸)[42]【중복(中伏)[43]】

죽소음(竹篠飲)[44] · 연탄(蓮誕)[45]【24일】

1-7) 7월

추류(貙劉)[46]【입추(立秋)[47]】

폭복서(曝腹書)[48]【7일】

작교(鵲橋)[49]【칠석(七夕)[50]】

六月

避伏【三日】

天貺節【六日】

薦麥瓜【初伏】

碧筒勸【中伏】

竹篠飲、蓮誕【二十四】

七月

貙劉【立秋】

曝腹書【七日】

鵲橋【七夕】

---

38 피복(避伏) : 6월 3일 복서(伏暑)의 더위를 피하는 날.

39 천황절(天貺節) : 중국 송나라 때의 명절. 송나라 진종(眞宗) 때에 6월 6일 하늘에서 천자의 조칙을 내렸다고 하여 이날을 천황절로 삼았다는 고사가 전한다. 민간에서는 이날 옷가지나 책들을 햇볕에 말려 곰팡이와 습기를 제거하는 풍속이 있다.

40 천맥과(薦麥瓜) : 초복의 이칭. 조상에게 이날 여름에 수확한 맥류[麥]와 오이류[瓜]를 바치는 풍속이 있었다.

41 초복(初伏) : 하지(夏至) 후의 3번째 경일(庚日). 복(伏)이란 말은 엎드려 숨는다는 뜻이 된다. 입춘(立春)에는 목(木)이 수(水)를 대신하고, 입하(立夏)에는 화(火)가 목(木)을 대신하며, 입동(立冬)에는 수(水)가 금(金)을 대신하는데, 이 관계는 상생(相生)의 관계이다. 다만 입추(立秋)에는 금(金)이 화(火)를 대신하는데, 이 관계는 상극(相克)이다. 가을의 기운인 금이 여름의 기운인 화를 두려워하는 까닭에 금의 기운으로 이루어진 경일(庚日)에 이르면 반드시 엎드려 숨게 되어 더위가 기승을 부린다는 의미다. 하지 후의 4번째 경일이 중복이고, 입추 뒤의 첫 경일이 말복이다.

42 벽통권(碧筒勸) : 연잎으로 만든 술잔으로, 술을 권하며 마시는 날. 중국 삼국시대 위(魏)나라의 문인 정각(鄭慤, ?~?)이 삼복(三伏)의 더위가 오면 역성(歷城) 북쪽에 있는 사군림(使君林)에서 손님들을 데리고 연잎 술잔으로 술을 마시며 놀았다고 한다.

43 중복(中伏) : 하지(夏至) 후의 4번째 경일(庚日). 초복으로부터 열흘 뒤이다.

44 죽소음(竹篠飲) : 대나무 숲속에서 술을 마시는 풍속.

45 연탄(蓮誕) : 연꽃이 피는 날.

46 추류(貙劉) : 중국에서 고대에 천자가 입추일(立秋日)에 희생으로 바칠 짐승을 사냥하여 종묘에 제사를 올리는 의례.

47 입추(立秋) : 24절기 가운데 13번째 절기. 대서와 처서 사이의 양력 8월 8~9일경으로, 대서(大暑)의 15일 후이다. 입추부터 입동 전까지를 가을로 친다.

48 폭복서(曝腹書) : 중칠일(重七日)이라고도 하는데, 7이 겹치는 날로 경적(經籍)을 내다 말리기 좋은 날이다. 문주회(文酒會)를 열어 연회를 하고 책을 햇볕에 쬐어 말린다.

49 작교(鵲橋) : 오작교(烏鵲橋). 음력 칠월 칠석날 저녁에 견우와 직녀 두 별이 서로 만날 수 있도록 까마귀와 까치가 은하에 모인 다음 자기들의 몸을 연결해서 다리를 만든다는 고사가 있다.

50 칠석(七夕) : 음력 7월 7일에 행하는 풍속. 칠석날 저녁에 은하수의 양쪽 둑에 있는 견우성(牽牛星)과 직녀

투교연(鬪巧宴)[51] 【8일】	鬪巧宴【八日】
우란분(盂蘭盆)[52] 【15일】	盂蘭盆【十五】
귀등절(鬼燈節)[53] 【18일】	鬼燈節【十八】

1-8) 8월 / 八月

오명낭(五明囊)[54] 【초하루】	五明囊【朔日】
위기국(圍棋局)[55] 【4일】	圍棋局【四日】
광릉도(廣陵濤)[56] 【8일】	廣陵濤【八日】
천구(天灸)[57] 【10일】	天灸【十日】
제일(梯日)[58] 【15일】	梯日【十五】
모란탄[牡丹誕][59] 【15일】	牡丹誕【十五】

성(織女星)이 1년에 1번 만난다고 하는 전설에 따라 별에 제사지내는 행사이다. 옛날에 견우와 직녀의 두 별이 사랑을 속삭이다가 옥황상제(玉皇上帝)의 노여움을 사서 1년에 1번씩 칠석 전날 밤에 은하수에 놓인 오작교를 건너 만났다고 한다. 두 사람이 헤어지면서 흘린 눈물로 해마다 칠석날에는 비가 내린다는 속설이 있다.

51 투교연(鬪巧宴) : 중국에서 고대에 7월 7~8일 저녁에 행하던 놀이. 칠석날 저녁 왕비 홀로 비단 장막을 친 누대에 올라 비단을 잘라 누대 아래에 뿌리면, 여러 빈궁이 주워 모아 누구의 것이 더 아름다운지를 겨룬 뒤, 다음날 큰 연회를 열고 심사를 하여 지는 사람에게 벌로 방석 하나를 만들게 했다.

52 우란분(于蘭盆) : 공양을 바치는 불교의 풍속. 인도에서는 본래 조상에게 제사를 지내는 의식에서 시작되었다고 한다. 우란분(于蘭盆)은 도현(倒懸)이라는 의미를 지니고 있는데, 즉 '거꾸로 매달리다'라는 의미의 산스크리트 'avalambana'에서 바뀐 'ullambana'의 한문 음역(音譯)이다. 자손이 끊겨 공양을 받지 못하는 사자(死者)의 혼은 나쁜 곳에 떨어져 거꾸로 매달리는 고통을 받기 때문에, 이들 혼에게 음식을 바쳐 괴로워하는 혼을 구원해준다는 믿음에서 유래하였다. 예로부터의 민간신앙이 불교와 습합(習合, 철학이나 종교 분야에서 서로 다른 학설이나 교리를 절충하는 것)하여 민간의 풍속으로 발전했다. 후대로 오면서 하안거를 마치는 날인 7월 15일에 행하는 공양회(供養會)와 결부되었다.

53 귀등절(鬼燈節) : 미상.

54 오명낭(五明囊) : 8월 초하루에 이슬을 담는 주머니를 만들어 온갖 풀잎 끝의 이슬을 받아 눈을 씻는 풍속. 이렇게 하면 눈이 밝아진다고 한다.

55 위기국(圍棋局) : 바둑을 두는 풍속.

56 광릉도(廣陵濤) : 8월 8일에 양주(揚州) 광릉(廣陵)에 있는 곡강(曲江)의 파도를 구경하는 풍속. 곡강의 파도는 한나라 때에 매우 넓고 호탕한 경치를 이루고 있어서 많은 유람객이 이곳으로 바람을 쐬러 왔다고 한다.

57 천구(天灸) : 붉은 물을 어린아이의 몸이나 이마에 찍어 질병과 재앙을 떨쳐 보내는 풍속. 《형초세시기》에는 8월 보름으로 되어 있고 문헌에 따라 조금씩 날짜가 다르기도 하다.

58 제일(梯日) : 미상.

59 모란탄[牡丹誕] : 모란이 피는 날을 즐기며 연회를 여는 풍속.

1-9) 9월　　　　　　　　　　　　　　　　　　　九月

　　황극일(皇極日)[60]【5일】　　　　　　　　皇極日【五日】

　　식일(息日)[61]【7일】　　　　　　　　　　息日【七日】

　　제고(題糕)[62]【9일】　　　　　　　　　　題糕【九日】

　　소중양(小重陽)[63]【10일】　　　　　　　小重陽【十日】

　　국화절(菊花節)[64]　　　　　　　　　　　菊花節

　　어구홍엽(御溝紅葉)[65]　　　　　　　　　御溝紅葉

1-10) 10월　　　　　　　　　　　　　　　　十月

　　진세수(秦歲首)[66]【초하루】　　　　　　秦歲首【朔日】

　　저곡(儲穀)[67]·난로회(煖爐會)[68]·소춘(小春)[69]·하원　　儲穀、煖爐會、小春、下元

(下元)[70]【15일】　　　　　　　　　　　　【十五】

　　제사한(祭司寒)[71]【해일(亥日)】　　　　祭司寒【亥日】

60　황극일(皇極日):천하의 기준이 되는 날.《서경(書經)》〈주서(周書)〉"홍범(洪範)"에 "다섯째는 황극이니,
　　임금이 크게 기준을 세운다.(五皇極, 皇建其有極.)"라 했다.

61　식일(息日):일체의 일을 하지 않고 쉬는 날. 강남 지방에는 9월 9일이 식일이다.

62　제고(題糕):중국 당나라의 문인 유우석(劉禹錫, 772~842)이 중양절(重陽節)에 시를 지을 때 '고(糕)' 자를
　　써서 시를 지으려 했으나 이 글자가 오경(五經)에 없다는 이유로 다시는 짓지 않았는데, 후대에 송나라 시
　　인 송기(宋祁, 998~1061)가 이를 비판하는 〈구일식고자유영(九日食糕字有詠)〉이란 시에서 "유우석은 고
　　(糕) 자로 감히 시를 짓지 못해, 시인 가운데 일세의 호걸이란 명칭을 허망하게 했네.(劉郎不敢題糕字, 虛
　　負詩中一世豪.)"라 했다.

63　소중양(小重陽):도성의 사대부와 서인(庶人)들 가운데 대부분이 중양절 다음 날도 모여 연회를 베풀었기
　　때문에 9월 10일을 소중양절(小重陽節)이라 불렸다.

64　국화절(菊花節):중양절의 이칭. 이때가 국화가 필 무렵에 해당하므로 지어진 명칭이다. 중양절은 세시 명절의
　　하나로 음력 9월 9일을 가리킨다. 9는 원래 양수(陽數)이며, 양수가 겹쳤다는 뜻으로 중양(重陽)이라 한다.

65　어구홍엽(御溝紅葉):어구(御溝)는 궁궐의 정원을 흘러 지나는 물길인데, 그 물길에서 단풍잎을 주워다가
　　단풍잎 위에 시를 써서 사랑하는 사람에게 건넸다는 고사가 있다.

66　진세수(秦歲首):진(秦)나라 역법의 1월 초하루. 음력 10월 1일에 해당한다.

67　저곡(儲穀):다음 해 수확 전까지 쓸 곡식을 10월 15일에 저장하는 풍속.

68　난로회(煖爐會):화로를 꺼내어 불씨를 담은 다음 손님을 불러 연회를 베푸는 모임.

69　소춘(小春):음력 10월에는 겨울의 시작인 입동(立冬)이 들어 있지만, 아직 가을 기운이 남아 있어 추위는
　　느껴지지 않으므로 붙여진 이름. '동난(冬暖)'이라고도 한다.

70　하원(下元):음력 10월 15일을 하원(下元)이라 하여 설인 상원(上元) 날과 같이 거리에 등을 달고 연회를 베
　　풀어 즐기는 풍속이 있었다.

71　제사한(祭司寒):추위를 관장하는 겨울신에게 제사를 지내는 풍속.

1-11) 11월

현토탄(懸土炭)[72]【동지 전 3일】

영장(迎長)[73]【동지 전 1일】

첨궁선(添宮線)[74]【동지】

기위(妓圍)[75]

흑금사(黑金社)[76]

천축지절(天竺至節)[77]【16일】

1-12) 12월

세요고(細腰鼓)[78]【8일】

성회절(星廻節)[79]【16일】

十一月

懸土炭【至前三日】

迎長【至前一日】

添宮線【至日】

妓圍

黑金社

天竺至節【十六】

十二月

細腰鼓【八日】

星廻節【十六】

---

72 현토탄(懸土炭): 고대 중국에서 동지 전에 흙과 숯 무게를 재서 동지가 되었는지를 확인하는 의식. 《사기(史記)》 권27 〈천관서(天官書)〉에 "동지 즈음 낮 길이가 매우 짧아지면 흙과 숯 무게를 잰다.(冬至短極, 縣土炭.)"라 했고, 《사기집해(史記集解)》에서는 여기에 대한 주석으로 "동지 3일 전에 저울 양 끝에 흙과 숯을 건 다음 무게가 균형을 이루는지 확인하는데, 동짓날에 양기(陽氣)가 이르면 숯이 무겁고, 하짓날에 음기(陰氣)가 이르면 흙이 무겁다.(先冬至三日, 縣土炭於衡兩端, 輕重適均, 冬至日陽氣至則炭重, 夏至日陰氣至則土重.)"라는 기록이 있다.

73 영장(迎長): 동지 이후로 낮의 길이가 길어지기 때문에 동지 하루 전날 낮이 길어짐[長]을 맞이한다[迎]는 의미로 행하는 민간 풍속.

74 첨궁선(添宮線): 당나라 궁중에서는 여자들이 노동한 분량으로 낮의 길고 짧음을 측량했는데, 동지 후에 해의 그림자가 점점 길어지기 시작하면 매일 1가닥의 선(線)에 해당하는 분량의 일을 더했다. 첨선(添線)이라고도 한다.

75 기위(妓圍): 기녀들로 병풍을 만들어 즐기는 풍속. 매년 겨울이 되면 왕이 궁중의 기녀들을 병풍처럼 빽빽하게 둘러 세워 추위를 막았다는 고사가 있다.

76 흑금사(黑金社): 겨울을 대비하여 숯을 마련하는 모임. 《어정월령집요(御定月令輯要)》 권17 〈동령(冬令)〉에 "여산(廬山) 백록동(白鹿洞)에서는 유사(遊士)들이 서로 모여서 매번 겨울 추위에 돈을 추렴하고 숯을 사서 겨울 추위를 대비하였는데, 이를 흑금사라 불렀다.(廬山 白鹿洞遊士輻輳, 每冬寒斂金市烏薪, 爲禦冬備, 號黑金社.)"라 했다.

77 천축지절(天竺至節): 인도의 납일. 《어정월령집요》에는 12월 16일로 기록되어 있다. 《어정월령집요》 권20 〈십이월령(十二月令)〉 "천축랍(天竺臘)"에 "천축의 12월 16일은 납일(臘日, 올해를 보내기 전에 조상이나 종묘사직에 제사지내는 날)이다.(天竺十二月十六日爲臘.)"라 했다.

78 세요고(細腰鼓): 악기를 연주하는 풍속. 장구[杖鼓]의 이칭으로, 악기의 머리와 입이 크고 허리가 가늘어서 유래한 명칭. 음력 12월 8일을 납일(臘日)로 정하여 마을 사람들이 모두 이 악기를 두드리며, "납일에 북 울리니, 봄의 풀이 돋아난다.(臘鼓鳴, 春草生.)"고 노래했다.

79 성회절(星廻節): 고대 중국 남방의 풍속. 성회절(星回節)이라고도 한다. 《어정월령집요》 권20 〈십이월령(十二月令)〉 "성회절(星回節)"에 "12월 16일은 성회절이니, 그날은 피풍대(避風臺)로 놀러가서 청평관(淸平官, 시를 짓는 문인)에게 시를 짓게 했다.(十二月十六日爲星回節, 其日遊於避風臺, 命淸平官賦詩.)"라 했다.

사조(祠竈)[80] 【24일】

송한(送寒)[81] 【하순(下旬)】

구나(驅儺)[82] 【세제(歲除)[83]】

매치애(賣癡獃)[84] 【제석(除夕)】

《청한공(淸閑供)》[85]

祠竈【二十四】

送寒【下旬】

驅儺【歲除】

賣癡獃【除夕】

《淸閒供》

2) 시골에서의 놀이

村居樂事

시골 마을에 살면 사시사철 즐거운 일이 매우 많다. 예를 들면 1월의 잔설 속에서 향기로운 쑥이 새로 돋을 때 양지바른 기슭에 가서 쑥국을 끓여 먹으며 논다. 1월 15일에는 대보름에 달이 밝을 때를 틈타서 '다리밟기'를 한다.

2월 이른 따뜻한 날씨에 두견화(杜鵑花, 진달래)가 처음 피면 화전을 지져 먹으며 논다.

3월 3일 삼짇날에는 '답청 놀이'를 한다.

4월에 유엽병(楡葉餠)[86] · 장미로 만든 떡 · 어린 고사리 · 부드러운 미나리 등은 곧 먹기에 좋으니, 고상

村居四時樂事甚多. 如正月雪殘, 香艾新生, 就陽坡作羹艾遊. 此月十五日, 乘月踏橋.

二月早暖, 杜鵑花初發, 作煮花遊.

三月重三日, 作踏靑遊.

四月楡[1]葉餠、薔薇糕[2]、嫩蕨, 軟芹, 卽好食[3], 食

---

80 사조(祠竈) : 부뚜막신인 조왕신에게 제사를 지내는 풍속. 고대의 제왕인 염제씨(炎帝氏)가 화관(火官)을 설치했는데, 염제씨가 화관에게 죽어서 조왕신이 되었다는 고사가 있다.

81 송한(送寒) : 12월 하순 추위를 보낸다는 의미로 행하던 풍속.

82 구나(驅儺) : 요사스러운 기운이나 역귀(疫鬼, 역병을 일으킨다는 귀신)를 몰아내는 푸닥거리.

83 세제(歲除) : 한 해의 마지막 날. 옛 풍속에 이날 북과 장구를 치며 역신을 몰아내는 풍속을 '축제(逐除)'라고 하였기 때문에 세제(歲除)라 한다는 고사가 있다.

84 매치애(賣癡獃) : 중국 송나라 오중(吳中) 지방의 풍속. 제야(除夜)에 어린이들이 길거리를 돌아다니며 "어리석음을 팔아요!(賣癡獃!)"라고 외쳤는데, 이렇게 하면 한 해의 잘못을 잊고 새해에는 철이 든다고 생각했다.

85 《淸閑供》〈月令演〉《香艷叢書》第3集 卷2, 321~322쪽).

86 유엽병(楡葉餠) : 느티나무 어린잎을 쌀가루와 버무려 만든 떡. 느티떡이라고도 한다. 《정조지(鼎俎志)》 권7 〈절식(節食)〉 "등석절(燈夕節, 석가탄신일)의 절식" '유엽병(楡葉餠, 느티떡)'에 만드는 법이 있다.

① 楡:《增補山林經濟·山野樂·遊會樂》에는 없음.

② 糕:《增補山林經濟·山野樂·遊會樂》에는 "煎餠".

③ 食:《增補山林經濟·山野樂·遊會樂》에는 "時".

한 모임을 열기에 음식들이 알맞다. 4월 초파일은 석가모니가 태어난 날이라 '관등 놀이'를 한다. 4월에는 신록이 펼쳐져 화창하기 때문에 짝을 지어 산을 찾을 만하다.

宜作雅會. 是月初八日, 釋迦誕日, 作觀燈遊. 是月新綠敷暢, 可結侶尋山.

5월에는 서늘한 정자에서 더위를 피하면서 개를 삶아 먹는 모임[蒸犬會, 증견회]을 한다.

五月避暑涼亭, 作蒸犬會.

6월 15일은 민간에서는 '유두일(流頭日)'이라 한다. 수단(水團)[87]과 연계증(軟鷄蒸, 영계찜)을 먹고 시내에 가서 '유두 놀이[88]'를 한다. 6월에는 큰비가 내릴 때 길을 가다가 높은 곳에 올라가 불어난 물을 구경할 만하다.

六月十五日, 俗稱"流頭日". 食水團、軟鷄蒸, 臨流作流頭遊. 是月大雨時, 行可登高觀漲.

7월 7일에는 '걸교유(乞巧遊)'[89]를 한다. 7월 보름은 민간에서는 '백종일(百種日)'이라 하니, 농부들은 농기구를 손에서 놓고 '호미씻이 모임[洗鋤會, 세서회]'을 한다. 다음날인 16일 저녁에는 소식(蘇軾)의 고사(故事)[90]를 따라 배를 띄우고 달빛을 감상한다.

七月七夕作乞巧遊. 是月十五日俗稱"百種日", 農人放鋤, 作洗鋤會. 翌日夕, 倣子瞻故事, 泛舟賞月.

8월 15일에는 '달구경 모임[翫月會, 완월회]'을 한다.

八月十五日, 作翫月會.

---

87 수단(水團):쌀가루, 밀가루 등으로 경단 같이 만들어서 꿀물이나 오미자 물에 담가 먹는 음식.

88 유두 놀이:유두(流頭)는 동류수두목욕(東流水頭沐浴)의 약자로, 동쪽으로 흐르는 물에 머리를 감고 목욕을 한다는 뜻이다. 동류수에 머리를 감고 궂은일을 털어버리는 불제(祓除)를 지내고, 음식을 차려 먹으며 하는 행위를 통틀어 유두 놀이라 한다.

89 걸교유(乞巧遊):중국에서 고대에 7월 7~8일 저녁에 행하던 행사. 음식이나 과일을 차려놓고 직녀처럼 재주 있게[巧] 해달라고 빈다[乞]는 의미에서 칠석을 '걸교절'이라고도 한다. 위 "월별 행사" 7월 항목 '투교연' 주석 참조.

90 소식(蘇軾)의 고사(故事):중국 송나라의 문장가인 소식(蘇軾, 1036~1101)이 임술년(壬戌年, 1082) 가을 7월 16일에 적벽(赤壁)에서 당대의 문인들과 뱃놀이를 하며 풍류를 즐겼던 고사. 소식은 이날의 소회를 〈적벽부(赤壁賦)〉라는 명문으로 남겼다.

9월 9일 중양절(重陽節)에는 높은 산에 올라 국화를 띄운 술을 마시는데, 맹가(孟嘉)의 고사[91]처럼 모자가 바람에 벗겨지도록 거나하게 마시며 시를 짓고 논다.

10월에는 나복병(蘿蔔餅, 무떡)을 찌고 누런 닭과 백주(白酒)[92]를 마련하여 수시로 고아한 모임을 가진다. 또 어깨에 매를 앉히고 개를 끌고서 꿩사냥을 나설 수 있다.

11월 동짓날 밤에는 양기(陽氣)를 맞이하는 모임[迎陽會, 영양회]을 한다. 11월에 길한 밤을 골라서 손님을 초대하여 쌀밥과 연포갱(軟泡羹)[93]을 대접한다.

12월 합매(閤梅)[94]가 처음 필 즈음에 매화를 구경하는 모임[賞梅會, 상매회]을 가진다. 희설(喜雪, 상서로운 눈)이 내리면 눈을 감상하는 놀이를 한다. 《증보산림경제》[95]

九月重陽節, 登高飮泛菊酒, 吹帽倣孟嘉故事.

十月蒸蘿蔔餅, 黃鷄白酒, 時時作雅會. 又可臂鷹牽狗, 作獵雉遊.

十一月冬至夜, 作迎陽會. 此月卜夜速賓餐白飯、軟泡羹.

十二月閤梅初開, 作賞梅會. 有喜雪, 作賞雪遊. 《增補山林經濟》

---

91 맹가(孟嘉)의 고사 : 중국 진(晉)나라의 선비 맹가(孟嘉)의 풍류에 관련된 고사. 맹가의 자는 만년(萬年)으로, 환온(桓溫)의 참모로서 신임을 받았다. 환온이 중양절에 용산(龍山)에서 주연을 베풀 때 바람이 불어 맹가의 두건이 땅에 떨어졌으나 맹가는 알아채지 못했다. 환온이 좌우의 사람들에게 말하지 못하게 했다가, 한참 후 맹가가 자리를 비운 사이에 그 모자를 줍게 한 다음 참석자인 손성(孫盛)에게 맹가를 놀리는 글을 지어 맹가의 좌석에 붙여 두게 했다. 잠시 뒤 맹가가 돌아와 그 글을 보고 곧바로 화답했는데 그 글이 매우 재치있어 모두 감탄했다는 고사가 있다.

92 백주(白酒) : 백미·누룩·밀가루로 빚어 만든 술로, 탁주처럼 쌀알을 뭉개어 체에 걸러내고 만든다. 고려시대 이규보(李奎報, 1168~1241)의 시문집에 나오는 것으로 보아 고려 때 원나라에서 들어왔다는 기록이 타당한 듯하다.

93 연포갱(軟泡羹) : 얇게 저민 두부 꼬치를 기름에 지진 다음 국에 넣어 끓인 음식.

94 합매(閤梅) : 화분에 심어 방 안에서 키우는 매화.

95 《增補山林經濟》 卷16 〈山野樂〉 "遊會樂"《農書》5, 258~260쪽).

2. 절일[節日, 한 철의 명절(名節)]의 세부 내용

節日條開

1) 설날의 집안 잔치

歲時家宴

설날을 두는 관례는 저 아득한 옛날부터이다. 대개 4계절의 첫머리요 삼원(三元)[1]의 날이므로, 복을 축원하고 장수를 기원해 주는 일이 그 유래가 오래 되었다. 우리나라에는 소를 잡는 데에 금기가 있으나, 매년 세제(歲除, 섣달그믐날 밤) 며칠 전에는 그 금기를 풀어주어 집마다 떡국[湯餅][2]을 끓이고 소고기 산적을 구워 남녀노소에게 잔치를 베풀면서 대접하는데, 이를 '세찬(歲饌)'이라 한다. 《금화경독기》[3]

元日之置, 粤在邃古. 蓋以四時之首、三元之日, 祝嘏介壽, 其來久矣. 我東屠牛有禁, 每於歲除前數日, 弛其禁, 家家煮湯餅, 炰牛肉, 以宴老少, 謂之"歲饌". 《金華耕讀記》

남녀가 모두 새 옷을 입는 일을 '설빔[歲粧]'이라 하고, 친척 어른들께 가서 뵙고 절을 드리는 일을 '세배(歲拜)'라 하며, 그때 대접하는 음식을 '세찬(歲饌)'이라 하고, 술은 '세주(歲酒)'라 한다. 세주는 데우지 않으니, 봄을 맞이하는 뜻을 담고 있다. 《한양세

男女悉着新衣曰"歲粧", 往拜親戚長者曰"歲拜", 饋以時食曰"歲饌", 酒曰"歲酒". 歲酒不溫, 寓迎春之意. 《漢陽歲時記》

---

1 삼원(三元) : 설날의 다른 말. 1년과 12개월과 30일, 3가지 모두의 으뜸[元]이 된다는 의미에서 유래한 명칭이다.

2 떡국[湯餅] : 《정조지(鼎俎志)》 권7 〈절식(節食)〉 "설날 아침의 절식" '탕병(湯餅)'에 만드는 방법이 있다.

3 출전 확인 안 됨.

2) 설날의 전좌(傳座, 세배)

《남부신서(南部新書)6)에 "장안(長安, 서안)의 풍속에 설날[元日] 이후 돌아가며 음식을 차려 서로 맞이하는 일을 '전좌(傳座)'라 한다."7라 했다. 《진중세시기(秦中歲時記)8)》에는 "전좌(세배)는 1월 2일 이후로 한다."9라 했다.

대개 설날 아침에는 조상께 차례상을 올리고 집안 어른께 세배를 드린다. 집안 밖을 나서서 세배를 올리는 일은 2일 이후로 해야 하니, 마땅히 《진중세시기》의 설이 옳다.

우리나라 풍속에도 설날에 일반적으로 세배객이 있으면 반드시 떡국과 술 및 음식을 차려 대접하니, 이를 '세찬(歲饌)'이라 한다. 마을의 이웃 간에는 그 의례가 더욱 엄하여 돌아가며 서로 세배를 다녀서 혹시라도 빼먹지 않게 하였으니, 이 또한 전좌의 유풍(遺風)이다. 《금화경독기》10

歲首傳座

《南部新書》云："長安風俗, 元日以後遞飲食相邀, 號'傳座'." 《秦中歲時記》則云 "正月二日以後".

蓋元朝祀祖, 禰獻家長. 其出門拜年, 須二日以後, 當以《歲時記》爲正也.

東俗亦於歲首, 凡有拜年之客, 必設湯餅、酒饌待之, 謂之"歲饌". 鄕井閭里之間, 其禮尤嚴, 遞相報效, 莫之或闕, 亦傳座之遺風也. 《金華耕讀記》

---

4 한양세시기(漢陽歲時記): 조선 후기 권용정(權用正, 1801~?)이 지은 세시기(歲時記). 필사본 《소유잡저(小遊雜著)》에 수록되어 있다. 《동국세시기(東國歲時記)》에 비하여 분량과 내용은 간략하지만, 《경도잡지(京都雜志)》와 《열양세시기(洌陽歲時記)》에 비하면 내용이 충실하다는 평가를 받는다.

5 《京都雜志》〈元日〉《韓國名著大全集》, 177쪽).

6 남부신서(南部新書): 중국 송(宋)나라의 문인 전역(錢易, 968~1026)이 편찬한 책. 당송대(唐宋代)의 여러 역사 전거(典據)와 잡다한 사실을 기록한 책으로, 총 10권으로 이루어져 있다.

7 장안의……한다:《南部新書》卷6.

8 진중세시기(秦中歲時記): 중국 당(唐)나라의 문인 이요(李淖, ?~?)가 편찬한 책. 진(秦)나라가 있던 섬서성(陝西省) 일대 지역의 세시풍속을 기록했다.

9 전좌(세배)는……한다: 출전 확인 안 됨.

10 출전 확인 안 됨.

3) 입춘의 춘반(春盤, 봄 음식)

장자(張鎡)[11]의 《상심낙사(賞心樂事)[12]》에 '입춘일(立春日) 춘반(春盤)'[13]이 있다. 대개 그 일의 유래는 멀리 동진(東晉)시대부터 시작되었으니 모방하여 따라 한 지는 이미 오래되었지만, 유전(流傳)되면서 그 의미가 점점 더 희미해졌다.

구양첨(歐陽詹)[14]의 〈춘반부(春盤賦)〉에 "쟁반 빌려 받침 만들고, 비단 수놓아 장식하네. 총총한 수풀 빼어남 갖추고, 온갖 꽃 새로움 다투네."[15]라 했다. 대개 또한 새봄을 맞이하는 뜻이지만, 비단을 수놓아 장식하는 데에 이르면 지나치게 화려하다.

우리나라 풍속에도 이날 파의 싹·산겨자·승검초나물[辛甘菜]·순무[蔓菁]·무[萊菔] 따위를 먹으니, 이를 '오신반(五辛盤, 오신채 음식)'이라 한다. 《금화경독기》[16]

立春春盤

張鎡 《賞心樂事》有"立春日春盤". 蓋其事遠自東晉, 沿襲旣久, 轉益闒靡.

歐陽詹 《春盤賦》: "假盤盂而作地, 疏綺繡以爲珍. 叢林具秀, 百卉爭新." 蓋亦迎新之義, 而至於綺繡爲飾, 則傷於靡矣.

東俗亦於是日, 食蔥芽、山芥、辛甘菜、蔓菁、萊菔之屬, 謂之"五辛盤". 《金華耕讀記》

---

11 장자(張鎡) : 1153~?. 중국 송나라의 문인. 자는 공보(功甫), 호는 약재(約齋). 장감(張鑑)이라고도 한다. 간신 세력을 주벌하려고 모의하다가 실패하여 유배를 가서 결국 유배지에서 생을 마쳤다. 저서로 《남호집(南湖集)》·《상심낙사(賞心樂事)》가 있다.

12 상심낙사(賞心樂事) : 중국 송나라의 문인 장자(張鎡)가 저술한 세시기. 1월부터 12월까지 매월의 행사가 기록되어 있다.

13 입춘일(立春日) 춘반(春盤) : 매년 입춘이 되면 새로 나온 부추 등의 나물과 떡 및 전병을 쟁반에 이쁘게 담아 먹고, 친척이나 벗들에게 보내는 풍속.

14 구양첨(歐陽詹) : 755~800. 중국 당나라의 문인. 자는 행주(行周). 한유(韓愈) 및 이관(李觀) 등 당대 유명한 문사들과 교류했으며, 산문에 뛰어났다. 저서로 《구양행주문집(歐陽行周文集)》이 있다

15 쟁반……다투네 : 《歐陽行周文集》 卷1 〈春盤部〉 (《文淵閣四庫全書》 1078, 202쪽).

16 출전 확인 안 됨.

4) 인일(人日, 정월 7일)의 높은 곳 오르기

《형초세시기(荊楚歲時記)》[17]에 "정월 7일에는 높은 곳에 올라 시를 짓는다."라 했다. 또 "북방 사람들은 이날 뜰 가운데서 전병(煎餅)을 먹는데, 이것을 '훈천(薰天)'이라 한다.[18]"라 했다. 한유(韓愈)의 〈인일등고(人日登高)[19]〉라는 시가 있고, 장자(張鎡)의 《상심낙사》에 또한 '인일전병회(人日煎餅會)'가 있으니,[20] 대개 인일(人日)인 정월 7일에 대한 설이다.

동방삭(東方朔)[21]이 처음 시작했다는 말은 매우 괴이한 이야기에 가까워서 전요(典要, 법칙)가 될 수는 없으나, 연혁이 이미 오래되었는지라 또한 그만둘 수도 없었다.

우리 조정에서는 매년 이날 과거를 시행해서 사람을 뽑고, 삼짇날(3월 3일)·칠석(7월 7일)·중양절(9월 9일)과 함께 명절로 삼는다. 산야에 사는 선비들은 또한 벗들을 데리고 아는 이들을 초청하여 높은 곳에 올라 흐르는 물을 바라보며 이날을 기념해야 좋다. 《금화경독기》[22]

人日登高

《荊楚歲時記》云："正月七日, 登高賦詩." 又云："北人此日, 食煎餅于庭中, 謂之'薰天'." 韓退之有《人日登高》詩, 張約齋《賞心樂事》亦有人日煎餅會, 蓋七日人之說.

始自東方曼倩, 殊近齊諧, 不可典要, 而沿襲旣久, 亦不可廢.

我朝每於是日, 設科取人, 與重三、重七、重九同爲名節. 林居野處之士, 亦宜携朋招侶, 登高臨流以識此日也. 《金華耕讀記》

---

17 형초세시기(荊楚歲時記): 중국 남조(南朝)의 종름(宗懍, 502~565)이 양나라 땅인 형주(荊州, 춘추전국시대 초나라가 있던 지역)의 풍속과 고사에 대해 기록한 《형초기(荊楚記)》에 수(隋)나라 두공섬(杜公贍, ?~?)이 주를 더하여 지은 책.

18 정월……한다: 《荊楚歲時記》〈正月〉《文淵閣四庫全書》1074, 132쪽).

19 인일등고(人日登高): 《五百家注昌黎文集》卷6〈古詩〉 "人日城南登高".

20 장자(張鎡)의……있으니: 《賞心樂事》〈正月〉.

21 동방삭(東方朔): B.C 154~B.C 93. 중국 전한(前漢)의 관료이자 문장가. 본래 성은 장(張)이고, 자는 만천(曼倩)이다. 문장을 잘 지을 뿐 아니라, 재치와 익살이 넘쳐서 당대에 많은 고사를 만들었다고 한다. 동방삭이 처음으로 인일(人日)에 점치는 풍속을 시작했다고 한다. 위 "세시 풍속의 총 목록" '월별 행사' 기사 중 인일 주석 참조.

22 출전 확인 안 됨.

5) 대보름의 다리밟기

上元踏橋

대보름[上元] 다리밟기 놀이는 고려시대에 처음 시작했으며, 태평할 때에는 매우 성대하여 남녀가 짝을 지어 다리를 가득 메우고 밤이 되도록 놀기를 그치지 않아, 법을 집행하는 관리가 이 놀이를 금지하고 잡아들이기에 이르렀다. 지금의 풍속에는 부녀들이 다시 다리밟기 놀이를 하는 일이 없다.《지봉유설(芝峯類說)[23]》[24]

上元踏橋之戲, 始自前朝, 在平時甚盛, 士女騈闐, 達夜不止, 法官至於禁捕. 今俗婦女無復踏橋者矣. 《芝峯類說》

달이 뜬 뒤에 도성의 사람들이 모두 운종가(雲從街)[25]로 나와 종각의 종소리를 듣고 흩어져 여러 다리들을 밟으며 "다리병을 그쳐라!"라 했다. 대광통교(大廣通橋)[26]와 소광통교[27] 및 수표교(水標橋)[28]가 매우 성황을 이루는데, 이날 밤에는 관례상 야간 통금을 풀어 인산인해(人山人海)를 이루고 젓대소리와 북소리가 시끌벅적하다.

月出後, 都人悉出鍾街, 聽鍾散踏諸橋, 云:"已脚病!". 大小廣通橋及水標橋甚盛, 是夕例弛夜禁, 人海人城, 簫鼓喧轟.

---

23 지봉유설(芝峯類說):조선 중기의 문인 지봉(芝峯) 이수광(李晬光, 1563~1629)이 1614년(광해군 6)에 편찬한 백과사전적 저서. 각종 문헌에서 발췌한 천문·지리·역사·초목·곤충 등에 대한 내용을 수록하고 있다.

24 《芝峯類說》卷1〈時令部〉"節序".

25 운종가(雲從街):조선시대 한양 도성에 있었던 거리 이름. 지금의 광화문 우체국부터 종로3가 입구까지로, 이곳에 육의전(六矣廛)이 있었으며 사람이 구름처럼 모인다고 하여 '운종가'로 불렸다.

26 대광통교(大廣通橋):광교(廣橋). 서울 종로 네거리에서 남대문으로 향하는 청계천 위에 걸려 있던 조선시대 다리. '광통방(廣通坊)에 있는 큰 다리'라는 의미이다. 조선시대 초기 한양은 산허리와 계곡으로 이루어졌으므로 도로를 내어 사람과 말이 다니기 위해서는 많은 다리를 놓아야 했는데, 그 가운데 가장 규모가 큰 다리였다. 1958년 청계천 일대를 도로로 만들기 위해 복개공사를 하면서 자취를 감추었다.

27 소광통교:조선시대 서울 청계천의 광통교 남쪽에 있던 다리. 대광통교보다 크기가 작았기 때문에 소광통교라 했다. 남대문로1가 23번지 남쪽에 있었으나 도로를 만들면서 사라졌다.

28 수표교(水標橋):조선 세종 때 청계천에 가설한 돌다리. 서울 유형문화재 제18호. 6모로 된 큰 다리 기둥에 길게 모진 도리를 얹고 그 사이에 판석(板石)을 깔아 만들었다. 청계천에 흐르는 수량을 측정하는 다리로 다리 돌기둥에 경(庚)·진(辰)·지(地)·평(平)이란 표시를 해서 물의 깊이를 재었다. 영조 때는 다리 동쪽에 준천사(濬川司)란 관청을 두어 수량의 변화를 한성판윤에게 보고하게 했다. 원래 청계천 2가에 있었으나 1958년 청계천 복개공사 때 장충단공원으로 이전했으며, 다리 옆에 서 있던 수표는 다리를 이곳으로 옮길 때 함께 옮겨왔다가 1973년 세종대왕 기념관으로 옮겨 보관하고 있다.

육계굉(陸啓浤)[29]의 《북경세화기(北京歲華記)[30]》를 살펴보니, "정월 대보름 밤에는 부녀자들이 모두 문을 나와 다리를 거닌다."[31]라 했다. 우혁정(于奕正)[32]의 《제경경물략(帝京景物略)[33]》에는 "대보름 저녁[元夕]에는 부녀자들이 서로 무리를 지으며 밤길을 거닐어 질병을 없애니, 이것을 '주백병(走百病)[34]이라 한다.[35]"라 했다. 심방(沈榜)[36]의 《완서잡기(宛署雜記)[37]》에는 "16일 밤에 부녀자들이 무리를 지으며 노닐다가 다리가 있는 곳에서는 모두 삼삼오오 무리를 지어 건너가니, 이것을 '도액(度厄)'[38]이라 한다.[39]"라 했다. 이는 우리나라 다리밟기 풍속의 연원이다. 《한양세시기(漢陽歲時記)[40]》[41]

案陸啓浤《北京歲華記》, "正月十五[1]夜, 婦女俱出門走橋." 于奕正《帝京景物略》, "元夕婦女相率, 宵行以消疾病, 曰'走百病'." 沈榜《宛署雜記》, "十六夜婦女群遊, 凡有橋處, 三五相率以過, 謂之'度厄'." 此則東俗踏橋之所沿也.《漢陽歲時記》

대보름 밤에 등을 태우는 풍속은 유래가 양한(兩

元宵燃燈, 肇自兩漢, 至

---

29 육계굉(陸啓浤): ?~?. 중국 명말 청초에 활동한 문인. 자는 숙도(叔度). 절강성(浙江省) 평호(平湖) 출신으로, 《북경세화기(北京歲華記)》를 저술했다.

30 북경세화기(北京歲華記): 육계굉이 저술한 북경의 세시기. 북경 지역에서 예전부터 전래되어 온 각종 민속 행사를 기록했다.

31 정월……거닌다:《欽定日下舊聞考》卷147〈風俗〉2(《文淵閣四庫全書》499, 280쪽).

32 우혁정(于奕正): ?~?. 중국 명나라 말기의 문인. 자는 사직(司直). 저서에 《천하금석지(天下金石志)》·《제경경물략(帝京景物略)》·《조어태기(釣魚台記)》등이 있다.

33 제경경물략(帝京景物略): 우혁정의 저서로, 북경 일대의 지리와 풍속 등에 대한 자료를 수록하고 있다.

34 주백병(走百病): 모든 질병을 쫓는다는 뜻. 주(走)는 여기서 물리친다는 뜻이다.

35 대보름……한다:《欽定日下舊聞考》卷147〈風俗〉2(《文淵閣四庫全書》499, 280쪽).

36 심방(沈榜): 1540~1597. 중국 명나라 말기의 관료. 자는 이산(二山). 저서에 《완서잡기(宛署雜記)》가 있다.

37 완서잡기(宛署雜記): 심방의 저서로 명나라 각 지역의 지리 및 풍속, 역사 등에 대한 자료를 수록하고 있다.

38 도액(度厄): 액운을 건넌다는 뜻인데, 우리나라에서는 '액막이'라고 한다.

39 16일……한다:《欽定日下舊聞考》卷147〈風俗〉2(《文淵閣四庫全書》499, 280~281쪽).

40 한양세시기(漢陽歲時記): 한양의 세시풍속을 기록한 《경도잡지(京都雜志)》내의〈세시기〉를 가리키는 것으로 보인다. 《경도잡지》는 서울의 풍습에 대해 상권에는 의복·음식·주택·시화(詩畫) 등 풍속을 19항으로 나누어 기술하고, 하권에서는 서울 지방의 세시를 19항으로 분류하여 기록했다.

41 《京都雜志》卷2〈歲時〉"上元"(《조선대세시기》3, 75~81쪽).

[1] 五:《欽定日下舊聞考·風俗》에는 "六".

漢, 전한과 후한)으로부터 시작하여 당(唐)·송(宋)에 이르러 더욱 흥성했으며, '등석(燈夕)'이라 불렀다. 그런데 우리나라의 등석은 4월 초파일로 옮겨서 마침내 대보름 밤이 적막해지고, 오직 약밥[紅飯]⁴²을 먹고 거리와 다리를 거니는 두 가지 일만이 남아 있을 뿐이다.

시골 들판에는 거닐 만한 큰 거리나 넓은 다리가 없으니, 다만 황혼 무렵에 횃불을 밝히고 언덕에 오르는데, 이것을 '달맞이'라 한다. 이때 달무리를 보고서 한 해 농사의 풍흉(豊凶)을 점친다. 또는 강이나 나루, 연못이나 습지에 가까이 사는 사람들은 썰매[凌床]를 타거나 얼음을 건너며 다리밟기를 대신한다.《금화경독기》⁴³

唐、宋益盛, 呼爲"燈夕". 我東燈夕, 移在四月八日, 而遂使元宵寂寥, 唯有吃紅飯, 走街橋二事耳.

田野之間, 無通衢廣橋可踏, 則只於黃昏, 燃炬登皐, 謂之"迎月", 以占豐荒. 或居近江浦、池澤者, 乘凌床涉氷以代踏橋.《金華耕讀記》

6) 중화절(中和節, 2월 1일)의 풍년 기원

정월 대보름에는 볏짚을 엮어 둑기(纛旗, 소꼬리로 장식한 큰 의장기) 모양으로 만들고 이를 장대 끝에 매달아 집 옆에 세운 뒤 새끼로 묶어 고정시켜 놓는데, 이것을 '볏가리[禾積]'라 하니 대개 풍년을 기원하는 뜻이다.

2월 초하루가 되어서야 볏가리를 달아 놓은 볏가릿대[禾竿]를 풀어서 내린 다음 송엽협병(松葉夾

中和節祈豐

正月十五日, 束稿如纛狀, 冒竿首, 建屋傍, 張索把定, 號爲"禾積", 蓋祈豐之義也.

至二月初一日, 卸下禾竿, 作松葉夾餅, 饋奴婢如其

---

42 약밥[紅飯]:《정조지(鼎俎志)》권2〈취류지류(炊䭀之類)〉"병이(餅餌)" '인절병방(引切餅方)'에서 서유구는 "홍반은 민간에서 약밥이라 부른다.(紅飯俗呼藥飯)"라 했다. 또《정조지(鼎俎志)》권7〈온배지류(節食之類)〉"상원절식(上元節食)" '잡과반방(雜果飯方)'에서는 약밥 만드는 방법을 소개하고 있다.
43 출전 확인 안 됨.

餅)⁴⁴을 만들어 노비들에게 그 나이 수대로 대접한다. 민간에서는 이 2월 초하루를 '노비일(奴婢日, 머슴날)'이라 한다. 봄 농사가 이날부터 시작되므로 이런 음식들을 대접한다고 한다. 《한양세시기》⁴⁵

齒數, 俗呼二月一日爲"奴婢日". 東作伊始, 故饗此屬云.《漢陽歲時記》

중국의 옛 풍속은 2월 2일을 '상공일(上工日)'이라 했다. 대개 농가의 일꾼들이 이날부터 농사일을 시작했던 까닭에 '상공(上工)'이라 했다. 이것은 우리나라의 노비일과 흡사한데, 다만 하루가 늦을 뿐이다. 그러나 《당서(唐書)》〈덕종(德宗)⁴⁶ 본기(本紀)〉를 살펴보니, 조서를 내려 "2월 1일(본래 1월 그믐이었으나)을 중화절(中和節)로 삼고, 또 백관(百官)들에게 농서를 지어 올리게 했으며, 사농(司農)⁴⁷에게 올벼와 늦벼의 종자를 올리게 했다."⁴⁸라 했다. 또 〈이필(李泌)⁴⁹전〉에 "2월 초하루에는 민간에서 의춘주(宜春酒)⁵⁰를 빚

中州舊俗, 以二月初二日爲上工日, 蓋田家僱傭之人, 自是日始執役, 故名"上工". 猶我東之奴婢日, 而特後一日耳. 然考《唐書·德宗紀》, 詔以"二月一日爲中和節, 又命百官進農書, 司農獻穜稑之種." 又《李泌傳》云: "二月朔, 里閭釀宜春酒, 以祭句芒神, 祈豐年."

---

44 송엽협병(松葉夾餠) : 정월 대보름날 달아놓은 볏가릿대[禾竿]를 내리고 그 안에 넣어 놓는 떡. 크기는 손바닥 보다 조금 작다. 안에 콩이나 팥, 혹은 대추나 붉은 수수로 소를 넣어 시루에 얹고 솔잎을 켜켜이 깔고 쪄서 푹 익힌 다음 꺼내어 솔잎을 걷어내고 참기름을 발라서 먹는다. 지금의 송편과 비슷하다. 《정조지(鼎俎志)》 권7〈절식지류(節食之類)〉 "중화절식(中和節食)" '송엽병방(松葉餅方)'에서 중화절에 먹는 송엽병 만드는 방법을 소개하고 있다.

45 《京都雜志》卷2〈歲時〉"二月初一日"(《조선대세시기》3, 81쪽).

46 덕종(德宗) : 742~805. 중국 당(唐)나라의 제9대 황제(재위 779~805). 이름은 이괄(李适)이며 대종(代宗)의 장자이다. 쇠퇴해 가는 당나라를 재건하려고 애썼으며, 농사를 장려하고 문벌에 구애받지 않고 인재를 등용하여 체제를 개혁하려 노력했으나 귀족의 반발에 부딪혀 실패했다.

47 사농(司農) : 농사를 담당하는 관직.

48 2월……했다.《舊唐書》卷13〈本紀〉13 "德宗" 下(《舊唐書》2, 367쪽).

49 이필(李泌) : ?~?. 중국 당나라의 관료. 자는 장원(長源). 박학다식했으며 늘 숭산(嵩山)과 화산(華山) 및 종남산(終南山)을 오가면서 신선술을 흠모했다. 천보(天寶, 742~756) 연간에 한림이 되어 태자를 모실 때 태자가 매우 후하게 대했으나, 이후로 양국충(楊國忠)의 질시를 받아 낙향하여 은거했다. 숙종(肅宗)이 즉위한 후 다시 기용되어 중흥의 방략을 함께 의논했으나 이보국(李輔國)의 미움을 사서 마침내 조정을 떠나 형산(衡山)에 은거했다.

50 의춘주(宜春酒) : 미상. 춘주(春酒)는 겨울에 담가서 봄에 익는 술을 말하는데, 의춘주는 구망신에 제사 지내기 위해 특별히 담근 술을 의미하는 듯하다. 《정조지(鼎俎志)》 권7〈온배지류(醞酷之類)〉 "시양류(時釀類)" '춘주방(春酒方)'에 춘주 담그는 법이 있다.

어 구망신(句芒神)[51]에게 제사지내며 풍년을 기원한다.[52]라 했다. 우리나라에서 중화절에 종복들에게 음식을 대접하는 일 또한 풍년을 기원하는 뜻이다. 《금화경독기》[53]

我東之以中和節饋僮, 亦祈豐之義也. 《金華耕讀記》

7) 춘사일(春社日)[54]의 사반(社飯)[55]

사(社)란, 토지신[社]에 제사를 지내 복을 구하며 농사의 시작으로 삼는 일이다. 옛날 예법에 이날 사단(社壇)[56]에 모여 희생을 잡고 농주(農酒)를 올려 신에게 제사를 지낸 다음 제사지낸 고기를 먹는데 이를 '사육(社肉)'이라 한다. 또 여러 가지 고기를 섞어서 요리하여 밥 위에 얹는데 이를 '사반(社飯)'이라 한다.[57] 또 사일(社日)에 술을 마시는데, 이를 '치롱(治聾, 귀밝이술)'이라 한다. 《금화경독기》[58]

春社日社飯

社者, 祀社求福, 爲農始也. 古禮, 是日會社牲醪祭神, 然後饗其胙, 謂之"社肉", 以諸肉雜調和, 鋪飯上, 謂之"社飯". 又社日飲酒, 謂之"治聾". 《金華耕讀記》

8) 2월 2일의 나물 캐기

장자의 《상심낙사(賞心樂事)》에 남호(南湖)[59] 지방의 나물 캐는 날을 2월에 넣어 놓았으나 어느 날인지

重二挑菜

張約齋《賞心樂事》, 南湖挑菜, 系之二月, 而不言

---

51 구망신(句芒神): 구망(句芒)은 본래 옛 전설에 의하면 소호씨(小皥氏)의 아들로, 이름은 중(重)이고, 나무를 담당하는 관원이었다. 후대에는 산림을 관장하는 신으로 알려졌다.

52 2월……기원한다:《新唐書》卷139〈列傳〉64 "李泌"(《新唐書》15, 4367쪽).

53 《金華耕讀記》卷4〈上工日〉, 19쪽.

54 춘사일(春社日): 입춘 후 5번째 되는 무일(戊日). 앞의 "월별 행사"의 '2월' 조에 나온 사일(社日)과 같다.

55 사반(社飯): 한 해 농사를 시작하기 전에 토지신에게 제사를 지내고 나누어 먹던 제사 음식. 《정조지(鼎俎志)》권7〈절식지류(節食之類)〉 "절식보유(節食補遺)" '춘사반(春社飯)·추사반(秋社飯)'에 만드는 법이 있다.

56 사단(社壇): 고대에 토지신을 제사하는 제단. 흙을 돋우고 이 흙에 적합한 나무를 심었다.

57 옛날……한다: 고려 이래 국왕이 음력 2월에 선농제를 거행한 후, 쟁기를 끈 소를 잡아서 국을 끓여 참여한 사람들과 나누어 먹었다는 '설렁탕(선농탕)' 기원설이 이 2월 춘사일 사반과 관련이 있는 것으로 보인다.

58 출전 확인 안 됨.

59 남호(南湖): 중국 절강성 가흥현(嘉興縣) 동남쪽에 있는 호수. 일명 원앙호(鴛鴦湖)라 불린다.

말하지는 않았다. 지금 《진중세시기》를 살펴보니, "2월 2일 곡강(曲江)에서 나물을 캐는데, 백성들이 유람하고 구경하는 모습이 매우 성대하다."[60]라 했다. 또 《건순세시기(乾淳歲時記)》[61]에 "2월 2일 궁중에서 도채연(挑菜宴, 봄나물 캐기 잔치)을 열었다."[62]라 했으니, 나물 캐는 날이 2월 초이튿날에 있음이 분명하다. 산야에서 나물을 캐 먹고 사는 선비들은 더욱이 이날을 기념하지 않을 수 없다. 《금화경독기》[63]

9) 화조(花朝, 2월 15일)의 박접회(撲蝶會, 나비 잡기 모임)

양만리(楊萬里)[64]의 《시화(詩話)》[65]에 "동경(東京)[66]에서는 2월 12일을 '화조(花朝)'라 하고 박접회를 한다."[67]라 했다. 《풍토기(風土記)》에 "2월 15일은 '화조'이니 절호(浙湖, 절강성 일대)의 풍속은 이날을 봄 절기의 한가운데로 생각한다. 온갖 꽃들이 다투어 피므로 노닐며 구경하는 때이다."[68]라 했다. 두 설이 같지 않은 이유는 대개 절후(節候)의 이르고 늦음이 지역

何日. 今考《秦中歲時記》, "二月二日, 曲江探菜, 士民遊觀極盛." 《乾淳歲時記》"二月二日, 宮中排辦挑菜宴", 則其在初二審矣. 山野咬菜之士, 尤不可不識此日也. 《金華耕讀記》

花朝撲蝶會

楊誠齋《詩話》云:"東京二月十二日曰'花朝', 爲撲蝶會." 《風土記》云:"二月十五日爲'花朝', 浙湖風俗以爲春序正中, 百花競發, 乃遊賞之時." 二說不同, 蓋以節候早晚隨地而異也.

---

60 2월……성대하다:《御定月令輯要》卷6〈二月令〉"天道"《文淵閣四庫全書》467, 260쪽).

61 건순세시기(乾淳歲時記):중국 남송의 문인 주밀(周密, 1232~1298)이 지은 세시기.

62 2월……열었다:《乾淳歲時記》〈挑菜〉《文淵閣四庫全書》879, 713쪽).

63 출전 확인 안 됨.

64 양만리(楊萬里):1124~1206. 중국 남송(南宋)의 시인. 자는 정수(廷秀), 호는 성재(誠齋). 각지의 지방장관을 역임하면서 관직을 전전할 때마다 시집 한 권씩을 엮었다. 그의 시집은 《강호집(江湖集)》에서 《퇴휴집(退休集)》에 이르기까지 모두 9부로, 시의 총 편수는 4,000여 편에 이른다. 시 속에 속어를 섞어 쓰면서 활달한 기풍이 있다는 평가를 받는다. 육유(陸遊, 1125~1209)·범성대(范成大, 1126~1193)·우무(尤袤, 1127~1194)와 더불어 남송 4대가로 꼽힌다.

65 시화(詩話):양만리의 저작 《성재시화(誠齋詩話)》를 말한다. 시와 산문 및 변려문에 이르기까지 여러 갈래의 문체에 대해 두루 논평을 한 저서이다.

66 동경(東京):낙양(洛陽)의 이칭.

67 동경(東京)에서는……한다:《格致鏡原》卷96〈昆蟲類〉"蝶"《文淵閣四庫全書》1032, 736쪽).

68 2월……때이다:《天中記》卷4〈四時〉《文淵閣四庫全書》965, 179쪽).

에 따라 다르기 때문이다. 예를 들어 우리나라 서울의 기후에 대해 논하자면 계절이 빨리 돌아오는 해라 하더라도 겨우 2월 스무날이나 그믐이 되어서야 꽃이 비로소 봉오리를 맺는다. 《금화경독기》[69]

若論我東京都氣候, 節早之歲, 菫可於二月念晦, 花始蓓蕾耳. 《金華耕讀記》

10) 한식(寒食)의 들놀이

寒食郊遊

도성 사람들은 조상의 묘소 찾는 일을 정조(正朝, 설날)·한식(寒食)·단오(端午)·한가위의 4대 명절에 한다. 그 가운데 한식과 한가위가 가장 성대하니, 사방 교외에 남녀가 줄줄이 늘어서서 끊어지지 않고 다닌다. 《한양세시기》[70]

都人上冢, 用正朝、寒食、端午、中秋四名節. 寒食、中秋最盛, 四郊士女綿絡不絕. 《漢陽歲時記》

《업중기(鄴中記)》[71]에 "한식 3일 동안에 멥쌀과 보리를 달여 진한 즙을 만들고 여기에 살구씨를 빻아 넣고 끓여서 죽을 쑨다."[72]라 했다. 《옥촉보전(玉燭寶典)》[73]에 "지금 사람들은 대맥죽(大麥粥, 보리죽)을 쑬 때 살구씨를 갈아 진한 즙을 만들고 조청을 가져다 붓는다."[74]라 했다. 향산(香山) 백거이(白居易)의 시에 "조청 남겨두었다가 식은 죽에 타서 맛 내고, 불 꺼

《鄴中記》云: "寒食三日, 煮粳米及麥爲酪, 擣杏仁煮作粥." 《玉燭寶典②》云: "今人爲大麥粥, 研杏仁爲酪, 引餳沃之." 白香山詩, "留餳和冷粥, 出火煮新茶"是也.

---

69 출전 확인 안 됨.

70 《京都雜志》〈寒食〉(《조선대세시기》3, 82쪽).

71 업중기(鄴中記): 중국 진(晉)나라의 문인 육홰(陸翽, ?~?)가 편찬한 서적. 진나라와 그 이전의 역사 및 각종 전거를 기록했다. 원서는 일실되었으나 후대에 새로 모아서 간행한 책이 사고전서에 수록되어 있다.

72 한식……쑨다: 《鄴中記》〈寒食〉(《文淵閣四庫全書》463, 314쪽); 《荊楚歲時記》(《文淵閣四庫全書》879, 703쪽). 《정조지(鼎俎志)》권7〈절식지류(節食之類)〉"절식보유(節食補遺)" '당죽(餳粥)'에 같은 글이 있다.

73 옥촉보전(玉燭寶典): 수(隋)나라의 관료였던 두태경(杜台卿, 579~?)이 편찬한 서적. 《예기(禮記)》의 〈월령(月令)〉편과 비슷한 형식으로 당대의 풍속 및 민간전승을 기록했다.

74 지금……붓는다: 출전 확인 안 됨; 《荊楚歲時記》(《文淵閣四庫全書》879, 703쪽). 《정조지(鼎俎志)》권7〈절식지류(節食之類)〉"절식보유(節食補遺)" '당죽(餳粥)'에 같은 글이 있다.

② 典: 저본에는 "曲". 《荊楚歲時記》에 근거하여 수정.

내어 새로 딴 찻잎 달인다."[75]라 한 것이 이것이다.

또 《사물기원(事物紀原)[76]》에 "민간에서는 매년 청명(淸明)이 되면 보리나 차조를 진한 살구 즙에 넣고 달여서 생강죽을 쑨다. 이 죽이 식어서 굳으면 얇은 나뭇잎처럼 자른 뒤, 조청이나 꿀을 발라서 먹는데, 이것을 '능고(陵糕)'라 한다."[77]라 했다. 이런 음식은 모두 한식에 먹는 명절 음식 가운데 따라서 만들 만한 것들이다. 《금화경독기》[78]

11) 3월 삼짇날의 계제(禊祭, 푸닥거리)

《주례(周禮)》〈춘관(春官)〉에 "여자 무당이 세시(歲時)에 따라 묵은 때를 깨끗이 씻는 푸닥거리를 관장한다."라 했는데, 그 주석에 "세시에 따른 푸닥거리는 지금의 3월 상사일(上巳日)에 물가에 가는 일과 같은 경우이다."[79]라 했다. 《진서》〈예의지(禮儀志)〉에 "한나라 의례(儀禮)에 3월 상사일에 관원과 백성들이 모두 동쪽으로 흐르는 물가에서 계제(禊祭)를 지내고 몸을 씻고 푸닥거리를 하여 묵은 때를 벗겨냈다. 그런데 위(魏)나라 이후로는 3월 3일에만 행사를 하고 상사일에는 하지 않았다."[80]라 했다. 이로 볼 때 삼짇

又《事物紀原》云:"世俗每至淸明, 以麥或③秫, 以杏酪煮爲薑粥, 俟其凝冷, 裁作薄葉, 沃以餳若蜜以食之, 謂之'陵④糕'." 此皆寒食節食之可倣者也. 《金華耕讀記》

重三禊

《周禮·春官》"女巫掌歲時祓除釁浴", 注"歲時祓除, 如今三月上巳, 如水上之類." 《晉·禮儀志》云:"漢儀季春上巳, 官及百姓皆禊於東流水上, 洗濯祓除去宿垢, 而自魏以後, 但用三日, 不以上巳也." 重三修禊, 其來遠矣.

---

75 조청……달인다:《白香山詩集》卷17〈長慶集〉"淸明日送韋侍御貶虔州".
76 사물기원(事物紀原):중국 송나라의 문인 고승(高承, ?~?)이 편찬한 서적. 사물 및 서적 등의 기원과 고사를 총 10권, 55부 체제, 1,765개의 기사에 수록했다.
77 민간에서는……한다:《事物紀原》卷9〈農業陶漁部〉45 "陵䭔"(《文淵閣四庫全書》920, 241~242쪽).
78 출전 확인 안 됨.
79 여자……경우이다:《周禮注疏》卷26〈春官〉(《十三經注疏整理本》8, 812쪽).
80 한나라……않았다:《晉書》卷21〈志〉11 "禮" 下(《晉書》3, 671쪽).
③ 麥或:저본에는 "麦成". 《事物紀原·農業陶漁部·陵䭔》에 근거하여 수정.
④ 陵:저본에는 "麦". 《事物紀原·農業陶漁部·陵䭔》에 근거하여 수정.

날 계제를 지내는 일은 그 유래가 오래되었다.

우리나라 역시 이날을 매우 귀중하게 여겨 조정에서는 과거를 시행해서 인재를 등용하고, 여염집에서는 조상께 제사를 지내고 진달래전[杜鵑花糕][81]이나 쑥떡[艾糕][82]으로 손님을 접대한다. 《송사(宋史)》〈고려전(高麗傳)〉에서 말한 "상사일에는 푸른 쑥으로 물들인 떡을 으뜸가는 음식으로 친다."[83]라는 것이 곧 쑥떡을 가리킨다. 《금화경독기》[84]

我東亦綦重是日, 朝家設科取人, 閭閭祭先, 饗客用杜鵑花糕、艾糕. 《宋史·高麗傳》所謂"上巳日, 以靑艾染餠爲盤羞之冠"者, 卽指艾糕也. 《金華耕讀記》

《식보(食譜)》[85]에 "장수미(張手美)[86] 상점의, 손으로 들 수 있는 휴대용 취사도구[手裏行廚][87]가 있다. 비록 그 제도에 대해 상세하게 말하지는 않았으나 '휴대용 취사도구'라 말했으니, 대개 또한 반합과 작은 솥 등의 도구로, 이곳저곳에 가지고 다니며 음식을 익혀 먹을 수 있게 했을 것이다. 소동파(蘇東坡)[88]의 택승정(擇勝亭)과 장수미의 손으로 들 수 있는 휴대

《食譜》有"張手美家手裏行廚", 雖不詳言其製, 而謂之"行廚", 則蓋亦食盒兼鐺鍮之具, 令可隨地熟供耳. 坡翁之擇勝亭、張手美之手裏行廚, 俱爲上巳踏靑時, 不可闕之具. 《同上》

---

81 진달래전[杜鵑花糕]:《정조지(鼎俎志)》권7 〈절식지류(節食之類)〉 "중삼절식(重三節食)" '두견화고방(杜鵑花糕方)'에 만드는 법이 있다.

82 쑥떡[艾糕]:《정조지(鼎俎志)》권7 〈절식지류(節食之類)〉 "중삼절식(重三節食)" '향애단자방(香艾團養方)'에 만드는 법이 있다.

83 상사일에는……친다:《宋史》卷487 〈列傳〉246 "外國" 3 '高麗'(《宋史》40, 14044쪽).

84 출전 확인 안 됨.

85 식보(食譜):중국 당나라의 문인 위거원(韋巨源, ?~?)이 편찬한 음식 관련 서적. 《설부(說郛)》권95上에 수록되어 있다.

86 장수미(張手美):중국 오대(五代) 후주(後周)시대에 명절 음식을 만들던 명인. 《설부(說郛)》卷95上 〈식보(食譜)〉와 《청이록(淸異錄)》권下 〈찬차(饌羞)〉 "장수미가(張手美家)"에 따르면 각 명절마다 1가지씩 음식을 만들어 판매했기 때문에 유명했다고 한다.

87 장수미(張手美)……취사도구:《淸異錄》卷下 〈饌羞〉 "張手美家". 여기에는 각 명절에 판매한 음식 17가지가 나열되어 있는데, 상사일에 해당하는 것이 '수리행주(手裏行廚)'인 것으로 보아 야외에 나가서 사용할 수 있도록 만들어진 간단한 취사도구를 판매한 듯하다.

88 소동파(蘇東坡):1036~1101. 중국 북송 때의 문장가 소식(蘇軾). 자는 자첨(子瞻)이며 호는 동파(東坡). 당송 8대가의 한 사람으로 꼽히며, 미식가로 음식에도 조예가 깊어 '동파육'이란 음식에 얽힌 고사와 그의 이름이 남아 있다. 저서로 《동파전집(東坡全集)》이 있다.

용 취사도구는 모두 상사일에 답청놀이를 할 때 빠뜨릴 수 없는 도구이다. 《금화경독기》[89]

12) 늦봄의 간화국(看花局, 꽃구경 모임)

승려 중수(仲殊)[90]의 〈화품서(花品序)〉에 "매년 불 피우기를 금하는 한식 전후로 술과 음식을 마련하여 꽃구경하러 찾아오는 손님을 대접하되, 관계가 친하거나 서먹하거나를 따지지 않았다. 이를 '간화국'이라 한다."[91]라 했다.

우리나라 서울에서의 꽃구경은 필운대(弼雲臺)[92]의 살구꽃과 북적동(北笛洞)[93]의 복사꽃을 최고로 친다. 그래서 매년 3월이 되면 꽃을 찾고 버드나무를 따라 온 이들이 여기에 많이 모인다. 곳곳의 집주인들은 이때 정원에 물을 주어 화훼를 가꾸며, 대나무 사립을 두르고 정자에 띠를 이어 손님들을 맞이한다.

시골의 경우는 꽃피는 절기가 이보다 조금 늦고, 풍광이 뛰어난 장소 또한 정해진 곳이 없다. 그러니 오직 일 벌이기 좋아하는 사람들이 정원과 연못을 어떻게 단장하고 꾸미는가에 달려 있을 뿐이다. 《금화경독기》[94]

季春看花局

釋仲殊《花品序》云:"每歲禁煙前後, 置酒饌以待來客, 賞花者, 不問親疏, 謂之'看花局'."

我東京都賞花, 最稱弼雲臺杏花、北笛洞桃花. 每歲季春, 訪花隨柳者, 多集于此, 處處主人, 能灌園藝畹, 竹扉茅亭以迎賓客.

至於鄕野, 花節差晚, 勝地亦無定處, 唯在好事者, 粧點園池之如何耳. 《金華耕讀記》

---

89 출전 확인 안 됨.
90 중수(仲殊):?~?. 중국 송나라 승천사(承天寺)에 있던 승려의 이름. 자는 사리(師利), 호는 밀수(密殊). 소식(蘇軾, 1036~1101)과 교류했으며 시와 문장에 모두 뛰어났다. 저서로《보월집(寶月集)》이 있다.
91 매년……한다:《說郛》卷12下〈續釋常談〉"陪酒陪談"(《文淵閣四庫全書》876, 618쪽).
92 필운대(弼雲臺):서울특별시 인왕산 산자락 중 맨 남쪽 봉우리 아래의 바위. 현재 종로구 필운동 배화여대 뒷편이다. 중종 때 명나라 사신이 인왕산을 필운(弼雲)이라 부른 고사에서 명칭이 유래했다.
93 북적동(北笛洞):서울특별시 성북구 성북동의 옛 명칭. 예로부터 이 일대는 복사꽃으로 유명했다.
94 출전 확인 안 됨.

13) 석가탄신일의 관등(觀燈) 놀이

초파일에는 손님을 맞이하여 음식을 대접하는데, 유엽병(楡葉餠, 느티떡)·삶은 콩·데친 미나리를 내어놓으며, 이를 '석가탄신일에 먹는 소찬(素饌)[95]'이라 한다. 또 어린아이들은 동이에 물을 담아 등불을 다는 장대 아래에다 놓고, 바가지를 띄우고는 비의 자루로 바가지 뒷면을 톡톡 두드려 꾸밈없고 소박한 소리를 내는데, 이를 '물장구[水鼓]'라 한다.

장원(張遠)[96]의 《오지(隩志)》[97]를 살펴보니, "서울(연경)의 풍속에 부처의 이름을 외는 사람은 그때마다 콩으로 자신이 왼 횟수를 표시하여 두었다가, 4월 초파일 석가탄신일이 되면 그 콩을 삶은 뒤 소금을 살짝 뿌려서는 길에서 사람을 맞이하여 먹기를 청하면서 인연을 맺는다."[98]라 했다. 요즈음 민간에서 콩을 삶아 내는 일은 대개 여기에서 시작했다.

또 《제경경물략》을 살펴보니, "정월 대보름 밤에 어린아이들이 북을 치며 저녁부터 새벽까지 노는 것을 '태평고(太平鼓)'라 한다."[99]라 했다. 지금 민간의 물장구[水鼓]는 중국의 태평고와 흡사한데, 석가탄신일에 등석(燈夕, 등 밝히기)을 행하기 때문에 우리나라에서 이 물장구 역시 옮겨서 행하는 것이다. 《한양세시기》[100]

佛生日觀燈

延客設饌, 楡葉餠、煮豆、烹芹, 云是"佛辰茹素". 又童子設盆水于燈竿下, 泛瓢, 用帚柄叩其背, 爲眞奉之音, 號爲"水鼓".

案張遠《隩志》, "京師俗, 念佛號者, 輒以豆識其數, 至四月八日佛誕生之辰, 煮豆微撒以鹽, 邀人于路, 請食之, 以爲結緣也." 今俗煮豆, 蓋昉於此.

又案《帝京景物略》, "元夕童子擿鼓, 旁夕向曉, 曰'太平鼓'." 今俗水鼓, 似卽太平鼓, 而以佛日爲燈夕, 故移用之也. 《漢陽歲時記》

---

95 소찬(素饌) : 생선과 고기 반찬이 없이 채소와 곡류로만 차린 밥상.
96 장원(張遠) : ?~?. 중국 청나라 초기의 문인. 《오지(隩志)》를 편찬했다는 기록 이외의 사적은 남아있지 않다.
97 오지(隩志) : 장원이 편찬한 지리지. 중국 각 지역의 풍속을 기록했다.
98 서울의……맺는다 : 출전 확인 안 됨 ; 《欽定日下舊聞考》卷147〈風俗〉2《文淵閣四庫全書》499, 283쪽).
99 정월……한다 : 출전 확인 안 됨 ; 《欽定日下舊聞考》卷147〈風俗〉2《文淵閣四庫全書》499, 280쪽).
100《京都雜志》卷2〈歲時〉"四月八日"《조선대세시기》3, 82~85쪽).

민가에서 등에 불을 켤 때에는 자녀들의 숫자대로 밝혀야 길하다고 여긴다. 등불을 다는 장대는 큰 대나무 수십 개를 묶어서 만든다. 꼭대기에 꿩의 깃을 꽂고 색색의 깃발을 매어 달거나 혹은 일월권(日月圈)[101]을 꽂아두면 바람이 부는 대로 현란하게 돌아간다. 이날 저녁은 관례상 야간통금을 풀어주므로, 등불을 구경하는 이들이 남북쪽 산기슭 여기저기에 있다. 혹은 퉁소와 북을 가지고 연주하며 거리를 따라다니면서 등을 구경하기도 한다.

《고려사》를 살펴보니, "왕궁과 도성으로부터 시골의 읍내에 이르기까지 정월 대보름과 16일 이틀 밤에 걸쳐 등불을 달았는데, 최이(崔怡)[102]가 4월 초파일에 등불을 달도록 했다."[103]라 했다.

또 《고려사》를 살펴보니, "우리나라 풍속에는 4월 초파일이 석가탄신일인지라 집집마다 등불을 단다. 이날이 되기 수십 일 전부터 여러 아이들이 종이를 잘라 장대에 붙여 깃발[旗]을 만들고, 도성의 거리와 마을을 온통 누비면서 소리치며[呼] 쌀과 베를 얻어다 그 등불 만드는 비용을 삼으니, 이를 '호기(呼旗)'라 한다."[104]라 했다. 지금의 민간에서 등불을 다는 장대에 깃발을 꽂는 것은 호기의 남은 풍속

人家點燈, 依子女多少, 以明亮爲吉. 燈竿, 縛大竹累十而成, 頭揷雉羽, 繫色幟, 或揷日月圈, 隨風眩轉. 是夕例弛夜禁, 觀燈者, 遍於南北麓, 或携簫鼓, 沿街縱觀.

案《高麗史》, "王宮國都, 以及鄕邑, 正月望燃燈二夜, 崔怡於四月八日燃燈."

又案《高麗史》, "國俗以四月八日是釋迦生日, 家家燃燈, 前期數旬, 群童剪紙, 注竿爲旗, 周呼城中街里, 求米布爲其費, 謂之'呼旗'." 今俗燈竿揷幟者, 呼旗之遺也. 同上

---

101 일월권(日月圈):바람개비의 일종. 사월 초파일에 세우는 등대 꼭대기의 장식. 끝에 장목을 단 긴 장대의 꼭대기 중앙에 구멍을 뚫고 그 구멍에 다른 나무를 꿰어 '십(十)' 자 모양으로 만든 다음, 그 나무의 양 끝에 직경 4cm 가량의 붉은 공과 흰 공을 위로 향하게 꽂아서 바람이 불면 나무가 빙빙 돌게 한 장치이다.

102 최이(崔怡):고려시대의 무신 최우(崔瑀, ?~1249). 뒤에 이(怡)로 개명했다. 아버지 최충헌(崔忠獻)의 뒤를 이어 정권을 장악했으며 민심을 수습하려는 여러 정책을 펼치고 인재를 등용했다.

103 왕궁과……했다:《高麗史節要》卷3〈顯宗元文大王〉"庚戌元年";《金華耕讀記》권4〈燈夕〉, 20쪽.

104 우리나라……한다:《高麗史節要》卷28〈恭愍王〉"丙午十五年";《金華耕讀記》권4〈燈夕〉, 19쪽.

이다. 《한양세시기》[105]

등불의 이름으로는 마늘등·연꽃등·수박등·학등·잉어등·자라등·병등·항아리등·배[船]등·북등·칠성(七星)등·수(壽)자등 등의 종류가 있으니, 모두 사물의 모양을 본뜬 것이다. 이 등들은 종이로 바르거나 푸른 깁을 쓰는데, 운모(雲母)[106]를 박아 넣어 날아가는 신선이나 꽃과 새의 무늬를 장식한다. 북등[鼓燈]에는 대부분 중국 삼국시대의 고사를 그려 넣는다.

燈名, 蒜、蓮、西瓜、鶴、鯉、鼅鼊、瓶、缸、船、鼓、七星、壽字類, 皆象形. 紙塗或用碧紗, 嵌雲母, 飾飛仙、花鳥. 鼓燈多畫三國故事.

또 영등(影燈)이 있다. 등 속에 돌아가는 얼레를 설치하고, 종이를 오려서 말탄 사냥꾼·매·개·호랑이·사슴·꿩·토끼의 형상을 만든 뒤 돌아가는 얼레에 붙인다. 이것들이 바람이나 열기에 의해 돌게 되면 밖에서 그 그림자를 본다.

又有影燈, 裏設旋機, 剪紙作獵騎、鷹、犬、虎、鹿、雉、兎狀, 傅於機, 爲風炎所轉, 外看其影.

소동파의 〈여오군채서(與吳君采書)〉[107]를 살펴보니, "영등을 아직까지 한 번도 보지 못했던가? 이것을 보느니 《삼국지》를 한 번 보는 것이 어떻겠는가?"라 했으니, 이는 틀림없이 삼국의 고사를 영등으로 만든 것이다.

案東坡《與吳君采書》, 云: "影燈未嘗見? 與其見此, 如何一閱《三國志》耶?" 此必以三國故事作影也.

또 범성대(范成大)[108]의 〈상원오하절물배체시(上元吳下節物排體詩)〉에 "영등을 돌리니 기마가 종횡으로

又范石湖《上元吳下節物排體詩》, "轉影騎縱橫",

---

105 《京都雜志》卷2 〈歲時〉 "四月八日"(《조선대세시기》3, 82~85쪽).

106 운모(雲母): 석영·장석과 함께 화강암에 있는 중요한 조암 광물. '돌비늘'이라고도 한다.

107 여오군채서(與吳君采書): 소동파가 오채(吳采)에게 준 짧은 글 2구로, 《동파전집(東坡全集)》에 실려있다.

108 범성대(范成大): 1126~1193. 중국 남송(南宋)의 정치가이자 문학가. 자는 치능(致能), 호는 석호(石湖). 양만리(楊萬里)·육유(陸遊)·우무(尤袤)와 더불어 남송 4대가로 꼽히며, 청신(淸新)한 시풍으로 전원의 풍경을 묘사한 시들이 유명하다. 저서로 《석호시집(石湖詩集)》등이 있다.

치달린다."라 했는데, 그 주석에 '마기등(馬騎燈)이다.'[109]라 했다. 대개 송나라 때부터 이미 영등의 제도가 있었던 것이다. 《한양세시기》[110]

《동경몽화록(東京夢華錄)[111]》에 "4월 8일 부처의 탄신일에는 10대 선원(禪院)에서 각각 '욕불재회(浴佛齋會)[112]'를 연다."[113]라 했다. 《건순세시기》에 또한 "4월 8일은 부처의 탄신일이니 여러 사찰에서 각각 욕불회를 연다."[114]라 했다. 우리나라가 4월 8일로 부처의 생일을 삼은 까닭은 대개 여기에서 기원했다.

그러나 《보요경(普耀經)》[115]에 근거하면 부처는 주(周)나라 소왕(昭王)[116] 24년[117] 갑인(甲寅)년 4월 8일에 태어났다고 한다. 주나라는 자월(子月)로 정월을 삼으니[118] 주나라의 4월은 곧 지금의 2월에 해당한다. 그러므로 《요사(遼史)》 〈예지(禮志)〉에 "2월 8일은 싯다르타 왕자의 생신이므로 도성 및 여러 고을에서

註云: "馬騎燈". 蓋自宋時, 已有此制. 《同上》

《東京夢華錄》云: "四月八日佛生日, 十大禪院, 各有浴佛齋會." 《乾淳歲時記》亦云: "四月八日爲佛誕日, 諸寺院各有浴佛會." 我東之以四月八爲佛辰, 蓋原於此.

然據《普耀經》, 佛以周昭王二十四年甲寅歲四月八日生, 周以子月爲歲首, 周之四月, 卽今之二月. 故《遼史·禮志》云: "二月八日爲悉達太子生辰, 京府

109 영등을……마기등(馬騎燈)이다:《石湖詩集》卷23 〈上元紀吳中節物俳諧體三十二韻〉《文淵閣四庫全書》1159, 769~770쪽).

110 《京都雜志》卷2 〈歲時〉 "四月八日"《조선대세시기》3, 82~85쪽).

111 동경몽화록(東京夢華錄):중국 송나라의 문인 맹원로(孟元老, ?~1147)가 편찬한 서적. 송나라의 도읍인 개봉부(開封府)와 그 인근의 풍속 및 민간전승을 기록한 책이다.

112 욕불재회(浴佛齋會):부처의 탄생일인 음력 4월 8일을 기념하는 행사. 불가에서는 이날 불상(佛像)에 물을 끼얹으며 부처의 탄생을 축하한다. 욕화재(浴化齋) 또는 불탄회(佛誕會)라고도 한다.

113 4월……연다:《東京夢華錄》卷8 〈四月八日〉《文淵閣四庫全書》589, 162쪽).

114 4월……연다:《說郛》卷69上 〈乾淳歲時記〉 "浴佛"《文淵閣四庫全書》879, 715쪽).

115 보요경(普耀經):신격화된 부처의 생애를 묘사하고 있는, 대승 불교의 경전.

116 소왕(昭王):B.C 1027?~B.C 977.(재위 B.C 995~B.C 977) 주나라 4대 왕으로 강왕(康王)의 아들이다. 한수(漢水) 일대를 순수(巡狩)할 때 어떤 사람이 배에다 그를 아교로 칠하고 묶어서 꼼짝 못하게 했는데, 강 한가운데서 배가 가라앉아 그때 물에 빠져 죽었다는 고사가 있다.

117 24년:주나라 소왕은 재위 19년(B.C 977)에 죽었다. 오기로 추정된다.

118 자월(子月)로……삼으니:북두칠성 자루가 자(子)시 방향을 가리키는 달인 11월로 정월을 삼았다는 뜻이다.

나무를 깎아 불상을 만들고 각종 의장(儀仗)[119]을 갖추어 온갖 놀이를 하며 앞뒤로 행렬을 이루어 성을 돌아다니며 즐긴다."[120]라 했다.

고려의 땅은 거란(요)과 가까워 많은 풍습을 본받았지만, 이 풍속만은 건도(乾道)[121]와 순희(淳熙)[122] 연간의 풍속을 따랐으니[123], 그 까닭을 알 수는 없다. 《금화경독기》[124]

及諸州, 雕木爲像, 儀仗百戲, 導從循城爲樂."

高麗地近契丹, 事多倣效, 而此獨從乾、淳之俗, 未可知也.《金華耕讀記》

14) 4월의 비영회(飛英會, 날리는 꽃잎 즐기는 모임)

범진(范鎭)[125]이 허하(許下)[126]에 살며 커다란 집을 짓고 '장소당(長嘯堂)'이라 했다. 건물 앞에는 도미화(酴醾花)[127]가 자라고 있는 시렁이 있다. 시렁은 높고 널찍하여 손님 10여 명을 수용할 수 있었다. 매년 봄철 꽃이 흐드러지게 피면 그 아래에서 손님들에게 연회를 베풀었는데, '날리는 꽃잎이 술잔 속에 들어간 사람은 큰 술잔으로 1잔을 마셔야 한다'라는 규칙을 정하였다. 간혹 웃고 이야기하며 떠들썩하게

四月飛英會

范蜀公居許下, 造大堂, 名以長嘯, 前有酴醾架, 高廣可容十客. 每春季花繁, 燕客其下, 約曰'有飛花墮酒中者, 嚼一大白', 或笑語喧譁之際, 微風過之, 滿座無遺. 時號"飛英會", 其風流可想也. 我東無酴醾,

---

119 의장(儀仗) : 천자(天子)나 왕공(王公), 그 밖의 높은 분을 모실 때 위엄을 보이기 위하여 격식을 갖추어 세우는 병장기.

120 2월……즐긴다 :《遼史》卷53〈志〉22 "禮"6 '嘉儀'下 (《遼史》2, 878쪽).

121 건도(乾道) : 중국 남송 효종(孝宗)의 두 번째 연호(1165~1173). 효종(孝宗, 1127~1194)은 남송(南宋)의 제2대 황제이며 명군(名君)으로 꼽는다.

122 순희(淳熙) : 중국 남송 효종(孝宗)의 세 번째 연호(1174~1189).

123 건도(乾道)와……따랐으니 :《건순세시기》의 설을 따랐다는 의미이다.

124《金華耕讀記》卷4〈燈夕〉, 19~20쪽.

125 범진(范鎭) : 1008~1089. 송나라의 관료이자 문인. 범촉공(范蜀公)으로도 불린다. 자는 경인(景仁). 인종(仁宗) 재위시(1023~063)에 지간원(知諫院)과 한림학사(翰林學士)를 역임했고, 왕안석(王安石)의 신법(新法)에 반대하다가 벼슬에서 물러났다. 저서로《동재기사(東齋記事)》등이 있다.

126 허하(許下) : 중국 하남성(河南省) 허창시(許昌市) 일대.

127 도미화(酴醾花) : 찔레꽃의 일종. 장미처럼 시렁을 타고 잘 자란다. 도미(酴醾)는 도미화의 향을 내어 두 번 거른 좋은 술을 말하기도 한다.

도미화

놀 때 산들바람이 지나가면 온 자리에 꽃잎이 날려 예외 없이 모두의 잔에 꽃잎이 들어갔다. 따라서 당시에 이 모임을 '비영회(飛英會)'라 했으니, 그 풍류를 상상해 볼 수 있다. 우리나라에는 도미화가 없으므로 초여름에 장미 시렁 아래에서 이 모임을 모방하면 좋을 것이다.《금화경독기》[128]

宜於初夏薔薇架下, 倣其事.《金華耕讀記》

15) 4월의 모란회(牡丹會, 모란 즐기는 모임)

송나라 왕간경(王簡卿)[129]이 일찍이 장자(張鎡)의 모란회(牡丹會)에 참석했다. 여러 손님들이 이미 한 방에 모여 아무것도 없이 고요하게 앉아 있었다. 이윽고 주위 사람들에게 "향기가 납니까?"라 물으니, 손님들이 "향기가 납니다."라 대답했다. 가리고 있던 발을 걷게 하니 모란꽃의 향기가 안으로부터 흘러나와 그윽하게 온 자리에 가득 찼다.

四月牡丹會

宋 王簡卿嘗赴張鎡牡丹會, 衆賓旣集一堂, 寂無所有. 俄問左右云"香發未?", 答曰"已發". 命捲簾, 則其香自內出, 郁然滿座.

---

128 출전 확인 안 됨.
129 왕간경(王簡卿):미상.

여러 기생들이 술과 안주, 현악기와 관악기를 들고 차례대로 들어왔고 그 가운데 따로 특별히 꾸민 기생 10명이 있었다. 모두 흰옷을 입고, 모든 머리 장식과 옷깃은 전부 모란으로 꾸몄고, 머리에는 조전홍(照殿紅)[130] 가지 1개를 꽂고는 손에는 박판(拍板)[131]을 잡고 연주하면서 노래를 부르며 술을 권했다. 노래가 끝나자 음악을 연주하고서야 기생들이 물러났다. 그러자 다시 발을 드리우고 자연스럽게 이야기를 주고받았다.

한참 있다가 향기가 피어나자 이전처럼 발을 걷으니, 따로 기생 10명이 복장과 꽃장식을 바꾸어 나왔다. 대체로 흰색 꽃가지로 비녀를 꽂으면 자줏빛 옷을 입고, 자주색 꽃이면 아황색 옷을, 노란 꽃이면 붉은색 옷을 입는다. 이렇게 10순배의 술을 마시면 옷과 꽃이 모두 10번 바뀌게 된다. 그때 부르는 노래는 모두 옛사람들이 노래한 유명한 모란(牡丹) 시들이다. 술자리가 끝나자 노래하고 음악을 연주했던 무려 수십 명이 줄지어 서서 손님들을 전송했다. 이때 촛불이 빛나고 향기가 자욱하며 노래와 연주가 다양하게 어우러지니, 손님들이 모두 황홀하여 마치 신선놀이인 듯 여겼다.[132]

고금의 꽃구경 놀이 가운데 이렇게 기이하고 화려한 것이 있다는 말은 들어보지 못했다. 대개 또한

群妓以酒殽、絲竹次第而至, 別有名姬十輩, 皆衣白, 凡首飾衣領, 皆牡丹, 首戴照殿紅一枝, 執板奏歌侑觴, 歌罷樂作乃退. 復垂簾談論自如.

良久香起, 捲簾如前, 別十姬易服與花而出. 大抵簪白花則衣紫, 紫花則衣鵝黃, 黃花則衣紅, 如是十杯, 衣與花凡十易. 所謳者皆前輩牡丹名詞. 酒竟歌樂無慮數百十人列行送客, 燭光香霧, 歌吹雜作, 客皆恍然如仙遊.

古今賞花之遊, 未聞有奇麗若是者. 蓋亦富貴家標致

---

130 조전홍(照殿紅) : 산다화(山茶花, 동백꽃)의 일종.
131 박판(拍板) : 박(拍)의 옛 이름. 여섯 개의 단단한 나무쪽을 끈으로 연이어 꿰어서 만들어 박자(拍子)를 맞추는 데 쓰는 악기(樂器).
132 처음부터 여기까지의 고사는 여러 곳에서 확인된다. 이 중 본문과 내용이 가장 유사한 부분은 《宋稗類鈔》 卷7〈奢汰〉에 나온다.

부귀한 집안의 화려한 운치일 뿐이니, 임원의 청빈한 선비들이야 어찌 이런 놀이를 즐길 수 있겠는가.

다만 이름난 향, 오래된 먹, 촉 지방에서 만든 아름다운 종이, 송나라의 벼루를 얻어 자리에 참석한 손님들이 글씨를 쓰고 그림을 그릴 줄 알고, 심부름하는 시골 아이가 차를 달일 줄 알면 마음에 흡족하다. 7~8명의 사람들이 붉은 난간이 있는 누각이나 녹색 이끼가 있는 곳에 가서 그 옆에 평상을 설치하고 고아한 모임을 가진다. 흥취가 지극해지면 흩날리는 모란 꽃잎을 가져다 밀가루에 개고 수유(酥油, 유지방)로 부쳐서 술상에 올리는 것도 나쁘지 않으니, 이것이 선비들이 행하는 큰 꽃놀이이다.

장자의 《상심낙사》에는 '투춘당(鬪春堂)의 모란(牡丹)·작약(芍藥) 구경'과 '화원(花院)의 자모란(紫牡丹) 구경'을 함께 3월에 넣었다.[133] 하지만 이것은 강소성(江蘇省)과 절강성(浙江省)의 기후에 근거했을 뿐이다. 만약 우리나라 서울의 절기를 가지고 논하자면 모란 구경은 4월인 입하(立夏)[134]와 소만(小滿)[135] 사이에 있어야 한다. 《금화경독기》[136]

耳, 林園清修之士, 何能辦此.

但得名香、古墨、蜀牋、宋研, 座客能揮染, 山童解煎茶, 快心. 七、八人就朱欄、綠苔邊, 設須彌榻, 作雅會. 興劇, 取落英拖麪, 煎以酥油薦酒, 亦不害, 爲措大賞花也.

張約齋《賞心樂事》, 鬪春堂牡丹·芍藥、花院紫牡丹, 竝系之三月, 此據江、浙氣候耳. 若論我東漢陽節候, 則當在立夏、小滿之間耳.《金華耕讀記》

16) 4월 보름의 결하(結夏, 하안거 시행)

4월 15일은 승려들이 사찰에 가서 괘탑(挂塔, 방

四望結夏

四月十五日, 僧尼就禪刹

---

133 장자의……넣었다:장자가 지은 《상심낙사》〈3월〉에 투춘당의 모란·작약, 화원의 자모란을 나열하고 있다. 투춘당과 화원은 당시의 명소로 추정되나, 자세한 사항은 전하지 않는다.
134 입하(立夏):24절기(節氣) 가운데 7번째 절기. 곡우와 소만 사이이며 양력 5월 5~6일경.
135 소만(小滿):24절기 가운데 8번째 절기. 입하와 망종 사이이며 양력 5월 21~22일경.
136 출전 확인 안 됨.

에 들어가 머무름)하는데, 이를 '결하(結夏)'라 한다. 대개 이때는 초목이 자라고 양육되는 여름의 절기에 해당하니, 나다니며 밖에 있으면 초목과 곤충 따위를 다치게 할까 염려해서이다. 우리 속인들이 비록 계율을 지키지는 못할지라도 살생을 경계하는 일 또한 해롭지 않다.

挂塔, 謂之"結夏". 蓋以時當長養之節, 出行在外, 恐傷草木, 蟲類也. 吾輩縱未能持齋, 戒殺不妨.

이날에 죽순을 굽고 창포를 절여 놓는다. 그리고 마음 맞는 벗들과 함께 모여 주불(麈佛)[137]을 휘날리며 청담(淸談)을 나누고, 승려들의 소박한 음식[伊蒲]을 조금 차려서 별식으로 맛본다. 《금화경독기》[138]

於此日煨筍葅蒲, 同會心友, 揮麈淸談, 稍存伊蒲, 供風味也.《金華耕讀記》

17) 하짓날의 전파(田婆, 토지와 곡식의 신)에 제사 지내기

夏至祭田婆

동지[南至][139]와 하지[北陸][140]는 태양의 운행이 변환되는 기준이라는 점에서 같은데, 지금 사람들은 동지만을 중요하게 여기고 하지는 명절로 치지도 않으니, 매우 어이없는 일이다. 《동양현지(東陽縣志)[141]》를 살펴보면, "하지에는 농사짓는 모든 사람들이 반드시 술과 고기를 마련하여 토지와 곡식의 신에게

南至北陸, 其紀日行則同, 而今人但重南至, 不以夏至爲名節, 甚無謂也. 案《東陽縣志》, 云:"夏至, 凡治田者, 必具酒肉, 祭土穀之神, 束草立標, 挿諸田間而

---

137 주불(麈佛): 먼지떨이처럼 생긴 불가의 도구. 설법이나 외출 시에 승려가 소지하는 물건 중 하나이며, 불진(拂塵)이라고도 한다.

138 출전 확인 안 됨.

139 동지[南至]: 해가 황도 위의 동지점을 통과하는 일, 또는 그때(양력 12월 22일 무렵). 대설(大雪)과 소한(小寒) 사이에 든다. 추분에 적도 위에 있던 태양이 차츰 내려와 동지에 남회귀선(남위 23도 27분의 위선)을 찍고 다시 북으로 회귀하여 올라가므로 남지(南至)라고 이름 붙였다.

140 하지[北陸]: 해가 황도 위의 하지점을 통과하는 일, 또는 그때(양력 6월 21일 무렵). 동지부터 북상하기 시작한 태양이 춘분에는 적도 위에 있고 하지에 이르면 북회귀선(북위 23도 27분의 위선)을 찍고 다시 남쪽으로 회귀하여 내려가므로 북륙(北陸)이라고 이름 붙였다.

141 동양현지(東陽縣志): 중국 절강성(浙江省) 중부에 있는 동양현(東陽縣)의 역사·지리·인물·풍속·물산 등에 대해 기록한 읍지이다.

제사를 지내고, 풀을 엮고 팻말을 세워 이를 논과 밭 사이에 꽂아두고 제사를 지낸다. 대개 5월 무렵 보리가 다 익고 벼가 한창 무성할 때이니 그 의미는 풍년의 기원과 수확에 대한 보답을 겸한다."[142]라 했다. 이 풍속은 더욱이 농가에서 본받아야 할 일이다.《금화경독기》[143]

祭之. 蓋麥秋旣登, 稻禾方茂, 義兼祈報矣." 此尤田家之所當傚也.《金華耕讀記》

18) 단오절의 쑥떡[艾糕][144]

단오절에는 쑥떡을 만드는데 수레바퀴처럼 둥근 모양으로 만들어 먹는다. 무규(武珪)[145]의 《연북잡지(燕北雜志)[146]》를 살펴보면, "요나라 풍속에 5월 5일 발해(勃海)[147]의 요리사가 쑥떡을 올린다."라 했다. 이것이 우리나라 단오절 풍속의 연원이다.《한양세시기(漢陽歲時記)》[148]

端午艾糕

端午作艾糕, 象車輪形, 食之. 案武珪《燕北雜志》, "遼俗, 五月五日, 勃海廚子, 進艾糕." 此東俗之所沿也.《漢陽歲時記》

어린 여자 아이들이 울긋불긋한 새 옷을 입고 창포를 끓인 물에 세수를 한다. 또 창포 뿌리를 잘라 비녀를 만들고 거기에 주사(朱砂)를 찍어 묶은 머리에 꽂는데, 이를 '단오장(端午粧, 단오 날의 화장)'이라 한

小兒女, 着紅綠新衣, 菖蒲湯頮面, 又削菖蒲根作簪, 點朱砂揷髻, 號"端午粧". 閭巷婦女, 盛爲秋千戲.

---

142 하지에는……겸한다:《欽定授時通考》卷4〈天時〉"夏" '五月'(《文淵閣四庫全書》732, 52쪽).

143 출전 확인 안 됨.

144 쑥떡[艾糕]:《정조지(鼎俎志)》 권7〈절식지류(節食之類)〉"단오절식(端午節食)" '차륜병방(車輪餠方)'에 만드는 법이 있다.

145 무규(武珪):?~?. 중국 송(宋)나라의 관리. 자는 사경(思卿). 하반전시(下班殿侍)·하북연변안무사지휘(河北沿邊安撫司指揮)를 역임했다. 거란에 잡혀갔다가 도망쳐 돌아와서 자신이 그린 《거란광평정수례도(契丹廣平定受禮圖)》를 바쳤으며, 《연북잡록(燕北雜錄)》을 저술했다.

146 연북잡지(燕北雜志):중국 송나라 무규(武圭)가 거란에 잡혀가서 10여 년간 보고 들은 내용을 기록한 책. 지금은 전하지 않고 각종 유설(類說)에서 단편적인 내용을 살필 수 있다.

147 발해(勃海):발해(渤海)를 말한다. 698년부터 926년까지 한반도 북부와 만주·연해주에 존속하며 남북국을 이루었던 고대 국가.

148《京都雜志》卷2〈歲時〉"端午"(《조선대세시기》3, 85~88쪽).

다. 민간의 부녀들은 대규모로 그네타기 놀이[秋千戲]를 한다.

《완서잡기(宛署雜記)》를 살펴보면, "연도(燕都, 연경)에서는 5월 1일부터 5일까지 규방의 어린 아가씨들을 한껏 아름답게 꾸며주고, 출가한 여인들은 또한 저마다 친정에 돌아가 부모님을 뵙는다. 그래서 이 날을 '여아절(女兒節)'이라 한다."[149]라 했다. 우리나라가 연경과 그다지 멀지 않으므로 그 풍속이 서로 따라 행해졌다. 《한양세시기》[150]

案《宛署雜記》, "燕都自五月一日至五日, 飾小閨女盡態極姸, 已出嫁之女亦各歸寧, 號是日爲'女兒節'." 我東與燕中不甚遠, 故風俗往往相襲. 同上

19) 중하(仲夏, 5월)의 찬앵회(餐櫻會, 앵두 먹기 모임)

仲夏餐櫻會

《예기》에 "앵두[含桃]를 올리되 먼저 종묘에 천신(薦新, 새 산물을 올리는 일)한다."[151]라는 문장이 있다. 대개 앵두가 과일이나 오이류 가운데 가장 먼저 익기 때문에 옛사람들이 귀중하게 여겼으니, 사당에 천신해야 하는 과일이었다. 사당에 올리고 남은 앵두로는 벗들을 모아 찬앵회(餐櫻會)를 연다. 《금화경독기》[152]

《禮》有"羞以含桃, 先薦寢廟"之文. 蓋以果瓜中最先熟, 故古人重之, 宜於家廟. 薦獻之餘, 會友設餐櫻會. 《金華耕讀記》

20) 6월 6일의 폭서회(曝書會, 책 말리기 모임)

重六曝書會

《야획편(野獲編)[153]》에 "6월 6일은 내부(內府)의 황

《野獲編》"六月六日, 內府

---

149 연도(燕都)에서는……한다:《欽定日下舊聞考》卷147〈風俗〉2 (《文淵閣四庫全書》499, 286쪽).

150《京都雜志》卷2〈歲時〉"端午"(《조선대세시기》3, 85~88쪽).

151 앵두를……천신(薦新)한다:《禮記正義》卷6〈月令〉(《十三經注疏整理本》13, 589쪽).

152 출전 확인 안 됨.

153 야획편(野獲編):중국 명(明)나라의 문학가인 심덕부(沈德符, 1578~1642)가 지은 책으로, 전장제도·인물·사건·고사·민속·풍물·경전·역사·공예·기술·불교·도교·귀신 등 다방면에 걸쳐 자세한 내용을 담고 있다. 30권, 보유 4권.

사성(皇史宬)[154]에서 역대 황제들의 실록(實錄)과 어제(御製) 문집들을 쬐어 말린다."[155]라 했다. 《동양현지(東陽縣志)》에도 "6월 6일에 사녀(士女)들 가운데 부지런한 자들은 서적과 의복을 가져다 마당에서 말린다."라 말했다. 대개 6월 6일에 책을 쬐어 말리는 일은 중국의 오래된 풍속이다. 그러나 바로 땅이 젖고 습하고 무덥거나 큰비가 때때로 내리는 절기에 해당되어, 참으로 음습한 날씨를 만나면 거행하지 않아야 좋다. 《금화경독기》[156]

皇史宬, 曬曝列聖實錄、御製文集",《東陽縣志》亦言"六月六日, 士女勤者, 取書籍、衣服暴之庭". 蓋重六暴書, 中州舊俗也. 然政當土潤溽暑、大雨時行之候, 苟值陰濕, 則勿擧可也.《金華耕讀記》

21) 6월 보름의 유두회(流頭會)

六望流頭會

6월 15일을 민간에서는 '유두절(流頭節)[157]'이라 한다. 이날에는 곡물로 가루를 내어 경단을 만들었다가 꿀물을 부어서 먹는데, 이를 '수단(水團)'이라 한다. 《고려사(高麗史)》를 살펴보면, "명종(明宗)[158] 15년(1185) 6월 병인(丙寅)일, 시어사(侍御史)[159] 두 사람이 환관 최동수(崔東秀)[160]와 광진사(廣眞寺)[161]에서 모여

六月十五日, 俗稱"流頭節", 作粉團, 澆以蜜水食之, 號"水團". 案《高麗史》, "明宗十五[5]六月丙寅, 有侍御史二人, 與宦官崔東秀會于廣眞寺, 作流頭飮. 國俗,

---

154 황사성(皇史宬): 중국 명나라·청나라 두 왕조에 걸쳐 운영되었던 왕실 서고. 명나라 가정 13년(1534)에 북경에 건설되었다. 실록과 어필(御筆) 및 어제 문집 등을 보관했다.

155 6월……말린다: 출전 확인 안 됨;《欽定日下舊聞考》卷148〈風俗〉3(《文淵閣四庫全書》499, 287쪽).

156 출전 확인 안 됨.

157 유두절(流頭節): 6월 보름에 동쪽으로 흐르는 물에 머리를 감아 불길한 것을 씻어내고 그 자리에서 재앙을 물리치는 제사를 지내고 술을 마시는 풍속이다. 유두절(流頭節)의 음식으로는 수단(水團)·상화병(霜花餅)·연병(連餠)·과사두(瓜絲兜) 등이 있다. 우리나라 경주 지역에서 비롯된 고유의 풍속이다.

158 명종(明宗): 1131~1202. 고려 19대 임금으로 재위 기간은 1170~1197.

159 시어사(侍御史): 고려시대에 어사대(御史臺)와 감찰사(監察司)의 종5품 벼슬. 백관들을 감찰하는 임무를 맡고 있다. 사헌대(司憲臺)로 개칭되기도 했다.

160 최동수(崔東秀): ?~?. 고려시대 내관. 명종 15년 6월 계축일(癸丑日)에 왕을 모시고 봉은사에 행차했고, 병인일에 광진사(廣眞寺) 행차를 시종했다.

161 광진사(廣眞寺): 고려 문종 때 창건되었으며, 경기도 개성(開城) 장작감(將作監) 안에 있던 절.

[5] 明宗十五: 저본에는 "熙宗卽位".《高麗史·世家·二十》에 근거하여 수정.

유두음(流頭飮)을 가졌다. 우리나라 풍속에 6월 보름 날 동쪽으로 흐르는 시내에 머리를 감아서 상서롭지 못한 기운을 씻어 없애고, 이어서 모여 마시며 노는 데 이를 '유두음(流頭飮)'이라 한다."162라 했다. 《한양세시기》163

以是月十五日, 浴髮東流水, 被除不祥, 因會飮, 號'流頭飮'.《漢陽歲時記》

22) 복날[伏日]164의 개장국[狗醬]165

伏日狗醬

《형초세시기(荊楚歲時記)》에 "6월 복날에는 탕병(湯餅, 떡국)166을 만들어 먹는데, 이것을 '벽악(辟惡)'167이라 부른다. 《위씨춘추(魏氏春秋)》168를 살펴보면, 하안(何晏)169이 복날에 탕병을 먹으면서 수건으로 땀을 닦으면 얼굴빛이 환해진다."170라 했으니, 그렇다면 복날 탕병을 먹는 풍속은 위·진(魏·晉)시대부터 이미 그러했다.

《荊楚歲時記》"六月伏日, 作湯餅, 名爲'辟惡'. 案《魏氏春秋》, 何晏以伏日食湯餅, 取巾拭汗而色皎然", 則伏日湯餅, 自魏、晉已然矣.

우리나라에서는 탕병을 먹는 풍습이 설날로 옮겨갔고, 개장국이 복날에 먹는 절기음식이 되었다.

我東則湯餅移在歲首, 而狗醬爲伏日節食. 柳得恭

---

162 명종(明宗)……한다:《高麗史》〈世家〉"二十" '十五'(《국역 고려사》 6, 557쪽).

163 《京都雜志》卷2〈歲時〉"六月十五日"(《조선대세시기》 3, 88~89쪽).

164 복날[伏日]: 복날은 장차 일어나고자 하는 음기가 양기에 눌려 엎드려 있다는 말로, 여름의 더운 기운이 가을의 서늘한 기운을 제압하여 굴복시켰다는 뜻이다. 하지(夏至) 후의 세 번째 경일(庚日)이 초복, 하지 후의 네 번째 경일이 중복, 입추 뒤의 첫 경일이 말복이다.

165 개장국[狗醬]:《정조지(鼎俎志)》 권7〈절식지류(節食之類)〉 "삼복절식(三伏節食)" '구장방(狗醬方)'에 만드는 방법이 있다.

166 탕병(湯餅): 여기는 설날 아침에 먹는 떡국보다 더 넓은 의미로, 복날의 개장국을 포함하는 것으로 보여 '떡국'으로 번역하지 않고 '탕병'으로 두었다.

167 벽악(辟惡): 사악한 기운을 물리친다는 뜻이다.

168 위씨춘추(魏氏春秋): 중국 동진(東晉)의 역사가 손성(孫盛, ?~?)이 지은 책. 삼국시대(三國時代) 조위(曹魏)의 정치권력에 대해 기록했다.

169 하안(何晏): 193?~249. 중국 삼국시대 위(魏)나라의 학자로 자는 평숙(平叔). 조조(曹操)의 양자. 왕필(王弼)과 주고받은 청담(淸談)은 일세를 풍미했고, 그 뒤 '정시지음(正始之音)'으로 일컬어지며 청담의 모범이 되었다. 저서로 《논어집해(論語集解)》가 있다.

170 6월……환해진다:《荊楚歲時記》"六月"(《文淵閣四庫全書》 589, 23쪽).

유득공(柳得恭)[171]의 《한양세시기(漢陽歲時記)》에 "옛날에 복날이면 4대문에서 '책구(磔狗)'[172]의 의식을 하여, 벌레들의 재해를 막았다. 그래서 우리나라의 풍습에도 마침내 이를 따라 개를 잡아 의식을 행하고 먹게 되었다."[173]라 했다. 근거 없는 이 설은 비판할 만하지만 복날과 섣달 그믐에 개를 삶아먹는 풍습은 한(漢)나라 때부터 그러했다고 하니, 그렇다면 탕병과 함께 차려도 무방하다. 《금화경독기》[174]

《漢陽歲時記》"以古者伏日, 磔狗四門以禦蟲災, 而東俗則遂食之." 譏其無稽, 然伏、臘焘狗, 自漢云然, 不妨與湯餅竝設也. 《金華耕讀記》

23) 관연절(觀蓮節, 연꽃 구경일)의 연꽃 감상

《내관일소(內觀日疏)》[175]에 "6월 24일을 관연절(觀蓮節)로 삼는다."[176]라 했다. 대개 고금의 연꽃을 감상하는 놀이 가운데 그 풍류와 운치를 기록할 만한 내용이 3가지가 있다.

첫째, 단성식(段成式)[177]의 《유양잡조(酉陽雜俎)》[178]

觀蓮節賞蓮

《內觀日疏》: "以六月念四日, 爲觀蓮節." 蓋古今賞蓮之遊, 其風韻可紀者有三.

其一, 段成式 《酉陽雜俎》

---

171 유득공(柳得恭) : 1749~1807. 조선 후기의 실학자. 자는 혜풍(惠風)·혜보(惠甫). 호는 영재(泠齋)·고운당(古芸堂). 20세를 지나 박지원(朴趾源)·이덕무(李德懋)·박제가(朴齊家)와 같은 북학파 인사들과 교유하기 시작했다. 학문·사상·세계관에서도 매우 진보적 시각을 보여준 실학자였으며, 우리나라의 역사와 민속에 관심이 많아 《발해고(渤海考)》·《사군지(四郡志)》및 한국 최초의 세시풍속기인 《경도잡지(京都雜志)》를 지었다.

172 책구(磔狗) : 고대부터 복날에 개를 잡아 도읍의 4대문에서 제사하여 흉액을 물리치고 역병을 막는 의식. 《사기(史記)》〈진본기(秦本紀)〉에 "진덕공(秦德公) 2년, 초복날에 개를 잡아 충해를 막았다.(二年, 初伏, 以狗御蟲)"라는 기록이 보인다.

173 옛날에……되었다 : 《京都雜志》 卷2 〈歲時〉 "伏"(《조선대세시기》 3, 89쪽).

174 출전 확인 안 됨.

175 내관일소(內觀日疏) : 《說郛》 卷31에 실려 있는 작자 미상의 짧은 글. 연꽃 감상 및 연꽃에 대한 시·수선화·학 등을 다룬 잡기이다.

176 6월……삼는다 : 《說郛》 卷31下 〈內觀日疏〉(《文淵閣四庫全書》 877, 685쪽).

177 단성식(段成式) : ?~?. 중국 당(唐)나라의 문인이자 학자. 자는 가고(柯古). 박학(博學)으로 인정받을 만큼 연구에 정진하여, 비각(秘閣, 궁정 도서관)의 책은 모두 읽었다고 전한다. 상서랑(尚書郎)·강주자사(江州刺史)·태상소향(太常少鄉) 등의 벼슬을 역임했다. 저서로 《유양잡조(酉陽雜俎)》가 있다.

178 유양잡조(酉陽雜俎) : 중국 당나라 때 단성식(段成式)이 지은 수필집. 통행본(通行本)은 전집(前集) 20권, 속집(續集) 10권으로 구성되어 있다. 이상한 사건, 황당무계한 이야기를 비롯하여 도서·의식(衣食)·풍습·동식물·의학·종교·인사(人事) 등 온갖 사항에 대한 것을 탁월한 문장으로 흥미 있게 기술했다.

에 "위나라 정시(正始)[179] 연간(240~249)에 정각(鄭 慤)[180]이 삼복(三伏)[181]에 빈객과 동료들을 데리고 사 군림(使君林)[182]에서 더위를 피할 때에 큰 연잎을 따다 가 벼루받침대 위에 놓고 술 3되를 담아두고는, 비 녀로 연잎을 찔러 구멍을 내어 연 줄기와 통하게 해 놓고, 연 줄기를 위로 코끼리 코처럼 둥그렇게 올려 서 돌려가며 빨아마셨다. 이를 '벽통배(碧筒杯)'라 한 다."[183]라 했다.

둘째, 섭몽득(葉夢得)[184]의 《피서록화(避暑錄話)[185]》 에 "구양수(歐陽修)[186]가 양주(揚州)[187]에 있을 때 평 산당(平山堂)[188]을 짓고 매년 여름 한창 더울 때 새벽 을 틈타 빈객들을 데리고 가서 노닐었다. 그리고 사 람을 보내어 연꽃 1,000여 송이를 따다가 그림이 그 려진 화병[畫盆] 100개 정도에 나누어 꽂고 손님들과

云: "魏 正始中, 鄭公慤, 三伏之際, 牽賓僚避暑於 使君林, 取大蓮葉, 置硯 格上, 盛酒三升, 以簪刺 葉, 令與柄通, 屈莖上輪 菌如象鼻, 傳噏之, 名'碧 筒杯'."

其二, 葉少蘊《避暑錄話》 云: "歐陽公在揚州, 作平 山堂, 每暑時, 凌晨携客 往遊, 遣人取荷花千餘朶, 以畫盆分挿百許盆, 與客 相間. 遇酒行, 卽遣妓取一

---

179 정시(正始): 중국 삼국시대 위나라 3대 황제 조방(曹芳, 232~274)의 연호. 240~249.
180 정각(鄭慤): ?~?. 중국 삼국시대 위나라 사람. 본문에 소개된 벽통음(碧筒飮, 벽통배)의 풍류로 유명하다.
181 삼복(三伏): 초복(初伏)·중복(中伏)·말복(末伏)의 세 복날.
182 사군림(使君林): 중국 위(魏)나라 역성(歷城) 북쪽에 있던 숲 이름. 역성은 전한(前漢)의 경제(景帝) 4년에 지어졌는데 근처에 역산[歷山, 천불산(千佛山)]이 있었기 때문에 그 이름을 따서 성 이름을 지었다.
183 위나라……한다: 《西陽雜組》 卷7 〈酒食〉 《叢書集成初編》 276, 53쪽).
184 섭몽득(葉夢得): 1077~1148. 중국 송(宋)나라의 관리이자 문학가. 자는 소온(少蘊), 호는 석림(石林). 호 부상서(戶部尙書), 강동안무사(江東按撫使), 숭신군절도사(崇信軍節度使) 등을 역임하고 사퇴했다. 학문 을 좋아하고 문장에 뛰어났으며 사(詞)에 특히 뛰어났다. 저서에 《피서록화》·《석림사(石林詞)》·《석림연어 (石林燕語)》 등이 있다.
185 피서록화(避暑錄話): 중국 송대(宋代) 문장가 섭몽득(葉夢得, 1077~1148)의 저서. 고적(古迹)·전대나 당 대의 인물과 그 업적, 한가한 삶의 서정, 경사에 대한 의론 등을 기술했다.
186 구양수(歐陽修): 1007~1072. 중국 북송 때의 정치가·학자·문학가. 자는 영숙(永叔), 호는 취옹(醉翁)·육 일거사(六一居士). 4세 때 아버지를 잃고 가난한 중에서도 어머니의 교육을 받아 1027년에 진사(進士) 시 험에 합격, 참지정사(參知政事)에까지 승진했으나 왕안석의 혁신 정치에 반대하여 정치에서 물러났다. 고 문(古文)을 부흥시키고, 당대(唐代)의 화려한 시풍에 반대하여 새로운 시풍을 열었다.
187 양주(揚州): 중국 강소성(江蘇省) 양주시(揚州市) 일대.
188 평산당(平山堂): 중국 강소성 강도현(江都縣)에 있는 당실(堂室)의 이름. 송나라 경력(慶曆) 연간 군수 구 양수(歐陽修, 1007~1072)가 지었는데, 《피서록화》에서 "웅장하고 화려하니 회남(淮南)의 제일가는 당 (堂)이다."라고 표현했다. 청나라 강희제(康熙帝) 때 중건했다.

서로 사이에 두도록 했다. 술잔 돌리는 차례가 되면 곧 기생을 시켜 한 송이의 꽃을 가져다 손님들에게 돌리면서 차례대로 그 꽃잎을 따게 했다. 그러다 꽃잎이 다 떨어지면 그 차례의 손님이 곧 술을 마셨다. 이따금 밤이 이슥하도록 노닐다가 달빛을 배에 가득 싣고서 돌아오기도 한다."[189]라 했다.

셋째, 도종의(陶宗儀)[190]의 《철경록(輟耕錄)》[191]에 "일찍이 하씨(夏氏)[192]의 청월당(淸樾堂)에서 술을 마신 적이 있었다. 술이 반쯤 취했을 때 활짝 핀 연꽃을 뚝 꺾어다가 그 속에 작은 금 술잔을 놓아두고 노래 부르는 기생에게 명하여 꽃을 받들고서 술을 돌리게 했다. 손님들이 기생에게 나아가 꽃을 받되, 왼손으로는 꽃의 줄기를 잡고 오른손으로 꽃잎을 벌려 입을 잔에 대고 술을 마신다. 이것을 '해어배(解語杯)'[193]라 한다."[194]라 했다.

이상의 세 가지 놀이는 혹 태수(太守)의 풍류에서 나오기도 하고 혹 부호들이 호사스러운 놀이로 경쟁

花傳客, 以次摘其葉, 盡處則飮酒. 往往侵夜載月而歸."

其三, 陶宗儀《輟耕錄》云: "嘗飮夏氏 淸樾堂上[6], 酒半, 折正開荷花, 置小金巵于其中, 命歌姬捧以行酒, 客就姬取花, 左手執枝, 右手分開花瓣, 以口就飮, 名爲'解語杯'."

已上三遊, 或出太守風流, 或出豪富鬪靡, 山野之間,

---

189 구양수(歐陽修)가……한다:《避暑錄話》卷上 (《文淵閣四庫全書》863, 631쪽).

190 도종의(陶宗儀):?~1369. 중국 원(元)나라 말 명(明)나라 초의 학자. 절강성(浙江省) 출신이다. 저서로《서사회요(書史會要)》·《남촌시집(南村詩集)》·《철경록(輟耕錄)》등이 있다.

191 철경록(輟耕錄):중국 원말 명초의 학자 도종의의 저서. 원나라 시대의 법령제도 및 지정(至正, 1341~1370) 말년의 동남(東南) 병란에 관한 일들이 자세히 기록되어 있으며, 서화(書畫)·문예(文藝)의 고정(考訂) 등에 대한 자료가 많다.

192 하씨(夏氏):미상.《철경록(輟耕錄)》에 의하면 중국 절강성(浙江省) 사수(泗水) 물가에 하씨(夏氏)의 청월당(淸樾堂)이 있었다고 한다.

193 해어배(解語杯):기생이 바치는 꽃잎 속에 든 술잔. 미녀나 기생을 비유하여 '말을 이해하는 꽃[解語花]'이라고도 하는데, 중국 당(唐)나라 현종이 양귀비를 데리고 궁중의 태액(太液) 연못에 나와 가득히 피어 있는 백련(白蓮)을 보고 좌우 사람들에게 양귀비를 가리키면서, "어떠냐? 연꽃의 아름다움도 말을 알아듣는 [解語] 이 꽃에는 당하지 못하겠지!"라고 한 데서 나온 말이다.

194 일찍이……한다:《輟耕錄》卷28〈解語盃〉(《文淵閣四庫全書》1040, 726쪽).

⑥ 上:저본에는 없음.《輟耕錄·解語盃》에 근거하여 보충.

하는 데에서 나오기도 했으니, 산야에 사는 선비들
이 어찌 비슷하게 모방할 수 있겠는가.

安得彷彿.

손님이 꼭 유명 인사나 관료일 필요는 없고 다만
소박한 마음을 가진 예닐곱 사람이 더불어 운자를
뽑아 시를 짓고 청담을 나누면 좋겠다. 화병이 꼭 그
림 그려진 화병일 필요는 없고, 그저 거위 목처럼 목
이 긴 화낭(花囊, 꽃을 꽂는 주머니)이나 가대(茄袋)195 화
낭 10여 개에 많지도 적지도 않게 꽃을 꽂아두어도
좋겠다. 술잔도 꼭 금술잔일 필요는 없고, 그저 나
무옹이로 만든 술잔이나 도자기 술잔 가운데 깊이
가 얕은 잔이거나 자그마한 술잔이어도 좋겠다. 술
을 돌리는 이도 꼭 기녀일 필요는 없고, 그저 눈매가
맑고 눈이 반짝이는 시골 아이에게 왕발(王勃)196의
〈채련곡(採蓮曲)197〉을 부르게 해 술잔을 권하게 하면
좋겠다.

客不必賓僚, 但得素心六七
人, 鬮韻淸談斯可矣. 盆
不必畫, 但得鵝領、茄袋等
花囊十數枚, 揷花不繁不
瘦斯可矣. 卮不必金, 但得
癭杯、瓷醆淺斟細酌斯可
矣. 行酒不必妓姬, 但得眉
淸目秀山童, 歌王勃《採蓮
曲》以侑觴斯可矣.

옛날에 원굉도(袁宏道)198가 지은 〈상정(觴政)199〉에

昔袁石公作《觴政》: "以玉、

---

195 가대(茄袋) : 몸의 좌우에 차는 주머니, '빙구자(憑口子)'라고도 하는데 담뱃대·쌈지·빈랑(檳榔)·차·향 같
    은 것을 넣는다.

196 왕발(王勃) : 650~676. 중국 당(唐)나라 초기의 시인. 자는 자안(子安). 강주(絳州) 용문(龍門) 출신이다. 성
    당시(盛唐詩)의 선구자이며, 특히 5언 절구(五言絶句)에 뛰어났다. 관노(官奴)를 죽였다는 죄로 관직을 빼앗
    기고 교지(交趾, 베트남 북부)의 영(令)으로 좌천된 아버지를 만나러 갔다가 돌아오던 중, 배에서 바다로
    떨어져 익사했다. 양형(楊炯, 650~695 추정)·노조린(盧照隣, 635~689 추정)·낙빈왕(駱賓王, 619~687)
    등과 함께 초당(初唐) 4걸(四傑)이라 불린다. 저서로 시문집인 《왕자안집(王子安集)》 등이 있다.

197 채련곡(採蓮曲) : 왕발(王勃)의 시로, 붉은 연꽃을 여인의 홍조 띤 뺨에 비유하고 못과 풍광을 노래하는 중
    에 수자리 살러 간 남편은 돌아올 기약이 없고 남편을 기다리며 연을 캐는 고운 아낙의 일은 밤이 되어도
    끝나지 않음을 노래한 시이다.

198 원굉도(袁宏道) : 1568~1610. 중국 명(明)나라의 문학가. 자는 중랑(中郎)·무학(無學), 호는 석공(石公)·육
    휴(六休). 복고운동을 주장했다. 고문사파에 의한 의고운동에 반대해 시의 진수는 개성의 자유로운 발로
    이며 격조에 얽매여서는 안 된다고 주장했다. 형 원종도(袁宗道)·동생 원중도(袁中道)와 함께 '삼원(三袁)'
    으로 일컬어지며, 출신지의 이름을 따서 공안파(公安派)로 불린다. 저서로 《원중랑집(袁中郎集)》이 있다.

199 상정(觴政) : 술 마시는 상대·자세·장소·예절·안주·도구 등에 대해 원굉도가 자세히 기술한 글. 나중에는
    술자리에서의 규칙[酒令]을 의미하는 용어로 쓰였다.

"옥·무소뿔·마노(瑪瑙)²⁰⁰로 잔과 국자를 만들면 상품(上品)이다. 웅백(熊白)²⁰¹과 서시유(西施乳)²⁰²로 안주를 삼으면 별품이다."²⁰³라 했다. 게다가 "겨우 각색 물목들을 조금 갖추어 놓았을 뿐이나, 지방의 빈한한 선비들이 어디에서 이 항목에 맞는 물품들을 마련할 수 있겠는가. 그저 옹기그릇이나 채소를 담는 그릇이라 하더라도 또한 고상한 운치에 무슨 손상이 되겠는가."²⁰⁴라 했으니, 내가 이에 대해 또 말했던 것이다. 《금화경독기》²⁰⁵

犀、瑪瑙爲杯杓, 上品, 以熊白、西施乳爲飮儲, 異品." 且曰: "聊具色目而已, 下邑貧士, 安從辦此政. 使瓦盆蔬具, 亦何損其高致", 余於此亦云. 《金華耕讀記》

24) 삼복의 피서음(避暑飮, 피서하며 술 마시기)   三伏避暑飮

육기(陸機)²⁰⁶의 죽소음(竹篠飮)²⁰⁷, 원소(袁紹)²⁰⁸의 하삭음(河朔飮)²⁰⁹은 모두 정신을 잃을 만큼 술에 취하는 상태를 풍취로 여기는데, 고금의 피서회(避暑會)

陸氏之竹篠飮, 袁家之河朔飮, 皆以酩酊無知爲趣, 古今避暑會之鈍漢拙法也.

---

200 마노(瑪瑙) : 석영, 단백석(蛋白石), 옥수(玉髓)의 혼합물. 화학 성분은 송진과 같은 규산(硅酸)으로, 광택이 있고 때때로 다른 광물질이 스며들어 고운 적갈색이나 흰색 무늬를 띠기도 한다. 아름다운 것은 보석이나 장식품으로 쓰고, 그 외에는 세공물이나 조각의 재료로 쓴다.

201 웅백(熊白) : 곰의 등에 있는 흰 지방. 원굉도는 〈상정(觴政)〉에서 일품 안주로 선합(鮮蛤, 날조개)·조감(糟蚶, 조개요리) 다음으로 웅백(熊白)·서시유(西施乳)를 꼽았다.

202 서시유(西施乳) : 복어의 정소(精巢). 색깔이 우윳빛을 띠므로 서시유(西施乳)라 했다.

203 옥……별품이다 : 《說郛續》 卷38 〈觴政〉(《續修四庫全書》1192, 35쪽).

204 겨우……되겠는가 : 위와 같은 곳.

205 출전 확인 안 됨.

206 육기(陸機) : 260~303. 중국 서진(西晉)의 문학가·서법가. 자는 사형(士衡). 그의 시는 수사(修辭)에 중점을 두고 미사여구와 대구(對句)의 기교를 살려 육조(六朝)시대의 화려한 시풍의 선구자가 되었다. 저서로 《육사형집(陸士衡集)》이 있다.

207 죽소음(竹篠飮) : 여름날 시원한 대숲에 들어가 술을 마시며 노는 일.

208 원소(袁紹) : ?~202. 중국 후한(後漢) 말기의 무인으로 자는 본초(本初). 영제(靈帝)가 죽자 대장군 하진(何進)의 명을 받아 조조(曹操, 155~220)와 함께 강력한 군대를 편성했다. 동탁(董卓)을 암살하려 했으나 계획이 실패하자 독자적으로 환관 2천 명을 살해했으며, 하북(河北)에서 동탁 토벌군을 일으켜 그 맹주가 되었다. 나중에 조조에게 패사했다.

209 하삭음(河朔飮) : 피서(避暑)의 음주. 하삭은 황하(黃河) 이북 지역을 말한다. 조조(曹操)가 유송(劉松, ?~?)에게 하북의 원소(袁紹, ?~202) 군대를 진압하게 했는데, 유송이 원소의 아들들과 삼복더위에 밤낮으로 술을 마셨다는 고사가 있다.

가운데 이는 노둔한 자들의 졸렬한 피서법이다.

물가의 나무 그늘에는 절로 한 줄기 시원함이 있다. 마음에 흐뭇한 벗들과 바람 시원한 정자나 연못의 누대에 나아가, 자두를 담가놓거나 오이를 찬물에 띄워 두고 껍질 깐 마름과 흰 연근을 마련해놓고, 옷을 벗어젖히고 다리를 쭉 뻗고 앉아서 노래하거나 시를 읊으며 긴 날을 보낸다. 그러면 굳이 광려(匡廬)210의 나는 듯 쏟아지는 폭포나 태호(太湖)211의 밝은 달빛이나 아미산(峨嵋山)212의 만년설이 아니어도, 좋은 피서 계책이 된다.《금화경독기》213

水次木陰自有一段清涼, 宜與快心友朋, 就風亭池榭, 沈李浮瓜, 剝菱雪藕, 解衣磐礴, 歌嘯永日, 不必待匡廬之飛瀑、太湖之明月、峨嵋之古雪, 爲逃暑計也.《金華耕讀記》

25) 칠석(7월 7일)의 결교(乞巧, 길쌈과 바느질 잘하도록 빌기)

七夕乞巧

칠석날이라는 명절은 초나라 회왕(懷王)214으로부터 시작되었으니, 그 유래가 오래되었다. 우리나라에서는 시행하지 않지만 어린 여자아이들에게 화과(花瓜)215·술과 산적·붓과 벼루·바늘과 실을 벌여놓

七夕之爲名節, 自楚 懷王始, 其來遠矣. 我東雖不擧, 而不妨使兒女輩, 陳花瓜、酒炙、筆硯、鍼線, 乞

---

210 광려(匡廬):중국 강서 지방에 있는 여산(廬山)의 다른 이름. 당나라 시인 이백(李白, 701~762)이 〈망여산폭포(望廬山瀑布)〉라는 시에서 "나는 듯한 폭포 곧장 쏟아져 내리니, 길이가 3천 척일세.(飛流直下三千尺)"라고 하여 세상에 널리 알려지게 되었다.

211 태호(太湖):중국 강소성(江蘇省) 남동쪽에 있는 호수. 옛날에는 바다였으나 양자강(揚子江) 어귀의 삼각주가 발달함에 따라 형성된 담수호이다. 구릉에서 흘러내린 하천은 서쪽 호안으로 유입하고 동쪽 호안에서는 오송강(吳淞江)과 황포강(黃浦江) 등으로 유출한다.

212 아미산(峨嵋山):중국 사천성(四川省) 아미현(峨眉縣) 서남쪽에 있는 산. 해발 3,099m.

213 출전 확인 안 됨.

214 회왕(懷王):B.C 355~B.C 299. 재위 B.C 329~B.C 299. 중국 전국시대 초(楚)나라의 왕으로, 장의(張儀)의 변설에 넘어가 국력을 소진했고, 결국은 진(秦)에 사로잡혀 유폐되었다가 죽었다. 중국 명(明)나라 나기(羅頎)의 《물원(物原)》에 회왕이 칠석을 명절로 지정했다는 기록이 있다.

215 화과(花瓜):꽃을 조각한 오이나 수박. 옛날 칠석에 바느질을 잘하게 해달라고 빌 때에 오이로 각종 꽃모양을 조각하여 바쳤으며, 수박을 연꽃 모양으로 조각하여 설탕가루를 뿌려 먹기도 했다. 《정조지(鼎俎志)》권7〈절식지류(節食之類)〉"절식보유(節食補遺)"'화과(花瓜)'에 만드는 방법이 있다. 《정조지(鼎俎志)》권7〈온배지류(醞醅之類)〉"시양류(時釀類)"'칠석주방(七夕酒方)'에는 칠석주 만드는 방법이 보인다.

게 하고 솜씨가 좋아지고 서툰 데가 없기를 빌며 이 날을 기념하게 해도 무방할 것이다. 《금화경독기》[216]

26) 7월 7일의 폭서회(曝書會, 책 말리기 모임)

《사민월령(四民月令)[217]》에서 "7월 7일에 경서(經書) 를 햇볕에 말려야 좀이 쓸지 않으니, 이날에 장서각 (藏書閣)에 나아가 문주회(文酒會)[218]를 열고 기장죽을 먹는다."[219]라 했다. 【《풍토기(風土記)[220]》에 "7월에 기 장이 여물고, 게다가 7일은 양수(陽數)이므로 죽으로 훌륭한 음식을 삼는다."[221]라 했다.】

창포주(菖蒲酒)【《비급천금요방(備急千金要方)[222]》에 "7월 7일에는 창포를 가루 낸 뒤, 1방촌시(方寸匕)[223] 씩 술에 타서 오랫동안 복용하면 눈과 귀가 밝아진 다."[224]라 했다.】

희귀한 서적과 기이한 종류의 문헌들을 모두 꺼 내 놓고 자리에 모인 빈객들에게 종일토록 실컷 열 람해도 좋다고 허락한다. 혹 그 가운데 붓과 벼루 를 가지고 베껴가길 원하는 이가 있으면 허락하되, 그날 안에 필사 작업을 끝내지 못하면 2~3일 동안

巧驅拙以識是日也.《金華 耕讀記》

重七曝書會

《四民月令》:"七月七日, 暴 經書不蠹, 宜於是日, 就 藏書之閣, 作文酒之會, 食 黍糜."【《風土記》:"七月黍 熟, 七日爲陽數, 故以糜爲 珍."】

菖蒲酒【《千金方》:"七月七 日, 取菖蒲爲末, 酒服方寸 匕, 久服聰明."】

盡出稀書、異種, 許令會客 窮日繙閱. 或願携筆研鈔 錄者聽, 日內未畢, 則展兩 三日, 亦無不可. 但不許借 書出門.《金華耕讀記》

---

216 출전 확인 안 됨.
217 사민월령(四民月令):중국 전한(前漢)의 관료 최식(崔寔, 103~170)이 지은 농서. 작물의 재배·가축의 종 류·수공업·방직·학교 등을 경영하는 것에 대한 농가력이다.
218 문주회(文酒會):시를 지으면서 술을 마시는 모임.
219 출전 확인 안 됨.
220 풍토기(風土記):중국 동진(東晉)의 관리 주처(周處, 236~297)가 지방의 풍속을 기록한 글.
221 7월에……삼는다:《說郛》卷60〈風土記〉(《文淵閣四庫全書》879, 263쪽).
222 비급천금요방(備急千金要方):중국 당(唐)나라의 의사 손사막(孫思邈, 581~682)이 지은 의서.
223 방촌시(方寸匕):가루약을 계량하는 약숟가락. 광물성 약재는 약 2g 정도이고, 식물성 약재는 약 1g 정도 이다.
224 7월……밝아진다:《本草綱目》卷19〈草部〉"菖蒲", 1359쪽.

펴놓고 베껴가게 해도 또한 안 될 것이 없다. 다만
책을 빌려 문을 나서는 데까지는 허락하지 않는다.
《금화경독기》225

27) 중원(7월 15일)의 우란분회(盂蘭盆會, 온갖 음식   中元盂蘭盆
    공양하고 즐기는 모임)

민간에서는 '백종절(百種節, 백중절)'이라 한다. 도
성의 사람들이 성대하게 음식을 마련하여, 산에 올
라 노래하고 춤추며 즐긴다. 《우란분경(盂蘭盆經)226》
을 살펴보면 "목련(目連)227 비구께서 7월 15일 온갖
음식과 5가지 과일을 마련하고 쟁반에 올려 시방대
덕(十方大德)228에게 공양하였다."229라 했다. 지금 '백
종(百種)'은 곧 백 가지 음식을 말한다. 고려는 불교
를 숭상하여 우란분회(盂蘭盆會)를 시행하였다. 그런
데 지금 민간에서는 이날 취하도록 술을 마시고 배
불리 먹기만 할 뿐이다. 혹자가 말하기를 "이날엔 옛

俗稱"百種節", 都人盛設
饌, 登山歌舞爲樂. 案《盂
蘭盆經》, "目連比邱, 七月
十五日, 具百味五果, 以着
盆中, 供養十方大德." 今所
云"百種", 卽百味之謂也.
高麗崇佛, 爲盂蘭盆會, 今
俗只醉飽而已. 或云"是日
舊俗陳列百穀之種, 故曰
'百種'", 無稽之說也. 《漢

---

225 출전 확인 안 됨.
226 우란분경(于蘭盆經) : 부처의 제자인 목련(目連) 존자가 아귀도(餓鬼道, 음식을 보면 불로 변하여 늘 굶주리
고 매를 맞는 지옥)에 빠져 있던 죽은 어머니의 영혼을 위해 불타에게 구제를 청하자 7월 15일에 승려에게
공양하면 구제받을 수 있다는 대답을 듣고 공양을 올려 어머니를 구제했다는 고사에 바탕을 둔 경전. 중심
내용은 하안거(夏安居)가 끝나는 음력 7월 15일 승려들에게 공양을 하여 전생 및 금세에 돌아가신 어버이
일곱 분을 구제한다는 것이다. 《부모은중경(父母恩重經)》·《목련경(目連經)》과 함께 효행을 선도하는 경전
으로 널리 유통되었다.
227 목련(目連) : ?∼?. B.C 6세기∼B.C 5세기 경의 인도 승려 마하목건련(摩訶目犍連). 석가모니의 10대 제자
가운데 한 사람으로, 사리불(舍利弗)이 석가의 설법을 들은 후에 법안정(法眼淨, 불생불멸의 진리를 잘 아
는 지혜)을 얻었다는 말을 듣고는 그 100명의 제자를 이끌고 불문(佛門)에 집단 귀의한 뒤 석가의 가르침을
받은 후 '신통제일(神通第一)'이라는 이름을 얻었다.
228 시방대덕(十方大德) : 전 시간과 전 공간 속에 편재(遍在)하는 부처. 시방은 불교에서 전 세계를 가리키는 공
간 구분 개념으로, 사방(四方, 동서남북)과 사유(四維, 북서·남서·남동·북동)와 상하(上下)의 열 방향을
나타낸다. 시간의 구분인 삼세(三世, 과거·현재·미래)까지를 통칭하여 전 우주를 가리키기도 한다. 대승불
교에서는 시방에 무수한 세계가 있으며, 그 안에는 수많은 부처가 두루 존재한다고 한다.
229 목련(目蓮)……공양하였다:《荊楚歲時記》〈七月十五日〉(《文淵閣四庫全書》589, 24∼25쪽).

풍속에 백 가지 곡식의 종자[種]를 진설해 놓기 때문
에 '백종(百種)'이라 한다."라 했으나, 이는 근거가 없
는 설이다.《한양세시기》[230]

陽歲時記》

28) 7월 보름의 하안거 풀기

七望解夏

《세화기려(歲華紀麗)[231]》에 '해하(解夏)'[232]라는 말이
있고, 그 주석에 "4월 초파일에 하안거(夏安居)에 들
어가[結夏] 7월 15일에 하안거를 푼다. 만물이 생장
하는 여름철에 승려들이 밖에서 수행하면 초목과
곤충 따위를 다치게 할까 염려스러우므로 90일 동
안 바깥출입을 하지 않고 절에 머문다."[233]라 했다.

《歲華紀麗》, 有"解夏"之
語, 註云:"四月八日結夏,
至七月十五日解, 衆僧長
養之節在外, 恐傷草木、蟲
類, 故九十日安居."

또 "대장경(大藏經)에 '4월 초파일에 나무 아래에
앉아 7월 15일까지 이르는 것을 1년으로 삼는다.'"라
했다.[234] 이 때문에 승려들이 이날 여름 결재를 푼
다. 정우문(程羽文)[235]이 정리한 월별 행사를 살펴보
면 4월에 결하(結夏)는 있으나 7월에 해하(解夏, 하안거
를 푸는 일)는 없다.[236] 이는 금성(金聲)인 종소리로 시
작함은 있고 옥성(玉聲)인 경쇠로 거두어들임은 없는

又"經云:‘四月八[7]日坐樹
下, 至七月十五日爲一歲.’"
故衆僧解夏. 案程羽文演
月令, 有四月結夏而無七月
解夏, 是有金聲而無玉振
矣.《金華耕讀記》

230《京都雜志》卷2〈歲時〉"中元"(《韓國名著大全集》, 190쪽).

231 세화기려(歲華紀麗):중국 당(唐)나라의 농학가 한악(韓鄂, 840~923)이 지은 풍속기.

232 해하(解夏):여름 결재(結齋)인 하안거(夏安居)를 푸는 것.

233 4월……머문다:《荊楚歲時記》"〈四月十五日〉"(《文淵閣四庫全書》589, 21~22쪽).

234 대장경(大藏經)에……했다:《荊楚歲時記》"〈四月十五日〉"(《文淵閣四庫全書》589, 22쪽).

235 정우문(程羽文):1644~1722. 중국 명(明)나라의 문인. 자는 탄신(菼臣). 저서로《청한공(淸閑供)》·《일세
방화(一歲芳華)》·《석교(石交)》등이 있다.

236 정우문(程羽文)이……없다:위의 "세시 풍속의 총 목록", '월별 행사'에서 소개한 부분에 관한 설명이다.

[7] 八:《荊楚歲時記·四月十五日》에는 "十五".

격이다.[237] 《금화경독기》[238]

29) 추사일(秋社日, 입추 후 5번째 무일)의 사반(社飯, 감사제)

秋社日社飯

춘사(春社)에는 풍년을 기원하고 추사(秋社)에는 수확의 공덕에 보답하니, 둘 중에 하나도 빼놓을 수가 없다. 《금화경독기》[239]

春社以祈年, 秋社以報功, 不可闕一也. 《金華耕讀記》

30) 8월 8일의 이죽회(대나무 옮겨 심는 날의 모임)

重八移竹會

정우문(程羽文)이 정리한 월별 행사에 5월 13일을 죽취일(竹醉日)로 삼았다. 이는 대개 유정목(俞貞木)[240]의 《종수서(種樹書)》[241] 문장에서 연원한 것이다. 그러나 유정목의 《종수서》는 본래 잘못된 곳이 많다. 지금 가사협(賈思勰)[242]의 《제민요술(齊民要術)》[243]을 고찰해보면 8월 8일을 '죽취일'이라 한다.[244] 예부터 8월

程羽文演月令, 五月十三日爲竹醉日. 蓋沿俞貞木《種樹書》之文, 而俞書故多訛舛. 今考賈思勰《齊民要術》, 以八月八日爲"竹醉日", 古稱八月爲"竹小春",

---

237 금성(金聲)인……격이다:《맹자(孟子)》〈만장(萬章)〉하편에서 공자를 집대성한 분이라고 평가하면서 "집대성이란 금속의 소리로 퍼지게 하고, 옥의 소리로 퍼진 음을 거두어 들이는 것이다. 금속의 소리는 시작하는 조리이고, 옥의 소리는 거두는 조리이다.(集大成也者, 金聲而玉振之也. 金聲也者, 始條理也, 玉振之也者, 終條理也.)"라 한 데에서 원용한 것으로, 여기에서는 정우문의 여름 결재에 대한 설명이 시작만 있고 끝이 없는 격임을 지적한 것이다.

238 출전 확인 안 됨.

239 출전 확인 안 됨.

240 유정목(俞貞木):1331~1401. 중국 명(明)나라 초기의 문인. 자는 정목(貞木). 후에 이름을 정목이라 하고 자를 유립(有立)이라 새로이 고쳤다. 덕행과 문학에 모두 뛰어나 당대에 추앙을 받았다. 저서로《종수서(種樹書)》외에도《입암집(立菴集)》·《헌휘록(獻徽錄)》·《명인소전(明人小傳)》·《명시기사(明詩紀事)》등이 있다.

241 종수서(種樹書):중국 명나라의 문인 유정목의 저서. 상권은 1년 12개월마다 알맞은 나무 심기를 다루고 중권과 하권은 오곡·상마(桑麻, 뽕과 삼)·채소·과일·꽃나무 재배방법을 다루었다.

242 가사협(賈思勰):?~?. 6세기경 중국 후위(後魏)의 농학가로, 고양태수(高陽太守)를 지냈다.

243 제민요술(齊民要術):중국 후위의 농학가 가사협이 지은, 중국에 현존하는 가장 오래된 종합 농서. 전 10권. 6세기 전반에 간행하였다. 오곡·야채·과수·향목(香木)·상마(桑麻)의 종식법(種植法)·가축의 사육법·양조법과 가공·판매·조리의 과정에 이르기까지 상세히 기술하고 있다. 《임원경제지》에 대부분이 인용되었다.

244 제민요술……한다:《제민요술》에서는 '죽취일'에 대한 내용이 확인되지 않는다.《산가청사(山家淸事)》〈종죽(種竹)〉에 "《악주풍토기(岳州風土記)》나《문심조룡(文心雕龍)》에서는 5월 13일을 용의 '생일(生日)'이라 하고,《제민요술》에서 8월 8일을 '취일(醉日)'이나 '미일(迷日)'이라 하였는데 모두 의심스럽다. 늙은 정원사의 말을 들어보니 '대나무 심기는 따로 때가 없다. 줄기가 남쪽으로 뻗은 나무를 취하여 심는다.'라 했다."라 했다.

을 '죽소춘(竹小春)'이라 한 이유는, 또한 8월에 대나무를 옮겨 심으면 살리기 쉽기 때문이다.

일찍이 구영(仇英)[245]의 〈종죽도(種竹圖)〉[246]를 보니, 낮은 언덕이나 평평한 텃밭에 자그마한 시내가 가로지르고, 붉은 난간이 굽이도는 자리엔 곳곳마다 돌로 만든 평상과 등나무 걸상이 아름다운 돌과 짝지어져 있었다. 평상 1개당 2~3명이 있는데, 혹 궤안(几案)에 기대어 글씨를 쓰고 그림을 그리거나 혹 술잔을 마주하여 시를 읊기도 한다.

정원사 십수 명 중에는 가래와 삽을 들고 있는 이, 연뿌리나 대나무 대를 캐어 메고 왕래하는 이가 있고, 어지럽게 파헤쳐진 연못에 연꽃은 이미 시들어 있다. 방 절반만큼이나 큰 아름다운 돌이 있고, 그 돌 왼쪽에 있는 파초는 키가 10여 척이나 된다. 이런 그림을 보고 중추의 풍경을 상상해 볼 수 있다.

그러므로 일반적으로 동산에 물을 대서 대나무를 심고자 하는 이는, 8월 8일에 대밭 안으로 들어가서 벗들을 모아 술을 마시며 차군(此君)[247]과 함께 술에 취해야 한다. 이 그림을 가지고 분본(粉本)[248]을

亦爲是月移竹易活也.

嘗見仇十洲《種竹圖》, 低塢平圃, 小溪橫貫, 朱欄紆廻, 處處石牀、藤墩伴以綺石. 每一牀, 輒有兩三人, 或據案揮染, 或對酌嘯詠.

園丁十數輩, 持鍬鋪, 荷蓮根竹竿往來, 紛披小池, 荷花已謝敗. 房半折綺石, 左芭蕉, 長得十餘尺, 想像仲秋景物也.

凡欲灌園種竹者, 宜於是日, 就竹圃中, 會友觴飮, 與此君同醉, 用是圖爲粉本可也.《金華耕讀記》

---

245 구영(仇英) : 1498~1552. 중국 명(明)나라의 화가. 자는 실보(實父), 호는 십주(十洲)·십주선사(十洲仙史). 주신(周臣, 1460~1535)에게 그림을 배우고 당송의 명화를 모작하여 일가를 이루었다. 인물화가 그의 장기이고, 작품의 주제는 전통적인 산수와 누각 가운데 시녀나 미인을 배치하고 부채(賦彩, 먹으로 바탕을 그린 다음 색을 칠한 그림)의 아름다움과 세밀한 묘사를 특색으로 한다. 작품으로 《죽림품고(竹林品古)》·《한궁춘효도(漢宮春曉圖)》·《왕자유종죽도(王子猷種竹圖)》 등이 있다.

246 종죽도(種竹圖) : 구영(仇英)이 그린 그림으로, 못과 대를 옮겨 심는 일꾼들과 파초가 있는 그림.

247 차군(此君) : 대나무. 진(晉)나라의 왕휘지(王徽之)가 항상 집에 대나무를 심게 했는데, 혹자가 그 까닭을 묻자 "어찌 하루라도 '이 군[此君]'이 없을 수 있겠는가."라 한 말에서 유래한다. 《진서(晉書)》〈왕휘지전(王徽之傳)〉.

248 분본(粉本) : 일종의 초벌그림 또는 밑그림. 사실을 고증하는 바탕을 비유하는 말로도 쓰인다.

삼아 그리면 좋겠다. 《금화경독기》[249]

31) 중추절(中秋節)의 달 구경

민간에서는 중추절을 '추석(秋夕)'이라 하고 '가배(嘉排)'라고도 한다. 《삼국사기(三國史記)》를 살펴보니, "신라의 유리이사금(儒理尼斯今)[250]이 2명의 왕녀(王女, 왕의 딸)에게 6부(六部)[251]의 여자들을 두 편으로 나누고 통솔해서 7월 보름부터 대부(大部)[252]의 뜰에 모여 길쌈을 하도록 했는데, 을야(乙夜, 밤 9~11시)가 되어서야 끝마쳤다. 매일 이렇게 하여 8월 보름이 되면 길쌈한 양의 많고 적음을 비교하여, 진 편에서 술과 음식을 차려 이긴 편을 대접했다. 이때 노래와 춤을 비롯하여 온갖 놀이를 했는데, 이를 '가배(嘉排)'라 했다. 이때 진 편에서 어떤 여자가 일어나 춤추고 노래하며 '회소(會蘇)[253], 회소(會蘇)'라 했는데, 그 소리가 애처롭고도 아름다웠다."[254]라 했다. 《한양세시기》[255]

《구당서(舊唐書)》〈동이전(東夷傳)〉에 "신라국은 8월 15일을 중요하게 여겨 이때에 음악을 연주하고 술을

中秋賞月

俗稱"秋夕", 又曰"嘉排". 案《三國史》, "新羅 儒理尼斯今, 使王女二人分率六部女子, 自七月[8]望, 集大部之庭績麻, 乙夜而罷. 至八月望, 考其功之多少, 負者置酒食而謝勝者. 於是歌舞百戲皆作, 謂之'嘉排'. 是時負家一女子起舞歌曰'會蘇會蘇', 其音哀雅."《漢陽歲時記》

《舊唐書·東夷傳》"新羅國重八月十五日, 設樂飲宴",

---

249 출전 확인 안 됨.

250 유리이사금(儒理尼斯今):?~57. 신라 제3대 왕. 남해차차웅(南解次次雄)의 아들이다. 신라의 행정제도를 정비하여 6부의 이름을 고치고 이들에게 이(李)·최(崔)·손(孫)·정(鄭)·배(裵)·설(薛)의 성(姓)을 하사하였다.

251 6부(六部):양부(梁部)·사량부(沙梁部)·본피부(本彼部)·점량부(漸梁部)·한기부(漢祇部)·습비부(習比部). 처음에는 신라 왕경(경주) 내의 행정구역에서 점차 정치 운영에 중요한 영향을 미치는 단위 정치체로서의 기능을 했다.

252 대부(大部):6부 중 큰 부를 의미하는 것으로 보인다.

253 회소(會蘇):미상. '회소'는 지금의 '아서라, 말아라'의 뜻인 '아소, 마소'의 뜻으로 추측된다.

254 《三國史記》卷1〈新羅本紀〉1 "儒理尼師今" '九年'.

255 《京都雜志》卷2〈歲時〉"中秋"(《韓國名著大全集》, 191쪽).

[8] 月:저본에는 "夕". 《三國史記·新羅本紀·儒理尼斯今》·《京都雜志·歲時·中秋》에 근거하여 수정.

마시며 잔치를 베푼다."256라 했으니, 이것 역시 가배의 풍속을 가리킨 것이다. 그런데 중국 사람들도 중추절에 달 감상하는 일을 가장 중요하게 여겼다. 예를 들어 섭법선(葉法善)257의 〈자운곡(紫雲曲)〉258, 소정(蘇頲)259의 '촛불 끄고 달구경하기'260, 안수(晏殊)261의 '흰옷 차려입고 악기 연주하기'262 등은 모두 중추절 달구경 하는 일과 관련된 고사이고, 두보(杜甫)263·백거이(白居易)·왕건(王建)264 세 사람은 모두 8월 15일 밤 달을 구경하는 시를 지었다. 《선부록(膳夫錄)》265에서 중추에는 완월갱(翫月羹)266이란 음식을 먹는다고 했으

此亦指嘉排之俗耳. 然華人亦最重中秋賞月, 葉法善之《紫雲曲》、蘇頲之"徹燭翫月"、晏元獻之"素衣治具", 皆中秋賞月事也. 杜甫、白居易、王建皆有八月十五夜賞月詩.《膳夫錄》有中秋翫月羹, 卽汴中節食也.《金華耕讀記》

---

256 신라국은······베푼다:《舊唐書》卷199上〈列傳〉"東夷", 5334쪽.

257 섭법선(葉法善):616~720. 중국 당나라의 도사. 은청광록대부(銀靑光祿大夫)·홍려경(鴻臚卿) 등을 지냈다.

258 자운곡(紫雲曲):중국 당나라 현종(玄宗)이 섭법선과 함께 달에 가서 월궁(月宮)에서 들었다고 전해지는 곡. 선녀들이 흰 비단으로 만든 치마를 입고 이 곡에 춤을 추고 있었다고 한다. 이 곡의 곡조를 기억해두었다가 악공을 불러 지은 곡을 '예상우의곡(霓裳羽衣曲)'이라 한다.

259 소정(蘇頲):670~727. 중국 당나라의 관리. 예부상서(禮部尙書)를 지냈으며 문장가로 이름을 떨쳤다.

260 촛불······하기:소정과 이예(李乂, 647~714)가 함께 문고(文誥, 천자가 반포하는 글)를 담당할 당시 현종(玄宗, 685~762)이 지난날을 돌아보며 깊은 생각에 잠겨 있었다. 8월 15일 밤에 궁궐에서 숙직을 하면서 여러 학사(學士)들이 달을 감상하면서 시를 짓고 술을 마시는 연회를 즐겼다. 마침 하늘은 높고 구름 한 점 없어 달빛이 마치 그림 같았다. 이때 소정이 "달빛이 맑고 빛나는 모습이 매우 아름다우니 촛불을 켤 필요가 있겠는가?"라고 하여, 촛불을 끄고 달을 감상했다는 고사가 전해진다.

261 안수(晏殊):991~1055. 중국 북송(北宋)의 관리. 자는 동숙(同叔), 시호는 원헌공(元獻公). 한림학사(翰林學士)·추밀사(樞密使) 등을 역임하였다. 후학 양성에 힘써 문하에서 범중엄(范仲淹)·공도보(孔道輔)·구양수(歐陽脩) 등이 배출되었다. 저서로 《주옥사(珠玉詞)》가 있다.

262 흰옷······연주하기:안수와 관련된 중추절 고사를 말한다. 안수가 중추절에 연회를 열고자 했다가 날씨가 흐려 그만두었다. 이때 마침 친한 벗인 왕기(王琪)가 시를 보내 "다만 짙은 구름 낀 곳에 있으니, 한 번 악기를 연주하여 구름을 걷어 보세.(只在浮雲最深處, 試憑絃管一吹開.)"라 했다. 이에 안수가 크게 기뻐하며 흰옷을 차려입고 악기를 연주하니 구름이 걷혀 달을 감상하며 연회를 즐길 수 있었다고 한다.

263 두보(杜甫):712~770. 중국 성당시대(盛唐時代)의 시인. 자는 자미(子美), 호는 소릉(少陵). 중국 최고의 시인으로서 시성(詩聖)이라 불렸으며, 또 이백(李白)과 병칭하여 '이두(李杜)'라고 일컬어진다.

264 왕건(王建):767?~831?. 중국 당나라의 정치가·문인. 자는 중초(仲初)이다. 섬주사마(陝州司馬)를 지내 '왕사마(王司馬)'라고도 한다. 악부시(樂府詩)에 능해 장적(張籍)과 이름을 나란히 해서 '장왕악부(張王樂府)'라 불렸다. 저서로 《왕사마집(王司馬集)》이 있다.

265 선부록(膳夫錄):중국 송나라 정망지(鄭望之, 1078~1161)가 지은 음식 관련 서적. 식재료의 종류와 절식(節食) 등을 수록했다.

266 완월갱(翫月羹):미상.

니, 이는 곧 변경(汴京)[267]의 절식(節食, 절기에 맞추어 만들
어 먹는 음식)이다. 《금화경독기》[268]

32) 중양절(重陽節, 9월 9일)의 높은 곳 오르기

9월 9일에 높은 곳에 오르는 일은 《속제해기(續齊
諧記)》[269]에서 환경(桓景)[270]이 집안사람들을 재계시킨
후 산에 올랐던 일을 모방한 것이다. 지금에 이르러서
는 온 천하가 이 풍속을 함께하여 여러 명절 중 최고
의 날이 되었다. 우리나라에서도 이날을 중요하게 여
겨 국화주와 국화떡을 해 먹으니, 대개 이 또한 중국
의 풍속에 의거하여 모방한 것이다. 《금화경독기》[271]

重九登高

九日登高, 仿自《齊》景. 至
于今, 普天同俗, 爲節辰勝
日之最. 我東亦重是日, 菊
酒、菊糕, 蓋亦依倣華風
也.《金華耕讀記》

33) 전중양절(展重陽節, 9월 19일)[272]의 국화 감상

소식(蘇軾)은 "인생에서 오직 한식과 중양절은 삼
가 헛되이 보낼 수 없다. 사계절의 풍경 가운데 이
절기만 한 것이 없기 때문이다."[273]라 했다. 나는 한
식이 중요한 이유는 꽃과 버드나무가 아름답기 때문
이고, 중양절이 중요한 이유는 단풍과 국화가 아름
답기 때문이라고 생각한다. 꽃과 버드나무가 있다면

展重陽賞菊

東坡謂："人生惟寒食、重
九, 愼不可虛擲, 四時之景
⑨無如此節." 余以爲寒食
之重以花柳, 重九之重以
楓菊. 苟有花柳、楓菊, 何
日非寒食? 何日非重陽? 故

---

267 변경(汴京)：지금의 중국 하남성(河南城) 개봉시(開封市) 일대. 중국 오대(五代)·북송(北宋) 때의 수도이다.
268 출전 확인 안 됨.
269 속제해기(續齊諧記)：중국 남조 양나라 때 오균(吳均, 469~520)이 지은 소설집.
270 환경(桓景)：?~?. 중국 후한(後漢)의 문인. 그는 오랫동안 은사 비장방(費長房, ?~?)의 문하에서 공부하
  였는데, 어느 해 9월 9일 비장방이 환경에게 "너의 고향 여남에 큰 재앙이 있으니 빨리 돌아가라. 집안사
  람들을 재계시킨 뒤, 주머니에 수유열매를 담아 팔에다 메고 높은 곳에 올라가 국화주를 마시면 화를 면할
  수 있을 것이다."라 하여 환경이 그 말대로 했더니 화를 피할 수 있었다는 고사가 전해진다.
271 출전 확인 안 됨.
272 전중양절(展重陽節)：중양절을 연장하여 다시 만든 중양절이란 뜻이다.
273 인생에서……때문이다：《東坡全集》卷78〈尺牘一百九首〉"與李公擇"(《文淵閣四庫全書》1108, 260쪽).
⑨ 景：《東坡全集·尺牘一百九首·與李公擇》에는 "變".

어느 날인들 한식이 아니겠으며, 단풍과 국화가 있다면 어느 날인들 중양절이 아니겠는가? 그러므로 소식에게는 또 "달이 좋기로는 중추절이요, 국화가 좋기로는 중양절일세."274라는 말도 있다.

옛날에는 9월 10일을 '소중양절'이라 하고 9월 19일을 '전중양절(展重陽節)'이라 했으나, 사실 굳이 9월 19일일 필요는 없다. 일반적으로 단풍이 짙고 국화가 흐드러진 시절을 만나면 모두 중양절 놀이를 연장하여 즐길 수 있다.《금화경독기》275

坡老又有"有月卽中秋, 有菊卽重陽⑩"之語.

古以九月十日爲"小重陽", 以九月十九日爲"展重陽", 其實不必九日十九日, 凡遇楓菊爛熳, 皆可展作重陽遊也.《金華耕讀記》

34) 진나라 설날[秦歲首, 10월 1일]의 햇곡식 맛보기

《형초세시기(荊楚歲時記)》에 "10월 초하루에는 서화(黍臛)276을 먹는데, 민간에서는 이를 '진나라 설날[秦歲首]'이라고 한다."277라 했다. 그 주석에서는 "지금 북방 사람들이 이날에 마로 끓인 국[麻羹]과 콩밥을 차려 먹는데, 햇곡식을 처음으로 맛보기 위해서이다."278라 했다.

내 생각에는 이 시기에는 모든 곡식이 다 여무니, 굳이 서화뿐만 아니라 일반적으로 멥쌀·찹쌀·메조·차조로 모두 떡을 만들어 노부모를 봉양하며 농사일을 쉴 수 있다.《시경(詩經)》에 "2병의 술로 잔치

秦歲首嘗⑪新

《荊楚歲時記》: "十月朔日黍臛, 俗謂之'秦歲首'." 注云: "今北人此日設麻羹、豆飯, 爲其始熟嘗新耳."

余謂是時百穀俱登, 不必黍臛, 凡秔稬、稉粟, 皆可作糕餌, 以養老休農.《詩》稱"朋酒斯饗",《禮》云"百日

---

274 달이……중양절일세:《東坡全集》卷23〈詩六十七首〉 "江月五首"(《文淵閣四庫全書》1107, 339쪽).

275 출전 확인 안 됨.

276 서화(黍臛) : 기장을 넣고 끓인 고깃국.

277 10월……한다:《荊楚歲時記》(《文淵閣四庫全書》589, 25쪽).

278 지금……위해서이다:《荊楚歲時記》(《文淵閣四庫全書》589, 25쪽).

⑩ 有月……重陽:《東坡全集·詩六十七首·江月五首》에는 "菊花開時乃重陽, 涼天佳月即中秋".

⑪ 嘗 : 저본에는 "賞". 규장각본에 근거하여 수정.

를 여네."[279]라 하고, 《예기(禮記)》에 "100일 간의 농사일 마치고 드리는 납향제[蜡][280]는 하루의 은택이다."[281]라 한 내용이 모두 10월의 행사일 뿐이다. 《금화경독기》[282]

之蜡, 一日之澤", 皆是月事耳. 《金華耕讀記》

35) 하원(10월 15일)의 달 감상

10월 15일은 하원절(下元節)이다. 송나라 태평흥국(太平興國)[283] 5년(980), 경성에 등불을 단 풍경이 마치 상원(上元, 정월대보름) 같았다. 후세에 다시 이런 행사를 했다는 말을 듣지 못했으나, 다만 소식의 후적벽놀이[後赤壁遊][284]는 본받을 만하겠다. 《금화경독기》[285]

下元賞月

十月十五日爲下元節, 宋太平興國五年, 京城張燈如上元. 後世未聞更擧, 但可倣坡老後赤壁遊耳. 《金華耕讀記》

36) 동제(冬除, 동지 전날)의 밤 새기

육유(陸游)[286]의 《노학암필기(老學菴筆記)》[287]에서

冬除守歲

陸游 《老學菴筆記》 云:

---

279 2병의……여네:《毛詩正義》卷8〈豳風〉 "七月" 《十三經注疏整理本》5, 593쪽).
280 납향제[蜡]:본래 납향제는 12월 말일인 납일(臘日)에 한 해 동안의 농사 형편과 그 밖의 일들을 신에게 알리고 보답하는 제사이나, 여기에서는 10월 1일을 뜻한다.
281 100일……은택이다:《禮記正義》卷43〈雜記〉下 《十三經注疏整理本》14, 1423~1424쪽). 공자가 자공(子貢)에게 한 말로, 자공이 납향제를 지내며 술을 마시고 즐기는 사람들을 보고 있을 때 공자께서 "자네는 즐거운가?"라 물었다. 자공은 사람들이 술에 취해 예의를 잃어버린 모습을 보고 실망하던 차에 "나라 사람들이 모두 광란에 빠졌지만 저는 그 즐거움을 모르겠습니다."라 대답하였다. 이때 공자께서 자공에게 "농부들이 오늘 이 납향제를 지내기 위해 100일 동안 농사일로 고생하였다. 이 하루의 즐거움은 모두 납향제의 은택이니, 자네가 알 수 있는 바가 아니다."라고 대답한 내용이다.
282 출전 확인 안 됨.
283 태평흥국(太平興國):중국 송나라 태종(太宗, 939~997) 때의 연호(976~983년).
284 후적벽 놀이[後赤壁遊]:필화(筆禍) 사건으로 죄를 얻어 황주(黃州)에 유배되었던 소식이 1082년 7월과 10월에 명승지인 적벽(赤壁)에서 놀았다. 이때의 풍류를 명문으로 남겼는데, 7월의 놀이에서 지은 것이 《전적벽부(前赤壁賦)》, 10월의 놀이에서 지은 것이 《후적벽부(後赤壁賦)》이다. 여기에서는 10월의 놀이를 가리킨다.
285 출전 확인 안 됨.
286 육유(陸游):1125~1209. 중국 남송(南宋)의 시인. 자는 무관(務觀), 호는 방옹(放翁). 32세부터 85세까지 약 50년 동안 1만 수(首)에 달하는 시를 남겨 중국 시사(詩史)에서 최다작의 시인으로 꼽히고 있으며, 당시풍(唐詩風)의 강렬한 서정을 부흥시켰다. 자신의 파란만장한 생애와 망국의 애환을 담은 시를 짓는가 하면, 가난하면서도 평화스러운 전원생활의 기쁨을 노래하는 한적한 시를 짓는 등, 시제가 매우 폭넓은 시인으로 알려져 있다. 저서로 《검남시고(劍南詩稿)》가 있다.
287 노학암필기(老學菴筆記):육유가 만년에 고향인 절강성(浙江省) 소흥시(紹興市) 경호(鏡湖) 인근에 머물면서 본인의 경험을 토대로 기록한 수필집.

"《태평광기(太平廣記)288》〈노욱전(盧頊傳)〉에 '이날 저녁은 동지(冬至)의 제야(除夜)이다.'라는 말이 있다. 그러고 나서야 당나라 사람들이 동지 하루 전날도 '제야(除夜)'라 부른다는 사실을 알았다."289라 했다. 내가 《세화기려보(歲華記麗譜)290》를 살펴보니 "동지 하루 전날에 태수가 빈객들을 이끌고 북문 석어교(石魚橋)를 나가 술과 안주를 마련하고, 불놀이 구경을 마치고서야 천장관(天長觀)291에서 저녁 연회를 베푼다. 이 행사는 문언박(文彦博)292이 처음 시작했다."293라 했으니, 동지 제야를 명절로 삼은 일은 다만 당나라 사람들만 그러한 것이 아니었다. 《금화경독기》294

《太平廣記·盧頊傳》有'是夕冬至除夜'之語, 乃知唐人冬至前一日亦謂之'除夜'." 余案《歲華記麗譜》, 云"至前一日, 太守領客, 出北門石魚橋, 具樽豆, 觀樵12已, 乃卽天長觀晚宴, 自文潞公始爲之", 冬除之爲名節, 不獨唐人爲然矣.《金華耕讀記》

37) 동지의 집안 잔치

예로부터 이날 조상에게 올리는 제사를 가장 중요하게 여겼고, 집안 어른들께 절하는 일을 설날 아침의 의식과 똑같이 한다고 했다. 버선과 신발을 부모에게 바치고 일양건(一陽巾)295을 쓰며 다양한 종류의

冬至家宴

自古最重是日祀祖, 稱拜耆老, 一如元朝之儀. 獻襪履, 戴一陽巾, 食百味餛飩, 皆冬至事也. 我東依倣

---

288 태평광기(太平廣記):중국 한(漢)나라부터 북송(北宋)에 이르기까지 소설·필기·야사 등을 수록한 설화집. 총 500권으로 이루어져 있으며, 이방(李昉, 925~996) 등 12명의 학자와 문인이 편집에 참여했다.

289 이날……알았다:《老學菴筆記》卷8 《文淵閣四庫全書》865, 69쪽).

290 세화기려보(歲華記麗譜):중국 원(元)나라 비저(費著)가 지은 저술.

291 천장관(天長觀):중국 원(元)나라의 도교사원. 처음 당(唐)나라 현종(玄宗)이 세웠고 이후 여러 차례 중건하며 이름을 바꿔 현재는 백운관(白雲觀)이라 한다.

292 문언박(文彦博):1006~1097. 중국 북송(北宋) 때의 관리. 자는 관부(寬夫), 시호는 충렬(忠烈), 호는 노공(潞公). 부필(富弼, 1004~1083) 등과 함께 영종(英宗)의 옹립에 공을 세워 추밀사(樞密使)가 되었고 이후 9년 간 재직하였다. 왕안석(王安石)의 시역법(市易法)을 비난하였다가 쫓겨나 지방으로 나갔으나 철종(哲宗)이 즉위하고 구법당(舊法黨)이 부활되자 평장군국중사(平章軍國重事)가 되었다. 전후 50년에 걸쳐 재상의 지위에 있으면서 사방의 이민족에게까지 명성을 떨쳤다. 저서로 《노공집(潞公集)》이 있다.

293 동지……시작했다:《歲華記麗譜》《文淵閣四庫全書》590, 437쪽).

294 출전 확인 안 됨.

295 일양건(一陽巾):도사(道士)가 쓰는 두건. 화양건(華陽巾)·순양건(純陽巾)이라고도 한다.

12 樵:저본에는 "醮".《歲華記麗譜》에 근거하여 수정.

혼돈(餛飩)²⁹⁶을 먹는 일이 모두 동지에 하는 행사이다. 우리나라에서 중국 풍속을 모방하여 하는 일은 오직 붉은 팥죽을 먹는 일뿐이다. 《금화경독기》²⁹⁷

者, 惟赤豆粥耳. 《金華耕讀記》

38) 납일(臘日)²⁹⁸ 전의 매화 감상

방[龕]에서 매화 분재를 기르면서 납일 전후 무렵에 매화를 피게 하는데, 이를 '납매(臘梅)'라 한다. 청아한 감상을 즐기는 사람[淸賞家]은 매년 납매의 향기가 그윽할 무렵 술과 구운 고기를 차려놓고 벗들을 모아 매화를 감상한다. 《금화경독기》²⁹⁹

臘前賞梅

龕養盆梅, 令趁臘前後開, 謂之"臘梅". 淸賞家每於香發時, 置酒、炙肉, 會友賞梅. 《金華耕讀記》

39) 납회(臘會, 납일 모임)

우리나라는 동지 후 3번째 미일(未日)을 납일로 삼는다. 《지봉유설(芝峯類說)》을 살펴보니, 채옹(蔡邕)³⁰⁰의 학설을 인용하여 "청제(靑帝)³⁰¹는 미일(未日)을 납일로 삼고, 적제(赤帝)³⁰²는 술일(戌日)을 납일로 삼으며, 백제(白帝)³⁰³는 축일(丑日)을 납일로 삼고, 흑제(黑

臘會

本朝以未臘. 案《芝峯類說》, 引蔡邕之說, "靑帝以未臘, 赤帝以戌臘, 白帝以丑臘, 黑帝以辰臘. 我國臘用未, 蓋以東方屬木"云.

---

296 혼돈(餛飩):밀가루나 쌀가루로 반죽을 하고 안에 소를 넣어 빚은 만두의 종류. 《정조지》 권7 〈절식〉 "(부록)절식 보유" '혼돈'에 자세히 보인다.

297 출전 확인 안 됨.

298 납일(臘日):동지가 지난 뒤 3번째 미일(未日). 나라에서는 종묘와 사직에 제사를 지내고 민간에서는 여러 신에게 제사를 지냈는데, 이를 납향(臘享)이라 한다.

299 출전 확인 안 됨.

300 채옹(蔡邕, 132~192):중국 후한(後漢)의 관리. 자는 백개(伯喈). 170년 낭중이 되었으나 재이(災異)의 변에 관해 상주문을 올렸다가 쫓겨났다. 189년 동탁(董卓, 139~192)에게 발탁되어 좌중랑장(左中郎將)까지 지냈으나 동탁의 난에 연좌되어 옥사했다. 천문(天文)·음율(音律) 등에 능통하였고, 초서(草書)·예서(隷書)를 잘 썼으며, 비백체(飛白體)를 창시하였다. 저서로 《채중랑집(蔡中郎集)》이 있다.

301 청제(靑帝):목(木)의 기운으로 동방을 다스리는 신. 봄을 관장한다.

302 적제(赤帝):화(火)의 기운으로 남방을 다스리는 신. 여름을 관장한다.

303 백제(白帝):금(金)의 기운으로 서방을 다스리는 신. 가을을 관장한다.

帝)304는 진일(辰日)을 납일로 삼는다. 우리나라에서 《漢陽歲時記》
미일로 납일을 정한 까닭은 대개 우리나라가 있는
동쪽 방향이 목(木)에 속하기 때문이다."305라 했다.
《한양세시기》306

《사기(史記)》〈천관서(天官書)〉에 "납일 다음 날에는 《史記·天官書》云:"臘明
사람들이 한 해를 보낸 기념으로 한자리에 모여 술 日, 人衆卒歲, 一會飮食,
을 마시고 음식을 먹으며 양기(陽氣)를 발산한다."307 發陽氣."
라 했다.

《후한서》〈정현전(鄭玄傳)〉의 주석에 "정현(鄭玄)308 《後漢書·鄭玄傳》註云:"玄
이 12세에 어머니를 따라 외갓집에 갔는데, 그날이 年十二, 隨母還家, 正臘,
바로 납일이었다. 자리에 모인 같은 항렬(行列)의 친 會同列十數人, 皆美服盛
족 열 몇 명이 모두 아름다운 복장으로 화려한 치장 飾, 玄獨漠然如不及."
을 하고 있었지만, 정현만 홀로 모자란 사람처럼 무
심하게 있었다."309라 했다.

이러한 내용을 보면 옛사람들이 납평(臘平)310과 是知古人最重臘平與歲朝
설날 아침 등을 가장 중요하게 여겼다는 사실을 알 等也.《金華耕讀記》
수 있다.《금화경독기》311

---

304 흑제(黑帝):수(水)의 기운으로 북방을 다스리는 신. 겨울을 관장한다.
305 청제(靑帝)는……때문이다:《芝峯類說》卷1〈時令部〉"節序"(국립중앙도서관 한古朝91-50, 47~48쪽).
306《京都雜志》卷2〈歲時〉"臘平"(《韓國名著大全集》, 192~193쪽).
307 납일……발산한다:《史記》卷27〈天官書〉, 1340쪽.
308 정현(鄭玄):127~200. 중국 후한(後漢) 말의 학자. 자는 강성(康成). 평생 재야의 학자로 지냈으며, 훈고학
   (訓詁學)·경학(經學)에 조예가 깊어 당시 고문경학(古文經學)과 금문경학(今文經學)의 학설을 정리하고 보
   완하여《모시(毛詩)》·《주례(周禮)》·《의례(儀禮)》·《예기(禮記)》등 많은 경서를 주석했다.
309 정현(鄭玄)이……있었다:《後漢書》卷65〈鄭玄傳〉(《文淵閣四庫全書》590, 437쪽).
310 납평(臘平):납일의 다른 이름. '가평절(嘉平節)'이라고도 한다.
311 출전 확인 안 됨.

40) 난한회(暖寒會, 추위 녹이는 연회)

왕원보(王元寶)[312]는 매년 겨울 눈이 많이 내리면 하인들에게 눈을 쓸어 길을 내게 하고 빈객을 집으로 맞아들여 술과 안주를 차려놓고 연회를 베풀어 즐겼으니, 이것이 '난한회(暖寒會)'이다. 이는 실로 부호가의 풍류이자 운치일 뿐, 산촌에서는 이런 갖가지 음식들을 마련하기 쉽지 않다. 그러나 눈은 납월의 삼백(三白)[313]을 상서롭게 여기니, 만약 납일 전 눈이 3번 내리면 벗들과 함께 모여 술잔을 기울이고 시를 읊어서 그 상서로움을 기념해야 한다.

임홍(林洪)[314]의 《산가청공(山家淸供)》[315]에 '발하공(撥霞供)'이란 요리가 있다. 【《산가청공(山家淸供)》에 다음과 같이 적혀 있다. "무이산(武夷山)[316]의 6곡(六曲)[317]을 노닐다가 지지사(止止師)[318]를 찾아뵈었다. 마침 눈이 내리는 와중에 토끼 1마리를 잡았는데, 이 토끼로 요리를 할 만한 요리사가 없었다. 그러자 지

暖寒會

王元寶每冬月大雪, 令僕夫掃雪爲徑, 迎揖賓客就家, 具酒炙宴樂之, 爲"暖寒之會". 此固豪富風致耳, 山家未易種種辦此. 然雪以臘月三白爲瑞, 苟得之, 宜會友觴咏以識其瑞.

林洪《山家淸供》有撥[13]霞供,【《山家淸供》云:"向遊武夷六曲, 訪止止師, 偶[14]雪天得一兔, 無庖人可製. 師云:'山間只用薄批, 酒、醬[15]、椒料沃之, 風爐

---

312 왕원보(王元寶):?~?. 중국 당(唐)나라의 문인. 황제와 대적할 수 있을 정도로 막대한 부를 쌓았다. 정월 초닷샛날 재물을 관장하는 신에게 절을 하거나 발채(發菜)를 먹는 일 등 그가 행했던 생활 습관이 민간 풍속에 영향을 미쳐 지금까지 전해지고 있다.

313 삼백(三白):납일 이전에 3차례 눈이 내리는 일. 삼백이 오면 다음 해 농사가 풍년이 든다고 하여 매우 상서롭게 여겼다.

314 임홍(林洪):?~?. 중국 송(宋)나라의 문인. 자는 몽병(夢屛). 저서로 《산가청사(山家淸事)》·《산가청공(山家淸供)》이 있다.

315 산가청공(山家淸供):중국 송(宋)나라의 문인 임홍(林洪, ?~?)의 조리서. 100가지의 요리법 외에도 차·조주(造酒)·음악에 관한 내용이 간단하게 수록되어 있다.

316 무이산(武夷山):중국 복건성(福建省)과 강서성(江西省)의 경계에 있는 산. 도교의 본산지이고, 주희(朱熹)가 머무른 뒤에는 성리학의 요람으로 여겨졌다.

317 6곡(六曲):중국 무이산의 6번째 절경인 선장봉(仙掌峯). 석벽으로 구성되어 있다.

318 지지사(止止師):?~?. 중국 송(宋)나라의 은사(隱士).

[13] 撥:저본에는 "僕". 《山家淸供·撥霞供》에 근거하여 수정.

[14] 偶:《山家淸供·撥霞供》에는 "遇".

[15] 醬:저본에는 "漿". 《山家淸供·撥霞供》에 근거하여 수정.

지사가 '산골에서는 다만 토끼고기를 얇게 썰고 여기에 술·간장·산초로 양념을 해서 재워둔다네. 그리고 풍로(風爐)를 놓고 그 위에 절반보다 약간 모자라게 물을 넣은 냄비를 놓지. 물이 끓기를 기다리며 술을 한 잔 마신 후 각자 젓가락으로 얇게 썬 토끼고기를 집어 냄비의 끓는 물에 넣고 휘저어 익혀서 먹네. 그런 뒤에야 각자 적당히 국물과 함께 곁들이기도 한다네.'라 하셨다. 이 조리법을 쓰면 간단할 뿐만 아니라 단란하게 모여 따뜻하게 음식을 먹는 즐거움이 있다."[319] 바로 이것이 시골 사람들이 눈을 감상하면서 추위를 녹이는 음식이다. 《금화경독기》[320]

安在, 上用水[16]少半銚[17]. 俟湯響一杯後, 各分以筯令自筴入湯, 擺熟啖之, 乃隨宜各以汁供.' 用其法不獨易行, 且有團圞煖熱之樂."】政是野人家賞雪暖寒之具耳.《金華耕讀記》

41) 섣달 그믐날의 수세(守歲, 밤 새기)

온 집안에 등불을 달되 외양간과 뒷간까지 각각 한 초롱의 등불을 밝히고, 밤새도록 자지 않고 한 해의 마지막 날을 지킨다[守歲].

온혁(溫革)[321]의 《쇄쇄록(瑣碎錄)[322]》을 살펴보면 "제야에는 신불(神佛) 앞과 대청·방·화장실에 모두 새벽까지 등불을 밝히니, 집안에 밝은 빛이 들도록 하기 위함이다."[323]라 했다. 또 맹원로(孟元老)[324]의 《동경

歲除守歲

渾舍張燈, 以至廁溷, 各點一盞, 達夜不睡以守歲.

案溫革《瑣碎[18]錄》, "除夜神佛前及廳堂、房溷, 皆明燈至曉, 主家室明光." 又孟元老《東京夢華錄》: "除

---

319 무이산(武夷山)의……있다:《山家淸供》卷上〈撥霞供〉(《叢書集成初編》〈山家淸供〉1473, 11쪽).

320 출전 확인 안 됨.

321 온혁(溫革):1006~1076. 중국 송나라의 의학자. 자는 숙도(叔度). 홍주통판(洪州通判)·남검주지주(南劍州知州)·복건전운사(福建轉運使) 등을 역임했다. 저서로《쇄쇄록(瑣碎錄)》이 있다.

322 쇄쇄록(瑣碎錄):중국 송나라의 의학자 온혁이 지은 양생서. 특히 섭생을 통한 양생법을 주로 다루고 있다.

323 제야에는……위함이다: 출전 확인 안 됨.

324 맹원로(孟元老):?~?. 중국 남송(南宋)의 문인. 호는 유란거사(幽蘭居士). 저서로《동경몽화록(東京夢華錄)》이 있다.

몽화록(東京夢華錄)[325]》에 "섣달 제야에 백성들의 집에서는 화로 주변에 둘러앉아 아침이 되도록 잠을 자지 않으니, 이를 '수세(守歲)'라 한다."[326]라 했다.《한양세시기》[327]

夕夜, 士庶之家, 圍爐團坐, 達朝不寐, 謂之'守歲'." 《漢陽歲時記》

---

325 동경몽화록(東京夢華錄) : 중국 남송(南宋)의 맹원로가 북송(北宋)의 수도였던 변경(汴京)의 문물과 풍속을 기록한 책. 변경이 번성했을 당시의 모습을 서술하고 있다.

326 섣달……한다 :《東京夢華錄》卷10〈除夕〉(《叢書集成初編》3216, 206쪽).

327 《京都雜誌》卷2〈歲時〉"除夕"(《韓國名著大全集》, 193쪽).

⑯ 水 : 저본에는 없음.《山家淸供·撥霞供》에 근거하여 보충.

⑰ 銚 : 저본에는 "錘".《山家淸供·撥霞供》에 근거하여 수정.

⑱ 瑣碎 : 저본에는 "碎瑣". 일반적인 용례에 근거하여 수정.

3. 때에 따라 모이는 모임 隨時會

1) 상치회(尙齒會, 경로 모임)[1] 尙齒會

백거이(白居易)가 낙양(洛陽)[2]에 살 때에 호고(胡杲)[3] · 길민(吉旼)[4] · 유진(劉眞)[5] · 정거(鄭據)[6] 등 여덟 사람[7]과 그의 집에서 모여 술을 마시며 시를 읊고 그

白香山居洛, 與胡、吉、劉、鄭等八人, 會飮其第, 賦詩圖形以傳于世, 謂之 "九老

유송년의 〈향산구로도〉

---

1 상치회(尙齒會, 경로 모임):노인을 자리에 청하고 음식을 장만해서 놀며 시를 짓고 노는 모임. 중국 당(唐)나라 시인 백거이(白居易)가 연 데에서부터 시작되었다.

2 낙양(洛陽):중국 당(唐)나라의 수도. 낙수(洛水) 북쪽에 있어서, 옛날에는 강의 북쪽을 양(陽)이라 하였으므로 얻은 이름이다. 하남성(河南省) 서부에 해당한다.

3 호고(胡杲):?~?. 구로회(九老會)의 1인. 전 회주사마(懷州司馬)로 당시 89세였다.

4 길민(吉旼):758~847. 길교(吉皎)라고도 한다. 중국 당대(唐代)의 시인. 원화(元和) 초년(初年, 806) 하남(河南) 등봉(登封) 현령이 되었고, 원화 15년(820)에 경조부(京兆府)의 위남(渭南) 현령이 되었으며, 만년에 위경(尉卿)에 봉해졌으나 치사(致仕)하고 낙양에 살았다.

5 유진(劉眞):?~?. 전 자주자사(磁州刺史)로 당시 87세였다.

6 정거(鄭據):?~?. 중국 당(唐)나라 형양(滎陽) 사람. 우용무군장사(右龍武軍長史)를 지냈다. 칠로회시(七老會詩) 1수가 전한다.

7 여덟 사람:백거이의 시집인 《백향산시집(百香山詩集)》의 〈칠노회시병서(七老會詩幷序)〉에 의하면 845년 3월 24일에 백거이보다 나이가 많은 호고(胡杲) · 길민(吉旼) · 유진(劉眞) · 정거(鄭據) · 노진(盧眞) · 장혼(張

주신의 〈향산구로도〉

모습을 그림으로 그려 세상에 전하였으니[8], 이를 '구로회(九老會)'[9]라 한다. 송나라 문언박(文彦博)과 부필(富弼)[10]을 비롯한 여러 사람들이 이를 따라서 모임을

會". 宋 文、富諸公, 踵以行之, 謂之 "耆英會".

渾) 6명이 향산에 있는 백거이의 집 이도리(履道里)에 모였다. 백거이까지 7명의 노인들은 나이 든 사람을 청하여 차례로 앉히고 시가(詩歌)를 지으며 즐기던 모임인 상치회(尙齒會)를 가졌는데, 술을 마시며 칠언칠운시(七言七韻詩)를 차례로 지으며 흔치 않은 모임에 참여한 데 대해 참석자 모두 기뻐하였다. 같은 해 여름, 2명의 노인이 더 들어와 구로회(九老會)가 되는데, 두 노인은 136세의 이원상(李元爽)과 95세의 승려 여만(如滿)이다. 이 모임에서 참석자들은 자신의 이름과 나이를 쓰고 모습을 그림으로 그려 붙였는데 이것이 〈향산구로도〉의 기원이다. 향산구로회는 사회적 지위와 성공에서 벗어나 나이와 친교를 기반으로 한 최초의 모임이었다.

8 그……전하였으니 : 중국 명(明)나라 주신(周臣)이 그린 〈향산구로도(香山九老圖)〉가 있다.

9 구로회(九老會) : 향산 백거이가 주도하여 일명 '향산구로회(香山九老會)'라고 하기도 한다.

10 부필(富弼) : 1004~1083. 중국 송(宋)나라의 재상. 자는 언국(彦國), 시호는 문충(文忠). 하남(河南) 사람, 당시에 문언박(文彦博)과 명망을 나란히 했다. 거란족이 국경에 접근하여 땅을 요구하자 땅을 내줄 수 없다고 강력하게 거부하고 아울러 화전(和戰)의 이해(利害)를 말하여 거란족을 물러가게 했다. 정국공(鄭國公), 한국공(韓國公)에 봉해졌다.

만들었으니, 이를 '기영회(耆英會)'[11]라 한다.

우리나라의 선배들 역시 종종 이런 모임을 모방하여 만들고 즐겁게 모여 노는 모습을 그렸다. 민간의 자제들이 집안에서 어른들을 모시고 연회를 베풀 때, 마땅히 좋은 날 아름다운 저녁을 골라 자리를 펴고 음식을 차려놓는다. 그리고 이웃의 연세 높은 어른들을 정성스레 초청하여 상치회(尚齒會)를 열고 만경(晩景)[12]을 즐겁게 해 드린다. 《금화경독기》[13]

我東先輩亦往往倣傚, 以賁飾熙象. 人家子弟, 堂奉耆老, 宜選佳辰良夕, 肆筵治具, 敦請隣近高年, 作尚齒之會, 以娛晩景.《金華耕讀記》

2) 난강(煗講, 복습 모임)[14]

煗講

마영경(馬永卿)[15]의 《나진자(懶眞子)[16]》에 사마광(司馬光)의 난강(煗講)하는 법(法)을 기록하여, "공(公, 사마광)이 하현(夏縣)[17]에 살면서 공을 따라 배우던 본현(本縣)의 십여 사람과 글을 강론할 때, 큰 대나무통 1개에 학생들의 이름을 적은 대쪽을 담아두었다. 강론이 끝나고 하루 뒤면 아무 대쪽이나 하나를 집어 암송하게 했다. 암송이 신통치 않으면 공이 넌지시

馬永卿《懶眞子》紀司馬溫公煗講之法, 云: "公在夏縣, 與本縣從學者十餘人講書, 用一大竹筒, 貯竹籤上書學生姓名. 講後一日, 卽拈籤令講, 講不通, 則公微數責之. 每五日, 作一煗

---

11 기영회(耆英會): 중국 송(宋)나라 문언박(文彦博)이 서도유수(西都留守)로 있을 때, 양반 중에서 늙고 명망 있는 사람 12명을 부필(富弼)의 집에 모아서 연회를 베푸니 이것을 낙양기영회(洛陽耆英會)라 했다.

12 만경(晩景): 해가 기우는 풍경을 의미하면서 동시에 사람의 노년을 뜻하는 말이다. 여기서는 후자를 의미한다. 《회남자(淮南子)》에서 "해가 서쪽으로 기울어져 그림자가 나무 끝에 있는 것을 상유(桑榆)라 한다."라 해서 '상유(桑榆) 만경(晩景)'이라는 구어로도 많이 쓰인다.

13 출전 확인 안 됨.

14 난강(煗講, 복습 모임): 간단한 음식을 놓고 지난번에 배운 것을 익히고 확인하며 학업을 독려하는 모임.

15 마영경(馬永卿): ?~1136. 중국 송나라의 문인. 자는 대년(大年), 일설에는 이름이 대년이고 자가 영경이라고 한다. 유안세(劉安世, 1048~1125)가 박주(亳州)에 유배되었을 때 거기서부터 배웠으며, 나중에 유안세의 말을 바탕으로 《원성어록(元城語錄)》을 지었다.

16 나진자(懶眞子): 중국 송(宋)나라 마영경(馬永卿)이 지은 수필. 잡스러운 일의 기록과 그에 대한 고증이 대부분이다.

17 하현(夏縣): 중국의 옛 안읍(安邑). 중국 하 왕조가 여기에 도읍하여 이 이름을 얻었다.

자주 꾸짖었다. 5일마다 1번 난강을 하고, 술 1잔, 밥 1그릇, 국수 1그릇, 고기 1접시, 나물 1접시를 먹을 뿐이었다."[18]라 했다.

나는 살고 있는 집 옆에다가 의숙(義塾)[19] 몇 칸을 짓고서 이웃의 영특하고 뛰어난 자제 십수 명을 의숙에 모아 선생을 모셔 가르치면서, 때때로 사마광[端明]의 옛 일[20]을 실천해 보려고 매번 생각하였다. 그러나 아직까지 그 소원을 이루지 못하고 있다.《금화경독기》[21]

講、一杯、一飯、一麪、一肉、一菜而已."

余每思就家居之側, 建義塾數楹, 聚隣近俊秀十數人, 置塾師敎之, 時時修端明故事, 而迄今願莫之遂也.《金華耕讀記》

3) 관덕회(觀德會, 덕을 살피는 활쏘기 모임)

옛날의 활쏘기에는 2가지가 있다. 향대부(鄕大夫)[22]들의 활쏘기는 활터에 오르고 내리기, 읍하고 사양하기, 술잔을 권하고 돌리기를 예(禮)대로 행할 뿐 과녁을 꿰뚫는 일에 치중하지 않는다.《의례(儀禮)》의 〈향사례(鄕射禮)〉[23]가 이것이다.

觀德會

古之射有二. 鄕①大夫之射, 以升降、揖遜、獻酬爲禮, 而不主於皮,《儀禮·鄕射》之禮是也.

---

18 공(公)이……뿐이었다:《說郛》卷40 下 〈懶眞子錄〉《文淵閣四庫全書》878, 201쪽).

19 의숙(義塾):지역 사회나 고을에 학생을 가르치기 위하여 세운 교육기관. 자세한 내용은《이운지》권1 〈은거지의 배치〉 "임원의 삶터" '의숙' 참조.

20 사마광[端明]의……일:사마광(司馬光)이 단명전학사(端明殿學士)의 신분으로 도성을 떠나 섬서성(陝西省) 영흥군(永興軍)에서 지군(知軍)을 맡은 적이 있어 단명(端明)은 그를 가리키는 말이 되었다.

21 출전 확인 안 됨.

22 향대부(鄕大夫):향(鄕)의 대부. 중국 주나라 때 향에서의 의례를 주관하고 인재를 중앙에 천거하는 역할을 했다.

23 의례(儀禮)의 향사례(鄕射禮):중국 주나라 때 향대부가 3년마다 인재를 왕에게 천거할 때 행하는 의식이다. 활 쏘는 단에 오르내리면서[升降], 간단하게 절하고[揖禮] 술을 권하여 예를 표한다[獻酬].

① 鄕:저본에는 "卿". 문맥에 따라 수정.

서민들의 경우 사냥으로 잡은 짐승을 나눌 때에 명중하는 일을 귀하게 여긴다. 《주례(周禮)》'오물(五物)'24의 셋째 항목인 '주피(主皮, 과녁 꿰뚫기)'가 이것이다.

우리 같은 사람들은 산야에서 밭 갈고 우물 파서 살아가는 사람들로서 실로 사민(四民, 사·농·공·상) 가운데 하나인 농민이다. 그러니 봄가을로 날을 골라 활쏘기를 할 때에는 서민의 예를 써야 한다. 그러나 안으로 마음이 반듯하고 밖으로 자세가 곧아서 활과 화살을 잡고 겨누기[審]25와 굳히기[固]26를 한 뒤에야 명중을 말할 수 있으니, 꿰뚫는 것에 치중하지 않는 향사례와 서민들의 활쏘기인 과녁 꿰뚫기는 사실 한 가지이다. 그러므로 '관덕회(觀德會)'27라고 한다. 《금화경독기》28

庶民, 因田獵分禽, 則以得中爲貴, 《周禮》五物, 三日 "主皮"是也.

吾輩耕鑿山野, 固四民之一也, 春秋選日射侯, 當用民庶之禮, 然內志正外體直, 持弓矢審固, 然後可以言 "中", 則鄉射與主皮之射, 一也, 故日 "觀德之會". 《金華耕讀記》

4) 범주회(泛舟會, 뱃놀이 모임)

조각배를 타고 호수를 떠다니는 일은 납극(蠟屐)29을 신고 산을 찾는 일과 같다. 거주지가 강이나 큰

泛舟會

扁舟以泛湖, 猶之蠟屐以尋山也. 居近江湖、陂澤

---

24 오물(五物) : 활쏘기를 할 때 갖추어야 할 다섯 가지 덕이다. 《주례(周禮)》〈향대부직(鄉大夫職)〉에, "물러나 향사례(鄉射禮)를 거행하고서 활 쏜 이가 5가지 덕(德)에 맞는지를 참관한 대중들에게 묻는 것이다. 첫째는 화(和, 규문 안에서의 행동)이고, 둘째는 용(容, 용모)이며, 셋째는 주피(主皮, 과녁 꿰뚫기)이고, 넷째는 화용(和容, 음악)이며, 다섯째는 흥무[興舞, 무악(舞樂)]이다.(退而以鄉射之禮, 五物詢衆庶, 一日和、二日容、三日主皮、四日和容、五日興舞.)"라 했다.(《十三經注疏整理本》7, 350쪽).

25 겨누기[審] : 정신을 집중해서 목표물의 크기와 방향 등을 살펴 조준하는 동작. 《유예지》권1 〈활쏘기의 비결〉《임원경제지 유예지》1, 풍석문화재단, 128쪽)에 자세히 나온다.

26 굳히기[固] : 활을 쏠 때 화살이 빗나가지 않도록 자세를 굳히는 동작. 《유예지》권1 〈활쏘기의 비결〉《임원경제지 유예지》1, 풍석문화재단, 128쪽)에 자세히 나온다.

27 관덕회(觀德會) : 활쏘기 대회. 과녁을 얼마나 정확히 맞추는가에 따라 활 쏘는 자의 덕을 알 수 있다고 해서 붙인 이름이다. 지방마다 으례 있기 마련인 관덕정(觀德亭)은 바로 이 활쏘기 대회를 하던 곳이다.

28 출전 확인 안 됨.

29 납극(蠟屐) : 밀랍을 발라 비가 오는 날 산에 오를 때에 신을 수 있도록 만든 나막신. 자연 속의 한가한 삶을 가리킨다.

호수 및 작은 호수나 큰 못 가까운 곳인 사람은 작은 배 한 척이 없을 수 없다. 그것으로 꽃피는 아침이나 달뜨는 저녁에 벗들을 모아 즐거움을 감상하는 데에 대비한다. 그 배의 제도는 혹 화려함을 위주로 하거나, 소박함을 위주로 하기도 하는데 또한 각각의 알맞은 상황에 따른다.

나는 왕여겸(汪汝謙)[30]의 《화방약(畫舫約)》[31]을 아끼는데, 거기에는 12의(十二宜, 따라야 할 12가지)와 9기(九忌, 피해야 할 9가지)[32]가 있다. 12의는 명류(名流, 저명인사), 고승(高僧), 지기(知己, 마음 통하는 벗), 미인(美人), 기묘한 향, 퉁소, 금(琴), 청아한 노래, 명차(名茶), 명주(名酒), 5접시를 넘지 않는 안주[殽核], 말탄 시종 두지 않기이다. 9기는 살생(殺生), 잡스러운 빈객, 세력 과시하는 고관대작, 지나치게 번잡한 예절, 나쁜 시제(詩題), 동복(童僕)이 우르르 서 있는 일, 광대들의 공연, 북 치고 젓대 부는 시끄러운 소리, 물건을 억지로 빌리거나 오랫동안 빌리는 일이다. 이 12의와 9기를 배의 앞머리에 걸어두고 소박한 마음을 가진 사람과 함께 계율을 따라야 한다. 《금화경독기》[33]

者, 不可無一小舟, 以備花辰、月夕會友賞樂. 其製, 或以濃勝, 或以淡勝, 亦各從其適然.

余愛汪然明《畫舫約》, 有十二宜、九忌. 十二宜曰: 名流、高僧、知己、美人、妙香、洞簫、琴、清歌、名茶、名酒、殽核不踰五簋·却騶從. 九忌曰:殺生、雜賓、作勢軒冕、苛禮、惡題、童僕林立、俳優作劇、鼓吹喧塡、强借久借. 宜以此十二宜、九忌, 揭之舫楣, 與素心人共相遵戒也.《金華耕讀記》

---

30 왕여겸(汪汝謙) : ?~?(1610년 무렵 활동). 중국 명(明)나라 사람. 호는 연명(然明). 무림(武林)에 옮겨 살며 명사들을 불러모아 호산시주회(湖山詩酒會)를 만들고 자연을 즐겼다. 저서로 《기영(綺咏)》·《기영속집(綺咏續集)》·《사고총목(四庫總目)》이 있다.

31 화방약(畫舫約) : 왕여겸이 지은 수필. 서호(西湖)에 띄울 놀잇배를 만들고 그 과정과 규모와 구조, 배의 이름에 대하여 기록한 글. 《속수사고전서(續修四庫全書)》, 1191책(370~371쪽)에 있다. 다만, 아래의 '12의'나 '9기'의 내용은 보이지 않는다.

32 12의(十二宜)와 9기(九忌) : 중국 청(清)나라 육이첨(陸以湉, 1802~1865)이 지은 《냉려잡지(冷廬雜識)》권 6 〈불계원(不繫園)〉(《續修四庫全書》1140, 570쪽)의 내용을 살펴보면 왕여겸(汪汝謙)이 배를 만들고 진미공(陳眉公, 1558~1639)이 이 배를 '불계원(不繫園)'이라 이름하였고, 왕여겸의 〈화방약(畫舫約)〉에 대하여 동시대의 문학가 황여형(黃汝亨, 1558~1626)이 〈불계원약(不繫園約)〉을 지었다는 내용이 보인다.

33 출전 확인 안 됨.

5) 생일회(生日會, 생일 모임)

요즘은 생일잔치에 빈객과 벗들을 모아 시끌벅적 소리를 치며 잔을 들어 축하한다. 일찍이 기억하기로는 예전에는 나이가 많고 신분이 높아지고 나서야 비로소 생일회를 열 수가 있었는데, 지금은 20~30의 나이에 비록 신분이 낮고 젊어도 또한 잔치를 연다. 예전에는 일반적으로 만으로 계산한 나이가 반드시 70, 80세가 되거나 50, 60세가 되어야 비로소 생일회를 열었는데, 지금은 한 살씩 먹을 때마다 연다.

사람들이 이처럼 생일회를 기꺼이 즐기는 이유는 자신의 몸을 귀중하게 여기기 때문이다. 그러나 생각해보면 이 몸이 어디로부터 왔는가? 선조가 물려주신 것이 아니던가? 선조께서는 이미 떠나셨지만 선조의 마음과 생각은 자손들에게 가득 배어 있다. 일반적으로 나의 형제들·큰아버지와 작은아버지·집안 일족들 가운데 누군들 선조의 마음과 생각이 배지 않았겠는가? 자신의 몸을 귀중하게 여기는 마음으로 내 몸에 밴 선조들의 마음과 생각을 본받고, 이를 미루어 형제들·큰아버지와 작은아버지·집안 일족들에게 미쳐야 비로소 진실로 자신의 몸을 귀중하게 여기는 일이 된다. 그렇다면 비록 해마다 생일회를 열어도 해롭지 않을 것이다. 지금 이런 뜻으로 다음과 같이 생일회의 규약을 정한다.

신분의 높고 낮음과 나이의 많고 적음에 관계없이 생일을 맞은 모든 이들을 세 무리로 나눈다. 구성원 중에 신분이나 나이가 상(上)에 해당하는 이가 5/10, 다음인 이가 3/10, 그 다음인 이가 2/10가 되

生日會

今日於生日延, 集賓朋呼優稱觴. 曾記, 往昔以年高分尊, 方做生日, 今則二十、三十, 雖在卑幼, 亦做矣. 往昔, 凡遇齊頭必至七十、八十, 以及五、六十方做, 今則年年而做之矣.

人之肯做生日如此, 所以重吾身也. 抑思此身何自而來乎? 非祖宗所遺乎? 祖宗往矣, 而祖宗之心念, 注在子孫. 凡我昆弟、伯叔、宗族, 孰非祖宗心念所注? 能以重吾身之心, 仰體祖宗心念所注, 以推及昆弟、伯叔、宗族, 方爲眞重吾身. 雖年年做生日, 不碍矣. 今以此意, 定爲生日會.

不論尊卑、長幼凡遇生日, 派分有三, 上者五分, 次三分, 再次二分. 在尊長則呼卑幼而飲之, 在卑幼則奉

게 한다. 지위가 높고 나이가 많은 이는 지위가 낮고 나이가 어린 사람들을 불러서 마시게 하고, 지위가 낮고 나이가 어린 사람은 지위가 높고 나이가 많은 분을 모시고 축하해 주시게 한다. 생일회 장부 1권을 마련하여 차례로 1번씩 모임을 열되 1개월에 1번씩 돌아가게 한다.

이렇게 하면 늘 서로 모여 의기(意氣, 마음씨와 기개)가 이어지니, 혹 선조의 덕을 듣지 못한 자는 지위가 높고 연세가 많은 분께 여쭈어 보고, 혹 세상의 일에 어두운 자는 한결같이 통상적인 법도를 본받게 된다. 게다가 학문을 서로 증진함이 있고 완급(緩急)을 서로 보완할 수가 있어서, 얼굴이 서로 익숙해지면서 마음이 저절로 가지런해지고, 마음이 진실해지면서 기가 저절로 흡족해 지게 된다.

또 매양 어떤 부인이 아들을 낳으면 이는 첨정(添丁)[34]의 기쁨이니, 또한 우리 선조의 마음과 생각이 밴 바요 혈식(血食)[35]과 관계된 일이다. 아래에서 예를 들어 열거한 내용과 같이 한다면 안 될 것 없다. 고조린(高兆麟)[36] 《생일회약(生日會約)[37]》[38]

尊長而祝之. 置簿一扇, 輪一直會, 一月一轉.

如此則常常相聚, 意氣聯屬, 或不聞祖德者, 則問之尊長, 或不諳世故者, 一型于大方, 且有學問商量, 有緩急倚賴, 面熟而心自齊, 情眞而氣自洽矣.

又如每房生子, 是添丁之喜, 亦吾祖宗心念所注, 血食所關. 如例舉焉, 未爲不可. 高兆麟《生日會約》

---

34 첨정(添丁): 아들이 태어남을 뜻한다. 당(唐)나라의 문장가인 한유(韓愈)가 매우 아끼던 시인 노동(盧同)에게 준 시 〈기노동(寄盧同)〉에서 "지난해 아들이 태어났는데 '첨정(添丁)'이라 이름하니, 그 뜻은 나랏일에 일꾼으로 쓰이는 데 있었네.(去年生兒名添丁, 意令與國充耘耔.)"라 했다. 그 뒤로 사람들이 득남을 '첨정(添丁)'이라고 표현하게 되었다

35 혈식(血食): 제사 음식을 흠향(歆饗)받는 일. 옛날에 제사지낼 때 희생의 피를 내어 제사를 지냈기 때문에 생긴 말이다.

36 고조린(高兆麟): 미상.

37 생일회약(生日會約): 고조린이 지은 생일회의 규약. 《설부속(說郛續)》권29에 수록되어 있다.

38 《說郛續》卷29〈生日會約〉《續修四庫全書》1191, 381쪽).

범례 11칙[39]

【① 이 모임의 목적은 오로지 인륜을 도탑게 하는 데에 있을 뿐, 술을 마시고 연회에서의 즐거움을 얻거나 모든 사람이 다 모이기에 힘쓰는 것이 아니다. 세상의 관례에는 '사람들은 다 오지 못할지언정 회비는 반드시 내게 한다.'는 조항이 항상 있지만, 이는 회비를 귀하게 여기고, 사람을 귀하게 여기지 않는 것이다.

그러나 지금 이 모임의 목적은 오로지 사람을 모으는 데 있을 뿐이니, 비록 회비를 가지고 오지 않을 수는 있어도 사람들이 오지 않아서는 안 된다. 회비를 가지고 오지 않았을 때에는 벌금이 5푼이지만, 사람이 오지 않았을 때에는 벌금이 1전이다.

② 이 모임은 오로지 검박함을 지향하니, 반찬이 5접시를 넘지 않는 전례를 따르거나 삼양(三養)[40]의 뜻을 취한다. 그렇지 못하면 먼저 밀가루 음식 몇 사발을 차려놓고, 다시 작은 접시의 찬을 곁들여 술자리에 올리니, 거행하기에 편리하면서 먹는 사람 마음에도 편안하도록 힘쓰면 그만이다. 또 그렇지 않으면 사람은 많은데 거둔 회비가 적을 때도 있다. 이때는 모두 1개월을 기다렸다가 더러 두 사람의 생일을 합쳐서 거행하고, 1개월 안에 생일이 있는 사람이 없으면 다시 세 사람을 기준으로 하여 거행하

凡例十一則

【一. 是會專在敦倫, 非取飲酒宴樂, 務期人人畢集. 俗例常有寧可人不到而分要到, 是重分不重人.

今此專在聚人, 縱分可以不到, 人不可以不到. 分不到, 罰五分;人不到, 罰壹錢.

一. 是會專向儉朴, 或遵五簋, 或取三養. 不然, 先設麵數盂, 再佐小碟供飲, 務期便於擧行, 安於人情爲止. 再不然, 人多分少, 總待一月之中或二人合擧, 即一月之中無同壽者, 不妨再俟以三人爲率, 總是權宜經久之計.

---

39 11칙:《생일회약》의 원문은 본래 12칙이다. 인용한 이 글에서는 ①과 ② 사이의 범례 1개를 반영하지 않았다.
40 삼양(三養):양복(養福)·양기(養氣)·양재(養財) 세 가지를 말한다. 소동파가 파직되어 봉급이 끊어지자 고향에 돌아왔는데, 또한 가난하였다. 그러자 스스로 "나에게는 삼양(3가지 기름)이 있으니, 분수를 편안히 여겨 복을 기르고, 조금 먹어 위(胃)를 넉넉하게 하여 기(氣)를 기르고, 소비를 줄여 재산을 기른다."라 했다. 여기서는 조촐한 상차림을 가리키는 듯하다.

기를 기다려도 무방하다. 이것은 모두 알맞은 예를 권장하고 오래 지속하기 위한 계책이다.

③ 일반적으로 존장(尊長, 지위가 높고 나이가 많은 사람)의 생일에는 자식과 조카들이 알맞은 예를 결정하고 정성을 지극히 하여 당(堂)에 올라 술잔을 들어 축수한다. 참석하지 않으면 벌금 5전이다.

一. 凡遇尊長生日, 子侄斷宜竭誠, 登堂稱祝, 如不到者, 罰五錢.

④ 일반적으로 산수(散壽)⁴¹의 생일을 만난 이는 나이에 따라서 분정한 회비를 덜고, 정수(正壽)의 생일을 만난 이는 분정한 회비 외에 1배를 더한다.

一. 凡遇散壽, 則照數損分, 若正壽則於常分之外, 加一倍焉.

⑤ 일반적으로 생일이 되기 5일 전에 단자(單子, 명단)를 보내 회비를 거둔다. 생일회를 주관하는 법은 한 달에 한 사람씩 돌아가며 맡아야 어지러워지고 빠뜨리는 폐단이 없을 것이다. 만약 단자를 돌려야 하는데 단자를 돌리지 않는 사람은 벌금이 2전이다.

一. 凡遇壽期先五日, 發單斂分, 而値會之法, 一月輪一人司之, 庶無紊亂遺忘之弊. 其有宜發單, 而不發單者, 罰貳錢.

⑥ 집안 친족의 생일 연회는, 술을 마실 때 술잔과 다 비운 잔을 세는 산가지가 이리저리 어지럽게 널린 일반적인 술자리와는 비교할 수 없다. 예의를 다해 사양하고 서로 자리를 양보하는 뜻을 담아야지, 형식적인 예만 두루 익혀서는 안 된다. 술기운으로 인해 우발적으로 넘치는 취기를 서로 부리는 자는 벌금이 3전이다.

一. 宗族讌會, 不比尋常聚飮觥籌交錯之間, 宜寓禮讓相先之意, 不得泛習虛浮. 偶因杯酒而盛氣相加者, 罰參錢.

⑦ 매년 장부 1권을 두어 모인 이를 기록하되, 모인 사람 수와 회비의 액수를 아울러 기록하여 생일

一. 每年置簿一扇, 登記聚會, 併人數、分數以驗會中

---

41 산수(散壽):11, 12, 13등 10단위로 끝나는 수 사이의 나이. 이와 달리 10단위로 끝나는 나이인 60, 70, 80 등은 정수라고 한다.

회가 흥성해지는 아름다움을 증명한다. 장부를 마련했는데도 기재하지 않은 경우는 벌금 1전, 그리고 장부를 잃어버린 경우는 벌금 1냥이다.

⑧ 일반적으로 받아야 할 벌금 일체는 다음 생일회를 주관할 이에게 자세히 알려주어 징수해 내게 하고, 오방(五房)[42]의 당포(當鋪)[43] 안에 비축하여 공적인 행사의 비용으로 쓰기를 기다리게 한다. 징수하려 해도 내지 않는 경우에는 그의 가족에게까지 책임을 묻고 징수해서 중간에 이 제도가 끊기는 일 없이 준수하기를 목표로 한다.

혹자는 "신분이 낮거나 나이가 어린 사람으로서 존장(尊長)에게 벌금을 징수하는 일은 편치 않을 듯합니다."라 한다. 잘 모르겠지만 아마도 존장이 예로써 원칙을 스스로 지킨다면 굳이 벌금을 내는 상황에까지 이르지는 않을 것이다. 혹 그런 경우가 생기더라도 생일회를 주관하는 이가 족장(族長)[44]에게 그의 허물을 아뢰고 족장의 명에 따라 가서 징수하면 된다. 이것은 인정이나 도리에 매우 마땅하여 지극히 행할 만한 일이다.

⑨ 성인(成人)이 생일회에 들어올 때는, 일반적으로 어느 분의 몇 번째 아들 누구이며 나이는 몇 살인지를 모두 장부에 기재하여 사실을 확인하기 편리

增盛之美. 如簿到不登記者, 罰壹錢, 倂簿遺失者, 罰一兩.

一. 凡一切罰銀, 俱於次日値會者, 徵出, 貯於五房當鋪之中, 以俟公擧之費. 如徵不出者, 合族坐徵, 無致中阻以期遵守.

或曰 : "以卑幼而罰尊長, 似爲未便." 不知尊長以禮自持, 必不致罰, 卽或偶有之, 値會者, 稟過族長, 遵族長之命往徵, 是情理之甚當而事之極可行者.

一. 成人入會, 凡某位生幾子某人幾歲, 俱開載簿上以便查. 至十六歲, 卽斂分

---

42 오방(五房) : 원래는 중국 당(唐)·송(宋) 시대에 중서성(中書省) 아래의 이방(吏房)·추기방(樞機房)·병방(兵房)·호방(戶房)·형례방(刑禮房) 이 다섯 실무 행정부서를 가리키는 말이었는데, 여기서는 집안의 대소사에 쓰일 물품을 보관하는 곡간 정도의 장소로 보인다.

43 당포(當鋪) : 물건을 저당잡아 고리(高利)로 돈을 빌려주는 점포를 가리키는데, 여기서는 집안의 재정을 관리하도록 지정한 곳으로 보인다.

44 족장(族長) : 일족에서 가장 높은 사람. 일반적으로 종족집단의 장을 의미한다.

하게 한다. 나이가 16세가 되면 회비를 거두고 생일회에 들어오게 하며, 이를 영원한 관례로 삼아 빠뜨리거나 피하는 사람이 없도록 한다.

⑩ 어느 집에 첨정(添丁, 득남)의 경사가 생기면, 생일회를 주관하는 자는 즉시 장부에 생년월일을 기재하여 생생불이(生生不已)[45]의 경사를 기념하고 이어서 단자를 돌리고 회비를 거두어 모두 관례대로 축하해 준다.

⑪ 앞 달에 어떤 사람이 생일회를 주관한 뒤, 다음 달에 다른 사람으로 교체되면, 그 일의 내용을 일일이 관례대로 기재한다. 또 어느 달에 누구로 교체되었는지와 어느 지위의 사람이 담당했는지를 쓴다. 이렇게 기록이 명백해야만 일이 어긋나 미루고 떠넘기는 폐단이 거의 생기지 않을 것이다.】《생일회약》[46]

【안】고조린(高兆麟)의 이 규약은 현호(懸弧)[47]나 헌말(獻襪)[48]의 모임에다 종족을 화목하고 돈독하게 하려는 뜻을 붙인 것이니, 즐기며 잔치하는 모임 중에 별도의 한 규례가 된다. 그러므로 이를 상세히 기록하여 뒷사람들이 본받아 행하는 데 대비하게 한 것이다. 그러나 이 규약은 반드시 친족끼리 모여서 살아가는 집안이라야 논의할 만한 일이다.

入會, 定爲永例, 不致遺漏躱避.

一. 遇某房添丁, 値會者, 卽登記生年月日於簿, 以兆生生不已之慶, 隨發單斂分, 擧賀如例.

一. 如前月某人直會, 下月交送某人, 其一一事體開載如例. 又書某月某人交與某位掌官. 如此寫記明白, 庶不至差錯起推諉之弊.】同上

【案】高氏此約, 以懸弧、獻襪之會, 寓睦宗敦族之義, 在賞樂讌會中另一規例. 故詳錄之, 以備後來者倣而行之. 然必聚族而居者, 始可擬議.

---

45 생생불이(生生不已) : 대대로 자손을 낳아 끊김 없이 세대를 이어 가는 일.
46 《說郛續》卷29 〈生日會約〉(《續修四庫全書》1191, 382~383쪽).
47 현호(懸弧) : 아들이 태어난 일을 말한다. 옛 풍습에 아들이 태어나면 문의 왼쪽에 활을 거는데, 남자는 활을 쏘는 도리가 있음을 상징한 것이라 한다. 《예기(禮記)》〈내칙(內則)〉(《十三經注疏整理本》14, 1002쪽)
48 헌말(獻襪) : 동지(冬至)가 되면 며느리가 시부모에게 동지 하례(賀禮)를 행하며 버선을 만들어 올리던 예이다.

혹 관향(貫鄕, 시조의 고향)과 문벌이 서로 달라 친족임에도 촌수가 서로 먼 경우, 혹 새로 그 지역에 정착하여 일족들이 아직 번창하지 못한 경우는 파의 갈래가 거의 없고 회합이 띄엄띄엄 있으니, 법도가 갖추어지지 않은 것은 아니지만 생일회 같은 모임을 끝까지 추진하기가 어렵다.

或貫、望各異，相去隔遠，或新下厥居，生聚未繁則派分無幾，會合間闊，法非不備，事終難行．

게다가 《시경(詩經)》〈벌목(伐木)〉이라는 시에 "여러 아재들을 맞이한다."[49]라 함은 성씨가 같은 아재 항렬들을 말하는 것이지만, "여러 구숙(舅叔)들을 맞이한다."[50]라 함은 성씨가 다른 아재 항렬들을 말하는 것이다. 가령 좋은 술을 걸러놓고 손님을 초청할 때 동성 친족만 부르고, 울타리 너머 빤히 보이는 거리에 있는데도 성씨가 다른 아재들을 빠뜨린다면, 저들이 비록 밥 한 그릇 때문에 얼굴색이 변하지야 않겠지만 나는 끝내 마른 밥덩이 하나 때문에 덕(德)을 잃게 될까 염려하는 것이다.

且《伐木》之詩"以速諸父"，同姓之謂也；"以速諸舅"，異姓之謂也．假令黃醑請速，只及同姓，而望衡隔籬，獨遺異姓，則彼縱不變色于簞食，我終懼失德于乾餱．

따라서 나는 고조린의 규약을 취해 그 의미는 본받되 말단의 내용은 조금 변통하려 한다. 동성이든 이성이든 따지지 않고 진실로 이웃으로 한마을에 살면서 뜻이 같고 마음이 맞는 이가 있으면 현호계(懸弧禊)[51]를 맺는다. 매년 척장(滌場)[52] 이후에 각 가정에

余欲取高氏之約，師其意，而梢通變之．不論同姓、異姓，苟有同井共里，志同意合者，結爲懸弧之禊．每歲滌場之後，各家計丁，出米、

---

49 여러……맞이한다:《毛詩正義》〈小雅〉"伐木"《十三經注疏整理本》5, 676쪽).

50 여러……맞이한다:《毛詩正義》, 위와 같은 곳.

51 현호계(懸弧禊): 옛날에 아들을 낳은 집 문의 왼쪽에 활을 걸어두는 풍습에서 유래한 모임으로, 지금으로 말하면 남성계(男性禊)인 셈이다. 이는 무(武)를 숭상하는 의미가 있다고 한다.

52 척장(滌場): 수확을 끝낸 음력 10월 무렵.《시경(詩經)》〈빈풍(豳風)〉'칠월(七月)' 편에 "9월에 서리 내리고, 10월에 수확을 마친 뒤 마당을 깨끗이 손질하네. 두 동이의 술로 향연을 베풀고, 염소와 양을 잡네.(九月肅霜, 十月滌場. 朋酒斯饗, 曰殺羔羊.)"라 했다.

서 장정(壯丁)의 수를 계산하여 쌀이나 돈을 얼마씩 내서 계(禊)에 준다. 그러면 나이가 젊은 담당자 한 사람이 주관하여 여기에서 이자를 불린다.

錢若干授禊中, 年少幹事者一人掌之孳殖.

1년 뒤부터 매년 계원 가운데 생일을 맞이한 사람 중 나이가 60세 이상의 경우에는, 산수(散壽)의 생일을 맞이한 이들에게는 쌀 5말과 돈 500문을 지급하고, 정수(正壽)의 생일을 맞이한 이들에게는 배로 지급한다. 나이가 30세 이상의 경우에는, 산수의 생일을 맞이한 이들에게는 쌀 3말과 돈 300문을 지급하고, 정수의 생일을 맞이한 이들에게는 배로 지급한다. 나이가 어린 사람들은 산수와 정수의 구별 없이 모두 쌀 2말과 돈 200문을 지급한다.

一年之後, 每遇禊中生日, 六十以上, 散壽支五斗米、五百文錢, 正壽倍之. 三十以上, 散壽支三斗米、三百文錢, 正壽倍之；卑幼無散壽、正壽之別, 通支二斗米、二百文錢.

단, 생일회 당일보다 3일 앞서 지급하여 그 집안 사람들로 하여금 음식을 장만하게 한다. 혹 그 집에 모여서 술을 마실 수도 있다. 아니면 장만한 음식을 꽃밭이나 물가의 정자에 가지고 가서 술을 마실 수도 있다. 이런 일은 편의에 따라 한다. 그 장부의 기록과 벌금에 대한 여러 조항은 모두 고조린의 원래 규약을 참조하여 집행하되, 다만 생일회를 주관하는 일은 연 단위로 한 사람씩 돌아가기로 한다.】

先期三日支給, 令其家人治具, 或聚其家酢酬, 或携具就花塢水榭觴飮, 聽便. 其記簿罰銀諸條, 竝照原約, 惟值會歲輪一人.】

6) 월조탕병회(月朝湯餠會, 매월 초하루 탕병 모임)

송나라 유재(劉宰)[53]는 자가 자평(子平)이고, 호가

月朝湯餠會

宋 劉宰, 字子平, 號漫

---

53 유재(劉宰)：1167~1240. 중국 남송(南宋)의 관리. 자는 평국(平國), 호는 만당병수(漫塘病叟), 시호는 문청(文淸). 소희(紹熙) 원년(1190)에 진사(進士)가 되었고, 벼슬은 적전령(籍田令)·태상승(太常丞)·지영국부(知寧國府) 등을 지냈고, 사직하여 30년 동안 은거하면서 독서에 전념했다. 저서로《만당문집(漫塘文集)》이 있다.

만당(漫堂)[54]이다. 매월 초하루에 반드시 탕병(湯餠)을 끓여 친족들을 모으고서 다음과 같이 말했다. "오늘의 모임은 술 마시고 음식 먹기를 예(禮)로 여겨서가 아니다. 평상시에 친족들이 화목하지 못한 일은 대부분 마음이 서로 통하지 않고 이간하는 말이 먹혀드는 데에서 발생한다. 이제 달마다 반드시 모여서 술을 마시면서 선행이 있으면 서로 알리고, 허물이 있으면 서로 바로잡아 주며, 어떤 일로 인해 서로 사이가 서먹서먹해진 자들이 피차간에 서로 한번 만나 또한 술잔을 조용히 기울이는 사이에 가슴속의 앙금을 잊게 된다면, 어찌 보탬이 작겠는가?"[55]

나는 향촌 사회의 좁은 마을에 친족끼리 모여 살아가는 경우에는 이런 모임이 없어서는 안 된다고 생각한다. 만약 너무 자주 모이는 일이 마뜩잖다면 계절마다 한 번씩으로 모임의 횟수를 변경해도 좋다. 《금화경독기》[56]

堂. 每月朝必治湯餅會族, 日:"今日之集, 非以酒食爲禮也. 尋常宗族不睦, 多起于情意不相通, 間言入焉. 今月必會飲, 有善相告, 有過相規, 有故相牴牾者, 彼此一見, 亦相忘於杯酒從容間, 豈小補哉?"

余謂鄕野井里之間, 聚族而居者, 不可無此會. 如嫌太數, 改以四季可也.《金華耕讀記》

7) 월회

명나라의 엄무순(嚴武順)[57], 문계상(聞啓祥)[58] 등 여

月會

明 嚴忍公、聞子將諸人之

---

54 만당(漫堂):유재(劉宰)의 호인 만당병수(漫塘病叟)를 잘못 기록한 것으로 보인다.

55 오늘의……작겠는가:《純正蒙求》卷下〈子平會宗希文義田〉《文淵閣四庫全書》952, 40쪽).

56 출전 확인 안 됨.

57 엄무순(嚴武順):?~?. 중국 청나라의 문인. 절강성(浙江省) 여항(餘杭) 사람. 자는 인공(訒公), 호는 무림(武林). 어려서부터 시문에 뛰어나 형 엄조어(嚴調御), 동생 엄칙제(嚴敕齊)와 함께 여항삼엄(餘杭三嚴)으로 이름났다. 은거생활을 하였는데 사람을 가려 사귀며 그들과 모임을 갖고 모임 규약에 대하여 쓴 글이 《속수사고전서(續修四庫全書)》1191에 실려 있다. 《절강통지(浙江通志)》卷187〈인물(人物)〉"의행(義行)"편을 살펴보면, 엄무순은 고을의 현인으로, 흉년이 들었을 때에 고을의 부호에게 요청하여 구휼을 베풀게 하고, 도적이 들끓었을 때에는 읍장(邑長)에게 부호들이 무비를 갖추는 데 기여하도록 제안하여 고을이 편안해졌다고 한다.

58 문계상(聞啓祥):?~?. 중국 청(淸)나라 사람. 자는 자장(子將). 엄무순(嚴武順)과 동시대를 살았고 같은 모임의 성원이다. 저서로《종도유의(種桃柳議)》가 있다.

러 사람이 무림(武林)[59]에 살면서 월회(月會)의 규약을 지었다. 규약의 내용은 다음과 같다. "얻기 어려운 것은 훌륭한 벗이고, 가장 듣기 어려운 것은 좋은 말이다. 말로만 서로 그리워하는 관계가 어찌 얼굴을 마주하며 친하게 지내는 일만 하겠으며, 홀로 앉아 가만히 궁리하는 일이 어찌 귀에 대고 말해주어 흔쾌히 고치는 일만 하겠는가?"[60]

내가 생각하기에 이 모임엔 5가지 좋은 점이 있다. 의심나는 뜻을 서로 질문하는 점이 하나이다. 훌륭한 문장을 함께 감상하는 점이 둘이다. 시문과 글씨를 연구하는 일에 서로 영향을 미쳐 보탬이 되는 점이 셋이다. 모임의 횟수를 한 달 내에 단 하루로 정하였으니, 여유 있으면서도 정기적인 점이 넷이다. 번갈아가며 손님과 주인이 되어 돌아가며 초대하고 응하기 때문에 이를 오래할 수 있고 계속 이어갈 수 있는 점이 다섯이다.

다만 도(道)를 함께하고 뜻을 함께함이 마치 도연명(陶淵明)[61]이 찾는 소심인(素心人, 소박한 마음을 지닌 사람)[62]이나 두보(杜甫)가 왕래한 주산인(朱山人)[63]과 같

居武林, 作月會之約, 其言曰: "不易得者良友, 最難聞者好言. 相思空說, 何如面接爲親, 獨坐微硏, 豈若耳提更快?"

余謂斯會有五善: 疑義互質, 一也; 奇文共賞, 二也; 篇什筆硏, 競相薰益, 三也; 通月之內, 隨卜一日, 寬而有程, 四也; 迭爲賓主, 輪辦供億, 可久可繼, 五也.

但須得同道同志如陶彭澤之素心人、杜少陵之朱山人, 始可作此會. 苟非其

---

59 무림(武林): 중국 절강성(浙江省) 항주(杭州)의 별칭. 항주에 무림산(武林山)이 있어서 얻은 이름이다.

60 얻기……하겠는가:《說郛續》卷29〈月會約〉(《續修四庫全書》1191, 383쪽).

61 도연명(陶淵明): 365~427. 중국 동진(東晉)의 시인. 자(字)는 무량(無亮). 호는 오류선생(五柳先生). 집 앞에 버드나무 5그루를 심어 놓고 스스로 오류(五柳)선생이라 칭하였고 팽택현(彭澤縣)의 현령이 된 적이 있어 '도팽택(陶彭澤)'이라 불리기도 한다. 41세 때에 누이의 죽음을 계기로 팽택현령을 사임하였는데, 이때에〈귀거래사(歸去來辭)〉를 지어 "봉급으로 5말의 쌀을 받으려고 시골의 소인배에게 허리를 굽힐 수 없다."라 한 일이 있다. 시는 4언체(四言體) 9편과 5언체(五言體) 47편이 전해지며 기교를 그다지 부리지 않고, 담박한 시풍이 그의 특징이다.

62 소심인(素心人): 도연명이 지은〈이거(移居)〉시에 "예전부터 남촌에 살고자 한 이유는 살기 좋은 데를 골라서가 아니네. 소심인이 많다는 말을 듣고 새벽부터 밤늦도록 자주 더불어 즐기고자 해서였네.(昔欲居南村, 非爲卜其宅. 聞多素心人, 樂與數晨夕.)"라 했다.

63 주산인(朱山人): ?~?. 중국 당(唐)나라 두보(杜甫)가 금리(錦里)에 있을 때 남촌의 주산인(朱山人)과 왕래

은 이를 얻어야 비로소 이 모임을 만들 수 있다. 진실로 그러한 사람이 아니라면 도리어 진번(陳番)이 서치(徐穉)[64]를 대접하기 위한 평상을 높이 걸어 놓거나[65] 진등(陳登)[66]이 높은 누대에 혼자 누워, 차라리 손님을 대접하지 않는 것만 못하다.《금화경독기》[67]

人, 還不如高懸孺子之榻, 獨臥元龍之樓, 猶之省事也.《金華耕讀記》

하면서 시를 지으며 지기(知己)로 지냈다. 시의 내용을 살펴보면 주산인은 오각건(烏角巾)을 쓰고 밤이며 토란을 수확했다고 한다. 이로 볼 때, 그는 은둔하던 도사로 보인다. 두보의 시에 그에 대하여 "보아하니 그대는 도기가 많은지라, 이제부터는 자주 따르며 모시리다.(看君多道氣, 從此數追隨.)"라 했다.

64 서치(徐穉):97~168. 중국 후한 예장(豫章) 남창(南昌) 사람. 자는 유자(孺子). 집안이 가난해 몸소 농사를 지으며 살았는데, 공검(恭儉)했고 의롭게 양보할 줄도 알았다. 여러 차례 진번(陳番)과 황경(黃瓊)의 천거를 받았지만 응하지 않고 살았다.

65 진번(陳番)이……놓거나:중국 후한(後漢)의 진번(陳番, 99 이전~168)이 남창(南昌) 태수로 있을 때 평상을 벽에 걸어 두고서 빈객을 대접하지 않았다. 그런데 은사(隱士)인 서치(徐穉, 97~168)가 올 때만은 평상을 내려서 펴고 그를 맞이하였고, 서치가 가고 나면 다시 걸어 두었다. 여기서는 도연명(陶淵明)이 찾던 소박한 사람이나 두보(杜甫)가 인정하는 충심어린 이가 아니라면 맞이하여 대접하지 않는다는 뜻이다.

66 진등(陳登):?~?. 중국 삼국시대 위(魏)나라의 무장. 자는 원룡(元龍).《삼국지(三國志)》권7〈위서(魏書) 진등전(陳登傳)〉을 살펴보면, 국사(國士)인 허사(許汜)가 진등을 찾아갔는데 손님으로 대하지도 않고 오랫동안 아무 말도 하지 않다가, 자기는 큰 침상 위에 눕고 허사에게는 그 아래 침상에 눕게 하였다. 허사가 이 일로 불평을 하자, 유비(劉備)가 구전문사(求田問舍, 먹고 살 궁리만 하고 큰 뜻이 없는 자세)나 하는 당신에게 그 정도라도 대접을 했다면 매우 잘해 준 것이고, 만약 소인 대접을 하려 했다면 자기는 100척 높이의 누대 위에 올라가 눕고 당신은 땅바닥에 눕도록 했을 것이라고 대답한 고사가 전해진다. 39세의 젊은 나이에 죽었다.

67 출전 확인 안 됨.

4. 모임 운영의 규약

款約

1) 초청

손님을 초청할 때 서간(書簡) 하나를 공동으로 사용하여, 손님은 자신의 이름 글자 아래에 참석 여부를 표시하고 별도로 답장을 쓰지 않는다. 간혹 사정상 개별적으로 서간을 보내달라고 하는 경우에는 들어준다. 모임 날에는 일찍 모임 장소에 도착해서 빨리 오라는 재촉을 받지 않도록 한다. 사마광(司馬光)《낙중기영회약(洛中耆英會約)1》2

계(啓)3의 조항에는 이전에 결정된 내용을 사용한다. 간혹 조항을 추가할 때는 문장을 거창하게 꾸며 형식적 투식을 반복하지 않는다. 왕도곤(王道焜)4의 《찬객약(饌客約)5》6

請召

召客共用一簡, 客注可否於字下, 不別作簡. 或因事分簡者聽. 會日早赴, 不待促. <u>司馬氏</u>《洛中耆英會約》

啓用古折, 或入行勿概莊嚴, 稱謂襲虛套. <u>王道焜</u>《饌客約》

---

1 낙중기영회약(洛中耆英會約) : 중국 북송의 문언박(文彦博, 1006~1097)이 낙양(洛陽)에서 사마광·부필(富弼, 1004~1083) 등 13인과 모여 백거이(白居易)의 구로회(九老會)를 모방하여 만든 모임의 규약을 말한다.

2 《說郛》卷75 下〈洛中耆英會〉"會約"(《文淵閣四庫全書》880, 257쪽).

3 계(啓) : 모임의 정신이나 규약을 회원들에게 알리는 글.

4 왕도곤(王道焜) : ?~1645. 중국 명(明)나라의 관리. 천계(天啓, 1621~1627) 연간에 진사(進士)를 지냈다. 청(淸)나라가 항주(杭州)를 함락하였을 때 자결했다. 저서로《좌전두림합주(左傳杜林合注)》가 있다.

5 찬객약(饌客約) : 중국 명나라 말기에 호남만사(湖南漫士, ?~?)가 편찬한《수변임하오십구종(水邊林下五十九種)》의 자목(子目) 40에 실려 있다고 하는데, 확인되지 않는다.

6 《居家必備》卷7〈飮饌〉"饌客約"(《居家必備事類全集》, 2쪽).

재주가 있는 시인이 사륙문(四六文)[7]이나 근체시(近體詩)[8]를 짓겠다고 하는 경우에는 들어준다. 《금화경독기》[9]

韻士才子欲作四六或近體詩者聽. 《金華耕讀記》

2) 예(禮)의 등급

禮數

예를 적용할 때는 나이 순서대로 하고, 관직 순서대로 하지 않는다. 《낙중기영회약》[10]

序齒, 不序官. 《耆英會約》

친구 사이에는 형제간의 의리가 있으니, 좌석의 순서에 군이 주객을 구분할 필요는 없고, 오직 나이에 따라 순서를 정한다. 임희은(林希恩)[11] 《명경회약(明經會約)[12]》[13]

朋友有兄弟之義, 坐次不必分主客, 惟以齒爲序. 林希恩 《明經會約》

3) 간소한 상차림

簡庖

상차림은 간소함에 힘쓴다. 아침과 저녁 식사에 각각 반찬 종류는 5가지를 넘지 않으며, 채소·과일·포·혜(醯)[14]의 종류는 각각 3~10접시를 넘지 않는다. 술잔을 돌리며 술을 마실 때에는 마신 양을 헤아리지 않고, 주량은 스스로 가늠하여 주인은 강

爲具務簡素. 朝夕食各不過五味, 菜果、脯醢之類, 各不過三十器. 酒巡無算, 深淺自斟, 主人不勸, 客亦不辭, 逐巡無下酒時, 作榮

---

7 사륙문(四六文) : 부(賦)의 기본 형식으로, 4자씩 또는 6자씩을 주로 하여 2구 단위로 정밀하게 대구를 이루어 쓰는, 반 산문·반 운문의 형식. 두 마리 말이 끄는 수레에 비유하여 변려문(騈儷文, '병려문'이라고도 읽음)·사륙변려문(四六騈儷文)이라고도 한다.

8 근체시(近體詩) : 질박한 고시(古詩)에 대응하여, 글자 수와 평측(平仄), 압운(押韻) 등의 규칙을 엄격하게 지키는 시 형식. 위진(魏晉) 시기에 생겨나 당나라 때 완성되었으며, 5언 또는 7언의 절구(絶句, 4구)·율시(律詩, 8구), 배율(排律, 장편)은 대표적인 근체시 형식이다.

9 출전 확인 안 됨.

10 《說郛》卷75 下〈洛中耆英會〉"會約"(《文淵閣四庫全書》880, 257쪽).

11 임희은(林希恩) : 중국 명(明)나라 인물로, 보중(莆中) 출신이다. 자세한 내력은 미상.

12 명경회약(明經會約) : 중국 명(明)나라의 임희은 등이 명경당(明經堂)에서 모임을 가지며 지켜야 할 20여 조의 규약을 적은 글.

13 《說郛續》卷29〈明經會約〉(《續修四庫全書》, 1191, 376쪽).

14 혜(醯) : 포(脯)를 썰어 누룩 및 소금을 섞어 술에 담근 음식.

권하지 않고 손님도 사양하지 않는다. 술잔이 다 돌아 남은 술이 없을 때는 대신 나물국을 끓여주어도 금하지 않는다. 《낙중기영회약》[15]

羹不禁.《耆英會約》

예(禮)는 옛일을 상고함을 중시하고, 정(情)은 참되고 솔직함을 중시한다. 박잎·토끼 1마리를 차려도 야박하다고 여기지 않으며, 죽순나물 및 포약(蒲蒻)[16]나물을 차려도 간소하다고 여기지 않는 것은 《시경(詩經)》의 시에 담긴 뜻이다.[17] 손님이 모두 모이면 밥을 올리면서 고기반찬 2가지와 나물반찬 2가지를 올리고, 식사가 끝나면 차를 올린다. 한참 지나서 다시 궤(几, 작은 상)에 합자[盒] 2개를 차려 신선한 과일 2가지를 올린다. 또 고기반찬 3가지와 나물반찬 3가지를 올리고 국과 떡도 이와 같이 3가지를 올린다. 종복들에게는 각각 100전씩 나누어주고, 가마꾼들에게는 각각 50전씩 나누어준다. 만약 이들이 술과 음식으로 피로를 풀려고 하는 경우에는 들어준다. 풍시가(馮時可)[18] 《임간사약(林間社約)[19]》[20]

禮貴稽古, 情貴眞率, 匏葉、兔首, 不以爲薄, 惟筍及蒲, 不以爲簡,《詩》所志也. 客盡集, 進飯二殽二蔌, 飯已進茗. 良久, 再設置二盒於几, 進鮮菓二. 又三殽三蔌, 羹如之, 餠餌亦如之. 從者各百錢, 舁夫五十錢, 或以酒食勞者聽. 馮時可《林間社約》

---

15 《說郛》卷75下〈洛中耆英會〉"會約"(《文淵閣四庫全書》880, 257쪽).

16 포약(蒲蒻):부들의 연한 싹이나 뿌리로 만든 나물.

17 박잎……뜻이다:박잎과 토끼 1마리는 《시경(詩經)》〈소아(小雅)〉'호엽(瓠葉, 박잎)'에서 변변치 않은 안주를 의미한다. 안주가 보잘 것 없지만 손님과 함께 먹고 마시겠다는 내용이다. 죽순과 창포는 《시경》〈대아(大雅)〉'한혁(韓奕)'에서 한(韓)나라의 제후가 주(周)나라 종묘에 제사지내러 갔는데, 현보(顯父)가 그를 전송하는 연회를 베풀 때 내온 여러 안주들 중 나물 안주로 죽순과 포약(蒲蒻)을 대접했다는 내용이 나온다.

18 풍시가(馮時可):?~?. 중국 명나라의 학자. 자는 민경(敏卿), 호는 원성(元成). 호광포정사참정(湖廣布政使參政)을 지냈다. 저서로 《역설(易說)》·《우항잡록(雨航雜錄)》등이 있다.

19 임간사약(林間社約):풍시가가 지은 모임의 규약으로,〈사약후기(社約後記)〉와 함께 《속수사고전서(續修四庫全書)》1191에 실려 있다.

20 《說郛續》卷29〈林間社約〉(《續修四庫全書》, 1191, 378쪽).

요즘 연회를 베풀 때는 궤(簋)[21]를 층층이 놓고 고기를 쌓아 놓으면서 앞다퉈 음식을 많이 대접하는 일을 서로 자랑하는데, 이는 오히려 좋은 계책이 아니다. 이때는 세상에서 행해지는 법도를 참작해서 일정한 수를 정할 수 있어야 한다.

식사에는 고기반찬 3가지를 차리고 탕(湯)을 곁들인다. 정석(正席)[22]에는 고기반찬 5가지와 과일 4가지를 차리고 국수와 찜 2가지, 분탕(粉湯)[23] 1가지를 곁들인다. 환석(換席)[24]에는 작은 궤(簋) 12개를 차리고 탕면(湯麵, 국물 있는 국수) 1가지를 곁들인다. 술은 손님들이 한껏 흥이 오를 정도로 마셨으면 더 이상 내지 않는다.

손님의 가마꾼과 종복도 잘 챙겨주어야 한다. 하지만 주인집의 요리가 넉넉지 않아 비록 남은 음식을 나누어 주더라도 어차피 모두 배를 채우지는 못한다. 그러므로 음식을 주느니, 가마꾼들에게는 가마 1대당 수고비로 은 3푼을 지급하되 큰 가마에는 2배로 주고, 종복들은 1인당 수고비로 은 2푼을 지급하는 것이 낫다. 음식으로 줄지 돈으로 줄지는 각자가 원하는 대로 들어준다.

만약 산을 유람하거나 호수에 배를 띄울 때는 여기에 어채(魚菜)[25]를 차린 작은 상을 더하여 대접한

迺來宴敍, 層簋築肉, 爭以多品相矜, 尙甚非計也, 須斟酌世法之中, 爲可畫一之數.

飯則定爲三餚, 佐以湯, 正席定爲五餚四菓, 佐以麵蒸二, 粉湯一, 換席定爲十二小簋, 佐以湯麵一. 酒則期盡歡而止.

輿從尤當體恤, 然主人料理不及, 縱分饌餘, 未盡果腹, 不如肩輿每乘勞銀三分, 大轎倍之, 從每人勞銀二分, 各聽自便.

若山遊湖泛, 再加魚菜小飯.《饌客約》

---

21 궤(簋) : 고대 제사나 잔치에서 고기나 기장과 피를 담던 그릇. 입구는 둥글고 양쪽에 귀가 있다.

22 정석(正席) : 격식을 갖춘 모임의 정식 자리.

23 분탕(粉湯) : 고기·당면·두부·고수 등을 넣고 끓인 탕. 주재료인 고기의 종류에 따라 우육분탕(牛肉粉湯)·양육분탕(羊肉粉湯) 등이 있다.

24 환석(換席) : 모임의 정식 자리인 정석을 끝내고, 상을 바꾸어 다시 차린 자리.

25 어채(魚菜) : 생선살과 여러 야채에 녹말을 묻히고 끓는 물에 데친 요리.

다. 《찬객약》[26]

식사에 고기반찬 3가지를 차릴 때에는 손님의 수를 고려하여 궤(簋)의 크기를 정한다. 음식은 궤 안쪽에만 담아야지 안쪽에 받침대를 놓고 수북이 얹으면 안 된다. 정석(正席)에 고기반찬 5가지를 차릴 때에는 큰 궤를 사용하는데, 궤 안쪽에 받침대를 놓고 수북이 얹으면 안 된다. 또한 제사에 희생(犠牲)으로 올렸던 고기나 새우 등 작은 생물로 만든 음식은 너무 많이 쓰지 말아야 하니, 손님 가운데 재계하는 이가 불편해할까 염려되기 때문이다.

飯三餚, 酌客之多寡, 用簋之大小. 簋內勿虛架. 正席五餚, 須大簋, 勿虛架. 亦勿多用牲幷蝦膳[1]小生之類, 恐客有戒者未便.

환석(換席)에는 12개의 작은 궤로 음식을 차리되, 과일·육포·채소·죽순 등의 종류는 제철에 맞는 재료를 써서 술안주로 삼는데, 다만, 단 음식을 너무 많이 쓰지 말아야 한다. 술은 맑고 차가우면서 오랫동안 숙성시킨 것을 써야 낙양의 풍류와 운치가 있으니, 이는 곧 시장에서 사온 술도 산속 샘물 같은 향과 맛이 있어야 한다는 말이다. 《찬객약》[27]

換席十二小簋, 或菓脯、蔬笋之類聽便期, 可佐酒, 勿多用糖食. 酒取淸冽久醞, 有京洛風韻, 卽市沽亦須山泉氣味者. 同上

모임에는 오직 단출하게 음식을 차려놓을 뿐, 음식을 가득 늘어놓은 일을 자랑하지 않는다. 음식은 6가지를 넘지 않아야 하고, 술은 2~3종류면 된다. 만약 술이 다 떨어지면 탁주 반 병 정도를 더 내놓아도 무방하다. 혹시 부엌에 음식이 없으면 청염(靑鹽)[28]

唯取團欒, 非誇饘飣. 品毋踰六, 飮可二參. 如其瓶罄, 不妨濁酒半壺. 倘爾廚寒, 自可靑鹽數粒. 誠一觴一咏, 澹而忘歸, 卽三白

---

26 《居家必備》卷7〈飮饌〉"饌客約"(《居家必備事類全集》, 1쪽).
27 《居家必備》卷7〈飮饌〉"饌客約"(《居家必備事類全集》, 2쪽).
28 청염(靑鹽):청백색을 띠는 소금. 융염(戎鹽)이라고도 한다.
[1] 膳:저본에는 "蟮".《居家必備·飮饌·饌客約》에 근거하여 수정.

몇 알만으로도 자연스레 좋다. 실로 술 한 잔에 시 한 수 읊으면서 편안하게 즐기며 돌아갈 생각조차 잊는다면 곧 삼백삼모(三白三毛)[29]와 같은 장난도 지나친 일이 되지 않는다. 엄무순(嚴武順) 《월회약(月會約)[30]》[31]

三毛戲不爲虐. 嚴武順《月會約》

4) 공과(功課, 모임 계획)

功課

장부 1권을 만들어 항상 가지고 다니며 모임마다 먼저 날짜·모임 장소·차례·함께 모인 사람들의 이름을 기록한다. 주인이 시의 형식을 정하고 제목을 붙이면 자리에 참석한 손님들이 즉석에서 시상을 뽑아낸다. 비록 시구를 다듬는 일은 나중으로 미루더라도 시의 초안(草案)은 반드시 정해둔 시간 내에 작성하도록 한다. 이때 시를 완성하지 못한 사람은 장부에 이름을 적고 가벼운 벌칙을 준다. 사조제(謝肇淛)[32] 《홍운속약(紅雲續約)[33]》[34]

置一簿, 携以自隨, 每會, 先記日月、勝地、次列、同集姓名. 主人分體拈題, 坐客卽席抽思, 雖潤色或需他日, 而草創必限剋期. 詩不成者, 記姓名於簿以行薄罰. 謝肇淛《紅雲續約》

혹은 흔히 알려지지 않은 전고(典故)를 살펴보거나 옛 시를 노래하기도 하며, 세속에 알려지지 않은 글을 암송하고 세상의 기이한 일들을 담론한다. 간

或徵僻事, 或歌古詩, 誦人間未見之書, 談宇內瑰奇之事. 間有雅謔, 何妨絶倒?

---

29 삼백삼모(三白三毛):소식(蘇軾, 1037~1101)과 유반(劉攽, 1023~1089)의 효반취반(皛飯毳飯) 일화를 말한다. 유반이 소동파에게 효반(皛飯)을 대접하겠다고 초대했는데, 흰밥·무·소금을 내왔다. 효(皛)는 백(白) 자 3개가 겹쳐 이루어진 글자로, 세 음식 모두 흰색이기에 이를 효반이라 한 것이다. 유반의 장난에 얼마 후 소식 또한 유반에게 취반(毳飯)을 대접하겠다고 초대했는데, 아무 음식도 주지 않았다. 취(毳)는 모(毛) 자 3개가 겹쳐 이루어진 글자로, 모(毛) 자에는 '무(無)'와 같은 의미가 있어 음식을 주지 않고 이를 취반이라 한 것이다.

30 월회약(月會約):엄무순이 지은 월회의 회약으로, 《속수사고전서(續修四庫全書)》 1191에 실려 있다.

31 《說郛續》 卷29 〈月會約〉 "簡厐"(《續修四庫全書》, 1191, 384쪽).

32 사조제(謝肇淛):?~?. 중국 명나라의 관리. 자는 재항(在杭). 문학에 뛰어났으며 공부낭중(工部郎中)을 지냈다. 저서로 《소초재고(小草齋稿)》·《대비산방집(大泌山房集)》 등이 있다.

33 홍운속약(紅雲續約):사조제가 벗들과 모임을 갖고, 모임의 규약을 적어 놓은 글.

34 《說郛續》 卷29 〈紅雲續約〉(《續修四庫全書》, 1191, 389쪽).

간이 점잖은 농담에 배꼽을 잡고 웃는다 한들 무슨 同上
문제가 있겠는가? 사조제《홍운속약》[35]

만남의 즐거움이 무르익으면 여럿이 모임할 때 경 聚首之樂旣暢, 群居之戒可
계해야 할 일을 고려할 만하다. 인성(人性)을 탐구하 虞. 要以究性爲先, 不則五
는 일을 우선으로 삼아야 하고, 그렇지 않으면 오륜 倫當晰 ; 又以會文爲切, 不
으로 마땅히 밝혀야 한다. 또 학문으로 벗을 모으는 則六藝可遊.
일[會文][36]을 절실한 목적으로 삼아야 하고, 그렇지
않으면 육예(六藝)[37]를 노닐며 다루어도 좋다.

이때 반드시 여몽(呂蒙)[38]의 학문이 예전과 같지 必阿蒙非昔, 始無慚刮目
않았던 노력처럼 해야 비로소 괄목상대(刮目相對)하기 相看, 倘聖質如初, 亦何貴
에 부족함이 없을 것이다[39]. 만약 그 사람의 됨됨이 開口而笑? 是日各稽功過,
가 처음과 다를 바 없다면 또한 어찌 떠들썩하게 웃 明示勸懲. 設有懿聞佳話,
는 일을 중시할 수 있겠는가? 이날 각각 공훈과 허 可命穎客楮生.《月會約》
물을 헤아려 권선징악의 뜻을 명확하게 보여준다.
만약 훌륭한 일이나 아름다운 이야기가 있다면 자
질이 뛰어난 손님에게 명하여 종이에 기록하게 한
다.《월회약》[40]

---

35 《說郛續》, 위와 같은 곳.
36 학문으로……일[會文] :《논어(論語)》〈안연(顔淵)〉에 "군자는 문(文, 학문·문학)으로 친구를 모으고, 친구
   로 자신의 인(仁)을 보강한다.(君子以文會友 以友輔仁)"라 한 데서 온 말이다.
37 육예(六藝) : 주대(周代)에 행해지던 6가지 교육 과목. 예(禮)·악(樂)·사(射)·어(御)·서(書)·수(數)를 말한다.
38 여몽(呂蒙) : 179~220. 중국 후한(後漢) 말 오(吳)나라의 장수. 자는 자명(子明). 오나라에서 대도독(大都
   督)을 지냈다.
39 여몽(呂蒙)의……것이다 : 원문의 "괄목상간(刮目相看)"은 다른 사람의 학식이 이전에 비해 놀랄 만큼 부쩍
   늘었을 때 쓰는 표현이다. 《삼국지(三國志)》〈오지(吳志)〉 "여몽전(呂蒙傳)"에 배송지(裴松之, 372~451)가
   붙인 주(注)에서 유래하는 말로, 오나라 여몽(呂蒙)에 얽힌 고사이다. 손권(孫權)이 여몽에게 학문에 힘쓰
   라는 조언을 하였는데, 여몽이 이를 잘 실천하고 꾸준히 공부하여 상당한 수준의 학식을 갖추게 되었다.
   후에 손권이 예전과 다르게 식견이 넓어진 여몽을 보고 '이제는 옛날 오나라에 있을 때의 어린 여몽이 아니
   구나.(非復吳下阿蒙.)'라 했고, 이에 여몽은 '선비는 헤어지고 3일이 지나면 곧 눈을 비비고 상대방을 마주
   해야 합니다.(士別三日, 卽當刮目相待.)'라 했다고 한다.
40 《說郛續》卷29〈月會約〉"正歡"(《續修四庫全書》, 1191, 384쪽).

5) 금기 사항

모임에서는 조정에서 논의해야 할 당시의 정치에 관한 이야기를 하지 말아야 하고, 저잣거리에서나 얘기할 만한 저속한 이야기를 하지 말아야 하고, 남의 장단점을 몰래 말하지 말아야 하고, 서로 논쟁을 벌이며 공격하지 말아야 하고, 일부러 미치광이 같은 행동을 하거나 난잡하고 방자한 태도를 보이거나 떠들썩하게 말을 하지 말아야 하며, 억지로 일을 만들려 하지 말아야 하고, 함부로 비평을 하지 말아야 한다.《홍운속약》[41]

손님들은 장기나 바둑을 두기도 하고, 거닐거나 누워 있기도 하며, 가만히 앉아 묵상하거나 청담을 나누기도 하니, 모두 하고 싶은 대로 한다. 다만 시를 짓지 않고, 당시의 시사에 관한 이야기를 하지 않는다.

옛날 경대부들의 연회에서는 옛 시를 인용하여 읊은 일이 많았지만 스스로 시를 짓지는 않았다. 시를 읊어 자신의 뜻을 드러내고, 시를 지어 재능을 겨루기도 하는데, 겨루다 보면 화목함이 깨지니 시를 짓기는 동료[合簪][42]의 도리에 부합한 일이 아니다.【안 이 내용과 사조제(謝肇淛)의《홍운속약》에서 말한 '즉석에서 시상을 뽑아낸다'는 내용이 완전히 상반된다. 지금 이 두 내용을 다 기록해두니, 보는

戒禁

勿言朝廷時政, 勿作市里猥談, 勿陰說短長, 勿互相攻擊, 勿故爲狂態、亂恣、喧呶, 勿强作解事, 妄加評品.《紅雲續約》

客或博或奕, 或行或臥, 或黙坐或淸談, 惟所欲. 但不賦詩不談時事.

古卿大夫之燕, 多稱引古詩, 不自賦也. 稱詩以見志, 賦詩以競能, 競則乖和, 非合簪之道.【案 此與謝氏所謂 "卽席抽思" 者, 政相反. 今兩載之, 覽者各從其適可矣.】

---

41 《說郛續》卷29〈紅雲續約〉(《續修四庫全書》, 1191, 389쪽).

42 동료[合簪]: 잠(簪)은 고대 관리가 머리에 쓰는 관(冠)의 장식인데,《시경(詩經)》〈진풍(秦風)·무의(無衣)〉에 나온 동포(同袍, 군복을 함께 입는 것)와 마찬가지로 동료를 의미한다.

이들 각자가 상황에 알맞게 따르면 될 것이다】

시사에 관한 이야기를 하면 할 말 안 할 말을 모두 하게 될까 염려되기 때문에 경계하고 또 그만두는 것이다. 모임에서 세상사를 잊고 노닐면서 또 어찌 일의 잘잘못을 따지겠는가?《임간사약》43

談時事, 恐犯盡言, 戒且已. 爲物外遊矣, 又何計物短長?《林間社約》

시비를 가리는 일을 월회(月會)의 내용으로 삼지 말아야 하고, 저속하고 잡스러운 놀이를 풍류로 삼지 말아야 한다. 이런 일을 범한 경우에는 그때마다 생은(生銀)44 5푼을 납부하는데, 그 정도로 경미하다면 그 자리에서 벌주로 민기주(悶氣酒)45 3잔을 마시게 한다.《월회약》46

毋以雌黃爲月朝, 毋以穢雜爲風流. 犯者隨納放生銀五分, 輕則立飮悶氣酒三爵.《月會約》

6) 산림(山林) 속 교제의 맹약(산림교맹)

산림에서의 교제는 도시나 조정에서의 교제와 달라서, 예의는 간소함을 중시하고, 말은 곧음을 중시하며, 숭상하는 바는 청아함을 중시한다. 잘한 일은 반드시 서로 추천하고, 잘못은 반드시 서로 바로잡아 주며, 질병에 걸리면 반드시 서로 약을 구해주고, 편지를 쓸 때엔 반드시 일을 사실대로 말한다.

처음 만났을 때에는 명첩[刺]47을 쓰고, 옷차림새에 구애받지 않는다. 엄숙하게 들어가 올바른 자리

山林交盟

山林交, 與市朝異, 禮貴簡, 言貴直, 所尙貴淸. 善必相薦, 過必相規, 疾病必相捄藥, 書尺必直言事.

初見用刺, 不拘服色. 主肅入敍坐, 稱呼以號及表字,

---

43 《說郛續》卷29〈林間社約〉(《續修四庫全書》, 1191, 378쪽).

44 생은(生銀) : 제련을 하지 않은 자연 그대로의 은.

45 민기주(悶氣酒) : 격려를 하거나 경계를 하기 위해 주는 술. 여기서는 일종의 면박을 주어 경계를 하기 위해 주는 벌주로 보아야 한다.

46 《說郛續》卷29〈月會約〉"彰禁"(《續修四庫全書》, 1191, 384쪽).

47 명첩[刺] : 자신의 이름을 적은 종이. 지금의 명함에 해당한다.

에 앉고, 호칭은 호(號)나 자(字)로 부르며 관직명으로 부르지 않는다. 강론하고 질문할 때에는 반드시 아는 바와 들은 바의 일을 있는 그대로 말한다.

부모가 모임에 계시는 경우에는 반드시 명첩을 갖추고, 절하고 아뢰는 일은 동일하게 한다. 이후에 옮겨 들어간 자리에서는 부모께 한번 읍(揖)하고 앉는다. 시문은 말하고 싶은 대로 읊지만 세상의 일, 당시의 시사에 관한 일, 이단의 학설은 말하지 않는다.

음식은 차려진 대로 먹지만 모임에서 좌석배치는 나이 순서대로 하며, 신분의 귀천이나 승려·도사라는 이유로는 자리를 바꾸지 않는다. 술은 각자의 주량대로 마시고, 시도 각자의 뜻에 따라 지으며, 앉아 있거나 일어나거나 마음대로 할 수 있지만, 자리를 피하는 일은 허락하지 않는다.

심부름꾼이 부족하면 일꾼을 제공하고, 모임에 초청을 받으면 반드시 약속을 지켜 손님의 예를 어기지 않는다. 일이 있으면 사실대로 보고하고, 손님이 돌아갈 때에는 꼭 사례하지 않아도 된다. 일반적으로 충효와 우애에 해당하는 일은 마음을 다해야 하고, 윗사람을 업신여기거나 벗을 시샘하지 말아야 한다. 선배들은 후학들을 이끌고 깨우쳐 함께 옛 풍습을 받들어야 하고, 귀한 집의 자제로 옛것에 뜻을 둔 자는 결코 남에게 교만해서는 안 된다. 진실로

不以官. 講問必實言所知、所聞事.

有父母者, 必備刺, 拜報謁同. 自後傳入, 一揖坐. 詩文隨所言, 毋及外事、時政、異端.

飲食隨所具, 會次坐序齒, 不以貴賤、僧道易. 飲隨量, 詩隨意, 坐起自如, 不許逃席.

乏②使令則供執役, 請必如期, 毋違客例. 有幹實告, 及歸不必謝. 凡涉忠孝友愛事, 當盡心, 無慢嫉. 前輩須接誘後學, 以共推古風. 貴介公子有志於古者, 必不驕人. 苟非其人, 不在茲約, 凡我同盟, 願如金石.《山家淸事》

---

② 乏: 저본에는 "之".《山家淸事·山林交盟》에 근거하여 수정.

그러한 사람이 아니면 이 맹약(盟約)에 들어오지 못
하니, 우리 모두 맹약을 금석(金石)처럼 단단히 지키
기를 원한다. 《산가청사(山家淸事)》[48]

이운지 권제8 끝 怡雲志卷第八

---

[48] 《山家淸事》〈山林交盟〉(《叢書集成初編》〈山家淸事〉2883, 6쪽).

《이운지》 참고문헌 서목

경서류

《論語注疏》, 何晏 注, 邢昺 疏 (《十三經注疏整理本》23, 北京大學出版社, 2000)

《孟子注疏》, 趙岐 注, 孫奭 疏 (《十三經注疏整理本》25, 北京大學出版社, 2000)

《周禮注疏》, 鄭玄 注, 賈公彦 疏 (《十三經注疏整理本》7-9, 北京大學出版社, 2000)

《禮記正義》, 鄭玄 注, 孔穎達 疏 (《十三經注疏整理本》12-15, 北京大學出版社,
2000)

《禮記集說》, 陳澔 (《文淵閣四庫全書》120, 臺灣商務印書館, 1983)

《儀禮經傳通解》, 朱熹 (《文淵閣四庫全書》131, 臺灣商務印書館, 1983)

《毛詩正義》, 毛享 傳, 鄭玄 箋, 孔穎達 疏 (《十三經注疏整理本》4-6, 北京大學出
版社, 2000)

《周易正義》, 王弼 注, 孔穎達 疏 (《十三經注疏整理本》1, 北京大學出版社, 2000)

《爾雅注疏》, 郭璞 注, 邢昺 疏 (《十三經注疏整理本》24, 北京大學出版社, 2000)

《尙書正義》, 孔安國 傳, 孔穎達 疏 (《十三經注疏整理本》3, 北京大學出版社,
2000)

사서류

《漢書》, 班固 撰, 許嘉璐 主編 (二十四史全譯, 漢語大詞典出版社, 2004)

《春秋左傳注疏》, 杜豫 (《十三經注疏整理本》17, 北京大學出版社, 2000)

《通志》, 鄭樵 (《文淵閣四庫全書》374, 臺灣商務印書館, 1983)

《三國史記》, 金富軾 (규장각한국학연구원 소장)

《史記》, 司馬遷 (中華書局, 1997)

《舊唐書》, 劉昫 (中華書局, 1975)

《後漢書》, 范曄 (《文淵閣四庫全書》590, 臺灣商務印書館, 1983)

제자류

《莊子》,《莊子集釋》郭慶藩 撰, 王孝魚 點校 (中華書局, 1961)

《莊子集解》, 王先謙 著 (諸子集成, 中華書局, 1954)

자전과 운서류

《康熙字典》, 張玉書 等撰 (國學基本叢書, 臺灣商務印書館, 1968)

《說文解字》, 許愼 撰 (《文淵閣四庫全書》223, 臺灣商務印書館, 1983)

《重修玉篇》, 重修玉篇 (《文淵閣四庫全書》224, 臺灣商務印書館, 1983)

문집류

《靑莊館全書》, 李德懋 (한국고전번역원 한국고전종합DB)

《雷淵集》, 南有容 著 (한국고전번역원 한국고전종합DB)

《山谷集》, 黃庭堅 著 (《文淵閣四庫全書》1113, 臺灣商務印書館, 1983)

《硏經齋全集》, 成海應 著 (한국고전번역원 한국고전종합DB)

《圓嶠集》, 李匡師 (한국고전번역원 한국고전종합DB)

《圓嶠書訣》, 李匡師 著 (서울대학교 규장각한국학연구원)

《斜川集》, 蘇過 著 (《叢書集成初編》1956, 商務印書館, 1936)

《晦庵集》, 朱熹 著 (《文淵閣四庫全書》1145, 臺灣商務印書館, 1983)

《山谷別集》, 黃庭堅 著 (《文淵閣四庫全書》1113, 臺灣商務印書館, 1983)

《泠齋集》, 柳得恭 著 (한국고전번역원 한국고전종합DB)

《藥泉集》, 南九萬 著 (한국고전번역원 한국고전종합DB)

《燕巖集》, 朴趾源 (한국고전번역원 한국고전종합DB)

《歐陽文粹》, 陳亮 (《文淵閣四庫全書》1103, 臺灣商務印書館, 1983)

《眉山文集》, 唐庚 (《文淵閣四庫全書》1124, 商務印書館, 1983)

《茶山集》, 曾幾 (《文淵閣四庫全書》1136, 商務印書館, 1983)

《甫里集》, 陸龜蒙 《文淵閣四庫全書》 1083, 商務印書館, 1983)

유서류

《藝文類聚》, 歐陽詢 《文淵閣四庫全書》 888, 商務印書館, 1983)

《五洲衍文長箋散稿》, 李圭景 著 (한국고전번역원 한국고전종합DB)

《夢溪筆談》, 沈括 著 《新校正夢溪筆談》, 中華書局, 1987)

《夢溪筆談》, 沈括 撰 (江蘇古籍出版社, 1999)

《夢溪筆談》, 沈括 撰 《文淵閣四庫全書》 862, 臺灣商務印書館, 1983)

《古今秘苑》, 曾慥 撰 《古今秘苑全書》, 上海校經山房印行)

《古今秘苑》, 작자미상 (국립중앙도서관 소장본)

《三才圖會》, 王圻 著, 王思義 編集 (上海古籍出版社, 1988)

《攷事十二集》, 徐命膺 《保晚齋叢書》, 서울대학교 규장각한국학연구원, 2007)

《和漢三才圖會》, 寺島良安 撰 《倭漢三才圖會》, 국학자료원, 2002)

《遵生八牋校注》, 高濂 撰, 趙立勛 等 校注 (人民衛生出版社, 1994)

《居家必用事類全集》, 작자미상 《續修四庫全書》 1184, 上海古籍出版社, 1995)

《金華耕讀記》, 徐有榘 (도쿄도립중앙도서관 소장본)

《芝峯類說》, 李睟光 (규장각한국학연구원 소장본)

《芝峯類說》, 李睟光 著 (국립중앙도서관 한古朝91-50)

과학기술서류

《山林經濟》, 洪萬選 《農書》 2, 아세아문화사, 1981)

《山林經濟》, 洪萬選 (한국고전번역원 한국고전종합DB)

《增補山林經濟》, 柳重臨 《農書》 4-5, 아세아문화사, 1981)

《御定佩文廣羣芳譜》, 汪灝 等 《文淵閣四庫全書》 845, 臺灣商務印書館, 1983)

《金華耕讀記》, 徐有榘 (東京都立日比谷圖書館, 1959)

《相鶴經》, 周履靖 校梓 《叢書集成新編》 44, 新文豊出版公, 1936)

《花鏡》, 陳淏子 《中國農書叢刊》, 農業出版社, 1962)

《菁川養花小錄》, 姜希顔 (고려대 해외한국학자료센터DB)

《御定月令輯要》, 李光地 (《文淵閣四庫全書》467, 臺灣商務印書館, 1983)

《王禎農書》, 王禎 (農業出版社, 1981)

《欽定武英殿聚珍版程式》, 金簡 著 (《文淵閣四庫全書》673, 商務印書館, 1983)

《農政全書校注》, 徐光啓 著 (上海古籍出版社, 1979)

《齊民要術校釋》, 繆啓愉 校釋 (中國農業出版社, 1998)

《齊民要術譯注》, 繆啓愉·繆桂龍 撰 (上海古籍出版社, 2006)

《本草綱目》, 李時珍 著, 劉衡如 校 (人民衛生出版社, 1982)

《茶經》, 陸羽 (《中國茶書全集校證》1, 中州古籍出版社, 2015)

《水品》, 徐獻忠 (《中國茶書全集校證》2, 中州古籍出版社, 2015)

《煮泉小品》, 田藝衡 (《中國茶書全集校證》2, 中州古籍出版社, 2015)

《茶譜》, 朱權 (《中國茶書全集校證》2, 中州古籍出版社, 2015)

《茶解》, 羅廩 (《中國茶書全集校證》2, 中州古籍出版社, 2015)

《羅岕茶記》, 熊明遇 (《中國茶書全集校證》2, 中州古籍出版社, 2015)

《續茶經》, 陸廷燦 (《中國茶書全集校證》4, 中州古籍出版社, 2015)

《岕茶彙鈔》, 冒襄 (《中國茶書全集校證》4, 中州古籍出版社, 2015)

《香譜》, 洪芻 (《叢書集成初編》1481, 商務印書館, 1936)

《東醫寶鑑》, 許浚 (《原本東醫寶鑑》, 南山堂, 2009)

《香乘》, 周嘉胄 (《文淵閣四庫全書》844, 商務印書館, 1983)

《臞仙神隱書》, 朱權 (《四庫全書存目叢書》260, 齊魯書社, 1996)

《格致鏡原》, 陳元龍 (《文淵閣四庫全書》1032, 商務印書館, 1983)

《物理小識》, 方以智 (《文淵閣四庫全書》867, 商務印書館, 1983)

《秘傳花鏡》, 陳淏子 (《續修四庫全書》1117, 1995)

《博物要覽》, 谷泰 (《叢書集成初編》1560, 商務印書館, 1936)

《格古要論》, 曹昭 (《文淵閣四庫全書》871, 商務印書館, 1983)

《物類相感志》, 贊寧 (《文淵閣四庫全書》877, 商務印書館, 1983)

《備急千金要方》, 孫思邈 撰 (《文淵閣四庫全書》735, 商務印書館, 1983)

《中國茶書全集校證》, 方健 著 (中州古籍出版社, 2015)

《群碎錄》, 鄭曉 撰 (《叢書集成初編》183, 商務印書館, 1936)

《居家必備》, 懼祐 編 (《居家必備》明刻本)

《事物紀原》, 高承 撰 (《文淵閣四庫全書》920, 臺灣商務印書館, 1983)

《欽定授時通考》, 鄂爾泰 等撰 (《文淵閣四庫全書》732, 臺灣商務印書館, 1983)

《丹鉛總錄》, 楊愼 撰 (《文淵閣四庫全書》855, 臺灣商務印書館, 1983)

《天工開物》, 宋應星 著 (中國社會出版社, 2004)

《傳家寶》, 石成金 編撰, 喻岳衡 校訂 (岳麓書社, 2002)

예술서류

《農田餘話》, 長谷眞逸 (齊魯書社, 1995)

《瓶花譜》, 張謙德 (《叢書集成初編》1559, 商務印書館, 1936)

《瓶史》, 袁宏道 (《叢書集成初編》1559, 商務印書館, 1936)

《書斷》, 張懷瓘 (《文淵閣四庫全書》812, 臺灣商務印書館, 1983)

《金石史》, 郭宗昌 著 (《叢書集成初編》1518, 商務印書館, 1936)

《畫史》, 米芾 著 (《中國書畫全書》1, 上海書畫出版社, 1993)

《書史》, 米芾 著 (《叢書集成初編》1593, 商務印書館, 1936)

《硯史》, 米芾 著 (《文淵閣四庫全書》843, 臺灣商務印書館, 1983)

《歙硯說》, 작자미상 (《文淵閣四庫全書》843, 臺灣商務印書館, 1983)

《兩宋瓷器 上》, 李輝柄 主編 (商務印書館, 1996)

《宋元陶瓷大全》, 藝術家工具書編委會 (藝術家出版社, 1997)

《重修宣和博古圖》, 王黼 (商務印書館, 1983)

《樂學軌範》, 成俔·柳子光·申末平·朴棍·金福根 (국립국악원, 1988)

《歙州硯譜》, 唐積 (《文淵閣四庫全書》843, 臺灣商務印書館, 1983)

《印章集說》, 甘暘 (《續修四庫全書》1091, 1995)

《墨史》, 陸友 (《叢書集成初編》1495, 商務印書館, 1936)

《雲林石譜》, 社綰 撰 (《叢書集成初編》1507, 商務印書館, 1936)

《思陵書畫記》, 周密 著 《文淵閣四庫全書》881, 商務印書館, 1983)

《六藝之一錄》, 倪濤 撰 《文淵閣四庫全書》833, 臺灣商務印書館, 1983)

《晁氏墨經》, 晁說之 撰 《叢書集成初編》1495, 商務印書館, 1936)

《墨法集要》, 沈繼孫 著 《叢書集成初編》1496, 商務印書館, 1936)

《文房四譜》, 蘇易簡 著 《叢書集成初編》1493, 商務印書館, 1936)

《硯譜》, 唐積 著 《文淵閣四庫全書》843, 臺灣商務印書館, 1983)

《端溪硯譜》, 작자미상 《文淵閣四庫全書》843, 臺灣商務印書館, 1983)

《辨歙石說》, 작자미상 《文淵閣四庫全書》843, 臺灣商務印書館, 1983)

《畫史會要》, 朱謀垔 著 《文淵閣四庫全書》816, 臺灣商務印書館, 1983)

《石刻鋪敍》, 曾宏父 著 《文淵閣四庫全書》682, 臺灣商務印書館, 1983)

《大東金石書》, 작자 미상 (국립중앙도서관, 古2202-61)

그 외 원전

《奉化郡邑誌》, 작자 미상 (서울대학교 규장각한국학연구원, 1899)

《避暑錄話》, 葉夢得 撰 《文淵閣四庫全書》863, 臺灣商務印書館, 1983)

《歷代名畫記》, 張彥遠 《文淵閣四庫全書》812, 臺灣商務印書館, 1983)

《巖棲幽事》, 陳繼儒 《叢書集成初編》687, 商務印書館, 1936)

《山家清事》, 林洪 《叢書集成初編》2883, 商務印書館, 1936)

《說郛》, 陶宗儀 撰 《文淵閣四庫全書》881, 商務印書館, 1983)

《御製詩集》, 高宗 御製, 乾隆 勅撰 《文淵閣四庫全書》1305, 商務印書館, 1983)

《瀛奎律髓》, 方回 《文淵閣四庫全書》1366, 商務印書館, 1983)

《清異錄》, 蘇廙 《叢書集成初編》2846, 商務印書館, 1936)

《鶴林玉露》, 羅大經 《叢書集成初編》2873, 商務印書館, 1936)

《古今說海》, 陸楫 《文淵閣四庫全書》885, 商務印書館, 1983)

《雲仙雜記》, 馮贄 《文淵閣四庫全書》1035, 商務印書館, 1983)

《東坡詩集註》, 高宗 勅撰 《文淵閣四庫全書》1109, 商務印書館, 1983)

《清齋位置》, 文震亨 《續修四庫全書》1191, 上海古籍出版社, 1995)

《桂海虞衡志》, 范成大 《文淵閣四庫全書》589, 商務印書館, 1983)

《三餘贅筆》, 都卬 《叢書集成初編》2897, 商務印書館, 1936)

《癸辛雜志》, 周密 《文淵閣四庫全書》1040, 商務印書館, 1983)

《桯史》, 岳珂 著《叢書集成初編》2870, 商務印書館, 1936)

《玉芝堂談薈》, 徐應秋 撰《文淵閣四庫全書》883, 臺灣商務印書館, 1983)

《玉芝堂談薈》, 徐應秋 (文淵閣四庫全書, 1983)

《祛疑說》, 儲泳 《叢書集成初編》987, 商務印書館, 1936)

《古今事文類聚》, 祝穆 撰《文淵閣四庫全書》925, 臺灣商務印書館, 1983)

《學古編》, 吾邱衍 《續修四庫全書》1091, 1995)

《淸秘藏》, 張茂實 《文淵閣四庫全書》872, 臺灣商務印書館, 1983)

《畫鑑》, 湯垕 《文淵閣四庫全書》814, 臺灣商務印書館, 1983)

《鏤板考》, 徐有榘 著 (국립중앙도서관)

《洞天淸錄集》, 趙希鵠 著《叢書集成初編》1552, 商務印書館, 1936)

《繪妙》, 茅一相 著《中國書畫全書》4, 上海書畫出版社, 1993)

《古今畫鑑》, 湯垕 著《中國書畫全書》2, 上海書畫出版社, 1993)

《山靜居畫論》, 芳薰 著《叢書集成初編》1644, 商務印書館, 1936)

《牧齋有學集》, 錢謙益 著《四部叢刊》1679, 商務印書館, 1929)

《乾淳歲時記》, 周密 撰《文淵閣四庫全書》879, 臺灣商務印書館, 1983)

《京都雜志》, 柳得恭 著 (한국고전번역원 한국고전종합DB)

《考槃餘事》, 屠隆 著《叢書集成新編》1759, 商務印書館, 1936)

《東坡全集》, 蘇軾 著《文淵閣四庫全書》1107, 臺灣商務印書館, 1983)

《攬勝圖》, 高兆 撰《檀几叢書》〈餘集〉 明刻本)

《冷廬雜識》, 陸以湉 撰《續修四庫全書》1140, 上海古籍出版社, 1995)

《柳河東集》, 柳宗元 撰《文淵閣四庫全書》1076, 臺灣商務印書館, 1983)

《霏雪錄》, 鎦績 著《叢書集成初編》32, 商務印書館, 19368)

《山家淸供》, 林洪 著《叢書集成初編》1473, 商務印書館, 1936)

《石湖詩集》, 范成大 撰《文淵閣四庫全書》1159, 臺灣商務印書館, 1983)

《說郛續》, 陶珽 編《續修四庫全書》1191, 上海古籍出版社, 1995)

《東京夢華錄》, 孟元老《文淵閣四庫全書》589, 臺灣商務印書館, 1983)

《純正蒙求》, 胡炳文 譔《文淵閣四庫全書》952, 臺灣商務印書館, 1983)

《詩牌譜》, 王良樞 輯《叢書集成新編》54, 新文豐出版社, 2008)

《鄴中記》, 陸翽 撰《文淵閣四庫全書》463, 臺灣商務印書館, 1983)

《酉陽雜俎》, 段成式 撰《叢書集成初編》276, 商務印書館, 1936)

《輟耕錄》, 陶宗儀 著《文淵閣四庫全書》1040, 臺灣商務印書館, 1983)

《清溪暇筆》, 姚福 撰《續修四庫全書》1167, 上海古籍出版社, 1995)

《清閑供》, 程羽文 著《續修四庫全書》1191, 上海古籍出版社, 1995)

《清閑供》, 程羽文 著《香艷叢書》第三集 明刻本)

《抱朴子·內篇》, 葛洪 撰 (中華書局, 1985)

《荊楚歲時記》, 宋凜 著《文淵閣四庫全書》589, 臺灣商務印書館, 1983)

《欽定日下舊聞考》, 朱彝尊 輯《文淵閣四庫全書》499, 臺灣商務印書館, 1983)

《老學庵筆記》, 陸游 著《叢書集成初編》2766, 商務印書館, 1936)

《老學庵筆記》, 陸游 撰《文淵閣四庫全書》865, 臺灣商務印書館, 1983)

《捫蝨新話》, 陳善 撰《叢書集成初編》311, 商務印書館, 1936)

《春渚紀聞》, 何薳 撰《叢書集成初編》2717~2718, 商務印書館, 1936)

《讀書紀數略》, 宮夢仁 撰《文淵閣四庫全書》1033, 臺灣商務印書館, 1983)

《清暑筆談》, 陸樹聲 著《續修四庫全書》1189, 上海古籍出版社, 1995)

《太平御覽》, 李坊《文淵閣四庫全書》900, 臺灣商務印書館, 1983)

《閑者軒帖考》, 孫承澤 著《四庫全書存目叢書》520, 齊魯書社, 1996)

《墨莊漫錄》, 張邦基《文淵閣四庫全書》864, 臺灣商務印書館, 1983)

《墨池瑣錄》, 楊慎 著《文淵閣四庫全書》816, 臺灣商務印書館, 1983)

《七頌堂識小錄》, 劉體仁 著《文淵閣四庫全書》872, 臺灣商務印書館, 1983)

《五雜組》, 謝肇淛 撰 (上海書店出版社, 2001)

《遊宦紀聞》, 張世南 撰, 張茂鵬 點校 (中華書局, 1981)

《讀書附志》, 趙希弁 著 (ctext.com)

《書學捷要》, 朱履貞 著 (《叢書集成初編》1625, 商務印書館, 1936)

《御製千字文》, 韓濩 書 古書保存會 復刊 (保景文化社, 1996)

《快雪堂漫錄》, 馮夢禎 撰 (《四庫全書存目叢書》247, 齊魯書社, 1996)

《齊東野語》, 周密 著 (《文淵閣四庫全書》865, 臺灣商務印書館, 1983)

《蘭亭考》, 桑世昌 著 (《文淵閣四庫全書》682, 臺灣商務印書館, 1983)

《尚書故實》, 李綽 著 (《文淵閣四庫全書》862, 臺灣商務印書館, 1983)

《御定淵鑑類函》, 張英 (《文淵閣四庫全書》990, 臺灣商務印書館, 1983)

《研北雜志》, 陸友 著 (《文淵閣四庫全書》866, 臺灣商務印書館, 1983)

《韻石齋筆談》, 姜紹書 著 (《文淵閣四庫全書》872, 臺灣商務印書館, 1983)

《慶尙南道陜川郡邑誌》 (서울대학교 규장각 한국학연구원, 1899)

《朝鮮史略》, 작자미상 (《文淵閣四庫全書》466, 臺灣商務印書館, 1983)

《新寧縣邑誌》 (서울대학교 규장각 한국학연구원, 1832)

《告身帖》, 顏眞卿 書 (華夏出版社, 2000)

《澹生堂藏書約》, 祁承㸁 等 撰 (《中國歷代書目題跋叢書》, 上海古籍出版社, 2005)

《童蒙須知》, 朱熹 (국립중앙도서관, 한古朝25-47-2)

《石林燕語》, 葉夢得 撰 (《文淵閣四庫全書》863, 臺灣商務印書館, 1983)

《西方要紀》, 利類思 等 著 (《叢書集成初編》3278, 商務印書館, 1936)

《梁谿漫志》, 費袞 撰 (《文淵閣四庫全書》864, 商務印書館, 1983)

《四部正譌》, 胡應麟 著 (樸祠出版, 1929)

사전과 도감류

《한국민족문화대백과사전》, 한국정신문화연구원편찬부 (한국정신문화연구원)

《한국삼재도회》, 박성훈 편 (시공사, 2002)

《大漢和辭典》, 諸橋轍次 著 (大修館書店, 1984)

《漢語大詞典》, 羅竹風 主編, 漢語大詞典編輯委員會, 漢語大詞典編纂處
    編纂 (上海, 漢語大詞典出版社, 1990~1993)

《한국의 수생식물과 생활주변식물도감》, 구자옥 (자연식물보호연구회, 2009)

《역학사전》, 노영준 (백산출판사, 2006)

《중국역대인명사전》, 임종욱 외 1인 (이회문화사, 2010)

《전통 예학 용어 사전》, 이원균 (일청기획, 2010)

《한국고전용어사전》, 한국고전용어사전 편찬위원회 (세종대왕기념사업회, 2001)

번역서

《국역열하일기》, 박지원 지음 (민족문화추진회, 1968)

《증보산림경제 I~Ⅲ》, 노재준·윤태순·홍기용 옮김 (고농서국역총서, 농촌진흥청. 2003)

《中國書藝80題》, 楊震方 外 著, 郭魯鳳 譯 (東文選, 1995)

《역대명화기》, 장언원 저, 황지원 역주 (계명대학교출판부, 2007)

《중국회화사삼천년》, 楊新·제임스 캐힐 외 著, 정형민 옮김 (학고재, 1999)

《篆刻學-篆刻의 歷史와 技法》, 鄧散木 著, 崔長潤 譯 (雲林堂, 1984)

《임원경제지 유예지(林園經濟志 遊藝志)》2, 임원경제연구소 (풍석문화재단, 2017.

《임원경제지 섬용지》, 서유구 지음, 정명현·이동인 외 옮김 (풍석문화재단, 2017)

《중국의 고전목록학》, 라이신샤 지음, 박정숙 옮김 (한국학술정보, 2009)

《고반여사》, 도융 저, 권덕주 역 (을유문화사, 1972)

《산수간에 집을 짓고》, 서유구 저, 안대회 역 (돌베개, 2005)

《차생활문화대전》, 정동효·윤백현·이영희 (홍익재, 2012)

《중국의 다도》, 김명배 (명문당, 2007)

《현대과학으로 읽는 다경》, 누노메 쵸우후우 주해, 이진수 역해 (이른 아침, 2011)

《중국 차문화 다경》, 육우 저, 김진숙 역 (국학자료원, 2009)

《칠현금경》, 도일 지음 (티웰, 2011)

《규합총서(閨閤叢書)》, 빙허각 이씨 저, 정양완 역 (보진재, 1975)

《중국고대화론유편》, 유검화 지음, 김대원 옮김 (소명출판, 2010)

《東國歲時記·列陽歲時記·京都雜志·東京雜記》, 홍석모·김매순·유득
　　공·민주면 (대양서적, 1975)

국역《성호사설(星湖僿說)》, 이익 저 (민족문화추진회, 1977)

연구논저

《唐褚遂良雁塔聖敎序》(上海書店, 1980)

〈대고려, 그 찬란한 도전〉(국립중앙박물관, 2018)

〈도장 이론과 실제〉, 박조순 (일진사, 1997)

《東晉 王羲之 興福寺斷碑》, 朴龍寬 編 (雲林筆房老舗, 1983)

《柳公權書玄秘塔碑》(江蘇廣陵古籍刻印社, 1993)

〈문방청완 : 벼루 먹 붓 종이〉, 권도홍 (대원사, 2006)

〈벼루〉, 권도홍 (대원사, 1989)

〈BEYOND FOLDING SCREENS〉(아모레퍼시픽 미술관, 2018)

〈상주금문(商周金文)〉, 곽노봉 (학고방, 2013)

〈자기(瓷器)〉, 시안시문물보호고고학연구소 편찬 (한국학술정보, 2015)

〈종이의 역사〉, Basbanes, Nicholas A (21세기북스, 2014)

《書藝技法講座4: 蘭亭敍》, 編輯部編 (玉書閣, 1974)

《서예의 길잡이: 중국법첩》, 박성원 편집·글 (국립중앙박물관, 2014)

《書跡名品叢刊123: 今文集4: 列國》, 白川靜 解說 (二玄社, 1964)

《書跡名品叢刊18: 東晉 王羲之 集字聖敎序》, 伏見冲敬 解說 (二玄社,
　　1959)

《書跡名品叢刊19: 唐 歐陽詢 九成宮醴泉銘》, 伏見冲敬 解說 (二玄社,
　　1959)

《書跡名品叢刊21: 東晉 王羲之 十七帖 二種》, 松井如流 解說 (二玄社,
　　1959)

《書跡名品叢刊22: 東晉 王羲之 蘭亭敍 七種》, 伏見冲敬 解說 (二玄社,

1959)

《書跡名品叢刊34: 唐 顏眞卿 三稿(祭姪文稿/祭伯文稿/爭座位稿)》, 伏見冲敬
  解說 (二玄社, 1960)

《書跡名品叢刊5: 漢 曹全碑》, 松井如流 解說 (二玄社, 1959)

《書跡名品叢刊6: 唐 顏眞卿 顏勤禮碑》, 伏見冲敬 解說 (二玄社, 1959)

《書跡名品叢刊89: 唐 顏眞卿 顏氏家廟碑(上)》, 伏見冲敬 解說 (二玄社,
  1962)

《書跡名品叢刊90: 唐 顏眞卿 顏氏家廟碑(下)》, 伏見冲敬 解說 (二玄社,
  1962)

《宋薛紹彭雜書卷帖》(江蘇廣陵古籍刻印社, 1989)

《宋拓麓山寺碑》(江蘇廣陵古籍刻印社, 1988)

《隋龍藏寺碑》(上海書店, 1989)

《虞世南書孔子廟堂碑》(上海書店, 1989)

《臨書敎室시리즈4: 蘭亭敍》, 鄭周相 著 (友一出版社, 1984)

《임원경제지: 조선 최대의 실용백과사전》, 정명현·민철기·정정기·전종욱
  외 옮기고 씀 (씨앗을 뿌리는 사람, 2012)

《篆刻五十講》, 吳頤仁 編著 (上海人民出版社, 1994)

《中國法書選1: 甲骨文·金文》, 松丸道雄 解說 (二玄社, 1990)

《中國法書選10: 木簡·竹簡·帛書》, 田中東竹 解說 (二玄社, 1990)

《中國法書選2: 石鼓文·泰山刻石》, 角井博 解說 (二玄社, 1988)

《中國法書選27: 眞草千字文》, 角井博 解說 (二玄社, 1988)

《中國法書選38: 書譜》, 西林昭一 解說 (二玄社, 1988)

《中國法書選44: 草書千字文》, 藤原有仁 解說 (二玄社, 1988)

《中國法書選47: 黃庭堅集》, 大野修作 解說 (二玄社, 1989)

《中國法書選48: 米芾集》, 大野修作 解說 (二玄社, 1988)

《中國法書選5: 禮器碑》, 西林昭一 解說 (二玄社, 1987)

《中國法書選50: 文徵(明)集》, 藤原有仁 解說 (二玄社, 1989)

《中國法書選51 : 董其昌集》, 藤原有仁 解說 (二玄社, 1989)

《中國法書選9 : 張遷碑》, 西林昭一 解說 (二玄社, 1990)

《初拓城隍廟碑記》, (江蘇廣陵古籍刻印社, 1993)

논문류

〈금속활자 주조 및 인쇄기술사 복원 연구 결과보고서〉, 정종진 외 6명, (청
　　주고인쇄박물관, 2006)

〈나대경의 『학림옥로』를 통해 본 탕변에 대한 연구〉, 송해경, 《차문화·산
　　업학》 16호 (국제차문화학회, 2010)

〈唐代 《十六湯品》에 나타난 沃茶法 考察〉, 조기정, 유동훈 《중국인문학회
　　2015년 추계 학술대회》, 2015)

〈文房四寶의 考察 : 먹의 製造와 用墨法을 中心으로〉, 박영미, 경기대학
　　교 석사학위논문, 2004

〈文房四友 研究〉, 허인경, 홍익대학교 석사학위논문, 2008

〈『瓶花三設』에 나타난 瓶花에 관한 研究〉, 김혜자, 《한국꽃예술학회지》 9
　　집 (한국꽃예술학회지, 2006)

〈書寫材料로서 종이의 品質評價에 關한 研究〉, 신장식, 전북대 석사학위
　　논문, 2001

〈신라 6부의 시기적 변천과 기본 성격〉, 박성현, 《韓國古代史研究》 89호
　　(한국고대사학회, 2018)

〈신라 가배(嘉排)와 여성 축제〉, 윤성재, 《역사와 현실》 87호 (한국역사연구
　　회, 2013)

〈안동의 벼루〉, 최병규, 영남학, 경북대학교 영남문화연구원, 2009

〈『이운지』의 공간 사고〉, 김대중, 《韓國文化》 68호 (서울대학교 규장각 한국학
　　연구원, 2014)

〈전통기록재료, 먹(ink stick)의 이해〉, 엄태진·김강재·조정혜, 한국펄프·
　　종이공학회 학술발표논문집, 학국펄프·종이공학회, 2009

〈草衣禪師의 生命觀 연구:『東茶頌』을 중심으로〉, 류정호 (가톨릭대학교 석
사학위논문, 2011)

《『孫子』의 太乙遁甲 硏究 :『十一家註孫子』의 李筌註를 中心으로》, 오청식
(원광대학교 박사학위논문, 2013)

《韓國 傳統꽃꽂이에 關한 美學的 考察》, 전근녀 (서울시립대학교 석사학위논
문, 2008)

검색사이트

고전용어 시소러스 (한국고전번역원)

Google (구글) http://www.google.com

百度 (바이두) http://www.baidu.com

DAUM(다음) http://www.daum.net/

NAVER(네이버) http://www.nave.com

고려대 해외한국학자료센터 http://kostma.korea.ac.kr/

고려대학교 중앙도서관 http://library.korea.ac.kr/

국립중앙도서관 http://www.nl.go.kr/

국립중앙박물관 http://www.museum.go.kr/

규장각 한국학연구원 (서울대학교) http://kyujanggak.snu.ac.kr/

네이버 지식백과 http://terms.naver.com

문화재청 국가문화유산포털 http://www.heritage.go.kr/

서울대학교 중앙도서관 http://library.snu.ac.kr/

역사정보통합시스템 http://www.koreanhistory.or.kr/

유튜브 www.youtube.com

異體字字典 (中華民國教育部) http://dict.variants.moe.edu.tw/

한국고전번역원 http://www.itkc.or.kr

한국한의학고전DB https://www.mediclassics.kr/

색인

인명

등원석(鄧元錫) 4권 84, 85

ㄹ

류성룡(柳成龍) 4권 182, 292
류운룡(柳雲龍) 4권 292

ㅁ

마규(馬逵) 3권 489
마단림(馬端臨) 4권 78, 83, 85, 89
마도숭(麻道嵩) 3권 219
마량(馬亮) 3권 299
마린(馬麟) 3권 491, 492
마영경(馬永卿) 4권 568
마영충(馬永忠) 3권 491
마원(馬遠) 1권 172, 173, 461, 462,
    3권 489
마융(馬融) 4권 214, 457
마정국(馬定國) 3권 127
마포암(馬布菴) 3권 528
마화지(馬和之) 3권 487
만뉴우근(萬紐于瑾) 3권 157, 158
매요신(梅堯臣) 4권 37
맹가(孟嘉) 4권 516
맹신(孟信) 1권 244
맹원로(孟元老) 4권 564
모곤(茅坤) 4권 252
모방(毛滂) 3권 302
모송(毛松) 3권 490
모신경(毛信卿) 3권 492
모익(毛益) 3권 490
모점(毛漸) 4권 34
목련(目連) 4권 551
목왕(穆王) 3권 133, 286, 286
무규(武珪) 4권 540
무령왕(武寧王) 3권 196

무원형(武元衡) 3권 184
무회씨(無懷氏) 1권 106
문계상(聞啓祥) 3권 557, 4권 580
문공유(文公裕) 3권 349
문동(文同) 3권 492, 534, 535
문문수(文汶水) 3권 499
문백인(文伯仁) 3권 499
문언박(文彦博) 3권 296, 4권 560, 567
문종(文宗) 3권 520, 4권 230
문징명(文徵明) 1권 266, 278, 3권 307,
    309, 310, 498, 529, 555, 556
문천상(文天祥) 1권 107
미불(米芾) 1권 514, 528, 545, 2권 172,
    216, 218, 223, 3권 185, 195, 207,
    209, 247, 251, 286, 292, 293, 294,
    296, 316, 317, 480, 506, 513, 530,
    531, 532, 533, 534, 537, 538, 565,
    566
미성(美成) 1권 449
미우인(米友仁) 3권 488, 506
민상제(閔賞濟) 3권 384
민성휘(閔聖徽) 3권 230
민암(閔黯) 3권 395
민정중(閔鼎重) 3권 421, 4권 331
민제인(閔齊仁) 4권 275
민주면(閔周冕) 4권 210
민지(閔漬) 3권 352
민진(閔進) 3권 425
민진원(閔鎭遠) 4권 342

ㅂ

박경(朴耕) 3권 432
박계현(朴啓賢) 4권 255
박두세(朴斗世) 4권 174
박민헌(朴民獻) 3권 445

639

지명

번호

6곡(六曲) 4권 563

ㄱ

서명

번호

ㄱ

물명

곤석(崑石) 1권 464

골지(骨紙) 1권 195, 434

골패(骨牌) 4권 409, 410

골회(骨灰) 1권 418

공묘(孔廟) 예기비(禮器碑) 3권 147, 152

공비정(公非鼎) 3권 67, 68

공주비(孔宙碑) 3권 147, 148, 152

공투격(空套格) 1권 148

공표비(孔彪碑) 3권 151, 152

공화비(孔龢碑) 3권 152

곶감[柹餠] 1권 285

과(戈) 3권 22, 23, 28, 51, 213, 214, 284

과다(銙茶) 4권 402

과류(瓜類) 1권 354

과인(瓜仁) 1권 285

과차(銙茶) 1권 264

과추(瓜槌) 3권 76

과호(瓜壺) 3권 93

곽경지(郭敬之) 가묘비(家廟碑) 3권 192

곽공전(郭公塼) 1권 443

곽태비(郭泰碑) 3권 143

곽향(藿香) 1권 332, 333, 334, 335, 336, 337, 342, 346, 347, 378, 2권 82, 3권 140

관(棺) 1권 404

관(款) 3권 37, 38

관간지(官柬紙) 2권 248

관계(官桂) 1권 344, 347

관단마(款段馬) 4권 367

관분(官粉) 1권 384, 3권 120

관상(冠箱) 4권 155

관설암(觀雪庵) 1권 177

관왕묘비(關王廟碑) 3권 393

관음병(觀音瓶) 3권 74

관음상(觀音像) 3권 94, 559

관음지(觀音紙) 2권 240, 241

관이(貫耳) 2권 133, 265, 3권 31, 33, 4권 459, 460, 461, 462, 463, 464

관이궁호(貫耳弓壺) 1권 236

관이호(貫耳壺) 1권 234, 236, 3권 90

관지(款識) 3권 36, 37, 38, 39, 42, 47, 48, 51, 55, 56, 59, 60, 128, 143, 187, 279, 284, 538, 542, 543, 556

관폐(關閉) 1권 417

관향(官香) 1권 328

광교(廣膠) 2권 44, 123, 124, 310, 329, 330

광릉향(廣陵香) 1권 344

광조사(廣照寺) 진철대사비(眞徹大師碑) 3권 356

광주리[筥] 1권 307

광평대군(廣平大君) 묘비(墓碑) 3권 443

광향(光香) 1권 357

괘(卦) 1권 424

괘(棵) 1권 421, 424

괴황수(槐黃水) 2권 235

곡석(觳石) 2권 167

곡주석(觳州石) 2권 172

교니(膠泥) 4권 107

교니활자(膠泥活字) 4권 107, 109

교량(橋梁) 1권 109, 4권 383

교상(交牀) 1권 88, 297, 311

교시진감선사비(敎諡眞鑑禪師碑) 3권 324

교인(鮫人) 1권 376

교조(膠棗) 1권 285

교청산포소병(嬌靑蒜蒲小瓶) 1권 474

구거(鳩車) 3권 24, 29

구등(篝燈) 1권 327, 4권 365

685

임원경제연구소

임원경제연구소는 고전 연구와 번역, 출판을 주요 목적으로 하는 사단법인이다. 문사철수(文史哲數)와 의농공상(醫農工商) 등 다양한 전공 분야의 소장학자 40여 명이 회원 및 번역자로 참여하여, 풍석 서유구의 《임원경제지》를 완역하고 있다. 또한 번역 사업을 진행하면서 축적한 노하우와 번역 결과물을 대중과 공유하기 위해 관련 전문가 및 단체들과 교류하고 있다. 연구소에서는 번역 과정과 결과를 통하여 '임원경제학'을 정립하고 우리 문명의 수준을 제고하여 우리 학문과 우리의 삶을 소통시키고자 노력한다. 임원경제학은 시골살림의 규모와 운영에 관한 모든 것의 학문이며, 경국제세(經國濟世)의 실천적 방책이다.

번역, 교열, 교감, 표점, 감수자 소개

번역

이동인(李東麟)

세종 출신. 청주대 역사교육과에서 꿈을 키웠다. 한림대 태동고전연구소에서 한학을 연수했고, 서울대 국사학과에서 석사학위를 받았으며, 한국학중앙연구원 한국사학과 박사과정을 수료했다. 《임원경제지》 중 《섬용지》·《예규지》·《상택지》를 공역했다.

이규필(李奎泌)

경상북도 예천 출신. 계명대학교 한문교육과를 졸업하였다. 경북대학교 한문학과에서 석사학위를 취득하고, 성균관대학교에서 박사학위를 취득하였다. 현재 경북대학교 한문학과에 재직하고 있다. 한국한문학과 동아시아경학 및 고전번역학에 관심을 가지고 연구하고 있으며, 《무명자집》·《향산집》·《묵자간고》·《수사록》 등을 번역했다.

정명현(鄭明炫)

광주광역시 출신. 고려대 유전공학과를 졸업하고, 도올서원과 한림대 태동 고전연구소에서 한학을 공부했다. 서울대 대학원 '과학사 및 과학철학 협동 과정'에서 전통 과학기술사를 전공하여 석사와 박사를 마쳤다. 석사와 박사 논문은 각각 〈정약전의 《자산어보》에 담긴 해양박물학의 성격〉과 《서유구의 선진농법 제도화를 통한 국부창출론》이다. 《임원경제지》 중 《본리지》·《섬용 지》·《유예지》·《상택지》·《예규지》를 공역했다. 또 다른 역주서로 《자산어보 : 우리나라 최초의 해양생물 백과사전》이 있고, 《임원경제지 : 조선 최대의 실용 백과사전》을 민철기 등과 옮기고 썼다. 현재 임원경제연구소 소장으로 《인제 지》 번역 사업에 참여하고 있다.

김광명(金光明)

전라북도 정읍 출신. 전주대학교 한문교육과를 졸업하고 한국고전번역원에서 한학을 공부했으며, 성균관대학교 대학원 고전번역 협동과정에서 석박사통 합과정을 수료했다. 현재 임원경제연구소 연구원으로 근무하며, 《유예지》· 《상택지》·《예규지》를 공역했다.

민철기(閔喆基)

서울 출신. 연세대 철학과를 졸업하고 도올서원에서 한학을 공부했다. 연세 대 대학원 철학과에서 학위논문으로 《세친(世親)의 훈습개념 연구》를 써서 석 사과정을 마쳤다. 임원경제연구소 번역팀장과 공동소장을 역임했고, 현재는 선임연구원으로 재직하며 《섬용지》를 교감 및 표점했고, 《유예지》·《상택지》· 《예규지》를 공역했다.

정정기(鄭炡基)

경상북도 장기 출신. 서울대 가정대학 소비자아동학과에서 공부했고, 도올 서원과 한림대태동고전연구소에서 한학을 익혔다. 서울대 대학원에서 성리 학적 부부관에 대한 연구로 석사를, 《조선시대 가족의 식색교육 연구》로 박 사를 마쳤다. 음식백과인 《정조지》의 역자로서 강의와 원고 작업을 통해 그에 수록된 음식에 대한 소개에 힘쓰며, 부의주를 빚고 가르쳐 집집마다 항아리마다 술이 익어가는 꿈을 실천하고 있다. 현재 임원경제연구소 번역팀장으로 《임원경제지》 번역 사업에 참여하여 《섬용지》를 교열했고, 《유예지》·《상택지》·《예규지》를 공역했다.

김현진(金賢珍)

경기도 평택 출신. 공주대 한문교육과를 졸업하고 한림대 태동고전연구소와 한국고전번역원에서 한학을 공부하고 성균관대학교 대학원 한문학과에서 석사과정을 수료했다. 현재 임원경제연구소 연구원으로 근무하며 《섬용지》를 교열했고, 《유예지》·《상택지》·《예규지》를 공역했다.

김수연(金秀娟)

서울 출신. 한국전통문화대학교 전통조경학과를 졸업하고 한림대 태동고전연구소에서 한학을 공부했다. 현재 임원경제연구소 연구원으로 근무하며 《섬용지》를 교감 및 표점했고, 《유예지》·《상택지》·《예규지》를 공역했다.

강민우(姜玫佑)

서울 출신. 한남대 사학과를 졸업하고 한림대 태동고전연구소에서 한학을 공부했다. 성균관대학교 대학원 사학과에서 석사 과정을 마쳤고, 박사과정 재학 중이다. 현재 임원경제연구소 연구보조원이다. 《섬용지》를 교열했고, 《유예지》·《상택지》·《예규지》를 공역했다.

최시남(崔時南)

강원도 횡성 출신. 성균관대학교 유학과(儒學科) 학사 및 석사를 마쳤으며 동대학원 박사과정을 수료했다. 성균관(成均館) 한림원(翰林院)과 도올서원(檮杌書院)에서 한학을 공부했다. 석사논문은 〈유가정치사상연구 : 《예기》의 예론을 중심으로〉이며 호서대학교에서 강의를 했다. IT회사에서 조선시대 왕실 자료와 문집·지리지 등의 고문헌 디지털화 작업을 했다. 현재 임원경제연구소 연구원으로 근무하며 《섬용지》·《유예지》·《상택지》·《예규지》를 공역했다.

김용미(金容美)

전라북도 순창 출신. 동국대 철학과를 졸업하고, 고전번역원 국역연수원과 일반연구과정에서 한문 번역을 공부했다. 고전번역원에서 추진하는 고전전산화 사업에 교정교열위원으로 참여했고,《정원고사(政院故事)》공동번역에 참여했으며, 현재 전통문화연구회에서 추진하고 있는《모시정의(毛詩正義)》공동번역에 참여하고 있다. 현재 임원경제연구소 연구원으로 근무하고 있다.

자료정리

고윤주(高允珠)(숙명여자대학교 경제학과)

감수

김세중(金世仲)(한국과학기술대학교 강사)

교감·표점·교열·자료조사

임원경제연구소

🌐 풍석문화재단

(재)풍석문화재단은 《임원경제지》 등 풍석 서유구 선생의 저술을 번역 출판하는 것을 토대로 전통문화 콘텐츠의 복원 및 창조적 현대화를 통해 한국의 학술 및 문화 발전에 기여함을 목적으로 설립되었다.

재단은 ① 《임원경제지》의 완역 지원 및 간행, ② 《풍석고협집》, 《금화지비집》, 《금화경독기》, 《번계시고》, 《완영일록》, 《화영일록》 등 선생의 기타 저술의 번역 및 간행, ③ 풍석학술대회 개최, ④ 《임원경제지》 기반 대중문화 콘텐츠 공모전, ⑤ 풍석디지털자료관 운영, ⑥ 《임원경제지》 등 고조리서 기반 전통음식문화의 복원 및 현대화 사업 등을 진행 중이다.

재단은 향후 풍석 서유구 선생의 생애와 사상을 널리 알리기 위한 출판·드라마·웹툰·영화 등 다양한 문화 콘텐츠 개발 사업, 《임원경제지》 기반 전통문화 콘텐츠의 전시 및 체험교육 등을 목적으로 하는 서유구 기념관 건립 등을 추진 중이다.

풍석문화재단 웹사이트 및 주요 연락처

웹사이트
풍석문화재단 홈페이지 : www.pungseok.net
출판브랜드 자연경실 블로그 : https://blog.naver.com/pungseok
풍석디지털자료관 : www.pungseok.com
풍석문화재단 음식연구소 홈페이지 : www.chosunchef.com

주요 연락처
풍석문화재단 사무국
주　소 : 서울 서초구 방배로19길 18, 남강빌딩 301호
연락처 : 전화 02)6959-9921 팩스 070-7500-2050 이메일 pungseok@naver.com

풍석문화재단 전북지부

연락처 : 전화 063)290-1807 팩스 063)290-1808 이메일 pungseokjb@naver.com

풍석문화재단 음식연구소

주   소 : 전북 전주시 완산구 교동 138

연락처 : 전화 010-8983-0658 이메일 zunpung@naver.com

조선셰프 서유구(음식연구소 부설 쿠킹클래스)

주   소 : 전북 전주시 완산구 교동 141-1(향교길)

연락처 : 전화 010-8983-0658 이메일 zunpung@naver.com

서유구의 서재 자이열재(풍석 서유구 홍보관)

주   소 : 전북 전주시 완산구 교동 141-1(향교길)

연락처 : 전화 010-3010-2057 이메일 pungseok@naver.com

풍석학술진흥연구조성위원회

(재)풍석문화재단은 《임원경제지》의 완역완간 사업 등의 추진을 총괄하고
예산 집행의 투명성을 기하기 위해 풍석학술진흥연구조성위원회를 두고 있습
니다.

풍석학술진흥연구조성위원회는 사업 및 예산계획의 수립 및 연도별 관리,
지출 관리, 사업 수익 관리 등을 담당하며 위원은 아래와 같습니다.

위원장 : 신정수(풍석문화재단 이사장)

위   원 : 서정문(한국고전번역원 고전번역연구소장), 진병춘(풍석문화재단 사무총장)
            안대회(성균관대학교 한문학과 교수), 유대기(활기찬인생 2막 이사장)
            정명현(임원경제연구소장)

풍석문화재단 사람들

이사장	신정수 ((前) 주택에너지진단사협회 이사장)
이사진	김윤태 (우석대학교 평생교육원장) 김형호 (한라대학교 이사) 모철민 ((前) 주 프랑스대사) 박현출 ((前) 서울시농수산식품공사 사장) 백노현 (우일계전공업그룹 회장) 서창석 (대구서씨대종회 총무이사) 서창훈 (우석재단 이사장 겸 전북일보 회장) 안대회 (성균관대학교 한문학과 교수) 유대기 (활기찬인생 2막 이사장) 이영진 (AMSI Asia 대표) 정명현 (임원경제연구소 소장) 진병춘 (상임이사, 풍석문화재단 사무총장) 채정석 (법무법인 웅빈 대표) 홍윤오 ((前) 국회사무처 홍보기획관)
감사	홍기택 (대일합동회계사무소 대표)
음식연구소장	곽미경 《조선셰프 서유구》 저자)
재단 전북지부장	서창훈 (우석재단 이사장 겸 전북일보 회장)
사무국	박정진, 박소해
고문단	이억순 (상임고문) 고행일 (인제학원 이사) 김영일 (한국ABC협회 고문) 김유혁 (단국대 종신명예교수) 문병호 (사랑의 일기재단 이사장) 신경식 (헌정회 회장) 신중식 ((前) 국정홍보처 처장) 신현덕 ((前) 경인방송 사장) 오택섭 ((前) 언론학회 회장) 이영일 (한중 정치외교포럼 회장) 이석배 (공학박사, 퀀텀연구소 소장) 이수재 ((前) 중앙일보 관리국장) 이준석 (원광대학교 한국어문화학과 교수) 이형균 (한국기자협회 고문) 조창현 ((前) 중앙인사위원회 위원장) 한남규 ((前) 중앙일보 부사장)

《임원경제지·이운지》완역 출판을 후원해 주신 분들

㈜DYB교육 ㈜벽제외식산업개발 ㈜우리문화 (사)인문학문화포럼 ㈜청운산업
대구서씨대종회 강흡모 고관순 고경숙 고유돈 곽미경 곽의종 곽중섭 구자민
권정순 권희재 김경용 김덕수 김동범 김동섭 김문자 김병돈 김상철 김석기
김성규 김순연 김영환 김용도 김유혁 김익래 김일웅 김정기 김정연 김종보
김종호 김지연 김창욱 김춘수 김태빈 김현수 김홍희 김후경 김 훈 김흥룡
나윤호 류충수 민승현 박낙규 박동식 박미현 박보영 박상준 박용희 박재정
박종규 박찬교 박춘일 박현출 백노현 변흥섭 서국모 서봉석 서영석 서정표
서창석 서청원 송은정 송형록 신동규 신영수 신응수 신종출 신태복 안순철
안영준 안철환 양덕기 양태건 양휘웅 오미환 오성열 오영록 오영복 오인섭
용남곤 유종숙 윤남철 윤석진 윤정호 이건호 이경근 이근영 이기웅 이기희
이동규 이동호 이득수 이봉규 이세훈 이순례 이순영 이승무 이영진 이우성
이원종 이재용 이정언 이진영 이 철 이태인 이태희 이현식 이형운 이효지
임각수 임승윤 임종훈 임종태 장상무 장우석 전종욱 전치형 정갑환 정 극
정금자 정명섭 정상현 정소성 정용수 정우일 정연순 정지섭 정진성 정창섭
정태윤 조규식 조문경 조재현 조창록 주석원 진병춘 진선미 진성환 차영익
차흥복 최경수 최경식 최광현 최승복 최연우 최정원 최진욱 최필수 태의경
하영휘 허영일 홍미숙 홍수표 황재운 황재호 황정주 황창연